Michael Lynch
SCIENTIFIC
PRACTICE
AND
ORDINARY
ACTION

エスノメソドロジーと科学実践の社会学

マイケル・リンチ
水川喜文・中村和生 監訳

keiso shobo

SCIENTIFIC PRACTICE AND ORDINARY ACTION
by Michael Lynch

Copyright © 1993 by Cambridge University Press
Japanese translation published by arrangement
with Cambridge University Press
through The English Agency (Japan) Ltd.

日本語版序文

　『エスノメソドロジーと科学実践の社会学』の日本語版序文を書くことができてたいへんうれしく思います．また，日本の友人や共同研究者による，難解な本書を翻訳するための継続的な努力に感謝します．本書の主要なアイデアの多くは，ハロルド・ガーフィンケル（1917-2011）から着想を得ています．彼は1970年代における私の博士論文の指導教授で，その後1980年代初頭には私と共同研究を行った人物です．ガーフィンケルはエスノメソドロジーという研究領域を創設しました．これは，日常的場面および専門的場面におけるディスコースや実践的行為の社会的組織化に関する独自の経験的研究です．彼の著作や，一般的にエスノメソドロジーの著作は，たいへん難解であることが知られています．ガーフィンケルの1967年の著書『エスノメソドロジー研究』は，彼の展開した社会秩序への視点を理解する上で，もっとも難解であると共にもっとも重要な著作です．ガーフィンケルは，新奇な用語を導入しています．その多くは，当時社会学者にはあまり広く読まれていなかった現象学から導いたものです．さらに彼は，この本におけるアイデアを展開するために長い文をフレーズにして表現するという独特のやり方を用いていました．彼は，言語の限界に慎重に挑戦していたのであり，それによって言語の限界がどのように――ウィトゲンシュタインの言ったとおり――我々の世界の限界を構成しているか明らかにしようとしたのです．1990年代初頭に本書を執筆した際，私はガーフィンケルの散文的な文章を明確で読解可能にしようと努力しました．それでもやはり，訳者の方々には大きな難関となってしまったようです．私の日本語能力では残念ながら「エスノメソドロジー」のキーワードや表現を日本語に翻訳するもっとも良い方法を見つけるための手助けはできません．幸いなことに，

訳者の方々は，英語に通じており，エスノメソドロジーのことも熟知しています．

この本の執筆当初，私は本書を 2 巻本の 1 冊目と考えていました．この 1 冊目は，エスノメソドロジーと科学社会学の一般的な入門書として書かれました．しかし本書は，私が長い間研究してきたこれら 2 つの領域の紹介だけにとどまってはいません．私は，エスノメソドロジーと科学社会学を共に示しながら，エスノメソドロジーを用いて，しばしば等閑視される科学の社会的研究の視点を批判的に理解することを意図しました．エスノメソドロジーは，しばしば科学の社会的研究の先駆的研究とされます．しかし，私が本書で議論したとおり，エスノメソドロジーは，科学の社会的研究への批判的な視点を提供するものであり，科学社会学・科学史・科学哲学における「構築主義」や「実在論」の批判者が互いになしている終りなき議論では，ほとんど取り上げられることがないものです．

エスノメソドロジーは，1960 年代に開始され 1970 年代に発展した「新しい」科学社会学にとっての発想や調査方策の主な源泉の一つです．エスノメソドロジーは，「日常的」活動と「常識的」推論へのアプローチとしてもっともよく知られています．しかしながら，ガーフィンケルは，初期の研究のいくつかで，社会科学における研究実践を詳細に検討しています．例えば，インタビューの応答をコーディングすることや診療所の記録をデータとして解釈することです[1]．彼は，社会科学の方法を日常の実践的推論と対比することはしません．むしろ，彼が示したのは，社会学の研究助手が，インタビューの書き起こしをコード化するとき，制御されていない（アドホックな），社会における日常的知識を利用しているということです．日常的知識のアドホックな使用は，制御された科学研究としては，正当化され得ないものですが，そのような実践は，量的データを生み出し，分析するためには不可欠なものでした．ガーフィンケルの診療記録の研究が示唆したことは，診療所職員がローカルな専門的考慮に応じて，ケース記録を生み出しているということです．彼らは患者のファイルを診療行為の記録のためだけではなく，会計監査の際に十分な診療が行なわれてきたことの証拠として呈示できるように整備しました．ケースフォルダーのデザインは，社会学的研究のデータとしてはわかりやすくできてはいませんでし

たが，組織された現象として分析すると，このケースフォルダーは独特な社会学的視点の基盤を提供していました．コーディング研究も診療記録の研究も，ガーフィンケルはコードと記録のルーチン化された産出に分析的視点を向けていました．彼は，インタビューや記録を社会学的研究の標準化されたデータとして使う際の難点を修正しようとはしませんでした．むしろ彼は，社会学者がデータにしてしまう社会現象の産出に注目していました．より一般的に言えば，彼は，ひとつの経験的研究のプログラムを生み出したのです．すなわち，社会秩序の形式的表象が状況に応じて産出されることを検討する経験的研究です．エスノメソドロジーというプログラムは，社会秩序を分析するためのデータとして形式的表象を生み出し利用する，多くの社会科学のプログラムの代替案だったのです．

ここからわずかに一歩踏み出しさえすれば，自然現象を分類し，コード化し，数量化するための状況的実践の分析に対して，同様の方向づけを行うことになるのです．実際，1970年代初頭までにガーフィンケルと何人かの学生は，社会科学と数学における特別な実践を探求しはじめていました．このような自然的秩序のローカルな産出への興味は，科学社会学における「社会構築主義」の興隆に先行し，また，ある程度はその興隆に影響を与えたのです．しかし，本書で私が論じたとおり，両者にはいくつかの重要な相違があります．その主たる相違は，ワークのエスノメソドロジー研究は次のような提言をしないということです．すなわち，社会科学の理論や方法が，科学現象の「社会的構築」に携わっている特定の領域のメンバーの理解以上に，そうした「社会的構築」の明確に理解するための基盤を提供している，とは言わないのです．「構築」——個々のデータの表象的正確性を退けるために科学者が使う用語——として自然的秩序の産出を扱うのではなく，科学のエスノメソドロジー研究は，データのローカルな産出を考察するのです．

本書において私は，データ産出に対して経験的な（しかし経験主義的ではない）アプローチについて好意的に議論を展開しています．データの産出には，科学哲学と親しい関係を持つテーマが数多く含まれています．例えば，観察，表象，実験，測定，証明です．ガーフィンケルとウィトゲンシュタインに沿いながら，私はこのような用語と関連する認識論的，方法論的問題から離れ，それらをエ

スノグラフィー研究のトピックとして扱うことを提起しました．本書の執筆時には，第 2 巻を書くことを計画していました．それは，観察，表象などの「認識トピック（epistopic）」——私が認識論的問題を経験的研究のトピックとして再特定化するために使った新造語——のいくつかについての具体的な経験的研究になるはずでした．既に私はそのトピックについての研究はいくつか仕上げています．また，その後，いくつか他の研究も発表しています（多くの場合，共同研究として）．私はその研究書を出版することをいまだに計画していますが，多数の経験研究が多かれ少なかれ，ここでの私の提案の実例となっており，既に公表済みです．これらの多くは，かつての学生との共著です[2]．

『エスノメソドロジーと科学実践の社会学』は，科学の社会的研究だけでなくエスノメソドロジーにおける諸々の潮流に対しても批判的です．本書で私は主として会話分析の展開について考察してきました．簡単に述べると，会話分析は小さいが強固な社会言語学の研究プログラムとしてうまく確立されてきました．しかしそれは，ガーフィンケルのエスノメソドロジーに顕著なよりラディカルな現象学的創造性を置き去りにしてしまっているのです．私が論じたとおり，会話分析において基本となる分析テーマや専門的テーマのいくつかは，秩序産出についてのエスノメソドロジー的な考え方の優れた例となっていました．例えば，「レリバンスの条件付け〔第 6 章参照〕」——相互行為において，ある参与者によって生み出される行為と，別の参与者によって生み出されるレリバントな（関連のある）「次の」行為の遇有的（コンティンジェント）な関係——は，現象学者が時間の主観的解釈として扱いがちであったものを具体化するような相互行為的産出を記述しています．この時間の主観的解釈の中で，現在という瞬間が，過去と未来の関連ある特徴を確立するのです．このテーマは，会話分析における卓越した研究の多くには背景として備わっています．しかし，会話分析は無常にも実証的社会科学の方向に向かってしまいました．私の議論は，会話分析がたどってきた道をそらせようとするものではありませんが，「ポスト分析的な」方向に発展する可能性のある，一つの会話分析を理解する方向性を示しているのです．

この 20 年間，私が本書で触れたもう一つの流れが次第に明確になってきま

した．それは，ガーフィンケルが典型的理論家になってしまったことです．晩年になりガーフィンケルは，若い共同研究者がデュルケームの後継者として彼の評価を固めることに対して賛否両方の態度を示しました．ガーフィンケルが，エスノメソドロジーの研究プログラムとデュルケームによって立てられた社会学という一科学に対する方針に明確な関連があるとしているものには，デュルケームの修正主義的読解と共にガーフィンケルを理論家として再構成するものも含まれていました[3]．このデュルケームの扱いは，ガーフィンケルによるカール・マンハイムの「解釈のドキュメンタリー的方法」というテーマの再特定化にも合致していました．すなわち，ガーフィンケルは，デュルケームの後継者として自身を位置づけるのではなく，デュルケームをエスノメソドロジーの最新の展開に結びつけるものとして再発見したのです．しかしながら，誠意を持って，ガーフィンケルの相反する同意を得ることで，ガーフィンケルの後継者は，彼を古典的理論の継承者であるとしています．昨年のガーフィンケルの死によって，彼が偉大な社会学の理論家の殿堂に入ることは確実となったでしょう．ガーフィンケルがすべての「古典的」社会学に対して明確に対抗していたことからすれば，彼が古典的社会学者として位置づけられるのは皮肉なことですが，予想できたことであるし，むしろ賞賛できることでもあります．本書がこの運命に対するガーフィンケル自身の，多少なりとも知的源泉を明らかにしようと試みていると理解されると幸いです．

　本書で著したエスノメソドロジーと科学の社会的研究の理解は，この2つの領域にとって典型的なものとはいえません．しかし，この20年間，本書が特に日本のエスノメソドロジー研究者に真剣に検討されたことを私は嬉しく思います．1980年代，私が当時働いていたボストン大学に来訪した水川喜文氏と知り合うことができました．彼は後に，現在私が勤めるコーネル大学にも来てくれました．また，1997年，1998年，最近では2010年に東京を訪問した際，水川氏のほかエスノメソドロジーに興味を持つ研究者と会うことができました．その際，エスノメソドロジーと科学の社会的研究が日本でどれほど定着しているかを知り，とてもうれしく感じました．先に述べたとおり，エスノメソドロジーの論文は，それを知らない読者にとって特別難解なものです．しかし，私は，日本の友人や仲間たちが，この領域とその論文について次第に洗練された理解

を進めていったことを知るという幸運に預かることができました．私は特に水川氏に対して，各章の翻訳と共に，翻訳チームの共同監訳者として先導されたことに感謝します．また，中村和生氏にも，監訳および各章の翻訳に深謝致します．翻訳のプロジェクトでは，研究者チームが継続的に尽力することが必要でした．各章を担当された浦野茂，前田泰樹，高山啓子，芦川晋，岡田光弘の各氏にも感謝します．最後に出版社の編集担当である渡邊光氏にも最終稿に関する尽力に御礼申し上げます．

マイケル・リンチ

【注】
1) 両研究ともにGarfinkel（1967）に収録されている．コーディング研究は第1章にあり，診療所の研究は第6章にある．
2) それぞれの分野については，次の文献を参照のこと．視覚表象については，Lynch（1985）．測定については，Lynch（1991）．デモンストレーションについては，Bjelic and Lynch（1992）．実験室におけるプロトコル通りの再現については，Jordan and Lynch（1992）．小学校の教室での科学実習については，Lynch and Macbeth（1998）．アマチュアの自然観察については，Lynch and Law（1999）．法と科学の専門知識については，Lynch（2007）．さまざまな文脈における数え上げの実践については，Martin and Lynch（2009）．「実験対象物」として使われる現象については，Mody and Lynch（2010）．
3) 解釈のドキュメンタリー的方法については，Garfinkel（1967）を参照．ガーフィンケルのデュルケームとの関係については，Garfinkel（2002）を参照．ガーフィンケルによるデュルケームの扱いについての私の理解に関しては，Lynch（2009）を参照．

【参考文献】

Bjelic, Dusan and Michael Lynch, 1992, "The Work of a Scientific Demonstration: Respecifying Newton's and Goethe's Theories of Color," G. Watson and R. Seiler eds., *Text in Context: Contributions to Ethnomethodology*, London and Beverly Hills: Sage, 52-78.

Garfinkel, Harold, 1967, *Studies in Ethnomethodology*, Englewood Cliffs, NJ: Prentice Hall (Chapter Six, "Good Organizational Reasons for Bad Clinic Records.").

Garfinkel, Harold, 2002, *Ethnomethodology's Program: Working out Durkheim's Aphorism*, Lanham, MD: Rowman and Littlefield.

Jordan, Kathleen and Michael Lynch, 1992, "The Sociology of a Genetic Engineering Technique: Ritual and Rationality in the Performance of the Plasmid Prep," A. Clarke and J. Fujimura eds., *The Right Tools for the Job: At Work in 20th Century Life Sciences*, Princeton: Princeton University Press, 77-114.

Lynch, Michael, 1985, "Discipline and the Material Form of Images: An Analysis of Scientific Visibility," *Social Studies of Science* 15(1): 37-66.

Lynch, Michael, 1991, "Method: Measurement-Ordinary and Scientific Measurement as Ethnomethodological Phenomena," in G. Button ed., *Ethnomethodology and the Human Sciences: A Foundational Reconstruction*, Cambridge: Cambridge University Press, 77-108.

Lynch, Michael, 2007, "Science and Common Sense: From Philosophical Problems to Courtroom Practices," *Japan Journal for Science, Technology & Society* 16: 77-97.

Lynch, Michael 2009, "Working out What Garfinkel Could Possibly be Doing with Durkheim's Aphorism," in G. Cooper, A. King & R. Rettie eds., *Sociological Objects: The Reconfiguration of Social Theory*, Aldershot, UK: Ashgate, 101-18.

Lynch, Michael and John Law, 1999, "Pictures, Texts, and Objects: The Literary Language Game of Birdwatching," M. Biagioli ed., *Routledge Science Studies Reader*, London: Routledge, 317-341.

Lynch, Michael and Doug Macbeth, 1998, "Demonstrating Physics Lessons," J. Greeno and S. Goldman eds., *Thinking Practices in Mathematics and Science Learning*, Marwah, New Jersey: Lawrence Erlbaum Associates, 269-97.

Martin, Aryn and Michael Lynch, 2009, "Counting Things and People: The Practices and Politics of Counting," *Social Problems* 56(2): 243-66.

Mody, Cyrus and Michael Lynch, 2010, "Test Objects and Other Epistemic Things: A History of a Nanoscale Object," *British Journal for the History of Science* 43(3): 423-58.

謝　辞

　本書を執筆したのは私ではあるが，その内容に関するすべての評価（あるいは非難）を受けることはできない．本書は，科学実践の研究に関しての，私の言うポスト分析的アプローチを展開していく可能性を論じている．全編を通じて明らかになるだろうが，本書のこのような方向性は，ハロルド・ガーフィンケルによる，状況に埋め込まれた実践的行為と実践的推論についてのエスノメソドロジー的アプローチに強く影響を（そして悪影響も）受けている．過去20年にわたり，私は，ガーフィンケルの著した数多くの未刊行の草稿を読んだり，たくさんの講義やセミナーに参加するという機会に恵まれた．その講義やセミナーでは，ガーフィンケルと学生たちが，社会秩序の産出を探求するための新奇な方法を議論し，また提示してきた．本書で参考文献にあげた公刊・未公刊の著作は，ガーフィンケルや，次にあげる彼の共同研究者や学生たちから得たことのほんの一握りにすぎない．エリック・リヴィングストン，アルバート（ブリット）・ロビラード，ジョージ・ガートン，ケン・モリソン，ケン・リバーマン，リチャード・ファウマン，ダグ・マクベス，メリンダ・バッカス，ステイシー・バーンズ．私が当初エスノメソドロジーを理解しようと努力していた際，親しい友人や共同研究者によってどれだけ助けられたか計り知れない．デイヴィッド・ワインスタイン，アレン・テラサキ，ビル・ブライアント，ナンシー・フューラー．彼らとは，「一体全体，ハロルドは何を話してるんだ？」という疑問を共有してきた．また，ガーフィンケルは，本書の初期の草稿を読み明確で有益なコメントをしてくれた．

　エスノメソドロジーと会話分析に対するさまざまなアプローチについての私の理解は，次の方々とのセミナーやインフォーマルなデータ検討会や討論にも

負っている．メルヴィン・ポルナー，ゲイル・ジェファーソン，エマニュエル・シェグロフ，アニタ・ポメランツそしてハーヴィ・サックス．本書において，彼らの研究のいくつかを批判してはいるものの，そのことが，彼らの研究成果を評価していることが見えにくくならないよう望んでいる．より最近では，次のような方々との議論や共同プロジェクトから，エスノメソドロジーや関連する事柄について理解を深めることができた．ジェフ・クルター，ウェス・シャロック，ボブ・アンダーソン，ジョージ・サーサス，デイヴィッド・ボーゲン，デュシャン・ベリック，グラハム・バトン，ルーシー・サッチマン，ジョン・オニール，アイリーン・クリスト，キャサリーン・ジョーダン，ジェフ・ステッツン，エド・パーソンズそしてエドワード・ベリーマン．特に，ジェフ・クルターの強力な励ましと援助には感謝している．彼は，本書の初期の草稿を読んでコメントをしてくれた．また，ウィトゲンシュタインの後期著作について私が知っていることのほとんどは彼が教えてくれたものである．デイヴィッド・ボーゲンに負うところは広範囲であり，また詳細にわたる．特に第6章には，彼との共著による論文や学会報告からの論点，具体例，そしていくつかの修正が含まれている．これらに関連した文章は「私の手で」書かれたものではあるものの，それらの文章が言わんとすることは，彼との多くの会話や共同研究から得たものと切り離すことはできない．

　私が，科学の社会的研究における諸問題や批判的な論争へと関わる上で助けとなったのは，次の方々との共同作業や編集上の助言，批判的な意見交換，数多くの楽しい会話であった．ジョン・ロウ，スティーヴ・ウールガー，サム・エガートン，ガス・ブラニガン，アンディー・ピッカリング，トレヴァー・ピンチ，スティーヴン・シェイピン，ジョアン・フジムラ，ブルーノ・ラトゥール，デイヴィッド・エッジ，スーザン・レイ・スター，ハリー・コリンズなどの方々である．私は，また，デイヴィッド・ブルアが批判的な意見交換において担ってくれた役割に対し感謝したい．その一部は第5章に含まれている．また，本書の原稿を準備する過程の終わりごろであったが，カリフォルニア大学サンディエゴ校で1991年から1992年まで科学研究プログラムの客員研究員を務めたことからも得ることも多かった．ロバート・マルク・フリードマンやジェリー・ドッペルト，チャンドラ・ムカージと共に担当した科学史，科学哲学，

科学社会学の専門演習において，学生や教員との間で行った討論や議論からは，特に啓発を受けた．

本書に著したことの多くは，さまざまなプロジェクトや論文のためのファイルや草稿や覚え書きをため込んだコンピュータのハードディスクから掘り起こしたものである．結果として，別々に刊行した論文のいくつかを，部分的に本書の内容と混ぜ合わせることになった．その過程で，私は，本書全体の目的に適した文章や事例や議論を選び出し，適宜，それらの形を整えなおした．

私はまた，ケンブリッジ大学出版会ニューヨーク事務所の編集者やスタッフの方々に，本書の出版を迅速に進めていただいたことに対して感謝したい．そして，ケンブリッジ大学出版会の仲介を受けた3人の匿名の評者の方には，有益な助言や建設的な批判をいただいたことに特に感謝している．最後に，社会的なテキストを著すものの，自らは社交的とはいえない著者と数えきれないほどの時を共にし，愛情をもって援助し，耐え忍び，寛容な態度で接してくれたナンシー・リチャーズに深く感謝している．

目　次

日本語版序文
謝　辞

序 ……………………………………………………………………………… 1
　1. 社会学と通分野的な批判的ディスコース　3
　2. 断片的プログラムと複雑な織り合わせ　6
　3. 本書の構成　10

第1章　エスノメソドロジー …………………………………………… 15
　1. ガーフィンケルによるエスノメソドロジーの考案　18
　2. 初期の発想　25
　3. エスノメソドロジーの中心となるテキストとその方針　27
　　説明可能性（アカウンタビリティ）／相互反映性（リフレクシビティ）／インデックス性
　4. エスノメソドロジーの2つの研究プログラム　38
　　ワークのエスノメソドロジー研究／会話分析
　5. エスノメソドロジー批判　41
　　研究スタイルと専門的行動の問題／研究規模と文脈の問題／権力と解放への問い／意味と自己反省への問い
　6. 結　論　56

第2章　「古い」科学社会学の終焉 …………………………………… 57

1. 「古い」科学社会学への批判　58
   マンハイムの「修正」／マートンの自己例示的な科学社会学への攻撃
2. ストロングプログラムの知識社会学への統合　86

第3章　新しい科学知識の社会学の興隆 …………………………… 89
1. ストロングプログラムの方針　91
   因果性／対称性と不偏性／再帰性(リフレクシビティ)
2. ストロングプログラムの子孫，きょうだい，親族　100
   ストロングプログラムの継続／経験的相対主義プログラム／実験室研究
3. 相対主義研究と構築主義研究の危機　121
   再帰的(リフレクシブ)な転回
4. ポスト構築主義の潮流　127
5. ワークのエスノメソドロジー研究　133

第4章　現象学とプロト・エスノメソドロジー ……………………… 139
1. 自然科学の現象学的系譜　140
2. ローカルに組織された諸活動　148
   活動の諸構成
3. カウフマン，シュッツ，プロトエスノメソドロジー　156
   エスノメソドロジー的無関心／トピックとリソース
4. プロトエスノメソドロジーを越えて？　179
   補遺――線上の社会としての交通　181

第5章　ウィトゲンシュタイン，ルール，認識論のトピック ………… 187
1. ウィトゲンシュタインと規則の懐疑主義　189
   規則，行為，懐疑主義／ウィトゲンシュタインの懐疑主義批判／科学社会学や数学の社会学はありうるのか？
2. 定式化と実践的行為　216
3. 数学の社会学から数学の実践学へ　229
4. ウィトゲンシュタインの経験的拡張にむけて　234

目　次

第6章　分子社会学 ……………………………………………………… 237
1. 人間行動の自然観察科学　238
   原始的自然科学／原始的科学を科学の神話として書き直す
2. 会話分析の専門化　250
   第1段階——日常言語の自然哲学／第2段階——分析的学問／順番取り装置／自由主義的エコノミー
3. メンバーの直観と専門的分析　280
4. 言語行為に関する日常的なカテゴリーと分析的カテゴリー　285
5. 分析を置き換える　293

補遺——分子生物学とエスノメソドロジー　297

第7章　本質から個性原理へ——ワークのエスノメソドロジー研究 ……… 307
1. 見失われた何か　313
2. 本質的内容から反復可能な認識トピックへ　317
3. 教示（インストラクト）された行為と生活世界（レーベンスヴェルト）ペア　330
4. 原始的な認識トピックの探求へ向かって　344

結　論 …………………………………………………………………… 357
1. ポスト分析的科学研究　360
2. 秩序だった，日常的なものとしての科学　364

注 ………………………………………………………………………… 371
文献一覧 ………………………………………………………………… 437
訳者解説 ………………………………………………………………… 465
人名索引
事項索引

凡　例

・本書は Michael Lynch, 1993, *Scientific Practice and Ordinary Action: Ethnomethodology and Social Studies of Science*, Cambridge University Press の全訳である．
・原文のイタリック体については，原則として傍点を付けて示した．
・[　] は，原著者の付した記号である．ハイフンで結ばれた単語は 〈　〉で囲い，訳注は 〔　〕で示した．
・引用文については，日本語のあるものは適宜それを参照して訳出した．
・原書における誤植等については，修正して訳出した．
・原書では脚注・文献となっているが，本書では巻末注とし，文献表を別に作成した．

序

　現代社会において科学の重要性を疑う者はいない．科学は，現代的な光景を特徴づける技術の変遷や人口の増加，経済生産と不平等の原因の変化に拍車をかけた責任があるとしばしば考えられている．しかしながら，科学とはまさに何であり，他の知識のあり方とどのように違うのかということについて誰も解明したようには思えない．科学哲学，科学史，科学社会学においては，科学と，その他のより一般的な推論や実践的行為のあり方はどのように違うのか議論が続いている．これらの議論の参加者の多くは，次の問いを考えることに疑念を深めていくこととなった．すなわち，経済的利益や物質文明から独立していることはもちろん，生物学，化学，天文学，物理学といった下位分野へと分岐する専門技術からも独立した，一貫したひとつの方法として科学を語ることは意味があるのか，という問いである．科学は「単なる」政治的見解や未検証の推測や常識的信念とは違うはずであるという，かつては問題にされなかった確信が現在では攻撃されている．今日，科学の擁護者は，科学がいかに専制的でないか，あるいは，いかに科学が西洋植民地主義の拡大ではないか説明を求められる．

　本書において私は，こうした議論を煽ろうとしているのではない．むしろ，科学，科学的方法，科学的知識と常識的知識の関係について異なる概念化のあり方を示したい．また，「科学」の定義問題や，科学とそれ以外の推論や実践的行為のあり方を区別するという問題を解決しようとしているわけでもない．むしろ，私は科学を探求する1つの道筋，つまり科学の議論に頻繁に出てくる「観察」「表象」「計測」「証明」「発見」といったトピックを再特定化[1]する道筋を示したい．この議題は，私が関心を持った2種類の特殊な研究様式である「エス

ノメソドロジー (ethnomethodology)」と「科学社会学 (sociology of science)」か
ら導かれている．これらは，通常は，社会学の一分野と考えられている．

　社会学の「一分野」として考えると，エスノメソドロジーと科学社会学は，
比較的マイナーな分野である．エスノメソドロジーは，「ミクロ」な社会現象を
研究するものであると一般にはいわれている．つまり，街頭や家庭，商店，オ
フィスで起きる「小さな」対面的相互行為をその研究の範囲とする，と．科学
社会学は，現代の社会制度のひとつを研究しているといわれる．この2つとも，
伝統的な社会学のテキストではあまり多くのページ数を占めることはない．社
会学の主流では，経済生産，労働市場，官僚組織，宗教的，政治的イデオロギー，
社会階級といったシステムを生みだし維持する「より大きな」社会・歴史的な
力にはるかに多くの注意が払われている．また，エスノメソドロジーと科学社
会学は，社会科学方法論の最前線に比して周辺に位置している．この2つとも
に，ごく最近に発展したデータ分析の数量的方法を使っていることで知られて
いるわけではない[2]．より多くの場合，これら2つは，歴史的な事例研究，エス
ノグラフィー，インタビュー，テキスト批判という「ソフトな」研究方法を使
うのである．

　エスノメソドロジーと科学社会学は，期せずして私の研究分野なのであり，
当然ながら本書ではこれらの重要性を主張したい．職業的社会学者はこの2つ
の分野にもっと注意を払うべきだと私は思っているが，これらの分野を研究計
画にもっと取り入れるよう社会学者に説くことを第1の目的とするわけではな
い．むしろ，私が興味を持っているのは，エスノメソドロジーと科学社会学が
通分野的に (trans-disciplinary) 関連していることを論じることである．これら
の分野が興味深いのは，研究対象たる社会の「一部」であるからではなく，と
りわけ「認識上の (epistemic)」焦点を持つがゆえであると私は提案したい．こ
れらの分野により，知識産出の探求へ特有の経験的アプローチが提案され，科
学技術の合理性の本性とその必然的帰結についての現代の議論を精緻化するこ
とが可能になるのである．

1. 社会学と通分野的な批判的ディスコース

社会学は，現在，ある興味深い状況に直面している．歴史学，哲学，文学の分野で通分野的な批判的ディスコース（transdisciplinary critical discourse）が現れたことにともなって，多くの学者や研究者が，社会的実践というものを主題としての重要性を持つものとして評価し始めている．哲学，法学，文学研究，社会科学におけるさまざまな反基礎づけ主義（antifoundationalist）や「ポストー主義」（ポスト構造主義，ポストモダニスト，ポスト規約主義）の動向について，より良い言葉がないため，「通分野的な批判的ディスコース」というフレーズを使いたいと思う．この動向は，フーコー，ハーバーマス，デリダ，ガダマー，ローティ，バルト，ドゥルーズ，リオタール，前世代からはウィトゲンシュタイン，ハイデガー，メルロ＝ポンティ，ベンヤミン，デューイなどの著作の使用と批判に結びついている．

「認識論」への関心は，しばしば，反基礎づけ主義者の研究や議論のさまざまな方向性を結びつけるといわれる．ただし，ウィトゲンシュタインやハイデガーは，反認識論的であると特徴づけるのがもっとも良いかもしれない．いずれにせよ，フェミニストなどの政治的なテキスト批評の登場にともなって，すべての人文科学や社会科学の分野（そしてある程度は生物学，考古学などいくつかの自然科学の分野も同様）[3]で，テキスト批評は社会批評と融合してきており，（反）認識論はよりテキスト分析的，社会学的になってきた[4]．社会学の伝統的なトピックとしての関心事——人種，階級，ジェンダー，権力，イデオロギー，テクノロジー，シンボルを使ったコミュニケーション，言語の社会的環境——は，人文科学および人間科学を通じて無数の議論や論争に取り上げられた．

同時に，これらの議論の参加者は，『アメリカン・ソシオロジカル・レビュー』やこれに類する学会誌のページを開くことに価値があるとはほとんど考えていないようである．これは理解できる．というのは，地位達成についての最新の社会学モデルや合理的選択理論の発展は（こうした議論にとって）無関係であるというよりもよくないものだからだ．また，これらのモデルや理論は，反基礎づけ主義哲学者や文学理論家によって批判される，まさにその議論様式の徴候

であるからである．さらには，人種，階級，ジェンダーのような日常的概念は，非常に論争的な公的議論にとりあげられたため，結果としてこれらの概念を説明モデルの変数として扱うために非政治化するという戦略は，今日の政治的，知識的な論争の参加者にとっては魅力の乏しいものとなっているからである．

　もちろん，すべての社会学者が，アメリカ社会学を席巻する科学的な研究スタイルに追随しているわけではない．社会現象への数量的，合理的アプローチは，多く社会学者にとって嫌悪の的になり，この学問は，現在，その慢性的危機の状態をさらに悪化させている．これまでと同様にこの危機は，社会学が後発の「幼い」科学として研究し続けるべきか，それとも，もっとラディカルな解釈的，人間的アプローチをとり続けるべきかということに関わっている．しかし，この論争でさえ，反基礎づけ主義者のディスコースではもはや居場所のない旧来の二律背反問題に巻き込まれがちである．ミクロな分析水準 vs. マクロな分析水準，構造 vs. 主体，科学 vs. ヒューマニズム，量的方法 vs. 質的方法といった論争は，現代の多くの哲学者や文学研究者が片づけようと試みている，おなじみの概念上の対立を繰り返すばかりである．この論争ゲームもやや遅れて，ポスト規約主義，ポスト構造主義，脱構築主義の著作を評価し始めた社会学者が増えてきている．しかし，こうした社会学者の試みは，他の研究領域で長い間行われてきた議論の不器用な模倣となってしまう．これは，他の多くの分野が経験した「社会学的転回」の先行者であるべき分野である社会学にとって，特に皮肉な展開である．

　さまざまな理由で，専門的社会学の不適切さについてここで確認した事柄からすると，エスノメソドロジーと科学社会学は例外的なものである．フッサール，ハイデガー，メルロ＝ポンティ，ウィトゲンシュタインが流行するかなり以前から，エスノメソドロジーは，これらの著作を取り上げており，ディスコースと実践的推論への独自のアプローチを展開してきた．さらに最近では，科学社会学者は，科学史や科学哲学の「新しい潮流」と結びつく議論に巻き込まれてきた．クーン，ポパー，ラカトシュ，ファイヤアーベント，ポランニ，ハンソン，トゥールミン，もっと最近ではハッキングの著作は，科学社会学の現在の研究プログラムに多大な影響を与え，社会学者は，かなりの程度，科学研究の領域で生まれてきた科学のレトリックや実践的な「技能」への，通分野的な

関心を示してきた．

　通分野的な批判的ディスコースの提唱者と同様に，エスノメソドロジストと科学社会学者は，「局所的で個別の視点から独立したものとしての真理の概念と，局所的な個別の視点へ埋め込まれた人々にとって明らかだと思われるものとしての真理の概念の間の，古くからある対立[5]」に直面している．大部分で，この2領域の研究者は，社会秩序の「達成」と社会的で科学的な「事実」の「構成」を記述しようとし，後者——反基礎づけ主義——の立場をとる．これらの領域は，歴史の展開や現代の実践を記述／説明しようとする際に，真理や合理性，自然な実在（リアリティ）という超越論的基準の使用を明確に拒否する．

　エスノメソドロジストと科学社会学者は，しばしば現代哲学の動向に敏感ではあるが，哲学や人文科学の研究者の場合よりも，一般的に「経験的な」（この言葉の意味はどうあれ）研究を行う傾向にある．彼らは，特定の社会的状況における行為の事例研究を行い，細部に注意を払い，観察可能な（もしくは少なくとも再構成可能な）出来事を記述し説明しようとする．経験的観察や説明といった研究上の共通用語は，経験主義や実証主義との関連を所与とすれば，問題を含んでいる．しかし，エスノメソドロジストと科学社会学者は，言語使用と実践的行為の「実際の」状況に特別に焦点を当てていることは明らかだろう．これらの研究により，言語，科学，技術についてより独自性のある理解が可能になるのであり，そうした理解とは，近代の特性やその発展についての大雑把な一般化や，科学者や発明家の回顧録の検討によって得られるものとは異なる．

　戦後哲学の「言語論的転回」と，レトリックや実践的行為への関心の刷新にともなって，哲学などの研究者は次のように考え始めた．すなわち，行為に理由が与えられ，規則が引き合いに出され，意味が解明され，真理が要求される非常に多様な言語的，実践的環境から，合理性，実践的推論，意味，真理，知識という伝統的な認識論のトピックは切り離すことはできないということである．前世代のプラグマティズムと日常言語哲学の理念的，形式的な探求を超え出て，現代の研究者は，「実際の」使用により注意を払うことになった．例えば，現代の科学哲学は，歴史的，社会学的な研究を次第に頼りにするようになってきている[6]．そして，分析志向の哲学者の中には，認知科学や人工知能から着想や指針を得ている者もいる[7]．

私の関心に特に関連した流れでいえば，リチャード・ローティやトーマス・マッカーシーのような哲学者が，哲学的探求はエスノグラフィーとそれに類する「言語ゲーム」の経験的研究に接近すべきだと議論している．このことは，ローティの「ネオ・プラグマティズム」を議論する中で，マッカーシーが簡潔に要約している．「合理性や認識的権威とは，超越論的議論についていくといったことではなく，知識産出活動の詳細なエスノグラフィー的記述を提供することによって明らかになるのである．『言語ゲームの規則を理解すれば，言語ゲーム内の個々の指し手（moves）がなぜなされたか理解するのに必要なすべてのことを，我々が理解していることになる[8]．』」

　さらに，マッカーシーは，エスノメソドロジー研究が，実践的行為と状況づけられたルール使用に関する反基礎づけ主義的探求にとって特に適切な資源を提唱してくれると述べている．

2. 断片的プログラムと複雑な織り合わせ

　エスノメソドロジーと科学社会学の文献から筋の通った教えを簡潔に示すことができれば，本書の作業ははるかに簡単になっただろう．私は残念ながらそのように装うこともできないので，解説目的のために両者を再構成しながら，内在的批判を行わざるをえない．これまで私は，これら2つの領域がそれぞれある主題への統一されたアプローチの典型かのように説明してきたが，そういうわけではまったくない．2つの領域は，ほとんどの研究者がお互い知り合っているか少なくとも聞き知っているほど小さい．しかも，専門的学術誌や共通に知られている，道標となる著作があるにもかかわらず，単一の認識上のコミットメント（epistemic commitment）によって統合されているとはいえない．エスノメソドロジーと科学社会学の両者とも，さまざまな研究プログラムが混在しており，共に多様な認識上のコミットメントを含んでいる．おなじみの区分である，形式主義と反基礎づけ主義，価値自由的と政治的，実証主義的と再帰的という様式のほとんどすべてが，エスノメソドロジーと科学社会学の論争的な論文にみられ，言語や科学や行為の哲学におけるほとんどすべての立場がときどき混ざり合っている．

解説の難しさをさらに増しているのは，この2つの領域，特にエスノメソドロジーを理解するのが周知の通り困難を伴うからである．このことは，この分野のいくつかの最高水準の研究に対してとくにあてはまる．またエスノメソドロジーや科学研究を，革新的に進めることもきわめて難しい．エスノメソドロジーや「新しい」科学社会学の名の下に数多くの研究が行われたが，そのどれもがこれらの分野で革新的な主導性を強く示すことはなかった．したがって，エスノメソドロジーと科学社会学を特徴づけるときに，私はそれらの研究を取捨選択する必要がある．しかし，それ以上に，通分野の共同体の研究者にこの領域のどちらか，あるいは両方の研究を紹介する前に，批判的な準備作業を十分に行う必要がある．

　私の解説が困難になるのは，エスノメソドロジーと科学社会学におけるさまざまなプログラムが複雑に織り合わさっているからでもある．第1章で説明するように，エスノメソドロジーは，ハロルド・ガーフィンケルによって1950年代に提唱され，そのすぐ後に，現象学に影響を受けた日常的な言説や実践的推論の研究プログラムとして一般に知られた．その端緒から，ガーフィンケルと共同研究者は，社会学に対して，既存の理論的方法論的アプローチを批判したことで悪名高くなった．これらの批判は，エスノメソドロジストによって展開されたいくつかの概念的主題と共に，科学社会学におけるその後の調査研究と議論に影響を与えた．

　1970年代には，あるイギリスの研究者グループが，知識社会学の範囲を広げ，「精密」科学や数学における知識の社会的産出を研究し始めた．初期の科学知識の社会的研究は，研究計画的なものや，歴史的なアプローチに焦点を合わせたものだった．しかし，1970年代中頃までには，現代の科学実験室を知識や事実が「構築され」もしくは「作られる」仕事場（ワークプレイス）として扱うという考えを少数の研究者が生みだした．彼らは，後に実験室研究として知られるようになるものを始めた．これらの観察研究は，科学以外の実践的活動のエスノグラフィーやエスノメソドロジーの研究によって初期に提案されたいくつかのテーマを中心にしていた．

　ほぼ同時期，これとは独立した展開として，ガーフィンケルと数人の学生たちは，実験室研究者と数学者のディスコースと実践的な行為に対して本格的に注

目しはじめた．これらの研究と科学知識の社会学の多くの研究には類似性が見られたし，現在も見られるが，双方はいくつかの重要な点で異なる．この違いを検討することは，とりわけ混乱をきたすものである．というのは，ガーフィンケルとその学生たちは，エスノメソドロジーの他のプログラムとは重要な点で異なったアプローチを展開してきたからである．

　エスノメソドロジーという言葉は，かなりの程度，独自の遍歴を経ており，しばしば，さまざまなエスノグラフィー的アプローチや解釈学的アプローチのことを述べるのに気軽に使われることがよくある．真正なるエスノメソドロジーとさまざまな疑似研究を区別する試みが，細かいことにこだわる論争を生み出し，共倒れの争いとなる可能性を認めながらも，このアプローチが何を行っており，また何を行うことができるのかということを明らかにする必要があると私には思われる．先に述べた通り，エスノメソドロジーと科学社会学は，認識論の伝統的トピックに対して独特の経験的アプローチ——必ずしも経験主義や基礎づけ主義によるアプローチという意味である必要はない——を行ってきた．しかし2つの領域における最近の展開によって，その革新的な潜在性が骨抜きにされてきている．これらの研究が科学研究の広い分野で評価され始めたまさにその時，構築主義の科学社会学者は，自身の研究についての懐疑的疑問につかまってしまったのである．この再帰性（reflexivity）とときに呼ばれるものへの関心が高まることで，かつて「実際の」科学実践の研究を喚起した素朴なエネルギーが奪い取られてしまったのである．

　同時に，特にアメリカで，機能主義と制度の社会学における既存のプログラムは，構築主義者によって提起された革新的な独創性の多くを吸収した．同じ運命がエスノメソドロジーにもおとずれた．マッカーシーのような哲学者やスタンリー・フィッシュのような文芸批評家が，ディスコースや社会実践への反基礎づけ主義アプローチの模範例としてエスノメソドロジーに注目した．まさにその時，この領域の研究の多くが〔逆に〕明白な基礎づけ主義的転回をしてしまったのである．会話分析という派生的研究プログラムは，社会学や言語学，コミュニケーション研究におけるエスノメソドロジーのもっとも有名な研究例となった．会話分析は，しだいに言語使用の組織化に関する形式主義的で基礎づけ主義的な主張を発展させ，その多くは今やガーフィンケルの革新的な提唱

をほとんど歴史的にしか興味をもたれないような，記憶もおぼろげな「父親代わり」として扱っている．しかし同時に，後に述べるように，ガーフィンケルの続けてきた研究プログラムは，より影響力のある多くの会話分析者が支持する形式主義と基礎づけ主義のアプローチに対する強い代替案を提供している．

　このような複雑な状況のもとで，2つの領域を代表するさまざまな研究方法の包括的な分類法を提供するという意味で，エスノメソドロジーと科学社会学の概観を示したいわけではない．むしろ，私はそれらを特定の方向性があったり安定したものとは捉えないように努めたい．エスノメソドロジーと科学社会学の研究は，認識論や社会理論のトピックへの批判の足がかりを提供するだけでなく，2つの領域で用いられている説明様式や分析様式の内在的批判にとって軸となるものを与えてくれると私は考える．科学社会学は，エスノメソドロジーや会話分析研究に現れている，いくらかの科学的傾向を批判する手段を提供してくれる．同時に，エスノメソドロジー研究は，言語使用と実践的行為について，構築主義的な科学社会学にみられるものよりも洗練された理解であると私が考えるものを提供してくれる．よって，エスノメソドロジーと科学社会学を認識論の伝統的なトピックへの経験的アプローチを提供する研究分野であるとする一方で，どのようにしてこれらの分野がもっと効果的にその伝統的トピックに着手できるのかという問いに，かなりの注意を払っていきたい．

　また，実践的行為の経験的研究と，ディスコースと実践的推論の哲学的アプローチの間は，一方通行ではないことが明らかになってきた．エスノメソドロジーや科学社会学が，認識論的問題についての議論に経験的基盤を与えると私は簡単には主張できない．これらの分野が発展したのは，先験的なものを取り扱う哲学と関わり合いがあったためであるという主張もできない．かなり多くの（しばしば，疑わしい）哲学が経験的な社会学の名のもとに発展したということは確かにあるだろう．しかし，哲学者や人文科学者も，「モダン」な，あるいは「ポストモダン」な知識[9]の条件について考察し始めるとき，社会，言語，技術，科学についての疑わしい主張を同様に発展させてきたようである．エスノメソドロジーと科学社会学が認識論のトピックを取り上げる際，その方法が系統的に異なることは，「経験的」社会学の研究とされるものには明確な標準型というものはないということを示している．それゆえ，エスノメソドロジーと科

学社会学におけるプログラム的な主張と「経験的」研究戦略を通して，意味，合理性，客観性などについてのよくある哲学論争が終わるのではなく，むしろ，それらによって，その論争の内部に自らを位置づけることになるのである．

エスノメソドロジーと科学社会学の研究者は，現象学とウィトゲンシュタインの後期著作を引用する傾向にあるが，それらの哲学的な貢献が重要であり続けるにもかかわらず，その研究は，どんな既存の意味でも哲学的とは言えない．これら2つの研究プログラムによって提案された経験的主張の意味や適切性は，哲学によって提案された言語や知識のさまざまな言説上の説明と明確には区別できない．しかし，一般的意味で哲学的でも社会学的でもない認識論のトピックの研究法をこの2つの領域は提案していると論じていく．

3. 本書の構成

本書は，私が今後の研究で発表しようとしている一連の経験的研究やデモンストレーション的習作のための理論的な方針を提供する．これは，エスノメソドロジーや科学社会学の研究のレヴューであり，2つの領域間やその内部での批判的な議論を提起するものである．最初の3章では，主として社会学における展開に焦点を当てる．第1章は，エスノメソドロジーの「発明」を論じ，その研究プログラムに関連したテーマや展開を検討する．第2章では，「新しい」知識社会学の展開を追っていく．この社会学は，マンハイムの「没評価的・全体的イデオロギー概念」の適用を拡大し,科学規範と制度を研究するためのマートンの機能主義プログラムにとって代わろうと試みたのである．第3章では，新しい科学知識の社会学におけるより先鋭的なプログラムについての批判的議論を行いたい．そのプログラムとは，科学社会学における「ストロングプログラム」や，「経験的相対主義」プログラム，エスノグラフィー的な「実験室研究」などである．

その次の3章では，前章までに議論された，言語，実践的行為，科学，技術への経験的アプローチに関わる問題をいくつか検討することによって，議論の視野を広めていく．多くのエスノメソドロジストや科学社会学者は，自分達の研究が経験的であり，その研究に関わる「哲学的」考察に向かう必要はもはや

無いと主張している．しかし私は，懐疑主義，科学主義，言語表象に関連した古くからある問題を簡単には棚上げすることはできないと考えている．これらの問題は，経験的な発見を集めることにより「メタ理論的」議論が終わりを告げることを正当化するという趣旨のプログラム上の主張により，しばしば強引に「解決」されるのである．私は，このような問題の明解な解決が，哲学の文献をもっと注意深く研究することによって発見されうるとは言わないが，多くのエスノメソドロジストと科学社会学者は，言語や科学や実践的行為についての曖昧で自己矛盾した前提を持っていると述べたい．1人の社会学者として，私は，そのような「欠陥」を正していく科学哲学を展開する立場にはない．しかし，認識論のトピックの多くを，現代の科学実践の検討によって興味深く，内容豊かに扱うことができるということを示したい．私が提案したいのは，言語，実践的行為，科学，知識についての「新しくて改善された」諸前提を採用することではない．他のものも含めて，これらの認識上の事象（epistemic matters）が，経験的な探究にとってどのようにトピック化されるべきかについて示唆を与えることである．この提案は，それ自体，擁護できない前提を置いたり，無限後退をもたらすとして批判される可能性がもちろんある．しかし，認識上の事象は，無限に懐疑的な「再帰性〔リフレクシビティ〕」のアポリアへと陥ること無く検討できることを論じたい．

　第4章では，エスノメソドロジー（そして，若干は科学知識の社会学）が現象学と実存主義的現象学より受けた恩恵を論じる．この章は，自然の数学化についてのフッサール現象学の解明を簡潔に論じた後に，行為の「局所的〔ローカル〕な産出」というエスノメソドロジーの考え方にふれたい．本章の後半は，（特にアルフレッド・シュッツの）現象学的な研究が，「科学的」分析と「日常的」知識に区別を設ける「プロト・エスノメソドロジー」的な研究へ組み込まれてしまっていることを批判する．

　第5章では，エスノメソドロジーと知識社会学の研究にとっての，言語や数学に関する後期ウィトゲンシュタインの探究の重要性を検討する．本章は，ウィトゲンシュタインによる算術の規則に関する議論の懐疑的解釈が，いかにして科学社会学における既成の信条となったのかを検討することから始める．それから，ウィトゲンシュタイン以降の哲学におけるルール懐疑主義の批判の

いくつかを概観し，ウィトゲンシュタインの著作が基礎づけ主義の哲学を覆すのとまったく同様に，説明的な知識社会学の目的を問題化することを論じる．最後に，エスノメソドロジーが，いかにして相対主義や懐疑主義の知識社会学のパラドックスから抜け出せる道を示したのかを述べる．

第6章では，会話分析という領域で確立した「分子社会学」のプログラムを論じ，批判する．会話分析は，一時期，エスノメソドロジーと関連が深かったし，しばしば，エスノメソドロジーのもっとも成功した経験的プログラムと考えられている．しかし，私の考えでは，会話分析の記述的なプログラムは，形式主義と基礎づけ主義の方向性を帯びてきており，それは，科学のエスノメソドロジー研究においてとられている実践的行為への方向性とは決定的に異なっている．会話分析の分析的言語と共同的な調査戦略へ言及しながら，この違いを批判的に詳述することで，第7章で展開する「ポスト分析的エスノメソドロジー」の提案をはじめる．

第7章では，エスノメソドロジーと科学知識の社会学が直面する共通の問題と私が考える事柄，すなわち，メンバー（成員）が内輪の主張をしたり自らの議論をする際に用いる，言語に頼ることなしに，社会実践の特定の場をどのように分析するかということに着手する．この問題には脱出口はない一方で，1つの誤解から生じているということを論じたい．まずもって一般的な問題があるという考えは，そのような脱出口の可能性を示唆してはいるのだが，その可能性が錯覚であると分かれば，その問題は解消されるのである．私は科学のエスノメソドロジー研究は，科学主義か主観主義かという二項対立の見解へ陥ることなしに認識にかかわる活動を検討する方法を与えうるということを提案する．

本書以降の研究においては，ここに概観したプログラムをもとにして，ポスト分析的なエスノメソドロジーが科学哲学や科学史のいくつかのトピックをどのように再特定化できるか例証していく一連の研究や課題を行っていきたい．これらのトピックには，観察，表象，測定，発見，説明などが含まれる．これらを再特定化することにより，こうした親しみ深い認識論のトピックを，非常に多種多様な実践的現象を言いつくろう（gloss over）用語として扱いたい[10]．認識に関わる言語ゲームが局所的に組織化されて産出されていく様を記述するための一連の詳細で生き生きした事例を提供し，科学と呼ばれる複雑な活動の

領域の理解を豊かにすること，これが，この再特定化の目的なのである．

第1章　エスノメソドロジー

　エスノメソドロジーを一言でまとめるとすれば，社会的実践とその 説明(アカウント) との系譜的関係を探求する1つの方法とすることができる．エスノメソドロジーは社会学の一分野と一般に考えられている．もっとも，コミュニケーション研究，科学研究，人類学，社会科学の哲学に入るとされることもある．社会理論と社会学方法論における20世紀の伝統とエスノメソドロジーの関係は深く，両義的である．この関係がなぜ深いかといえば，エスノメソドロジーは，社会構造と社会的行為の理論において間違いなく最重要とされているテーマ——行為，秩序，合理性，意味，構造といったもの——に取り組む方法を提示しているからである．また，これらのテーマは，常識的推論と科学的分析の関係をめぐる方法論上の論争の中でも際立っている．そして，その関係がなぜ両義的なのかといえば，エスノメソドロジーはその基礎的トピックへの方向性ゆえに，社会科学の既成の理論や方法論の大半と相容れないものになるからである[1]．

　社会学とエスノメソドロジーの関係は論じにくく，理解しにくい．多くのエスノメソドロジストは社会学部に所属しているので，その意味ではエスノメソドロジストは社会学者である．しかし，エスノメソドロジーは，社会構造の知識を生成する「専門的」社会学的方法を，「素人」のノウハウ（このノウハウは実際，社会学者が研究している社会の一部である）と同列に扱ってきた．このことは専門的社会学者にしてみればもっとも腹立たしい研究方針の1つなのである．研究方針の問題として（個人的には異なることもあるかもしれないが），エスノメソドロジストは専門的社会学者の「一族の関心」を取り扱うことに対して学問上，無関心である[2]．エスノメソドロジストは，素人と専門家の方法を同じ学問領域の一部として取り扱うことによって，自らと社会学者が専門的作業を

行っている，学問という生活形式から距離をとっている．廊下の先でご立腹の同僚社会学者の反応は，家族の中でよそ者の様に振る舞うという，エスノメソドロジーの「違背実験」〔第4章3節を参照〕を行った学生に対する家族の怒りと同じ様に理解できるし，十分根拠がある．「何でお前はいつも家族の団欒にいざこざを持ちこむんだ」，「お前にはこれ以上何も頼まない．母さんを大切にしないのだったら出てけ！」，「私たちはネズミじゃない．そうでしょう」[3]．

　こうした，専門的社会学者を当惑させるような，また一見無礼な「態度」を動機づけているものは何であろうか[4]．この問いへの答えかたはさまざまであろうが，私たちの多くにとって，その動機は社会学者が取り組んできたトピックへの強い関心と，そのトピックに専門的分析を施した際に生じる事態への深い失望の双方に由来している．この失望は，よく知られている社会学の分析的手続きの「曖昧さ」や，そうした手続きに基づく予測の不確定性のせいばかりではない．私の判断によれば，それは社会学の視点と方法のデザインのされ方にむしろ関係している．社会学の視点と方法は，家族，宗教，暴動，ジェンダー関係，人種，民族，階級制度等々のトピック全体を統一的に扱うようデザインされているのだ．もちろん，これらのトピックを経験的に研究する余地は十分残されている．しかし20世紀後半の社会学の支配的な動向は，社会全体という「レベル」に適用できる一群の分析的カテゴリーを定義する統一的な概念枠組の下に，社会現象のトピック全体を包摂しようとするものであった[5]．その結果，社会学的変数を参照したり，規範からの変化要因を決定する統計的な手続きを用いることによって分析される事例として取り扱われる際には，家庭生活，宗教体験，経済活動，日常生活のありふれた側面は，総じて希薄になってしまうのだ．また社会学には，いわゆる質的アプローチやミクロ・アプローチが含まれているが，しばしば，これらは予備的で格下の分析法として扱われる傾向にある．そして，こうした研究における記述的志向は，しばしば，次のような取組みに支配的な影響を受けている．すなわち，観察可能な事例の詳細は，場面の背後にある抽象的な社会的「力」の作用をどのように「反映して」いるのかを示そうとする取組みである．この社会学において，こうした理論的，方法論的方向性が支配的であるのには，明確で理解可能な理由がある．この方向性によって，論理経験主義の科学哲学から受け継いだ，統一科学のイメージが

具体的に示されるからであり，自然科学的探求のエッセンスを組み入れた進歩的で権威あるアプローチという意味が伝わるからである．

　社会学が科学的であるべきか否かという論争が始まってから少なくとも1世紀の歳月が流れ去った．社会学の中で科学主義に対抗する者達がその戦いに敗れたのは，はるか昔のことであり，その立場は少数者の観点として生き残っているだけであった．しかしエスノメソドロジストは社会学的実践と日常言語の関係を綿密に研究することによって，この古典的な論争の新たな戦線を切り開いた．そして，そうすることによって，社会学の科学主義に対して，もはや「単なる」哲学的議論として退けることはできないような経験的反証を行ったのだ．1970年代初頭以降，さらに別の戦線が開かれた．その時，構築主義の科学社会学者と何人かのエスノメソドロジストが自然科学の「実際の」実践へと関心を向け，そこで，科学的探求についての論理経験主義の視点というものは，科学実践を理念化して，実質上誤って捉えたものだということを見いだした（少なくとも，そう主張した）のだった．これらの研究は決定的な結論を出したというには程遠く，その多くは既存の社会学的伝統を重んずるままであったが，分析的社会学による科学の概念化に対して新たな問題を提起した．第1に，これらの研究は社会学の教育において定着している科学的理論と科学的方法に関する多くの前提を「問題にした」．第2に，これらの研究は研究対象たる実践の「具体的」で「内的」な詳細とは分析的に異なる「社会的側面」に取組む社会学の傾向に対して異議を唱えたのであった．

　さしあたり，科学知識の社会学が科学的理論と科学的方法についての既成の社会学の考え方にどのような形で対峙しているのかについて，広範囲な議論をするのは後回しにしよう．この章の残りでは，これ以降の章の議論で詳しく述べていくことになるエスノメソドロジー特有の研究方針を紹介するために，簡潔にエスノメソドロジーの歴史を示していく．序章で言及したように，本書の全体的な目標は，エスノメソドロジストと科学社会学者とがそれぞれ発展させた，科学実践と日常言語使用の扱いが極めて重要な形で収斂することを提示することである．そして，こうすることによって今度は，社会理論と認識論の中心的なトピックのいくつかを「再特定化する」という提案をすることになろう．

1. ガーフィンケルによるエスノメソドロジーの考案

社会学における多くの歴史展開とは異なり，エスノメソドロジーは明確な源流へと辿ることができる．ハロルド・ガーフィンケルはエスノメソドロジーの「創設の父」として広く知られている．もっとも，彼は時に冗談で「とんでもない奴等」を産み出してしまったと語っているけれども．ガーフィンケルはエ・ス・ノ・メ・ソ・ド・ロ・ジ・ー・という言葉を1950年代中旬に産み出したが，ガーフィンケルの研究やその学生の研究がいくつか出版される1960年代中頃まで，この言葉は知られていなかった．1960年代後半に開かれたシンポジウムでガーフィンケルは，シカゴ大学で陪審審議の学際的な研究報告書を用意している最中にエスノメソドロジーという言葉をどう思いついたのかを語っている．

　私が興味を抱いたのは，ある種の方法的知識，つまり，社会のさまざまに組織化された出来事が遂行される方法についての知識を陪審員たちが用いている，ということでした．彼らはその知識を簡単に引き出せ，しかも互いに対して要求しあいます．けれども，彼らがそうした知識を互いに要求しあうときには，それらを互いに点検するような仕方では行ってはいないようなのです．陪審員は科学者のような仕方では仕事をしていません．しかしながら彼らは，適切な説明，適切な記述，適切な証拠といったことにこだわっています．彼らが「常識的観点」という概念を用いるときには，彼ら自身は「常識的」になりたくないときなんです．彼らは法に則っていたいのです．彼らは合法的でありたいとよく口にしました．と同時に，公正でありたいとも望んでいました．もし彼らに，あなたたちの理解している合法的とはいったい何かと問い詰めたら，たちまち慎重になって，こう言うでしょう．「いやいや，私は法律家ではありませんよ．何が合法的なのか知っていて，あなたがたに教えられるなんて期待されてもほんとうに困りますよ．結局，法律家はあなたがたでしょう」．このようにして彼らは，こう言ってよければ「事実」と「空想」，「見解」と「私の見解」と「あなたの見解」，「私たちが言う資格のあること」と「証拠から明らかになること」と「証明できること」，さらに「彼が

言ったとあなたが思っているだけのこと」や「彼が言ったように思えること」と区別された「彼が実際に言ったこと」といった，いわば「格調高い方法論にかかわる事柄」を，興味深い形で受け入れているのです．証拠と証明，妥当性に関すること，真偽，私的と公的，方法の手続き等々の概念が使われているのです．と同時に，メンバー（陪審員）が審議の作業を遂行するためにこれらの概念を使っているまさにその場面を構成するものとして，あらゆるすべての事柄が関係者全員によって取り扱われているのです．そして，陪審員にとって，審議の作業は非常に真剣に行われるべきものです[6]．

ガーフィンケルが詳述するように，陪審員はもっぱら実践的推論者として自らふるまっているにもかかわらず，証拠を集めて吟味し整然とした立証を行い，事実や意見に関する判断を行うための専門的資格や専門的技能を持っていないのである．それなのに，陪審員は審議の間，よく知られた「方法論的」問題に陪審員自身のやり方で取り組んでいた．そして，そのようなやり方が陪審員の協議した評決に実質的に関わっていた．ガーフィンケルは，社会人類学におけるさまざまな「エスノサイエンス（民族科学）」のアプローチを比喩として使うことで，「エスノメソドロジー」とは，概して素人による実践的推論の方法を研究するやり方のことであると提起したのである．

1940年代後半，ガーフィンケルはハーバード大学の社会関係学部で博士号取得の準備をしている際,「エスノサイエンス」のアプローチを発展させた人類学者による初期のいくつかの取組みに接することとなった．数年後，シカゴの陪審員プロジェクトで仕事をしていく中で，エスノサイエンスに関する研究紹介を読み,「エスノメソドロジー」に発展していく発想に思い至った．エスノサイエンス（民族植物学，民族医学，民族物理学など）は植物，動物，医学，色，その他の意味領域について，文化に特有な分類法を引き出し，これらに関連する科学知識の下で位置づけなおすようにつくられていた[7]．例えば，民族植物学は「ネイティブ」による植物の分類を研究するものである．つまり，植物のカテゴリー間の体系的な分類軸と階層関係も含めて，植物の種類を識別するための文化に特有な名称体系を研究するものである．民族植物学者は，こうした分類をネイティブのインフォーマント（現地の情報提供者）から引き出した後，その分

類を現代植物学者の分類法と比較する．続いて，ネイティブの分類法と科学的な分類法の違いを，ネイティブの習慣，儀式の実践，親族組織といった特徴的なパターンへと解釈を介して関連付ける．こうしたエスノサイエンスとの類比によるならば，エスノメソドロジーは，人々が実践的な事柄を行うときに使っている日常の「方法」の研究だと言えるかもしれない．しかし，エスノメソドロジーと他のエスノサイエンスとの関係を取り扱う際には注意が必要である．なぜなら，そこには著しい相違があるからだ[8]．

1. ガーフィンケルは陪審員の方法論を広範な認識上の区別の点から特徴づけた[9]．証言の真偽を判断し，正確に証拠を解釈していく陪審員の方法は，法律学の専門的な調査手続きと細かく比較できるものではないし，実験科学などの方法の標準的な設計とは少しも似ていない．「事実」，「理由」，「証拠」などに関する陪審員による審議は，たしかに法律の専門家や科学者とも共有されている自然言語によって表現されている．しかし，陪審員の方法的実践は自然科学・人文科学の方法論上のテクニックと細部において同等性が見られるようなものではない．こうしたわけで，ガーフィンケルのエスノメソドロジーは，科学的方法論のモデルに正確に基づいてはいないのだから，厳密に言えばエスノサイエンスではない[10]．そうではなく，ガーフィンケルは陪審員の常識的方法を現象それ自体として扱っているのだ．この点でガーフィンケルは社会的世界の現象学を解明するシュッツの取組みに影響を受けている[11]．

2. ガーフィンケルは日常的方法の分類学を発展させようとしたのではないし，特定の科学分野とネイティブの文化に共通する意味論上の領域を定めようとしたわけでもない．エスノメソドロジーにとっての現象とは，陪審員が方法論的な事柄に言及するために用いている名称体系ではなく，陪審員たちが審議の間に「方法論的な」決定をどのように達成したかなのである．ガーフィンケルにとって，そうした「方法」には，素人によるものであれ専門家によるものであれ，社会秩序が生み出される実践の領域のすべてが含まれるのだ．これらの方法を主題とみなすことによってガーフィンケルは社会的行為の研究への包括的アプローチを提案しようとしたのであり，それは（植物，動物，色，親族関係といった）ネイティブによる特定領域の分類の研究ではないのである．

3. 陪審の「ネイティブ」は異文化のメンバー（成員）ではない．彼らはさまざ

まな教育を受けており，英語を話し，ガーフィンケルが住んでいるのと同じ社会のメンバーである．陪審員が審議を行う際に従う用語と手続きを研究するのに，ガーフィンケルは特別な言語を学ぶ必要はないし，民族植物学や民族医学の研究に情報をもたらしてくれるかもしれない独特な園芸技術や医術のエスノグラフィーの類も行う必要はない．陪審員の実践的推論は直観的に明白であり，実際あまりにもそうなので，シカゴ陪審プロジェクトの他の調査者は簡単にその実践的推論を見逃してしまうのである．実際に陪審員を動機づけているものを見つけるために，調査者たちはとりわけ審議の表面の「背後にあるもの」を得ようとしたのだった．ガーフィンケルは陪審プロジェクトの逸話について語り，こう簡潔に説明している．

> 1954年，フレッド・ストロッドベックはシカゴ大学の法科大学院に雇われて，陪審員室での審議を盗聴した録音テープを分析することになった．ストロッドベックを雇った委員会にエドワード・シルズがいた．ストロッドベックが法科大学院の教員にベールズの相互作用分析のカテゴリーを使うことを提案した時，シルズは次のような不満をいった．「ベールズの相互作用分析を使えば，陪審審議の何が彼らを小集団にしているのかは確かに学べるだろう．しかし，その審議の何が彼らを陪審員にしているのかを我々は知りたいのだ」．……シルズは間違った問いを立てているとストロッドベックは応答し，これにシルズは同意した[12]．

「シルズは間違った問いを立てている」というストロッドベックの応答は，実践的行為の社会学研究のジレンマに対して注意を促している．このジレンマは今日まで議論を呼び起こしている．ベールズの相互作用分析は，かつて社会心理学で広く使われた「内容分析」の方法である[13]．分析者はこの手続きを使って，相互行為的出来事を（生で聞くのであれテープで聞くのであれ）観察し，同時にカテゴリーの目録から選択して発話を「コード化」する．例えば，会話における特定の話者の発話を他の参与者に対する「支持」として決定するというコード化をするのである．ストロッドベックはベールズの手続きを，何時間もの録音された審議を扱いやすい，つまりは統計的に分析可能なデータベースに切り

詰めるための方法として勧めた．シルズの不満から分かるのは，ベールズのコーディング図式によれば，従来の社会学的方法が「扱える」よう設定されているデータを構築することが研究者に可能となる．けれども，そのデータを用いれば，陪審員が用いているより文脈に特有な方法に焦点を合わせることができなくなる．シルズとストロッドベックがこの不満を真剣に受け取っていれば，テープに録音された「生のデータ」に対する自分自身の常識的，前科学的理解の他には，何の方法論的基盤も持たないままになってしまったであろう．しかしながら，ガーフィンケルはシルズの不満を非常に真剣に受け取った．そうすることによってガーフィンケルは，ストロッドベックの応答が避けようとした困難を招き入れたのである．

4. これまでのどんな自然科学，社会科学も，陪審員の方法を定義し，評価するための比較基盤を与えてこなかった．民族植物学者の場合は，しばしば，調査地域の植物に関する比較的完全な科学的目録を想定することができる．あるいは，そんなことをしなくても，ネイティブのインフォーマント（情報提供者）から得た標本を実験室で分析することによって目録を作り始めることができる．こうして科学的分類を手にして，民族植物学者はネイティブによる植物カテゴリーの目録を調べて，その目録が科学的に確認された種にあたる名前を含んでいるかどうかを見出すことができる．そうすることによって民族植物学者は，同一種だが形態学的には異なる植物の雄と雌に，異なった名前をネイティブが割り当てているかどうかを発見できるし，またネイティブの分類体系には科学的分類体系に欠けている区別や分類軸が含まれているのかどうかを発見できる．ネイティブが植物の葉を薬用として用いたり，何らかの植物を食べることを禁じるようなケースでは，実験分析によって植物本体の「実際」の生化学的成分と生理学的効果を検査することができる．こうした民族植物学とは対照的に，ガーフィンケルと学生は，後に自らが「エスノメソドロジー的無関心（ethnomethodological indifference）」と名づける研究方針の下，ある特定の方法論的規定（それが社会学，特定の自然科学，形式論理学のいずれから引き出されようとも）がネイティブの方法の「表面下で」作用する合理性を定義する規準となり得るという前提を置かなかった．この方針によって，当時の社会学に支配的であったヴェーバーとパーソンズによる既成の行為理論とのはっきりとした決

別が鮮明になった．マックス・ヴェーバーの行為理論はかなり難解であり，合理的行為と非合理的行為のさまざまな類型のための正当な社会的位置を規定しているけれども[14]，その行為理論が提案する記述方法は，全知の科学的観察者によって理念化された「視点」を用いている．

　類型構成的な科学的手続きを私たちが採用するならば，行為の純粋目的合理的過程を仮定し，そこからの偏向として，行為に影響を及ぼしている非合理的感情の意味連関を究明し，十分な理解を得ることが私たちにとって可能となる．例えば，株式恐慌を説明するには，まず，非合理的感情の影響がなかった場合に想定される行為過程を明らかにし，次に，非合理的要素を「攪乱要因」として導入するのが便利である．同じように，政治行動や軍事行動についても，まず，当事者の事情や意図が完全に知られているという仮定と，私たちにとって確実だと思われる経験的証拠に基づいて手段の選択が純粋目的合理的に行われているという仮定をして，これらの仮定の下で行為がいかなる過程をたどるのかを明らかにするのが便利である．こうして初めて，想定上の行為過程からの偏向を，非合理性的要因の観点から因果的に説明することが可能となるのだ[15]．

　この節に出てくる1人称の複数代名詞〔私たち〕は，語り手の声と，想定上の科学的観察者の視点とを同一視している．複雑な歴史分野におけるさまざまな行為の「十分な理解を得る」ためには，「私たちの」記述は，並外れた視野と特異性を持たねばならないだろう．この線にそって構築された社会学は，すべての科学の科学たること，つまり無数の環境における個別の出来事について完璧な判断を下すことができる科学を熱望することになる．ワーテルローの戦いにおいて，「当事者の事情や意図が完全に知られていたという仮定のもとで，行為がいかなる過程をたどったのかを明らかにする」のに何が必要かを想像してみよう[16]．ヴェーバーの言うところの「私たち」とは，より明白に神学的な言説に挿入されて，全知の神によって占められている文法的地位の代わりをするものだと言ってよい[17]．

　タルコット・パーソンズは自らの主意主義的行為理論を，合理性を実証主義

的，功利主義的に扱った諸理論とは区別したが，こうした理論と同様に彼の理論も，理念化された科学的観察者という判断上の立場を保持している．ヴェーバーと同様にパーソンズも，行為というものは経験科学によって検証された基準ではなく，社会的に容認され正当なものとされた基準によって支配されているのだと認識していた．彼の定義にあるように，「内在的に合理的な」行為は科学的に検証可能な基準に忠実ではあるが，この行為形式は，規範に導かれる社会的行為というはるかに幅広い領域の下位分野にすぎなかったのである．パーソンズは，実際の状況にとって適切な条件と選択に関する科学的観察者の知識の理念化によって与えられた理論装置を決して手放すことはなかった．行為の概念枠組を構成するさまざまな主観的要素と規範的基準を定義し，区別するための基準として，状況の検証可能な経験的知識を取得する想像上の可能性をパーソンズは利用したのだった[18]．

ガーフィンケルはパーソンズの指導の下で博士論文を仕上げており[19]，その初期の研究はパーソンズの行為理論に多大な影響を受けていた．しかし，陪審員の推論についてのガーフィンケルの説明は，分析対象である社会的行為と科学的観察者との関係を全面的に作り直したものであった．社会学，経済学，心理学での長年にわたる伝統とは対照的に，ガーフィンケルは合理的行為における〈人＝科学者〉モデルも[20]，あらゆる実践の合理性を判断するような仮想の「科学的」視点も唱えなかった．ガーフィンケルの構想の独創的な点は実践的推論の日常的方法の研究を目指したことではなく，学問としての科学や管理科学の特権を否定したことであった．ガーフィンケルが拒絶した社会研究の伝統においても常識的知識と実践的推論が探求されていたが，形式モデルや既定の分析テクニックを使うのが典型的だった．しかしガーフィンケルは，社会構造に関する常識的知識を，はじめにその知識の科学的対応物を設定することなしにトピック化することを決意したのだった．

第4，6，7章で詳しく論じるように，行為，推論，社会構造の古典的研究をエスノメソドロジーが拒絶するというのはあまりに困惑することかもしれない．ガーフィンケルの提案は，研究対象となる実践についての知識に対するいかなる特別な資格もエスノメソドロジーから奪っているように見える．また，エスノメソドロジー的な教育法や，調査知見のエスノメソドロジー的なデモンスト

レーションがどのようなものに映るか考えてみると，想像を絶するものになるかもしれない．研究を裏付ける主張，結論を確立するための方法論的概念，予備的議論の連関全体が，調査で記述される常識的方法のフィールドとの錯綜した関係のなかに消滅していくようにみえることだろう．もしさまざまな方法が，記述される何かの側の状況に埋め込まれるとするならば，いかなる記述であれ，その真実性・関連性・妥当性の確保を何が可能にするのだろうか．これらの懸念は，しばしばエスノメソドロジーに関するものとして，そしてエスノメソドロジーに反対するものとして提起されており，このことについて私は後に詳細に論じようと思う．さしあたりは，ガーフィンケルによるエスノメソドロジーの考案の帰結について，こうした当惑と不満が長きにわたり表明され続けていることを記しておくにとどめよう．

2. 初期の発想

　ガーフィンケルは1950年代の中頃にはエスノメソドロジーという用語を思いついており，後にエスノメソドロジーと結びつけられることになる研究と調査方針のいくつかは博士論文にすでに表れてはいた[21]．しかしながら，1960年代中旬まで，エスノメソドロジーは社会学の中でよくは知られていなかった[22]．1950年代後半から60年代初期に学会で報告されるか刊行されたガーフィンケルのエスノメソドロジー的な研究がわずかながらある[23]．おそらくそのなかでもっとも重要なものは，1963年に公刊された「安定的な協調的行為の条件としての『信頼』概念とその実験」と題された論文であろう[24]．その1年後，彼の学生で研究仲間のアーロン・シクレルは影響力を持った研究『社会学の方法と測定』を出版している[25]．ガーフィンケルとシクレルは互いの研究を引用し合ってはいるものの，緊張関係がないわけではなかった．同書の前書きでシクレルは，シュッツの研究についてはガーフィンケルの解説に負っていることを認めているものの，次のように付け加えてもいる．本書は，「同じトピック，あるいは類似のトピックについてのガーフィンケル自身の着想とはかなり隔たりがあるかもしれない．私は彼の批判の恩恵にあづからなかったが，公刊された研究や未刊の研究に含まれている彼の着想については，直接引用す

る許可を得なくてすむ範囲内で注に記しておくようにした」[26]．この本は今も昔も多くの者にエスノメソドロジーの一例と見なされているが，シクレルのプログラムとエスノメソドロジーとの両面価値のある関係は当初から示されていたのである．第4章で説明するように，シクレルの著作は，社会学の方法論的問題を「プロトエスノメソドロジー的」に扱ったものとみなすのがよいかもしれない．シクレルはエスノメソドロジー研究をしているとは主張していないし，社会言語学，心理学，哲学のさまざまな文献を参考にしている[27]．後知恵を使うなら，ガーフィンケルの「信頼」論文も，ゲームと日常的な社会的慣行を体系的に破壊することを通して見えてくるような，ルールのさまざまな秩序性を「プロトエスノメソドロジー的」に扱ったものであると言えよう．

　ガーフィンケルの「信頼」論文とシクレルの著作は，エスノメソドロジーを次のようなものとして確立した．(1)自明視されている背後仮定，暗黙の知識，行動規範，そして標準的期待――これらを通じて，参与者が日常の社会的場面や慣習的な相互行為を作り上げていく――を顕在化する「方法」として，(2)「伝統的な」社会科学で暗黙裡に用いられている調査実践を容赦なく大胆に吟味していく視座として．こうしたエスノメソドロジー的探求は容易に伝統的な社会科学への批判として読まれた．シクレルらが明言したように，この批判はサーベイ分析，社会心理学の実験，エスノグラフィー，インタビューなどの典型的な調査技術が必然的に常識的な推論と日常的な相互行為実践によっているという観察に基づいている．そして，この観察はデータを収集し，コーディングし，解釈していくための方法的手続き全般にあてはまる．こうした調査技術を用いるのなら，調査者と調査対象者に日常語を理解し解釈することが求められているにもかかわらず，社会科学の研究者は，日常的推論や社会的相互行為の中にあるこうした前科学的な手続きを特別に検討することはないのである[28]．

　例えば社会調査者は，標準化された質問紙の項目が調査対象者に理解可能(intelligible)であるという事実をあてにしている．そのうえ，調査を設計するにあたっては，それぞれの質問が，さまざまな回答者によって比較可能なやり方で答えられることを確保するようにしてある．同様に，インタビューの順序は，一連の質問によって，安定的で意味ある属性や態度が引き出せるように設計されている．シクレルが論じたのは，こうした方法には問題があり，社会的

相互行為の論理，意味の状況による決定，記憶の働き，その他の関連項目について，これまで以上に洗練された理解に基礎づけられるのでないならば，そうした方法は疑わしいものであり続けるだろうということだった．ガーフィンケルに従ってシクレルは，標準的な社会学的方法では，社会現象が達成されているということが問題のないものとして前提にされているが，まさにこの社会現象こそ，さらなる社会学的研究に値するのであると示唆したのだった．当然ながら，こうした批判は専門的な社会学者のコミュニティに混乱，敵意，憤慨といった反応を巻き起こした．

3. エスノメソドロジーの中心となるテキストとその方針

1967年に刊行されたガーフィンケルの著作『エスノメソドロジー研究』は，エスノメソドロジーの基本的な方針と目標を提案したものである．また，これには出版に先立つ数年間にわたって彼が執筆した論文がいくつか再掲されている．いくつかの章は出版のかなり前に書かれたものなので，後に書かれた部分のようにはこの著作のプログラムと方針の明確な例示とはなっていない．同書で行われている研究のいくつか，とくに「科学活動および常識的活動の合理的な特性」[29]は，その大半をアルフレッド・シュッツとフェリックス・カウフマンの方法論的著作に負っている[30]．第4章で論じるようにガーフィンケルの初期の研究は，科学についてのシュッツの理論中心主義的視点をかなり明確に用いており，そこでは科学的合理性と常識的合理性というシュッツの区分を採用している．『エスノメソドロジー研究』の別の章ではまた，「伝統的な」社会学的方法が実践的かつ組織的に生み出されていくことについて，ガーフィンケルによる探求がさまざまな局面において体現されている[31]．この著作にはムラがあり，多くの読者が不可解なジャーゴンと不可思議な論法に不満をもらすけれども，エスノメソドロジーの中心的なテキストとなったし，当然にも現在に至るまでそうあり続けている．そこでは，多くの概念的なテーマ，デモンストレーション的な習作，重要な論法が提示されており，これらは現在でも社会学と社会科学の哲学に対するエスノメソドロジー独自の貢献とみなされている．

ガーフィンケルの序言は理論的教義の表明としてではなく，実践的な覚え書

きとして記されている[32]. その明白な狙いは研究プログラムを告知し，実施中のいくつかの調査を提示することであった．ガーフィンケルは方法論的原理からは注意深く距離を置き，代わりにエスノメソドロジー的探求の「格率」や「方針」について，いくつか概略を示した．ガーフィンケルはこれらの方針を，包括的概念の名称としてではなく使い捨ての項目として提示したのであって，社会の構成を説明するような組織的原理や分析的要素の抽象的システムを定義するために用いたわけではなかった．しかしながら，術語やレトリックによる予防措置にもかかわらず，ガーフィンケルのテキストは理論的，さらには形而上学的な言明として扱われていたし，現在ですらそうである．さらには，このテキストの方針を教義とする読解や批判に対して，しばしばエスノメソドロジストたちは説明責任があると思われている[33]．こうした誤読を嘆いても意味はない．というのは，こうした誤読こそが，社会学の中でガーフィンケルとエスノメソドロジーが不明瞭であれ名声を享受してきた原因だと論じることもできないわけではないからである．その中心的なテキストについての共同的な誤読を通じて，エスノメソドロジーは教科書，教育課程，論争，理論的系統，学術上の政治の産物として維持されてきた．すなわち，共有された一群のスローガンの途方もない誤解によって作り上げられた仮想的合意を通じて維持されてきたのである[34]．社会的世界の構成についてエスノメソドロジストが語っていることを踏まえると，エスノメソドロジーの運命は，ある意味で驚くべきことでもない．

　次の節では，エスノメソドロジーの解説でもっとも頻繁に言及されているいくつかのテーマについて簡潔に概観しよう．他にも選択肢はあるけれども，私はその中から，説明可能性（アカウンタビリティ），相互反映性（リフレクシビティ），インデックス性という3つだけを取り上げてコメントしたい．これらのテーマは互いに絡み合っており，関連項目全体の指標にもなっている．ガーフィンケルにはこうした術語に〜性（ity）という接尾辞を付けないで語る傾向がある．もっとも，解説者というものは常に「キー概念」という形にしたいものなので，そのように語らざるをえないのだけれども．

説明可能性（アカウンタビリティ）

　ガーフィンケルは『エスノメソドロジー研究』の序において（p.vii），独特の決まり文句を導入し，それをハイフン付のフレーズで定義している．すなわち，「エスノメソドロジー研究は日常活動というものをメンバーの方法として分析するのである．つまり，まさにその日常活動をありふれた日常活動の組織化として〈すべての-実践的な-目的-にとって-可視的に-合理的で-かつ-報告可能な〉，すなわち『説明可能（accountable）』なものにするメンバーの方法として分析するのである」．説明可能という用語は，エスノメソドロジーの特殊な語彙の1つとして確立された．この用語はしばしば，より簡潔なフレーズである〈観察可能-かつ-報告可能〉あるいは単純に〈観察可能-報告可能〉と言い換えられる．適切な接尾辞をつけられて，既定の理論概念として（誤って）理解されたとき，説明可能性はエスノメソドロジーの研究方針と対象となる現象の双方を意味するとされる．おそらく，この概念は一群の提言に分解することでよく分かるようになるだろう[35]．

1. 社会的活動は，秩序だっている．重要な点は，社会的活動がランダムではなく，繰り返し生じ，反復され，匿名的で，有意味で，一貫していることである．
2. この秩序性は観察可能である．社会的活動の秩序性は公的なものである．すなわち，この秩序性が産み出されていくことは見ることができ，理解可能であって，まったくの私秘的な出来事ではない．
3. この観察可能な秩序性は日常的である．すなわち，社会的実践の秩序だった性質は平凡なものであり，こうした実践に十分に参加している者なら誰でも容易かつ必然的に見ることができる．
4. この日常的に観察可能な秩序性は指向されている[36]．秩序だった社会活動の参与者は互いの活動の意味へと指向しており，そうしながら参与者はその活動の時間的な展開に寄与している．歩行者が一瞥すれば「道路を渡る」ことへの予期可能な指向を呈示したことになる．この呈示は，そこに近づいてくる車の運転手に入手可能であり，それゆえ，社会的に組織化された交通場面のなかに構成的に埋め込まれている[37]．

5. このように指向されている日常的で観察可能な秩序性は合理的である．秩序だった社会的活動は，当の活動を生み出し，認識する仕方を知っている人々にとって意味をなすものである．こうした活動は分析可能かつ予測可能である．すなわち，こうした活動はしばしば，日の出と同じくらい予測可能である．日の出と連動しうるし，そして日の出の方もこうした活動に連動しうるのである[38]．

6. この合理的に指向されている日常的で観察可能な秩序性は記述可能である．当該の自然言語の習熟者たちは自分たちの活動の秩序について語ることができ，また，そうした活動の秩序の中で／として語ることができる．結果として社会学的記述とは，専門的社会学者が探求している行為領域の内生的特徴なのである[39]．

「説明可能な」社会的活動は自然言語の記述可能性と結びついて生み出される．さまざまな仕方で，メンバーは自らが行なっていることを説明すると考えることができる．メンバーには，記録をとったり，教示（インストラクション）に従っていることを示したり，一連の規則やガイドラインによってその行為を正当化したり，何をすべきで，どこに行くべきかを他者に知らせることが求められることがある．こうした説明可能性は社会的行為の教示可能な再生産可能性，つまり，さまざまな機会に「同じ」行為を再生産し，認識する方法をメンバーに教示し，知らせる実践的な取り組みに含まれている．さらにいえば，社会秩序の説明可能な呈示というものは，認知図式，一連の信念，心の中にある社会によって生み出されるものではない．むしろ，こうした呈示は，車が行き交う道路で運転していくという協調的秩序，ゲームにおいて指し手を打っていくという認識可能で慣習的な秩序，そして行列において身体が整列していることで示されるサービスの可視的な秩序と同じものなのである[40]．

相互反映性（リフレクシビティ）

ガーフィンケルのテキストの中にあるより厄介なテーマの１つが「説明する実践と説明の『相互反映的』あるいは『具現的な』性格」（p.1）という問題である．相互反映性（リフレクシビティ）についてはガーフィンケルと他の社会学者

の提起とで，まったく異なる含意が引き出せる．さしあたりは予備的にその特徴を記してみよう．相互反映性は説明可能性という現象に結びついている．すでに述べたように，社会学的記述が専門的社会学者たちの探求している行為領域に内生的であるならば，そうした記述は，当の記述が生じている場面に対して相互反映的である．そのような記述がたとえ「社会」や「社会」の一部を不適切に表象しているとしても，そうした説明は特定の社会的場面におけるディスコースと行為に寄与しているのである．例えば，前述したように，陪審員が証拠となるさまざまな書類と証言を自分たちのやり方で吟味しているのをガーフィンケルは観察した．陪審員はそれらの証拠を参照し，当面の訴訟のためにそれらを導入するかどうかを熟考する．陪審員は法廷の外にある社会が係争中の事件をいかにして産み出したのかを思案する．陪審員が決定する内容はそれを決定する仕方と相互反映的であった．また，陪審員の記述と証拠についての議論は陪審審議の中に相互反映的に埋め込まれていた．さらには，陪審員自身が原告・被告によって提出された報告や証言を，原告・被告の目的，狙い，動機，資格，責務，社会的地位といったものを表す，あるいは反映する妥当な記述として扱っていた．

　こうした日常的な社会学的推論の相互反映的な性格について語ることによって，陪審員やその他の社会の通常のメンバーが社会学と呼ばれる学問領域に実は習熟していると述べているわけではない．また，社会学とは疑似科学的なジャーゴンで飾られた「単なる」常識でしかないというおなじみの文句ともいかなる関係もない．専門的社会学の視点からすれば，日常の社会学的記述とは興味をひかないもの，不完全なもの，あるいは少なくとも科学的な検証が必要なものである．一方では，常識的知識は些末なものとして片付けられる．というのも，高等教育（もっといえば初等教育）を受ける前から，ありふれた行為や社会の出来事をどうやって記述するかなど「誰もが知っている」からである．他方では，社会学者たちは常識的な信念が文化イデオロギーや視点の限界による偏見を胚胎しているとしばしば強調する．さまざまな社会学の調査研究は，常識というものを，歴史的文化的な変異の原因についてより包括的な理解と置き換えようとし，さらに／あるいは厳密な統計の適用によって置き換えようと試みる[41]．ガーフィンケルは，社会学的知識と常識的信念を対照させることに

よって生じる，レトリカルで実践的で情報提供的な価値を否定はしなかった．しかし，彼は，「単なる」常識の超越や修復にもっぱら専念するなら，必ず社会秩序のローカルで説明可能な産出というエスノメソドロジー現象を覆い隠すことになっていくと強く論じたのである．

　相互反映的な現象についてガーフィンケルが提案したことは，エスノメソドロジーのもつ日常的な社会的行為への実質的な関心と，社会学という学問分野に対してエスノメソドロジーがしばしば示す批判的なスタンスとを結びつけるものである．しかしながら，相互反映性への関心が必然的に方法論的な懐疑主義を含意するのは当然というわけでもない．エスノメソドロジーは，「伝統的な」社会学と批判的な関係にあると主張することも，逆にそれを否定することも可能としてきた．一方で，エスノメソドロジストは社会学の他のプログラムが見逃してきた社会の相互反映的な側面を研究しており，社会学の領域を拡張しようと提案していると述べてきた．もし，もっとも平凡な会話でさえ非常に豊富な社会的達成事であるということが判明すれば，社会学にとってもとてもよいことであろう．他方で，エスノメソドロジストはまた，より論争的に異議を唱えてきた．すなわち，社会科学の研究者は科学的方法の一般的指針によっては正当化できない常識的な方法に体系的に依拠しながらインタビューを行ない，対人的な実験をし，被験者の自己報告による調査への応答を解釈しているというのである．

　もし，現実世界の社会構造の一般モデルやその他の表象を構築することを目論む社会学者がこうした批判を受け入れることになったら，窮地に追い込まれてしまうだろう．そのような社会学者は，調査者と調査対象者が日常言語や常識的判断を使用することで生じるバイアスや歪曲についてのエスノメソドロジーの知見を考慮に入れることで，社会学者の使う方法の妥当性や信頼性を改善しようと試みることができるだろう．しかし，これは果てしない絶望的な課題を課すことになる．というのも，エスノメソドロジーはバイアスを検出し除去することには殆ど役立たないからである．その代わりに社会学者は，科学を行なうとはどんなことなのかということへの見解を修正することはできるだろう．そうするときには，科学社会学が貴重な手助けとなることに気づくだろう．なぜなら，科学社会学の研究は，科学的方法の形式的な説明では科学者の実際

の行動が記述されてはいないことをしばしば論証しているからである．したがって，社会学に対する方法論的な批判の多くが科学的な地位の疑われていない他の学問領域にもあてはまることも示せるだろう．しかしながら，形式的な科学的方法の効率性や普遍性についての仮定が社会学を正当化するための主たる基盤を与えているのだから，そうした仮定を取り除くことはそう容易ではない．こうした可能性は「伝統的な」社会学につきまとうだけでなく，私が論じるように，エスノメソドロジーや科学社会学の調査研究プログラムの多くにも絶えずつきまとっているのである．

インデックス性

　ガーフィンケルのテキストの中で，インデックス性は明らかに使い捨てられた類の用語である．この用語は独自性のある概念ではない．というのも，インデックス性とはガーフィンケルが「相互反映性」，「説明可能性」，社会秩序の「ローカルな産出」といった名目のもとに提示した社会秩序の全体像について語る際の，もう1つの語り口にすぎないからである．インデックス性というものが「エスノメソドロジーの視点」の顕著な特徴になってしまっているけれども，ガーフィンケルは結局この用語を捨てたのであり，つまりこの用語は分析的語彙の中での単なる選択肢の1つにすぎなかったわけである．さらに言えば，議論の中でまさに使い捨ての項目として，ガーフィンケルがこの用語を導入したというのはありそうなことに思える．このことは『エスノメソドロジー研究』第1章とガーフィンケルとハーヴィ・サックスの論文「実践的行為の形式構造」[42]に出てくるインデックス的な表現についての議論を読めば，はっきりとわかる．いずれの場合でも「インデックス的表現」というカテゴリーは，最初は特定のタイプの用語や熟語を含んでいるように思えるが，最終的にはエスノメソドロジストが探求する言語使用の全領域について語るやり方になる．インデックス性とはエスノメソドロジー劇場への入場券であり，入場したとたんに破られてしまうものなのである．

　ガーフィンケルはインデックス的表現という用語をY. バー＝ヒレルから借りてきた[43]．1950年代初期，バー＝ヒレルは最初期に行われた機械翻訳プロジェクトのひとつに参加していた．ある言語から他の言語へのテキスト翻訳を

コンピュータ化して行う方法を発展させようとしていた多くの人々と同じように，バー＝ヒレルは厄介で予測できない困難を見出した．対応する用語からなる辞書と統語法上の変換規則をコード化しても翻訳の作成には不十分だったのである．というのも，入力するテキストも出力するテキストも，それぞれの言語を普通に話せる者に手直ししてもらう必要があったからである．入力テキストにはコンピュータの操作のための下準備が必要であったし，出力テキストにある間違いや文法的に奇妙なところは，適切な翻訳とみなされてしまわないように修正する必要があった．バー＝ヒレルが特定した厄介な困難の要因のひとつが「インデックス的表現」と呼ばれる膨大な用語群である．これには英語でもっとも普通に用いられている語句の多くが含まれている．すなわち，he, she, it といった代名詞，直示的表現（here, this, over there），助動詞（have, be, can），前方照応の用法（置かれる節によって意味が変わってしまう語句），その他，あまり明確に定義されていないトークンや慣用表現が含まれる．インデックス的表現はバー＝ヒレルの企てに困難をもたらした．というのも，こうした表現に辞書上で対応する語を前もって特定することができなかったし，こうした表現は用いられる機会ごとに意味も変わってしまうからである．さらには，こうした用語に含意されている「文脈」自体が可変的なのである．なぜなら，文脈というものには，特定の語の句構造における配置，発話に含意される時間と場所の多様な側面，インデックス的表現が語られている実際上の場面ないし想像上の場面の典型的，個別的特徴についての広範囲の想定といったものが含まれているからである．したがって，どんなインデックス的表現であれ，それにより含意されている特定の「文脈的」秩序自体が不安定なのだから，「文脈」中のインデックス的表現に意味を割り当てる規則群を書き記すことは，不可能ではないにしても容易なことではなかったのである．

　インデックス的表現についてのバー＝ヒレルの問題はおよそ珍しいものではなく，より一般的な現象のわかりやすい例なのである．実際，指標詞（indexicals）の「問題」は哲学の歴史と同じくらい古くからある[44]．論理学者や哲学者が特定の形式的な言明に真理値を付与しようとしたり，術語に安定した定義を与えようとすればいつでも，その言明にインデックス的表現が含まれているならば不可避的に次の事実に対処せねばならない．すなわち，インデックス的

表現が含まれている言明は別の話し手によって別の機会に別のテキストおいて用いられているときには，その言明のレリバンス，指示上の意味，適切性，正しさが常に変化してしまうという事実である[45]．哲学者はこの問題を矯正するため，指標詞を時空間上の指示対象，固有名詞，専門用語や専門的表記，そして「客観的な表現」に置き換えるといったさまざまな方法を試みた[46]．それゆえ，例えば「今，水が十分温かい」といった発話の真理値を評価するのであれば，分析者は「米国東部標準時，16 時 53 分，H_2O の温度は摂氏 100 度である」といった「客観的」あるいは脱文脈的な言明に翻訳しようと試みるだろう[47]．ガーフィンケルが指摘したのは，このようにして指標詞を客観的な表現に「プログラム的」に置き換えても，せいぜいのところ「実践的社会的な対処の」問題として暫定的に十分なものとなるだけだということである[48]．ガーフィンケルがこのように言う際，古典的な言語哲学に対するウィトゲンシュタインの批判から影響を受けていることは明らかである．もっともガーフィンケルはそうした批判を拡張し，自然科学と社会科学の実践についての予備的記述へと変形しているのだけれども[49]．

　エスノメソドロジーにとって，インデックス的表現とインデックス的行為が探求すべき現象の全領域となっている．いかにしてそうなのかを理解するために，「ここで何をしているのですか」という疑問文のなかで指示語として用いられる直示的指示であるここ（here）のような単純な事例を考えてみよう[50]．ここという指示語を用いる場合，それを話者が意図している場所の固有名に翻訳できると思うかもしれない．しかし，そのように翻訳しようとすると，そこで用いられたその語に対応する名前がまさにどれなのかを決定するという問題に突き当たってしまう．どのような場合であれ，ここという語が地理的な場所を指しているのか，住所を指しているのか，ミーティングやお祝いといった社会的な場面を指しているのか，あるいはそのすべてなのだろうかといった問題に直面するのだ．サックスが指摘しているように，問題はこうしたリストから適切な指示対象を選択することよりもさらに複雑なのである．テープに録音した集団療法のセッションから得られた例を用いてサックスが例証したのは，指示語は単に名前の代理物であるばかりではないということである．「なぜなら，どのように『ここ』を定式化しても，そのどれもがある帰結を持ちうるからで

ある．すなわち，例えば『ここ』が『集団療法のセッション』であるなら，『ここ』と言いたいもっともな理由があるかもしれない．例えば，『集団療法のなかで何をやっているの？』とは言わずに，『ここで何をやっているの？』と言いたいもっともな理由があるかもしれない，ということである」[51]．それゆえ，こうした語は客観的表現の代わりをしているのではなく，それ自体固有の使用法を持っているのだ．さらにサックスは，指示語は常に曖昧であり問題をはらんでいるどころか，会話の中で「安定した」用法を持っているのだと強調している．通常，話し手は，指示語を効果的にわかりやすく用いており，指示語が何を指すか（直示的であれ他のやり方であれ）確定しなければならないということはない．つまり，インデックス的表現とは論理的探究の妨げにすぎないどころか，それ自体「合理的な」特性をもっているのだ．そしてガーフィンケルが論じるように，「インデックス的表現とインデックス的行為の例証可能な合理的特性とは，日常生活の組織化された活動の進行中の達成なのだ」[52]．

　バー＝ヒレルとは異なり，ガーフィンケルとサックスは「インデックス性」の適用領域を，特定の語集合の分析から大きく拡げている．彼らはこの2つの表現の対照を議論上の暫定的なもの（プレイスホルダ）として用いているが，そこには2つの表現の文法的区別は含意されていない．もし「インデックス的」表現を「客観的」表現で置き換えることが，プログラムとしては満足いくものではないものの「実践的社会的な対処」（practical social management）の問題として達成されるのなら，これら2つの表現を区別する脱文脈化された方法などないことになるからである．

　例えば，先にあげた「米国東部標準時，16時53分，H_2Oの温度は摂氏100度である」という例も，ある種の目的にとって客観的（あるいは十分に客観的）な表現となるかもしれないし，より正確には場所や時間を言っていないとか，気圧について述べていないと咎められるかもしれない．あるいは，こうした表現は，「お湯はもう十分に温かいですか」といった問いに答えるには堅苦しくてまったく役立たないと咎められるかもしれない．このように「客観的表現」の候補も，より普通に話されているインデックス的表現について言われる多くの不満にさらされることもある．ここから引き出される1つの結論はインデックス的表現が最終的には「修復不能」なのだということである．こう論じるのは

たぶん哲学の論争において重要かもしれないが，エスノメソドロジーのインデックス性への関心を一般的な懐疑論的立場の論拠とするのは誤ったものとなるだろう．すべての発話と活動とがインデックス的であることにいったん同意するなら，脱文脈化されて標準化された意味体系が自然言語使用の機会すべてにあてはまると想定することには，もはや意味はない[53]．それだからといって，あまり自明ではないかもしれないが，こうした文脈から自由な体系の実現不可能性を，状況づけられた実践を分析するための一般的背景として扱うのも，もはや意味があることではない．

　すべての発話，言明，表象がインデックス的だと言っても，もはや何も明らかにしたことにはならない．例えばガーフィンケルとサックスがエミール・デュルケームの根本的な方法規準――「社会的事実の客観的実在（reality）は社会学の根本原理である」――が，アメリカ社会学会員にとって「インデックス的表現」の例であると言ったときに，これは単に社会学の聖句の１つに挑戦しているだけのようにみえる．ガーフィンケルとサックスは付言して，デュルケームの表現はさまざまな場面で専門的社会学者の活動の自己規定として，つまり「自分たちのスローガン，課題，目的，偉業，自慢話，売り込み口上，正当化，発見，社会現象，調査の制約条件として」用いることができると述べている[54]．物理学会にとっての物理学法則の言明についても同じことが言えるのだから，デュルケームの格率がインデックス的であるという指摘も，社会学の科学主義的な野望に反対していることにはならない．同様に，インデックス的表現の「実践的な社会学的対処」にガーフィンケルが言及したからといって，インデックス的表現にとって代わる「客観的表現」のローカルな関連性とローカルな適切性の価値が引き下げられるわけではない．これは，客観的な表現とインデックス的表現を原理的に区別することがもはやあまり価値を持たなくなってしまっているからであり，このとき研究のトピックが「インデックス的表現の例証可能で合理的な特性」に移行しているのである．ここで顕著となることは，すべての表現がインデックス的であるということではなく，メンバーが言語的手段あるいはその他の手段を使って適切な意味づけや適切な言及をうまく成し遂げているということである．エスノメソドロジーの問いは，どのようにしてそれがなされているのかということになる．

4. エスノメソドロジーの2つの研究プログラム

インデックス的表現についての議論は，エスノメソドロジーにとっての重要な目的に適したものであった．なぜなら，社会学，分析哲学，言語学における主流派の観点とはまったく異なった言語使用の研究へのアプローチが導入されているからである．後になって考えてみれば，ガーフィンケルとサックスの問題提起は，少なくとも2つの関連しているが別個のエスノメソドロジー的調査研究の展開を生んだと言える．

ワークのエスノメソドロジー研究

こうした展開のうち第1のものは『エスノメソドロジー研究』で提示されたエスノグラフィーによる研究のいくつかから出発したものである．これらガーフィンケルの研究は，どのようにして実践者がさまざまな場面における自分たちの活動を，その活動の「場面に結びついた（settinged）」特徴に沿って，すべての実践的な目的にとって客観的に説明可能なものにしているかを記述したものである．これらの研究には次のようなガーフィンケルの記述が含まれる．いかにして医療施設のスタッフが診療記録やその他の活動の記録を管理し，取り扱っているのか，いかにして検死官はその都度ごとの実践的な仕方で自分たちの検査についての適切で確固とした説明を構成するのか，いかにして一人の性転換者（〔ガーフィンケルの論文では〕「インターセックスの人」）は疑いなく客観的で＜事実そのままの＞「女性」カテゴリーという成員性（membership）をつくりだそうとするのか，いかにしてさまざまな日常的なコミュニケーション活動の参加者は，その活動が一義的かつ間違えようのない意味を達成しようとするのか．こうした研究は，「プログラムとしては充足することのない客観的表現とインデックス的表現の区別やインデックス的表現の客観的表現への置き換え可能性」に対する実践的対処を，分析哲学や社会科学に対する批判という以上に，1つの実質的な現象として取り扱っているのである．

ガーフィンケルの主著が出版されてから10年のうちに，ガーフィンケルと何人かの学生や共同研究者は自然科学と数学に関心を向けた．これはエスノメ

ソドロジーにとってまったく新しい展開というわけではなかった．というのも，社会科学の方法についての議論や批判のいくつかは，初期には自然科学との対比でなされていたからである．しかし 1970 年代の中期までには，このプログラムは一巡していた．「エスノメソドロジー」は当初，科学的方法論の指針とはほとんど関わりのない日常的方法に向かっていたのに対して，今やガーフィンケルと共同研究者は日常的で日々生み出されていく科学的方法に注意を向けたのである．この一連の新しい研究は，部分的には，これまでの包括的プロジェクトの拡張であり，プログラムとしては充足することのないインデックス的表現と客観的表現の区別が実践的に取り扱われているということを探求するものである．ガーフィンケルが著書で述べているように，「どんな科学であれ，科学という実践的な活動を行なっている調査実践者による研究において，インデックス的表現を厳密に取り扱うことを無限に行うことになる」[55]．したがって，インデックス的表現を客観的表現にするプログラム的な置き換えに関する研究から，数学や自然科学というもっとも「厳密な」学問領域を除外する理由などない．それどころか，機械翻訳のプログラマー，社会科学のデータ分析者，論理学と同様に，数学者や自然科学者にとってもインデックス的表現が簡単には取りのぞけない厄介物であると見なしてよいならば，こうした研究は「厳密」が意味しうるものを再特定化する見込みがあったのである[56]．科学のエスノメソドロジー研究は初期の発想を単純に発展させたものではない．後でより詳しく述べるように，この研究はエスノメソドロジーで現在なされているいくつかの研究プログラムについての批判的な観点を提供していたのである．

会話分析

第 2 の展開は会話の分析（conversational analysis），近年の言い方では会話分析（conversation analysis）と呼ばれるものであるが，これが次第に自律的な研究プログラムになってきた[57]．この領域の現在の研究はエスノメソドロジーと関係があるものもあるし，ほとんど関係が無いものもある．しかし，かつてこの 2 つのプログラムに密接な関係があったことは明らかである．1960 年代初頭，カリフォルニア大学バークレー校で博士号取得をめざしていたハーヴィ・サックスは，「自然に生起する」あるいは「自然発生的に産出される」社

会的活動を研究するために，テープ録音を活用する可能性を探りはじめていた．電話，集団療法のセッション，夕食での会話などの日常的なやり取りをテープに録音することによって，サックスと共同研究者は豊かで詳細なエスノメソドロジー的現象を探求するための「データ」を手に入れることができた．サックスが影響を受けたのはガーフィンケルのエスノメソドロジーの発想や，アーヴィング・ゴフマンの対面的相互行為研究であった[58]．そして，エマニュエル・シェグロフ，ゲイル・ジェファーソン，デイヴィッド・サドナウとの広範囲にわたる議論と共同プロジェクトからの影響がとくに大きかった[59]．既に述べたように，ガーフィンケルとサックスはインデックス的表現という現象について論じた共著論文を書いている[60]．さらには，1960年代後半から1970年代初頭にカリフォルニア大学アーヴァイン校で記録されたサックスの講義では，その多くにおいてガーフィンケルがインデックス的表現の「例証可能で合理的な特性」として特徴づけたものが解明されている．前述したここという直示表現の分析のような多くの事例をあげて，サックスは以下のことを示すことができた．すなわち，分析哲学者，言語学者などが取り扱うときは，言語は生来，有意味なトークンや言明からなっているということになるのだが，それでは，話者がローカルに協働された活動の連鎖（シークエンス）の中に，語彙としては明らかにあいまいなものを配置することによって，理解可能で正確なコミュニケーションを成し遂げているという点が見逃されてしまうということである．

　第6章で示すように，サックスは実践的な社会的行為の科学を発展させることを目指しており，サックスと共同研究者は「相互行為内トーク（talk-in-interaction）」を形式的に扱っていくアプローチを発展させた．近年の彼らのアプローチのあり方は多くの点でガーフィンケルのプロジェクトとは異なっている．会話分析者は会話で繰り返し生起する連鎖的（シークエンシャル）な行為を記述し，その行為の組織的特徴を生み出している形式的ルールを特定することによって，インデックス的表現の例証可能で合理的な特性について研究している．その目的とは会話の文法，つまり，さまざまな話し手が行為を調整して，2者あるいは3者以上のトークにおいて一貫した連鎖（シークエンス）を産み出していく仕方の記述を発展させていくことである．ガーフィンケルの継続的な研究プログラムは文法の使用を探求することである．このプログラムは必ずしも会話分析と両立不可能ではな

いが，ガーフィンケルらが追求する科学研究のプログラムと会話分析では相違がとくに明らかである．ガーフィンケルらの科学研究のもともとの目的は実践的行為の形式科学を構築することではなく，どのように実践的行為のローカルな進行の中で／として定式化が現れ，用いられるのかを検討することであった．第 7 章で論じるように，科学のエスノメソドロジー研究は自身の科学としての地位については必然的に控えめである．エスノメソドロジストは「メタ科学」の実習課題を作り出したいわけではないし「反科学的」な方向性もないのだが，科学のプログラムによって提供される幻想による保証と暫定的な正当化には必然的に無関心なのである．

5. エスノメソドロジー批判

　社会学に対するエスノメソドロジーの挑戦が深刻なものだったことは，北米や英国の比較的有名な社会学者の何人かがエスノメソドロジーを強く弾劾したことでわかる．これらの中でもっとも強烈なものは『エスノメソドロジー研究』の刊行に続く 10 年のうちになされている．最近はエスノメソドロジーと社会学との対立は治まっているが，それはおそらく社会学の分野が次第に細分化していき，それゆえ以前より取締りが困難な状況になったからであろう．さらに重要なことには，多くのエスノメソドロジストは自分の研究を社会学内の既成のテーマ，理論的観点，方法論的戦略に慎重に結びつけようと試みてきた．また，怖いもの知らずのエスノメソドロジストが以前より少なくなってしまった．1970 年代，1980 年代における研究職市場の縮小に応じてとても有望な学生の多くが学問を離れたこともある．

　こうしたエスノメソドロジー批判が検討に値するのは，多くの読者がその批判のいくつかに同意するだろうと予想されるからであり，古典的な社会学や科学研究のアプローチに対するエスノメソドロジーの挑戦を明確にするのに役立つからでもある．ここではもっとも敵対的な批判から始めて，もっとも共感的なもので終えることにしよう．

研究スタイルと専門的行動の問題

　1975年のアメリカ社会学会の会長演説でルイス・コーザーによってなされたエスノメソドロジー批判はおそらくもっとも広く知られたものであろう[61]．コーザーの批判は高圧的で，あまりに不寛容なものであり，エスノメソドロジーの哲学的背景や調査研究の発想をまったくわかっていないものであった．しかしながら，コーザーの批判はカジュアルな議論の場で社会学者が漏らす多くの不満を繰り返すものだったにもかかわらず，その批判がなされたのが正式の場であったがゆえに重要なものであった．コーザーはエスノメソドロジーと量的分析との間に奇妙な縁を取り結んで，双方のアプローチが方法に専念するあまり，全体社会の歴史や構成といった本質を見落としていると論じた[62]．コーザーはガーフィンケルと研究仲間が，例えば道路を渡るための「方法」や会話を始める「方法」といった誰でも知っていることを詳細に研究し，冗長に記述することで，彼ら自身とその読者が無駄な時間を費やしているとたしなめ，エスノメソドロジーの主題を明らかに些末なものとして退けたのである．さらにコーザーはエスノメソドロジストが「カルト」を形成することで慣習的な学問の基準に反していると不満を述べ，この「カルト」のメンバーが研究論文の未刊の草稿をまずは論文審査に送るのではなくお互いに回覧していることを嘆いた．コーザーの見解によれば，エスノメソドロジーが続いているのは，ガーフィンケルの理解し難い著作が何か造詣の深いことを言っているにちがいないという集合的錯覚があるからだということになる．そしてエスノメソドロジストは，分別のある者ならば誰でも取るに足らず些末なことだとわかるようなことを研究することで，学問の船足を進めているのだとコーザーは非難したのである．

　類似の攻撃は，古参の人類学者であり，社会科学の哲学者でもあるアーネスト・ゲルナーからも浴びせられた．彼は読者にこう告げる．「エスノズ」はカルフォルニア人特有の非合理性に毒されており，とりわけ目につくのは，取り巻きの「エスノ・チックたち」の前でロックスターのように振る舞っていることだ，と[63]．コーザーと同じくゲルナーも，ライフスタイルと共に，専門家らしくないゴテゴテした文体をエスノメソドロジストに帰属させた上で，コーザーと同じくこの背教者集団による非合理的な訴えを明らかにするため，場当たり的な説明をした．ゲルナーにとって，エスノメソドロジーによるあまりにも行

き過ぎた主観性の強調は，1960年代若者文化の中で人気のテーマを推進したものなのである．ゲルナーの読解では「いずれにせよ2つのことを『エスノメソドロジー研究』からきわめて明白に読み取ることができる．1つには，行為者にとっての行為の内的意味に専念しており，2つには，その内的意味の研究を社会学的伝統の内に位置づけ，自らをその伝統の後継としていることである」[64]．ゲルナーがエスノメソドロジーに負わせた文化的起源への嫌悪は別として，理論的観点において彼は次のような見解を放棄する理由がわからないのである．「文化や言語こそが，あれやこれやの行為を説明する出来あいの素材の潜在能力を提供しているのであって，それぞれの場面で，これら豊富に利用可能な文化や言語による特徴づけに人々は頼るだけで……個々人がものごとを説明可能にするためにいかなる方法を使うこともない．諸個人は面倒なことはしないで，利用可能な説明にただ頼るだけのことである」[65]．

　ゲルナーは自ら公言した見解をガーフィンケルが攻撃していることは正しく理解していた．つまり，社会科学的「人間モデル」を使用して，実践的行為を「文化的判断力喪失者」[66]の非反省的でルール従属的な行動に転換することである．しかしゲルナーは，「説明」(アカウント)や「方法」を「内的意味」や「主観的」決定と同一視することにより，ガーフィンケルの立場を完全に取り違えている．この非難はあまりに根拠を欠いているので真面目に取り上げるに値しないが，ゲルナーとコーザーの攻撃が問題なのは，エスノメソドロジーを非合理的だと定義することで「説明をつける」という尊大な取組みをしていることにある．エスノメソドロジーについての彼らの説明は，あまり見識のあるものではないものの，ある種の人達がする典型的な批判である．こうした説明は，「部族」生活のさまざまな示威行為が持つ社会文化的機能を述べているものの，認識上の特権性を当然視して，部族生活の内側から生じてくるかもしれない，いかなる異議も重要性がないと判断してしまうのである[67]．したがって，エスノメソドロジーの「ジャーゴン」は，仲間集団による傾倒を部外者が批判できないようにしており，そして，エスノメソドロジーの「儀式的な」執行は参加者が共通の使命感を育むのに役立ち，その「逸脱的価値」は下位文化の結束力を強めるのに役立つ，という具合になってしまうのだ．この場合，エスノメソドロジーに関わる者は，誰かの「文化的判断力喪失者」になるとはどのようなことなの

かを直に経験できるし，そのような経験をすれば，コーザーとゲルナーの説明に対してさらに嫌悪感が生じるだけである[68]．以上の私の見解を，コーザーとゲルナーならば部族に洗脳されたメンバーの反応とみなすだろうが，エスノメソドロジーに対する彼らの印象だけに基づいた不正確な「観察」をみるにつけ，学問的専門職の囲いの外で生活する人々，すなわち研究者と異なる部族・宗教集団・職業人・ギャング・集合体に対する彼らの行う分析的な説明が疑わしくなってくる．

研究の規模と文脈の問題

　より筋の通ったエスノメソドロジー批判は研究の規模（スケール）に関わるものである．この批判のもっとも一般的なものは次のような反論から始まる．「取引上の出会い・夕食時の家族の会話・職場での同僚たちの会話・陪審審議など，社会的相互行為の慣行化され複雑な秩序を緻密に研究するのは大変結構なことである．しかし，こうした出来事はもっと広範囲の社会的，経済的，歴史的文脈のなかで生じているのだから，そうした文脈を考慮せずに，どうやってこれらの研究対象を理解できるというのだろうか」．科学社会学においても，実験室で作業している科学者・技術者を観察する研究に対して似たような疑問がしばしば投げかけられる．「実験室の壁を越えて資金源や国費・科学の公的意義・科学の全分野を通じた競争の力学などを考慮せずに，どうやって科学の実践を理解できるというのだろうか」．これはもっともな疑問であるし，しばしば友好的に問われるけれども，この手の疑問はエスノメソドロジーと社会学とのかなり重大な相違を覆い隠してしまっている．

　文脈は社会学の言説の中で重要な役割を果たす用語である．ごく簡単に言えばその意味するところは，関心事となっている特定の行為や出来事に影響を与えている一連の「周辺的」関連要因ということになる．しばしば社会学の論争に加わる人は，文脈に対する自分好みの考えを売り込む．「歴史的文脈を考慮していないじゃないか」「しかし階級についてはどうか」「ではジェンダー，人種についてはどうなのか」「しかしこういった出来事は法廷で起きているわけだから，法的文脈についてはどうなのか」「君は権力の側面を忘れている」「君は目下の状況に，十分綿密に焦点を合わせていない」．どのような出来事の社

会学的記述であれ，それを完璧に，少なくとも適切なものにしようとすれば，こうした際限のない課題に直面するように見えるかもしれない[69]．実際このことは「エトセトラ（等々の）問題」として知られている．初期の論文でサックスはこの問題を以下のようにまとめている．

> 提示された記述どうしを比較する問題を考えてみよう．記述というものは不完全であるばかりでなく，(a)果てしなく拡張できるだろうし，そして(b)外挿法では，その外延を取り扱えない．この記述の特性が含意することは，いかなる記述も他の記述と同じように，完璧にはほど遠いとも読めるし，ほぼ完璧であるとも読めてしまうということである．長さや文体などが異なる2つの記述をたんに読むことだけから，一方がより詳細で他方がより簡潔であるとも，一方が包括的なものであり他方が集約されたものであるとも結論を出すことが可能だ．
>
> そうであるなら，さまざまな記述をただ読むだけで，どちらがより現実に一致しているか，すなわち「より社会学的」であるかをいかにして決定できるのだろうか．著者自身の認定では何ら理にかなった解決にならないのは明らかである．同様に，方法について一節を追加しても解決にはならない．なぜなら，その一節を加えてもエトセトラ問題が認められる以上，「同じ方法」の適用が「同じ記述」を生み出さないのであれば，それは(a)実際に方法を用いたことにも，(b)方法の報告をしていることにもならないのである．「著者の目的」や，さらには論文を読む際の読者の目的を用いても，記述の適切性を決定する解決策にならないのは明白である．これでは単に，一致を用いて適切性を確立するという問題を，(a)記述と志向対象との一致から，(b)目的，記述，志向対象間の一致へと移したにすぎない．私たちは，まだ一致についての問題に直面したままである[70]．

先のインデックス性の検討で記したように，エスノメソドロジストもまた「文脈主義的」議論をするのだが，それには決定的な相違がある．エスノメソドロジストは文脈と出来事を一緒に取り扱う．文脈というものが，多様に構成されたさまざまな「要因」としてどのような出来事にもその周辺にあり，その出来

事の意味と重要性を決定するとは見なさない．文脈内にある個々の出来事（例えば，実験室の技術者が実験手続きの特定の行程をふんでいくことや，友人同士の会話で冗談が言われること）の観察から探求を始める時，何が起こっているかを同定するためにまさに私たちが用いる語，つまりは出来事・参与者・行為を特徴づけるやり方は，すでに文脈のレリバンス（関連性）を伴っているのである．エスノメソドロジーがこの点から出発して，まず気づくのは，「メンバー」は自分自身や他者が行為する状況において「何が起こっているか」を大抵は難なく理解し，また一目でわかるということである．メンバーは，エトセトラ問題によって表現される懐疑主義にわずらわされることはない．このことに気付いたからこそ，エスノメソドロジストはメンバーが文脈上関連のある社会的行為の構造の産出や認識をどのように成し遂げているのかを記述しようと試みるのである．このような研究は「所属実験室の発見について功績を認められていないという事実がその技術者にどのように影響を及ぼすのか」というような疑問に対し直接には答えない．しかしながら，この研究は，次のようなリフレクシブなあり方に注目させるのである．すなわち，人・行為・物事・「文脈」を同定することが，レリバントで認識可能なかたちで，実践の詳細からなる「テキスト」（あるいは，むしろ「織りなし」コンテクスチャー）の広がりの一部となるあり方である．そのような研究は，実践の詳細を対応する文脈上の「要因」に「結びつけ」て説明しようとはしない．むしろ，言語的，身体的行為に対して原初的に感受できることを記述しようとするのである．

　エスノメソドロジーが主題とする事項に対するスケールに関する批判から伝わるのは，「社会」とは，私たちが日常生活で経験する行為や出来事を包含する巨大なものであるというイメージである．この巨大な「社会」は，その中で起こる小さな出来事のどれよりも重厚で安定していると考えられているために，説明上の優先権が与えられている．そうなると，社会学者の課題はローカルな出来事を位置づけ同定するための一組の座標を提供する社会の地図を作成することになる．エトセトラ問題がもたらした困難は，「全体としての社会」を一瞥ではっきり見てとれる視点となる見晴台や人工衛星などありはしないということである．また日常生活世界とは，その客観的な姿をより都合の良い座標一組に置き換えて理解することから始められる類のものではないということであ

る[71]．社会空間に関連する軸・座標・次元は有限とは思えない．これらは，地理学者・地質学者・天文学者の地図を作成するために用いられる慣習よりもはるかに自由にかつ根本的に変化する．社会学で提案されるありふれた解決策の1つはこのような「メタ理論的」問題に関する議論を終わらせようと，何らかの概念枠組を受容して，経験的研究をうまくやっていくことである．こうした戦略は架空の合意と呼べるかもしれない．ここで問題となるのは，どの枠組を選ぶべきか，ひいてはそもそも，なぜ特定の「枠組」が適切であると考えなければならないかということである．

権力と解放への問い

　エスノメソドロジーが過度に限定的なアプローチであるという批判には，史的唯物論の伝統からのものもある．こうした批判は，現代の機能主義支持者によってなされている批判よりもある意味で興味深い．おそらくは，史的唯物論に実存哲学の視点を選択的に吹き込もうと努力しているせいで，ユルゲン・ハーバーマス，アンソニー・ギデンズ，ピエール・ブルデューのような批判理論，マルクス主義解釈学，左派構造主義の折衷主義的理論家は，エスノメソドロジーの用語や関心をよりよく理解しようと心がけている[72]．エスノメソドロジーは社会的実践の研究として安易に受け取られてしまうため，後期資本主義社会においてマルクス主義理論と日常経験とをいかにして架橋するのかという長年の問題と関係してくるようにみえるのである．エスノメソドロジーがこの希望をくじいてしまうのは避けられないが，このやり方は興味を引かないものではない．

　要するに問題は，エスノメソドロジーは「解放の」政治学とも，さらにはいかなるあからさまな政治的アジェンダともはっきりとは連携していないということにある．一方で，エスノメソドロジストは権力や抑圧についてほとんど語らないので，エスノメソドロジーのアプローチは「保守的」だと論じられることがある．また，上辺だけで理解され，行為者自らが自由に自分たちの世界を創造すると示唆しているものとみなされてしまう．他方で，エスノメソドロジーは，その「認識論的」多様性にもかかわらず，公然と「ラディカル」なアジェンダを促進しており，エスノメソドロジストと政治的にラディカルな社会

学者は両者とも「伝統的な」アプローチに攻撃を加えている．ハーバーマス，ギデンズ，ブルデューなどが見出したもっとも深刻な問題とは，エスノメソドロジーが構造的決定論に対して関わりがないという態度をとることである．コミュニケーションの体系的「歪み」や，歴史的に構造化された非対称的な関係が慣習化されて「再生産」されていくことをエスノメソドロジーの調査研究が示すと期待できるかもしれない．しかし，著名なエスノメソドロジストたちは力を尽くして，状況に結びついた相互依存性を例証し，ローカルな偶有性（コンティンジェンシー）を記述しているように思われる．そうした相互依存性や偶有性は，アプリオリに配置された地位や権力をまさにその適用が想定されるところで揺るがしているものである[73]．

　ハーバーマス，ギデンズ，ブルデューはそれぞれエスノメソドロジーを真剣に取り上げているけれども，3人とも合理性，客観主義，基礎づけ主義を維持することで，エスノメソドロジーの限界を越えようと試みる．また三者とも同様に，行為主体（agency）と構造，理解（Verstehende）と因果的決定論，構成主義と客観主義，これら使い古された対立の一方の側にしっかり位置付く「理論的立場」としてエスノメソドロジーを解釈する．例えばブルデューは，エスノメソドロジーを文化内生的な「ネイティブの経験とネイティブの経験理論」を再生しようとする現象学的人類学の一種であるかのように取り扱う．ブルデューはエスノメソドロジーの立場をクロード・レヴィ＝ストロースによる贈与交換の「客観的分析」と対置する．後者は，ネイティブが否定し「認識し損なっている」物質経済を「観察者の全体的把握」が定義するのである．ブルデューはどちらかの側を選択するよりもむしろ，弁証法的調停を提案する．その調停を通じて，贈与交換という様式化した実践は，分析的には認識される贈与と反対贈与の経済的等価性を抑圧しているのである．贈り物に違いを出すことや，「適当な」機会が来るまで待って贈与するというネイティブの戦略は，交換の経済的意味合いを体系的に覆い隠してしまうのである（儀式の背後にある交換の経済的性質を「隠さ」ずに，単に同じ贈り物，もしくは同価値の贈り物を返すことは，侮辱や失態になってしまうだろう）．ブルデューにとっては，交換の客観的「メカニズム」は未だに儀式過程につきまとっているのだが，それが個々の贈り物よりも重要なことは，一見したところ自然発生的贈与や儀式的贈与がなされ

第 1 章　エスノメソドロジー　　　　　　　　　　　　49

る環境によって隠されているのである．ブルデューのこの解決は，いくらか微妙な違いはあるけれども，構造決定性を救い出そうとする初期の構造主義者の試みと際立った違いはない．観察者が最終判断を下すのであり，ネイティブが分析による説明を承認も認識もしないのは自ら欺いているためであるとブルデューは述べる[74]．

　エスノメソドロジーの研究方針に対するギデンズの見解には鋭い観察眼が伺えるが，ギデンズもまたエスノメソドロジーを基本的には 1 つの理論的立場と見なし，一群の大きな構造に対する強固な基盤を提供する必要条件を満たしていないとしている．ギデンズの（そしてブルデューもまた〔英語では〕使用する用語である）構造化（structuration）の理論では，エスノメソドロジーが説明する「行為主体」を安定的で，制度的に構造化され，歴史に基づく支配システムとの弁証法的関係の中に組み込む．この理論は，制度化された社会的相互行為が，まるで上から下まで徹底的にそうであるかのように，構造的にパターン化された不平等と権力のヒエラルキーを「再生産」していくあり方を概説している．ギデンズのテーマは教育上の意思決定，教室での行動，診察，尋問の相互行為研究に取り入れられており，それゆえ，ある意味でギデンズの試みはエスノメソドロジー批判というよりは，エスノメソドロジーが自らの研究を理論的に意義づけるやり方を提案するものになっている．ここで問題となるのは，理論というものが適切な場面の研究によってあまりに容易に例証されてしまうことであり，そして「構造化」というテーマが例証される事例に担保されるとき，「過剰な詳細」という残余はレリバンス（関連性）から抜け落ちるように見えてしまうことである．第 6 章で詳述するが，この方向に向っているエスノメソドロジー研究もまた，しばしば同じことをしているのである．それは，会話分析的な調査研究に基礎づけ主義的な読解を施すことによって，つまりは「制度化されたトーク」を批判的に検討する手段を得るためにルールに基づいた会話行為像を用いることによって，なされているのである[75]．

　ハーバーマスもエスノメソドロジーを 1 つの理論と見なしており，コミュニケーション的行為の産出の中に含まれる内在的理解を超越しようとするいかなる取り組みとも対立するものとみなしている．ブルデューと違ってハーバーマスは，エスノメソドロジーの立場を客観主義的分析と弁証法的に対立させたり

しない．その代わりにハーバーマスは，コミュニケーション的行為は内在的な妥当性要求を必然的に含んでいると主張する．ハーバーマスにとって「了解を目指す行為のこの合理的な内的構造」は，経験的研究を通して発見される構造ではない．つまり，それは社会的活動を解釈し記述しようとする取組みそのものに織り込み済みなのである[76]．真理・真理性・理解可能性の基準は実際の発話とその専門的記述にアプリオリにあてはまるのである．そして，専門的記述には抽象性と内的なレリバンスとが組み合わされているのだから，専門的記述を用いて3つの基準から経験的に逸脱しているものを批判することができるのである．ハーバーマスの理解するところエスノメソドロジーの困難は，妥当性要求に対する格別の分析的注目に応じないことにある．

　ガーフィンケルは妥当性要求——コミュニケーションで達成される了解はすべて妥当性要求の相互主観的な認識に基づいており，合意形成がどれほど偶然的で脆く断片的であったとしてもそうである——を，単なる現象として取り扱っている．ガーフィンケルは，参加者が必要ならば根拠を示しうる妥当性ある合意と，妥当性なき一致——制裁の脅迫，レトリックによる攻撃，計算，絶望，諦念に基づき事実上確立された一致——とを区別しない[77]．

　ハーバーマスが説明する通り，エスノメソドロジーは，観察者が研究対象の発話を解釈する際に用いねばならない「妥当性の基準」を認めない．「観察者がそのような超世界論者の立場に自分が属すると考えられないのなら，自分の言明に対する理論的立場を要求できなくなる」[78]．この「ジレンマ」に対する解決法は以下の通りである．

　社会科学の解釈者が少なくとも仮想的な参加者の役割にある時，原理的には直接の参加者が指向しているのと同じ妥当性要求を指向しなければならない．そのため，またその限りにおいて，社会科学者は暗黙のうちに既に共有している発話の内在的合理性から出発し，参加者が自己の発言に対して要求する合理性を真剣に受け止めると同時にこれを批判的に吟味できる．参加者が単に前提とすることをテーマにし，解釈すべきものに対して反省的立場をとる

のだから，研究対象のコミュニケーションの文脈の外部に立つわけではない．原理的にあらゆる参加者に開かれている方法で，発話に関わる合理性を深め，変革するのである[79]．

これは大変刺激的な見解だが，この見解はコミュニケーション実践を，理論上の意思を行使するための従順な母型だと思わせてしまっている．この理論的意思は，一揃いのカテゴリー区分と論理枠組で武装することになる．そうすることによって，どれほど「断片的で」「その場限りの」「脆い」やり方であれ，実際の言説を母型に「はめる」やり方が必ず見つかるだろうと私たちに確信させてくれるのである．ハーバーマスの分析的戦略は諸々の発話を，アプリオリな妥当性要求に対して肯定／否定の立場をとる「言明」へと翻訳することを要請する[80]．こうしてガーフィンケルの「単なる現象」への関心は迂回されることにより，「合理的」言説という理念化された幻影が回復するのである．

エスノメソドロジストは政治を気にかけないわけではないし，他の研究者と同様に，論争的な時事問題を討議して，強い姿勢をとることもある．しかしながらたいていエスノメソドロジストは何らかの評判の良い大儀・矯正プログラム・規範的な政策を推し進めるための道具として自らの研究を用いようとはしない．自分自身の政治的コミットメントに「科学的」権威を与えるために自らの研究を利用しようと努めることもない[81]．このことは，そうした事柄に対して個人的に無関心であることとはまったく関係ない．権力に対して権威ある批判をしたいという欲望は抗しがたいものであるし，理解もできるが，それは超越論的分析という未だ実現されない夢を追求しようという原理的な（ときには非原理的な）取組みをたいていは助長してしまうのである．そのゲームの掛金を考えるなら，他の選択肢は受け入れ難いのであろう．したがって，より包括的で，客観的に基礎づけられ，規範的に根拠のある立場に上りつめて，そこから抑圧という強大な力に対抗しようとするやむにやまれぬ必要性が生じる．その必要性を満たそうとすると，研究対象となる領域を理論的意思が素朴に反映されたものに変質してしまいがちである．

意味と自己反省への問い

　近年のエスノメソドロジー批判を繰り広げてきた人々は，エスノメソドロジーの「ラディカルな」認識的ポリシーへの共感を表明するものの，この領域の展開のあり方に落胆している．脱構築主義者の文学理論に触発された「ポストモダン」的アプローチへの関心が社会学者の間で（遅いとはいえ）最近高まってきたことで，エスノメソドロジーを「よりラディカル化する」取り組みの勢いが増している．こうした不満の中には，初期のエスノメソドロジーはインデックス性を指向していたものの，後に会話の連鎖(シークエンス)分析を発展させたために，自己言及的「意味」(referential meaning) の理論が不明瞭になっているというものがある．ポール・アトキンソンの論評によれば，エスノメソドロジー研究は意味の問題を，無味乾燥な連鎖(シークエンス)の秩序の解明に還元する傾向にある[82]．またアトキンソンなどが非難しているのは，エスノメソドロジーが客観主義的な道を歩んできており，かつてはより顕著であった「解釈実践」に対する「リフレクシブな」指向を一見忘却していることである．

　そのような不満にも一理あるかもしれないが，アトキンソンらが提案した解決策では，意味，意図，目標，意識といったよくある一連の幽霊まがいの実体を呼び出しかねず，それでは指示の対応理論や意味の心理主義的説明と結びついてしまうのである．実践的行為の説明においてこのような用語に基礎的役割を再び与えてしまうならば，指向すること，考えること，意味すること，知っていることなどについて語る際に言っていることや行っていることと寄り添っていこうとするねらいが失われてしまうのである．エスノメソドロジストはコミュニケーション的行為の探究において「精神」や「解釈」へのあらゆる言及を追放したいのではなく，言語／世界，記号／指示対象，意味するもの／意味されるもの，思考／対象といったデカルト的な2項対立図式を無効にしようと取り組んでいるのである．というのも，古典的な意味理論によって始動されるこうした二項対立図式は，心的実体や心的な力という「神話的」説明をいつも支えてしまうものなのである[83]．

　こうした批判は，テキスト分析に対する反基礎づけ主義と自認するアプローチに触発されてはいるものの，その多くは自己反省的意識という啓蒙主義的着想に負っている．このことは「ラディカルにリフレクシブ」なエスノメソドロ

ジーを再興しようとするメルヴィン・ポルナーの訴えからはっきりと窺える[84]．ポルナーが正しく指摘する通り，エスノメソドロジストにとってリ・フ・レ・ク・シ・ビ・リ・ティという用語は，会話における質問・示唆的な身振り・沈黙などの意味が，そうした行為が生じている場面の一部として，どのように「達成される」のかを記したものである．このように捉えるので，意味の「具現化された」（incarnate）もしくは「リフレクシブな」達成は，エスノメソドロジストが研究する社会的行為の領域の内生的特性（endogenous property）なのである．このようなリフレクシビティの考え方は，その概念をより自己省察的（self-reflective）に認識する可能性があるが，実際にはそうなっていないとポルナーは書き加える．

> 自・己・言・及・的・リフレクシビティは，エスノメソドロジーも含めたすべての分析を構成的過程の一例とみなす．……メンバーだけが説明可能な場面の内生的構成に関与していると考えるのではなく，分析者もまた例外なく関与していると考えるのである．したがって，エスノメソドロジーは，自らの分析も内生的達成を構成するものとして認識する限りにおいて自己言及的にリフレクシブである．構成を対象として自己言及的にリフレクシブに認識することは，認識者が再 帰 性（リフレクシビティ）の視野内におさまる時にラ・ディ・カ・ル化される．つまり，分析における他のすべての特徴と同様に，リフレクシビティの定式化そのものが内生的な達成として認識される時なのである[85]．

簡単に言えば，このラディカル化というのは，文脈-内-行為を包含する解釈学的循環を拡張して，まさにその関係を記述している行為をも包摂しようというものである．したがって，ラ・ディ・カ・ル・リフレクシビティとは，研究している社会的領域における個々の「リフレクシブ」な作動と研究者との関係をめぐる「リフレクシブ」な検討の一種である．このような検討のすすめは会議，会話，書かれたテキストといった記述を第三者の視点から提示するのと比べて，より完全なリフレクシビティ理解を促しているように思えるかもしれない．逆に言えば次のように論じることもできる．一人称のリフレクシブな説明（または，記述される場面と観察者や解釈者や語り手との関係を「自己言及的に（referentially）」取り上げたり強調したりするような他の文体）は三人称の説明に対して一

般的な優越性を持っておらず，ひいては，「反省（reflections）」のさらなる「反省」といった後退を招いてしまう，と[86]．

　問題なのはポルナーがエスノメソドロジーのリフレクシビティを自己反省という古典的概念と結びつけていることである．この両者は区別できるし，区別すべきだと私は論じたい[87]．ガーフィンケルが導入した，説明（アカウント）の「具現化した」相互反映性（リフレクシビティ）は不可避のものである．このリフレクシビティに反義語などないし，それは文脈上の配置と背景的理解に関連している[88]．例えば，会話における沈黙が，分析者に，そしておそらくは参与者に，招待に応じる際のぎこちない間に「聞こえる」ならば，この沈黙の分析的意味は，つづいて生じる躊躇や疑念を具現化した表現も含めて，招待の後に生じる連鎖（シークエンス）において／として相互反映的（リフレクシブ）に構成されるだろう．これとは対照的に，ポルナーが提唱する「自己言及的リフレクシビティ」は回避可能なものである．ポルナーによれば，行為者と分析者は「実践活動の過程でラディカルな反省（reflection）を逃れたり，避けたり，巧みにやりすごす」ことができる[89]．それゆえポルナーの説明に従えば，記述されるフィールドと「自分自身」との構成的関係を指摘したりしなかったりすることによって，より「リフレクシブ」になったり，ならなかったりすることができるのである．この種のリフレクシビティとは，自分のやっていることを定式化するということ，すなわち「反省」したり，「メタ言語」を利用するということに関係しており，これは，言明とそれが記述するものとの指示上の対応関係についての懐疑論的関心と結びついている．またこのリフレクシビティは抽象的個人の認知的「源泉」に立ち返ってしまっている．公的場面で見受けられ，普通の言語で記述される行為のリフレクシブな調整とは異なり，自己言及的リフレクシビティとは明示的に解釈すること，反省すること，そして口に出して言うことに関わっている．客観的な社会構造感を構成する解釈的行為と，その構成的役割を「評価」しようと試みる反省は共に分析的意識に基づいているのである．

　私は，「自己反省」の美徳やその状況に応じた適切性を退けたいわけではない．この「自己反省」とは，今言ったことを考えるために立ち止まること，口に出して考えること，自己疑念を認めること，自分と同じように他者が物事を見ているかどうか思いをめぐらすこと，自己のバイアスを認めること等々のことで

第 1 章　エスノメソドロジー　　55

ある．しかしながら，そうした慣習上の「自己反省的な」行為は，構成的行為を体系的には指していない．自己反省的行為はそれ自体において，そしてそれ自体からなる行為なのである．つまり，自認する，あらかじめ言う，ためらう，承認する，自問する，見直しをするといった行為なのである．そうした行為の意味は個々の連鎖（シークエンス）の環境において「達成される」のであり，そしてしばしばそれらには特徴的な姿勢，表情，反応が伴うのである．他の言説的行為と同様に，自己反省的行為の意味，関連性，適切性は，そうした行為を口にしたり書いたりする実際の関連ある状況とリフレクシブに結びついているのである．

　ポルナーによるリフレクシビティは，客観主義に対抗するラディカルな構築主義に奥深く明確に訴えかけるものである．エスノメソドロジーの調査研究の多くが経験主義的，科学主義的傾向を示しているとポルナーが不満を言うのは正しい．時には，その調査研究を突き動かしているのが，知見が「分析的」だから有意義なものになるだろうという自信からにすぎないと思えるものもある．ポルナーが論じる通り，近年エスノメソドロジーと「伝統的」社会学との対立が弱まっており，こうした風潮を居心地よく思うものもいるが，私たちにとっては憂慮すべき事態である．私たちは，専門的社会学において未だに流布している基礎づけ主義的理論観，方法観に挑戦しない「エスノメソドロジー」にはほとんど意味がないと考えるからである．しかし，反基礎づけ主義的アプローチを提案することと，それをやりぬくことは同じではない．反基礎づけ主義は反客観主義と同義ではない．客観主義に反対する多くの者と同じく，結局のところポルナーはある抽象的基礎づけを別の基礎づけに置き換えているのである．ポルナーは，自立した「世俗的世界（mundane world）」に代えて，「世界化の作業（work of worlding）」を据える．つまり，その行為は世界を産出する主体から生じ，また，その行為は，その世界の自立性を想定することによって主体に「忘却」されるのである[90]．

　構築主義やエスノメソドロジーを取り入れた多くのやり方が，ポルナーと同様の議論になるのは，「解釈作業」「エスノメソッド」「表象」「信念」「レトリック」によって，安定的で合意のある客観的な「リアリティ（実在）」の現れを説明するときである[91]．これらの研究は，かつての反客観主義の伝統下にある思想や理念に代えて，社会的，テキスト的，相互行為的，レトリック的な実践や

装置を据えている．これらに共通していることは，指示的もしくは表象的な言語観に囚われていることである．こうした研究は，言語から切り離された「リアリティ（実在）」を保持し，その上で，リアリティ（実在）の外観に到達するときの言語的行為の基礎的役割を強調しているのだ[92]．これらを批判することで，私は実在論や客観主義を擁護しようとしているのではなく，むしろ古典的議論を枠付けている表象的言語観に疑問を投げかけているのである．

6. 結論

　ガーフィンケルがかつて言ったように，包括的な社会理論を残しておこうとするのなら，社会学者はエスノメソドロジーから「何も得る」ことはできない．このことは別に，エスノメソドロジーにはアカデミックな場がないとか，その資格がないとか，エスノメソドロジーは没理論的であるとか，その研究のやり方はむしろ企業やCIAに居場所があるだろうなどと言っているのではない．〔たしかに〕学術的専門性から離れてエスノメソドロジーが存続できるかどうかは疑わしい．なぜなら，エスノメソドロジーのプログラムは実践的行為と自然言語使用の伝統的な分析的探究と強く結びついているからである．これまで論じているように，エスノメソドロジーは「分析的」学問領域であると捉えるべきでないけれども，素人や専門家の分析的実践はエスノメソドロジーに主題を提供してくれる．ある意味でエスノメソドロジーは社会学という学問領域の寄生者であるが，宿主を抜け殻にしてしまう寄生者と違って，エスノメソドロジーは形式分析の源である「生（life）」を記述することにより，形式分析によって産出された生なき訳解を新たに活性化しようとしているのである．

第2章 「古い」科学社会学の終焉

　1970年代初頭，バリー・バーンズ，デイヴィッド・ブルア，マイケル・マルケイ，デイヴィッド・エッジ，ハリー・コリンズなどイギリスの社会学者は，ロバート・マートンとその後継者が展開していた構造機能主義の科学社会学と対峙した．そして彼らは構築主義，相対主義，ディスコース分析といった緩やかな連携関係を持つ一連の研究プログラムに結集していた．それ以来，相互に関連するが少しずつ異なる「新しい」科学社会学が，ヨーロッパ大陸，オーストラリア，北アメリカで興隆した．〔一方で〕マートンの研究プログラムはいまだに，アメリカの社会学において極めて影響力が強い．これは，現代におけるマートンの後継者が，イギリスやヨーロッパ大陸由来の発想のいくつかを選択的に導入することによって，新しい科学社会学の挑戦に抵抗してきたからである．

　新しい科学社会学の提唱者は，さまざまな研究成果に依拠した．エスノメソドロジー研究が社会科学における「構築的分析（constructive analysis）」を批判的に扱ったことにも影響を受けていた．彼らは，エスノメソドロジストと同じく，インフォーマルな日々の実践に焦点を合わせていた．しかし，その構築主義的な解釈は，主として社会科学者ではなく自然科学者の活動に対して適用された．多くの場合，科学知識の社会学の研究者による議論や説明がよって立つ方法は，エスノメソドロジストが以前から批判してきた社会学的方法というものを科学領域に適用するものであった．ここでは，自然科学の理論，方法，発見についての懐疑的な見方と，社会学的分析への肯定的な見方は明らかにかみ合ってはいなかった．そして，このことは新しい科学社会学の提唱者と批判者のどちらにも，気づかれずにいるというわけにはいかなかった．また最近では，

このことは大きな注目を集め，多くの論争の的となっている．本章と次章では，科学社会学の展開を概観し，批判することによって，こうした論争を導く問題点を明確にしたいと考える．私はこれによってエスノメソドロジー研究と科学知識の社会学との間にある同種の問題や対立した主張の認識上の「取引地帯」（epistemic "trading zone"）をはっきりさせたい[1]．そして，そのことによって科学社会学，科学史，科学哲学における不変の問題と長期の論争のいくつかが解明されることを期待している．

1. 「古い」科学社会学への批判

科学知識の社会学が1970年代にどのように生まれてきたのかという物語は何度も語られてきた[2]．実際，この物語が反復され，流通していくことがその発展に役立った．過去20年にわたってイギリスなどで発展している科学社会学のプログラムの新しい点は，「科学知識の内容と性質そのもの」[3]を探求し，また時には，（その条件を）説明するという目的を持っていることにある．トーマス・クーンの画期的な研究である『科学革命の構造』[4]は科学史と科学哲学における「社会学的転回」のもっとも重要な拠り所として広く認識されている[5]．しかし，科学知識の社会学の提唱者たちが認めるように，科学社会学がクーンの仕事を支持し，使用するやり方に関して，彼らはクーンが明示した提案をはるかに超えている[6]．また彼らは，ルードウィヒ・ウィトゲンシュタインの後期著作を用いて，既成の社会科学の哲学[7]と知識社会学[8]の重要な改定をもたらした．さらに，ガーフィンケルによるエスノメソドロジー研究とシクレルによる社会科学の方法批判を構築主義的に解釈した．そして，そうした解釈を，自然科学における慣習的な（routine）「構築的」活動の研究に適用していったのである[9]．

また科学知識の社会学は，ロバート・マートンが確立した知識社会学と科学社会学の「パラダイム」を否定すべき前例とみなし対抗することで発展していった[10]．マートンは，修正を施した構造機能主義の枠組の中にカール・マンハイムの知識社会学を収め，そして共同研究者とともに，この枠組を科学制度と科学の変動の研究に適用したのである[11]．新しい知識社会学に傾倒する者

たちによってなされたマートンのプログラムへの批判は，時に誇張されてきたかもしれないが，アメリカよりもイギリスを中心として対抗プログラムを展開していくことの表明には役立った[12]．

マンハイムによる知識社会学へのアプローチもまた直接批判されてはいるが，それは比較的限定的なものである[13]．このマンハイムへの批判とマートンへの批判は結びついていた．というのも，マートンによるマンハイム読解がアメリカ社会学において強い影響力を持っていたからである[14]．しかし両者への批判にはいくつかの重要な相違があるため，私はこれらを別々に論じることにする．

マンハイムの「修正」

ブルアやバーンズらによるマンハイムへの批判は，マンハイムの知識社会学のプログラムに対する攻撃というよりは，そのプログラムの修正と拡大である．マンハイムは，一般に，知識社会学（Wissenssoziologie）の創始者ではなく，そのもっとも重要な先駆者と見なされている[15]．1930年代の初めにドイツからアメリカに移住する前に，マンハイムは，知識の産出に対する独自の社会学的アプローチを展開し，そのアプローチを適用した一連の論文を執筆した．その中でより古く，より個別主義的なイデオロギー概念を歴史的に変質させることから知識社会学は生じるとマンハイムは提起した．この議論によれば，イデオロギー概念は政治言説の中で今なお継承されている伝統から生じている．この伝統において，イデオロギー概念は政敵の主張を，狭く個人的で党派的であると「暴露する」ためのレトリック上の武器として用いられていたのである．

マンハイムはこのレトリックの形式を，ナポレオンが哲学者を非実用的な「イデオローグ」であるとして弾劾したことにまで遡っている[16]．この弾劾により，「観念の理論（theory of ideas）」としての「イデオロギー」の古い意味は，単なる観念の実践的な妥当性に対する，より近代的な非難に結びつけられた．「観念」と「観念」を闘争させようとする青年ヘーゲル派の試みに対するマルクスの批判的論争も，同様にして実践的行為を価値あるものとして安定させる．しかし，マルクスとエンゲルスは階級的位置に関わらせて「イデオロギー」を説明することにより，ヘーゲルのような議論をはるかに超え出る．マンハイムに

よるイデオロギーの扱い方は，マルクスの説明形式を拡張して，「自由」なインテリゲンチャに対するナポレオンの弾劾を反転させたものである．ナポレオンはアカデミックな哲学が経済活動や政治活動から大きく離れていることに不満を述べるのに対し，マンハイムはこの分離を価値自由の実践的条件として扱うのである．彼は，イデオロギー批判を変質させて，「虚偽意識」の基礎にある階級条件の社会学的分析としたのはマルクスに依るものだとしていた．しかし，マンハイムは，マルクスによるイデオロギーの論じ方を大きく拡張し，変質させ，たやすく反マルクス主義的なアプローチと見なされうるものを展開するまでに至ったのだった[17]．

マルクスはヘーゲル左派による宗教批判を国家とその支配的イデオロギーを含むところにまで拡張した．しかし，マルクスは，支配エリートとインテリゲンチャによって広められたイデオロギーによる歪曲を暴露するためには，史的唯物論こそが科学的に正しい基礎を与えるのだという前提をけっして捨てなかった．またマルクスは，史的唯物論の視点を特定の階級的な起源——プロレタリアートの理想に注目したブルジョワ知識人の分派——にまで遡った．しかし，無階級社会におけるプロレタリアートの階級上の（無）位置により，狭い階級利害によっては歪曲されない普遍的「イデオロギー」の社会的条件がつくりだされるだろうと提案した．もちろんマルクスの主要関心は，19世紀半ば急速に産業化するイギリスと西欧の資本主義社会の革命的転換を押し進めることにあった．マルクスの資本主義批判もそのために提示した根拠も，そうした社会的条件の中に位置づけられるものだった．これと対照的に，マンハイムは社会的条件とイデオロギーとの関係の一般理論を展開しようとした．マンハイムは，「観念」を社会歴史的な基盤に位置づけようとするマルクス主義の試みには実質的に同意した．その一方で，史的唯物論の科学的な地位を疑問視し，実存条件の分析を一般化し，脱政治化しようとしたのである[18]．

マルクスとは違って，マンハイムには後発の利があった．マンハイムには，多くの同時代者と同様に，戦後ドイツ社会の諸条件について普遍的に「正しい」分析をしようというマルクス主義者などの主張を，どれであれ疑うことができた．さらにマンハイムには，人文科学に対する自然科学的アプローチの提唱者と，それに対して解釈学的アプローチを提唱する者の双方を巻き込んだ厄介な

学問論争の影響下に置かれるという怪しげな特権もあった[19]．この方法論争（Methodenstreit）には，ヴィルヘルム・ディルタイ，ハインリッヒ・リッカート，マックス・シェーラー，マックス・ヴェーバー，ゲオルグ・ジンメルといったマンハイムの同時代者や先駆者の多くが惹きつけられた．そして，彼らすべてがこの論争において異なる立場をとった．ドイツにおける学問的，政治的不和によって生じたこの問題に対するマンハイムの解決は，この党派的な争いの存在と構造そのものを，無党派的なイデオロギー概念を展開するための歴史的条件として扱うことだった．こうした際限のない論争への参加者ならば，自分の主張が敵対者の主張とまったく同様にイデオロギー的であるということを理解することができ，結果として観念の実存的決定がすべてにわたって適用できるということをわかるだろうとマンハイムは考えた．もちろん，そうした理解は政治や認識論の相対主義や虚無主義の視点を支持すると言えるのかもしれない．しかしそれはマンハイムが勧める考えではなかった．むしろ，マンハイムはイデオロギー分析を人身攻撃的な（ad hominem）議論の形態から分離したかったのである．そうした議論の形態はいつも使われており，それは，ある知識の表明を，特異な偏向性や社会集団への排他的な所属に結びつけることによって「説明して格下げする」あるいは，その正体を暴露するためであった．

　マンハイムは知識社会学を「相対主義的」な立場と区別するにあたって，次のように述べた．相対主義が「あらゆる知識は認識者の状況に相対的である」という洞察を「あらゆる知識主張が疑われなければならない」という結論と混同するとしたら，評価の絶対主義的な基準を保持していることになる，と．あらゆる知識を疑うという仮定は，すべての真なる知識には根拠がなければならないという仮定と同じく絶対主義的なものである．それゆえ，マンハイムは相対主義の立場をとらず，知識の「相関主義」概念を主張した．根本的に個人主義的な知識概念を選ぶのではなく，個々の観念が歴史的，社会的状況に位置づけられることをマンハイムは示した．そのように位置づけられるものとしての観念は，目的合理性という西洋的な基準に合致しないのかもしれない．しかし，そうだからといって，関連する認識共同体の領域内での定言的判断や妥当性要求からすれば，そうした観念の妥当性が失われるわけではない．それゆえ，「相関的」な知識――生きられた理解共同体の中で養われる知識――は動的なもの

でありうるが，必ずしも恣意的であるわけではない．ヴェーバーと同じくマンハイムは，社会秩序の構成そのものの中に観念を位置づける統合理論を構築しようとした[20]．マンハイムは観念を経済的利害に還元しようとも，歴史上の特定の実存条件から分離しようともしなかった．さらには，やはりヴェーバーと同様に，知識の実存的決定を説明するための理念化された「科学的」利点を保持しようとした．

　没評価的・普遍的・全体的イデオロギー概念は，さしあたり問題の単純化のために，扱うべき観念の正当性に関しての判断がなされないような歴史探求の中に，まずは見出されるべきである……イデオロギー研究は価値判断から自由であろうとするものであり，その研究課題は，個人視点の狭さを理解し，個々人で異なる態度間の相互作用を社会全体の過程において理解することである．

　マンハイムはこのような立場を確立しようとしながら，あるジレンマと苦闘しており，それをその批判者が満足する程には解決できなかった[21]．彼が提唱する普遍的な知識社会学というものがあるならば，超越論的立場を仮定することは矛盾したものとなっただろう．つまり，他のあらゆる観念システムとそれに対応する実存条件との関係を没評価的で全体的に概念化するあり方を規定するような超越論的立場を仮定するならば，それは矛盾をはらんだものとなっただろう．そのような立場は，知識社会学をそれ自体の実質的な説明プログラム〔の対象〕から免除することによってしか確保できなかったであろう．それにもかかわらずマンハイムは，知識社会学がその限られた状況に言及することをもって言い逃れることをせずに，他の知識システムの社会的条件を説明しうることを，なんとしても確証せねばならなかったのだ．
　さらにマンハイムは知識社会学の特殊な実存的条件を決定的な方法論的利点に変えた．ドイツの学問共同体のイデオロギー分裂と相対的自律性によって，イデオロギー領域に対する公平で独自の理解が促されるのだとマンハイムは示唆した[22]．マンハイムにとって，インテリゲンチャという「浮遊する相対的無階級層」[23]はある種の前衛であったが，この前衛はプロレタリアートの利害を

代表するのではなく，党派政治から離れ利害関係のない立場に到達できる存在であった[24]．したがって知識社会学は，イデオロギー概念の歴史的進歩における次の段階を表すものとなる．その段階においては，没評価的なイデオロギー概念が，知識の絶対主義的な概念を批判するための基盤を与えることになるのである．マンハイムは知識社会学の「客観性」が実践的に支持されれば，その分析の真理が保証されると主張したわけではなかった．そうではなく，歴史的に状況づけられた知識の究極的な真理を評価するのに，数学や「精密」科学の基準を用いることはありえないと論じたのだ．また，知識社会学の実践的な妥当性はその歴史状況に基礎づけられているため，知識社会学もまた精密科学の基準にとらわれるべきでないと強く主張したのである．

この一見穏当な提案は，次のような〔自然〕科学的知識のシステム，社会科学的知識のシステム，日常的知識のシステムにおける3つの区別を含意している．

1. 数学や精密科学において産出される知識の少なくともいくつかのものは（その歴史状況に）非相関的であるようにみえる．こうした学問分野において産出される知識は特定の歴史的な起源にまで遡れるが，この知識の内容（あるいは少なくともそのいくつかは）はもはや歴史の痕跡を帯びてはいない．
2. アカデミックなインテリゲンチャは相関的知識を産み出すが，その制度的，歴史的状況によって，ある一定の価値自由が可能になる．知識社会学の「パースペクティブ」はこの状況から展開する．それは歴史社会的な起源を超越するものではない．しかし，この「パースペクティブ」は，その方針と実践的状況の問題として，それが説明しようとする知識システムより，実践的にも誤りうる程度から考えても包括的で超党派的なものである．
3. 宗教的イデオロギー，道徳的イデオロギー，政治的イデオロギーは，信念と実践の共同体的場面に実践的に根拠づけられている．そうしたシステムにおける知識内容および，そうした知識の妥当性を評価する基準は，本質的に状況づけられている．

ここで重要な点として留意すべきなのは，認識論的あるいは存在論的なコミットメントというより，方法論的な要請との関係でマンハイムがこうした区

別をしたということだ[25]．マンハイムにとって問題は，歴史的条件と社会的条件が観念の妥当性と内容にどのように影響を与えるのかを経験的に例証することなのである．

　社会過程における実存的要因は単に周辺的に重要であるのか．単に観念の起源あるいは事実的な展開の条件になるものと見なされるべきなのか（すなわち単に発生上の関連性があるだけなのか）．具体的な特定の主張の「パースペクティブ」に入り込んでいるのか．……観念の歴史的社会的発生は，その発生の時間的社会的条件がその内容や形式に影響をおよぼさない場合にだけ，その観念の究極的妥当性と無関連なものとなる．もしこのことが事実なら，人間知識の歴史における2つの時期は，どんなものであれ次の事実によってのみ互いに区別できることになる．すなわち，ものごとは初めの段階では未だ〔十分には〕知られておらず，なんらかの誤りがまだ存在するが，その誤りは後の段階で獲得される知識をとおして完全に訂正されるという事実である．知識の不完全な初めの段階と完全な後の段階とのこの単純な関係は，精密科学にとっては，かなりの程度適切なのだろう（もっとも，実際今日では，精密科学のカテゴリー的な構造の安定性という考え方は，古典物理学の論理と比べて，かなり揺るがされているのだけれども）[26]．

　この文章の最後の文における相対性理論への間接的言及は，マンハイムが数学と精密科学の発展と成果を，本質的に永久に知識社会学の範囲を超えたものとして捉えてはいなかったことを示している．むしろマンハイムは，「$2 \times 2 = 4$」のような言明は歴史的に安定性があり，合意に基づいて使用されるので，その言明内容がその使用者の特定の社会的地位をどのように反映しているのかを示すのが不可能になってしまっていると論じたのである[27]．その言明の形態は「いつどこで誰によって定式化されているかに関して手がかりを与えない」．これと違って芸術作品においては，作品の構成によって，作品を特定の芸術家や芸術のジャンルのものだとしたり，歴史的に関連する様式上の慣習と関連づけたり，関連する芸術共同体による芸術主題の本質についての前提を解明したりするための多くの手がかりが芸術史家に与えられうるのである．同様に，社

会科学のテキストや議論は，ラディカルな行動主義，ユング派心理学，フランス構造主義，古典経済学といった「学派」や「パースペクティブ」に遡ることのできる多くの手がかりを一般に与えている．

　数学や精密科学を知識社会学の範囲から除外するとマンハイムは主張したと言われており，その除外は科学知識の社会学における「ストロングプログラム」の提起において主要な批判対象となってきた[28]．この除外をマンハイムのプログラムにおける「誤り」[29]だと単純にラベルを貼る論者もいるが，そうしたラベルはこの除外の重要さを見落としてしまう．マンハイムがこの対比によって確立しようとしていたものは，自然科学を除外するというよりはむしろ，実践的歴史的に状況づけられた知識というものを正当化することなのである．知識社会学はそれ自体，強い形態の相関的な知識を切望しうるにすぎないとマンハイムは明言していたのだから，この除外によって自分自身の研究様式を正当化しようと試みていたわけである[30]．

　マンハイムが求めたこの除外は知識社会学のためであった．というのも，マンハイムは知識社会学の妥当性要求から，数学や精密科学が属するとした厳格な認識論的基準を除外しようとしていたからである．そうした基準が数学や自然科学のある一定領域に適用可能であることにマンハイムは異議を唱えなかったが，やはり彼の主要関心は知識社会学による明らかに弱い主張を正当化することにあった．つまり，彼が明示した通り，問題となっていたのはいかにして論証するかということであった．

　思想の実存的決定は，次のことを示すことができるような思想領域において論証済の事実と見なせるだろう．つまり，その領域とは，(a)ある思想が知られていく過程が実際には「内在的な法則 (immanent laws)」にしたがって歴史的に展開するわけではないということ，その過程が「事物の本質」や「純粋な論理的可能性」だけから生じるわけではないということ，その過程が「内的な弁証法」によって動かされているのではないということを示すことができるような思想領域のことである．現実の思想の出現と結晶化は，多くの決定的な点において，多様な種類の理論外的要因によって影響を受ける．これらを，純粋に理論的な要因と対比して，実存的要因と呼べるだろう．また，

この思想の実存的決定は，次のような場合にも，1つの事実として見なされなければならないだろう．つまり，(b)具体的な知識内容に対するこうした実在的要因の影響が単なる周辺的な重要性以上のものである場合，またその要因が観念の生成に関連があるだけでなく，その形式や内容にも入り込んでいる場合，さらにその要因が私たちの経験や観察の範囲や強度，すなわち先に述べた言葉ならば，主体の「パースペクティブ」というものを決定的に定める場合である[31]．

デイヴィッド・ブルアは，マンハイムの数学の社会学に関する影響力のある議論の中で上記の一節を一部引用して，マンハイムが「社会的原因」を「理論外の要因」と結びつけたことに異議を申し立てている．「しかしこれは，理論の内的論理に従って行われる行動をどこに置き去りにしているのか？」とブルアは問う[32]．この問題に，知識社会学におけるストロングプログラムが答えられることをブルアは強く主張し続ける．そして，マンハイムのプログラムを拡張して，数学の知識や科学知識にも適用するための一連の革新的提案を行っている．しかし同時に，ブルアのマンハイムの読み方にはいくつかの混乱がある．その混乱は，マンハイムが「実在論」あるいは「プラトン主義」による数学の存在論を推し進めているというブルアの解釈の仕方に関係している[33]．

私の読解では，先の引用においてマンハイムは，観念の「内的弁証法」というヘーゲルの概念を支持していないのと同様に，数学的対象の固有性に対して絶対主義の立場を取っていない．そうではなく，さまざまな絶対主義哲学や超越論的哲学の主張に抗して「思想の実存的決定」を例証するための要件について論じているのである．「事物の本質」や「純粋な論理的可能性」や「内的弁証法」にマンハイムが括弧をつけていることは，こうした語句をよくある慣用句として扱っていることを意味している．これらの慣用句は，知識社会学が知識の社会的決定を例証しようとするときに直面する議論から取り出されたものである．マンハイムは，例えば哲学的実在論や論理決定論や弁証法的理性を支持しているのではない．そうではなく，知識社会学は，説明の対象としようとする知識システムの内側から（あるいはそのシステムのために）生み出される執拗なまでの議論に直面しているということを認めているのである．そうした議論

は簡単に斥けられるものではなく，マンハイムは特定の事例においてその議論を斥けていくための方法的な手続きを提言している．この手続きは，基本的に2つのステップを踏む．

1. 歴史的比較の利用．これにより，ある「内在的理論」では，それが状況づけられている知識システムの内容や歴史展開を完全には説明できないということを示す．この手続きを用いるのは，そうした理論が現在の知識状態を「事物の本質」，「純粋な論理的可能性」や「内在的弁証法」に，はっきりと余すことなく帰属させることはできないということを例証するためである．
2. 社会的条件（局所的な歴史的環境，階級的利害，集団の「心性」，レトリックの戦略など）の特定化．社会的条件とは，その時の知識状態の内容や発展に影響を与えたものである．

マンハイムは，超越論的哲学や絶対主義哲学に強く反対したため，知識は「内在的法則に従って歴史的に発展する」ことができるという可能性そのものを却下しているようにみえるかもしれない．しかしながら，$2 \times 2 = 4$ のような数式を理論外の「実存的」要因によって説明できるということを論証する方法を，マンハイムは見い出すことはできなかった．マンハイムは，その説明プログラムから科学を全面的に排除するという規定は設けなかった．なぜなら，彼の方法は確かに，ダーウィンの進化論のような事例に適用できるからである．つまり，次のことを示すことは可能である．(1)ダーウィンの理論が「化石記録」をどれほど正しく解釈しているのかは，重要な点に関してもともと異議が申し立てられていたし，今でもそうであること[34]，(2)ダーウィンの理論は，特定の時間と場所で生じ，個別主義的な社会的利害に役立ち，科学内部でも公共の場でも広く異議が申し立てられてきたし，いまだにイデオロギー論争の主題であること，である．

ダーウィンの理論の支持者は，その立場に異議を差し挟もうとするさまざまな試みにうまく抵抗するかもしれない．しかし，事実，その理論に異議が唱えられ続けており，その意味や応用可能性の理解が専門的な科学領域の中でさえ

さまざまであることは，マンハイムの相関主義的な説明のプログラムに十分な手段を与えてくれている[35]．進化問題に関する党派的な争いはかなりすさじいものになる可能性があり，それゆえ，「自由なインテリゲンチャ」の一員であれば，この議論における論争上の立場に相関する，さまざまな宗教的，政治的，地域的，階級的な要素の詳述に取りかかるのに十分な超然さを保つことができるように思える[36]．しかし，2×2=4はその公式を理解している人によって，いかにして異議を唱えられうるのか？

この問題に取り組むにあたって，ブルアはウィトゲンシュタインの数学に関するさまざまな著作を引き合いにだす[37]．ブルアは，数学の命題の真理をめぐる論争の証拠となるものを探したりしない．そうではなく，命題の妥当性の歴史的条件に対してマンハイムが持っていた関心を，言明の意味と理解可能性そのものを支える条件についてのより基本的な問いに変換する．ブルアの読解によれば，ウィトゲンシュタインは，「正しい」数学の式と演算を説明できるばかりでなく，「間違った」数学の式と演算を説明できる「知識の社会理論」の基礎を与えてくれる[38]．ウィトゲンシュタインは説明理論を提示したわけではなく，また経験的な社会科学を非常に限定的にしか使用していない．しかしながら，ブルアはウィトゲンシュタインの著作を，知識社会学の概念拡張を支えるために用いる．マンハイムとウィトゲンシュタインは互いの研究を明示的に用いたわけではないが，ブルアの議論の意図をくみとれば，次のようなマンハイムとウィトゲンシュタインの想像上の対話を組み立てることは容易だろう．

マンハイム：神でさえ，2×2=4のような命題を歴史的主題として定式化することはできないだろう．なぜなら，歴史において理解可能なものは，歴史的な経験の流れの中でこそ生じる問題や概念構築に関わらせることによってしか定式化できないからである[39]．

ウィトゲンシュタイン：「2×2=4」は算術における真の命題である——「特定の場合に」でも「常に」でもなく——．しかし，中国語で話されたり書かれたりする「2×2=4」は，別の意味を持っていたり，あるいはまったくの無意味であるかもしれない．このことから，命題が意味を持つのは，

第2章 「古い」科学社会学の終焉

その使用においてのみであるということがわかる[40]．

このウィトゲンシュタインの一節は，$2 \times 2 = 4$ がインデックス的表現のようなものであることを示唆するものだと読むことができる．インデックス的表現において，命題の意味は，それが使用される状況に依存している．ウィトゲンシュタインは異文化の仮想例を用いて，中国語の話者は $2 \times 2 = 4$ という表現を理解したとしても，それを私たちとは異なった仕方で，数の使用に関する彼ら自身のシステムに適用するかもしれないということを示唆している．ウィトゲンシュタインは歴史的な議論をしているのではないが，この例に沿って歴史的な議論を展開するのは非常に簡単だろう．歴史上の例を引用して，2 という数字を私たちと同様には使用しなかった社会や，掛け算の概念を持たなかった社会をあげることで，$2 \times 2 = 4$ が普遍的には妥当な表現でも理解可能な表現でもないことを主張することができるだろう[41]．

ブルアは同様の例として，バビロニア数学はゼロの概念を持たなかったことを述べている．このことは「数学の概念が文化的な産物であるという考え方の証拠」になるとブルアは論じる[42]．ブルアによればウィトゲンシュタインは，マンハイムが「神でさえ歴史的な主題とすることができない」と言ったことを，ただの人間がそうする方法を例証していることになる．ウィトゲンシュタインは，私たちが算術と呼ぶものの命題として $2 \times 2 = 4$ が妥当であることに異議を唱えてはいない．しかし彼はその理解可能性がいかにその言語文化的な使用から分離することができないのかを示している．ブルアは，ウィトゲンシュタインの「想像上のエスノグラフィー」を実際の歴史上の事例や人類学的事例に取り替えることによって，マンハイムの知識社会学のプログラムをもっとも基本的な数学の命題にも適用できるように強化する方法を示唆しているのである[43]．

マンハイムのプログラムとウィトゲンシュタインの結びつきは，実験科学にまで拡張することができる．ウィトゲンシュタインは，マンハイムの関心に非常に近い事柄に触れている．それは，ラボアジェの化学実験に含意されている「世界像」(Weltbild．マンハイムの Weltanshanuung（世界観）と同語源である）に言及するところである．

ラボアジェが実験室で物質を使って実験を行い，燃焼に際してはこれこれの過程が生じる，という結論をくだす．彼は，別の場合には別の過程が生じるであろう，とは言わない．彼はすでに確定している1つの世界像に従うのだが，それはもちろん彼が発明したものではなく，幼少の頃に彼が学んだものだ．私は〔それを〕世界像といって仮説とはいわない．それは彼の研究の自明の前提であって，とりたてて言い表されることのないものだからである[44]．

さらにウィトゲンシュタインは精密科学の手続きも扱えるようにマンハイムの概念枠組を拡張する方法を提示しているようにみえる．ラボアジェの実験が子どものときに学んだ世界像の中に置かれるなら，ラボアジェの「社会化」が，自明視された「暗黙知」の実存条件となっていると述べることも意味をなす[45]．

この例におおむね類似しているのは，クーンが論じた18世紀後半のラボアジェの酸素「発見」に関するものである[46]．クーンは，ジョゼフ・プリーストリーとラボアジェの両者ともにこの発見をしたと「正当に」主張する権利を持っていたと述べる．というのは，赤い酸化水銀を加熱することによって，後に「酸素」と呼ばれるものを分離することにどちらも成功したからである[47]．プリーストリーの標本は「純粋」なものではなかったし，さらに重要なことには，まったく別の気体を分離したとはプリーストリーは認識しておらず，それゆえ酸素の発見者としての功績を認められなかったのだとクーンは述べている．「純粋ではない酸素を手中におさめることで酸素を発見したことになるなら，大気中の空気を瓶詰めにしたことのあるすべての人が酸素を発見したことになってしまう」[48]．プリーストリーは1775年に実験を行ったとき，分離した可燃性の高い気体を「普通よりもフロギストン量の少ないありふれた空気」と見なしていたのだった[49]．

数年後，ラボアジェは一連の同様の実験を行ったあとで，大気の2つの主要成分のうちの1つを分離したという結論を下した．ラボアジェの解釈にはプリーストリーとはまったく異なる理論像が含意されていた．というのも，ラボアジェは実験による可燃性の生成物を，分離したフロギストンが含まれた「空気」としてではなく，純化された空気の成分として扱ったからである．さらにクーンが論じるように，フロギストン理論の排除によって，燃焼の原因を例証

し，物質の化学的組成を研究するための一群の定義と説明概念がもたらされた．クーンの用語によるならば，1つのパラダイム（それは今や近代化学とより矛盾のないものに思われる）が古い世界像を置き換えたのである．クーンの議論によってウィトゲンシュタインの見解をより正確に解釈することができる．というのも，今や，ラボアジェの酸素の発見により，化学者たちが社会化されて「通常科学」の共同体の成員になり，概念枠組や一連の直示的定義や既定の実験装置や実験実践を共有するようになったと言えるからである．次の世代の化学者にとって，空気の組成と燃焼の説明は仮説ではなかった．というのは（前述のウィトゲンシュタインの引用を言い換えれば），「それらは彼らの研究の自明の前提であって，とりたてて言い表されることのないもの」だからである．そうした安定した学問共同体において培われた知識は，マンハイムが自分の知識社会学で説明しようとした政治的信念や宗教的信念とまったく同じように「相関的」なものであるだろう．

　クーンの歴史記述の方法によって，ストロングプログラムの提唱者は以下のことを主張できるようになった．つまり，精密科学の発展は，マンハイムの示唆した「知識の不完全な初めの段階と完全な後の段階との単純な関係」を示しているわけではなかった，と．コペルニクス革命の時期や量子論の出現期のように，あるパラダイムが別のものに取って代わる場合，その変化には，受容された知識の安定的体系の内部で施される特定の理論的修正だけが含まれるのではない．この変化には，事実を検証し，何を関連あるテストや論証と見なすかということを定義する手続き〔の変更〕も含まれているのである．

　ラボアジェの酸素発見の場合のように，歴史家は遡及的な判断によってはじめて，ある世界像を別の世界像に代わって受容する客観的根拠を明らかにすることができる．プリーストリーはフロギストン理論を用いて，ある実験上の事実を説明した．そしてラボアジェやその後継者は，その事実を異なる概念的，実践的ゲシュタルトによって組織化された枠組の中に位置づけたのである[50]．この論争の成果は，物理化学において現在受け入れられている「内在的法則」によって遡及的に説明されるかもしれないが，こうした法則はその論争の時点では断定的には明言されていなかった．近代物理化学の法則は，フロギストン理論に取って代わった体系への関与と切り離すことができず，それゆえそうし

た法則は，その論争の結果を説明するための偏りない基礎とはなっていない．したがって，ある意味で科学史は，マンハイムの「ある思想が知られていく過程は実際には，内在的法則に従って歴史的に展開するわけではない」という主張を支持しうるのである．というのは，こうした法則は「ホイッグ的（勝利者史観的）」歴史記述という遡及的な錯覚によって，その法則を生み出す出来事を説明しているにすぎないからである[51]．

マートンの自己例示的な科学社会学への攻撃

1930年代，ロバート・マートンはハーバード大学でタルコット・パーソンズとともに研究を行っていた．その後，社会学理論における構造機能主義アプローチをマートンなりのやり方で展開した[52]．マートンの理論的アプローチは折衷的で覇権主義的であったが，それはパーソンズの理論枠組を拡張し，可能な限り広い範囲の社会学研究を包括しようとしたからである．マートンの「中範囲」の理論はパーソンズの極めて抽象的な理論と，もっと具体的形態をとって行われる社会制度と社会的態度についての経験的調査との乖離に橋渡しをする試みであった[53]．またマートンは，制度の「機能的」側面と同様に「逆機能的」側面も，そして「顕在的」機能と同様に「潜在的」機能も射程に入れるような解釈図式を精緻なものにしていった[54]．マートンと共同研究者はアメリカ社会学の制度上の中心的地位を得て，希薄で柔軟な理論による説明によって社会学という学問領域の全体を席捲した．その結果として，マートンのアプローチを批判すれば，次の2つの非難を必ずや招くことになる．すなわち，(1)「マートン主義」に対して人為的な限界を設定している．そして／あるいは，(2)社会学という学問の専門職において健全な立場を維持するための条件をいくつか破っている，というものである[55]．この2つの非難と結びつく，さまざまな危険性を考慮すれば，マートンへの批判のうちで比較的成功したものが海を越えたイギリスで生じたというのも理解できる[56]．

科学知識の社会学へのマートンの貢献は博士論文「17世紀のイギリスにおける科学・技術・社会」から始まった[57]．それから半世紀の間，この息の長い多産な学者は社会学のさまざまな領域に貢献してきた．特に1950年代にコロンビア大学へ移ってから1970年代までの間，マートンと彼の弟子たちは，他の数

多くの下位領域と同様に科学社会学をも支配する事実上の党派連合を形成した[58]．マートン派の社会学者は多様な研究を生み出した．それには，科学の発展についての歴史研究，「科学のエートス」についての壮大な概念類型論，科学者組織とコミュニケーション・ネットワークへの「ミクロ」なアプローチが含まれている．マートン派の研究プログラムは方向性としては機能主義ではあったが，このことは，1950年代と1960年代初頭において，このプログラムが主流派の社会学の一部を担っているということ以上の意味をほとんど持たなかったのである．ふり返ってみて初めてこのプログラムには，科学とその社会的要因がどう関わるのか概念化していく上で限界があるように見えたのである．

　マートンに対するイギリス勢の攻撃は，マートンのアプローチの中で互いに関連する2つの側面に焦点を合わせている．(1)科学の進歩についての「外在的」な説明と「内在的」な説明の区別，そして(2)科学の自律性と統合性についての説明である．

内在的な説明と外在的な説明：
　「17世紀のイギリスにおける科学・技術・社会」におけるマートンの議論は，ヴェーバーの論文「プロテスタンティズムの倫理と資本主義の精神」のまさに後継といえる[59]．カルヴァン派の教義と起業家の活動との関係についてのヴェーバーのテーゼと同じように，北ヨーロッパのプロテスタンティズムと結びついた世俗内禁欲によってもたらされた諸価値が，英国王立協会の設立者とパトロンの多くを動機づけたとマートンは論じた．プロテスタントの聖職者はややもすれば科学に敵対的ではあるが，マートンの議論によれば，ピューリタンの諸価値によって世俗内の功績の尊重が促されたのであり，特に，その功績が利益や快楽の個人的動機とは無関係なときに，そのように促されたのである．そして，それゆえに科学技術の革新は高く評価された．というのも，神の計画の複雑さを証明してくれる，人類への私心なき貢献として，科学技術の革新が正当化されていたからである[60]．歴史家によっては，ニュートンやボイルの発見の内容を宗教的要因によって説明する「外在主義」の議論をマートンはしていると読む者もいるけれども[61]，マートンはヴェーバーの有名な「転轍手」の比喩の線にほぼ沿って議論を限定しているのである．

ヴェーバーは，線路の「転轍手」のイメージを用いて，どのようにしてプロテスタントの倫理が資本主義産業の発展にとって，決定要因ではないにしろ，触媒になるのかを示唆した．転轍手が線路の配置や列車の勢いを決定することはない．これと同様に，カルヴァン派の信徒が「世俗内禁欲」を強調したことは，資本主義の勃興や，後に漸進的な工業の合理化を支える競争のダイナミクスといったものの歴史的な先行条件を決定づけてはいない．むしろ，ピューリタニズムは，そうでなければ歩まれることの無かったであろう歴史の線路に沿って起業活動を動機づけ，経済の発展に拍車をかける触媒であったのだ．マートンは，関連する実践的営為の領域，つまりは科学技術の革新に対してピューリタンの教義が与える影響について，同様の議論を行った．ヴェーバーと同じく，マートンは「行為を特定の経路に差し向ける際の理念の役割」を支持する議論を行ったのである[62]．

最近の論文でスティーヴン・シェイピンは，「内在的な科学史」に対する宗教の影響が欠けていることについてマートンがつけた留保条件を引用することで，さまざまな歴史家の批判からマートンのテーゼを擁護している[63]．シェイピンの指摘によれば，マートンは，英国王立協会の活動にとってプロテスタンティズムの諸価値が動機としてもレトリックとしても重要であったと主張しているけれども，宗教的な価値が個々の発見や方法論的革新を引き起こしたり，正当化したりするわけではなかったとも注意深く述べている．シェイピンがこのように言うのはマートンのテーゼを守るためであるけれども，それは皮肉を込めてのものである．ストロングプログラムへのシェイピンの関与からすれば，「科学知識や科学方法論の形式や内容を説明するのに，社会的要因を証拠としてあげる」意図などないというマートンの表明は，科学社会学にとってマートンの研究プログラムは利点がないことの説明として理解されるべきなのである[64]．

どのようにしたら「社会的要因」によって科学の「内在的」な発展を説明することができるのか．ブルアとバーンズがこのことを例証する方法を考え出したのは先にふれた通りである．そのなかで，彼らは，そもそも「因果的説明」が何を意味するのかも再定義した．ブルアらは「原因」という概念を拡張したが，その拡張された概念はまさにマートンが自らのテーゼにおいて行った類いの議論に合致するものだった．バーンズは因果的決定性についての議論にお

いて，氷が原因とされる交通事故の説明を例に出している．バーンズは，この説明が含意するのは『氷ができるならば，いつでも事故が起こる』でも『氷ができなければ，決して事故は起きない』でもない」と指摘する[65]．利害関心という因果的な要因が通常の諸条件を背景にして際立たせられる．そして，それを用いた説明には，もしこの要因が無かったり別様であったりしたなら，この出来事は起きていなかったであろう（あるいは，別の形で生起していたであろう）という含意があるのである．

　バーンズが因果性を概念化する仕方は，よりなじみのある機械論による説明形式だけでなく，ヴェーバー流の「転轍手」の説明にもあてはめることができる[66]．それゆえ，例えば，もし転轍手が間違って，列車を分岐して誤った線路に進入させるなら，この「人為的な間違い」を，結果として生じた衝突の原因としてあげることができる．説明によっては，その転轍手の酩酊状態，不適切な訓練，この状況について与えられた曖昧な情報に対する誤った解釈に焦点を合わせることになるかもしれない．〔さらに〕バーンズとブルアにとって因果的説明は，惨事という結果を踏まえた上で転轍手の「間違い」とされた行動だけでなく，転轍手のいつもどおりで問題のない行動に対しても適用することができる．したがって，操車場を経由した列車の通常の進行は，転轍手のいわゆる正しい行為によって「引き起こされた」あるいは「決定された」と言うことができる．というのも，そうした行為は別の形でもありえたからである．いわゆる正しい行為がなされた場合，その社会的説明として，状況を理解し適切に行為するように訓練された転轍手の腕前が指摘されるかもしれない．

　このように解釈された因果性をマートンのテーゼに適用するのは，初めは，何が因果的な説明とされるのかどうかについての定義を拡張しているだけのようにみえるだろう．バーンズの因果的な説明に従えば，マートンのテーゼも科学知識の社会的決定を説明している．しかし，そうした「外在的」な説明では，説明されている科学知識の地位を引き下げるのに何の役にも立たないのである．決まりきった，あるいは問題のない科学実践を社会的に説明できるとバーンズが言うのは，例えば，マートンが宗教的要因で説明した以上のことを同じ要因で説明するという意味ではない．そうでなく，ありきたりの技術革新の内在的発展を説明するために，科学領域の「下位文化」に固有の他の要因をバーンズ

はあげるのである[67]．成熟した科学，あるいは通常科学となった学問領域の一見すると自律的な発展は，下位文化への社会化，そして広汎な言説領域に由来するアナロジーと意味論的カテゴリーとの使用や拡張といった，他の要因に言及することで記述される．マートンとその後継者は，こうした要因にそれほど多くの注意を払わなかったが，それらに注目するからといってマートンたちの総合的アプローチと必ずしも相容れないわけではない．

ストロングプログラムにとって，科学領域の内在的な側面と外在的な側面との区別は，科学の発展についてどのような種類の社会的説明が適切なものなのかを決定するためには重要である．しかし，その区別の重要性は科学と非科学との間の永続的な認識論上の線引きが理由なのではない[68]．ストロングプログラムの提唱者は内在的と外在的という二分法を完全に放棄しているわけではないが，科学と非科学との間にあるとされる境界線が，歴史的に偶有的で，レトリックとして成し遂げられることであると強く思っているのである[69]．

この指し手の帰結は2つある．第1に，マートンの説明は因果的な説明として再定義される．というのも，もはや科学は，とりわけイギリスとオランダにおける宗教の展開によって適切な経路に置かれた自律的な勢力とみなすことはできないからである．いまや転轍手の説明は，通常科学の領域の内在的な発展を説明するために徹底的に利用することができる．以前にふれたように，科学知識の社会学者はデュエムとクワインの「決定不全性のテーゼ」を適用して，観察による証拠だけでは，複数の適切な理論的説明から可能性を1つに絞ることができないとよく論じている．それゆえ，証拠や純粋な論理的可能性の性質以外の何かが，合意に至るような解釈を特定の理論的経路へと「転轍」することの原因となる．バーンズにとって，次のような場合にはいつでも，因果的な説明を構築することができるのである．すなわち，特定の社会的利害関心などの諸要因が，何らかの理論的に可能な解釈を受容したり，拒絶したり，無視したりする素地を与えるということが歴史的な証拠によって示される場合である．

第2に，科学と非科学の境界が明確になり，定着すること自体が，不断の社会的構築だということである．そして，この構築は社会的合意，科学者固有の社会化，公衆やその中心となるエリートを説得して，疑問の余地ない信念の基盤として科学の権威を受け入れさせる科学者たちの能力といった要因によって

説明できる．したがって，科学知識の社会学の課題とは，「社会」から「科学」へと境界横断して作用する社会的影響力を検討することではもはやない．むしろ，その境界自体がどのようにして科学活動の社会的組織化の産物となっているのかを検討することなのである．

　マンハイムに対するイギリス流の挑戦の場合と同じように，ストロングプログラムがマートンの社会学をこのように扱ったことによって，知識社会学のトピックと説明法は広がりをみせた．しかし，マートンのプログラムに革新的な変更が加えられることは無かった[70]．とはいえ，こうした新たな方向づけによって，科学の自律性を支えているレトリックに挑戦しようという動機が与えられた限りにおいて，その実践上の効果は革新的なものであった．そして，この挑戦には，科学社会学自体も主張してきた制度的基盤に対する挑戦も含まれていたのである．

科学の自律性：

　マンハイムと同様に，マートンは科学技術の革新を生み出す社会的，歴史的条件と，専門化された学問領域内部の技術革新の過程を注意深く区別した．しかし，ときに論じられていることとは対照的に，マートンらは科学活動の「秘儀的な内容（esoteric content）」を無視することはなかったし，自然科学を非社会的な営みであると定義することもなかった[71]．そのかわりに，彼らは近代科学は固有の制度であり，その制度の規範的「エートス」と報酬システムが，秘儀的な知識をそれほどの妨げもなく追求することにつながっていくと特徴づけた．そうした特徴づけにおいて問うべきことは「どのような社会的条件が，正当化された真なる信念を生むのか」ではなく，「ときに宗教的，政治的権威と対立する知識主張を生み出し，検証していくためには，どのような制度的条件が必要であるのか？」であった．マートンは，緊急時には科学が政治的，経済的，宗教的な利害関心にしばしば利用されてきたことはわかっていた．しかし，そうした社会的条件の下で現れる対立や倫理的なジレンマは，科学は知識を妨げなく追求すること自体を目的とするものであるべきだという規範的期待の存在証明になっていると主張した．マートンは，科学と他の制度を区別するものについて存在論的，認識論的主張を明示的には行っていない．代わりに，「科学に

ついての標準化された社会的感情」がいかにして歴史上固有の科学のエートスを生じさせ，またそれを支えたのかについて機能主義的議論を出している[72]．それにもかかわらず，「純粋」科学の発展を促すのに最適な制度的条件についてのマートンの説明には，バーンズとブルアが批判した科学的合理性の視点が含まれている．

　科学のエートスについての論文をマートンが書いたのは1930年代後期および1940年代初頭である[73]．ある意味でこうした論文は，17世紀イギリスの科学発展につながる道徳的価値観についての自らのテーゼを拡張したものであった．先に述べた通り，マートンはヴェーバーの線に沿って議論を展開した．つまり，ピューリタンの倫理が科学を生み出した一方で，近代においては，科学活動は相対的に自律して歴史的に発展していくものとなり，「目的」そのものとなった．しかし，産業社会の「鉄の檻」というヴェーバーのイメージとは対照的に，マートンの自律的科学は忌わしい意味をあまり帯びていない．

　3世紀前，科学という制度は，社会的支持が保証されているとはほとんど言えなかった．そして，自然哲学者も，経済的な効用と神の栄光を称えるという文化的に認められた目的の手段として科学を正当化せざるをえなかった．その頃，科学の探求にはどんな自明な価値もなかった．しかしながら，つぎつぎに科学の成果が出るにつれて，道具的なものは究極的なものへ，つまり手段は目的へと変容した．このように科学が強化されたので，科学者は自分たちを社会から独立した存在と見なし，科学というものは社会の中にあるが社会の一部ではない，正当性を自ら証明できる営みであると考えるようになった[74]．

　マートンはナチスドイツにおける差し迫った状況にも関心を持っていた[75]．マートンは，ユダヤ人科学者のドイツからの出国とナチによる科学的，学問的活動の支配という事態に応じて，民主的社会構造は「純粋」科学（基礎科学）の探求を促すのだと強く主張した．マートンの説明においては，特定の価値から自由なインテリゲンチャ（大学における「浮遊する，相対的に脱階級的な階層」）の言説につながっていく社会的条件についてのマンハイムの提言がさらに抽象化

されている．マートンはパーソンズの概念的理論枠組を用いて，固有の布置をなす，近代科学の4つの「制度的な要請」を定めた．こうすることで，マンハイムの提言に関わる明らかな困難のいくつかを回避したのである．多くの一般的な類型論と同様に，カテゴリーどうしは重なり合い，強化しあう．そして，こうしたカテゴリーが1つにまとまって，科学についての一貫した像を描き出すのである．

普遍主義：

　これは「どの筋から真理要求が出ようと，その要求は，予め確立された即物的基準（すなわち，観察とすでに確証済みの知識とに一致すべしという基準）に照らして判断されるべきであるという規範（canon）」である[76]．この規範は客観性を保証するものではない．むしろ，この規範は，客観性の関与に先だって，研究結果を共有し評価するために必要となる能力主義的な制度上の手続きに関与することを促しているのである．

コミュニズム（共有性）：

　後にマートンは，この用語の明白な政治的な含意をおそらくは避けるために，これをコミュナリズム（公有性）と改めた．どちらの用語も，その意味は「科学の実質的知見は社会的協働（social collaboration）の所産であり，共同体に帰属する．この知見は共同の遺産を形作っており，個々の発見者の持分が厳しく制限されている」[77]．この規範には「発見者の名前をつける」という制度的慣習が含意されている．この慣習においては，例えば，バーデの小惑星，ハイゼンベルグの原理，ゲーデルの証明，ボルト，キューリー，レントゲン，トゥレット症候群などのように，現象，理論，証明，測定の単位といったものは発見した科学者にちなんで命名される．そして，このことから生じる威信と尊厳だけに科学者の所有権は限られるのである．そうやって名前を与えられた「科学の所産」は公に普及し，自由に用いられる．また，科学の報酬システムによって，知見を秘密にして退蔵するのではなく，速やかに公刊することが促される．

利害の超越：

マートンは，この規範は「科学者の行動を特徴づける幅広い動機に対する，固有な形式の制度的統制」を通じて強制されるのだと力説している[78]．マートンは制度的サンクションを受ける科学者の行動を，個々人に固有な徳と区別している．科学者は厳格な行動基準に従うが，それは科学者が優秀な個人だからではない．不正手段，カルト的熱狂，非公式の派閥，些末で根も葉もない主張といったものを避けることが科学者の関心事だからである．このような強制のメカニズムこそ「科学の公的で検証可能な性質である．……この性質は科学者たちの高潔さに寄与してきたと推測して構わないだろう」[79]．

系統的懐疑主義：

これは，「判断の一時保留と，経験的，論理的な基準からの信念についての客観的精査のための……方法論的かつ制度的な指令である」．そして，この判断の保留や客観的精査は，時として科学の信念システムと科学以外の制度の信念システムとの衝突につながった．「科学を探求する者は，聖なるものと俗なるものとの溝，つまり，無批判的な敬意を要求するものと，客観的に分析できるものとの溝を保持したりはしない」[80]．

このように布置された規範は，ある程度は，ヴェーバーによる官僚制についての理念型による説明をパーソンズ流に読解したものを模範として作られている．つまり，普遍主義，専門性，任務の没個人性と公有性，競争を裁定するための能力主義的基準の制度化である[81]．主要な相違点は，マートンの強調点が，実験の知見の検証，成果に対する金銭によらない功績という報酬の付与，専門的調査の伝達と検証，これらのための実質的な制度と実践にあったことである．ヴェーバーと同様に，マートンの説明は，「実際」の組織における個人的，党派的な策謀を見過ごす理念型であるとして容易に批判される．マートンは注意深くも，この規範は理念的標準型であり，実際の行動の記述ではないとした．それにもかかわらず，バリー・バーンズとR. G. A. ドルビーが書いた著名な論文では，この点が批判されている．

　これらの諸規範はときどき科学者によって公言されてきた．社会学者は，

公言された規範を，肯定的サンクションを受ける行動パターンと区別しなければならない．こうした公言された規範は，それ自体では，行為に真の指針を与えることができない．科学者が言ったことについてなら，マートンは自分の規範の例をあげることができる．しかし，この規範によって修正された行動があることの証拠となるものは何も提出していない[82]．

このような批判には，マートンの機能主義的アプローチについての少なくとも3つの関連する側面が含まれている．

1. 規範が非常に抽象的に述べられているため，科学者の行動の個々の事例にどのように関連するのか不明確である．マートンはかの規範を科学者の自伝と記憶から引いており，そうした著作は，おそらくは，合理的な行動，さもなくば高潔な行動への科学者の関与をレトリックによって誇張しているようである．
2. マートンによる規範の定義には，20世紀初頭の科学哲学に基づく科学方法論についての一貫した像が取り入れられている．適切な制度的環境の下では，知見が生み出され，検証されていく過程によって，理論と技術応用が次第に蓄積されていくことになるとマートンは想定していた．革命による非連続性というクーンが描いた像はマートン主義者によって支持されてはいる．しかし，独立した検証基準と合理性に関する超越的な規範とによって導かれる統一科学の方法というマートン主義者の考えも，このクーンの描いた像によって，簡単には受け入れられないものとなった[83]．結果として，科学者共同体が通約不可能な諸々の理論をいかに区別しているか，そして，通常科学は代替的なパラダイムへの関与に直面した時にどのようにして安定性を維持するのかといった問いが，科学社会学が設定すべき問題とされたのである．社会的要因は，本来は合理的な科学技術の革新を促したり，干渉したり，抵抗したりするものには，もはや限定されなくなったのである．
3. マートンと共同研究者は科学社会学が「自己例示的」であると好んで主張した[84]．彼らの見解によれば，専門化された学術誌，専門家同士による査

読過程，学問の自由という方針，業績に基づく昇進といったことは現代の科学制度に必要な特徴であった．そうした制度上の取り決めは科学に外的な利害関心の介入を最少化して，研究成果の検証と効果的流通を確保するように機能するとされた．専門的な社会学，そして（より具体的には）科学社会学にも学術誌，査読，学会などがあるので，社会学の科学的進歩にとって制度的要件が整っていると想定するのに十分な理由があるとマートン派は示唆したのだった．このテーマについては繰り返し述べられているが，その中には，将来を見込んだ歴史について，バーバーが詳しく言及しているものがある．

　徐々に，ほんとうに徐々に，科学社会学は自ら望んだそれなりの科学的地位を獲得してきた．近年，コールとズッカーマンは引用データを使って，初期の1950年から1954年までと1970年から1973年までの間に，この領域における認知上の一致（consensus）がかなり増えたことを示してくれた．そして科学社会学は，認知上の一致が得られたことに加えて，制度化された科学領域の本質的な特徴をすべて獲得してきた．つまり，大学教育課程における制度化，専門学術誌，独自の資金提供機関，独自の学術団体，そして独自の学会である[85]．

ポスト・クーン主義が実践的かつ概念的な合意（consensus）を強調することに鑑みれば，社会学という1つの科学の制度的基盤を精緻化するこうしたやり方は問題をはらむものである．クーンの説明において合意とは，個々の学問領域に特有な形態をとる理論・実験手続き・道具の複合体と強く結びついている．合意とは普遍的な方法規則に導かれた理性の自由な行使から「自然に」生まれ出るものではない．方法規則の学術的な装飾や，方法規則の明白な尊重にもかかわらず，専門的社会学は，クーンの術語で言えば「パラダイム以前」の学問領域である．というのは，理論・事実・適切な実践といった根本的な事柄について，実践者間の内的合意の見通しが当面たたないからである．バーバーは科学社会学における「認知上の一致」について述べているけれども，機能主義パラダイムがアメリカ社会学への影響力を喪失した後では，その末裔が科学社会

学において確固とした科学の領域を論証しているのだと主張することはますます困難になってきた．これに関して，ステファン・ターナーは次のように述べている．

> 科学社会学の興隆を自己例示的に説明しようというマートンの試みは，その研究プロジェクトが崩壊していくそのときに表明されたのだった．つまり，そのとき以降このプロジェクトは，この理論が想定したように「成果」によって維持されるのではなく，むしろ人のつながり，権力，経済的支援，さらには，科学の内容についての難しい問いを先送りする気持ちによって維持されてきたことは明らかである[86]．

マートンの理論枠組への反論はその標的を完全に打破したわけではない．これはバーンズやブルアやマルケイの論法に欠陥があったからではなく，マートンとその支持者が，ガーフィンケルの言う「特殊に曖昧な」理論的説明，すなわち，さまざまな批判を逃れたり，取り入れたりすることができる理論的説明を考え出してきたからである．マートンへの批判は「規範」に関する初期論文に向けられたときもっとも効果的である．しかし，後になってマートンは，これらの規範がすべての科学的営為を導く絶対規準として作用しているなどとは決して主張していないと述べている．むしろ彼は，科学者間での先取権競争やそれに類する争いは，規範的に適切な行ないをしていくことに対するジレンマを生みだすと強く主張している[87]．それゆえ，例えば，公有性（コミュナリズム）という規範は，いったいいつ実験結果を公表すべきかを科学者に「教え」たりしない．そして科学者も，科学者共同体における批判的評価に耐えられると判断するまでは，「不完全な」結果，あるいは誤った可能性のある結果を正当にも伏せておくかもしれない．

　4つの規範それぞれを弁証法的に対峙させて「反規範」を定式できる可能性があることで，マートンが思いとどまることはなかった．マートンは理論枠組を修正して，機能主義システムの中に4つの規範とは相反する規範への関与が共在することを容易に可能にしたのである．マートンの説明，特に利害の超越についての説明は科学と科学者を奨励したし，「純粋」な知識を紳士的に追求す

るという古風な見方を暗に示した．けれども，マートンは科学の記述よりも科学のイデオロギーやレトリックを精緻に述べたと言ったところで，マートンの機能主義の議論が完全に反故にされることはない[88]．科学の自律性に利するマートンの議論を「括弧に入れる」ことで，マートンの説明は容易に改訂することができる．つまり，この議論は科学の自律性を支持する内在的「説明」になるのであって，社会における科学の位置に関する超越論的記述とはならない．こうなれば，マートンによる科学の規範は，科学とその他の社会との間の可動な境界を作り出し維持するためのレトリックを示したテーゼとなる．このレトリックが科学者共同体内部の排他主義的な利害関心を反映していると言ったところで，それは容易にマートンの機能主義の概念へと取り込まれる．というのは，マートンの理論枠組では，より大きな社会の単位の内部における特定の集団や階級に関わらせて「機能」を定めることが可能だからである[89]．

　「機能」という受動的な様相を翻訳してレトリックの「戦略」というより能動的な表現にすることは，マートンの概念図式をほんの少し変更するだけにはとどまらないとはいえ，それを完全に瓦解させるわけではない．かつてマートンの学生だった研究者の中には，マートンの議論の視点を保持しながら，言説と行為主体をより明確に強調することで，まさに先に述べたような構築主義と機能主義のハイブリッドを発展させた者もいた[90]．そのような左派マートン主義には，検証や決定テストなどへの実証主義的な関わりを持つことなく，機能主義的な議論形式を保持するという利点がある．〔科学のエートスという〕評価基準はレトリックの戦略のためのテーゼとして書き直された．そして，科学と特定の科学者集団の自律性や，その名誉ある地位は一時的で可謬的なものであるため，書き直された評価基準が今度はそうした自律性や地位を維持するのに役立つものとなるのである．さらには，マートンの規範は異議を唱えられうるものであり，また実際の行動の記述にもなっていないとするバーンズとドルビーの批判も，より柔軟で分化した機能主義の理論枠組の中にいまや取り込むことができるのである．

　公正に論ずるなら，マートンは，1970年代以来イギリスなど至る所でなされた，彼のプログラムに対する批判と代替的な経験的研究プログラムのほとんどすべてを見越していたのかもしれない（もちろん，このように言うなら，「マート

ン」を，その後継者と解釈者の忠実な業績と同定することになる．彼らの絶え間ない努力によって，マートン主義社会学は学会における中心的な位置を保てたのである）．先に述べたように，マートンの知識社会学のパラダイムには，科学の社会的文脈によって科学知識の「概念上の分類」が影響を被るあり方を探求することが含まれていた．そして，別の論文でマートンは，科学実践のエスノグラフィー的な研究が必要であると言っている[91]．マートンとその後継者が科学の「内容」を無視したという主旨の批判に対して，ノーマン・ストーラーはマートンを擁護し，科学の研究の秘儀的内容を重視していないのは，この研究プログラムにおける一時的な遅れであって，マートンによる科学の概念化の本質的欠陥ではないと述べている[92]．また，ストーラーはクーンの「革命」という観点からマートンの規範的理論枠組を刷新し，パラダイムが革命に侵食される時期ではなく，通常科学の進歩における安定期にマートンの規範的枠組はあてはまると述べたのである．

このようにマートンのプログラムを擁護し修正する議論をあげることで，私はストロングプログラムの批判が不適切で実効性のないものだと言いたいわけではない．すべてを包括するマートンの理論的提起は，遡及的には，新たなプログラムの発展を見越しているように読むことができるかもしれない．しかしながら，マートン主義者はストロングプログラムの提唱者が主張した線に沿って十分に研究を発展させることなど絶対にしなかった．マートンが科学社会学の自己例示的な性格をさまざまな形で表明していることに示されているように，マートンとその後継者は自分たちが正しい道を進んでいるという明確な自信を持って研究していた．そうした文脈において，マートンのプログラムに対抗するための効果的な議論の中には，マートン主義の研究の成果全体をただ無視するものや，その研究が科学の内容ではなく科学者と制度だけに焦点化していたのだと要約して即座に棄却するというものもあった．実際，こうした議論がマートンの業績を軽視していたことや，科学の「内容」が何を意味しているかについての大きな混乱を示していたことはそれほど重要ではない．なぜなら，結果として生じたものは，社会学の少なくとも一領域を活気づけてくれる，独自の進取の精神をもつ新鮮なアプローチだったからである．

2. ストロングプログラムの知識社会学への統合

ブルア，バーンズなどイギリスの知識社会学者はさまざまな研究成果を参考にして，それまでの知識社会学の研究プログラムを補完し，拡張した．この知識社会学のストロングプログラムでは，マンハイムによる2段階の例証の基本形式は，科学および数学を網羅するために修正されながら維持された．ストロングプログラムの支持者はマンハイムの用語を適切に修正して，以下のことを示そうとしてきた[93]．

1. 科学者や数学者は理論の内的論理に従って行為するかもしれない．けれども，その行為は「事物の性質」や「純粋な論理的可能性」によって明確に決定されるわけではない[94]．反対に，科学のパラダイムの出現と定着に対しては，理論内外の非常に多様な「社会的」要因が，多くの重大な局面で影響を与えているのである．
2. 科学や数学の知識の具体的内容に対する社会的要因の影響には，周辺的な重要性以上のものがある．社会的な利害関心は「科学外部の」誘因や提携関係と結びついていると同時に，ある科学分野の何らかの派閥に所属しているという「科学内部の」ものにも結びついている．こうしたさまざまな利害関心によって，説得戦術，御都合主義的な戦略，文化を通じて伝達される諸傾向が引き起こされるのであり，そしてそれらに科学知識の内容とその発展が影響を受けるのである．

ストロングプログラムを支持する科学知識の社会学者が第1段階を成し遂げる際には，事実によっては理論が十分に決定されないこと〔決定不全性のテーゼ〕や観察の理論負荷性に関わる科学哲学の議論が用いられる．そして，彼らは記号と意味の関係についてのより普遍的な懐疑論を用いる[95]．さらにクーンに従い，歴史上の論争を特に啓発的な現象とみなす傾向にある[96]．そうした論争の記述によって例証されるのは，合意というものは本質的に脆弱なものであること，論争は事実だけによって明確に解決することなく終結すること，安定し

た分野には不平不満を抱く者たちがしばしばいて，その者たちはその分野内の合意を「単なる」服従の結果とみなしているといったことである．そうした事柄をストロングプログラムの提唱者は歴史的記述やエスノグラフィー的な記述を用いて示していく．そうしていくことが，「事物の性質」や「純粋な論理的可能性」という曖昧さのない決定要因に異議を唱えるために，そして個々の学問における合意が本来偶有的なものであることを示すために必要な手段となるのである．

　第2段階は，社会学・人類学・言語哲学からの多様な研究成果を用いることによって詳しく述べられる．例えばブルアは，宗教儀式や呪術信仰によって象徴される内容をその種族内の構造上の区分に結びつけていくというデュルケームの基本的方法を使っている[97]．ブルアとバーンズは手垢のついたデュルケームの人類学を現代化する際に，メアリー・ダグラスの認知人類学，特に，集団の特性をその成員の信念・議論の認知上のスタイルへと結びつけていくための「グリッド・グループ (grid-group)」スキームを用いている．また，バーンズ，ブルア，コリンズは，文化ごとに特有の分類スキームの編成・確立を分析していくメアリー・ヘッセの「ネットワーク」アプローチを用いている[98]．このアプローチによって，さまざまな知識共同体には類似した意味論的領域が配置されており，そしてそれらには，特定の（すなわち相関的な）バリエーションがあるということが例証可能となっている．

　ブルアとバーンズは単刀直入にも，自分たちのプログラムが個々の科学的「信念」の内容の因果的説明を展開していくことができると主張した．第5章で詳しく述べるように，この主張は意味の分析と因果的説明を混同していると批判されてきた[99]．とはいえ，ストロングプログラムの提唱者はマンハイムの論証法を拡大解釈することで，マンハイムやマートンが因果的説明と見なしたものを再定義したのは明らかである．知識社会学をもっとも厳密な推論や実践の形式に適用することによって強化しようという試みにより，〔自然〕科学的知識のシステム，社会科学的知識のシステム，日常的知識のシステムというマンハイムによる3層の区別が瓦解することとなったのである．

　知識社会学のストロングプログラムを受け入れる者にとって唯一残される対比は，相関的に特権化された科学信奉と，大衆的でありながらも秘儀的な他の

さまざまな信念システムという対比である．この区別でさえ，イデオロギー闘争を記述する用語を科学の領地内の論争に適用する際には脆弱なものとなる．そして，科学の認識的特権がまったくもって社会的な事柄だと定義される．こうなるやいなや，科学の領地はあまり社会的には組み立てられていないということを批判的に分析し，その科学の領地の成員が持っている特定の利害関心を批判的に分析するための扉が開かれたのであった．しかしながら，ブルアやバーンズ，そして違ったやり方ではあるが，コリンズは，科学知識の社会学を正面から経験科学の分野に位置づけられると確信していた．次章に記すように，こうした主張は「新しい」科学知識の社会学から反発を招いた．そして，科学の内容を社会的に説明することには，どのような認識論的，批判的，反省的（リフレクシブ）な含意があるのかに関して，きわめて多くの混乱が残され続けることとなったのである．

第3章　新しい科学知識の社会学の興隆

　1970年代初頭から「新しい」科学知識の社会学においてさまざまな研究プログラムが現れてきた．その共通点があるとすれば，科学知識に対する「ラディカルな」視点への傾倒だろう．しかし，この分野における最近の多くの議論が示すように，この「ラディカルな」視点が何を意味するかについてはほとんど合意がない．すなわち，そのラディカルさというものは，基本的には認識論的なものであるのか，それとも明白に政治的なもので，イデオロギー批判という昔からの伝統と提携すべきものなのだろうか．ラディカルな批判の対象には自然科学だけではなく社会科学の伝統的な理論や方法も含まれるのか．また，ストロングプログラムは，ラディカルであることを自認しているものの，知識社会学におけるこれまでの伝統とはっきりと決別しているかどうかすらまったく定かではない．

　本章では新しい科学社会学の主張にはラディカルな傾倒が見られるにもかかわらず，旧来の社会科学用語や説明法をいくつも使用しており，哲学や社会学の探究における日常言語の役割に関連する，よくある落とし穴にはまっていることを指摘する．〔さらに〕次章以降では，後期ウィトゲンシュタインの言語哲学とガーフィンケルのエスノメソドロジーを援用して，知識社会学においては依然として採られている，言語や社会科学の実践についての伝統的見解とは，より根本的に決別すべきであると主張していく．

　R. J. アンダーソン，J. A. ヒューズ，W. W. シャロックはストロングプログラムをエスノメソドロジーの立場から批判した．その議論によれば，古い知識社会学へのよく知られた問題点や不満点のいくつかは「新しい」プログラムに対してもぴったり当てはまる[1]．ストロングプログラムは非常に野心的であっ

たため，極めて断定的な議論になりがちである．そのため，このような論争が知識社会学に初めからあった議論と連続性があることは容易に見逃されてしまう．いつものように，この議論はよくある哲学上の方向性に沿って行われる．つまり，知識社会学の批判者は合理主義や実在論の路線に沿って議論を進めるのに対して，その提唱者は相対主義と社会構築主義の立場をとるのである[2]．

多くの哲学者は，好んでストロングプログラムを一種の「仮想敵」とする．つまり，この研究全体が明白な相対主義の認識論を反映しているかのように扱うのである．同様に，知識社会学者は画一的な「哲学者」像を描く傾向がある．こうした誇張した単純化によって，知識社会学的説明で主張されることがひどく極端な考え方にされてしまうことがよくある．それゆえ，「新しい」知識社会学においては，科学理論固有の「内容」は恣意的で根拠がなく，党派的なイデオロギーの関心を単に「反映」しているにすぎないといった主張がなされているようにみられるのである[3]．ブルアやバーンズによる決定の概念は還元主義的ではなく，説明対象となる知識システムの統合性に対して明白な脅威にはならない．たとえそうだとしても，論争中の両陣営にとって，知識社会学が科学知識の妥当性を攻撃していると議論しやすいのである．

より政治的な意味でのラディカルさが現れることがある．ストロングプログラムは，マートンによる「科学者」の統合性に関する強すぎる主張を批判しているのだから，「体制」科学，技術的理性，客観的言説などに対して現在よく言われる疑念を支持しているとみなされることがある．このような疑念にはそれなりの理由があるだろうが，ストロングプログラムがマンハイムの相関主義やマートンの機能主義よりも，その疑念を少しでも強く持っているかどうかはまったく明らかでない．ブルアやバーンズは反科学的傾向を見せるどころか，自分たちが社会学的実在論や科学主義に強く傾倒していることを表明している．例えばブルアは次のようにまとめている．

　本書の議論を通して，私が最新科学の視点と考えるものを当たり前のものとして，支持してきた．科学とは，概して因果的，理論的，価値中立的なものであり，しばしば還元主義的でもあり，ある程度は経験主義的であり，そして最終的には常識と同じように実利主義的である．つまり科学というものは，

目的論や神人同型説や超越的なものに対立するものだということである．この本での全体的な戦略は，社会科学を他の経験科学の方法とできるだけ密接に結びつけることであった．私は非常にオーソドックスにこう言ってきた．他の科学と同じように進めて行きさえすれば，すべてうまく行くだろう[4]．

ストロングプログラムを批判一辺倒の科学哲学として扱う傾向については，その熱狂的な支持者が次のように何度も強調することで歯止めがかけられている．すなわち，ストロングプログラムの主張は，議論において基礎づけられるのではなく，経験的研究の蓄積に基礎づけられているのである，と[5]．

構築主義の社会学者は知識社会学への自らのアプローチを哲学上の相対主義や観念論と区別しようと努めてきた．それにも関わらず，彼らは依然として実在論と構築主義の論争に巻き込まれたままである．この論争のよくあるテーマは知識社会学者と哲学者のやりとりや，知識社会学内のさまざまな流派の提唱者間の論争において取り上げられ続けている[6]．これらの論争は，たいていは，その議論で引用されたどんな研究よりも学術関係者に注目されるのである．

1. ストロングプログラムの方針

1970年代初期から科学社会学においてさまざまな「学派」や「研究プログラム」が生まれてきたが，それらは完全に一体化することはなく，次第に党派的になっていった．しかし，デイヴィッド・ブルアが提唱した知識社会学における「ストロングプログラム」の基本原理を紹介することは，1つの解説手法として今でも有効である．ストロングプログラムと関連する多様な歴史研究やエスノグラフィー研究をこの原理が実際に導いたのかどうかについては，さしあたり脇へ置いておくことにする[7]．

1. ストロングプログラムは因果的である．つまり，信念や知識の状態を引き起こす条件に関心がある．もちろん，社会的な原因とは異なるかたちの原因もあり，それらが合わさって信念をもたらす．
2. ストロングプログラムは不偏的である．例えば，真・偽，合理性・不合理

性，成功・失敗に関して不偏的である．これら二分法の両面に対して説明が求められる．
3. ストロングプログラムは，その説明様式において対称的である．同型の原因によって，例えば，真の信念も偽の信念も説明される．
4. ストロングプログラムは再帰的(リフレクシブ)である．原理的にこの説明パターンは社会学それ自体にも適用可能でなければならない．対称性の要請と同様に，これは一般的説明の必要に応じたものである．これは原理の明白な要件である．そうでなければ，社会学はそれ自体の理論によって常に反駁されてしまうからである[8]．

　これらの方針は，科学社会学や科学の社会史における多くの研究に採用されるとともに，さまざまな批判の標的となってきた[9]．ブルアによる因果性の提言は科学知識の社会学では完全には受け入れられなかった[10]．しかし，不偏性や対称性（第2，第3原理）に関するブルアの提案は，構築主義やディスコース分析の探求におけるすべての主流派によって支持され続けている．ブルアによる再帰性(リフレクシビティ)の要請は超越論の過剰性に対する警告としては意味がある．しかし，科学社会学における既存の研究への適用は，パラドックスにはならないにしても困難が生じる．私はこれから4つの方針について考察し，その理解可能性や適用に関するいくつかの困難を指摘する．後の章では，「新しい」科学知識の社会学に関するこのような困難や，それに類似する困難について詳細に論じる．

因果性
　第2章で述べたように，ブルアとバーンズの因果性の概念は知識社会学の伝統的な説明法と根本的に断絶しているわけではない．むしろ，その概念は広い意味での因果性を基礎にして，社会学におけるさまざまな古典的説明様式を組み込んだものである．そうした古典的な説明法には，「神聖な」領域におけるカテゴリーの分化がその部族における「人間」の区別を反映しているというデュルケームの議論[11]や，マックス・ヴェーバーの「転轍手」の説明，マンハイムによる知識の社会的決定を示す2段階の方法が含まれている．
　ストロングプログラムの独創性は，これらの説明法を近代科学や数学の理論

第3章　新しい科学知識の社会学の興隆　　　　　　　　　93

と実践に適用した点にある．そして，このプログラムの研究には，その古典的な説明法を，最近展開されている意味論や記号論，エスノグラフィー研究の方法で補強しているものもある．例えば，ドナルド・マッケンジーは，統計学の方法に関するピアソンとユールの論争を煽った社会的コミットメントについて説明している[12]．このような個々の研究は，知識と社会構造の関係についての古い機能主義の説明よりも徹底して，科学者個人と認識的共同体（epistemic communities）に結びついた個別の社会的利害関心に対して焦点を当てている．しかし，先に述べた通り，このようなストロングプログラムのやり方はマートンの機能主義に対する，行為に焦点を当てた修正版と矛盾するものではない．新しい科学社会学の提唱者の中には，現象学やエスノメソドロジーやウィトゲンシュタインの発想に基づくテーマを採用するものもいる．しかしながら，第5章で論じるように，こういった研究は，ウィトゲンシュタインやガーフィンケルの著作にある根本的に反認識論的で反存在論的な含意をほとんど汲み取っていない社会学的説明法の中に，彼らの著作を取り込んでしまう傾向がある．

　ブルアやバーンズによる因果的な社会学的説明の研究プログラムには幅広い意味がある．そこでは科学知識が社会的文脈によって「決定」されると述べることが何を含意するのかは必ずしも明確とは言えない．さらには，どのようにすれば社会学者はある集団の集合的理解についての偏りのない説明ができるのか，そして，その理解が歴史過程にどのように影響を与えるかに関しても不明確なままなのである．そもそも知識という用語が，しばしば非常に幅広く用いられるために，知識社会学によって説明されるべきものが何なのかということさえ特定することが困難である．知識には，ある集団の活動における行動上の現れ，言明，テキスト上の産物などすべてが含まれる．そして，これらの一定の組み合わせを選択し，ある集団の認識上の関与を表すものとするのは簡単なことではない．代表的な表現や記録が特定できたとしても，これらの内容に関連する前例，その関連事項，その結果を区別していこうというあらゆる取り組みに更なる問題がつきまとう．このような方法論上の問題には，経験的な社会学調査におけるほぼすべての分野が直面している．しかし，ストロングプログラムの場合には，知識という日常概念が特定の意味内容をもっているため，この問題がいっそう困難なものとなっている．何かを「知って」いると主張する

ことは，それが議論の余地ないものである，もしくは，少なくとも「信念」や「意見」よりも議論の余地ないものであると断言することなのである．ある研究プログラムの定義によって，ある集団の「集合的知識」が「世論」や「共通の信念」と同じものとして扱われることになると，その集団のメンバーが妥当であると主張することについて，割り引いて考えたり，軽視したりしなければならなくなる[13]．結果として，知識の因果的説明は（もし研究の対象者に何らかの発言権が与えられれば）その研究対象者によって拒絶されてしまうことになりやすい．これらの研究対象者は自分たちの主張する妥当性が十分に重要性のあるものだと受け取られなかったと結論づけてしまうかもしれないからである．したがって，知識社会学の説明に伴う手続き上の困難は，研究対象の認識的共同体との解決困難な対立によってさらにこじれていくことがある．私が本章以降で論じる通り，科学知識の社会学における現在のプログラムのどれもが，古い型の知識社会学の説明によって生み出された周知の混乱や対立から逃れられてはいないのである．

対称性と不偏性
　私は，対称性と不偏性をひとまとめに考えてきた．というのは，この2つの方針は，すべての理論や証明や事実は，社会的に説明される「信念」として扱われるべきと提案しているからである．これら方法論的方針は，どちらもマンハイムによる「対象となる観念の正しさについては判断しない」という没評価的・普遍的・全体的イデオロギー概念と関係している．この方針のポイントは，「合理的」信念もしくは「真なる」信念の内的発展というアプリオリな前提をずらすことによって，社会学的説明もしくは規約主義的説明を確立することにある（前章の最後で概説した，マンハイムによる2段階の説明プログラムの修正版を思い出してほしい．[1]ある科学分野は，実際には内的法則または「事物の性質」にともなって発展するものではないということの論証．[2]「科学に外的な」誘因や提携関係と，科学分野の何らかの流派における「科学に内的な」メンバーシップ，これら双方に関係した社会的関心の精緻化．）．
　私の理解によれば，この対称性の提言によって社会学者は，例えば，レントゲンによるX線の「発見」とブロンロによるN線という「思い違い」の歴史的

第3章　新しい科学知識の社会学の興隆　　　　　　　　　　　　95

続編となるものを同じように説明するよう求められたりはしない．むしろ，この提言は，ある発見がどのように行われたとか，ある思い違いがどのように暴露されたのかを説明する根拠として，歴史上の偶発的な結果を取り扱ってしまう目的論的説明を禁じているのである．X線は「発見」された一方でN線は「病理的科学」によるニセモノであったという決着は，もっと広い範囲の領域での交渉や反論から生み出された歴史的判断として扱うのがもっとも良いのかもしれない[14]．なぜなら，このような判断が，その判断の適用される歴史上の出来事を説明するということは，刑事裁判においてある評決に到達していく経過を説明するために，その評決を使う（「被告人は有罪だったからこそ，有罪だということがわかったんだ！」）というのと同じようなものだからである．

　対称性と不偏性という公準はブルアとバーンズが目的論的説明と呼んだものを効果的に回避するだろう．しかし，これらの公準が個々の事例に適用されると，いくつかのやっかいな問題を引き起こす可能性がある．その問題は以下の疑問と関係している．すなわち，〔自然〕科学者が専門分野で何らかの主張を展開したり，その誤りを暴いたりするのに用いる内生的な語彙や理由や正当化に頼らずに，社会学者は論争的なエピソードをいかにして記述できるのか，という疑問である．もちろんこれは，知識社会学が当初から悩まされていた問題である．ユルゲン・ハーバーマスは，この問題について次のように説明している．

　　合意と非合意は，たんに外的要因によって結論づけられるのではなく，相互に引き出された妥当性要求に照らして判断される．そうである限りにおいて，合意や非合意は，想定上であれ実際上であれ，当事者自身が自由に用いる理由に基づいている．こうした（きわめてしばしば暗黙の）理由は，理解へ到達していく過程が展開する際に中心となる軸を形成する．しかし，もし，ある表現を理解するために，話し手ならば必要に応じて適切な条件の下でその有効性を擁護するような理由を解釈者が自覚しなければならないのであれば，その解釈者自身が，妥当性の要求を判断する過程に引き込まれているのである[15]．

　要するにこの問題は，知識社会学において使われる方法論的戦略が，研究対

象のフィールドで生じる内的な批判様式からの独立性を維持することの難しさに関わっているのである．この困難にはいくつかの関連する様相と帰結がある．

1. デュエム＝クワイン・テーゼなどの認識論的テーゼを具体例に適用すると，次のような混乱が生じる可能性がある．ある理論が実験の証拠による「疑いの余地ない」支持なしに受け入れられたという例証可能な歴史的事実があるとする．これは，実験者がその結果を早まって受け入れ，他の関連する選択肢を考慮し損ねた，または，対立する主張を厳密に試験することなしに不公平に見逃したという批判と混同されるかもしれないのである．ある論争が，厳密な検証からではなく，決定を行う共同体から導かれたさまざまな「社会的」圧力や「既得権益」から終結へともたらされたということが示されるような事例がある．こうした事例の個別の説明において，有限の実験による証拠では理論は必然的に決定不全になるという一般的な哲学的テーゼが用いられると，〔社会的圧力でも既得権益でもなく，単純に〕なにか不適切なことが起こっていたということが示唆されることもある[16]．

2. 対称性と不偏性のテーゼを使って競技場をならした後で，さまざまな競合する理論や実験の実践を考慮していくのは，勝ち残ったプログラムや既成のプログラムを犠牲にして，征服された理論や周辺的な理論を昇格させているようにみえるかもしれない[17]．例えば，ハリー・コリンズとトレヴァー・ピンチは，サイコキネシスという「超常」現象のデモンストレーションにまつわる論争を対称的に扱うことを試みている．この研究では，懐疑的な科学者がいかにして激しい批判を行ったのか記述されている．その批判の中で科学者はユリ・ゲラーのような「スプーン曲げ」のトリックを暴露するためにプロのマジシャンの助けを借りている．コリンズとピンチによれば，懐疑論者には私心が無いとはいえないのである．なぜなら，実験的な「試験」を設定してその結果を解釈するとき，科学者はサイコキネシスが不正であることを前提にしていたからである．決定不全性のテーゼに従えば，有限回の試験では理論の完全な証明を導くことはない．それゆえコリンズとピンチの議論が特別の説得力を持つのは，論争中の著しく党派的で倫理的に問題のある行動を記述したからである[18]．彼らは論争の双方の当事者が使う奇妙で不誠実な実践について語っている．コリンズとピンチは超常現象についての主張を擁護しようとしたのではない．む

しろ，サイコキネシスがすでに非常に疑問の余地あるものなので，その論争を対照的に扱うということは，超心理学者によるすでに怪しげな主張をさらに攻撃することなく，「制度化された」科学者の主張の相対的地位を格下げするというレトリックの効果をもたらすものであった[19]．

3. 科学者共同体のメンバーは，科学者自身の手続きや理論的取り決めと根本的に食い違うような実際の主張や潜在的な主張を「完全に」検討することには失敗する．そうである限り，彼らは恣意的に行動しているように思えるかもしれない．しかし，ウィトゲンシュタインが指摘するように，そのような超越論的な基準に達しないことは，必ずしも恣意性を示すものではない．

> 1つの仮説に対するあらゆるテスト，あらゆる証明と反証は，あるシステムの中で初めて成立することである．そしてシステムは，あらゆる議論にとっての多分に恣意的で疑わしい出発点ではない．システムはわれわれが論証と呼ぶものの核心に属しているのだ．システムとは論証の出発点であるよりも，論証の生きる場なのである[20]．

そのようなシステムを「不偏的に」検討することにより，異なった思考や行動のやり方の導入を制限する恣意的な境界をメンバーが設定したという印象を生み出すことができる．かくして「論証が生きる」ための媒体は政治的な色合いを帯びる．それはまるで，そうした媒体が明確な決定や慎重なたくらみによって選択されたかのようである．

4. 科学，科学の成果，科学に関わる誤謬や誤用を記述する一般的な語彙（例えば，発見，発明，証拠，解釈，人工物，捏造（hoax）などの用語）には，自然科学と社会科学において党派的で非対称的ななじみの使用法がある．科学社会学者が具体的な事例を記述したり説明したりするときに没評価的語彙を使おうとすることはあるが，没評価的になっているかどうかはまったくわからない[21]．

5. 特定の実験やシミュレーションや理論モデルについて記述しようとするなら，手続きや結果や判断基準についての〔科学者の〕メンバーの説明を利用せざるをえない．これらの説明を理解するのは非常に難しく，歴史家や社会科学者の物語に取り込むのはさらに難しいことがある．実験の実施が，テストされ

たこと・無視されてきたかもしれないこと・十分解決したことに関する党派的な用語に依存することなく，そして現場だけに知られる知識によって下された評価に依存することなく，科学の社会的研究においてどのように解説されうるのであろうか．このことを検討する余地は残っている．社会学者は，記述された技術に含まれている党派的関わりから距離を保ちながら専門的に妥当な記述を行おうとすると，膨大な重荷を背負ってしまうのである．

再帰性(リフレクシビティ)

　第1章で述べたエスノメソドロジーによる相互反映性(リフレクシビティ)とは異なり，ブルアの再帰性(リフレクシビティ)は，むしろ，自己の研究プログラムの「科学的」立場を確立するための基準と言ったほうがよい．ブルアによる再帰性の要請は，マンハイムやマートンが知識社会学を自己の研究プログラムに適用しようとしたことといくらか似通っている．前章で述べた通り，マンハイムは知識社会学の実際上の権威を確保するために，知識社会学独自の歴史的で制度的な状況こそが，さまざまな知識の在り方に対して相対的に価値自由な評価を可能にすると論じた．マートンは科学社会学という専門化した下位分野が，成熟しつつある科学の専門性を「例示した」といういくらか大胆な主張を行った．しかし，ブルアと違い，マンハイムとマートンはともに，適切な制度条件が整えば合理的なコミュニケーション様式が出現するという見解を認めていた．その結果，彼ら自身の研究プログラムの「再帰的」分析によって，まさにそのプログラムの内的発展に関する科学的な主張が支持されるという効果がもたらされた．そのような再帰性の議論は御都合主義的で逆行的ではあったが，内的一貫性は保たれていた[22]．ブルアの再帰性に関する立場はもっと困難な問題を引き起こす．というのは，もはやブルアには，科学的合理性の内的発展には適切な条件があると主張することによって知識社会学を基礎づけたふりをすることはできなかったからである．さらには，ストロングプログラムの提唱者が，自らの研究成果に対する真理・虚偽，合理性・非合理性，成功・失敗については公平無私なままで，その成果をいかにして再帰的に検討できたのかは推し量りがたいことである．そして，彼らがそのような再帰的な超越性に到達することができるとしても，その壮大な達成がいつも通り実践されるものとしての「科学」を写し取っているのかど

第3章　新しい科学知識の社会学の興隆　　99

うか疑わしいということになるであろう[23]．

　ブルアは原理問題に重点を置かないことにより，再帰性の難問を回避する．ラリー・ローダンはストロングプログラムの原理では，認知可能なものとしての科学実践の様式が定義されていないと批判した．しかし，ブルアはこの批判への返答において，心理学を参照し，いかにして知識社会学者が科学を模倣するのかについて，次のように説明している．

> ［ローダンは］私が帰納主義者であることを見逃していた．彼は一貫して，私の立場を演繹的な諸前提の霞の中から理解しようとする．……それはあたかも，私の批判者にとっては，行為が規定の原理に従っているとみなされた場合にだけ理解可能なものとなるかのようである．私はそのような偏向を持っていない．ピアノを学習する者は，教師の演奏のどの特徴がその教師独自のものなのか言うことはできないだろう．しかし，学習者は明らかにその特徴を模倣しようとすることができる．同様にして，私たちは科学実践として受け入れられている事例を表に出すことで思考習慣を手に入れ，その思考習慣を他の分野に適用するのである．実際，これこそがまさに科学それ自体の発展の仕方であるとクーンやヘッセのような何人かの思想家は考えている．思考は事例から事例へと帰納的に移行する．私の提案はたんに，私たちが実験室で習得した直観を，知識の研究自体へと適用するということなのである[24]．

　こうした主張は，ローダンとの議論における窮地からブルアが抜け出すのにはおそらく役立つだろうが，疑問は次々と出てくる．いかにして「私たち」は実験室の「直観」を習得したのだろうか？ブルアが数学を理解しているのは確かだが，彼の数学の社会学は「数学的」ではないし[25]，実験室のエスノグラフィーを行ってきた科学社会学者は，初心者が実験室の中で専門的技能を得ようとするのと同じようには，自分が観察した実践を模倣しようとはしなかった．一般に科学社会学者と科学史家は，わざわざ，観察した実験室のメンバーの「内省的でない」習慣に陥らないようにしている[26]．彼らは記録やテキストを持って仕事をし，言説による議論を組み立てる．それゆえ，どのようにして彼らが実験室の「直観」を文字による実践 (literary practice) へと帰納的に移行できた

のかについては明らかではない.

　こうした直観をブルアは，実験室における道具使用・身体化された技術・具体的な言説の独特な組み合わせから抽象化しうる個人的な思考習慣であると考えているようである．実験室科学においては文字による銘刻（literary inscription）が行き渡っているというブルーノ・ラトゥールとスティーヴ・ウールガーが発見したことをもとにすると，適切な直観はおそらくは「科学的に」書くという作業の中に埋め込まれている[27]．しかし，科学社会学は自らが分析する実践を模倣することを習慣としていると言ったところで，科学者の文字を用いた実践への批判的で分析的なアプローチを裏付けることにはほぼまったくならない．このような理由などにより，「再帰性」は近年イギリスのさまざまな科学社会学者の間で，ちょっとした論争の場になってきた．後に説明するように，ストロングプログラムに対する再帰性の要請は，知識社会学における1つの研究プログラムになっていったのである．

2. ストロングプログラムの子孫，きょうだい，親族

　ストロングプログラムに関連した研究群を家族とするなら，それは緩く拡大した家族であり，その先祖は「純血」とはいえない．成熟した下位プログラムが青年期にさしかかったときにはきょうだい同士の争いが激しくなってきた．同時に，マートン一族へのかつての敵意は，テーマや研究の発想が部分的に縁戚関係になることで（そして私が思うに，ストロングプログラム一族とマートン一族はそもそも決してそれほど離れたものではないことが相互に理解されたことで）取り除かれた．またこの研究プログラムは客観科学を明らかに政治的に，そしてかなり批判的に扱うやり方と混ざり合った．バーンズ，ブルア，マイケル・マルケイは自分たちの提案にはっきりと政治的な色合いを帯びさせることはなかった．しかし近年，彼らの議論の中には，科学制度や医療制度に対する政治的批判に利用されるものもでてきた[28]．

　科学の社会的研究はまだ比較的小さな分野であるけれども，そのすべての論文を概観したと言うことは私にはできない．他の学問分野の場合と同じように，この分野の大部分の文献を読む個人の能力からはほど遠いほどの文献が生み出

されている．〔しかし〕幸いなことに，少なくとも研究プログラムのレベルでは十分に繰り返されている主張があるので，すべての論文を読まなくても，各々の論文とその内容上の対立を十分な確信をもって把握することができる．このことの不幸な結果として，特定の研究が，雑多な領域からなる諸々の研究を索引化する道標，ないし「引用集中文献」になってしまうことがある．このように言った上で，学問上の分類を提示するというよくある暴挙を今から行うことにする．

ストロングプログラムの継続

ストロングプログラムはエディンバラを出て各地に伝わり，その構想はさまざまな視点からの研究に影響を与えてきた．このプログラムにもっとも強く結びついた研究は，自然科学の個々の分野の歴史的展開に関する事例研究である．もっともよく知られた近年の研究に，アンドリュー・ピッカリングの『クォークの構成——素粒子物理学の社会学的歴史』がある[29]．題名にある通り，この研究では，ピッカリングが言う「クォーク・ゲージ理論の世界観」を確立するに至った，1960年代以降の理論と実験の展開が論じられている．この世界観にはクォークなどの新たな理論的実体が含まれている．こうした実体は陽子と中性子の基礎的構成素といわれる．ゲージ理論は「チャーム」という概念を使って新たな実体と力との一貫した強い結びつきを説明する．そして素粒子物理学者はこの理論に刺激を受け，物質の内部構造へともっと深く「侵入する」ための大規模で強力な機材の資金を得ようとしたのである．

ストロングプログラムによる2段階の論法に沿って，ピッカリングは，「科学者版の説明」と彼が呼ぶものに対して異議を唱える．この「科学者版の説明」とは，物質の構成成分に関する新たな理論を支持する一連の実験は，内的に展開していくとするものである．ピッカリングは実験事実による理論の決定不全性という周知の哲学的議論を引いて，「事実」というもの自体が「きわめて問題をはらんだもの」であると述べる[30]．これは，ピッカリングによれば，実験データの事実としての地位は，次のようなさまざまな事柄についての不確実な判断に依拠しているからである．すなわち，関連機器が適切に作動しているかどうか，効果的な実験制御がなされているかどうか，意味のある信号がノイズの多

い環境から正しく識別できているかどうか，といった事柄についての不確実な判断に依拠しているのである．さらに，実験データの「事実としての」意味は，データを理論的先入観に結びつけるモデルやアナロジーやシミュレーションを用いることによって見つけ出される．理論と実験データの関係は事実のみによる理論の検証というより，「調律」ないし「共生」の関係であるとピッカリングは強調する．実験手続きおよびデータの理論的解釈の問題について「正当な異議申し立てをする可能性」がピッカリングの歴史的説明によって示されたのである．ピッカリングはさまざまな研究グループの間で起こる論争を記述した．そして，グループ同士で主張が異なる説明を根拠として，重要な実験上の出来事から解釈できることが多様であり，その解釈の理論的含意も多様であることを例証した．科学者がどのように実験の解釈や理論の選択をしているかを説明するために「文脈に応じた御都合主義 (opportunism in context)」という概念が導入される．この概念は，自分の専門能力を発揮して，利用可能な理論的展開の中でもっとも「関心をひきつける」ものを究明することを可能にしてくれる特定の実験とその解釈の筋道を，科学者はどのようにして追求していくのかを記述していくやり方のことである．

　ピッカリングの研究は実験の実施や器具使用への緻密な観察に特色がある．彼が論じるのは，泡箱装置のために利用できる設計であり，素粒子の痕跡を解釈する方法であり，「中性弱カレント」実験で使われるコンピュータ・シミュレーション手続きである．こうしたやり方には，ピッカリングの物理学者としての訓練が不可欠であった．この訓練を受けたからこそ，彼は自分が検討した実験が，実際にはしかじかのことが論証できたはずであるという反実仮想による評価を「正当に」下すことができたのである．このような能力があったことにより，ピッカリングは机上の相対主義の類いに携わらずにすんだ．机上の相対主義ならば，特定の機会になされる判断の合理性を考察するために，代替となりうる理論に関する論争が用いられることになる．それゆえ，ある意味ではピッカリングの説明もまた「科学者版の説明」である．もっとも，ピッカリングが検討した研究グループのメンバーの一連の理論的，方法論的関与とは異なるものを表現する説明ではあるけれども．ピッカリングの説明はこの種の唯一のものではない．物理学史と「物理学の物理学」についての彼の考え方は両方とも，

ピーター・ギャリソンとアラン・フランクリンによって批判されている[31]．

ピッカリングは実際的な事柄に焦点を合わせており，このことは実験における器具使用，技術，分析といったものを記述していこうとする科学の社会的研究の方向性と一致するものである[32]．初期の社会歴史的研究以来なじみがあった，より抽象的でより理論を基盤にした知識の概念化は，「知識産出」の実際の現場，人工物，技術をより個別志向で概念化していくことへと次第に転じていった[33]．その焦点はより集中的かつ（合理主義的ではない意味で）より「内在的」である．というのも，この焦点化の狙いとは，研究者がいくつもの「乱雑な」データをえり分けたり，装置が適切に働いているのかどうかを決定したりするときにその場でなされている，実際上の戦略や非公式的な判断を見定めることだからである．この点でストロングプログラムは，「経験的相対主義のプログラム」，実験室研究，科学的ワークのエスノメソドロジー研究など他のプログラムと収斂してきている．

経験的相対主義プログラム

経験的相対主義プログラムは構築主義プログラムの1つであり，ストロングプログラムと密接に関係している．これはバース学派としても知られている．ハリー・コリンズがバース大学で学生とともにつくりあげたからである[34]．バース学派の研究は現代の科学論争を対象とする傾向があり，共約不可能な立場，理論負荷性のある実験の実施，論争を終結させる非合理的な（あるいは，合理性の外部に位置づけられる）方法について対称的な記述を試みている．これらの研究の多くは，実験科学における再現（ないし決定テスト〔追試〕）の役割についての伝統的な哲学による概念化を批判するための論拠として，経験的事例を用いている．この学派の観点からすれば〔実験の〕再現という概念は疑問の余地があるものである．なぜなら，再現実験は通常想像されるほどの回数は行われないし，しかも，他の科学者の結果を実際に再現しようとするときには，自分たちのプログラムの関心に見合うように元の器具や手続きを変更することがよくあるからである．さらには，観察手続きについて記録された報告は，そこに書かれている技術や器具に対して実験の実施者がすでに慣れているのでもなければ，それだけでその観察を再現するのに十分な指示として使えることはま

れである．実験方法の説明というものは科学的報告に関する適切な基準を尊重するよう書かれており，科学者が実際に行うことを記録するために書かれるのではない．そして，実験で「良い」結果を繰り返し出している科学者が，どのようにその結果を出しているのか自分では説明できないこともよくある．研究者は，書かれた指示から技術を再現しようとするよりもむしろ，その技術を確立した他の研究所から研究員を引き抜くことが多い．そして実験を最初に行った者は，他の科学者がその結果を再現することに失敗すると，その手続きに正確に従っていないのだと文句を言いがちである[35]．したがって，コリンズによれば，科学者がある実験の再現をしたかどうかを評価しようとすると，その評価は実験結果が妥当なものであったかどうかの判断から自由にはなれない．実験者の能力や信頼性，実験デザインの妥当性，実験の証拠の強さや意味づけについての不問の前提がすべて組合わされて，ある特定の実験のデモンストレーションに対する受容や拒絶が強固なものになるのである．

　コリンズら「経験的相対主義者」はバーンズやブルアほどには因果性を強調しないものの，同じような論争戦略を用いる[36]．「経験的相対主義者」は関連する実験を記述し，その記述の証拠として論争の両陣営から引用した文献をあげることにより以下のことを論証しようとしている．(1)ある実験がある所与の理論に合致している，あるいは反しているとみなされる時点は，実験データそれ自体では決定することができない．(2)ある論争的な現象を研究している研究者たちの「中核メンバー」の間での交渉が，その問題が「終結した」とみなされる時点を決定する．「中核メンバー」とは科学論争が開始されたり終結されたりといったことに積極的に関与している，比較的少数の研究者（または研究所）のことである．経験的相対主義のアプローチは，中核メンバーの一員による公刊・未公刊の証言を使って，理論上の関与や実験実践の連関構造を立証する．この意味において，このアプローチは「経験的」である．

　例えばコリンズはジョセフ・ウェーバーの重力放射についての実験をめぐる論争を解説することで，ウェーバーによる実験の評価と，批判者による実験の評価との決定的相違を示すことができたのである[37]．

　ウェーバーは，真空室の中に吊り下げられた巨大なアルミニウム製の円柱からなる比較的単純だが精度の高い重力波検出器を設計した．彼はこの「アンテ

ナ」を，アルミニウム塊を通して共鳴する振動を増幅し，測定するための一連の電子機器とつないだ．ウェーバーは電気・磁気・熱・音・地震といった考えられるすべての振動源からアンテナをできるだけ遮断しようとした．熱「ノイズ」を取り除くことはできなかったものの，適切な制御がなされたらそのようなノイズは比較的ランダムな背景的波動として記録されるだろうとウェーバーは考えた．ウェーバーはこのノイズに特徴的な現れ方を考慮に入れたうえで，検知器のチャート式記録計にいくつもの著しく高いピークを見つけられると主張した．そして，このピークによって重力波の証拠が出せると述べた．こうした主張は「中核」メンバーには懐疑的に捉えられた．コリンズ（1985: 83）によると，その理由の1つは，このような大きさの振動を引き起こすのに必要とされる重力エネルギーは「宇宙で生み出されつつあるエネルギー量」の理論計算値と合致しないというものであった．ウェーバーはそのような批判に応えて，2つの検出器を1000マイル離して置くという装置の修正により，この2つの検出器からのデータが同時発生的なピークを持つかどうか検討できるようにした．その後，ピーク継続の周期性を発見したと述べることによって，ウェーバーの観察は精密なものとなった．そして，〔重力〕放射が一貫して銀河系外に由来することを自分のデータが示していると主張した．この発表により多くの科学者が実験結果を「再現」しようと努力することになった．しかしながら，いくつもの再現実験はどれもウェーバーを支持することにはならず，数年後，彼の出した結果は「ほとんど例外なく信じられていない」ものとなった[38]．

　コリンズはウェーバーの実験をめぐる論争に関わった多くの科学者にインタビューし，いくつかの根本的な相違点を導き出した．これらの相違点には，ウェーバーの実験自体が再現されたかどうかという疑問さえも含まれている．コリンズ（1985: 85）の引用によれば，ある科学者は，ウェーバーの装置と「そっくりそのままのものを他の科学者全員は作って実験しているだけだ」と言うのに対して，ウェーバーは「その実験を誰も『元の』精度で繰り返さなかったことは国際的恥辱である」（1985: 86）と不満を述べた．コリンズがこの問題を再構成している通り，何を再現とみなすかという問題は，検討される現象の複雑な評価に依存している．この装置の構成・測定装置の精度・ノイズ制御の手続き，これらすべてに，現象たる重力波，そしてその検出のために使われる材料

との関連についての先入観が含まれているのである．この先入観は，さまざまな判断に入り込む．その装置の測定対象を本質的に変えることなくどの素材が代替可能なのか，科学的に適切な証拠を提示するために検出器はどのくらいの精度がなければならないか，外部からの振動源を考慮に入れるにはどの程度の注意が必要かといった判断に先入観が入り込むのである．コリンズ（1985: 87）によれば，ウェーバーとその批判者のあいだでのこういった事柄すべての決定に関する重大な相違は，「科学的」理由だけに基づいては解決されない．これに関係する議論には，研究者個人の誠実さ，技能，組織連携，発表スタイル，国民性をめぐる問題についての泥沼化した評価が含まれていたからである．しかしながら，この論争はあまり長く続かなかった．重力波実験を試みたいくつかの実験室の研究者が，（理由は異なっているものの）最終的にはウェーバーが間違っていると結論づけたのである．ウェーバーは初期の実験を正当化しようとし続けたが，もはや研究資金を得ることはできなかった．事実上，ウェーバーの重力波に関する主張は過去の問題となった．

　コリンズ（1985: 90）は「他の研究所がほとんど一致して否定的な結果を出したことが重要であったのは，ほぼ言うまでもない」ことを認めている．しかし，ウェーバーの実験の追試といわれるもののどれも，ウェーバーの実験を無条件に反証するものではなかったのだとコリンズは論じている．ウェーバーが批判者の示した証拠のあら探しをしたばかりでなく，批判者もお互いの手続きや知見のあら探しをしたのである（1985: 91）．それゆえ，「言わば，すべての否定的証拠が扱いやすいことを考慮すると，そうした否定的証拠が決定的な意味をなす必要はなかった．」さらには，コリンズの議論によれば，ウェーバーが自らの立場を弱めたのは，装置を調整する際に批判者に言われた通りの調整方法を採用したことにある．そうすることでウェーバーは，重力波がどんなものでなければならないのかについて，批判者の前提に屈してしまったのである．これによりウェーバーの研究結果は不十分なものとなり，その結果が論証できたはずの当初の意義は切り捨てられたのである．「ウェーバーに静電気パルスを使って装置を調整させたことは，批判者にとっては，重力放射というものが私たちの知る物理学の範囲内で理解できる力にとどまることを確実にする1つのやり方だったのである．批判者は物理学の継続性，つまり過去から未来への連結を

維持することを確実にしたのである」[39].

　この1970年代初期の重力波論争と，もっと広く知れ渡った事件である，1989年から1990年の「常温核融合」事件には著しい類似点が多くみられる[40]．スタンレー・ポンズとマーチン・フライシュマンは，ウェーバーと同様に，定説に合わない実験結果を報告した．これに対して多くの理論家が，既存の理論で彼らの実験結果を説明できないか即座に考えはじめた．ポンズとフライシュマンもまた比較的単純な装置を使っていた．それでも，ある程度は複雑な装置であり，肯定的「効果」が観察された際の元々の条件を，どの再現実験が実際に再現しているのかということについて，それなりに長い論争が続くほどであった．この論争もまたきわめて激しいものとなり，さまざまな関係者によって，あらゆる範囲に渡る個人的，組織的，専門的評価が公表されたのだった（この例では，きわめて多くの報道が火に油を注いだ）．そして，（再現できたという最初のいくつかの報告の後）すぐに否定的な実験結果が集められたにもかかわらず，決定的な反証は1つもなかったと言われた[41]．いわゆる追試すべてが方法論を根拠として批判されたもの，もしくは批判されうるものだった．そして多くの場合，追試の実験者は常温核融合の理論的可能性，原子核物理学と比較した電気化学の地位，（それほど公然とではないが）ユタ大学の地位の評価にあたって，あからさまに党派的な態度をとっていた[42]．

　コリンズは，重力波論争の「終結」が単一の「決定テスト」によっていたわけではないことを説得力を持って示している．そして，中核メンバーの科学者が比較的制限のない長期間の議論を通じて解決してきたことについて，ポパーの反証主義では理念的な説明を与えているにすぎないのだということを論証しているのである．しかし，この事例によって物理学の内容が社会的に決定されたことをコリンズの説明が論証しているのかどうか必ずしも明らかになったわけではない．マンハイムによる知識社会学の論証基準を思いおこしてみよう．

　　観念の歴史的社会的発生は，その発生の時間的社会的条件がその内容や形式に影響をおよぼさない場合にだけ，その観念の究極的妥当性と無関連なものとなる．もしこのことが事実なら，人間知識の歴史におけるどんな2つの時期も次の事実によってのみ互いに区別できることになる．すなわち，ものご

とは初めの段階ではいまだ〔十分には〕知られておらず，なんらかの誤りがまだ存在するが，その誤りは後の段階で獲得される知識をとおして完全に訂正されるという事実である[43]．

重力波論争の結果，ウェーバーの実験は物理学の継続性に対する影響力を持ち続けることに失敗した．実際コリンズが論じるように，つじつまの合わないウェーバーの主張は歴史によってこれまでのところかなり冷酷に扱われてきた．ウェーバーの批判者は彼の主張を覆す方策として「物理学の継続性」を利用した．このエピソードは違ったように展開したかもしれないが，衆目の一致するところでは，物理学はウェーバーの実験結果によって含意される関連内容の潜在的変容を免れたということである．さらには，どんな単一の追試や議論も決定的には誤謬を論証していないとしても，ウェーバーの主張は誤っていたと論じることができるだろう．物理学は変化した可能性があったとコリンズが想像することはできたとしても，彼がせいぜい論じることができるのは，既存の物理学理論がウェーバーの実験では変化しなかったということまでである．

しかし見方を変えれば，コリンズの研究によって，既存の物理学の「究極的妥当性」に何が関連し，何が関連していないかについて，あらゆる評価が問題のあるものとなった．ウェーバーの実験結果の妥当性は究極の追試を受けてはいないし，追試をする状況の偶然性を考慮に入れるなら，そのような追試など行われたはずがないということが論証されたのである．「観念の究極的妥当性」は単に議論の外にあり，それゆえ，観念の社会的決定を確立するためのマンハイムの基準は意味を持つことができない．したがって，マンハイムの言葉を言いかえると，物理学の継続性の「時間的社会的条件」が「その内容や形式に影響をおよぼしていない」ことを知識社会学の敵対者が示さなければならないのなら，彼らは耐えられない重荷を背負うことになる．その可能性はアプリオリに除外されているのであり，科学社会学が積み上げた証拠によって除外されるものではない．

実験室研究

1970年代後半，社会学者と人類学者の中には，実験室の実践に対するエスノ

グラフィー研究を始める者が出てきた[44]．それまでの実験室活動の調査と比較すると，これらのエスノグラフィーは実験室という特異な場の日常的ルーチンについての継続的な観察に基づいていた[45]．その調査の範囲には，研究グループ同士の（あるいは外部の機関との）文書・文書外のコミュニケーションとともに，ある実験室における日々の会話やり取りや方法的な実践が含まれていた．最初期の研究は少なくとも5ヶ国の社会学者や人類学者がほとんど互いに独立して実施し，生物学・生化学・神経生物学・野生動物生態学・化学・高エネルギー物理学における下位分野の活動を観察した．さすがにこれらの研究すべてが同様の話をしていたわけではなかったが，そのなかの主要な研究は科学活動に対する構築主義的な視点を支持していた．これらの研究が主張したのは，「科学の作業が実際に行われる現場（しばしば，科学実験室）を直接観察すること」によって，科学のもっとも専門的「内容」でさえ社会的に決定されていることが明白に例証される，ということである[46]．「実際の」実践に対する「直接の」観察についての主張は比較的最近の議論では弱まってきた．しかし，最初期の研究が成果を公表した際に持っていたこうした主張への素朴な情熱は，その素朴な情熱によって成果が注目されたがゆえに重要なものだった．

実験室のエスノグラフィーは，その徹底的な事例研究によるアプローチと矛盾することなく，因果的な説明を拒否した．そして，こうしたエスノグラフィーは，「事実の構築」に対して，より行為に焦点を当てて記述主義的にアプローチしていくことを表明したのである．彼らの記述において強調されたのは，「散漫な」実践的，相互行為的環境において状況づけられ即興的に行われる実際の実践における遂行と，教科書や調査報告書の中に合理的に再構築されている実験の推論の対比である．実験室のエスノグラフィーが最初にこの対比に気づいた科学研究では決してないのだが，その記述主義的な志向により，従来の議論に生き生きとした詳細な内容が付け加えられたのである[47]．

このエスノグラフィー研究は知識社会学からの定番のテーマをある程度は進めた．そして，通例通り最初の課題は，次のようなマンハイムの格率だった．それは，「知識を得る過程は，実際には内的法則に沿って歴史的に展開するのではない，つまり『事物の本性』や『純粋な論理的可能性』からのみ導き出されるのではない」ことを論証せよというものである．ここでようやく，この論証

が，実験室のプロジェクトやコミュニケーション上のやりとりの歴史にきわめて徹底的に焦点を合わせたものになったのである．これらの研究においては，「構築」ないし「製作（fabrication）」として科学的作業を記述し，「人工物」として科学的実在を記述するのに使われる語彙そのものによって，本来的な「事物の本性」と，実験室作業の成果あるいはその物的資源とのあいだには食い違いがあることが示唆されているのである．カリン・クノール＝セティナは，このような視点を次のように表現している．

　科学的探求を記述的なものとして概念化すること，つまり事実性の問題を科学の成果と外的自然との関係のなかに位置づけるものとして概念化することは，構築主義の解釈とは対立する．その一方，構築主義の解釈は科学の成果を何よりもまず（再帰的な）製作の過程の結果として考える．したがって，科学知識の研究に最初に必要なのは，どのようにして科学の対象が実験室で産出されるのかについて考察することであって，どのようにして事実が自然についての科学的言明の中に保持されるのかを研究することではない[48]．

　特に注目されたのは，検体（例えば，特別に繁殖されたか遺伝子操作された実験動物や微生物，業者から手にいれた原材料）に人工的に手が加えられることである．さらに，科学者の説明と，その説明の中で記述される「自然の」対象や事実との間でなされる多くの段階の解釈的，相互行為的，道具的関連も注目された．
　例えばラトゥールとウールガーは，ソーク研究所におけるエスノグラフィーで観察した実験室の研究者たちは，物自体を研究することはなかったと述べている．むしろ，その科学者たちは，記録装置に向かって働く技術者たちがつくり出す「文字による銘刻」を検討していたと述べているのである．「科学者とカオスとの間には，記録文書・ラベル・手順書・図・論文という壁だけがあった.」彼らは次のように議論をまとめた．

　それゆえ私たちは，実体が構築される過程を強調する際には，生物検定法（bioassays）について，記号と記号により意味されるものとの関係を問わない記述法を避けようとしたのである．私たちが研究した科学者は，銘刻が「そ

こに」独立して実在する何らかの実体の表象ないし指標となりうるのだという信念を抱いているのは事実である．しかしながら，私たちは，そのような実体はこうした銘刻を用いることによってのみ構成されるとここで論じてきたのである[49]．

　また，ラトゥールとウールガーはいくらか驚くべき主張も行っている．「最終結果，つまりある銘刻がいったん利用可能になると，その結果の提出を可能にするまでの段階はすべて忘れ去られてしまう．実験参加者のあいだで議論の対象となるのは図表であり，それを産みだす物的過程は，たんに技術的なこととして忘れ去られたり当たり前のこととされる」[50]．また，このような研究の段階や媒介事項は不可逆的に忘れられなければならない．なぜなら研究者間や研究グループ間の論争が発端となって，文字の痕跡（literary traces）や文書が選択的に「脱構築」され，その実践的な起源へと戻して関連づけられてしまうかもしれないからである．
　この主張には 2 つのポイントがある．(1)科学の作業は大部分文字の（literary）活動または解釈の活動である．(2)科学的事実は，書かれた言明（statement）の形式で構成され流通され評価される．ラトゥールとウールガーはこんなことまで言っている（ゴシック体は原著による）．「**事実とは，様相-M-も著者性の痕跡もまったくない言明のことにすぎない．**」（ここで引用したゴシック体の言明には単なる参照対象としての「様相」（M）しか含まれていない．この言明の著者性の唯一の痕跡は，それが『実験室生活』（[1979]1986）の 82 頁に現れているということである．よって，これがどんな「事実」にも劣らず良い例になると思う．）
　ラトゥールとウールガーの定義によれば，様相とは限定句や時や場所に言及するマーカー（例えば，「これらのデータは，……を指すだろう（may）」「この装置が示すのは……と私は思う（believe）」）のことである．これらは「インデックス的」表現のわかりやすい例である．「事実」とは研究者共同体にとって 1 つの言明が，限定を設けることなく使われ，受け入れられるようになったときに構成されるものである．一方「人工物」とはさまざまな様相を含む言明である．ラトゥールとウールガーは言明から事実への変換を記述する理念型図式を提案し，そして自分たちが再構築した事例において以下のことを観察した．すなわち，

広大な社会技術的領域の中でさまざまな策謀が繰り広げられている文脈において，実験室の実践は，脱様相化された言明「TRF は Pyro-Glu-His-Pro-NH$_2$である」をもたらしたのである[51]．

この言明は，ラトゥールがソーク研究所を訪問した 1970 年代後半までには 1 つの事実として自明視されていたとともに，この言明が研究プログラム全体の足場となっていたのである．ラトゥールとウールガーは一連の発表，引用ネットワーク，ライバルの実験室同士の論争，研究チームのメンバー同士の交渉を再構築した．彼らは，これら異種混成のコミュニケーションをさまざまな図式にして説明した．その目的は，それまでは限定的であり異論の余地あるものであったホルモン放出因子 TRF についての言明から諸様相が取り除かれていく際の緻密な実存的条件を表現することであった．したがってラトゥールとウールガーはマンハイムによる区別――知識の実存的条件づけと自然の事実の「究極の妥当性」との区別――を，「ある言明が 1 つの事実へと変換されていき，それゆえに，その言明を生み出した状況から自由にされていく」やり方の説明の中に位置づけたのである[52]．彼らの見解によると，そうした言明は，それを生みだした社会的起源から切り離されて 1 つの事実として機能するのと同時に，その事実が「ブラック・ボックス」として使われるとその起源が「忘れ」られるような社会的構築として機能するのである．したがって，彼らの解釈によれば，事実の安定性と明白な独立性それ自体 1 つが「構築的な」達成なのである[53]．

ラトゥールとウールガーは社会科学研究に対して自分たちの研究がもつ非常に好ましい意義を引きだした．彼らは，自らの物語の前面に「言明」と「文字による銘刻」を置くことで，秘儀的な実験室活動を，文字 (literary) によって理解できるようにするというおなじみの領域に一致させることができた．彼らのテキスト分析は，「文字による銘刻を支える隠された技術」[54]と膨大な装置について指摘しているにもかかわらず，自然科学の研究と，社会科学者が慣れ親しんでいる類の文字を用いた解釈的活動とを「再帰的に」同一視している．さらには，自然科学の特権と思われているものが，疑う余地のない発見の意義に由来するのではなく，自然主義的言明を実際上論破できないテキストに変換する高価な装置や制度的戦略に由来するのだと主張することができたのである．

実験参与者自身による作業理解に比べてラトゥールとウールガー（1979:

第3章　新しい科学知識の社会学の興隆　　　　　　　　　　113

256-7) による実験室の説明はソフトで (確度が低く) 信頼できるとはいえないという嘲笑的議論に対して, 彼らは面白い切り返しをしている.

> この［信頼性の］不安定さを正すためには, この1つの場面に対して100人もの観察者が必要となる. それぞれの観察者はその研究対象の科学者に対して, あなた［実験室科学者］が自分の研究対象である動物に対して持っているのと同じ権力を持つことになる. 言いかえれば, 各々のオフィスにテレビモニターをつけるべきだということになる. 電話や机に盗聴器をつけることができなければならないことになる. 脳波をとる完全なる自由を持つべきだということになる. そして, 体内検査が必要なときに実験参加者の頭をたたき割る権利を持つことになる. こうした自由を手にすればこそ, 私たちはハードな (確度の高い) データをだすことができるのである[55].

ラトゥールとウールガーが強調したのは, 生化学の「事実」というものが, 研究者共同体において書かれ読まれ引用され回覧されるべき言明に「すぎないもの」であるのはどのようにしてなのかである. これにより彼らは, テキスト的, 解釈的アプローチの適用範囲を拡大しようとする人文科学・社会科学における現代の取り組みに寄与したのである.「ハードサイエンス」自体が解釈的で文字を用いた営為であり, この営為において「著者」「理論」「自然」「公共性」はすべてテキストの効果なのだということ. これらを例証することよりも良いやり方などあるのだろうか[56].

しかしながら, ある奇妙な仕方ではあるもののラトゥールとウールガーが示したのは, 論理実証主義的な科学哲学において提示された言語観および実践行為観の左派的な変種なのである. 私は, 彼らと論理実証主義を結びつけて, 隠れ実証主義だと非難しているわけではない. むしろ, 明らかに反実証主義的な彼らのアプローチが, 論理実証主義による言語「観」と実践行為「観」の多くの要素の鏡像となっていると言いたいのである. 論理実証主義者と同様に, ラトゥールとウールガーは(1)科学的事実の生成を再構築するときに「外的実在」についての先入観を用いないようにし, (2)科学活動を言明の操作として扱い, (3)科学的事実を他の言明の操作を通して生み出された言明として定義し, (4)言

明形式と認識上の諸関係（epistemic relations）を同一視したのである[57]．

　論理実証主義との主な相違の１つは，自らの記述する操作が形式論理のシステム内には含まれえないことをラトゥールとウールガーが強調していた点である．彼らはまた，１つの事実の生成や受容が交渉や策謀の包括的，偶有的ネットワークによっていることを経験的に示すことで自らの主張を裏づけた．しかし，彼らもまた論理実証主義者と同様に，ウィトゲンシュタインが後期の著作で示したいくつかの文法上の「落し穴」にはまったのである．そのような落し穴にはまった多くの犠牲者の白く晒された骨が，世の中の先入観を純化した分析言語を構築しようという踏みならされた道沿いに見られるのだ．ラトゥールとウールガーは，研究対象についての科学者の先入観を受け入れることなく科学者の活動を記述しようと試みたとき，その〔分析言語を構築するという〕やり方をより控えめな形ではあるが引き受けてしまったのである．

　　私たちは，検討中の事柄の性質を変化させてしまうような用語を用いることを避けようとしてきた．それゆえ，実体が構築される過程を強調する際には，生物検定法について，記号と記号により意味されるものとの関係を問わない記述法を避けようとしたのである．私たちが研究した科学者は，銘刻が「そこに」独立して実在する何らかの実体の表象ないし指標となりうるのだという信念を抱いているのは事実である．しかしながら，私たちは，そのような実体はこうした銘刻を用いることによってのみ構成されるとここで論じてきたのである．……興味深いことに，物体がまず存在し，それが後に科学者によって明らかにされるということを含意する用語法を避けようという試みによって，ある文体上の困難に行き当たった．これはまさに，科学の過程を記述する際にある一定の言説が行き渡っているためと考えられる．それゆえ，科学が（創造性や構築というよりも）発見についてのものであるという誤解を招く印象に屈しないような科学活動の記述を定式化することは極端に難しいことがわかったのである．強調点を変えることが必要だというばかりではない．科学実践の性質をもっともうまく理解するためには，この実践の歴史的記述を特徴づけている定式化に対する悪魔払いが必要となるのだ（Latour and Woolgar 1979: 128）．

ラトゥールとウールガーはそのような悪魔払いを成し遂げるために，見えざる生化学的秩序への科学者の信念にとりつかれることなく実験室で何が起こっているかを見る虚構の「観察者」の視点から，自らのエスノグラフィーを提示する．この観察者は，実験室で理解可能だとわかったものについてだけ，つまり痕跡・テキスト・会話のやり取り・儀礼的活動・見慣れない装置についてだけ記述をする．この種の記述の実例は，後に書かれたウールガーの議論に示されており，ピペットのような単純なアイテムに対する「当事者の（native）」記述に続いて，「エスノグラファーの」再記述を行うというものである．

　ピペットは一定量の液体を移すのに使われるガラス管である．そのガラス管の低い方の端を液体の中にいれて，ある高さに届くまでその中へ液体を吸い上げる．それから，親指などの指で最上部を閉じて真空を保ちながら，ガラス管を持ち上げ，その中の測定された一定量の液体を保つことができる．指を放して真空を解除すると，その液体を他のビーカーに落とすことができる，等々．

　実験室のあちこちで両端が開いているガラス容器を私たちは見つける．このガラス容器によって「液体」として知られる種類の実体の「容量」と呼ぶものを採取することができると科学者は信じている．液体は，それを入れてある容器の形をとるといわれ，ほんの少しだけ圧縮できると考えられている．「ピペット」と呼ばれるガラスの物体は，採取された「容量」を保持し，実験室のある場所から他の場所へ移すことができると考えられている[58]．

　ウールガーは続けて次のように述べている．2番目の説明は，液体，ガラスなどの性質について実験室のメンバーが持っている「信念」に同意することを努めて避けようとしているにもかかわらず，（「ガラス」や「容器」のように）検討されていない言葉が含まれたままであり，そうした言葉それ自体，再記述の対象となる可能性があるだろう，と．エスノグラファーは当事者の先入観のすべてをカッコに入れることに十分に成功できるのかどうかという問題をウールガーは未解決のままにしている．この「当事者の先入観」に，人類学や社会学

の専門家に共有されている科学的方法の基準となる前提が含まれている場合には，ことさらにそうなのである．このような「再帰的な」考慮にもかかわらず，ウールガーは研究場面から「距離をとりたい」という衝動的欲求を問題とは思わないし，彼もラトゥールも「〔科学を研究する〕部族のどんな用語にも訴えることなく…科学を説明すること」を求め続けているのである[59)]．

　問題なのは，この部族の用語のほとんどが私たちの用語でもあるということである．なぜなら，(1)この用語は科学者の活動が，ある場において行なわれ理解可能になるための言説上の文法の一部に完全になっているからである．そして，(2)こうした用語はさまざまな部族の活動を一貫して記述し説明するための社会科学の語彙の中にも埋め込まれているからである[60)]．ラトゥールとウールガーがエスノグラフィーのための不偏的「メタ言語」を探し求めたことは，ウィーン学団が中立的な観察言語を探し求めたことを思い起こさせる．ウィーン学団は不可視の実体，時間関係，概念上の同一性についての推論を導き出すことができる「生の」感覚与件を記述するために，そうした〔中立的〕観察言語を探し求めたのだった．ウィトゲンシュタインが指摘するように，そのような言語で表わされる記述はまったくのところ正しいのかもしれないが，いくつかの奇妙な性質を示すことがある．

　　電気機器（発電機，無線機，等々）を，何の予備的な理解もなく，空間における銅や鉄やゴムなどの配置とする見方がある．そして，このような見方はいくつかの興味深い結果を導く．これはある数学の命題を装飾として見ることにとても相似している．——もちろん，これは完全に厳密で正確な考え方である．そして，この見方の特徴であり難点であるのは，先入観なしに（いわば火星人の観点から）対象を見るということである．もっと正確に言えば恐らくこうなる．この考え方は通常の先入観を転倒させる（ないし，それと衝突する）のである[61)]．

　ラトゥールとウールガーによる〈火星からの人〉という「観察者」は，研究される科学者の先入観と衝突することについてまったくためらいを見せない．しかし，科学社会学やエスノメソドロジーにおける多くの「ラディカルな」取組

みと同様に,『実験室生活』([1979]1986) も,認めてはいないものの 20 世紀初期の科学哲学の恩恵を受けている.このように言うと,多くの読者はとても不公平な特徴づけであるとの印象を持つかもしれない.なぜなら,ラトゥールとウールガーはきわめて多くの議論を尽くして,実在論や合理主義の立場にあるさまざまな科学哲学者,科学史家,科学社会学者と戦っているからである[62].しかしながら,ここで私が問題提起しているのは,彼らの科学への懐疑が不十分であるとか,彼らのエスノグラフィーが根拠もなく社会実在論に依拠しているということではない.むしろ,彼らによる科学的実在論の反転した鏡像は,彼らが反転させたシステムの文法枠組を持ち続けているという問題を提起したいのである.彼らは,自らが反対する科学や言語や表象の全体像を徹底的に攻撃するのではなく,その像の基本原則の多くを持ち続ける写真のネガ像や反転像を呈示している.ラトゥールとウールガーによる次のような概括を考察することによって,この反転の意味が明確になる.

　客体と主体の区別や事実と人工物の区別は,科学活動の研究の出発点であるべきではない.むしろ,言明に対する実践的操作を通してこそ,ある言明を客体に変換したり事実を人工物に変換したりすることが可能である.人工物の構築を観察することによって実在が論争解決の原因ではなくむしろ結果であるということを私たちは見てきた.
　……もし実在が人工物を構築する原因ではなく結果だとしたら,科学者の活動は「実在」ではなく,言明に対するこうした実践的操作へと向けられているということになる[63].

　ラトゥールとウールガーは,何を知ることができ,何を知覚することができるのかを決める際に「観念」に第一義性があるとする形而上学的な見解に同意しているのではない.しかし,彼らの説明によって示されているのは,ある種の「テキスト主義」,つまり記号と指示対象の関係についての二元論的説明において「言明」と「痕跡 (trace)」の中心性を原則として強調することである.彼らの記述によると,科学領域においては,共同プロジェクト,文書資料や物質資源,象徴的「功績」を得ようという努力のどれもが,すべて「言明」を〈当た

り前の〉事実へと変換することに向けられている．それはまるで，実験室の作業が第一義的に「言明」の形成・再形成に向けられているかのようであり，どのような言明であれ，それが行っていることは，言明の形式に対して直接操作を行った副産物であるかのようだ[64]．

　この反実在論的な言語観は，言明の形式と，その言明の実際の使用を根本的に分離することを意味している．ラトゥールとウールガーは論争のためとはいえ，科学者が直接経験しない「そこにある実在」と，社会的領域において直接観察できるコミュニケーション，記録，銘刻，装置，技術的な操作——それらを通して科学者が「事実」を立証する——という対比を設定して議論を展開する．彼らは言明と実在の関係について，それがあたかも直線的な因果関係についての問題であるかのように語っている．つまり実在というものが，言明に対する構築的操作の原因か，逆にその結果かのどちらかということになる．因果性と一方向性という語は，おそらく文字通り受け取るべきではないのだろう．後に「反転」について議論していく中で，ウールガーは次のような方針を述べることでこの問題を明らかにしようとする．

　　私たちの第1の方針は，実在-表象という対の2つの要素間に一方向的な結びつきがあるのだとする関係に批判的であることである．私たちが異議を申し立てる必要があるのは，実在-表象という対の要素が別々のものであるという考えと，対象は表象に先立つ（先行する）という考え方である．反転は，表象された対象に先立つものとして表象を考えることを要求する[65]．

　私が第5章で指摘するように，「実在-表象という対の2つの要素」の関係へのこうした批判はあまりうまくはいっていない．表象される対象に表象が先立つという主張は，ウィトゲンシュタインやガーフィンケルが攻撃した言語と意味の二元論的な像を保持し続けている．ラトゥールとウールガーの議論はもはや直接的には因果論によるものとは言えないが，いまだに「表象」と「表象される対象」がもともと分離しており，そしてこの分離がある種の実践的な決定に媒介されるものであることを示唆している．また，このことはラトゥールとウールガーが推し進める「インデックス性」の見解にもあてはまる．彼らはガー

フィンケルの概念を自然科学の言説を扱うところまで拡張するよう提案しつつ，インデックス性というものをあらゆるところにある表象についての「問題」とみなしている．

> その〔インデックス性という語の〕含意とは，「非科学的」ないし常識的文脈で用いられるあらゆる説明と同様に，科学の説明は意味の決定性をもたらすことができないということである．ガーフィンケル（1967）の議論はこの結論を支持するものとして読むことができる．これに類似するやり方で，多くのヨーロッパの記号論者が文学研究の技法を幅広い専門分野のレトリック研究にまで拡げ始めている．……記号論者にとって科学とは，他の分野と同じく，フィクションないし言説の一形式である．その形式の1つの効果が「真理効果」であり，それは動詞の時制，表明する内容の構成，様相などといったテキストの特徴から浮かび上がってくる．インデックス性を修復する方法についてアングロサクソンの研究とヨーロッパの記号論にはきわめて大きな相違がある．それにもかかわらず，科学の言説が何ら特権的な地位にはないという立場を両者は共有している．科学はインデックス性を回避する能力によっても，レトリックや説得の装置の欠如によっても特徴づけられないのである[66]．

第1章で私はこれとかなり異なる「インデックス性」の説明を行った．そこでは，「すべての表現はインデックス的である」とすることに，言語コミュニケーションの確実性／不確実性に関する含意はないのだ強調した．インデックス性というものはある発話の意味や理解可能性に「問題がある」ということを必ずしも含意しない．むしろ，語や個々の言明は曖昧さのない意味を「含み持つ」のではないこと，意味の理解や指示の確定は，インデックス的表現の状況づけられた使用を通して達成されるということを含意する．「科学はフィクションの一形式である」と述べることが哲学の議論に対する効果的反論となるには，科学的命題が何らかのやり方で「特別な」論理文法の形式を含んでいるという限りにおいてである．しかし，命題形式の検討から科学の言明とフィクションの言明は区別できないことにいったん同意したのなら，科学がフィクションの

一形式であると言っても，それはもはや科学やフィクションについて何も言っていない．さらにラトゥールとウールガーは，その節の終わるあたりの「真理効果」の議論において，「テキストの性質」が決定的な「効果」の源泉であるかのように語っている．私の理解によれば，ガーフィンケルとサックスによるインデックス的表現の議論はこれとはまったく異なる点を指摘している．彼らは，観念・意味・意義・関連性が安定性を持つのは命題の形式から生じるのではなく，その使用の環境から生じるとしているのである[67]．

　構築主義研究に対する評価が難しい理由は，その議論が支持すること以上にその用語法が，ある明確な形而上学的立場をしばしば示唆してしまうところにある．それゆえ，例えば，先にいくつも引用した言葉は，言明はなんらかの形で真理効果の原因となることや，構築活動は実在を「創造」することを示唆してしまう．しかし，この研究による事細かな例示と議論が描き出すものは，現象学的「構成（constitution）」により近いものである．構築主義者はおなじみの説明法で実践的行為の記述を表現することによって，科学の「内容」は社会活動が原因となって生じるとか，記号論でいう「アクタント（actants）」は，より伝統的な類の用語である社会学の「アクター（行為者）」に相当するといった誤読につけこむのである．構築主義研究が社会科学者の読者に示されたとき，このような誤読が実質上正しい読解とされる．このことは間違いなく，より読者層の広い研究がもたらす騒動と論争を助長する．近接領域の哲学や文学理論の文献に限られた知識しかない読者にとって，構築主義研究の著作は「分かりやすい」のである．しかも，擬似因果的な言葉遣いに読者は驚き，直感に対抗するように見えるのだ．したがって，高名な構築主義研究は，非常に多くの興味を持たれ，論争にも油を注いでいるが，その一方で科学的事実は構築されたものであるという中心的主張は曖昧なままなのである．

　これまで述べた通り，構築主義の研究は知識社会学の基本的な説明形式を持ち続けているものの，マンハイムの問いには明確な答えを出していない．すなわち，〔技術〕革新の社会的過程は，「観念の源泉ないし，観念の事実としての発展を条件づけるものとしてだけみなされるべきなのか（つまり，社会的過程は単に，その発生上関連するだけなのか），それともその社会的過程は具体的な主張の『視点』の中に浸み込んでいるのか」という問いである．構築活動（ないし表象）

が客観的事実の成立に先立つという主張は，その構築活動が「単に発生上関連する」と述べることと必ずしも矛盾するわけではない．事実というものを社会歴史的な視点の痕跡をすべて取り除いた1つの言明として定義することは，表立ってはマンハイムの主張に反するものではない．両者の唯一の違いは，構築主義の場合には，事実の安定性が，そして事実の言明における個々の様相の欠如が，まさに構築の結果そのものであると定義される点である．しかし，これと対照をなす「構築されていない実在」という可能性を持ち続けないのであれば，特定の科学的事実の発生が構築活動によるものだという主張は，知識社会学における伝統的なプログラムにとってほとんど何の意味もない．ある事実が推論や行為のための安定的かつ不問の基礎として何らかの学問分野で使用され続ける限り，その事実構築を社会史によって説明することと，その事実を1つの客観的実在として受容し，使用することには何ら直接的な関連性は無いのである．そうした状況下では，安定的ですでに受容されている事実は「安定的なものにされた構築物」であると言おうとも，「実在についての正確な言明」であると言おうとも，実際に示せるような相違は何もないのである．コリンズやラトゥールやウールガー自身が認めているように，彼らの研究が相対主義や構築主義を強調することは，方法論的ポリシーに関わる事柄なのである．彼らの研究では「科学的事実が構築される」ことは経験的には示されない．なぜなら，このことは初めから前提にされているからである．より正確には，彼らが論証しているのは，構築主義の語彙が科学活動を詳細に記述するために使えるということなのだと言ったほうがよいだろう．しかしながら，構築主義の記述用語は，より強力な経験的論証の形式をしばしば示唆する．かくして読者はそうした研究を，自然科学はこれまで考えていたほど純粋な活動形式ではないとか，広く受け入れられている科学理論や経験法則の妥当性は今や疑問に付されるべきであるといったことを，構築主義研究があたかも示しているかのようにしばしばみなしてしまうのである．

3. 相対主義研究と構築主義研究の危機

　エスノグラフィーによる科学研究や経験的相対主義の科学研究が成功をおさ

めたにもかかわらず，いや実のところそれゆえに，このようなアプローチの創設者の多くは他の研究形態に移行していった[68]．「実験室研究」は実験室からすぐに出て，科学研究や技術研究における派生プログラムをいくつも生み出すことになる．ラトゥール，ウールガー，マルケイ，コリンズ，ピンチやその他，エスノグラフィー研究や「経験的相対主義」研究を支持する者たちの一部は新たな関心をみつけ，初期に行った自分たちの研究をより抽象的な議論へと統合していった．マルケイとウールガーは次第に「ディスコース」と「再帰性(リフレクシビティ)」に専念していき，ラトゥールは主に科学技術革新の歴史研究に基づく「作動中の科学」に対する一般的アプローチを考案した[69]．多くの科学知識の社会学者は科学社会学からテーマを借りてきて，技術の社会史や社会学・医療経済学・社会問題研究を「植民地化」しようとしている[70]．社会学者の中にはエスノグラフィー研究を続けている者もいないことはないが，たいていは史料を解釈し，歴史的な論証様式を作り上げるのに，構築主義研究のテーマや研究戦略を用いている[71]．

私の議論において，実験室研究は科学の「内容」について怪しげで曖昧な説明をしたと述べたことからすれば，こうした展開は奇妙に見えるかもしれない．しかしながら，多くの社会科学者が，これらの研究は結論が無いものの成功をおさめていると言っていることを考慮にいれるのなら，こうした展開も理解できる．

1. 最初期の構築主義研究は，取り扱いが難しい科学の「内容」に対してすぐさま勝利を宣言した．たとえ，その「内容」が正確には何を意味するのかについて多少の疑問が残されたままだとしても，そう宣言したのである．そして社会科学者はエスノグラフィー研究からの教えを自由に組み合わせて，科学の営みの広範なネットワークと領域をより包括的に取り扱うことに乗り出したのである[72]．
2. これと同時に，実際上の困難や解釈上の困難が続いたため，個々の実験室に対して格別に注意を払おうという試みは抑制された．少なくとも，次のような2つの議論がなされ，それは，社会学者がエスノグラフィー研究をしなくてよい正当な理由となった．

a. 初期の実験室研究は,「再帰的な」検討に耐えられない経験主義の主張を使っていた．これらの研究が，実際の実践の直接観察に基づいているのだという主張によってレトリックの効力がもたらされたが，そうした効力は，まさにその研究が唱えた懐疑的な検討のもとでは，それほど維持できるものではなかった．
　b. 実験室研究は，社会学者が興味を持つ「より広い」現象を無視していた．このような議論は「マクロ」レベルの分析をする社会学者によってしばしばなされた．しかし，こうした批判に敏感な科学社会学者は実験室の外の共同体や制度を「考慮にいれる」ことをさまざまなやり方で試みた．そしてこのことによって，実験室という場面内の個々の実践への注意が払われなくなっていった．

　こうした議論は，実験室エスノグラフィーの批判者がしていたばかりでなく，その提唱者もしていた．それゆえ，この議論は，このジャンルの研究すべてに対する嫌悪感を示すものでは必ずしもなかった[73]．こうした批判は別にしても，エスノグラフィー研究を実施するのは依然としてきわめて困難なままである．というのも，一般的な歴史的社会学的研究様式を容易にする専門的な史料・確立した文献・専門化した共同体による後ろ盾が，エスノグラフィー研究には無いからである．実験室のエスノグラファーと自称する者が直面する実際上の困難のほんのいくつかを次に示す．

1. 先端研究へのアクセスが困難である．実験室を「うろつく」許可を得ることが難しいだけでなく，その研究が非常に専門的なものであり，社会学者が普通は避けて通りたいさまざまな技能や主題について広範囲の個人指導が必要となる．この問題は科学のエスノグラフィーに特有なものではないものの，ことさらに当てはまるものである．
2. 「社会的」現象は「厚い」専門技能を要する会話や行為に避けがたく結びついている．この現象を例証するには，その行為が埋め込まれている能力（コンピテンス）のシステムについて読み手に教え込む必要がある．そうしてもなお読者は「厚い」記述を「不透明な」記述,「退屈な報告」とみなしやすいのである[74]．

3. アカデミックな社会科学の専門職としての要請——大学教育，学部の同僚との関係，社会学の文献を読み続ける責務などを含めた——のために，〔一般的な〕社会学よりも負担の多い学問分野の研究に取り組む動機が，地位の安定した学者にはあまりない．集中的なエスノグラフィー調査は博士論文の研究にはより向いているのだが，1980年代初期からこの領域における大学院生は数少なくなってきている．

科学社会学者の多くは，エスノグラフィーという困難で時間がかかり認識論的にも疑問の余地ある仕事をするよりも，研究室や図書館へ引きこもるほうを選んだ．そうした場所で彼らは，立派な学問探求に従事しながらも「作動中の科学」を観察しているかのようにふるまうことができる．ここでいう学問探求とは史料や2次文献をよく調べ，科学社会学や関連分野の多様な文献から学問的総合を行い，詳細なテキスト分析をするということである[75]．科学史，技術研究，「言説(ディスコース)」研究への移行は幅広い読者層を引きつけた．そして人文科学，社会科学におけるリテラリー・ターン〔読み書きに着目した転回〕は，なじみの学問的選好と学問的習慣を価値あるものとして安定させることに役立ってきた．テキスト〔分析〕によるアプローチに得られる現在の名声によって，「単に経験的」で認識論的に素朴な「現実の実践を観察する」作業を行う動機はほとんど与えられないのである．

「実験室の壁を超えて」行こうというよく聞く言葉には，実験室の中には研究すべきものがほとんど残っていないという想定がある．そして多くの場合，マートンの研究プログラムが促進したような総合的な科学社会学が奨励されている．ここまできて初めて，この実験室研究を左派マートン主義と呼ぶほうが良いということになるだろう．なぜなら，この研究の中でも説得力のある議論は，研究資金や政府の要請などの「広く社会的な」アジェンダが科学実践のローカルな現場に対して影響するあり方に関わっているからである．また，行為を中心にしたアプローチは，そうした認識超越的な (trans-epistemic) 影響を明らかにする場を提供しているからである[76]．

再帰的な転回
　リテラリー・アプローチや解釈的アプローチが人文科学において人気を得るにつれ，多くの科学社会学者が科学知識の社会学に対する再帰的な基礎づけを証明する試みから離れていき，再帰性をそれ自体ひとつの現象として検討しはじめた．ウールガー，マルコム・アシュモア，マルケイなどは特定の科学を模倣したり，実用的な妥当性の基準を提案したりするのではなく，「表象をとおして対象の実在性を構築する私たち自身の能力 (ability)」を研究し始めた．「この表象活動には，証拠をあげる，解釈する，関連する事柄を決める，動機を帰属させる，カテゴリー化する，説明する，理解するなどの能力が含まれる」[77]．これらのテーマは一般的な認識上の活動 (epistemic activities) を同定するものの，「再帰的」社会学者はこうした認識上の活動を妥当性の基盤としないし，自然科学者が証拠を提出したり解釈したりするやり方を模倣しようともしない．まったく反対である．ウールガーと共同研究者はそうした表象活動を分析可能にするために，社会学者が科学実践を記述したり説明したりするという「非再帰的な」取り組みから離れるべきだと述べる．彼らの見解では，研究対象は言説実践や解釈実践であるべきで，そうした実践を通して「客観的な」説明が，科学においても科学社会学においても生み出されるのである[78]．

　おそらくこうした見解はブルアの不偏性の原則をブルア自身が考えていた以上に一貫して適用したものである．というのも，社会学者は研究対象である科学領域における実践者の主張とまったく同様に，自分自身の妥当性の主張についても不偏的であるべきだというのがこの見解の提起するところだからである．事実上，再帰性の原則はマートンによる「利害の超越」の規範に従って行為せよという，きわめて強い格律となる．しかし，再帰的社会学者にとってこの再帰性の原則は科学の権威を確保するのではなく，むしろあらゆる客観的記述や客観的説明の研究プログラムを遠ざけるものである．

　ウールガー，マルケイ，アシュモア，ピンチなどは，実証科学を模倣しようとする退行的試みから抜け出す方法として，伝統的社会科学の書く実践に対する（穏健な）デリダ流の攪乱に頼ることがある．彼らは論争相手をテキストの中に埋め込んだり，科学社会学者が登場人物となる演劇をつくったり，権威ある科学の「声」が瓦解しパロディーとなるテキストを書いたりするというデリ

ダ流の撹乱を行ったのである[79]．こうしたことは科学知識の社会学に対する背理法としては効果的だと結論づける読者もいるかもしれない．しかし，これらの本当の目的は，社会学者が説明の方策として使った，ときにはおそらく隠されたままになってしまう言説実践をさらけだすことなのである．マルケイはこうした言説実践に対して以下のような原理的説明（rationale）をしている．

「新しい著述形式（new literary form）」という言い方は，例えば「新しい分析言語」よりも良い．必要とされるものは……社会生活を記述する新しい語彙ではなく，むしろ私たちの言語を組織する新しいやり方である．それによって，社会科学における既成のテキスト形式に組み込まれている公認の認識論を知らず知らず受け容れてしまうことを回避するのである．私は，科学知識の社会学の中心的主張である自己言及的性質に注目して，分析者の主張が特定のテキスト形式の使用によって形成されるやり方を呈示していこうとした．そこで，複数の声からなるテキストを採用し始め，分析的主張とテキスト形式の両方が批判的な議論のトピックに自然となるようにした．この種のテキストによって，一元的で匿名的で社会関係から切り離された伝統的社会学の著者の声を，テキストの中の解釈的な相互交流へと置き換えることが可能になる．そしてこの相互交流の結果として，そこに含まれる声は社会的に位置づけられるし，この声が言語を構築的に使用していくあり様は，テキストの中でも外でも批評できるようになったのである[80]．

したがって，ヒストリオグラフィー（歴史記述）やエスノグラフィーによる研究の実施は，「私たち」がどのようにして「彼ら」に関わる「私たちの」探求をするのかを検討する機会となる．この意味での「リフレクシビティ（再帰性）」は，たとえ真っ当な議論から離れているとしても，マンハイムがいう没評価的・普遍的・全体的な知識概念から完全に離れているというわけではない．むしろ，マンハイムの「全体的概念」をその極限まで持っていこうとするものなのである．

4. ポスト構築主義の潮流

広く引用されるテキスト『作動中の科学』(邦題:『科学がつくられているとき』)[81]をラトゥールが出版してから,科学知識の社会学の議論は際立ってフランス的な色彩をおびてきた.このことは,部分的には,「脱構築主義」や「ディスコース分析」のアプローチが遅ればせながらも〔アメリカの〕社会学に対して影響を与えたことに続いて起きたものである.さらに,大陸哲学と文学理論について限られた認識しか持たない多くのアメリカの社会学者はラトゥールと共同研究者の「アクター・ネットワーク」理論[82]を,社会学においてシンボリック相互作用論のアプローチや(より少ない程度でだが)機能主義アプローチを新たに革新的に補完してくれるものとして扱ってきたのである.概してアメリカの社会学者は,社会学への批判的な意味が消されて脱ラディカル化されたラトゥールのアプローチを採り入れる.そして「ラトゥール」という名前に言及するときには,北米の経験的社会科学の支配的伝統にとっては異質な記号論・解釈学・実存哲学のテーマや用語との強い結びつきはたいてい無視されるのである[83].

ラトゥールは,ウールガーとのエスノグラフィー研究だけでなく科学や技術の革新についての膨大な歴史研究にも基づいて,実験室の実践を技術−政治的交渉という広範な領域に結びつけようとする行為理論を打ち立てた.おそらくラトゥールのアプローチのもっともわかりやすい例はパスツールの歴史・テキスト研究である[84].この研究は少なくとも2つの意味でそれまでの知識社会学の伝統とは根本的に断絶していることが表明されている.第1に,ラトゥールは社会学への学問的関与をあからさまに否認し,パスツールやパスツール接種(法)に関する社会−歴史的記述でも,科学の基礎づけに関わる哲学的議論でもない研究を提案する.哲学的探究と経験的なフィールド調査を「同じ屋根の下で」[85]行いたいとラトゥールは主張する.

さらにラトゥールは,科学の「社会的文脈」と「内容」がまだ分化していないフィールドを探究したいと述べる.加えて,「認知的内容」や「社会的文脈」を一貫性のある説明要因として使って,科学革新を説明しようとする研究を潔

しとしない．社会的要因と技術的要因，文脈と内容，科学と非科学などの実際上意味ある区別は，「科学」や「技術」の革新を効果的に創り出す交渉の現場で生み出されるのだとラトゥールは述べている．したがって，彼はマートンやエディンバラ学派の説明類型を，自らが探究しようとするフィールドへと持ってくる．ラトゥールとミシェル・カロンが認める通り，この点で彼らの方針は，ある程度は，エスノメソドロジー的関わり方や，さまざまな「再帰主義者」もしくはディスコース分析の論法と一致するものである[86]．それと同時に彼らは，実験室研究で記述された実験の実践や言説を通した現象よりも広い意味で，行為やエージェンシー（行為主）の研究領域を理解しようと試みた．

　ラトゥールは社会学の理論と方法を否定した後，記号論，特に A. J. グレマスが展開したナラティブに対するフォーマル・アプローチへと関心を寄せていった[87]．ラトゥールのアプローチは，グレマスの記号論における専門的な用法からはかけ離れているものの，記号論のアプローチには大まかには従っており，その専門用語をいくつか選んで利用している．ラトゥールは，「パスツール」と「パスツール接種（法）」に言及した19世紀の文献と注釈書を選び出して研究を始めた．ラトゥールの説明では「パスツール」はテキスト上のシニフィアンである．そして，一貫してはいるが雑多な，実体（entities）やエージェンシーのネットワークが織りなす物語の展開に，このシニフィアンがいかに取り込まれていくのかをラトゥールは明らかにしようとする．これらの実体やエージェンシーは，農場での日常生活，性行為と個人の衛生状態，病院の建物の構造や治療体制，都市の衛生状態，パスツール実験室で明らかになった顕微鏡でしか見えない実体や因果関係といったものと結びついていた．一連の複雑な介入や策謀をしていくことによって，パスツール実験室と，実験室の研究体制を通して示された細菌という「エージェンシー」とは，必須の通過点――細菌エージェントの壊滅的な影響力についての特権的な説明を，病気になった農場の動物，売春とそれをめぐる病気，伝染病，都市の公衆衛生についての問題の解決策へと翻訳していくための必須の通過点――となったのである．

　ラトゥールはときには慎重な策略を使って，記号論的「アクタント」である「パスツール」についてのテキスト分析を，パスツールによる歴史的行為についての実際の物語へと格上げする．記号論の語彙を弄んでいることで非難される

第3章　新しい科学知識の社会学の興隆　　　　　　　　　　　　　129

かもしれないが，ラトゥールがテキスト分析とヒストリオグラフィーを合体させたことは現代の記号論と合致している．自分たちの研究プログラムの注釈においては違うとしているが，ラトゥールとカロンの説明は権力，社会的影響，権謀術数といったより伝統的な社会-歴史的概念の観点から理解するのは簡単である[88]．そのような誤解はある程度，彼らに有利に働いている．というのも，ラトゥールとカロンはこの誤解によって，一方で形式記号論に与して社会学的実在論を拒否しながら，それと同時に，空間的にも歴史的にも拡張された事象や活動について歴史的に語ること（それゆえ実験室活動の「ミクロ」な研究についてよく知られた限界を超えること）ができるからである．

　それまでの伝統からの第2の根本的断絶は，ラトゥールもカロンも科学技術を発展させるエージェントとしての人間と非・人間について，いかなるアプリオリな区別を設けることも認めないというものである．この戦略はかなりの注目と批判を浴びた．そして，これほど多くの論争が起きたのは，彼らが記号論を本格的な存在論へと発展させようと野心的に取り組んだからと言えるだろう[89]．

　ラトゥールとカロンは「アクター」を，非人間と人間の両方を含めた実体や力としている．ラトゥールが言うように，「私は『アクター』『エージェント』『アクタント』を使うとき，それが何であり，どんな性質が与えられているのかについていっさい仮定しない．……それらは何でもかまわない．個人（「ピーター」）でも集団（「群衆」）でも，（擬人的であれ，擬動物的であれ）具象でもいいし，非具象（「運命」）でもいいのである」[90]．カロンは，サンブリュー湾で帆立貝の繁殖方法の開発を試みる科学者グループの取り組みについて研究したとき，その物語に関わるさまざまなアクタントに帆立貝・カモメ・風や海流・漁師・科学者を含めた[91]．ラトゥールは自説における異種混合の「アクター」の集合にパスツール，農民，臨床医，雌牛，細菌を含めた．こうしたラトゥールによる「アクター」の無差別的な使用法は，社会学の行為理論において「行為者（アクター）」に典型的に割り当てられる一連の述語にも適用される．「もし私が『力』『権力』『戦略』『利害関心』といった言葉を使うのなら，そうした言葉はパスツールや彼に力を与えた人間および非・人間のアクターに等しく割り当てて使わなければならないのである」[92]．それゆえラトゥールは社会学の記述や

分析においてよく知られた用語を使い続ける一方で，こうした用語がもっぱら「社会学的」含意を持つことからは距離を置いている．形式記号論においては，文法概念である「アクタント」が「行為者（アクター）」というよく知られた社会学的概念とあまり混同されることはない．これとは対照的に，ラトゥールの記号論的な歴史研究は，専門的な記号論の語彙を社会–歴史的な記述語へと翻訳することで生まれた曖昧さや明らかな不合理さを故意に利用している．したがって，ラトゥールの物語は，研究プログラム上で自ら否定した社会学的な誤読と流用を結果として招くのである．

ラトゥールの説明はパスツールの物語を独創的かつ巧妙に再記述したものである．しかし，ラトゥールとウールガーの研究の焦点が実験室の研究過程で「言明」が変遷することにあったのと同様に，ラトゥールの説明は言葉によって何かを指示することについて極端に形式的な理解の上に立っている．微生物，帆立貝，海流，科学者はみな記号論システムにおけるアクタントの文法上の役割を満たすことができる．しかし，文法によって完全な「魔法をかけ」られることで，この文法上の役割がアクタントそれぞれに比較可能な存在論的地位を付与するのだと想定しなければならないことになる．ラトゥールとカロンはすべてのアクターが同等なのだと示唆するつもりは明らかに無いが，ある種の無前提な操作をすることでこうしたアクターが言語領域のどこへでも移動できると想定している．ラトゥール（p.12）が注解しているように「私は，脳科学者がラットを用いるように歴史を用いる．科学の内容も文脈も同時に理解できるようになるメカニズムを理解するために歴史を切り開く」．ラトゥールはこの歴史を社会学的説明に還元したり，その歴史に対してパスツール派の用語を用いようとはしていない．たしかにラトゥールの記号論は分析対象の歴史テキストを再記述する中立的な出発点となっている．しかし，たとえそうだとしても，社会科学の読み手ならラトゥールがいくらか風変わりな社会学の物語を語っていると思わずにいられないのは明らかであろう[93]．

ラトゥールとカロンの「アクター・ネットワーク」アプローチは，現在，ポスト構築主義による科学知識の社会学の中ではもっともラディカルでありもっとも注目されているものである．先に指摘したように，彼ら以外の多くの構築主義提唱者は，テキスト・アプローチやディスコース分析のアプローチを用い

てきた．ウールガー，マルケイ，スティーヴン・イヤリー，ジョン・ロウ，カリン・クノール＝セティナなどは言語使用や実践的行為に対するエスノメソドロジーなどのアプローチに影響されて，テキストや視覚表象や会話の産出と使用，そしてそれらの相互連関についての広範な研究を行った[94]．加えて，構築主義アプローチは，より明白に政治的な科学批判，特にフェミニズム社会学・フェミニズム認識論と結びついた批判と連携してきたのである．〔ただし〕科学知識の社会学が「客観的科学」に対するフェミニズムの批判をはっきりと支持するのかどうかはいまだに検討されないままである．というのも，構築主義研究が問題にした画一的な科学技術イデオロギーの観念を，フェミニストの批判は持ち続けていると論じることができるからである[95]．しかし少なくとも抽象的に考えると，自然科学についてはそのもっとも詳細な科学の内容でさえも「社会的」であると示されたとするなら，科学的事実の「ジェンダー化された」性質についてより具体的に議論したり論証することへ道が開けるのである．

こうしたさまざまな「新しい」科学社会学は，細分化された研究分野を形成する．そして，科学の内容を社会学的に説明しようとするストロングプログラムの研究課題は，そのキーワードそれぞれに関する論争によって引き裂かれることになる．この論争は次に関連する．(1)「社会的」要因と「認知的」または「専門的」要因を区別する可能性．(2)社会的文脈が科学の発展にいかに影響を及ぼすかという因果的説明の効力．(3)適切に科学の「内容」とみなせるものの同定．(4)「科学」と非科学の区別．(5)(1)から(4)の事項は社会学者の分析すべき課題というよりも言説上の領域においてメンバーが達成するものとして扱うべきかどうかということ．この新しい科学社会学は内部志向となり，多様な対立や論争に取り囲まれている一方で，同時に，その成果は社会的認識論の基盤とされ続けている[96]．

現在，特に北米の社会学において，この分野の研究者同士による論評の多くに，伝統化された歴史[97]が何度も語られている．その歴史においては，新しい科学社会学の研究者に対して，研究実験室の深部まで入り込み，科学知識はあらゆる詳細において，発見されるのではなく創造されることを論証したという功績が与えられるのが典型である．さらには，このような研究は実験室の壁の内側で観察できることに注目したことで限界があり，科学的構築が起こる「よ

り大きな」文脈を考慮にいれるのに失敗している，と話は続く．必要なのは，科学者のローカルな実践を制度的権力，イデオロギー，研究資金という構造的な要因を考慮にいれて説明しようとすることなのだと言われるのである．そうした場合に限って，新しい科学社会学は，もっと平等主義的な科学を再建できる包括的で規範的な根拠を提供するだろう，と[98]．

こうした語り口はこの分野の研究者の多くを魅了してきたし，科学をその台座から降ろして人々に引き渡すというほとんど宗教的な使命を鼓舞することができた．不思議なことに，これはある種のマートン左派の復興を促してきたのである[99]．マートンがかつて批判したような普遍的機能主義はシステム的行為という考え方にとって代わる，つまり，ローカルな行為が個別主義的価値，利害集団，言葉の比喩的用法に機能的に連関しているとする考え方にとって代わる．これによって社会学者は，規範的な批判への着手を可能にしてくれる（おそらくは読者も共有するような）もっと包括的な関与に訴えることができるのである．

しかし私の読むところこの物語は，実験室研究の成功を過剰に評価する一方で，こうした研究が，そもそもなぜ行われたのか忘却するように仕向けている．「新しい」科学社会学は規範的な科学哲学や構造-機能主義の社会学への反発が動機となっていたし，いまだにそういう場合もある．この社会学は，科学的方法の統一モデルからは生まれない「実際の」科学実践をさらに差異化して概念化することを可能にした．この科学社会学の目的は「科学」それ自体を攻撃することにはない．というのも，こうした研究は観察，実験，理論的論争の個別事例を検討しながら，科学とは何かについてのアプリオリな理解を原則として保留しようとしてきたからである．驚くことではないが，このことを実行するのは難しいことがわかったし，現在の実験室研究には実在論-構築主義論争を解決する「厚い記述」を導き出すものはない[100]．実際，経験的研究でこの論争を解決できたはずだと考えるのなら，この論争の性質を誤解していることになる．それゆえ，現場における「実際の」科学実践の観察や記述や説明を行おうという試みは，政策学や政治的批判のための経験的な手段を与えるのではない．むしろ，私たちはこの試みによって初めからやり直すよう仕向けられる，つまり，「実際の」ものごとの観察や記述や説明をするとはどういうことかを再考さ

第3章　新しい科学知識の社会学の興隆　　　　　　　　　133

せられるのである．私が理解するところによると，これがエスノメソドロジーの問題設定なのである．

5. ワークのエスノメソドロジー研究

　ワークのエスノメソドロジー研究については第1章で言及し，後の章でさらに詳しく述べるため，ここではごく簡単に論じることにする．科学知識の社会学の研究者はエスノメソドロジーに由来する研究プログラム上の独創性とテーマを用いており，この2つの領域はいくつもの同じ系列の関心や課題を共有している．しかしながら，科学的ワークのエスノメソドロジー研究は独自に展開されたものである．

　1970年代初頭，ガーフィンケルはエスノメソドロジーによるワーク研究のプログラムを提唱した．その目的は，職業や専門職の分析的研究において「見失われた何か」と彼が呼ぶものを探究することであった．簡潔に言えば，ガーフィンケルはこう論じたのである．さまざまな芸術や科学における実践的行為を研究する社会学者は，例えば音楽の研究なら通例では音楽の「社会的」側面を研究するのだが，どのようにしてミュージシャンが共に音楽の演奏を成し遂げているのかに注目することがなかった．同様に，法律専門家の活動を研究する際に，社会学者は法律制度の発展に対するさまざまな「社会的」影響を記述する．その一方で，法律家が訴訟事件摘要書を書いたり，訴訟を起こしたり，証人を尋問したり，法律的推論を行ったりすることを自明視したままに研究しがちである．これとは対照的に，ガーフィンケルは次のように述べた．あるワーク（作業）にはそのワーク特有の能力（competency）があり，そうした能力をとおして協働で生み出され調整される行為において／として，ミュージシャンなら一緒に音楽をつくりだし，法律家なら法律的議論をする．こうしたワーク特有の能力をエスノメソドロジーは探究するのである[101]．

　ガーフィンケルの研究プログラムは，科学や数学の実践の「内容」を探究する動機を提供した．もっとも，この場合，マンハイムの知識社会学を拡張・強化しようという望みから生まれた動機ではない．ガーフィンケルと共同研究者は，そもそも初めから，科学的事実が生みだされる「社会的文脈」に関わらせ

てその科学的事実を説明することにまったく関心を示さなかった．さまざまな研究領域の活動についての包括的モデルや，個々の科学技術の革新がなされる文脈を構成する制度的条件について，包括的モデルを構築しようともしなかった．むしろ彼らの目的は，実験室の研究プロジェクトであれ数学の授業であれ，その分野 – 特有の生活世界 (Lebenswelt) から，科学的発見や数学の証明がどのようにして生み出され「引き出される」のかを検討することであった．

また，その目的は「発見」を「社会的構築」に関わらせて説明することにはなく，科学者の伝記を読んだり，実験や証明を再構築することから導き出せることよりも適切に科学的作業を理解しようとすることにある．ほとんど偶然ではあるが，実験室実践のエスノメソドロジー研究は，ラトゥールとウールガーやクノール＝セティナなど構築主義者による「実験室生活」の研究と連携してきた．そしてここ 10 年ほどで，この連携によって研究のトピックや問題点が部分的に収斂してきた．これにより，同系列の課題や論点がかなり正確に指摘できるようになってきている．こうした課題の多くをすでにこれまであげてきたし，後の章でもさらに述べる．しかし簡単な概略としては，この課題には次のようなものが含まれている．

1. リフレクシビティの「問題」．言語や実践は，社会学者が他の実践の探究・記述・説明をおこなう際に媒体となるものである．その社会学者の言語や実践は，さまざまなやり方で「メンバー」が何かをしたり，議論を生み出したり，お互いの行動を「分析」する際の媒体となる言語と織り合わされている．こうしたさまざまな織り合わせがこのリフレクシビティの問題には含まれる．
2. 認識論的問題と方法論的課題の「融合」．これは，イデオロギー批判の説明と知識社会学的説明を分離しようという，マンハイムによる研究プログラム上の分離というものの瓦解に関わる．このような瓦解は，社会学が記述する「方法」や「信念」への批判，懐疑，受容を自ずと示してしまう日常言語を使って，社会学的記述がなされる際に生じる．
3. 「中立的」で「没評価的な」観察言語の追求．この追求においては，没評価的・普遍的・全体的なイデオロギー概念というマンハイムの遺産が受け

第 3 章　新しい科学知識の社会学の興隆　　　　　　　　　　　135

継がれる．そして，これは対称性と不偏性というストロングプログラムの方針に具現化されている．第 5 章で記述する「無関心」というエスノメソドロジーの方針は，探究対象の研究領域から「距離をとる」という知識社会学の提言に対する代替案である．
4. 社会的「要因」と技術的「要因」，科学と非科学，事実と構築という区別の究極的に「決定不可能な」性質．先に指摘したように，科学社会学者が最近とる立場は，こうした区別は「科学の」革新を生み出す行為の領域において「交渉」されるというものである．しかし，「交渉」や「境界的作業」が何を意味するかは必ずしも明白だとは言えないし，科学社会学の説明プログラムの含意もつかめないままである．この 2 つの点において，実践的行為と言語使用についてのエスノメソドロジーの研究は現存する理解を深めうるものである．

　私の見解では，これらのすべての問題が示していることは，新しい科学知識の社会学に言語使用と実践的行為についてより洗練された考え方を導入する必要があるということである．科学知識の社会学の研究者は，いくつかの重要な点で，現象学やウィトゲンシュタイン派やエスノメソドロジーの先見性を重視しているが，よくある客観的探求へのコミットメントも混在してしまっているのである．このようなコミットメントには次のような考え方が含まれている．すなわち，科学社会学者は研究領域内における理論的コミットメントや言語使用から距離をとるべきである．記述する「メタ言語」は記述されるディスコースから独立していなければならない．一般にインデックス性やリフレクシビティは表象やコミュニケーションを促進するのではなく制限するものである．社会学（ないし形式記号論）の安定した概念装置は，他の研究領域の内容を説明する課題に適切である．以上のような理論的コミットメントがエスノメソドロジーや後期ウィトゲンシュタインの哲学や現象学の立場から批判されている，もしくは批判されうるものであるということは，科学社会学者によってあまり認識されていない．

　私はここで批判を述べてきた．しかし，科学知識の社会学が興味を持つ事柄に対する，エスノメソドロジーやウィトゲンシュタイン派や現象学の唯一の「立

場」などない．よって，ここでの批判はそうあるべきだと考える私の立場を示すものとなっている．こうした批判の意図は，例えば，知識社会学を槍玉にあげてエスノメソドロジーを勧めることにはなく，ポスト分析的なエスノメソドロジーのために議論を行うことにある．ある意味でこうした批判は，エスノメソドロジーと科学社会学を収斂させて一種の「認識社会学 (epistemic sociology)」[102]をつくることを期待したものである．こうした展開には，この2つの領域の研究すべては含まれないし，その主要な部分ですら含まれないかもしれない．というのは，多くのエスノメソドロジストや科学社会学者は，この問題設定には貢献しない科学的な社会学のプログラムへのコミットメントを依然として保っているからである．しかし，私がこの状況を正確に診断してきたのなら，構築主義の科学社会学において論争や混乱が現在数多く行われていることは，1つの兆候，すなわち，社会に対するある1つの科学へのすでに公認となった理論的コミットメントに対して，深く両面価値的な闘争をすることの兆候なのである．科学に結びつく美徳，そして社会科学の中で科学に代わって信頼できるものがないことを所与とするなら，科学知識の「科学的」社会学に内在する虚偽や矛盾をたんに後回しにすることは困難である．しかしながら，認識論（より一般的には，思想史）に由来するよく知られたテーマに取り組む独特の研究方法を考えることが次第に可能となってきている．それは，机上の哲学でも方法論重視の社会学でもない研究方法であり，仮説の証明としてではなく，想像力への刺激として経験的証拠を検討する研究方法であり，観察・表象・測定・論証の実践というものを抽象的な方法論的保証ではなく，探究されるべき社会現象として扱う研究方法である．もちろん，私がその可能性を考案した最初の人間ではない．第1章で述べたように，この可能性を見いだしていこうという先見性がガーフィンケルをエスノメソドロジーの展開へと導いたのであり，またこの可能性が「新しい」科学知識の社会学を大いに活気づけてきたのである．しかしながら，この先見性は，プログラム上の主張やアナウンスにもかかわらず，社会学の学問としての問題設定に対していまだに大きなインパクトを持つに至っていない．社会学は自らの命運を科学としての地位に依拠し続けているし，正当な学問的専門としての社会学の立場に対して数多くの脅威があるとするなら，社会学の科学主義を放棄しようとするのは背信的であり不実さ

えあるようにみえるかもしれない．しかしながら，〈いまだ履行されない〉科学的社会学の「進歩」に希望を持ち続けないとしたら，科学主義と完全に決別するのも当然のことであろう．

第4章　現象学とプロトエスノメソドロジー

　E. フッサールが抱いていた野心は，自然主義的基礎に帰属させずに数学的自然科学の達成を説明することであった．エスノメソドロジーと新しい科学社会学はその努力が生み出した遺産を受け継いで，経験的な研究プログラムに変形させてきた．今日のエスノメソドロジストや科学社会学者で，フッサールに言及している者はほとんどいない．それはおそらく，超越論的基礎に基づいた生活世界の「科学」を展開しようとした彼の努力が，大陸系哲学においても英米系哲学においても，大昔に否定されてしまったからであろう．しかしそのようにフッサールを無視することは，二重に不幸である．第1に，ガーフィンケルが自分の学生たちに個々のプロジェクトの観点からフッサールを「誤読する」よう言い続けていることから，フッサールがエスノメソドロジーにおける現在の研究に無関係だという仮定は誤りであるとわかる[1]．A. シュッツは通常，現在の社会学の研究ともっとも関係の深い現象学者であると考えられているが，フッサールの自然科学批判をかなり弱めたものを伝えていると，論じることもできるのである．第2に，フッサールが尽力した生活世界の分析のための超越論的基礎づけという問題は，経験的な社会学にたえずつきまとっている．実際（エスノメソドロジストを含め）社会科学者が社会的実践の「常識的」理解と「分析的」理解に何らかの区別をするときには，超越論的分析への傾向がこっそりと入り込んでいると言うこともできる．

　本章では，フッサールの自然科学の系譜学を M. フーコーとガーフィンケルによるポスト現象学的研究の先駆として，扱うことから始める．これはフッサールと現象学的伝統のきわめて偏った特異な読みであり，エスノメソドロジーと科学社会学における比較的最近の展開に照らして，遡及的に構築されて

いる．そしてシュッツが，フッサールの自然科学批判とF.カウフマンのあまりラディカルではない科学的方法論についての見解をどのように統合したか検討するつもりである．

シュッツの自然科学と人文科学の合理性についての著作と，日常生活世界の例証的解明は，ガーフィンケルとA.シクレルの常識的知識の「プロトエスノメソドロジー的」扱い方に顕著な影響を与えた．シュッツは科学を第1に，認知的，理論的活動として扱い，実験室の壁の内側，また壁の外側双方の「日常生活の世界」とは区別した．プロトエスノメソドロジーは，日常的実践活動の「自然的態度」から離れた分析の優越性というシュッツの前提に加えて，彼の認知主義も残している．私見では，プロトエスノメソドロジーはエスノメソドロジーの歴史的先駆であるだけではなく，エスノメソドロジストが「常識的知識」のアンチテーゼとしての「科学」という神話を引き合いに出すときには常に出てきてしまうものである．さらにプロトエスノメソドロジーは，ポスト分析的エスノメソドロジーの展開を妨げるような，1つの「学問分野」という専門的に受容可能な形式をとっている．

1. 自然科学の現象学的系譜

『ヨーロッパ諸学の危機と超越論的現象学』においてフッサールは，ガリレオの普遍数学の「発明」を，数学的自然科学の実践学的基礎を明らかにすることによって説明している[2]．「数学的に基礎づけられた理念の世界を，実際には知覚をとおして与えられ，たえず経験され，また経験可能なものである，唯一の現実世界——私たちの日常生活世界——の代わりにこっそり用いていること」に対する責任をフッサールはガリレオに負わせている[3]．

フッサールがこの系譜で再構築するように，ガリレオは幾何学の古い遺産を，現象の世界の背後にある理念的で不変の本質として幾何学の形式をとらえるプラトン的観点とともに受け継いだ．フッサールは理念的形式——完全な直線，零次元点，直角図形，正則曲線——の由来を，調査と測定のプロト幾何学的実践までさかのぼる．調査者の測定道具は，比較的「純粋な」線，縮尺，曲線，角度を具現したもので，それらは表面を形作って磨くための，あるいは材料の

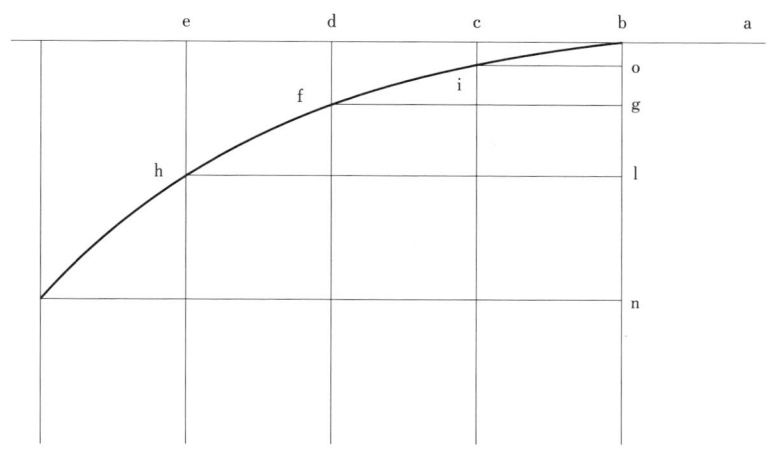

第4章 現象学とプロトエスノメソドロジー 141

図4.1 ガリレオによる発射体の弾道曲線

配置と長さを算出するためのひな型となる．ユークリッド幾何学で表現される純粋な形式は，記述や作図の機能を容易にするだけではなく，まだ実現されていない建築物を推定し，予測し，計画するための生成のモデルを与える．したがって，構築される物，組み立てられる環境，実行計画の精密さは，ほぼ公理的な基礎のうえに，また幾何学の純粋な形式と確立された定理にほぼ一致して形作られるのである．

　フッサールの見立てでは，ガリレオによる自然の数学化は，ユークリッド的形式に一致して作動する環境を構築する作業から出発しているのである．例えば，図4.1に示されている発射体の弾道曲線は，ガリレオにとっては，自然における数学的法則がグラフ上に表現されたものであった．フッサールは古典物理学の法則によって表された諸関係の事実性を問うことはしないのだが，それらが自然なものとなった系譜に挑戦するのである．フッサールの分析において，図4.1のようななめらかで比較的「完全な」曲線は，「忘れられた」系譜を表している．彼はそのような曲線が，くり返し「磨くこと」の最終産物であり，そのように磨くことによって実験行為，設備，測定と数学的分析が結びつけられると考えている．実践を訓練し繰り返すことによって，実験領域の現象的諸要素が安定したものになった後にようやく，数学の法則が発射体やそれに類似

した物質的諸現象にとってつねに事実であると明らかになるのである．

　フッサールが論じているのは，物質同士の関係と数学の形式とを実践学的に結びつけることは，結果として，人間の歴史性と目的に無関係な「科学的」自然が実体化される，ということである．このようにガリレオ科学の目標は，宇宙固有の構造の発見のために数学を使うことであった．その構造は，つねにすでに，測定に適したものであった．フッサールにとって，職人の技術と，その技術によって構築された現象領域において「発見された」数学的関係は，本質的に区別されうるものではない．したがって，図 4.1 における幾何学的翻訳は，生活世界におけるさまざまな実践によって長い年月をかけて作られた構築物なのである．

　フッサールによれば，数学の形式と自然の特性が明らかに一致することは合理的確実性の根拠ではなく，ガリレオ科学の核心における神秘なのである．というのも，確かにそのような一致は科学のプロジェクトにおける特別な達成として確立されているけれども，そもそも直観的所与である周囲の世界の基礎が未だ解明されていないのだから，その一致を自明とすることはできないのである．複雑なこの世界に介入するとき，物理科学における測定や計算の行為は，それらが保証されている生活世界（Lebenswelt）の安定性や有意味さを前提にしている．いかなる科学の計算技術も，その科学特有の問題の直観的把握に依存している．

> 人は実際トランプやチェスのゲームと本質的には異ならない仕方で，文字や結合記号や関係記号（＝，×，＋，など）を，配置するゲームの規則に従って操作するのである．ここでは純粋に，技術的な過程に意味を与えたり，正しい結果に真理（たとえ形式的な普遍数学に特有の「形式的真理」であろうと）を与えたりする根源的思考は排除されている[4]．

　計算の「ゲーム」とある科学の主題とのあいだにあると想定される同型性を生み出す「根源的思考」が説明されるまでは，フッサールは自然科学の基礎が保証されるとはけっして思わなかった．彼は，生活世界の現象領域を解明することによって，自然科学の「失われた」実践学的な基礎を取り戻そうとした．

第4章　現象学とプロトエスノメソドロジー　　　　　　143

そうした解明の予備的な結果に基づいて，彼の生活世界の現象学的科学はできたのである．ここではフッサールの概念装置に詳しく立ち入るつもりはないが，私たちの目的からすれば，科学的真理が単一の経験的基礎にまでたどられうるという考えを，彼が完全には捨て去らなかったということを指摘しておけば十分である．専門化された科学におけるゲームの技術的な規則を，生活世界の直観的に与えられた構造を普遍的に把握するための基礎として扱うというよりは，彼はそうした「複数のゲーム」を1つの超越論的意識の行為に従属させたのである[5]．

　フッサールの知覚的意識の哲学を，知覚が生じる相互主観的領域を組織する表現の技術や慣習の説明にとってかえれば，1つの異なった，しかしテーマとしては一貫している数学的物理科学の歴史の見方がえられる．例えばサミュエル・エドガートンは，15世紀フィレンツェのブルネレスキとアルベルティによる比較的古い時代の線透視図法の「再発見」によって科学的革命がいかに起こされたかについて，説得力のある事例を提示している[6]．「職人–技師」のブルネレスキの技能が，新しい表現慣習を明確にするアルベルティの光学理論といかに結びついたかをエドガートンは例証（document）する．フィレンツェの職人–技師は「2つの才能を必要なものとして求められた．つまり数学の技能と絵を描く能力である」．幾何学の極限的な形にその表面を合わせるべく人工物を「磨いている」のだ，という「原始的幾何学者の」技術についてのフッサールの説明と[7]ほぼ類似した展開で，職人–技師は，構築的実践のなかで，「純粋な」幾何学的形式に自らを適応させたのである．ブルネレスキが遠近法によって絵を描くために鏡の装置を発明し，後にアルベルティがその原理を明確にした．その原理をとおして，装置の設計と操作によって明らかになる視線は，実践的な状況から抽象され，さまざまな数学的操作で用いることができる．

　エドガートンが観察しているのは，芸術史家がもはや前ルネッサンス芸術を「素朴な」形式の表現とは扱っていないということである．彼らはある程度，中世の表現が現象学的経験に対しいかに忠実でありうるかがわかって，遠近法的ではない近代芸術に敏感になってきた．中世のものとルネッサンス期の2つのフィレンツェの絵画を比べて，エドガートンは次のように書いている．

古いほうの〔中世の〕画家は，自分の主題を空間的均一性によって理解していたのではなかった．むしろ単一の全体的な優越的地点からではなく，多くの異なった側から，ほとんどさわれるように，歩きまわって構造を経験することがどのように感じられるのかを表現することによって，自分の目の前で見たものを説得的に表現できると信じていた．「鎖の地図〔ルネッサンスの線透視図法絵画〕」においては，固定された視点が，描かれた町の可塑的で感覚できる範囲の完全に外で，高く上げられ，遠くに離されている．他方〔中世の〕フレスコ画では，建物の突き出た角やバルコニーや屋根は，絵のどの側からも，見る人に向かって突き出ており，また集められている[8]．

中世の絵はそれ自身の仕方で忠実な表現であり，一時的に仮定された視角から見るような，ある領域のスナップ写真（あるいは暗箱）的見方を与えるのではなく，なじみのある実践的に関連する領域を回想しているのである．見る人が自由に動けることが，中世の「分割表現」という装置には含意されている．エドガートンは，その装置を次のように記述している（p.14）．「3次元の物体を，分割され平らに押しつぶされているかのように表現する傾向であり，そのためその絵は単一の視点から見られうるよりも，もっと多くの物体の側面や部分を見せるのである．」線透視図法の絵は，中世の表現より「客観的」であるわけでも，ないわけでもない．むしろ，そこから一時的な光景の細部が投影される1つの中心として働く固定された「視点」や「視線」が，「客観」的関係と「主観」的関係の異なった領域を組織するのである．

アルベルティの光学の論文は，画家のための平面幾何学を明確にしている．この平面幾何学においては，その領域のどの「点」も同時に「1つの記号」であり，その1つの記号とは「表面にあるため目に見えている，あらゆるもの」である[9]．アルベルティのシグナム（signum）つまりテキスト上の「かたち」や「しるし」は，「一枚の紙のうえにある点のように，実在する何か」である[10]．そのイメージの諸特徴は，キャンバスの上に表面的に移しかえられているように見える．記号-指示対象関係は，視覚イメージと物体との一対一対応のかわりをしている．さらに，画家が諸記号の平面を構築することは，具体的な幾何学的領域において起こると見られている．このように，絵を描くことは，幾何

学の極限的な形に具体的に近づく，複合的なもの（例えば，点やしるし）を使って，一種の具現された数学になっているのである．画家が構成する平面は，経験的な図として組織され，その図において，格子状の線は「一枚の布の縦糸と横糸のように」結び合わさっているのである[11]．

　線透視図法という装置は，文字的空間と身体化された実践を調和させる．またそれは，光学の器具，表現技術，光学理論，地図製作法，そしてエドガートンが示しているように (p. 37)，市井で用いられている実践的な測定術を融合させて，歴史的に固有の領域をつくり出している[12]．固定点，光線の収束点，ハイパーリアリズム，物体とイメージの一対一対応は，紛れもない1つの認識論を形づくる．つまり，視覚のメカニズムの説明，その真理の説明，その限界を確立し，誤りを正すための予防措置と矯正手段である[13]．ガリレオ科学は，この実用主義的-記号論的システムをさらに一段階乗りこえ，記号の平面や，記号が刻まれている格子を，自然が原作者であるということに帰属させている．

　ガリレオの後継者たちは普遍数学を前提にしたが，フッサールはその前提の程度を一般化しすぎたかもしれない．S. シェイピンによれば，R. ボイルは，非数学的な経験的多様性と，圧力や量や比重を集め，枠づけ，表すために用いる実験装置とのあいだに，厳密な区別を保持している[14]．シェイピンによれば数学はボイルが公表した存在神学的見方にとって本質的なものではない．そうではなく，ボイルにとって実験者がさまざまな処置を施している現象世界の計算できない多様性は，人間の条件からの神の距離を証明しているし，数学者の理念化は神の設計図の証拠というよりは人間の構築物なのである．

　S. アルパースは，17世紀オランダの芸術と科学について関連した議論をおこない，オランダ人が可視的世界に対して記述主義的な態度をとっていると述べた．そうした態度は，ルネッサンス以後のイタリア人の「数学的」指向と対照的であった[15]．にもかかわらずアルパースによれば数学は，オランダ人芸術家が風景のイメージをある平面に投影し，それを注意深くたどるのに用いたかもしれない暗箱のような装置に組みこまれた．そうであるならば線透視図法の幾何学は，たとえそれが自然の多様性の本質的な「現実」と同じでなくても，その器具の使用に埋め込まれていたのである．

　心理学者 J. J. ギブソンは，幾何学の装置と自然主義的研究の関係に同様の

見方を示し，J. ケプラーの光学まで少なくともさかのぼる「正統な知覚理論」が，近代の認識論の議論と心理学の研究を枠づける，外的世界と知覚されたイメージとの一連の関係を前提にしていると論じている．

　彼〔ケプラー〕によって述べられているような萌芽的理論は，目に見えるあらゆるものは放射状に光を放っている，より特定すれば，物体上のあらゆる点は全ての方向に光線を発することが可能である，というものである．……不透明な反射している表面は，放射状に光を放つ源の1つの集合になっている．目がそこにあれば，小さな円錐状に発散している光線は，どの点のもとからも瞳孔に入り，レンズによって網膜の上の別の点に収束する原因となる．発散し収束する光線は，光線の焦点を合わせられた光束と呼ばれているものを作り出す．網膜上の密な焦点は，網膜上のイメージを構成する．そこには，放射点と焦点とのあいだに一対一の投影上の対応がある[16]．

　この視覚の理論のかぎとなる特徴は，特定の表象図式と一種の数学的分析と特定の技術的デザインとの統合である．

　物体とそのイメージとの一対一対応のこの理論は，数学的分析にそれ自身が力を貸している．それは，投影的な幾何学の概念にまで抽象化でき，またカメラと投影機のデザインへと，つまり光を持った絵，写真を作ることへととてもうまく応用することができる．しかしこの成功は，網膜上のイメージが一種のスクリーンの上に落ち，それ自体が見られるように意図された何か，つまり1つの絵であると信じたくさせるものである[17]．

　ギブソンはこれを知覚の「脳の中の小さな人間」理論と呼び，それは未だに「心理学の歴史においてもっとも陥りやすい誤信の1つ」のままであると強調している．ギブソンは自分自身の心理学的知覚の理論を進めたのであり，本格的視覚の現象学を提示したのではないが，彼の議論は，フッサールによる自然主義的認識論の批判を，自然の特定の見方がそれによって確立され支持されるような，実験による介入と物質的支えの研究に変換するのを可能にしている．

フッサール同様ギブソンは,「自然の」関係の実践学的な起源を指摘するが,伝統的な意識の哲学がそれによって確立され維持されているような,物質の標本と実験道具を与える知覚の技術をより強調している．イタリアルネッサンスの職人-技師,印刷機の発明,ガリレオ物理学,ケプラーの光学,あるいは知覚領域における可視的関係を安定させ調整するための諸装置のどれにさかのぼっても,古典的物理学の特有の達成とは,理念化された形式を用い,幾何学的資源を計算することで,感覚の諸関係を再コード化し,規模を露呈し,観察可能な多様性の中で「第1次的」性質を「第2次的」性質から区別することであった[18]．

実存主義的現象学と現象学的社会科学の伝統の中で,フッサールの意識の哲学は,知覚する主体の一貫した性質に還元できないような歴史的な基礎や相互主観的な基礎を想定する行為の哲学によって否定されてきた．J. P. サルトル,M. ハイデガー,M. メルロ＝ポンティ,A. ギュルヴィッチ,シュッツ,彼らは皆フッサールの哲学の手ほどきの恩恵をさまざまに受けているが,「自我」の知覚的行為の決定的な特徴づけが,歴史的社会的関連性をもった「厚みのある」世界を必然的に前提にしたままであると主張しつつ,超越論的自我を覆している．

こうした批判は,方法の規則と計算の技術が,身体化され社会的に組織された学問分野の実践における未解明の基礎に基づいて有効性と妥当性を獲得するという,フッサールの考えを保持している．しかし,フッサールとは反対に,彼らはこの「基礎」を直観や実践的確実性の単一の源泉としては扱っていない．そうではなく,フッサールにより焦点化された意識は,状況づけられた社会的実践の言説的で身体化された活動に分解され,世界に意味を与えるために世界の外にある超越論的自我はもはや存在しない．自我の役割は,常に既に意味に貫かれた世界の言説的で身体化された分節化において状況づけられた行為の集まりによって引き継がれている．エスノメソドロジストやその他のフッサールの問題提起の後継者たちにとって,フッサールによる生活世界というものは,もはや超越論的意識の行為と調整させられるものではない．それは経験的行為の単一の領域に基礎づけられているのではなく,社会的活動のローカルに組織された秩序として扱われているのである．

2. ローカルに組織された諸活動

　ローカルな組織化（あるいはローカルな産出）という用語は，エスノメソドロジーだけでなく社会科学や哲学における関連領域においても流通している．不幸なことに，ローカルな組織化やローカルな産出について語ることは，一種の唯名論や，さらに悪いことに，一種の空間的個別主義を含意しているとしばしば理解されている．エスノメソドロジーにおいてローカルなという形容詞は，主観性，視点，特定の関心，限定された場所での小さな行為といったものとはほとんど関係ない．そうではなくそれは，なじみのある社会的対象物が構成される活動の多様な文法に言及しているのである．均質な領域（例えば汎言語的傾向，認知構造，ドクサ，歴史的言説）を理論的に公準とすることによって，多様性に打ち勝とうとするのではなく，エスノメソドロジストは何らかの1つの秩序だった配置が一連の限定された組織化の法則や歴史的段階，規範，意味の範列上の秩序を反映し，例証していると仮定することなく，「さまざまな秩序」のパッチワークを研究しようと試みている．エスノメソドロジストは，社会的行為や相互行為が起こっている歴史・社会的「文脈」を否定はしない．むしろ彼らが主張しているのは，そうした文脈の特定化が関連性のローカルな構成に常に結びつけられているということである．

　意識の哲学に基づいた現象学的な説明から，社会的活動のローカルな組織化をエスノメソドロジー的に扱うことへの移行を再構築するには，ポストフッサール現象学における諸展開を検討する必要がある．エスノメソドロジーのプログラムを M. フーコーの手ほどきで補う方法を示唆する前に，ここでは解説という目的のためにギュルヴィッチからメルロ＝ポンティを通る理論的展開という道筋をたてるつもりである．ここで示そうとしていることは，フッサールの「経験」の現象学が，どのように実践的行為の多様な領域の研究へと次第に変形されうるかということである．この再構築された展開の道筋は，実存主義的現象学からエスノメソドロジーへの実際の歴史的血筋をたどろうとしているのではない．明らかにガーフィンケルは，自らのテーゼを書きエスノメソドロジー研究を行い始めたときに，A. ギュルヴィッチの教えと A. シュッツの著作

第4章　現象学とプロトエスノメソドロジー　　　　　　　　　　149

に強い影響を受けていた．そして後になってから，ハイデガーやメルロ＝ポンティ，また別の意味でウィトゲンシュタインに起因すると考えられる科学実践についての反基礎づけ主義的見解を取り入れた．ウィトゲンシュタインについては次章で，シュッツの現象学的研究とエスノメソドロジーの展開にとってそれがもつ重要性については，本章の後半で議論する．

活動の諸構成

　ギュルヴィッチのゲシュタルト構成についての議論は，エスノメソドロジーの研究において探究されている現象的諸関係の領域を例証する，洗練されているが非常に単純な方法を提供している[19]．彼は，共通の背景上の2つの点の図から例証を始めている．
　図 4.2

　　・　・

　ギュルヴィッチが観察しているのは，この2点が互いに非常に近接しているとき，私たちは慣習的に，それらの点を対あるいは「2個1組」の要素として見るということである．「この知覚の様式において，ある点を短い距離にある他の点に加えて見るのではない．むしろある点は右側の要素として，もう一方の点は左側の要素として見えるのである」(p. 106, 強調は原文).

　ギュルヴィッチは，「2つの点の間隔は，その点の外側の領域の部分にはまったく欠如している特定の現象的特徴を示している」と付け加えている．点の間隔は，外側の領域が「無限に拡大する」(p. 106) のに対して，「両端の」点によって「閉じられ」，境界づけられている．まったく異なる属性をもつ秩序が，ギュルヴィッチが「一列の複数の対」と呼ぶものに割り当てられうる．
　図 4.3

　　・　・　　・　・　　・　・　　・　・

　この対の間隔は，今や意味あるものとなっている．「結果として，この事例において外側の間隔が関連のあるものであるなら，この間隔は『自然な』部分の

集合からなる全体としての列の現象的構造にとって意味を持っている．集合に関してならば，外側の間隔は，たんに，集合の内側の構造に作用する．」(p. 109)

この単純な装置は，「の隣に」や「1列」や「左の／右の要素」のような空間的属性が，さまざまな分類に従って作用するが，空間における孤立した1つの点を綿密に調べることにおいては，それがどこにも見出されないということを例証するのに役立つ．この図における諸要素の並置は，1対の点によって囲まれた間隔や，その間隔の外の開かれた空間のような空間的属性の秩序を構成している．さらにこの点が連続的に示されるなら，その現象の特性はリズムのパターンやギャップや中断のような時間的な特徴を帯びる可能性がある．こうした例証によって解明される空間的属性は互いに共鳴し合い，また図における諸要素とも共鳴し合う．つまりこの属性は，相互に支えとなる細部の構成から現れるのである．ギュルヴィッチはこう論じている．この属性を統合する基礎は，本質でもないし，客観的特性でもない．というのも，そうした属性は現象「の背後に」あったり，物質的な点「の中」にある不変の形式やアイデンティティを反映していないからである．「互いに含意し，修正し，限定することによって，知覚されたもののいくつかの様相は，相互内在的な参照を互いに行うことによって調整されたものとして与えられる」(p. 296)．

ギュルヴィッチの例証は，つよく限定されているものである．この例証によって解明される空間的属性は，ある実存主義的なにおいをもっているが，この例証では，テキストとその身体化された読者の関係を一定のものにしておくことによって，私たちは，身体化されていない空間における1組の関係を見ているとあまりにもたやすく想定することができる．

メルロ＝ポンティの身体化された空間性の議論は，空間についてのこうした主知主義的把握に対する解毒剤を提供する[20]．脳損傷や身体障害のある患者の臨床的観察の奇妙な目録と知覚心理学の実験のレビューはともに，知覚の現象学における身体の「場所」を解明するための比較の基礎を提供しているのだ．例えば四肢切断者に経験される「幻影肢」や実験で被験者が傾斜させられた視野に不安を持ったことの説明についての彼の読みによって，知覚能力と運動能力のある生きられた身体が，いかに時空間に構成的に広がり，「それ〔身体〕」に適用される用語を確立するのかを特定することが可能となっている．つまり

「私たちが動かすものは，けっして私たちの客観的身体ではなく，私たちの現象的身体である．またここには何も神秘的なものはない．というのも，世界のあれこれの領域に対する潜在能力として，私たちの身体は捉えるべき対象に向かって高まり，それを知覚するのだ」[21]．

メルロ=ポンティにとって，身体化された空間性は，単に，1つの超越論的空間を記述する「主観的」注釈や特定の知覚的「視点」を越えた一般化によって存在を否定されるべき一群の指標的記述子ではない．また，深遠な知的蓄積から生じ，不定形のカオスに押しつけられる「理念的」空間でもない．

カントも認めていたように，「空間を生成する運動」というものがなければならず，これは私たち自身の意図的な運動であって，物および私たちの受動的身体の運動である「空間内での運動」とは区別されなければならない．しかし，それだけではない．もし運動が空間を産み出すものならば，身体の運動性は構成的意識にとってのひとつの「道具」にすぎないという考え方は，排除されなければならない．……「空間を生成する運動」は，現実世界のなかに場をもたない何らかの形而上学的な点の軌道を展開するのではない．それは，あるここからあるあそこへの軌道を展開するのであり，そして，この2つは必然的に交換可能なものである．運動の投企はひとつの行為である．つまり，その投企は空間的-時間的距離を実際につたっていくことによってその跡を記す[22]．

運動は，ものごとが空間内で形になるための属性を確立する．これらの属性に含まれているのは，指向の標準的様式，類型的局面と前面，識別可能な表面と進入点，境界，そして認識可能な客体や空間的環境を同定する共感覚的総体である．メルロ=ポンティにとって「客観的」現象は，私たちの実践的活動に一致してものごとが自らを提示するような多くの仕方と織り合わさっている．「もし身体空間と外面的空間とが1つの実践的体系を形成しており，そのうち前者が私たちの行為の目的として対象がその上に浮き出してくることのできるための背景，あるいは対象がその前に現出してくることのできるための空虚だとしよう．そうするならば，身体の空間性というものが生じてくるし，自己の

運動の分析によって，その空間性をよりよく理解することができるようになるはずである」[23]．

ギュルヴィッチの例証から私たちが学ぶのは，空間的関係が1つの可視野における諸要素の構成の中でトピックとして結びついているということだ．対になった点は，「隣」「左右」「間隔」という横の関係をもったローカルな空間性を確立する．メルロ゠ポンティによって，私たちは空間的関係の「領域」が私たちの身体的能力や実践的行為に関連して構成されるとわかるようになる．彼は，状況の空間性と位置の空間性とを対比する．前者は生きられた空間であり，それをとおして私たちは前反省的に動いている．後者は通常物理的空間と呼ばれるもの，つまり，その座標が，状況づけられた知覚から抽象された空間である．

メルロ゠ポンティによる身体化された行為の定義は，「裸の知覚」に固有の原初的可能性に限定されている．彼は身体を，その指向的諸様相をとおして接近されていく生き生きとした「状況の空間性」から区別しないのだが，その諸様相を，裸の主体のテリトリーとともに生じる一連の「道具的」関係として扱っている．結局彼の哲学は，フッサールの崇高な「自我」を徹底的に身体化された歴史的主体に置き換えようと奮闘するときにさえ，超越論的現象学の伝統の中にとどまっているのである．メルロ゠ポンティの裸の主体の哲学は，知覚可能な世界がそれ自体，いかに同時代の諸主体とその先祖たちが使用するために構築された1つの歴史的構築物であるかを未だに言い繕っているにすぎないのである．彼自身が知覚の現象学を展開する際に引用している心理学の実験そのものが，「知覚的」主体を暴露する目的のために構築された構造的装置であった．こうした装置は，いったん主体の身体的能力が安定した配置をとるようになると，家具のように忘れられてしまう[24]．ギブソンが指摘するように，視覚心理学の実験の典型的なデザインは，身体の自発的作用を限定している．

教科書やハンドブックなどでは，もっとも単純な視覚とは，写真を撮るときのカメラのように目が静止していて，脳に伝達される映像が形成される場合であると仮定されている．視覚の研究はまず被験者に1点を凝視させ，そこで凝視点の周辺に刺激または刺激パターンを瞬間的に提示するという方法で行われる．私はこれを断片視と呼んでいる．もし露出時間を少し長くすると，

第4章　現象学とプロトエスノメソドロジー　　　　　　　　　　153

とくに禁じられていない限り，目は提示されているパターンを走査し，次々
に部分部分を凝視する．それは塀の穴をとおして環境を眺めているのに少し
似ているため，これを開口視とよぶ．目の凝視のひとつひとつはカメラの
フィルムの露出にたとえられ，したがって脳が受け取るものは一連のスナッ
プ写真のようなものである，と研究者は想定しているのである．（p. 1）

　実験室の装置は頭と身体の動作を禁じ，そのため被験者は，ギブソンの言う「包
囲」視覚や「移動」視覚を使うのを妨げられている．これらの概念には，ある
領域のなかの物体の時間的特性と関係的特性を明らかにするために，手のなか
で物体を転がし，その領域を歩き回る身体化された実践が含まれている．言い
換えれば「知覚」はそれ自体，「被験者」が構成される学問領域の産物である．
　フーコーの多面的な研究が示すように，状況の空間性は，言説と技術の公共
的秩序のなかでさまざまな歴史的-物質的変形を受けている．技術に（またテキ
ストに）媒介された行為においてもたらされる身体化された空間性の変形を説
明するために，私たちは裸の主体の知覚的「技術」を越えていく必要がある[25]．
　「読める技術」[26]が身体化された知覚を延長するという考え方は，もちろんな
じみのあるものであり，少なくともフランシス・ベーコンまでさかのぼる．そ
れは，とくにマイケル・ポランニーによる「探査棒」[27]の原始的事例の議論によ
く展開されている．その中で彼は，どのように盲人の杖が，そこから探査棒の
先端で「感じる」ものにアクセスできるような透明な「すみか」を与えている
かを記述している．これは，道具が身体の知覚的感度を延長しているというこ
と以上のことである．というのは，盲人が探査棒を使用することが，その中で
彼が行為する時間と空間の関係の全体的連鎖を変形させているからである．彼
の生きられた身体は，道具とそれを使えることに一致する「人間工学の」様式
を獲得する．把握されるものごとの秩序は，道具のなかの形而上学的亡霊に耳
を傾けはしない．というのは，探査することで作動する関係の構成が，それが
取り扱う探査された表面で，またその表面によって出会われるからである．こ
の道具的述語の複合体——探査された表面の「ここ」や「まさにこれ」——は，
ある環境，一連の関連あるアイデンティティや行為や関連ある知識の用語を特
徴づけている．

フーコーの局域的分析は，メルロ＝ポンティの研究に影響を受けているものの，明らかに実存主義的-現象学的伝統からは分離されたものである[28]．フーコーは，歴史的に特定の言説編成の中で作用する諸空間のあいだの非連続性を強調し，行為や知覚の裸の実存的基礎づけに関するいかなる考え方も問題視している．彼は言説的編成が思想の組織化，あるいは概念のネットワーク，あるいは経験の構造化であるというような（ギュルヴィッチの例で出されているような）いかなる推論にも強く反対している．

「一望監視方式」——刑務所内に監禁された多くの身体を中央監視所が見渡すというジェレミー・ベンサムによる転倒した円形劇場の計画によって典型となった——は，ことばや概念や身体化された経験のネットワーク以上のものである．それは，一連の具体的な位置や視線，知覚の非対称性の秩序，分類上の活人画，階層的関係——これらによって厳密に決定されるのではなく——と調和した活動システムのための建築物である．

古典主義時代が進むにつれてゆっくりと，人間の多様性に対する「監視施設」の建設が見られるが，科学の歴史はその施設に良い言い方をしてこなかった．望遠鏡やレンズや光線束に関するメジャーな技術が新しい物理学や宇宙論の不可欠な部分であったのと並んで，実は，多種多様で交錯した監視に関する，また相手に見られずに相手を見なければならない視線に関するマイナーな技術が存在したのであり，光線や可視的なものについての，世に埋もれた技術が，人間を服従させるための技術や人間を活用するための方法を用いて，人間の新しい知を秘密のうちに準備したのである[29]．

フーコーの歴史的研究は，限定的で「文字どおりの」仕方でエスノメソドロジーの研究に関連がある．エスノメソドロジーはフーコーの研究とは独立に展開したものであり，この２つのポスト現象学的研究のあいだに交渉はほとんどない[30]．エスノメソドロジストは技術的な複合を，歴史的エピステーメに特徴的な「支配的言説」のメタファーとして扱うことはしない．そうではなくエスノメソドロジストは，技術や人間行為のさまざまな同時代的複合を全域的な支配的計画に結びつけずに研究する．フーコーの論じる多様な表象の様式や構築

第 4 章　現象学とプロトエスノメソドロジー　　　　　　　　155

物や体制のなかでの大きな一致が，エスノメソドロジーによる実践的行為の局所的-歴史的産出の研究によって単に確証されるのではない．「日常的」活動や「専門化された」活動の同時代的秩序のエスノメソドロジー研究がすべて「近代」（あるいは「ポストモダン」）という時代のなかで起こっていると言われるかもしれないが，こうした研究が記述する行為や資格や関係的対称性・非対称性の秩序は，ひとつの固有の言語ゲームから別の言語ゲームへと持ち越されるわけではない．その「ゲーム」が家族の夕食の会話の一片として起こるのか，診断の場面の一片として起こるのか，法廷の場の一片として起こるのかが，重要なのだ．

　それにもかかわらずフーコーの記述は，エスノメソドロジー研究にとって好例になりうる．というのは，どのように物質的構築物や装置や身体技法や訓練のルーチンが固有の現象的領域を作り上げているかを非常に明確に同定しているからである．フーコーは歴史的言説の通時的な連続性を問題にするのに対し，エスノメソドロジーは，言語ゲームの同時代的風景を爆破して特有の実践の秩序にする．その秩序は，互いに密閉されているのでもなければ，単一の歴史的物語の表現でもない[31]．

　この社会技術的領域の特有の像は，高速道路の交通の記述をスケッチすることによって例証することができる（本章の補遺を参照）．高速道路の交通の「世界」は，科学実践の議論にほとんど関連がないように見えるかもしれない[32]．しかしこの例によって私たちは，行為や設計された空間や装置や技術や「道路の規則」の組織された集合が，意図，権利，義務，礼儀，慣習，違反，アイデンティティの産出と認識の特有のマトリックスを与えうるということがわかるようになる．科学実験室や観測所や線形加速器やコンピュータ本体やその他の装置群も，同様に，人間が働く場所を単に与えるのではなく，「ワーク」の組織化が確立され表される特有の現象的領域を与える，人間行動のマトリックスとして扱われうる[33]．

　科学における「観察」という現象は，とくにこうした考察に敏感である．観察はしばしば人間の知覚能力のシステム的応用として扱われるが，交通の例は，交通における，また同様に交通の「観察」が単に装置に媒介された知覚や認知の形態ではないことを示唆している．それは，テキスト構成的環境における信

号や表示や協調的運動の精緻なシステムの一部なのである[34]．もし運転者のように実験室の技術者が装置の集合体と学問分野の労働過程のなかに状況づけられているのなら，その行為は知覚と認知の一般的構造を参照することによっては正確に特徴づけられない．「裸の」概念装置に基づく個人主義的現象学や認知社会学も，権力や威信やジェンダーといった一般化された概念も，その記述課題に適さないだろう．それらは確かにローカルに関連があると見られる場合もあるだろうけれども．この理由で，私が薦めるエスノメソドロジーには，アルフレッド・シュッツの著作に表される，社会的世界の現象学への際立って認知的アプローチから脱出することが必要である．

3. カウフマン，シュッツ，プロトエスノメソドロジー

フッサールの現象学的探究に多くの欠点が帰せられるからといって，彼の探究が科学の実践学的基礎というトピックを提起してきたことの重要性を過小評価すべきではない．先に論じたように，後に続いた発展は，1人称的経験の前－述定的様式についてのフッサールの強調をはずし，個人の意識の構造に囲いこまれえないコミュニケーション的行為と読める技術との領域に焦点をあわせてきた．それにもかかわらず，フッサールの2つの手ほどきは，科学のエスノメソドロジー研究にとって，重要であり続けている．2つの手ほどきとは，第1に，科学的客観性の歴史的－実践学的系譜は「日常的な」計算様式から始まっているという主張であり，第2に，法則的な表現は客観的な諸特性にどのように対応するのかという問いは，観察可能な現象の実践的で文脈的な産出を探究することによって答えられるべきだという提案である．

こうしたフッサール流の手ほどきは，エスノメソドロジーが世にでるずっと前に入手可能であったとあとから言うことは出来るが，最近までエスノメソドロジー研究において取り上げられてこなかった．部分的には，このことは，エスノメソドロジーの現象学の手ほどきが，最初にアルフレッド・シュッツの著作から引き出されたことによっている．シュッツは，オーストリアの銀行家兼学者であり，第2次世界大戦前に合衆国に移住してきた．彼は，フッサールの生活世界の現象学を明確な社会学的アプローチへと変形させた．彼の研究は，

エスノメソドロジーの初期の発展と，ピーター・バーガーとトマス・ルックマンによって発展させられた知識社会学への革新的アプローチにとって，非常に重要であった[35]．

ガーフィンケルがシュッツに影響を受けていることは，彼の博士論文において明らかである．博士論文においてガーフィンケルは，シュッツの社会的世界の現象学を，タルコット・パーソンズの社会的行為の理論を批判的に精緻化するための基礎として用いている．1950年代終わりと1960年代初めのガーフィンケルの著作もまた，シュッツに強く依拠している．シュッツの影響は，ガーフィンケルの有名な「信頼」[36]の研究においてとくに顕著であり，また後に『エスノメソドロジー研究』の1つの章となる「科学的活動と常識的活動の合理的諸特性」についての論文においても同様である[37]．

社会学の諸方法に関するアーロン・シクレルの鋭い批判[38]と，彼のより最近のプログラムである認知社会学[39]もまた，シュッツのテーマに依拠している．シュッツの研究は，初期のエスノメソドロジーに大きな影響を与えた．しかし，いくつかの点においては，シュッツはフッサールの科学の実践学を脱ラディカル化したのであり，結果として，エスノメソドロジーがシュッツから受け継いだものは，いまやとくに「弱い」ものである，「科学」の実践的行為と「日常」の実践的行為との関係についての一連の提言の中で表現されるのである．科学知識の社会学者たちはシュッツの問題に負うところがより少なく，シュッツとエスノメソドロジーに対する彼らの批判は，エスノメソドロジー研究の中でいまだ行き渡っている科学についての諸仮定のいくつかを再検討する際の手立てとなっている[40]．

フッサールとは異なり，シュッツは自然科学について多くは書かなかった．自然科学に対するシュッツの言及は，大部分，人文科学における実践的探求についての探究に奥行きを与えるものなのである．〔別の論文で〕私が論じているように，シュッツは科学が特定の社会的環境において遂行される実践的な活動であることを認めていたが，科学理論と科学実践のあいだに，また科学的合理性と常識的合理性とのあいだに，厳密な境界を引いていた．これに類似する境界は，ポスト・クーン派の科学哲学者，科学史家，科学社会学者たちによって攻撃にさらされてきた．しかしこのことを認める一方で，シュッツの読者は彼

の著作が置かれている歴史的文脈を見逃すべきではない．マンハイムと同様にシュッツは，「ゆるやか」あるいは不確実な実践的理解の諸様式と言われるものの状況的な妥当性に関して，その基礎とは何であるのかを定義しようと試みた．シュッツの努力は，社会学者たちによって研究されてきた日常知識の「実践的」様式と，人文科学において用いられてきた解釈的方法との，妥当性に関わっている．第2章で述べたように，「精密」科学と「実存的に決定された」思考の様式とのマンハイムによる区別は，科学の価値を安定させようとする試みというよりは，むしろ科学や数学の証明の高貴な規準に合わないような，それぞれの実践に固有の確証様式を特定するものであった．マンハイム同様，シュッツは自然科学の内在的合理性を問いはしなかった．というのは，シュッツは主に，他の実践的，解釈的な推論の諸様式に特有の基礎を確立しようと努めていたからである．しかし，ちょうどマンハイムが知識社会学の説明プログラムから精密科学と数学とを「免除している」と批判されたように，シュッツも実践的行為と実践的関係についての徹底したエスノグラフィーから自然科学の探究を免除しているとして非難されてきた．

　自然科学の探求と社会科学の探求についてのシュッツの見解の多くは，シュッツの親しい同僚であり友人であった，フェリックス・カウフマンが発展させた社会科学の哲学に影響を受けている[41]．シュッツとカウフマンはどちらもフッサールの現象学プログラムの支持者であったが，彼らはまた，統一科学についてのウィーン学団の哲学的解釈のいくつかの面を採用してもいた．カウフマンは，ウィーン学団の議論の，臨時の周辺的な参加者であった．カウフマンは，ホワイドヘッドとラッセルの後継者たちによって広められた哲学に対しては批判的であり続けたが，統一科学の論理的な基盤を明確にしようとする，彼らの全体的な目的の正当性を問いはしなかった．言語に関する，そして規則に支配された行為に関するカウフマンの考え方は，言語，意味，行為についての論理実証主義的な考え方に対する，ウィトゲンシュタインの破壊的な批判よりも前のものである[42]．たとえカウフマンがラッセルに帰属させた真理の「対応説」を受け入れていなかったとしても，ウィーン学団の統一科学運動にとってそれは根本的であった．言語的表象と規則に支配された行為という全体像を彼は確かに受け入れていたのである．

第4章 現象学とプロトエスノメソドロジー

　カウフマンにとって，科学は一連の「基礎的な」手続き的規則によって定義される．その規則は，チェスのようなゲームにおいて，駒，正当な指し手，勝敗などを決める規則に似ている．カウフマンはこうした規則を，ゲームの過程において，多かれ少なかれ効果のある指し手や戦略を決める「選好規則」から区別している．カウフマンは「経験的な手続きの基礎的な要素は，前科学的思考にも科学的思考にも共通しており，両者の間に明確な境界線はない」(p. 39) と主張している．こうした規則は，論理的な議論において，命題を受容したり拒否したり，命題を結びつけたりするための方法に関連している．命題とは，その真偽に関する判定に従う文によって表現された「意味」である．あるいは，より実践的な見解においては，命題とは経験的に検証されうる，あるいは反証されうる「言明」である．カウフマンは，このことを次のように要約している．

　　論理学者の観点からは，経験科学の手続きは，所与の規則に従って命題を受容あるいは排除することにある．科学者が他に何を行おうが，顕微鏡や望遠鏡をのぞこうが，モルモットに予防注射をしようが，象形文字を解読しようが，市況報告を研究しようが，科学者の活動は，科学のコーパス〔言語集成資料〕に属していなかった命題を取り入れるか，以前には属していた命題を排除することによって，このコーパスを変化させる結果となるだろう．科学のコーパスのこうした変化を科学的決定と呼べるだろう．(p. 48)

　カウフマンにとって，科学の「コーパス」とは，命題が階層的に組織された体系である．その命題は，ある科学の領域のメンバーが，その学問分野の手続き的規則に従って受け入れたものである．それは動態的なシステムである．というのは，構成要素である諸命題は，単に演繹によって導き出されるだけでなく，（それら自体が方法の基礎的規則に従って定義されている）観察とテストとにさらされているからである．このシステムは統一されているが，法秩序に似た仕方でダイナミックである (p. 45)．法秩序においては，実体法と手続き的規則とが，比較的安定したシステムの枠組のなかで変化しうるのである．あるコーパスにおける命題は，学問分野の歴史的発展の過程において加えられ，修正され，削除される．こうした「科学的決定」は偶然には起こらない．というのは，提

起されたいかなる変化も，存在するコーパスと論理の規則に従って，学問的な共同体に受容可能な理由によって正当化されなければならないからである．

　手続き的規則と知識のコーパスの蓄積とに対するカウフマンの強調は，彼の社会的行為についてのより一般的な理論と適合している．より複雑なハーバーマスのコミュニケーション的行為の理論におおよそ類似した仕方で[43]，カウフマンは，規則に従ってなされる行為が組織された行動のシステムにとっての基礎であると主張した．

　規範は，それに従おうとする人々の行動を支配する格率である．しかし規範という観点から人間の行動を評価する人にとっては，規範は，この行動の正しさの基準なのである．言い換えれば，規範とはそうした人にとっては，「特定のタイプにおける正しい行動」についての定義，あるいは定義の一部なのである．正しい思考は，論理の規則との一致という観点から，決定される．それはちょうど，正しい発話が文法の規則との一致という観点から決定され，また合法的な行動が実定法による一定の規範との一致という観点から決定されるのと，同様である．(p. 49)

　科学的手続きについてのカウフマンの説明は，後にシュッツとエスノメソドロジーによって流用された．カウフマンが科学の手続き的合理性を解明しようとしたのに対し，シュッツとガーフィンケルは，科学に関してだけでなく，社会的行為のあらゆる領域に関する「ゲームの規則」を解明しようと試みた．カウフマンによれば，こうした解明は明らかにはされていない知識を産出しうる．というのは，知ある無知 (Docta ignorantia) (p. 15) という方針によれば，「人は，自らの知るところのものを，『本当には』——つまり完全に明確には——知らない」からである．自明視されていた前提が白日の下にさらされうるのであり，解明へと向けられるこうした努力を通じて，あいまいさや合成された用法を整理することができるのである．

　シュッツ（そして続くガーフィンケル，シクレル，サックス）は，カウフマンの著作に依拠している．とくに，科学的学問における知識の「コーパス」の構造と発展という考え方にである．社会的世界における合理性の問題についての

シュッツの著作は，カウフマンの描いた像のいくつかの重要な特性を維持している[44]．カウフマン同様シュッツも，自然の実体とその影響下にあるものとして社会生活を扱うことによっては，人文科学は進展しない，と論じた．だが，シュッツは，自然科学と社会科学の方法によって共有されている手続き的規則の秩序を措定した[45]．さらに，シュッツにとっては，科学の統一は知識のコーパスと1組の手続き的規則とを参照することによって特徴づけられる，ということが事実であるだけではない．日常的社会的世界「一般」もまた，「手持ちの知識のストック」と，そうした知識を実践的行為や社会的相互行為の諸状況に応じて用いていくための1組の認知的規範とを参照することによって特徴づけられるのである．科学についてのカウフマンのイメージは，このようにして，日常的推論を記述するためのイメージになる．それはちょうど，知識のコーパスやそれを用いるための1組の手続き的規則に関する彼の考え方が，後に常識の「諸方法」についてエスノメソドロジーが最初に探究するための「方法論」の支配的なモデルとなったようにである[46]（そして第6章で論じるように，それは会話分析のプログラムの礎石である）．

科学的「世界」と日常生活「世界」についてのシュッツの考え方は，個の意識に位置づけられた「思考」の領域として，認知的用語にかたどられていた[47]．したがって，現象学的社会学とプロトエスノメソドロジーはローカルな行為が具体的に埋め込まれたものであることを強調しなかった．メルロ=ポンティやフーコーやその他，大陸系哲学における歴史的-唯物論的伝統の継承者が発展させてきた仕方で，それを強調することはなかったのである．シュッツはもちろん，社会的相互行為や行為体系への実践的かかわりに注意を払いはした．けれども彼はこうしたことを，連合 (association) と共合 (consociation) との拡張された領域に位置づけられた「自我」によって与えられる構成的な中心へとさかのぼらせてしまうのである[48]．このことは，実践的行為と社会科学者の観照的な「態度」とのシュッツの区別においてとくにはっきりしている．

　この世界は彼の活動の舞台ではなく，彼が囚われのない平静さをもって観察する観照の対象である．観察者は（科学について論じている人間としてではなく）科学者としては本質的に孤独である．彼には，手助けしてくれる人はひ

とりもいない．彼は自分自身を，多様な関係と関心の体系とが備わっている社会的世界の外側に位置づけているともいえる．社会科学者であろうとする者は，自分自身のかわりに誰かある人を，すなわち被観察者を，この世界の中心におこうと決意しなければならない．だが，中心点の移行に伴って全ての体系が変化してくる．比喩的にいえば，それまでの体系において妥当すると証明されていた等式は，今やその全てが新しい体系の観点から表現され直さねばならない．もし仮に，問題にされている社会体系が理想的な完成度にまで到達しているならば，アインシュタインがニュートンの力学体系における命題を相対性理論の命題に転換することに成功したように，普遍的な変換の公式を確立することが可能であろう．

観点を移行させるのに伴って，科学者は彼が観察している社会的舞台の上の行為者としての人間を，その科学者自身が想像し科学者自身が操作するあやつり人形に置き換える．これが，先に述べたような観点の移行に伴う第1の，そして根本的な帰結である．私がここで「あやつり人形」と名付けたものは，ヴェーバーが社会科学に導入した専門用語，すなわち「理念型」に対応する[49]．

したがって「科学者」は，行為者の実践的指向の彫像を構築するために，日常実践的態度に関して一種の超越論的還元を行うのである．ハーバーマスが論じるように，専門的「解釈者」は「仮想の参与者」となる．つまり，社会的領域における行為者とは「異なった平面」において行為し，「特定の文脈にではなく行為の別の体系に関連する目標を追求する」のである[50]．同様に，当の行為者は，専門的解釈者によって「社会的文脈」についての一般化された表象へと結びつけられる動機をもつような，仮想の行為主体（agent）となる．

古典的社会理論における「文化的判断力喪失者（cultural dope）」についてのガーフィンケルの後の議論とは対照的に，理念型的なあやつり人形についてのシュッツの考え方は，その構築のための正当な基盤を明白に記している．そのあやつり人形は社会理論家が付与したものをただ専ら具体化するのだが，シュッツは「人格的理念型」を構成するという企図を拒否してはいない．かわりにシュッツは，そうした類型のいかなるものでも，その類型によって記述さ

れる「個々の行為者の心」に照らしてチェックされるべきだと要求するのである[51]．

　ガーフィンケルはシュッツの認知的アプローチをラディカルに変形させたが，けっしてエスノメソドロジーがその諸局面を完全に破棄したわけではない．カウフマン，シュッツ，ガーフィンケル，サックス，シクレル，及びその後継者たちが，ただ単に「メンバーの諸方法」と比較するためとはいえ，科学的方法論についてのカウフマンの考え方を維持するような一般的な知識社会学を発展させてきたということを，心に留めておくことは重要である．科学的行為の「合理性」と常識的行為の「合理性」とについての初期の論文で，ガーフィンケルは，合理性の規範のリストを編纂することによって，シュッツの常識的合理性と科学的合理性の議論を拡張している．ガーフィンケルは，合理性についての規範を，常識的行為と科学的行為によって共有されているものと，科学に固有なものとに分けた．前者は，カテゴリー化や比較，失敗の程度の評価，適切な手段の探索，効果的な戦略の案出，手続き的規則に従うこと，予測を行うことなどのための，規範と手続きとを含んでいる．独占的に「科学的な」合理性は，探究を導くための形式論理学の諸原理を使用することや，意味論的明快さと明確さ「それ自体を目的とする」指向，判断の背景として特定の「科学的」知識を使用することを含んでいる[52]．ガーフィンケルが「合理性」を多元化し，また科学の諸原理と操作的実践の中にも「常識的」合理性が含まれていると論じたことは，常識とは「前科学的な」概念の領域であるとする考え方に対して，ラディカルな対案を提供した．

　科学知識の社会学者たちは，「科学的合理性」をトートロジカルに定義したとしてガーフィンケルを批判してきた（というのは，とりわけガーフィンケルは，科学知識のコーパスは，「科学者」が考慮する知識のストックを提供するというカウフマンの考え方を採用していたからである）．また科学知識の社会学者たちは，科学者が実験を行う際に論理学の規則に従って行為するということをガーフィンケルが前提としているという理由で批判してきた[53]．こうした批判は，ガーフィンケルの次のような指摘を見逃しがちである．すなわち，「［科学的合理性の］モデルは，人が理念的科学者として行為しているのだとみなされる場合にその人が行為する仕方，これを述べるための１つの仕方を与えているのである」[54]

という指摘である．これは，科学者が実際にそうした理念に従って生きるのだと言うこととは，まったく異なる．それにもかかわらずガーフィンケルは，「科学的理論化の態度」が「日常生活の世界」（これは，実験室における日常行為を含む）から離れた認知的「世界」を定義するというシュッツの提言の価値を，明白には引き下げていなかった．またガーフィンケルは，日常の「合理性」はそれ自体で固有の現象であり，科学的合理性の組織化されていない先行物ではないということを明らかにした．それにもかかわらず，科学的理論化という限定された世界の内部では，「規則がさらなる推論と行為の基礎としての命題の使用を統治する」ということの妥当性に対して，挑戦することはなかった[55]．

　ガーフィンケルの初期の研究は，知識を命題ないし仮定（前提）的なものとみなすシュッツやカウフマンの考え方を保持していた．また同様に，科学的手続きを，伝統的な科学哲学によって定義された正しい判断に関する手続き的規則と規範とを制定するもの（enactment）とみなす彼らの見解も保持していた．後になって初めて，ガーフィンケルや他のエスノメソドロジストたちは，科学や他の実践的活動を規範特有の配置によって定義される認知的領域とみなす見解から離れたのである[56]．

　初期の探究の多くにおいてガーフィンケルは，特定の社会的活動や特定の社会的場面がもつ明白な適切性と明白な客観性とを妨害するために，発見的方法を用いた．そうした干渉には，よく知られた「違背」実験が含まれる．それは，ガーフィンケルと彼の学生とが日常的な諸場面を崩壊させるために行った一連の課題である．ある事例において学生たちは，自分の家庭で見知らぬ人のふりをした．別の課題においては，学生たちは，客を販売員として扱ったり，常連客をウェイターとして扱ったりした．また彼らのパートナーが使っているありふれた表現を詳細に説明するように求めることによって，親密な会話を崩壊させたりした．こうした「実験」は，仮説の検証としてというよりは，むしろ「鈍い想像力に対する助力」[57]としてデザインされていたし，なじみのタイプの社会心理学的実験よりも，いたずらに似ていた．こうした実験のポイントは，崩壊した場面を被験者が修復できなかったり，そこから逃れられなかったりした場合に産み出される「混乱」を示すことと同様に，日常の場面において働いている「見られてはいるが気づかれていない」背後期待を開示することにあった．

第 4 章　現象学とプロトエスノメソドロジー　　　　　165

分析的目的のためにトラブルを故意に引き起こすことに加えて，ガーフィンケル（1967）は「両性的人間」とされた人（「アグネス」）のトラブルに満ちた人生状況を用いて，自明視された社会的アイデンティティの実践的産出と実践的管理とを解明した．こうした実験が日常的な場面で働いている暗黙の規則や認知的規範を開示したと，普通思われている．ガーフィンケルはこのことを「信頼」論文（1963）において，また彼の著書においては，例を選んで示唆した．しかしガーフィンケルはまた「背後期待」「共通理解」「社会構造についての常識的知識」といった分析的表現によって含意されてしまう一面的な（あるいは二院制的な（bicameral））認知主義の価値を引き下げてもいた[58]．『エスノメソドロジー研究』の第 1 章と，その後のサックスとの共著論文（『実践的行為の形式構造について』における，インデックス性と相互反映性（リフレクシビティ）についてのガーフィンケルの議論は，初期になされた規範の強調からの離脱を証明していた[59]．第 5 章で論じるように，後の諸研究は，いかに規則や他の形式的表現が具体的な行為の経過において作用するのかについて，よりラディカルに状況づけられた考え方を発展させ始めていたのである．

　過去 20 年間において，エスノメソドロジストと会話分析者は，シュッツの著作の多くを利用することはなかった．ガーフィンケルとシクレルのシュッツへの依拠が「プロトエスノメソドロジー的」発展の一部であり，それは現在の研究にとって代わられてきているということは公正なことだろう．しかし歴史のなかにシュッツを埋葬してしまうことは，シュッツの功績という名誉を汚すことになり，また同様に重要なことだが，多くのエスノメソドロジー研究において想定され続けてきた科学についてのシュッツの考え方の諸側面を再検討し損なうことになるだろう．このことは，エスノメソドロジーが日常的行為と社会的相互行為との「規則」を記述するための研究プログラムであるという現在でも一般的な考え方についても，大いにあてはまるものである．またこのことは，多くのエスノメソドロジストがシュッツから引き出した以下のような含意にもあてはまる．すなわち学問的「分析」は，エスノメソドロジストが研究するような社会的な関与，ローカルな判断，具体的な行為といったものからどうにか分離されうるのだという含意である．あまりにも頻繁なことではあるけれども，エスノメソドロジー的無関心というガーフィンケルの方針と，それに関連した

「トピックとリソース」の区別とは，エスノメソドロジーが「単に実践的な」関心から離れたままでありうるのだという含意をもつものとして受けとめられているのである．

エスノメソドロジー的無関心
　ガーフィンケルは分析的な社会学のプロジェクトとエスノメソドロジーのアプローチとを区別するためにエスノメソドロジー的無関心という表現を作り出した．

　　形式構造についてのエスノメソドロジー研究は，どこであれ誰によって行われようとも形式構造の成員の説明（アカウント）を記述［しようと］するのだが，その際これらの［メンバーの説明（アカウント）の］妥当性や価値，重要性，必要性，実用性，成功，帰結についてのすべての判断を控えつつ，それを行おうとするのである．私たちはこの手続き的方針を「エスノメソドロジー的無関心」と呼んでいる．……私たちの無関心は，実践的な社会学的推論全体に対するものであり，私たちにとっては，そうした推論には，たとえどんな形の展開においてであれ，どんな誤謬もしくは妥当性があろうとも，どんな形式においてであれ，不可分かつ不可避的に自然言語の習熟が含まれているのである．専門的な社会学的推論は私たちの研究関心のために唯一の現象として選び出されているわけではけっしてない．エスノメソドロジー研究を行う人たちは，専門的社会学的推論に「関心を抱く」ことがありうるのだが，それは，彼らが法律上の推論や会話上の推論，占いの推論，精神医学の推論などの実践についてそうすることがありうるのとまったく同様である[60]．

　社会学者が研究対象である現象についての妥当なあるいは受容可能な説明（アカウント）を実際に達成しうるのかどうかに注意を向けるかわりに，無関心という方針は次のような代替的なトピックを開くものである．すなわち，メンバー（成員）たちは，妥当性や正確性や適切性とみなされる事柄を実際的に確立することによって，どのようにして自らの「方法論的」活動を行っているのかというトピックである．このようにして，社会学者の方法論的な困難とその改善は，方法が

第 4 章　現象学とプロトエスノメソドロジー　　　　167

生み出され用いられている広大な実践的諸活動の領域のうちに位置づけられるのだ．

　無関心という方針は，社会学者の記述や説明や測定に関する「究極の」妥当性や信頼性についての問題だけに適用されるのではない．すなわちそれは，科学的認識の「特別な」性質についてシュッツが行った規範的な提案——これは自然科学と社会科学との理論的な対比をも含んでいるのだが——もカバーするものである．無関心とは否定や対立とは同義ではないので，この方針は，社会科学者の方法が「単に」常識的基盤を持っているということを含意するものではない．他にどのような種類の基盤を持ちうるのだろうか．また社会学者や検死官や物理学者の方法やその他，素人の方法，あるいは専門的な方法の間に引かれるべき区別などないということを，この方針は含意するものではない．そうではなくこれが明確に述べているのは，いかなるこうした区別も偶 有 的（コンティンジェント）であり，ローカルに組織されており，特有の仕方で発見可能だということである．

　「コーディングの指示にしたがうこと」に関するガーフィンケルの研究は，初期の研究の好例である[61]．コーディングはたいてい社会科学的データを数量化する際のひとつの予備的段階である．精神科の外来診療所における選択基準に関するガーフィンケルの研究では，2 人の社会学専攻の大学院生に，膨大なケースフォルダーから標準化された情報をコーディングする課題が与えられた．それぞれのフォルダーには「診療歴用紙」が入っている．この用紙に，診療所のスタッフは患者との最初の接触に関しての情報を記録し，行われた検査と推奨された治療とを明記し，症例の「終了」時が記されるようになっている．そこでこの 2 人の調査助手はフォルダーから，標準化された情報を抽出して「コード記入用紙」に記録するための一連の指示を与えられた．そしてコーディング作業者たちの判断の一致の結果を評価するために信頼性手続きが用いられた．ガーフィンケルは，研究用の妥当なデータをつくるために，コーディング作業者の訓練と技能にただ頼るのではなく，どのようにしてコーディング作業者がこの平凡な調査課題を達成しようとするのかを調べたのであった（p. 20）．

　もともとの研究関心が維持されるように，慣習的な信頼性のある情報を生み

出すひとつの手続きがデザインされたのだった．同時にこの手続きは次のような研究も可能にした．それは，2人のコーディング作業者が，このコード記入用紙によって定式化されている質問に対する答えとしてフォルダーの内容を扱うのに行ってきた実際のやり方によって，どのようにしてなんらかの一致や不一致という結果が生み出されてきたのかという研究である．しかし，コーディング作業者が，行ってきたやり方がどのようなものであれそれを進めるなかで，多かれ少なかれ誤ったかもしれないと仮定するのではなく，彼らが行ったことが何であれそれは何らかのコード化「ゲーム」においては正しい手続きとみなされうるという仮定を置いたのだった．問題はこうした「ゲーム」とは何なのかだったのだ．

この問いに答えるため，ガーフィンケルは「アドホックな考慮」のリストを定式化した．それはコーディング作業者が「診療フォルダーから読みとれる事柄と彼らがコード記入用紙に書き入れる事柄との適合具合」(p. 21) を決めるために用いられたものである．「などなど」や「でなければ」，「そうしておくとして」，「前例主義 (factum valet)」（これまでは禁止されていた行為が，いったんなされれば正しいとみなされること），を含む修辞的用語の小さなリストによって，彼は「アドホックな考慮」を明示したのだった．コーディング作業者は，それぞれのフォルダーに記入されていたこともしくは記入されていないことについて「字義どおりの」評価によって行き詰まることなく，これらの実践をすることでフォルダーの内容とコード記入用紙との間の，実質的かつ「理にかなった」適合具合を評価したのだった．すなわち診療所とそのスタッフについて「知っている」事柄——そこには患者の容態の緊急性や診療記録の保持作業が含まれているのだが——に基づいてコーディング作業者は，それぞれのフォルダーがその字義以上に「言っている」ことを識別したのだ．このように彼らの能力は，コード記入用紙上の諸カテゴリーが定式化しようとする事態についての理解を前提にしているのだ．実際のところ，彼らがそれぞれのコード記入用紙に記録した事柄は，個々の診療フォルダーがその字義的な内容に加え，またそれにもかかわらず含んでいたにちがいないと彼らが「わかっている」事柄と本質的に結びついていたのだ．

第 4 章　現象学とプロトエスノメソドロジー　　　　　169

　ガーフィンケルが指摘するように (pp. 21-22)，こうしたアドホック実践への依拠はまさに「常識的」な類いの実践であり，社会学的方法が中立的なそして客観的に弁護可能な判断で置き換えようとする実践なのである．しかしながら彼はこう付け加えている．このような実践を制限もしくは排除するためにコーディング手続きを改良しようとするあらゆる試み自体が，これらの実践に依拠しかつそれを再生産していたのだった，と．

　後の議論のなかで (p. 66 以降)，ガーフィンケルは「共通理解」と社会科学の「人間モデル」との関係についてより一般的な指摘を行っている．明らかに彼は，評価調査者あるいは調査分析者に方法論的なアドバイスを提供していない．というのも彼は，アドホックな考慮が，実践的社会学的推論の「日常的」様式に関してと同様にルーチンの社会科学的調査実践に関してもその矯正不可能な部分をなしていると明確に論じているからである．そのかわりに，彼は次のように論じている．コーディングの指示は，それにしたがう際に用いられるアドホック実践とともに，「ひとつの『社会科学』的な語り方を提供し，それは診療所における日々の組織化された活動の実践的環境における合意と行為とを促すことになる．そしてこの実践的環境はメンバーならば当然のこととして把握しているものと期待されているのである」(p. 24)．このように言うことは，社会科学の言説がたかだか常識の脚色版にすぎないなどということを含意するものではない．そうではなくこのことは，社会学的方法とその研究対象である社会的活動との関係を，記述的というよりもむしろ構成的なものとして特徴づけることを推奨しているのである．

　コーディング実践についてのガーフィンケルの議論は，診療フォルダーとコード記入用紙との関係に関する妥当性と信頼性についての疑問を提起しうるものではあるものの，しかしその議論の主要な目的は次のものである．すなわち，その関係そのものが——それに伴って生じてくる方法論的な諸々の考慮とともに——「生のデータ」であるひとつひとつのフォルダーの内容を取り扱う際にコーディング作業者が用いるアドホックな手続きの総計からなる産物であるのはいかにしてかを，記述するということである．

　一見すると，エスノメソドロジー的無関心という方針は，社会学やその他の実践的行為の領域のなかでそれを通じてさまざまな方法が用いられているとこ

ろの詳細な実践，これに再び注意を向けることだけをほぼ示唆しているようにみなせる．おそらくこのような研究のプログラムは社会学と共存することが可能であり，またおそらくは，その方法論を改良しようという社会学者の持続的な努力に対して何らかの技術的な有用性を持ちうるものだろう．しかし議論をそこにとどめておくことは，この方針のより破壊的な含意を見失うことになるだろう．エスノメソドロジー的無関心は，妥当性と信頼性への内在的関心の観点から社会学の諸方法と対抗するのではなく，妥当性や信頼性，証拠の規則，決定基準といったものについての原理的議論を引き起こす，方法論に対する基礎づけ主義的アプローチから目を背けるものである．このような態度をとることの含意は，社会学者にとって脅威となりえ，さらには不可解なものとさえみなされうる．

エスノメソドロジーにおける「方法」の問いに対する社会学者たちの驚きは，『エスノメソドロジーに関するパーデュー・シンポジウム報告書』[62]における，エスノメソドロジストと社会学者との対話記録に鮮やかに示されている．「方法」についての社会学者たちの疑問と不満は繰り返し対話を中断させている．ガーフィンケルやサックスらが一連のエスノメソドロジー研究の具体例と例証とを提示するのに対して，社会学者たちは正しさや関連性あるいは受容可能性のアプリオリな保証や決定規則，あるいは基準を待ちのぞみつつ判断を保留していた．

  ヒル：ハル［ガーフィンケル］，証拠に関するどのような規則を君が受け入れ使っているのか，まだ語ってくれてないね．(p. 27)
  ヒル：決定の規則の観点から，そうした区別をどのように行うのか，君は語ることができなければいけない．これは，ひとつの決定にたどりつくために使う証拠をどのように保証するかに関して，私たちの多くが抱くような疑問を示していると思うんだ．(p. 28)
  ド＝フルール：……誰が正しいかを解明する規則は何だろう？私たちは方法論的な情報を求めているのであって，君は具体的題材を提示しているだけだ．少し前にハルは「うん，私たちは何も新しい科学などひそかに用意してはいない」と言った．では何か古い科学についてはどうな

第4章　現象学とプロトエスノメソドロジー

のか？（p. 39）
ド＝フルール：あることがらを拒否するのはどのようにしてなのか？説明を拒否したり受け入れたりする証拠についての規則は何なんだ？（p. 40）

　こうした質問がシンポジウムを通して何度も繰り返され，それだけで満足いくように解決されることは決してなかった．この質問は，たまたま研究されていることからは独立した，一連の方法論的基準を想定しており，またひとつの記述もしくは例証が，こうした基準と比較されるまでは，理解可能だったり，もっともらしかったりすることはありえないということを含意している．事実，社会学者たちは一般的な方法論的確実性が与えられるまで，エスノメソドロジストの記述の意味と理解可能性についての承認を延期することで対話を滞らせているのである．社会学者たちは，エスノメソドロジストが語る事柄を受け入れることに，あるいは「聴くこと」にさえ先だって，真理と理解可能性に関する外在的な基準を要求しているのである．彼らの疑問と不満はケルヴィン卿の記念碑的な格言，すなわち「測りえねば，汝の知識は乏しく不十分である」を体現しているのだ．そしてこの場合，次のように言い換えられるだろう．すなわち，「どのような証拠の規則と決定基準を遵守しているかを言えぬのなら，汝の主張は事実無根である」ということである．こうした認識論上の保証を要求することによって，社会学者は次のようなある特有の返答の形式の格好の餌食となる（p. 34）．

マッギニス：それ［サックスが論じた，人を同定するための会話者が用いる規則］が間違っていると論じるための根拠として，君はどのような基準を受け入れてくれるのだろうか？君の主張が間違っているという私の主張を評価するために，私にどのような基準を要求するのだろうか？
ガーフィンケル：どうして，ただ反論しないんだ？

　ガーフィンケルの返答はマッギニスの学問的質問をひとつの「平凡な」会話の枠組の中にはめている．マッギニスの質問は，日常的現象についての特定の観察は反証の基準に関してテストされるべきだということを提示している．こ

の質問をまわりくどい「反論」として連鎖的に取り扱うことによって，ガーフィンケルの返答はマッギニスの仮説的な意見を次のように切り捨てている．すなわちこの質問が，そのすぐ後に表明される考えを正当化するであろう基準に従っていることを軽視し，また「基準」の有無にかかわらずマッギニスがすでに論じようとしている事柄をほのめかすものとみなすことによってである．ガーフィンケルの「平凡な」指し手は，対論者を外在的な基準を何も必要としない会話上の能力のうちに位置づけるものである．

　こうして「方法」の完全な体系は，明示的な議論を通じてではなく，「平凡な」能力へと沈められるような仕方で挑戦を受けるのである．これがエスノメソドロジー的無関心である．すなわち社会学の形式主義的言説の光景から単純に離脱する指し手なのである．こうした指し手は「知識」を置き去りにするのでなく，またエスノメソドロジーを意味も理性も欠いた領域に据えるものでもない．そうではなくこの指し手は，マッギニスとガーフィンケルがともに，すでに理解可能で相互に認識可能，描写可能な対話に，止まることなく携わっており，またそうしてきたのであり，この先もそうし続けるであろうという例証可能な事実をその支えとするものなのだ．エスノメソドロジストとしてのガーフィンケルの「専門的技術」が，マッギニスがまさに言ったことを認識させ，それを「反論への準備」と同定させるわけではない．そうではなくガーフィンケルの返答は，マッギニスが基準を要求することの日常的基盤を問題にしつつ，論争的に働いているのである．マッギニスが基準を特権視することは，絶え間ない，またすでに理解可能な会話における「学問的」な姿勢として，皮肉なかたちで浮き彫りにされている．これに関連することが含意されているのは，ある社会学者による類似の要求に対するサックスの反応である．

　　ヒル：……具体的題材に言及せずに，［エスノメソドロジー的な］例証の構造が
　　　　どういったものなのかを教えてもらえないだろうか？
　　サックス：何をきいてるのか分かってるのか？「私たちがどのような世界に
　　　　住んでいるのかを知らずに，ある理論がどんな風なのかを教えてもら
　　　　えないか」って君はきいてるんだ．……だいいち，社会学が申し分な
　　　　いものであるためにはどういったものであるべきかなんてわからない

よ．それは手に入れられる現象じゃない[63]．

　サックスの応答は，「方法」と「具体的題材」というヒルが行っている区別を切り捨てて，探究される実質的領域の中に社会学を位置づけている．サックスは帰納的手続きを唱えているわけではない．そうではなく彼は，科学的探求の統一的方法と個々の科学で調査される特定の具体的題材との間のプログラム的な分離を問題にしているのだ．サックスがこうした描像に従うことを拒否するということには，次のような代替的な科学観が含意されている．すなわち「方法」は，活動，装置，探求の場，探求される現象，これらの特有の配置の中に据えられるというものである[64]．1968年において，これは社会学者にとって支持するにはあまりに革新的な方法観であった．そして今では科学知識の社会学の学生にはなじみのものだが，いまだに社会学的方法についての教科書の説明には含まれていないものである．

　無関心という方針は，エスノメソドロジー研究に具体的題材を提供する場合をのぞいて，方法についての疑問を却下するものである．自身をエスノメソドロジストと呼ぶ者が用いる方法は，さまざまな素人の実践および専門的な実践に関して，その者が述べる事柄の中に含意されているが，しかしこれらの方法が「科学的方法論」という特有の見出しのもとに置かれることはない．「方法」（科学的と称するものであれ，そうでないものであれ）は，アプリオリな保証を提供するものではない．またエスノメソドロジーの探求者への第1の要件とは，方法を解明する仕方を，その方法が結びついている 適切 な 能 力 システムの内側から見つけることなのである．

トピックとリソース
　エスノメソドロジー的無関心という方針は，エスノメソドロジーの分析的関心を，素人の社会学ないし専門的な社会学の領域の完全に外側に位置づけることによって要約されてしまう．このようなことは，研究者が実践的行為の研究を行う際にトピックとリソースを混同すべきではないという趣旨で提案される，エスノメソドロジーについての理論的議論に表されている[65]．この方針に従えば，社会的行為の諸構造を見きわめるための古典的方法は，研究されるべき

メンバーの実践として（再）定式化されるべきである．例えばリチャード・ヒルバートは，次のように論じている．「メンバーはそのような（構造の）構築物を客観的に「向こうにある」ものとして見るだろうし，その構築物を説明の際に引き合いにだすだろう．しかし社会学者が自らそのように指向するのなら，必ず「メンバーと同じになる」ことになってしまい，また社会構造を物象化してしまう」[66]．

対照的にエスノメソドロジストは，それを通して構造が産出され，再産出される「メンバーの方法」あるいは「エスノメソッド」を研究すると言われるが，社会構造の概念を説明のリソースとして用いないことになっている．エスノメソドロジストたちは，フッサールの超越論的還元を思い出させる用語で，次のような自然主義的信念を「括弧にいれる」あるいは停止するよう促される．すなわち「構造の研究が通常関心を持っていること，例えば（マクロな極の側では）制度，階級，組織，そして（ミクロな極の側では）人間，個人，主観的内容，相互行為の過程およびパターン」[67]への自然主義的信念である．エスノメソドロジストは構造を「物象化」したり「メンバーと同じにな」ったりするのではなく，構造が構築される際に用いられる，素人および専門家の方法を探究するよう言われるのである．

この分析の目的と課題についての理解は，社会問題の研究における構築主義プログラムにおいても顕著なものとなっている．そこでは，社会問題の言説を再構築するという社会学者の分析的課題が，その言説への参与者が行っている自然主義的なクレイム及びカウンター・クレイムから区別されるのである[68]．したがって，社会問題を「解決」するために，あるいは社会問題に関する広く普及した論争において，何らかの派閥の理想に手を貸すために社会問題を研究するのなら，それは「分析的」パースペクティブから外れることになるのである．

このようなトピック／リソースの区別の考え方以上に，ここでプロトエスノメソドロジーと呼んできたものを象徴しているものはない．この考え方は次のようなシュッツの定義に直接由来している．すなわち「自然科学および社会科学の世界」を，「私たちが行為し，そして私たちが生まれ死ぬ世界」とは根本的に異なる「思考の世界」とする定義である[69]．プロトエスノメソドロジーは，

第4章　現象学とプロトエスノメソドロジー

エスノメソドロジーにとって歴史的先駆者――「ラディカルな」研究プログラムの方針に表現されている，超越論的現象学の残余――であるだけではない．研究者そして同様に参与者にとっての現在の研究状況を，専ら認知的用語で定義しようとする現在のエスノメソドロジー研究における一貫した傾向も，プロトエスノメソドロジーに含まれるのである．プロトエスノメソドロジーは，エスノメソドロジーの出発点で立ち止まる．そしておそらく，「脱構築主義者」が古典哲学のアポリアを完全には避けることが出来ないのと同じように，エスノメソドロジストと自ら名乗る者は，プロトエスノメソドロジーを避けることはできないだろう．簡単に言えば，この出発点は，社会学で研究される実践的行為の領域の「外側」に理解可能な理論的立場がありえないということを理解することによって構成される．これは，覚えたり繰り返したりするには簡単なフレーズだが，深く心に刻み込むにはきわめて難しい教えを表わしているのである．実際，この教えは次々と超越論的分析へと向かうことによって継続的に覆されてきた．この教えが，その教えをまさに実行しようとする中で覆されるということは，しばしば起こることであり，特徴的なことですらあるのだ．

この教えは，ガーフィンケルとサックスの論文の最初の数行に示唆されている．すなわちそれは「素人であろうと専門家であろうと社会学をする人にとって自然言語は，その人の研究の環境，トピック，リソースとして役に立つ．この事実によって，その人の研究のテクノロジーやその人の実践的社会学的推論に，その環境，トピック，リソースが与えられている」というものである[70]．ガーフィンケルとサックスは，超越論的還元や，同様に大胆な認知的作戦を推奨しているわけではまったくない．彼らは，社会学者そして同様に「メンバー」によって住まわれている言語と実践的行為の領域からの「方法論的」超越はありえないと言っていると読める[71]．ガーフィンケルとサックスは，社会的行為の構造（あるいは諸構造）に関心を持たないし，同様に，構造の問題を完全に放棄しているのでもない．そうするよりもむしろ，彼らは一時デリダが「構造の構造性」と呼んだものに着目し，そうすることで人間科学の関心事内にある構造的な記述と説明の関連性を「置き換え」ているのである[72]．そのような置き換えは，それ自体では，研究される行為の領域から「退く」ことではなく，またそうではありえない．それは，超越ではない．

構造の構造性（あるいは研究の相互反映性と分析言語のインデックス的特性）を
トピックにすることは，人間の行為を「考慮する」ためのもっとも基本的なリ
ソースさえ「研究者」から奪うように見えるかもしれない．しかしこの問題が
生じうるのは，構造の構造性（あるいは構造化）を構成するトポスの外側にある
立場，あるいは観点の可能性が前提にされている場合だけなのである．デリダ
が西洋形而上学をあたかもその歴史の外側の立場からのように攻撃する者に警
告を発しているのと同じである．

　形而上学を攻撃するのに，形而上学の概念なしに行うことは意味をなさない．
この［形而上学の］歴史にとって異質な言語——構文や語彙——など私たちに
はない．つまり私たちは，次のような破壊的な命題をただの1つも述べるこ
とはできない．それが争おうとするそのものの形式，論理，暗黙の前提へと
既に陥ってしまってはいない命題である[73]．

したがって私たちは，話す時にはいつでもトピックとリソースを「混同」し，
書く時にはいつでも構造を「物象化」し，行為する時にはいつでも「メンバー
と同じになる」のである．社会学的方法すべてが実質的な「エスノメソッド」
であると主張するのは，分析的立場の中でもっとも強力でもっとも包括的であ
ることを含意しているように見えるかもしれない．しかしそれと同時にそのよ
うな主張は，人間科学の言説の中で想像しうるもっとも弱く，もっとも周辺的
で，もっとも消極的な立場なのである．知識社会学のストロングプログラムの
強さは，他の全科学の行為を社会学的に説明することができるという疑わしい
前提のうちにある．同様に，エスノメソドロジーの見かけ上の強さも，あらゆ
る種類の社会学の「ネイティブたち」によって達成される客観化実践を包括す
るという前提のうちに備わっているものなのである．しかし，次の基本的な教
えがよく理解されると，この立場はその強さの頂点において弱まってしまう．
すなわち，社会学で研究される実践的行為の領域の外側に，理解可能な理論的
立場はありえない．
　混乱をもたらし，逆説的でさえある，トピック／リソースの区別の含意は，
まず次のことを想起することで整理できる．すなわちエスノメソドロジー的無

関心は，メンバーの方法が精密さ，有効性，厳密さ，予測可能性を常に欠いていることを含意しないということである．したがって，社会学がその日々の手続きにおいて常識的方法に依存しているというエスノメソドロジーの主張は，必ずしも批判的含意を持つわけではない．そうした批判的含意が意味をなすのは次のような場合に限られる．すなわちシュッツによる日常生活の態度と（シュッツが定義するように，フッサールの超越論的還元によって含意される「態度」に奇妙にも類似している）科学的理論化の態度の対比が保持される場合，あるいはシクレルが行った，社会科学における実際の方法と，文字どおりの記述という「まがいの」立場のレトリカルな対比を真剣に受け止める場合に限られるのである[74]．こうした対比は，ブリコルール（ブリコラージュを行う人）と技師というレヴィ=ストロースの区別に類似している[75]．この区別は，実験室という仕事場の実践のブリコラージュ（器用仕事）を記述してきた科学社会学者およびエスノメソドロジストによって用いられ（また，その根底を覆され）てきたものである[76]．

ブリコルールとはなんでも屋のことであり，制限なく広がる応用作業の中で生じてくる偶有性（コンティンジェンシー）に立ち向かうために，「手持ちの手段」——道具の寄せ集め，材料のスクラップ，雑多な技能——を試行錯誤のやり方で適合させていく．シュッツの用語ならば，ブリコルールは「料理本の知識」，すなわちおおよその型にはまった順序関係，見込みの判断，材料や用具の比較的自由な代用などを用いる，一種の「ノウハウ」を用いている，ということになる[77]．レヴィ=ストロースはブリコルールと技師を対比させており，この技師の道具や技能は，手段-目的様式で行為の特定の企てに正確に合わせて使われるものである．しかしデリダが指摘しているように，技師が「神話である」とわかると，ブリコルールと技師の対比は最終的に崩壊するのである．

あらゆる形態のブリコラージュと断絶してきたと一般的に考えられる技師という概念は，それゆえに神学的理念なのである．そしてレヴィ=ストロースが他のところでブリコラージュは神話形成的であると述べているので，たぶん技師こそがブリコルールによって生み出された神話ということだろう．そのような技師や，一般に受け入れられている歴史的言説と断絶している言説

を私たちが信じなくなる瞬間から，あらゆる限定的な言説は何らかのブリコ・ラージュによって結びつけられており，技師も科学者もブリコルールの種族であると認められると，ブリコラージュという理念そのものが脅かされ，この理念にその意味をもたせていた技師との差異が解体するのである[78]．

　同様に，シュッツによる日常的方法と科学的方法の区別，そして客観的表現とインデックス的表現との間の，そして相互反映的な説明(アカウント)と相互反映的ではない説明(アカウント)との間の，非常に悪用されているエスノメソドロジーのプログラム的な対比は「脅かされる」．デリダにしたがえば，客観性や科学的方法という観念は，それ自身の領域では日常的な行為に役立つようにつくられた神話形成的構築物とみなすことができる．繰り返すが，これは方法が必然的に間違っているとか，客観的事態について話すことには意味がないということを含意しているわけではない．その有効性や確実性を常に保証するような超越論的基礎づけはないだろうが，科学的行動が秩序だっており，安定しており，再産出可能で，信頼でき，日常的であることを妨げるものは何もないのである．

　社会学が日常的な方法を自明視しているということは，社会学の研究やその知見の秩序性，安定性，再産出可能性，信頼性に対して必ずしも批判的な含意をもたらすわけではない．もちろん社会学のトピックや知見には，実際上の不確実性，方法論的考察についての終わりのない論議，政治的な論争がしばしばともなう．そうした論議を行っていく中で，研究の指標や解釈手続きと一体化した多くの日常的な判断のいくつかが選ばれて，批判的な検討にさらされることとなる．一方，もっとも信頼できる社会学的知識は，ほぼ定義上「つまらない」もの，つまり専門的社会学者と同様に，彼らに研究される人々によっても広範に広められ，広範に理解され，自明視されているものである．

　デリダの「脅し」は全てをあるがままにしておくが，それは非常に深く刻まれている．ここまでプロトエスノメソドロジーとエスノメソドロジーを対比させてきたが，ここで読者は公平にも次のように尋ねるかもしれない．あなたが語るようなエスノメソドロジーはどこで見つけることができるのだろうか．ここではそういったエスノメソドロジーを，社会学で研究されている実践的行為の領域の外側に理解可能な理論的立場などありえないという理解によって位置

第 4 章　現象学とプロトエスノメソドロジー　　　　　　　　　179

づけてきた．しかしエスノメソドロジーの文献全体は，そうした「外側」を含意している．行為，表現，態度の代替的な様相があるかのように，メンバーの実践的行為，インデックス的表現の例，自然的態度の理念化を記述していないような研究を，その文献に見つけることができるだろうか？もちろんシュッツは，そうした代替物として「科学的理論化の態度」を明示的に定義した．しかし本物のエスノメソドロジーがそのような外側を否定し，それに対応して言語使用および実践的行為の「矯正不能に」インデックス的で相互反映的（リフレクシブ）な特性を肯定することから始めるのなら，その論理的帰結として次のような専門的な生活形式は絶滅するだろう．すなわち，その中で「研究」が産出され，刊行され，読まれ，比較され，一貫性のある 1 冊の文献へと編成されうるような専門的な生活形式である．かくして，エスノメソドロジーのゼロ地点は，学問によって手がつけられていない社会的世界の組織された理解可能な性質を肯定することとなるだろう．

4. プロトエスノメソドロジーを越えて？

　エスノメソドロジーという学問領域ときわめてよく結びつけられる区別そのものが，エスノメソドロジーの最初の教えによって「脅かされ」ているという考えによって深い不安が生じるのなら，プロトエスノメソドロジーがこの学問の初期設定形式を必然的に与えているということは理解可能である．このことは，尊敬に値する学問的な仕事が産み出され，呈示される，専門的な「日常性」の区域を確立することによってもたらされるのである．「理にかなった」エスノメソドロジー——つまり社会科学の中に楽に位置づけられる認識可能な研究プログラム——を持続できるのは，まるで一連の古典的区別を築き，まるでそれが一連の学問的論議において実行可能な「立場」を枠づけるかのようにすることによってだけなのである．
　エスノメソドロジーの最初の教えが与えられるのならば，こうした区別の中でもっとも重要なものはまた，もっとも矛盾するものとなる．すなわち「専門的分析」と「メンバーの方法」の区別である．この区別に従えば，「場固有の」（ヴァナキュラー）あるいは「常識的」説明（専門的な科学者，素人のどちらに帰属していようと，ある

いは，その両方に帰属していようとも）が境界の一方の側に置かれ，（エスノメソドロジー的）「分析」がそれに対置される．ときに，場固有(ヴァナキュラー)の説明は，曖昧なタイプの「実証主義」あるいは「素朴実在論」を形づくるかのように特徴づけられる[79]．それから，ある種の知ある無知が作用しはじめるのである．つまり「行為者」は悪名高い「文化的判断力喪失者」にはならないが，そのかわり自明視された「社会的」実践の産物へと分析によって作り直される「世俗的な世界」を自明視する哲学的に素朴な行為主体になるのである．

　この区別は，分析者にとっての終わりのない作業だけでなく，偏在する実在論-構築主義論争における一貫したスタンスもつくりだす．いまや「実在論者」の敵対者は，メンバーにとっての社会構造の客観的事実性の意味を分析せずに自明視していることで非難される．続いてエスノメソドロジーの分析者は，この事実性の意味が相互行為的に構築され，保持されることを示すのである．「語ることでもたらされる」[80]，あるいは「世俗的推論」[81]を通して構成されるものこそが「現実」なのだ，というわけである．分析によって，（社会学者であれ素人の行為者であれ）メンバーが単に客観的現実について報告しているという主張は崩されていく．結果として，社会的で，レトリカルで，相互行為的な行為作用——構築的実践やエスノメソッド——は，実在論に対する観念論の反駁において観念が果たしている文法上の役割を占めるのである．

　ここでプロトエスノメソドロジーと呼んできたものは，非常に包括的なものである．それは，欠点だとしても，エスノメソドロジー研究を行う試みに常に内在するものである．きわめてよく引用されるガーフィンケルとサックスのいくつかの著作でさえ，一貫してプロトエスノメソドロジーを「超えて」いっているわけではない．ガーフィンケルとサックスはこのゲームの初期段階において，超越論的分析という考えを攻撃しているが，彼らは単にプログラム的目標を拒絶し，表象の「対応説」の拒否を主張することによってその考えを放棄したのではなかった．多くのエスノメソドロジー研究において，社会学はその「対象となる素材」によって汚染されてはならないということを前提にしている読者に示される時，トピック／リソースの区別は有効なレトリックの装置になってきたのである．

　たとえエスノメソドロジストが，自らの研究対象から自分の研究「方法」を

第4章 現象学とプロトエスノメソドロジー　　　　　　　　　181

取り除くことへのいかなる関心も否認するとしても，その否認自体は，社会学者がトピックとリソースを混同しているということの重要な意義を弱めうる．「場固有^ヴァナキュラーの方法から分析的な方法を区別しようというあらゆるやり方が，常に日常言語の内在的感受性からの借用をしているのだということをいったん認めれば，この区別を維持することはできない．専門的分析によって，「場固有^ヴァナキュラーのリソースに帰属する限界を破棄するために，安定したリソースが与えられることはもはやない．このようにして行われるポスト分析的エスノメソドロジーを思い描くことは，自死しようと考えるようなものである．なぜなら，それは，エスノメソドロジーが社会科学において小さな足がかりを得ることを可能にした，レトリカルな足場に疑問を投げかけるからである．自死ではなくおそらく「治療」^セラピーが，常識から距離をとって向かい合うことから，分析を解放するやり方を発見するのに役立つことができる．次章では，ここで必要となったようなセラピーを後期ウィトゲンシュタインの哲学が与えてくれる可能性を検討する．

　補遺——線上の社会としての交通

　以下の記述で，「方法」を，活動，装置，探究の場，探究される現象の特有の布置の中に状況づけられた実質的行為として扱う説明^アカウントがどのようなものであるかを例証するつもりである．ここでは，科学や数学から例を選ぶよりもむしろ，私たちの多くにとってうんざりするほどなじみのある行為領域を記述しよう．それゆえ，特有の行為領域を構成している，技術的装置，組み立てられた環境，観察可能な出来事，コミュニケーション的行為といったものの集まりを読者に認識してもらうための予備的な手引きは不要なはずである．明らかに，例えば電子顕微鏡領域で「操縦すること」と，交通において運転することには無数の違いがある．しかし交通の記述は，特有の歴史的-物質的文脈におけるローカルな行為の記述の例を見せようという私の目的にかなうだろう．さらに交通は，ガーフィンケルと弟子たちが頻繁に取り組んでいた行為領域であり，それゆえこのトピックに関する先行研究を発展させることができるのだ[82]．

　交通は現代の都市風景の中で，おそらくもっとも公的な空間であろう．いつもは別々の生活を送っている人間どうしが公的空間で出会い，そしてその空間

内で行為する時には，お互いの能力（コンピテンシー）と説明可能性（アカウンタビリティ）を（時にはチェックしながらも）信頼しているのである．運転とは，相互不注意や，できの悪いジェスチャーや，あるいはコミュニケーションの秩序におけるさまざまな非対称性のどのようなものからでも，一瞬のうちに非業の死が訪れる可能性があるゲームなのである．

　公的，かつ高度に組織された特性にもかかわらず，交通の社会的システムについては驚くほどほぼ何も書かれてこなかった．時に，社会学者と社会心理学者は，交通を対面的相互行為の研究から引き出された概念を適用する領域として論じてきた．また自動車は，その使用と象徴的価値によって，これまで存在してきた共同体の形態を変容させてきた技術として，注目されたこともあった[83]．アーヴィング・ゴフマンはとくに交通に適用される「移動ユニット」という概念を定式化したが，ゴフマンのこの概念の一般的な扱いでは，交通における運転の特異な秩序性を解明することはほとんどないのだ[84]．交通を，相互行為上の関係がつかの間の非人格的な「接触」（あるいはより良くは，接触の回避）の様式に還元されるような，単純化されたコミュニケーションの環境以上のものと見なすことはおそらく難しい．また，きわめてステレオタイプ的な信号の形式は明らかすぎて，人間のコミュニケーションの研究者の真剣な分析的注目には値しないのかもしれない．社会学者の交通に対する関心が比較的欠如しているにもかかわらず，交通工学および事故調査の無数の文献は，次のような説明（アカウント）として再読することができる．すなわち，どのように移動ユニットとそのユニットが組み立てられた環境が，特有の社会的空間を産出するのかというものである[85]．

　エスノメソドロジーにとって，交通は独自の社会秩序の1例であり，デュルケーム的「社会的事実」の明快な例なのである．道路技師が認識しているように，高速道路の交通は，標準化され予測可能で反復可能なものごとの秩序であり，そしてその秩序は，その行為によって交通を構成するドライバーたちの特定のコーホートから独立している．渋滞した高速道路の上空をホバリングするヘリコプターの「全景的」視点からは，その交通は物理的システム同然であるかもしれない．フーコーの用語なら，その秩序は，一貫しており，中央集権的に設計されていて，物質的に圧縮された配置の中に刻み込まれているものであ

第 4 章　現象学とプロトエスノメソドロジー　　　　　　183

り，その配置は，その構成要素である乗り物が細胞のように動いていくことを可能にし，そして制限するものでもある．工学的視点からは，交通は，記号論的に濃密な信号と中継装置の領域内で生じるものであり，その領域が規制された乗り物の「流れ」を可能にし，数多くの監視点を助長することになる．

　ガーフィンケルは，工学の説明(アカウント)に関して一種のゲシュタルト転換を行っている．それはこの交通という社会的事実が，移動する乗り物の集団の中に状況づけられたドライバーによってどのように認識されているのかという問題を提起することによってである．結果として，交通はもはや「外側」（あるいは「上」）から全景的に読まれるべきテキストではない．交通はその中で細胞的な諸ユニットが理解可能な秩序をともに達成するような領域なのである[86]．ガーフィンケルは前の車と後ろの車の「ギャップ」が，状況的に組織された現象として重要であると指摘している．

　ギュルヴィッチの例証（図 4.2, 4.3）における点の対どうしの「間隔」とは対照的に，これら車と車の間の「ギャップ」は，交通によって媒介され，交通において表されるドライバーの行為の複雑な集まりによって，時間的に構成され，修正される．ローカルに認識可能な社会関係が，車と車のギャップに関して確立される．というのも，相対的スピード，他の車を先導したり，他の車の後についていく時間的関係や，ローカルな交通の共同の前進指向性にそれぞれのドライバーが適応するからである．

　平行なレーン，ギャップ，方向性，スピードのトポロジカルな秩序は著しく直線的であるが，このトポロジーに対するドライバーの見方は，エドウィン・アボットの「平面国 (Flatland)」や「直線国 (Lineland)」の風変わりな住人の見方に類似している[87]．このトポロジカルな領域は上空から全景的に見られるのでなく，平面上を移動する住人の観点（または「動点」）から，「生きられている」のである．この領域の空間的制限は，とくに夜の運転の際に明らかである．周囲の暗闇の中で，乗り物の直接世界の可視性は，主としてライトの流れが前方そして後方へ広がっている光景に限定される．この光景の中で，直線上の前方をヘッドライトが照らし，ミラーによって限られた後方を見ることができ，前後のライトやシグナルによって，交通の列内での意図的な行為が可視的な存在になる．このトポロジカルな直線性は，言うまでもなく具体的なものである．

というのも，この直線性によって，交通の中で生じる身体化された行為の秩序性を取り囲んでいる，体系的にデザインされた環境が与えられているからである．

「ドライバー」という社会的カテゴリーは，この組み立てられた環境内の行為にトピック的に結びついている[88]．この環境においては，空間は既に使用に合わせて形づくられており，そして言語は既に，遍在的かつ非人格的なやり方で，その領域上にそしてその中に記されており，さらにテクノロジーに媒介された1つの世界が，他のいかなる経験的生活世界とも同様に，直接的なやり方で知られている[89]．「ドライバー」は機械の中の幽霊ではない．なぜならドライバーというアイデンティティそのものが，交通という直線的社会にトピック的に結びつけられているからである．メルロ＝ポンティによる身体化された裸の行為者を，「交通におけるドライバー」に置き換えることができる．すなわちそれは，乗り物という媒体をとおして知覚し行為する行為主体 (agent)，また，その者が使用するために構築された工学的環境での動きや位置的関係によって，その「意図的な」行為が時間軸に沿って明らかになっていくような行為主体である．この具体的な環境はまたグラフィックな「テキスト」でもある．というのも，この環境は記されている標識および方向を指示する表示とともに，線と交差点の網の目から成っており，そしてそれら全ては他の乗り物が活発に展開していく領域を取り囲み，かつその領域に情報を伝えているのである．この環境は表示と信号で厚みをもたらされた世界であり，その表示と信号は，交通という状況の中にいる読者たちの線形の流れに標準的に関連して置かれ，その型が作られている．ドライバーは，単にスピードメーターを見ることによって今自分がどのくらいの速さで走っているのかを知るだけではなく，線形的社会のレーンに沿って動いていく際に交通のローカルな文脈を観察することによってもそれを知るのである[90]．

ドライバーにとっての知覚空間は，裸の主体の現象学的空間の変形でもなければ拡張でもない．まずこの知覚空間は，標準化された移動ユニットの集団のために細心の注意を払って設計された工学的空間である．ドライバーの知覚空間の特異性は，裸の主体の何らかの不変的な知覚能力によってよりも，交通内の位置によって定義される．この特異性は，「反射による」後方の視覚によって

第4章 現象学とプロトエスノメソドロジー　　　　　　　　　　185

補われる「前方への」指向をともなった車体によって限定されている．ヘッドライト，シグナル，それらを使うための簡単なコードは，直線性という交通の基盤の中に埋め込まれている．この機械の中のドライバーの身体は，――実際のおよび想定上の行為主体としても，意味作用の源泉としても――それでも活動しているが，交通領域におけるその行為は，疾走的で放浪的な移動ユニットの集まりの中で，知覚，ジェスチャー，コミュニケーションの慣習的様式によって限定されているのである．

　交通におけるドライバーにとっての知覚と行為の世界は，比較的貧弱なように思えるかもしれないが，それは想像されるほどではない．交通における出来事の流れによって，さまざまな種類の可視性とさまざまな様式の身体表現が可能になる．ドライバーは，交通内で他の車が道からそれることや，スピードや車間距離をそれなりにはっきりさせること以上には実際に何も見なくとも，他のドライバーに「ああいう奴」(またはステレオタイプとして，「女」)といった呼称を使って，きわめて的確な不満を抱くのである．

　さらには，交通における単純な動き，位置，コミュニケーションのためのジェスチャーは，場面の出来事の流れに関連してはっきりと特定された意味をもちうる．それゆえ例えば，クラクションを鳴らすことは，他の車や歩行者への「挨拶」，「性的誘惑」，侮蔑，不満，警告，あるいは（ニューデリーでは）すぐ近くに乗り物があることを聞かせて伝えるものとして，さまざまに聞くことができる．それぞれの場合において，この単なる突然のクラクションに精巧な意図的構造(「誰にクラクションを鳴らしてるんだ？　俺になのか？　俺が何をしたんだ？」)を割り当てることができる．そしてこのクラクションは，一連の複雑な反応行為へと取り込まれうる．クラクションを鳴らすことは，ローカルな環境における警笛や他のジェスチャーとの「会話的」関係によってなされるのと同様に，相対的な大きさや持続や繰り返しやペースがはっきりすることによって，詩的に抑揚をつけて調節されうるものなのである[91]．

　交通の一貫性は，他の空間には容易に移ることのないような，社会的な潜在力や権力のさまざまな「尺度」基盤を与えてくれる．それゆえ例えば，高速道路でスピードを落とすことでつくられる一時的な車の集団において可視的になる協調的関係によって，前へ出ること，追い抜くこと，追いつくこと，移動を

邪魔することといった諸々の行為を区別する測定基盤が与えられる．こうした行為の表現を，ドライバーの罵り言葉は，動機の語彙，競争的意味，車とドライバーについての類型化された特性に結びつけうる（「右に行け，のろま！」）．交通における相互に可視的な位置関係はすぐに，明らかなゲーム，レース，攻撃と防御，またその他，一時的な出会いや，それなりに長い時間の出会いにエスカレートしうるものである．

　確かに社会的行為の一般的語彙は交通にも当てはまるが，それは特有なものとして当てはまるのだ．例えば交通における「権力」の利己的な表現は，他の社会技術的な通貨へと引き替えることは容易にはできない．したがって，交通の社会的秩序を，一般的な権力関係の投影と見なすのは疑わしいことであろう．しかし同時に，交通のエコノミーにおける感受性の構造は，裸の（あるいは「自由な」）主体から発される行為の可能性から派生するのではない．またこの構造は，行為とコミュニケーションの「日常的」様式をドライバーの様式へと翻訳するための単純な公式によるのでもない．結果として，交通における行為の説明可能な配置に対する特定性があり，これには，歴史的‐唯物論的理解を局所化された形で明確にしていくことが必要なのである．

第5章　ウィトゲンシュタイン，規則，認識論のトピック

　知識社会学における最近の研究の顕著な特徴は，おそらく，認識論の伝統的な課題を経験的探究のトピックへと転換しようとする試みであろう．新しい科学知識の社会学の提唱者は，単一の研究プログラムに従っているわけではないけれども，その多くは科学哲学への関心を表明している．デイヴィッド・ブルアは，ウィトゲンシュタインの言葉を借りて，科学知識の社会学は「かつて哲学と呼ばれていた領域の相続人」だと述べている．また，彼とバリー・バーンズは，科学知識の「内容」を社会学的探究の適切なトピックとして扱うことを提案している．

　既存の哲学的立場を，社会学的研究のための跳躍板として使用する知識社会学者もいる．例えば，ハリー・コリンズは，自らが「経験的相対主義」と呼ぶものに着手している[1]．そして，カリン・クノール＝セティナは，構築主義の科学哲学を支持する経験的社会学を提唱している[2]．エリフ・ガーソン，スーザン・リー・スター，アデル・クラーク，そしてジョーン・フジムラのように，アンセルム・ストラウスの「社会的世界」へのアプローチに従うものもいる．ガーソンらは，アメリカのプラグマティストによって提起された認識に関する着想のいくつかを発展させるために，エスノグラフィー研究や歴史的研究を用いている[3]．ブルーノ・ラトゥールとミシェル・カロンは，「アクターネットワーク」アプローチによって，さらに先へ進んでいる．このアプローチは，社会学や哲学における基本的な概念上の区別の多くを脱構築し，独特な存在論——人間と非・人間（nonhuman）のエージェンシーが記号論の原生的な泥の中から生じてくるような存在論——の中に位置づけるのである[4]．そしてマイケル・マルケイのように，現象学や文学理論の着想を受け入れている学者もいる．マル

ケイらは，認識論的，存在論的立場を，知識社会学者の研究対象たる科学領域において作動する言語使用域（discursive registers）として扱うべきだ，と主張しているのである[5]．

科学社会学におけるよりラディカルなアプローチでは，単に経験的研究によって「肉付けされる」べき仮定や概念上のテーマの一般的な源泉としてのみ，哲学が用いられるのではない．むしろ，こうしたアプローチは，実際の事例の歴史的探究やエスノグラフィー的探究によって科学哲学を書き直そうとしているのである[6]．こうした事情は，持続的でありそしてときにいきいきしたものとなるような，科学哲学との結びつきをもたらしている．ブルアやバーンズやコリンズは，経験的社会科学にしっかりとコミットすることで自らの相対主義的提案をやわらげている．それにもかかわらず，彼らの研究はしばしば科学哲学者によって，科学的探求の自然主義的で論理的な基礎づけに対する相対主義的攻撃として扱われている．

多くの批判者に関する限り，認識論的相対主義がそれ自体に向けられると不条理なものとなるというおなじみの議論は，科学知識の社会学者によって促進されてきた文化的，歴史的相対主義にも同様によくあてはまるものである[7]．こうした批判は，科学社会学それ自体に内在する動向——スティーヴ・ウールガーとマルコム・アシュモアによる，科学社会学における文学的レトリックと経験主義の主張についての「リフレクシブな」考察——に言及することで，ある程度は正当化されうる[8]．彼らの研究では，自然主義的な科学社会学や科学史のための提案は，その研究対象である自然科学者の客観的な主張と同じように，懐疑的な扱いを受けやすいということが示されている．社会学において，もっとも根本的な理論的，方法論的な問いについて合意がなされていないのであれば，科学知識の社会学におけるプログラムにかかわる着想や説明上の主張は，懐疑的な批判にとりわけ絶好の標的を提供しているのである．

こうした批判は，知識社会学に初めからつきまとっていたおなじみの問いを呼び起こす．すなわち，他の知識体系の「内的な（internal）」合理性や自然主義的な支えを浸食するようなプログラムは，いかにして，それ自身の主張に対して他のプログラムから同じことがなされないようにすることができるのか，という問いである．第2章で論じたように，マンハイムは，知識社会学には，そ

の独特な歴史的／制度的状況によって，宗教・政治・人間科学の中でよく知られているイデオロギー的立場からプラグマティックに独立しているのだ，と論じるというやり方でこの問いを扱った．

　ブルアとバーンズは，「ストロングプログラム」の提案において，やや異なった方針をとっている．それは，ある特定の科学理論や実験結果に関する真理や正当化可能性に対する「内的な」コミットメントを必ずしも浸食しないような説明戦略を，マンハイムの論証方法に補足しようと試みることである（第2章，第3章を参照）．彼らの議論によれば，知識社会学的説明が算術のもっとも基本的な諸命題にまでなされうるという事実は，これらの命題がなにがしか間違ったものであるとか，恣意的なものであるといったことを含意するものではない．したがって，知識社会学の再帰的な適用は，知識社会学自体の説明様式が根拠のないものであるということを必ずしも示しはしない．また，それは科学社会学と科学や数学における他の「強力な」論証様式との類似点を示唆するのにさえ使用されうるのである．問題は結局，「リフレクシビティ（再帰性／相互反映性）」は懐疑主義を含意するのかどうかということ，もっと一般的には，知識社会学の説明は，説明される「信念」に対する懐疑的な関心を必然的に含意するのかどうかということ，になるのである[9]．

1. ウィトゲンシュタインと規則の懐疑主義

　第2章で述べたように，ブルアは，ウィトゲンシュタインの数学についての著作を，マンハイムのプログラムを補強するために使用している．バーンズ，コリンズ，トレヴァー・ピンチ，ウールガーなどの科学知識の社会学者も，ウィトゲンシュタインを「社会学的転回」を始めた哲学上の重要人物として引き合いに出している．科学知識の社会学者は，論理的，数学的な規則の強制的な力と，そうした規則が特定の行為状況においてどのように適用されうるかということについての共同の合意（communal consensus）とが，不可分であることを示しているのである[10]．これらの社会学者は，デュエム＝クワインの決定不全性テーゼを彼らが用いている仕方と調和するように，つねに変わることなく数学における規則に関するウィトゲンシュタインの著作について論じている．つま

り，彼らは，ブルアが「知識の社会理論」と呼んだもの，すなわち，いかにして堅固な知識は可能なのかについての本質的に社会学的な説明を，哲学を超えて指摘するために，ウィトゲンシュタインの著作を論じているのである[11]．

　この章では，ブルアなどの知識社会学者が，ウィトゲンシュタインをどのように読んできたのか考察する．そして，彼らもソール・クリプキのように，ウィトゲンシュタインを，いかに規則が行為を決定するのかという問題について懐疑的な挑戦をひき起こし，また懐疑的な解決をすすめているものとして解釈していることを私は論じる[12]．クリプキのウィトゲンシュタイン解釈は，ウィトゲンシュタインをめぐる研究者サークルにおいて議論されてきた．そして彼らのクリプキに対する批判のいくつかは，ブルアなど社会学者の懐疑的議論に対してもあてはまるのである．多くの科学知識の社会学者とは対照的に私が論じるのは，規則に一致する行為についてのウィトゲンシュタインの議論は認識論的懐疑主義の拒絶として読みうるということである．

　私はさらに，ウィトゲンシュタインを反懐疑主義的に読むことは，規則と実践的行為との相互反映的（リフレクシブ）な関係を研究するための代替案としてのエスノメソドロジーのプログラムと両立可能である，と主張する．この相互反映性は，ウールガーとアシュモアによって支持された再帰性（リフレクシビティ）研究のプログラムと一体化した自己‐反省のテーマとは，重要な点で異なっているのである．科学知識の社会学者のように，エスノメソドロジストも，認識論における伝統的テーマを経験的研究のトピックへと転換しようとする．しかし，哲学の問題に社会学的な説明が与えられるような「社会学的転回」をすすめるかわりに，エスノメソドロジストは，社会的事実を説明するという社会学の目的を記述されるべき状況づけられた現象へと換えるような「実践学的転回（praxiological turn）」を始めるのである．社会学が消滅することが社会の達成になるわけである．この「実践学的転回」は，さらなる射程の含意をもっており，それについては第６章と第７章で述べることにしたい．

　エスノメソドロジーと科学知識の社会学は，表象，観察，実験，測定，論理的決定性といった，伝統的な認識論的トピックを探究するのであり，どちらのアプローチの支持者も，認識論のトピックを彼らが流用することをウィトゲンシュタインの哲学が助けてくれるのだ，と信じている．バーンズのみるところ

によれば，「［エスノメソドロジーとストロングプログラム］の間には興味深い平行性があるが，そうした平行性はウィトゲンシュタインの後期の仕事に両者が依拠していることから生じているのである」[13]．エスノメソドロジーの支持者も科学社会学の支持者も，ウィトゲンシュタインのテキストの「忠実な」読みをすることには，ほとんど関心がない．というのは，両者の主要な関心は，ウィトゲンシュタインの文献集成を，他の示唆的な素材とともに，経験的研究を刺激し導くために利用することにあるからである[14]．

ウィトゲンシュタインについてのこの共通の関心にも関わらず，科学社会学者とエスノメソドロジストは，ウィトゲンシュタインの後期の著作に対して，鋭く異なった読みを展開している[15]．そして，両者の相違は，規則と営為（conduct）についてのウィトゲンシュタインの議論についての哲学におけるおなじみの論争を呼び起こす．ウィトゲンシュタインの解釈者のなかには，秩序だった行為は，規則によってではなく社会的慣習（social conventions）と学習された傾向性によって決定されるのであり，それらによって潜在的な解釈の後退を逃れることになると，ウィトゲンシュタインが述べているのだと読むものもいる．また，ウィトゲンシュタインは，規則を実践的な営為(コンダクト)と不可分に論じるのであり，彼の著作は社会学的な，あるいは規約主義的（conventionalist）な，あるいはそれと関連するような説明形式をほとんど支持しない，と考えるものもいる．科学の社会的研究における多様な経験的プログラムが，こうした哲学的議論に照らして読まれるならば，それらは，何が「経験的」なのか，いかにそれを研究するのか，ということに関して，まったく異なった観点を含意することになる．知識社会学者がウィトゲンシュタインの懐疑主義的な読みを与えるのに対して，エスノメソドロジストは，――彼らのプログラムに対してしばしば言われることとは対照的に――非懐疑主義的な，ただし実在論的でも合理主義的でもない，ウィトゲンシュタインの拡張を展開するのである．両者ともウィトゲンシュタインの著作を自らの立場を支えるために引用しうるのだけれども，科学知識の社会学にとっての問題は，ウィトゲンシュタインの著作が哲学から社会学へと至る道を示唆しているのだ，ということにあるのではない．ピーター・ウィンチが論じているように，ウィトゲンシュタインは，認識論に関わることがらに一般的な社会的説明を与えることのまさにその可能性を，問

題化するのである[16]．

　ウィトゲンシュタインは，決して，科学の社会的研究にとって唯一の重要な哲学者というわけではないが，彼は，認識論における「社会学的転回」にとって，中枢人物であると広くみなされている．ブルアの『ウィトゲンシュタイン——知識の社会理論』は，科学や数学の社会研究においてウィトゲンシュタインの後期の仕事を扱ったもののなかで，もっとも影響力を持ってきた[17]．ウィトゲンシュタインの影響もまた，「〜として見る」「共約不可能性」「パラダイム」といった，科学社会学で非常にしばしば議論される，多くの「クーン派」のテーマを通じてフィルターがかけられている．ウィトゲンシュタインの重要性を示しているものとして，「生活形式」「言語ゲーム」そして「家族的類似」といった概念が，しばしばウィトゲンシュタイン自身の使い方にあまり注意をはらわれることなく，科学の社会的研究の文献に広く流通するようになったということがある．

　ブルアの提案の要点は，ウィトゲンシュタインは，認識論のトピックを社会科学研究にとっての一連の経験的問題へと転換することにおいて，中心的役割を果たした人物であるということである．ウィトゲンシュタインはデュルケームの社会学には言及していないし，また自らのアプローチを行動主義とは明示的に区別している[18]．しかしブルアは，ある点においてウィトゲンシュタインは経験的社会科学におけるこれらのプログラムと両立可能に扱えるのだ，と論じている．ブルアは，ウィトゲンシュタインとデュルケームの著作との間の見逃せない相違に直面すると，ウィトゲンシュタインの主要な主張のいくつかを拒否することによって，この相違を解決する[19]．

　ブルアは，自分は経験的プログラムによってウィトゲンシュタインを補おうとしているのであり，この目的にそうようにウィトゲンシュタインを創造的に誤読するのをいとわないのだ，ということを明言している．私はこれには異論はない．というのは，ある特定の哲学的伝統への忠誠心によって，独創的な社会学研究を行おうとする試みが回避されるべき理由は何もないからである[20]．リチャード・ローティが述べるように，ウィトゲンシュタインのような複雑な著作の「思想」を正確に表そうとする努力には終わりがないのかもしれない[21]．また，創造的な誤読をする方が，ウィトゲンシュタインの提起した問いについ

て会話を先に進めるのに役に立つということもあるだろう．けれども不幸なことに，ブルアはこれをはるかに越えてしまっている．というのも，ブルアはまた，ウィトゲンシュタインの「架空の自然誌を現実の（real）自然誌に，そして想像上のエスノグラフィーを現実のエスノグラフィーに」取り替えるためには社会学的研究が必要である，とも主張するからである[22]．この現実主義的（realist）提案は，ウィトゲンシュタインの著作を経験的に根拠づけたり修正したりすることが必要な思弁として扱っており，それは，ウィトゲンシュタインが「文法的な」探究を支持して理論や経験主義を拒否したこととはまったく相容れないのである[23]．ウィトゲンシュタインの著作は，たとえブルアのプロジェクトを是認することはないとしても，疑いなくブルアにインスピレーションを与えるのに役に立っている．けれどもまた，そうした著作をブルアのプログラム上の主張の多くに反対していると読むこともできるのである．

　第3章で示した通り，知識社会学のストロングプログラムに対するブルアの4点の提案は，科学の社会史における多くの研究に影響を与えたし，またおびただしい批判の的にもなった[24]．ブルアの因果論的前提は，科学の社会的研究において広く受け入れられているわけではない．しかし，その前提に同意しない多くの社会学者も，科学者や数学者の真理の主張に関するブルアの懐疑的姿勢は共有していた．私は，これを「懐疑的」姿勢と呼んだからといって，ブルアが科学者の理論や数学者の証明に疑念を唱えているのだと言っているわけではない．マンハイムの「没評価的・普遍的・全体的イデオロギー概念」に従って，ブルアの「対称性」や「不偏性」の公理が要求しているのは，すべての理論・証明・事実が社会的原因によって説明されるべき信念として論じられるべきだということのみである．ブルアの懐疑主義は，主に方法論上のものである．というのは，彼の目的は，科学や数学について社会的あるいは規約主義的説明を提示するために，彼が「科学的信念」と呼ぶものの内在的合理性を相対化することだからである．この目的は，確かに社会学研究の戦略としては成功したのだが，同様の懐疑主義的姿勢は，ウィトゲンシュタイン派の哲学者から，大量の批判を招いたのである．

規則,行為,懐疑主義

ソール・クリプキは,『ウィゲンシュタインのパラドックス』という著作において,規則に従うことについてのウィトゲンシュタインの議論をレビューしている.クリプキは,ウィトゲンシュタインの議論を,いかにして規則は行為を決定するのかという古典的な懐疑的問題に対して,新しい解決を提出するものとみなしている.クリプキの見解によれば,ウィトゲンシュタインは,初めは,行為は規則によって十全に決定されないという懐疑主義のテーゼを受け入れているが,しかしその後に,秩序だった営為(コンダクト)はいかにして可能かという問題に対して,社会構築主義的解決を与えているのである.クリプキは,ウィトゲンシュタインには懐疑的,規約主義的視点がある,とする唯一の哲学者ではないが[25],彼の著作はウィトゲンシュタインをめぐる研究者サークルから特に激しい批判を招いた[26].ウィトゲンシュタインは,他のいくつかの草稿やノート集でも規則について論じているが[27],クリプキとその批判者との間での論争は,『哲学探究』の第143節から第242節までに関わっており,そこでは,数列(2, 4, 6, 8……)を続けていくという有名な例があげられている.

ウィトゲンシュタインの後期の著作に典型的にみられるように,部分的には重複していたり類似していたりする一連の例をともなって,おびただしい議論の糸がテキストを織りあげている.問いが提起されるが,それは放置されたままのように見える.また,ウィトゲンシュタインが,自身の見解を述べているときや,対話者の声を借りて語っているときをたどるのが難しいこともときどきある.こうした難しさにも関わらず,あるいはおそらくはこうした難しさのゆえに,当の議論は,おびただしい2次・3次資料のなかで再構成されてきたのである.私の理解では,議論は次のようになっている.

ウィトゲンシュタイン(『哲学探究』第143節)は,教師が生徒に,ある形成規則に一致するように基数の数列を書くように求める,という「言語ゲーム」を考案している.議論上明らかなことだが,この言語ゲームとその仮想の落とし穴は,算術だけでなく,チェスをするとか自然言語を話すといった他の規則にのっとった諸活動(rule-ordered activities)においても,規則に一致している行為に関する範例として理解されるべきである.議論の主要部分において,ウィトゲンシュタイン(『哲学探究』第185節)は,私たちに次のように仮定するよう

第5章　ウィトゲンシュタイン，規則，認識論のトピック　　　　195

に求める．すなわち，学生は自然数の数列に習熟しているのだということ，そしてその学生には1000未満の数に対して「n + 2」の数列の練習問題が与えられてきたのだということ，こうしたことを仮定するように求めているのである．

　そこで，私たちは生徒に1000を超えて（例えば，+ 2の）数列を続けさせる．——すると，彼は1000, 1004, 1008, 1012と書く．私たちは彼に言う．「見たまえ，きみのやったことを！」——彼は理解しない．
　私たちは言う．「きみは2を足すことになっていた．見てごらん，どうやってこの数列を始めたのかを！」彼は答える．「ええ，これは正しくないのですか？私は，このようにしなければならないと思ったのですが．」

　懐疑主義的な読み方においては，この生徒の「間違い」によって，彼の現在の行為は，次のような想像可能な数列と論理的には一貫していることが明らかになる．すなわち，「1000までは2を，2000までは4を，3000までは6を足せ．」というものである．この生徒は，1000を超えた例を与えられていなかったのだから，この規則についての彼の理解は，彼の以前の経験と一貫したものである．十分な想像力を働かせれば，こうした置換が非常にたくさん生じうる．例えば，コリンズは次のように述べている．「2を足す，そしてまた2を足す，そしてまた2を足す，それからまた……といった規則では，私たちがなすべきことは十全には特定されない．というのは，『82, 822, 8222, 82222』『28, 282, 2282, 22822』『8^2』などと書くことによっても，この指示には従うことができるのだから．このそれぞれが，ある意味で『2を足す』ことになるのだ．」と[28]．私たちは，この生徒が以前に計算した有限な数列の例に基づいて，「n + 2」という定式化の無限に多様な理解について考えることができる．それゆえ，私たちは，根本的に相対主義的な地点に到達したように見えるのである．

　私たちのパラドックスは次のようなものであった．すなわち，規則はいかなる行為の仕方も決定できないであろう．というのは，どのような行為の仕方もその規則に一致させることができるのだから．
　そしてその答えは以下のようであった．すなわち，どのような行為の仕方

も規則と一致させることができるのなら，矛盾させることもできる．それゆえ，ここには一致も矛盾も存在しないのであろう．（『哲学探究』第 201 節）

しかしウィトゲンシュタインがその次に続けて言っているように，このパラドックスは私たちの規則の把握が「解釈」に基づいているという前提に基づいている．「解釈」とは，ある共同体のいかなる恒常的な実践からも分離された規則の意味についての私的な判断のことである．ウィトゲンシュタインは，次のように付け加えることで，先のような解釈の可能性に異を唱えている．すなわち，私たちの共同の行動の規則性は文脈を供給するものであり，規則はその文脈においてこそまず最初に表現され理解されるのである，と彼は付け加えているのだ．数を数えることにおける想像可能なバリエーションが私たちの実践に入り込むようなことは，たとえあるとしても，めずらしいことである．そしてまた，数学者の間でも，彼らの実践の規則について激しい論争がおきることはない（『哲学探究』第 212 節）．数学者はただ，「当然のこととして」規則に従っているのである（『哲学探究』第 238 節）．

しかしここでの問いは，なぜ？ ということである．あるいはむしろ，ここでの問いは次のようであるのだ．すなわち，いかにして私たちは，ある規則が以前に適用されたことのないような事例にもあてはまるように規則を拡張することを，まったく問題なくやっているのか？ その答えは，社会学に訴えるものがあるように思われる．ウィトゲンシュタイン（『哲学探究』第 206 節）は，規則に従うことを命令に従うことに例えている．そして，規則・命令・規則性という概念は，共同の行動の連鎖（nexus）においてのみ場所を占めることができることに注目している．いかにしてこうした秩序だった行為は確立されるのだろうか？ 例示や指導を通して．あるいは一致の表現や練習を通して．そして脅迫を通してさえ．「私が恐れているある人が数列を続けるように命令するならば，私は完璧な確実性を持って素早く行為するであろう．そして私は理由の欠如によって悩んだりはしないのである（『哲学探究』第 212 節）．」

私たちは計算の規則に一致するようにたしかに行為しているのだから，そうする理由は，形式数学にではなく，私たちの「生活形式」に本来備わっているのである（『哲学探究』第 241 節）．私たちの実践を制限するもの，そして生徒が

それを学習すれば最終的にはその生徒の実践を制限するもの，それは規則だけではない．こうした実践を制限するのは，ある仕方で規則に従うための社会的慣習なのである．もし，論理が私たちに「強いる」と言うことが意味をなすのであれば，ブルアが言っているように，それは，私たちに「ある行動を正しいと，そしてある行動を誤りだと認めるように強いる」という点でのみそうなのである．「私たちは，ある生活形式を自明視しているからそういうことになるのだ．」[29]

秩序だった計算は，私たちの自然的傾向のみならず，練習を通して身につける社会的慣習にも依存している．そしてその慣習は，私たちをとりまく社会的世界における規範的実践によって，教え込まれ，強化されるのである[30]．「人類共通の行動」や「生活形式」というような表現を，特定の社会集団の規範よりもより広い領域を指しているものとして読むのであれば，私たちは，私たちの共通の生物学的／心理学的能力に訴えることができる．もし数学（この場合，初等算術）が，もっとも厳格に規則に支配された（rule-governed）活動の１つであるとするならば，ウィトゲンシュタインは，数学の秩序を説明するために，哲学から社会学やその他の経験科学への転回を支持する強力な議論を提示しているようにみえる[31]．

規則についてあてはまることは，また自然科学における理論についてもあてはまると言える．すなわち，自然科学の理論は事実によっては十全に決定されないのである．というのは，実験結果の有限集合によって一義的に支持されうる理論はないからである．したがって，たとえある理論に関して合意に至ったとしても，それは事実のみによって説明されるのではなく，科学者共同体における社会的慣習や共有の制度によって説明されるのである．共同生活のこうした側面によって，可能な理論的説明の領域は，１つもしくはごく少数の社会的に認識され承認されたものへと，非常に限定されているのだ．集合的習慣によって，また，より白熱した時代には，猛烈な説得によって，あるいは強制によってさえ，理にかなった理論的選択肢の範囲は制限される．

科学の社会的研究の魅力は，この時点で明らかなようだ．ウィトゲンシュタインの懐疑論的な読み方においては，数学や自然科学の内容は社会学者の裁量にまかされているようである．というのは，数学の演算式や物理学の理論法則

そのものは，いまや，理性の超越的法則や純粋数学形式の理念的領域における本質的関係といったものを表現するのではなく，「人類の共通の行動」を表現するものとみなしうるからである．

　ブルアの議論は必ずしも，科学者や数学者の行動を，学問共同体の「外側」からおこる規範やイデオロギー的影響に言及することによって説明しようとするわけではない．こうした「外的」影響は，それがレリバントであるときにはつねに含まれうるものなのではあるが，ブルアの議論ではまた，相対的に小さく閉じた学問共同体（コリンズの用語でいう「中核メンバー」）は，そのメンバー（成員）の慣習的実践について責任を負わされるものとして認められてもいるのである[32]．科学領域における論争は特別な意義を持っている．というのは，そうした論争は，理論と事実と実験手続きの間の「内的な」関係に関して，科学共同体のなかでの亀裂を表示しているからである．

　第3章で論じたように，科学の社会的研究における既成の手続きとは，次のことを立証するために，歴史上の記録（そして可能であればいつでも，インタビューやエスノグラフィー的観察）を使うことである．すなわち，科学的なあるいは技術的な論争の間にはずっと開かれていた解釈の可能性が，いかにして相争っている革新派の1つが共同体において支持を集める際に閉ざされるのか，と．こうした議論によれば，実験によるテストにおいて革新派がすぐれた成果を出すことは，その革新派が競争相手を破った理由を説明しているようにみえるだけである．すなわち，その革新派が技術的に優れているということは，当の事実の確定後にのみ明らかになったものなのだ．そしてそれは，決定的に排除されることは決してなかった代替的な可能性が，脇へ置かれ，自明の前提というブラックボックスの中に葬られるとき，明らかになったのである[33]．そのときから革新派の成功は遡及的に正当化される，といった具合に議論は続けられる．そして事例に応じて，その正当化は，「自然」や「理性」の命令と一致する理論，あるいは競争相手よりも「効率の良い」発見といったものと対応するような，一連の経験的事実に訴えることができるのである[34]．通常科学と革命科学の相違は，結局のところ，科学や数学や技術の発展のために開かれていたいくつかの可能性が，明示的に論じられているかどうか，あるいは，「既成科学」[35]における自明なハビトゥスのなかに沈んだままであるのかどうか，ということに

なる.

ウィトゲンシュタインの懐疑主義批判

　規則に従うことの例についてのクリプキの懐疑主義的テーゼは，ブルアや他の社会学者の説明プログラムと両立するかもしれないが，根本的に誤ったウィトゲンシュタイン読解であると非難されてきた．例えば，スチュアート・シャンカーは，クリプキが『哲学探究』の第201節から先に引用した鍵となる文章の1節を誤解している，と論じている.

> ウィトゲンシュタインの最初の，そしてもっとも持続的な目標の1つは，懐疑論者としてふるまうことなどではさらさらなく……懐疑論的な立場を，その理解不可能性を示すことによって，切り崩すことであった．「なぜならば，疑いは問いが存在するところにのみ存在でき，問いは答えが存在するところにのみ存在でき，そして答えは何かが言われうるところにのみ存在できるからである.」[36]

　シャンカーは，ウィトゲンシュタインの文章のこの1節が「持続的な背理法 (reductio ad absurdum) の最頂点である」[37]ことを，クリプキが捉え損なっている，と論じている．クリプキはウィトゲンシュタインを認識論における実在論-反実在論論争におなじみの用語で解釈しているのだが，一方で，シャンカーは次のように主張している．すなわち，ウィトゲンシュタインはこの論争のどちらの陣営も支持していないし，ウィトゲンシュタインの議論をどちらかの側に入れようとするいかなる試みからも相当の誤解が帰結するのだと.

　しかし，もし前提が間違っているのであれば，——もしウィトゲンシュタインが，実在論／反実在論の区別の基礎そのものを切り崩すような過程に乗り出していたというまさにその理由で，どちらの思想の学派にも属さないのであれば——『数学の基礎』の「懐疑的」解釈は，それ自体一挙に切り崩されるのである[38].

シャンカーが再構成するように、ウィトゲンシュタインの数列の議論の要点は、規則に従うことの「擬似因果的な」像の不条理や、「心的メカニズムにかかわる抽象的対象」として規則を解するような形而上学的な扱い方の不条理を、例証することである。シャンカーの読むところによれば、ウィトゲンシュタインは、この決定主義的な像を、規則に従うことの実践的な基礎を強調するような像に置き換える。規則が私たちの行動を導くという「印象」は、「私たちの規則を適用することにおける容赦のなさ」を反映している[39]。

ここまでの議論は、ブルアやバーンズやコリンズなどの科学知識の社会学者が当の例から引き出してくる教訓と、かなりの程度一致している。しかし、議論はまもなく分岐する。懐疑論者は、擬似因果的な像を捨てることが正当化されるところまではウィトゲンシュタインの背理法に従うが、その後は、規則は行為の十分な説明を提供しないと結論づけてしまう。この結論は、知識社会学の領域に位置づけられると、いかにして秩序だった行為は可能かということについての代替的な説明を模索する動機を与える。社会的慣習や関心が、合理的な強制によってあけられた空虚を満たすのである。

懐疑主義的戦略に不可欠の処置は、規則の定式化を、規則が定式化する実践（規則の拡張）から切り離すことである。ひとたび規則の言明が、規則を新しい事例へと拡張する実践から分離されると、両者の関係は問題をはらむものになる。すなわち、いかなる単一の規則も、その規則に一致する (in accord with) と考えられていた以前の実践によっては決定されないのであり、そうした規則をいくら精緻化しても、規則の言明の文字どおりの形式と一貫している (consistent with) 誤った解釈を閉め出すことはできないのである。したがって、こうした非決定性は、懐疑主義的な解決によって矯正されるのである。懐疑主義的解決とは、規則とその解釈との関係に対する影響についての外的な源泉を援用するものだ。こうした外的な源泉には、社会的慣習、共同体の合意、心理学的傾向性、そして社会化、――代替的な解釈の可能性を制限するような思考と行為の習慣の調整、といったものが含まれる。したがって、さらなる研究のために以下の問いを提起することができる。すなわち、こうした慣習はいかにして確立され、維持されるのか？　不確実性や論争を前にして、いかに合意に到達するのか？　私たちの生物学的成り立ち、認知構造、社会的結合からの関連す

第 5 章　ウィトゲンシュタイン，規則，認識論のトピック　　201

る寄与はいかなるものであるのか？　などである．

　懐疑主義的解決とは逆に，シャンカーは次のように指摘する．「背理法の目的は，たしかに，規則に従う実践の理解可能性や確実性を問うことではない．」(p. 25) 懐疑的パラドックスから出る道は，反実在論という認識論的立場をとおして切り開かれるのではなく，「文法」の検討をとおして切り開かれるものである．認識論における「基礎づけの危機」(実在論-反実在論論争) は，答えのありえない問いから生じており，ウィトゲンシュタインは，そのような問いを解消する方法を提供したのである．したがって，論証の要点は，客観性を切り崩すことではなく，「いかなる意味において，数学の知識は客観的であると言えるのか」ということを明確化することであり，それは，そうした知識には客観的あるいは超越論的な基礎があると言うこととは，同じことではないのである[40]．シャンカーにとって，2きざみに数えていく規則と規則に一致して行われた行為との内的関係は，新しい事例へと規則を拡張するための基盤としては不十分なものである，ということは決してない．また，心理学的傾向性や生物学的メカニズムあるいは外的な社会的慣習のなかに，そのような基盤を探し求める必要もないのである．

　G. P. ベイカーと P. M. S. ハッカーもまた，『哲学探究』の拡張的な解釈において，数列の例についてのクリプキの懐疑主義的な読み方に異議を唱えている[41]．彼らが特に標的にするのは，彼らが「共同体説 (the community view)」と呼ぶものであり，それは，規則に従う行動は共同体の行動によって裁可される推論のパターンによって決定される，という立場である．共同体説に対する彼らの批判はときに熱心過ぎるものもあるが[42]，もっとも説得力のある議論は，繰り返す価値がある．彼らの見解によれば，問題は，懐疑論者が初めに問いを言い表すその仕方から始まっている．「規則のようなものは，いかにしてその規則に一致する行為の無限の列を決定できるのか？」という懐疑論者の問いは見当違いである，と彼らは論じている．同様の問いに関してウィトゲンシュタインも述べているように (『哲学探究』189節)，「『だが，そうした移行 (steps) は代数式によって決定されているのではないのか？』という問いには，誤りが含まれている」のだ．この問いは，規則とその拡張性との独立を前提としているのであって，それはあたかも規則がその規則に一致してなされる行為に外在し

ているかのようである．

　懐疑主義的解釈は，規則に従うことの疑似因果的な像を保持している．というのはそれは，規則に従う実践を超えてあるいはその下に，説明的な要因を探すということを，決して放棄しないからである．懐疑論者は，「n＋2」という公式が追従を強制できないことには合意しているのだが，原因をどこか他のところに探し続けている．すなわち，心・解釈・社会化された傾向性などである[43]．しかし，規則と拡張とに「内的な」関係があることに合意するならば——つまり規則を新しい事例へと拡張する組織された実践を別にしては，2きざみで数える規則について述べることさえ意味がないのだ，ということに合意するのであれば——認識論的な謎は解消されるのである．「『いかにして規則は，これをその規則の適用として決定するのか？』ということは，『コインのこちら側は，いかにして，もう一方の側をこちら側の裏として決定するのか？』ということと同様に意味のないことである[44]」．

　規則の定式化は，ふつう紙に書き留められ壁に貼られており，その規則に従ったり従わなかったりするいかなる行為とも別に，しばしば復唱されているという事実を所与とすれば，このアナロジーは当惑させるもののようにみえるかもしれない．このことをさらに明確にするために，ウィトゲンシュタインの未刊行の草稿から次のような文章の1節を考察しよう．

　　ある規則が私をある行為へと導くことができるのは，言葉によるいかなる指示（direction）でも，例えば命令などでもそうできる，ということと同じ意味においてのみである．そして，もし人々が規則に一致した自分たちの行為において合意しないのであれば，そしてお互いに妥協することができなかったならば，それはあたかも，彼らが命令や記述などの意味について和解することができないかのようであろう．それは「言葉の混乱」であり，彼らすべてが自らの行為と同時に音を発しているのだけれども，それにもかかわらずそこに言語はないということができるであろう[45]．

　ノーマン・マルコムがこれを読むところによれば，「規則は，人目を引かないような一致の場面において以外は，何も決定しない」のである．こうした協調

的行為がないと，規則は，あたかもそれが「はだか」であって，「規則を表示する言葉には重みも生命もない」かのように，孤立したものになる[46]．このことは，例えば，ボストンでの交通法規の諸規則は，ドライバーにいつも無視されるのでほとんど重みがない，ということ以上の意味をもつ．そうではなくこのことは，規則の理解可能性を支えている実践的な固守（adherence）のことを指しているのだ．すなわち，規則が定式化されたり，著しく破られたり，無視されたり，明白に従われたりする際に，すでにあるべきところにある協働活動の秩序のことを示しているのである．ある規則や命令についての言明は，そうした活動の構成要素なのであって，それらの活動を包含したり決定したりする方法は，「はだか」の言明においては，たとえそのもっとも洗練されたものにおいてでさえ，ないのである．

私たちは規則に従うとき，あたかも規則の意味が抽象的な定式化のなかに何らかの仕方で十全に含まれているかのようには，規則を「解釈」することはしないものである．私たちは「端的に（blindly）」行為する．そして，しかるべく行為することによって自分たちの理解を示すのであって，言説的な解釈を定式化することによってそうするのではないのである．もちろん，規則を誤って解釈することは可能であるし，また，私たちは確かにときおり，規則とは何だとか，いかにして特定の状況において規則を適用できるのかだとか，疑問に思うこともある．しかしながら，そうした機会があることは，規則についての懐疑主義の一般的な立場を正当化するものではないし，通常の場合に私たちが自分たちの行為において規則を使用するために規則を解釈しているのだ，ということを示唆するものでもない[47]．

反懐疑主義の議論が，よりおなじみの「内在主義的な」あるいは合理主義的な視点へと逆戻りするものではない，ということを理解するのは重要である．ベイカーとハッカーが扱っている内部と外部の区別は，科学の進歩についての説明における内在主義-外在主義の区別とは，混同するべきではない．ある意味で，ベイカーとハッカーは「内在主義」の立場に属しているのだが，それは，ある組織された実践（例えば計算）が，その合理的な組織化（すなわち，関連性のある規則に一致して秩序だっているということ）を例証する，という主旨に属しているということなのだ．しかし，このことは，合理性が実践を支配するという

ことや，ある一連の規則に訴えることによって実践を説明できるということを，意味するものではない．ここで再び，ウィトゲンシタインからの引用が，ここで関わっているような規則と実践とのある種の「内的な」関係を明確にするのに役立つであろう．

　途方もないかけ算をすることを想定してみよう——千桁の数字である．そして，ある時点以降で，えられた2人の答えがお互いに離れることを想像してみよう．このように離れることを防ぐ方法はない．つまり，2人の答えを点検しても，答えはまだ離れるのである．正しい答えとは何だろう？誰かがそれを見つけるのだろうか？1つの正しい答えがあるのだろうか？——私なら，「これは計算であるのをやめたのだ」と言うだろう[48]．

　ベイカーとハッカーはときおり実在論の主張をするけれども，その議論は，認識論的実在論を総括的に是認するものではない．そうではなく，それは，外在主義の以下の2つの派生体の否定である．すなわち，(1) 数学の超越論的な対象が数学者の実践を決定するというプラトン主義の立場と，(2) (共同体の規範や個人の傾向性などの) 他の何かが規則と行動との関係を説明するという，懐疑主義の立場である．私はこの点を強調しておく．というのは，この点が誤解されやすいということは，以前にこの議論に対してブルアが返答した内容から明らかなことだからである．また，ブルアがいかにして数列の例から教訓を定式化するのかについて，再検討することは有益であるかもしれない．というのは，それは私がこれまで論じてきたいくつかの問題を例示するからである[49]．

　『哲学探究』第185節において，ウィトゲンシュタインは，算術におけるある規則を伝えようとしている教師が，この課題を体系的に誤解している生徒にもし出会ったとしたらどうなるだろうか，ということを想像した．あらゆる修正の試みも失敗に終わる．なぜなら，その試みもまた，体系的に誤解されるからである．これは，規則に従うための規則に関する無限後退の可能性の1例である．このことは，「解釈」の限界と，インデックス性の修復という課題に終わりがないということを示している．しかしながら，この例のもう1

つの側面として，この例が内的関係について述べていることがある．つまりこの例は，逸脱者が規則を理解しているときには，規則の逸脱的な適用それ自体が，規則との内的関係にあるのだ，ということを示しているのだ．ここでの教師と生徒が通常の接触に失敗しているのは，自分自身の定義の系統や，記号と実践との間の自分自身の内的関係のセットといったものを，生徒が構成しているからである．それゆえ，規則とその適用との内的関係という現象は，——狭義に捉えれば——共有された実践の特質として知られているので，規則に従うことの本当の性質を定義するのには役に立たないのである．それは，せいぜいのところ，算術の実際の規則とその特異な代案との違いを定義するように私たちに求めるくらいのものである．そして，解釈についての先の議論がとったその仕方で，次のことが確信される．すなわち，受容された算術の制度を定義するためには，それ以上の異なった何かが必要とされる，ということが確信されるのである．明らかに，ウィトゲンシュタインの例に必要なものは，競合する内的関係の間の行き詰まりを打開する何かである．その要因の1つは，合意，つまり，まさにベイカーとハッカーによって拒否されたものであろう．究極的には，他方よりも一方の内的関係を集合的に (collective) 支持するということこそが，教師の規則を正しいものとし，別の規則を逸脱や誤りとしているのである．

数列の議論のブルアによる引用は，規則を「理解する」という中心的な問いについての深刻な混乱を示している．その混乱は，ブルアの知識の「社会」理論におけるきわめて反ウィトゲンシュタイン的な心理主義の要素を指し示しているのである．この文章でブルアはまず，ウィトゲンシュタインの例にでてくる生徒は「その課題を体系的に誤解しているのだ」，と述べる．すぐその後で，ブルアはこれを，「逸脱者が理解する」ように規則を適用したものとして，特徴づける．この点から続けて，ブルアは，生徒の「特異な代案」を教師による規則の慣習的な扱いと対称的な関係に置き，両者は規則と可能な実践との「競合する内的関係」を示しているのであって，その行き詰まりは合意によって打開されるのだ，と主張するのである．

ブルアの解釈にはいくらかのもっともらしさがある．例えば，ある子供があ

る大人の与えた教示(インストラクション)によって数を数えることを学んでいるという，次のような例を考えてみよう[50]．その子は，「いち，に，さん，し，ご」と自分の手の指を使って数える．大人がその子供に，「後ろ向きに数えられる？」と聞く．その子供は後ろを振り向き，問いを発した人に背を向けて，「いち，に，さん，し，ご」と数を数える[51]．ブルアのすすめに従うならば，この例は，次のようなことを例示していると言えるかもしれない．すなわち，「後ろ向きに数える」という命令が，インデックス的表現——表現の意味がその表現が使用される実践に結びついているような表現——であるのはいかにしてなのか，このことを例示しているのである，と．この子供は大人の命令を誤解しているけれども，それでもこの子供の逆という語の適用は，大人の問いを当の形式とは別のもの，例えば「顔を後ろに向けられる？」に結びつくようなたぐいの理解を含意している．その「正しい」適用を示す言明の形式には，本質的なものは何もない．ブルアの用語によれば，この子供は，後ろ向きに数えるという言葉を，数を数える技術に適用するために，「自分自身の定義の系統と自分自身の一連の内的関係とを構成する」のである．競合する内的関係の間での行き詰まりは，この子供が笑われたり，訂正されたり，例を示されたりするときに打開されるのであり，そしてこの子供はついには，逆から数えることの意味を慣習的な実践における構成的表現として学ぶようになるのである．

　この記述で問題になるのは，もしこの子供が後ろ向きに数えるという命令を「体系的に誤解」していたとするならば，この子供は当の命令を適切に使用することを理解していると例証することはできなかった，ということである．この子供が振り向いて，「いち，に，さん，し，ご」と数を数えるとき，この子供は逆から数えるという言葉にひっかけるということを意図せずに行っているのだけれども，しかしながらこの子供が行っているのは，「ご，よん，さん，に，いち」と言うことによって例証されるような，私たちが逆から数えると呼ぶ技術ではないのである．この子供は，その行為が数える技術に無知であることを表示している点で，当の命令の「おかしな」理解を示している．この子供の行為は大人の命令によって提起された技術に対して実行可能な代案を確立しているのだと，私たちが想定しないのであるならば，「競合する内的関係」の間には対称性も行き詰まりもないのである．さらに，もし実践や技術が完全に私的なこ

第 5 章　ウィトゲンシュタイン，規則，認識論のトピック　　207

とではないのだとすれば，この子供は「自分自身の」技術によって後ろ向きに数えるという言葉を理解しているのだ，と言うことには意味がないであろう[52]．

　ベイカーとハッカーが算術における規則と実践との「内的」関係について述べるとき，彼らは規則の表現と算術の技術との間の文法的な関係を記述しているのである．このことは，生徒「自身の，記号と実践との間の内的関係のセット」あるいは「自分自身の定義の系統」について述べるときに，ブルアが言及するような「内的関係」とは何のかかわりもない[53]．ここでブルアは内的という言葉を，あたかもそれが規則の意味についての生徒の私的な概念を指示しているかのように使用しているように思われる．しかし，ウィトゲンシュタインの例において生徒がなしているのは，自分は規則に従っているのだと自分で考えているにすぎないということを例証するような行為なのである．規則と実践との内的関係を個人的なことがらのように扱うことによって，ブルアは「受容された算術の制度を定義する」ために「より多くの異なった何か」を探し求める必要を作り出したのである．その行為を当の規則の「誤解」としてはじめに特徴づけることが意味をなすのは，「受容された算術の制度」のうちにすでに状況づけられた（すなわち，「受容された算術の制度」に内在的な）立場からのみであり，それゆえ生徒のなしていることを「競合する理解」として特徴づけるような比較可能な立場などないのである．

　ウィトゲンシュタインの例には，生徒の誤解は数列の正しい数え方と等価な理論的立脚点におかれるべきである，というような示唆などありはしない．このように言うことは，生徒の窮地への同情が欠如していることを表わしているのではない．そうではなくて，記述の初期条件を改定することなしには，「体系的な誤解」をそうした立脚点に置く余地などないのだ，ということを指摘しているのである．既成の算術の実践や技術は，特定の条件から切り離すことはできない．すなわち，そのもとで，ある関連性のある行為が，理解であるとか，競合する理解であるとか，あるいは誤解であるとかとして特徴づけられるような，そういった条件から切り離せないのである．たとえ生徒の実践が「誤解」を表示していたとしても，しかしながら，それは規則を「相対化」するものではない．「競合する内的関係」は生じえないものとされているのだ．というのは，その生徒の実践は，2ずつ数えるという確立された実践に照らして否定的に定

義されているからである．

　実践や技術が行われる通常の仕方にとって，特異なオプションのようなものはありえないのだなどと言っているわけではない．競合は，たしかにさまざまな内的関係のなかで起こりうるし，ときには「逸脱的な」使用法（例えば，「非文法的な」口語表現，あるいは公式規則によってはじめは禁止されていたゲームの変形など）がのちに支持されることもある．ここで重要な点は，こうした特徴づけがどれも「逸脱的な」（あるいは「奇抜な」「間違った」「革新的な」）行為の担い手「自身の，記号と実践との間の内的関係のセット」によってなどいない，ということである．この行為の担い手は，自分の行為を間違いであるとか，正当な代案であるとか，あるいはある実践の特異な例であるなどとみなすような，内的関係を有してはいない．むしろ，こうした特徴づけはすべて，この行為の担い手の行為が何らかの協調的実践と関係しつつすでに生起しているのだということを，想定しているのである．

　（第3章で論じた，ジョセフ・ウェーバーによる重力波実験についてのコリンズの事例研究のような[54]）慣習的でない理論が論争の過程で却下される科学者のアナロジーによってウィトゲンシュタインの例における生徒を扱うことは，誤解を招くであろう．科学史を「偉人」の思想の年代記に還元するというかつてありふれていた傾向にもかかわらず，個人「自身の，記号と実践との間の内的関係のセット」によっては，論争など起こりはしないのである．論争的な理論が，それについて論争が存在している理論として，まさに当のものとしてあるということは，ある領域における設備，技術，読み書きの実践，観察言語，受容された概念といったものと内的に関係しているのであり，このことは，歴史家や，あるいはもともとこの理論を公表した科学者までもが，のちにその理論を「誤解」や「間違い」として特徴づけたとしても，そうなのである．したがって，ある学問分野において受容された理論に対するすべての想像可能な代案が，論争的な理論とみなされるわけではないし，また，外部の分析者が，根本的に重要なことがらについてなされたすべての慣習的でない主張に対して，対称性の方針をあえて適用することができるわけでもない．そうした価値判断のないような立場に対する余地はないのだ．

　ブルアは，ウィトゲンシュタインの「社会学的」読み方の権利を自信をもっ

て主張しているのだけれども，彼が数列の例について述べているところでは，根本的に個人的なやり方で内的関係が描かれているのであり，あたかもその生徒は，教師の理解とは対立しているが同等に妥当であるような，自分自身の算術の理解ができるかのようである．かくして「合意」こそが，その同等さの中に独立に取り入れられることで，生徒と教師の個人的な「理解」の間の「行き詰まりを打開する」要因となるのだ．確かにウィトゲンシュタインは，一致（agreement）についての議論においてある種の合意を含意してはいるが，この「人目を引かないような一致」は徹底的かつ遍在的に社会秩序の産出の一部であるので，分離した説明要因としてはほとんど価値がないのである．

　ウィトゲンシュタイン（『哲学探究』第241節）は，「意見における」一致と「生活形式」における一致とを区別している．生活形式における一致は，私たちの活動の一貫性において，それを通して表示される．間違いや中断や体系的な誤解といったものが，気づきうるものや説明可能なもの（アカウンタブル）となるのを可能にするのは，活動とその結果の明白な一致や，行為と表現の調和のとれた編成なのだ．自らの行為が誤解を表示している生徒や，あるいはその生徒の誤解を記述する社会学者にとってさえ，そうした一致からの休止（time out）などないのである．こうした合意を記述し，活動におけるその役割を特定することは，因果的要因を分離することではないのである．

　同様の議論は，科学社会学者がデュエム＝クワインの決定不全性テーゼを一般的に用いる仕方にも当てはまる．「証拠」と「理論」を分離して，そこから，現存のデータを説明する代替的な理論を（たとえもっともらしくないとしても）常に想像できるのだから，単一の理論の受容を強制することができるような有限数のデータなどありえないのだ，と論じることによって，決定不全性の問題がつくられるのである．この古典的な議論を社会学的に用いることにかかわるトラブルとは，そうした社会学的な使用においては，こうした議論が「論理学的観点から」つくられているということが無視されていることである．この観点は，多くの点において，科学の社会的研究の経験的援助とは両立しないのである．

　実験の実践についての社会学的記述は，典型的には次のような初期状況を描く．それは，データが理論と分離していない（あるいはまだしていない）ような

状況であり，理論的先入観，日常言語的概念，実験室の設備やスタッフへの信頼といったことがすべて作用しはじめるような状況である．そうした状況における科学者は多くの解釈的な問題に直面するかもしれないけれども，それらの問題は，分離したデータと，同じく分離した理論的言明とを調停させるといったことがらには要約されたりはしないのである．もちろん，多くの興味深い問題が，技術者，実験者，実験室の管理者，および理論家の間での分業から生じうるし，また，これらの問題は，器具の標準化，スタッフの調整，および多様な種類の記録や証拠の調停といった，さまざまな実践的努力をもたらしうるだろう[55]．

　こうした解決は，決定不全性についての哲学的関心を満足させるような論理的証明の厳正な基準にかなうように企図されているのではない．実際，シャンカーや，ベイカーとハッカーのウィトゲンシュタイン解釈に従うのであれば，哲学の記述というものは，それが記述しているようにみえる実践に対して，なにがしが適切なものなのであろうか，といった疑いへ導かれうるのだ[56]．ウィトゲンシュタインの数列の議論の懐疑的な扱い方のように，決定不全性のテーゼが定式化される仕方は，まだ説明されていない決定といったものを誤って示唆する．すなわち，科学者がデータと理論との間のギャップを橋渡しする際には，ある種の疑似因果的な決定が含まれていなければならないのだ，と想定するように導かれるのである．かくして，論理的な決定が不十分であることから，決定のための別の様式が必要となるようにみえる．しかしながら，もしそうした「ギャップ」がはじめにないのだとすれば，そうした決定の説明も必要ないのである．

科学社会学や数学の社会学はありうるのか？

　反懐疑主義の議論がもつもっとも痛ましい含意は，ブルアのウィトゲンシュタイン解釈が社会学へともたらした知識「内容」が，（包括的な合理性やリアリティに結びつけられてではないが）今や数学者や科学者の実践に連れ戻され，そこにしっかりと位置づけられた，ということだ．ウィトゲンシュタインの背理法に従えば，2きざみで数えるための規則は，適切なメンバーの説明としてある．ウィトゲンシュタインの例における生徒は，その規則の可能な解釈を示し

ているのではない．そうではなく，むしろ，その生徒の行為は規則に従うことに失敗しているのである．メンバーにとって，彼の行為が例証しているのは，規則を理解することの失敗なのであって，規則の意義や適用には相対主義的な性質があるのだ，などということではない．

　同様に，規則の適用範囲を問題なく拡張していく際に，数えるという組織された実践の外部にあるような独立の正当化といったものが求められることなど，ありはしない．その規則は，2きざみで数えることにおいて，また，2きざみで数えることからなるものとして，あるいは，2きざみで数えるということとして，1つの規則なのである．規則の定式化がその拡張を引き起こすというわけでもないし，また，その規則の意味が，何らかの仕方で，その規則に一致するようになされるあらゆる行為の上に影を投げかけるというわけでもない．その無際限の行為列によって，解釈，討議，交渉のために休止することもなく，「端的に」規則の理解可能性が維持されるのである．このことは社会現象以外の何ものでもないのだけれども，だからといって，特定の社会科学の領域にとって固有な概念を用いるような説明が求められることはないのだ．

　社会学にとっての問題は，2きざみで数えるための規則が，数えるという実践の中に埋め込まれているということである．数えることは秩序だった社会現象であるが，だからといって，数えることが一般的，因果的，説明的，科学的な社会学の対象になるわけではない．同様に，数学におけるより複雑な実践についても，数学に関して合意のなされた文化といったものは，数学的に表現され，また記述されているのであって，この文化は，理解可能な数学を行うという行為においてこそ，入手可能なのである．このように言うことの含意は，数学者の実践に完全かつ決定的な表象が与えられるのは数学の公式によってである，などということではない．そうではなくて，そうした表象を構築することなどできはしないし，また，そうであるからといって，何も欠けているものなどはないのだ，ということなのである．数学や科学の内容を社会現象として定義することは，社会学にとって，まさに空虚な勝利である，ということがわかるのだ[57]．

　私たちは，科学社会学にとって，不幸な立場に到達したように思われる．シャンカーや，ベイカーとハッカーが表明する新内在主義の見解は，社会学がウィ

トゲンシュタインのプロジェクトを拡張するための基盤を，ほとんど与えていないように思われるのだ．（無数にあるその他の，理論に導かれた活動や，規則に従う活動については言うまでもないことだけれども）今や科学や数学には，自らの実在論的な先取において失われているものを社会学者に示してもらう必要など，ありはしないように思われる．（構築主義的な科学社会学にある部分では共感的である）ブルーノ・ラトゥールが，この問題をもっとも力強い仕方で認めている．

しかし，私たちは，自らの説明を研究中の科学から独立したものにするような概念，用語，道具をどこで見つけることができるというのだろうか？ 特にいわゆる人間科学，とりわけ社会学においては，そうした概念の既成の蓄えなどありはしないのだ，ということを私は認めなければならない．社会学は，科学主義と同時期に同様の人々によって発案されたので，非常に長い間にわたって社会学と切り離されてきた技能というものを理解するには，無力なのである．それゆえ，科学社会学については，「仲間から私を守って下さい．私は自分の敵と取引しましょう」と言うことができるのだ．というのは，科学を説明するべく始めるのであれば，社会科学が真っ先に害を被るであろうということは，もっともなことだからである[58]．

この１節で簡潔に確認されているディレンマは，他の学問分野の実践の「内容」は社会学的「要素」の独特の配置によって決定されているのだ，ということを示そうとするような，いかなる「社会的」説明のプログラムにも当てはまるものだ．ラトゥールが示唆するように，もし，ある実践を説明することが，その実践を構成する言説や技能から独立した概念を用いることであるとするならば，そのような説明概念は独立の生活形式に根ざしていなければならないはずである．しかしながら，科学者（や他の能力(コンピタンス)のある言語使用者）が，自らの行為する世界に対して操作的な関係を発展させるための手段として用いているような，ヴァナキュラーな（その場に固有の）用語から，社会学の分析的言語が分離されてない以上，社会学はラトゥールが考えるような説明を考案するのに不適当であるようにみえる．

ラトゥールはこの問題をきちんと確認し，因果的ないし説明的な科学社会学

第5章　ウィトゲンシュタイン，規則，認識論のトピック　　　　213

のいかなる可能性をも否定している．けれども，第3章で述べたように，ラトゥールは，概念のストックを A. J. グレマスの記号論から拝借することによって，この問題を解決しようとするのである．ラトゥールは，こうした概念のストックを，一般的な（すなわち，アカデミックな）社会学からも，また，研究対象となる他の学問分野に状況づけられた諸社会学からも，どちらからも分析的に独立していると考えているのだ．結局のところ，ラトゥールは，自分が批判した社会学者が行っているのよりもさらに極端なまでに，探究領域から「後退する」プログラムを採用しているのである．

　対照的に，ウィトゲンシュタインは言語使用に展望を与えようと試みているのだけれども，記述される行為の領域において使用される概念から「観察者」（あるいは，ハーバーマスの用語なら「仮想の参加者」）を引き離すことによって，そうしているのではない[59]．そうではなくて，ウィトゲンシュタインは，おなじみの表現についての，使用のただ中にある（すなわち，状況づけられた，機会にかなった，インデックス的）特性と，そういった特性の感知可能性を支えている「人目を引かないような一致（quiet agreement）」とに，明示的な注意を喚起するのである．想像上の「人類学的な」事例において，ウィトゲンシュタインがときおり示唆しているのは，挨拶，指揮と応答，命令の授受，といった原初的な言語ゲームによって理解可能性のための共通の基盤が与えられうるのだ，ということだ[60]．これら，実践的行為の理解可能性の社会的条件は，アカデミックな学問分野の概念的特性なのではなくて，人類の共通の遺産の一部分なのである．

> 誰かが外国へと赴き，その者がその国の言語を理解しないとしても，いつ命令がなされたのかを見出すのは，一般的には，その人にとって難しいことではないだろう．だが，人は何かをするように自分に命令することもできる．しかしながら，もし，私たちが，私たちになじみのない言語でロビンソンが自分自身に命令するのを観察したとしても，このことを認識するのは，私たちにとってはるかに難しいことであろう[61]．

科学など専門的な実践についてのエスノグラフィー研究においては，命令す

る，質問する，教示／指示(インストラクション)を与えるといった「おなじみの」活動は，専門技術上の行為の理解可能性を把握するための最初の基盤を，十分というにはほど遠いものではあるけれども，与えてくれている．より秘儀的な言語ゲームを検討する際には，研究対象である場面に状況づけられた分析が必要とされる．第3章で論じたように，研究対象である領域から後退しようとする努力は，それが分析的社会学のためになされようと，記号論のためになされようと，状況づけられた言説のうちに具現化されている当の領域における認識的「内容」から，「観察者」を切り離してしまうのである．したがって，次のようになる．新しい知識社会学が名声を得るべく主張していることの最たる点は，その試みが科学の内容を説明している．また，それにもかかわらず，その提案者たちがそれら科学の内容に取り組むまさにその実践こそが，そうした〔科学の〕内容は認識できないままであろうとか，せいぜいのところ研究対象である領域の局所的なイディオムにおいて論争の余地を残しつつも認識できるにすぎないであろう．こういったことを確信させるものになっているのである[62]．

　社会学という学問分野は他の領域における実践へ特権的に接近する権利を持っていないのだ，と強く主張することは，そうした実践を没社会的なものとして定義することと同等ではない．たとえ，反懐疑主義的な議論によって，規則に従うことを説明しようとする後退的な試みの不条理さに，私たちが納得するに至ったとしても，訓練，練習，慣習，共通の実践，人目を引かないような一致といったものへのウィトゲンシュタインの明瞭な言及こそが，何らかの規則への従い方に関する合意が確立されているような，活動の公的な（すなわち「社会的な」）領域についての描写を形成しているのである．ブルアの説明(アカウント)の問題は，それが，論理，数学，自然科学の主題を網羅するために社会学の既存の概念や方法の拡張を許可するものとして，ウィトゲンシュタインの「知識の社会理論」を扱っていることである．

　　数学と論理学は規範の集合である．数学と論理学の存在論的地位は，制度の
　　地位と同じものである．それらは，本質的に社会的である．この理念から直
　　ちに引き出される結論とは，計算や推論といった活動も，他のいかなる一連
　　の規範の場合と同じ探究過程の俎上にのせることができるのであり，また，

同じ理論によって解明されるのだ，ということである[63]．

　ウィトゲンシュタインの議論は，数学の実在論や論理主義にあてはまるのと同程度には適切に，実在論的（realist），合理主義的な社会学にもあてはまるのだ，ということをブルアは見過ごしている．ウィンチや，シャロックとアンダーソンが指摘しているのは，ウィトゲンシュタインは，社会学にとって科学や数学を安全なものにするどころか，分析的社会科学にとって物事を少しも安全でないものにしたのだ，ということなのである[64]．社会学がウィトゲンシュタインの導きに従うのであれば，根本的に異なる概念としての社会学の課題が展開される必要があるのだ．デュルケームやメアリー・ダグラスの図式をウィトゲンシュタインの議論に接合させようとするブルアの試みは，単に中途半端なものにすぎないのである．

　ここでエスノメソドロジーが登場するのだが，エスノメソドロジーがウィトゲンシュタインの着想を追求するプログラムであることを主張するには，エスノメソドロジーにおける／についてのいくつかの混乱を除去する必要があるだろう[65]．エスノメソドロジーの理論的，方法論的プログラムを定義しようとする批評者や教科書執筆者の不断の努力にもかかわらず，エスノメソドロジーはしだいに一貫性のない学問となってきている．一方で，会話分析における現在の研究は，ガーフィンケルの中心的著作で宣言されたラディカルなプログラムからは，際立って逸れてきた（第6章を参照）．他方で，社会科学の哲学や知識社会学においては「より旧来の」エスノメソドロジーへの関心が依然として保たれているのだけれども，しばしば混乱した仕方でそうなのである．

　例えば，スティーヴ・ウールガーは，ガーフィンケルの「中心的な概念」のいくつかを，科学についての懐疑主義的な扱いの下に位置づける．ウールガーは，科学的表象へのあらゆる試みに絶えず付きまとう「方法論上の恐怖」の中に，インデックス性と相互反映性（リフレクシビティ）を入れている[66]．ウールガーは，そうすることによって，ブルアがウィトゲンシュタインを解釈するのとほとんど同じ仕方で，ガーフィンケルの著作を扱っている．つまり，実践的行為のそれぞれの領域において自明視されている前提に疑いをさしはさむための，理論的プログラムを許可するものとして，ガーフィンケルの著作を扱っているのである．これ

は，エスノメソドロジーの扱いとしては十分にありふれたものであり，実際，ときには，この領域において申し分のない地位をえている人々によって，奨励されるようなものだ[67]．エスノメソドロジーをそうした路線で理解することなどできはしないのだ，と私が論じるのであれば，それは（うぬぼれであるばかりでなく）不正確であろう．しかしながら，そうした理解ではガーフィンケルの「発案」についてもっとも独創的なことを見失うことになる，と私は主張したいのである．

　ウィトゲンシュタインを反懐疑主義的に読むことは，言語と実践的行為とについてのエスノメソドロジー独特の扱い方であると私には思われるものを理解する仕方を，示唆してくれる．すなわち，社会学的科学主義と認識論的懐疑主義という1対の落とし穴を避ける扱い方のことである．次の節では，この点を明らかにするために，「定式化」と実践的行為との関係についてのガーフィンケルとサックスによる議論を記述する．その議論は，ウィトゲンシュタインを反懐疑主義的に読むことと両立可能なものだと，私は信じている．その上で，数学のエスノメソドロジー研究を検討することによって，エスノメソドロジーとストロングプログラムとの間の，「経験的」アプローチにおける相違のいくつかを概観する．

2. 定式化と実践的行為

　難解で頻繁に誤解される論文「実践的行為の形式構造に関して」において，ガーフィンケルとサックスは，自然言語へのエスノメソドロジーの関心について論じている[68]．この論文において，ガーフィンケルとサックスはウィトゲンシュタインにごく簡単にしか言及していないが，サックスは，記録された講義において，ウィトゲンシュタインとの関係についてより詳細に論じており，この講義は，ガーフィンケルとの論文で論じられたテーマのいくつかにまでおよんでいる[69]．

　その講義においてサックスは，（ガーフィンケルの言う「インデックス的表現」に関連する――第1章を参照）「指示語（indicator terms）」の指示上の意味の問題をウィトゲンシュタインが「くつがえし」たことについて話している．これら

第5章　ウィトゲンシュタイン，規則，認識論のトピック

の用語は，使用される機会に応じてその指示対象が変化するので，論理学者を伝統的にひるませてきた．概して日常言語は厳密な論理的推論の助けにならないので，しばしば日常言語には欠陥があると考えられた．ウィトゲンシュタイン以前の言語哲学における共通の解決は，これらの欠陥を「矯正」することであり，それは，インデックス的表現を，その指示的意味をより正確に「捉える」定式へと翻訳することによってなされた．そうした矯正のための翻訳は，一連の多義的な自然言語表現の代わりに，1組の限定された分析的演算子を用いようとする点で，社会科学におけるコーディングの実践に似ていた．

　ガーフィンケルとサックスは，そうした翻訳実践の適切性に異議を唱えている．まず第1に，彼らは，そうした翻訳実践が適切であるために，「定式化」という日常の実践に求められている要請について，疑義を呈しているのである．そして第2に，インデックス的表現を矯正しようとすれば，その表現の日常的な使用に固有の「合理的特性」は必ず失われることになる，と示唆しているのである[70]．ガーフィンケルとサックスにとっては，定式化は，専門的な分析的手続きであるばかりではない．それにはまた，広範な日常言語上の行為，すなわち，名づけること，識別すること，定義すること，記述すること，説明すること，そしてもちろん，規則を引用すること，も含まれるのである．ガーフィンケルとサックスが指摘しているのは次のようなことだ．すなわち，素人の言説においても，専門家の言説においても，そうした表現は，諸々の活動についてはっきりとした意味を明確にするために用いられているのであるが，その表現は，その他のたくさんのことも同様になしているのだ，ということなのである[71]．

　「インデックス的表現」の代わりに「客観的表現」を用いることで言語のインデックス的特性を修復しようとする試みにおいて，定式化がしばしば用いられる（インデックス的表現と客観的表現との区別に関しては第1章を参照）．定式化は，その前の言葉使いを明確にしたり修正すること以上のことをたくさん行うのだ，という点を例証するために，ある尋問からの以下の引用を考えてみよう．

　　ニールズ氏：あなたは，法務長官に，おそらくは，資金流用の覚書や流用が
　　　　　　　あったという事実を表沙汰にする必要はまったくない，といったふう

に提言したのですね．
ノース空軍中佐：もう1度言いますと，そのような明確な会話はまったく覚えておりませんが，そのような会話のやりとりがなかったと言っているのではありません．
ニールズ氏：そのことを否定しないのですね．
ノース空軍中佐：否定しません．
ニールズ氏：あなたは，合衆国の法務長官に，この資金流用の書類を内密にしておく方法をちょっと考えてほしいと提言したということを，否定しないのですね．
ノース空軍中佐：そのように言ったということを否定はしません．それを覚えていると言っているのでもありません[72]．

　短いが，込み入ったこのやりとりにおいて，いくつもの散りばめられた定式化が働いているのがわかる．すなわち，（法務長官との）以前の会話の定式化，その会話を「覚えていないこと」の実際的な含意の定式化，「自分が言った」こと，ないし「言った」かもしれないこと，そして今「自分が言っていない」ことの定式化，さらに，皮肉などを示唆する定式化，といったものである．ここにさらに立ち入らなくとも，これらの定式化が単に何かを指示しているだけではない，ということは明らかであろう．すなわち，これらの定式化は，尋問ゲームにおいて，あてこすり，言い逃れ，見せかけ，そしてごまかしとしても作用しているのである．
　ことさらに興味を引く類の定式化は，日常会話において生じており，当の同じ会話自体において「私たちが行っていること」について相互反映的な探求をするという形式をとる．つまり，「それは質問ですか？」「一緒に来るよう誘ってくれてるの？」「もう，質問には応えたでしょ！」「要点を言ってちょうだい！」というものである．これらの定式化に関して顕著であるのは次のようなことだ．すなわち，これらの定式化は，会話において「私たちが行っていること」に明らかに言及しているのだけれども，対話におけるそれらの配置のされ方のゆえに，会話上の行為として独特の理解可能性をもっているのだ，ということである．定式化のこの特性は，以下に示される，かなりひどい問い合わせへの応答

において，明快なものとなっている（括弧は，定式化が指示的表現であるのと同様に，会話における1つの行い（doing）であることを記すための表記上の装置として，ガーフィンケルとサックス（p. 350）が付けたものである）．

　HG：質問をはぐらかす人の例がいくつか必要なのです．そこでお願いなのですが，私のためにそれをやってもらえませんか？
　NW：［おやまあ，私，質問をはぐらかすのはあまり上手じゃないんですよ．］

　認識可能な「行い」として，NWの応答は，それが否認している「はぐらかし」そのものを遂行しており，その結果として，その表現の指示的側面と遂行的側面とがお互いにパラドックスの関係にあるのだ．定式化とは，この関係についての「メタコメント」をするべく，当の対話の時間性の外側にあるようなものではない．むしろ定式化というものは，その定式化が当の対話における実質的な指し手として聞かれうる仕方を通して意味をなすものである．
　一連の関連する例を説明した後で，ガーフィンケルとサックスは定式化について2つの要点を主張している．(1)「説明可能に合理的な活動」を行うという「ワーク」は，「この〔私たちの会話活動が説明可能に合理的であるという〕事実」といったものを定式化する必要などなしに，活動の参与者によって達成されうるものなのであり，しかも認識可能にそうなのである．また，(2)「さまざまな活動や識別や文脈の定式化を明確に提出する余地などまったく無いのである．」(p. 359)
　このことを，先述した規則についての議論と関係づけるために，規則の定式化についてのベイカーとハッカーの議論を考察しよう．

　例によってなされる典型的な説明には，一連の例を規則の定式化として使用することが含まれている．このようにみるのであれば，例というものは，説明される規則の適用ではない．それはちょうど，（トマトを指すことで）「赤」を直示的に定義することが「赤」の適用（叙述）でないのと同じである．……規則の定式化それ自体が，正しい使用のカノン（規準）として，あるやり方で使用されなければならないのである[73]．

ある規則を文字通りに述べることなく定式化するために（つまり，規則を明らかにし，はっきりとさせ，関連あるものとするために），その規則の一連の例は作用する．規則の適切性，意味，理解可能性，そして認識可能性は，例において／を通して表示されるのであり，付加的な解説などは必要ではないのである．ガーフィンケルとサックスは，「定式化すること」（私たちが行っていることを文字通りに言うこと）と「行うこと（doing）」（私たちが行っていること）を区別しているが，要点は同じである．つまり，定式化は，それが定式する活動に対して独立の権限をもつものではないし，またそうでないからといって，その活動が混沌としたり，無意味となることもないのである．それどころか，あらゆる定式化の意味や適切性は，それが定式する活動の秩序から切り離すことができないのである．定式化は，定式化がなされずとも生じることがらの，代わりとなる平明な記述としても，「メタレベルの」説明（アカウント）としても作用しない．

ウィトゲンシュタインの規則についての議論と同じように，ガーフィンケルとサックスの定式化についての議論も，2つの正反対の立場のどちらかを暗示するものとして誤解される可能性がある．その立場とは，(1)活動を定式化しようとするいかなる試みもインデックス性の「問題」によって悩まされるので，その結果，記述，説明などは本質的に不決定なものとなる，という趣旨の懐疑主義的解釈，そして(2)メンバーの活動についての客観的な理解へと到達することが社会科学者に可能となるように，定式化の経験的研究を推奨する実在論的解釈，である．ガーフィンケルとサックスの議論を綿密に読み解くことで，上述のどちらの立場も適切ではない，ということがわかるのである．

ガーフィンケルとサックスの議論は，彼ら自身が初めにおこなった「客観的表現」と「インデックス的表現」の対照を（また同様に「定式化」と「活動」の対照を）切り崩している[74]．定式化それ自体が「インデックス的表現」として用いられるのであり，そしてそのようにそれを用いることによって，「定式化を行うこと」それ自体が「本質的に，不平，誤り，困難，矯正の奨励」の源泉であることを，メンバーは決まりきったものとしてわかっているのである[75]．同様に，「定式化は，それによって説明可能な仕方で感知できる，はっきりとした，明確なトークがなされるような，装置などではない」[76]．「『行っていることを文字通りに言うこと』は，『認識可能な仕方で，不穏当なものであるとか，退屈

第5章　ウィトゲンシュタイン，規則，認識論のトピック　　　221

でつまらないものであるとか，能力(コンピタンス)がないことや逸脱の動機づけについての証拠[の付与]であるとか，そういったもの』でありうる」[77]．会話者たちは，しばしばトピックを名付けることなどしなくても，トピック上の一貫性をうまく維持するものであるし[78]，また，ガーフィンケルが行った期待を破棄させる課題が例証するように，あらゆるテキストや1組のインストラクションのインデックス性を「修復」しようとする試みは，そのテキストのインデックス的特性をさらに強化し，拡張するものなのである．ここからガーフィンケルとサックスが引き出す結論（p.355）は，一見したところ懐疑主義的読解を支持するように思える．「メンバーにとって，メンバーが［私たちの会話活動が説明可能に合理的であるという事実］を行っているのは，会話のために定式化を行うというワークにおいてではない．この2つの活動は，同じでものでも交換可能なものでもない」．

　しかし，それに続く箇所（p. 355）を注意深く見てみよう．「要するに，会話のために定式化を行うということそれ自体は，［私たちの会話活動が説明可能に合理的であるという事実］への志向を会話者に表示しているのである．」（角括弧は原著者による）この主張は次のような懐疑主義の結論とは明らかに異なる．すなわち，意味は不決定なものであるとか，会話の理解可能性とは，それについてメンバーが持つ外見上の意味の背後にある基盤に依存する錯覚なのである，といったような結論とは，明らかに異なるのである．さらにまた，ここでは実在論も合理主義も薦められてはいないのだ，ということにも注意しよう．すなわち，「定式化を行っている者は何をしているのか，という問いは——それはメンバーの問いであるのだが——この定式化が何を提案しているのかを参照することによってではなく，定式化するという行為の本質的に文脈化された特徴を作り上げている実践に携わることによって，メンバーによって解決されているのである．」（p. 355）

　「2を加えていく」という規則にとって，（あたかもその規則が，終わりなく続く適用例の表象を「含んでいる」かのように）その規則を新しい事例にいかにして拡張できるのかということに関する，完璧な，ないし決定的な説明(アカウント)を与えることができるような定式化などないのである．規則を引用することは，それ自体において（教示／指示(インストラクション)，警告，修正，助言，喚起といった）1つの活動であるが，規則

の定式化は，それに関して行われるべきことを文字通りには言いはしないのである．規則の意味というものは，秩序だった活動によって「本質的に文脈化されている」のであり，その秩序だった活動において，規則は引き合いに出されたり，表現されたり，適用されたりなどするのである．しかしこのことは，そうした活動には合理的な基盤などないのだ，といったことであるとか，自分たちが行っていることについての参与者の理解というものは必然的に不完全であったり，間違っていたりするのだ，といったことを含意するわけではない．

　この論文の結論部分において，ガーフィンケルとサックスは「メンバーが［私たちの活動が説明可能に合理的であるという事実］を行う仕方は……定式化を行う必要などなくなされる」(p. 358) と主張する．そしてさらに，この「ワーク」は「それが［説明可能に合理的な活動］を行うために特有に用いられるという点において，1つの装置」(括弧は原著による) として組織化されうる，ということを付け加える．かくして彼らは，このことが社会科学にとってもつ重要な含意を詳述するのである．

　社会秩序の問題に対するまともな解決策としては，定式化には余地などまったく無いということは，社会科学において広く一般に行われている奨励に関係がある．その奨励とは，経験的記述を成し遂げるとか，仮説の正当化やテストを実施するとか，そういったことのために，定式化を実際上行うことができる，というものである．それによって定式化は，社会科学が，実際上適切なものである実践的行為の厳密な分析を成し遂げるための資源（リソース）として，奨励されているのである…定式化が「有意味なトーク」を記述するものとして奨励されている限りは，「有意味なトーク」はナンセンスなものになってしまうのだから，何かが不都合なのである．(p. 359)

　実践的行為の形式構造（すなわち，活動が説明可能に合理的であるという「達成される事実」）が定式化によっては回復されないのである以上，これらの構造は，それをコード化し，統計的に表象しようとする構築的分析の試みから，逃れ去っているのだ．「形式構造の入手不可能性は，構築的分析の実践によって保証されている．というのは，形式構造の入手不可能性は，形式構造を入手不可能に

第 5 章　ウィトゲンシュタイン，規則，認識論のトピック　　　223

する実践からなっているからである．」(p. 361) ガーフィンケルとサックスは「構築的分析」について包括的に述べているが，その語のより正確な意味は，北米の社会学で数十年前に全盛を極めた，特定のスタイルの機能分析を検討することによって得ることができる．

　例えば，バーナード・バーバーは「科学における信頼」[79]という論文を始めるにあたって，信頼という概念は「過去の社会思想家，市井の人，ジャーナリスト，そして現代の社会科学者によって，きわめて頻繁に曖昧に用いられてきた」と記している．次にバーバーは，以下のように定義を構成することによって，この「概念の泥沼状態」を矯正しようとする：「よりしっかりとした分析的・経験的基盤を築くためには，社会関係や社会システムについての一般的理解からかんがみて信頼を検討する必要がある．この検討から生じる構成概念は，もちろん，経験的に使用可能で検証可能なものであるべきだ．非常に簡潔に言えば，私が提供するのはまさにそのような構成概念なのである」[80]．

　バーバーは続けて，科学における信頼の「2 つの本質的な意味」を定式化し，その意味を，「技術的な能力(コンピタンス)を要する役割の遂行」についての，また，「信託上の義務」や責任についての，社会的に共有された期待として定義する．その上で，バーバーは，マートンの科学規範（普遍主義，利害の超越，公有性，系統的懐疑主義）に言及することによって，後者の期待を記述する．そこで述べられた目標をバーバーの分析が達成しているかどうか，という疑問へは入り込まない．エスノメソドロジーにとって論争となる点は，バーバーの分析を確立している最初の構成概念である．彼は，信頼という日常的概念に対峙するのに，当の用語のあらゆる使用を 1 つの概念上の見出しの下に一緒にして考える．こうすることで，バーバーはさまざまな意味の「泥沼状態」を見出し，より限定的な定義を規定することによってその状態を矯正しようと望むのである．この定義と，分析において使用される理論装置とのいずれもが，一貫した理論的源泉（T. パーソンズの社会システムのモデル）から生じている．バーバーは，信頼という概念のさまざまな使用を一般的定義の下に包摂することによって，そうした使用は——それがどれほど多様なものであるとしても，また，その全部を一度に考えることがどれほどの混乱を及ぼすものであるとしても——秩序だっており，それ自体で探究可能であるかもしれない，などとは決して考えないのであ

る．

　エスノメソドロジーは，未だ解明されていない日常活動の「泥沼状態」を理論的定式化へと代えようとする古典的な努力から生ずる，認識論的問題を解決するものではない．エスノメソドロジーは，構築的分析の目的や達成に無関心であり続けることによって，インデックス的表現の組織された使用を特徴づけようと試みているのであり，そこには素人や専門家による定式化のさまざまな使用も含まれるのである．エスノメソドロジストも，たとえ定式化することを行うというワークを定式化するためだけであっても，定式化することに必然的にたずさわっている．しかし，構築的分析者とは違って，エスノメソドロジストは定式化と活動の関係を真理条件以外の観点から「トピック化」するのである．すなわち，エスノメソドロジストは，定式化をもっぱら真偽の言明として扱いはしないのである．むしろ，行為の時間的な秩序におけるプラグマティックな指し手として定式化がどのように作用するのかを探究するのだ．このプログラムから2つの主要な問いが生じる：(1)活動というものが，それが行われる経緯において，いかなる定式化にも先行して，恒常性・秩序・標準化・特定集団からの独立性といったものを（すなわち「合理性」を）表示するのはいかにしてなのか，また，(2)任意の場合において，メンバーは，定式化を自らの活動の部分としていかに用いているのか，という問いである．

　ここから，ブルアが科学の社会学的研究を提案する時に引き合いに出す古典的社会学と，エスノメソドロジーとの，著しい対照性をみることができる．科学としての社会学の基盤と，社会学的に説明される研究対象である諸科学の内容とを，ブルアが区別し続けるところで，ガーフィンケルとサックスは，社会学を，その研究対象である日常社会の中にまともに位置づけるのである．

　「形式構造」論文（Garfinkel and Sacks 1970）が書かれた後で，エスノメソドロジーのプログラムは，2つの異なった系列の研究に分岐した．第1章で言及したように，研究の一方の系列である会話分析は，「インデックス的表現の合理的特性」の解明を，「自然に起こる」会話における連　鎖（シークエンシャル）構造を探究することによって，行おうと試みた．これらの研究によって記述されたのは，順番取り，隣接ペアの組織化，参照の配置と修正，トピックの組織化，物語の構造，場所の定式化，などなどの現象にとっての規則的な手続きである．ウィトゲンシュ

タインの用語法においては，そうした現象はまさに「言語ゲーム」なのであり，この言語ゲームを通して，秩序・意味・一貫性・一致といったものが相互行為的に達成されるのである[81]．他方の系列の展開は，ガーフィンケルによるワークのエスノメソドロジー研究である．

ガーフィンケルは，このプログラムを，古典的な概念としての秩序問題とは断絶した，社会秩序の産出へのアプローチとして特徴づけている[82]．ガーフィンケルにとっては，社会秩序を産出するための詳細な方法と，秩序を分析可能なものとしている概念上のテーマとの双方が，メンバーによるローカルな達成なのである．このような領域（universe）においては，熟練の理論家が「全域的な」社会構造というテーマを語る余地などないのだ．そのかわりになしうる最良のことは，実践的探求の特定の場（sites）を綿密に研究することであり，この場において，（合理性，行為主体，構造といった）グランド・テーマは，参与者の行為によって日々の行いの一部として解明されているのである．ここでの議論にとって特に興味深いのは，科学者や数学者の実践のエスノメソドロジー研究である．この一連の探究においては，実践的活動において定式化がどのように生じるのかに関してガーフィンケルとサックスが掲げた問いが，（第6章で詳述するように）会話分析においてよりもはるかに生き生きとし続けているのだ．

地図，ダイアグラム，グラフ，テキスト上の図，数学の証明，そして写真によるドキュメントのような定式化には，ガーフィンケルとサックスが論じている活動の定式化とは，重要な相違があると思われるかもしれない．何といっても，地図は客観的な地域と地勢を表象し，数学の証明は数学における関数を表象している．いかなる正確な意味においても，それらは「私たちの行っていること」の定式化としては用いない．しかし，地図や証明を孤立した像や言明として扱うなら，それらを構成し，使用している活動を無視することになる．ドキュメントの使用を分析することによって，ドキュメントの指示機能が考慮されなくなるというわけではなく，「事物」の定式化と「私たちの活動」の定式化との本質的な相違に関する想定がくつがえされるのである．

ドキュメントの使用の1例となる以下の会話は，あるセッションの間に記録されたものである．そのセッションにおいては，2人の実験助手JとBが用意した電子顕微鏡データを検討し，実験の指導者Hがそばで見てコメントをして

いる．

> J：……この資料を見れば——退化しているのはかなりはっきりわかるし，何の疑問の余地もない．
> B：それにはぶっとびだ．前に3日目のものを見ていたら，すでにその末端部分は，えっと，グリアに食菌されていたんだ．
> J：ああうん，これにもそんなのがいくつかある．（3秒沈黙）
> H：うん，私もそれは気がかりではない．気がかりなのは疑似の陽性だ．
> J：はい，はい
> H：こんなような
> J：ああはい，うーんそれは——マークしなかったとは思いません——小さな「X」を書いておいたんだ．そこはマージナルなので，けど，こっちのものはまたそこに濃いところがあるようだ．
> H：うん，こっちのものはかなりいいようだ……[83]．

　おおざっぱに特徴づけよう．この断片は，JとBがちょうど準備し終えたデータの分析的な明晰性を，Jが評価するところから始まる．続いて，Bは他のデータと比較して，このJの評価を支持する．Hは，助手2人がたった今言ったことへの異議となる「気がかり」を表明する．するとJは，このドキュメントの細部とそれを準備するための方法を同時に解き明かすことによって，この異議を受け流す．HがJの評価に同意し始めたところで，この断片は終わる（やりとりは，これよりかなり先まで続いている）．

　断片を詳細に分析することはしないが，ここでの「事物」の定式化に関する問いに関連のあるいくつかの点を述べさせてほしい．参与者は，共同で精査中の電子顕微鏡写真に関する「事物」について述べている．これらの指示には，少なくとも以下のことが含まれている[84]．

1. 「この資料」への，そして，おそらくは実験用の傷害から生じた，脳組織内の「退化する」細胞小器官への，Jの最初の指示．
2. 当の素材と「3日目の資料」とのBによる比較．ここで「3」は，傷害から

第5章　ウィトゲンシュタイン，規則，認識論のトピック　　　　227

その動物の犠牲死に到るまでの日数を定式化している．
3. 食菌作用へのBの指示．食菌作用とは，グリア細胞が脳傷害に続いて退化した組織を「除去する」と述べられている過程のことである．
4. 「疑似の陽性反応」に関するHの「気がかり」．「疑似の陽性反応」とは，退化しているとみられるべきだがその特定の電子顕微鏡写真ではそのままに見えるというような，細胞小器官の可視的な外形として，ここでは理解できるものである．
5. 「小さいX」へのJの言及．Jは，「マージナルな」実在物を示すために，顕微鏡写真の表面上にマークしたのだ，と述べている．
6. 「こっちのもの」が「かなりいい」ように見える，というHの評価．

　事物へのこれらの指示それぞれによって，精査中の素材に関して主張がなされている．いくつかの指示は，このデータにおける可視的に識別可能な特質を指しているように思われる．つまり，「退化している」軸索の外形(1)，「マージナルな」ケース(5)，「かなりいい」ように見える「こっちのもの」(6)といった例である．そして，これらの指示語には，直に指し示すという特徴的なジェスチャーが伴う可能性がある．他の指示には，例えば，他のケースや食菌作用へのBの指示(2,3)や方法論的な問題の可能性へのHの言及(4)のように，手持ちの特定のケースの時間的，概念的地平へと訴えているものもある．さらに他の指示，例えばJの「この資料」への指示(1)は，相当程度不明瞭で曖昧な指差しとともになされているかもしれないし，またむしろ，そうした指示はいくつかの事物のうち任意のものを指し示す可能性すらある．つまり，「この資料」は，全体としての電子顕微鏡のドキュメント，ドキュメントの枠内における境界づけられた特質，一連の比較可能な電子顕微鏡写真，さまざまな分析的指標およびマーキング，特徴的な現象などといったものを，指し示しうるわけだ．しかしながら，この当事者たちは，そうした指示を明確にするためには（そうするよう申し立てられでもしなければ）中断をとらないし，またこのことは，ある不可思議な過程が，指示語の「表す」ものについての心的なイメージを，知識ある参与者に供与しているがゆえに，そうなのではない．さらに言えば，事物への相次ぐ指示は，それぞれ，発話のうちに含まれているのであり，その発話は，

発話や活動のローカルな文脈に相対しつつ主張をなしているのである．

　この例からわかることは，事物への指示が，同時に活動への（また活動内での）指示として作用していることである．参与者は，像の細部に対応する名詞を発するトーキング・マシーンのようには行為しない．参与者の指示は，JとBのワークの適切性，およびこのプロジェクトの成功を含意している（すなわち，このデータの「明確な」特質への指示は，物事がうまくいっていること，そして，このデータの中に識別可能な現象が生じているようにみえること，こうしたことを含意しているのである）．かくして，活動の定式化に関してガーフィンケルとサックスが行った一般的議論は，実験室での仲間内の話における事物の定式化にも，同様に該当するのである．

　ウィトゲンシュタインの数列の議論についての2つの読みにおける対照性を，今一度思い返すのであれば，いまや，エスノメソドロジーのプログラムが，ストロングプログラムとはまったく異なるやり方で，ウィトゲンシュタインを拡張する仕方を，際立たせることができよう．懐疑主義における読みにおいては，規則は，規則に一致して遂行される行為を独自には説明（account）できないような，活動の表象として扱われている．懐疑的解決は，いかにして行為の担い手は新たな事例を包含するように規則を問題なく拡張するのか，ということを説明するために，心理学的傾性や外的な社会的要素，あるいはその両方に訴えているのだ．他方，非懐疑主義における読みにおいては，規則は，その規則が生じている秩序だった活動における／の／としての表現として扱われている．規則の定式化が秩序だった活動に寄与するのは，秩序がある活動の協調的産出にすでに内在している（inherent）限りにおいてなのである．

　先に論じたように，ガーフィンケルとサックスは，言語的・社会的活動を客観的に表象しようとする言語学者および社会科学者の試みにとっての慢性的な問題として「インデックス性」を扱っている．エスノメソドロジーにとっては，この問題は消失する．というのは，それが解決されたり，超越されたりするからではなく，言語についての概念全体における転換がなされるからなのである．「インデックス的表現の合理的特性」の議論においてガーフィンケルとサックスが詳述しているように，そうした表現は明瞭で，理解可能で，了解可能な活動の資料そのものなのだ．この観点からすれば，限定された環境の下にある場

合をのぞいて，インデックス性は問題ではなくなるのである．インデックス性が遍在的な「方法論上の恐怖」としてあるような感覚は，インデックス的表現がその意味から孤立したトークンとして扱われる際にのみ，結果として生じるのである[85]．

　科学者や数学者は，そうした表現を日常活動の枢軸となる部分として用いている限りにおいては，何らかのレトリック的ないし解釈的策略によってインデックス性をなんとかして巧みに避けようなどとはしない．むしろ，なによりもまず，彼らには一般的な「恐怖」など決して生じないのである．だからといって，科学者には方法論的ないし認識的問題がないとか，インデックス的表現は単に恵み深い資源(リソース)にすぎないのである，などと述べているのではない．そうではなくて，そうした問題は，学問領域に特有の作業(ワーク)の経緯において，機会にかなった（そしてときには「まったく不愉快な」）偶有性として生じ，取り扱われる，ということを述べているにすぎないのだ．

3. 数学の社会学から数学の実践学へ

　ガーフィンケルとサックスの議論から私たちが学んだのは，次のようなことである．すなわち，「インデックス的表現の合理的特性」は，活動を定式化しようという努力をかき乱したり，出し抜いたりするどころか，あらゆる定式化の意味・レリヴァンス・成功ないし失敗を理解するための不可欠の基盤を付与するのだ，ということである．規則やそれに関連した定式化が，活動についての厳密な，不変の，さらには超越論的な記述としてみなされるような場合においても，その活動の厳密性の基盤は，そうした定式化が用いられている実践によって与えられているのだ．この提案と科学知識の社会学のプログラムとの対照性は，エリック・リヴィングストンによる数学者のワークのエスノメソドロジー研究に対するブルアの書評においてあげられている争点を検討する際に，明らかなものとなる[86]．

　リヴィングストンは，数学の証明の「ペア構造」と呼ぶ現象を導入する[87]．この現象には「証明の説明(アカウント)」（証明の「スケジュール」というテキスト上の陳述）と「証明するという生きられたワーク」（活動の経緯であり，これを通して「証明

者」は，任意の特定の機会において証明を解く）の区別が含まれている．リヴィングストンは，ゲーデルの証明およびユークリッド幾何学からのより簡単な証明をデモンストレーションする中で，証明の説明（アカウント）が，証明するという生きられたワークに内的に関係することを強調する．このことによってリヴィングストンが言おうとしているのは，実践であり，その実践を通して，数学者は，図を書く，表記システムを用いる，計算する，次にすべきことの議論・討議をする，などといったことによって，証明を「する」ということである．

リヴィングストンの議論が前提としているのは，証明の説明（アカウント）もそれに結びついた生きられたワークも，一方だけでは存立しえないということである．能力（コンピタンス）のある数学者にとっては，紙と鉛筆で，あるいは，仲間と一緒に黒板で行為をするだけで，証明の説明（アカウント）は，証明するという生きられたワークを明確に表明するものとなるのである．証明の説明（アカウント）は，いったん完成してしまえば，証明をするというワークの「正確な記述」や「超越論的な説明（アカウント）」となるのである．

証明のペア構造に関して悩ましくも驚くべきことは，証明の説明（アカウント）もそれに結びついた生きられたワークも一方だけでは存立しないし，そのように分離した状態ではどちらも決して入手可能ではない，ということである．産出された社会的対象——この証明——および，その観察される例証可能な特性のすべては，この証明がその証明の説明（アカウント）の具体物1つ1つから独立して超越論的に現前するということも含めて，そのペアリングにおいて，それとして入手可能である．証明をする者のワークは，その具体物の細部と切り離すことはできない．もっともこの証明は，証明の達成としては，その細部と切り離すことができるとみられるのではあるのだが[88]．

この議論の，ウィトゲンシュタインの反懐疑主義的な読みとの関係は明らかである．リヴィングストンは，証明の言明の理解可能性が，証明するという実践から離れては存立しないことを強調することによって，「錯誤を含む（含んでいる）疑問」を回避している．この証明が定式化する生きられたワークは，数学者のワーク以外の何物でもないけれども，それと同時に，社会的な現象なのである．

第5章　ウィトゲンシュタイン，規則，認識論のトピック　　　231

　発見された証明のペア構造がもたらす1つの帰結は，数学の証明が見ることのできる社会的な対象として回復される，ということである．このことは，「社会化」の理論のような，なんらかのタイプの外来の，〈証明に特有でない〉要素が，証明に加えられる必要がある，という理由でそうなのではない．むしろこれは，証明の自然な説明可能性が，証明としてその産出と明示に不可欠に結びつけられている，という理由でそうなのである[89]．

　ブルアは，リヴィングストンの本についての，包括的であり，かつ，いくつかの点では辛辣な論評をする中で，自らのアプローチとエスノメソドロジーのアプローチとの相違をはっきりと露わにする，まとまった反論をしている．ブルアはこの論争において自分の側にウィトゲンシュタインを入れる．しかし，指摘したように，ブルアはそうすることで自らの立場を非常に危険なものにしているのである．ブルアは，ウィトゲンシュタインに何ら言及しなかったことでリヴィングストンをいましめ，その上で，ウィトゲンシュタインの「知識の社会理論」について知るべきであったことに関して，リヴィングストンに講じている．そういったことをしながら，ブルアは，リヴィングストンの論じ方がウィトゲンシュタインの反懐疑主義的な読みとどれほど強く一致しているのかを，把握し損ねているのである[90]．ブルアはリヴィングストンの立場を以下のように特徴づけている．

　普遍的に強制的で，かつ永遠の数学的真理を創るという驚くべき偉業は，完全に，例えば黒板で起こっていることによって，うまくなされている．正確な詳細を検討すれば，超越性がそのときそこでいかにして達成されるのかが，わかるであろう．そのエピソードの周囲を探求することも，その周囲からある状況へと持ち込まれるものにこの偉業が依存する可能性を探求することも，不必要である．だが，そういった探求をするのであれば，「作業現場（ワークサイト）」を越えた，局所的ではない特質や環境が含まれるものでなければならないであろう[91]．

　リヴィングストンは個々の証明の実践的な理解可能性を探究しようする一方

で，ブルアは一般的な因果的説明を要請している．そうである以上，リヴィングストンが貶められるのは，ブルアの評価によってのみである，ということは当たり前のことだ．リヴィングストンは証明の「おなじみの」側面に言及しているのだ，とブルアは指摘するが，それによってブルアは，数学者の間で受容された議論や共通の傾向という，より広い地平を暗に示しているのである．しかし，このことをリヴィングストンに反対して考慮に入れるのなら，証明の言明と証明するという生きられたワークとの内的な関係に焦点を合わせていることの，眼目が見失われてしまう．

証明するという生きられたワーク（黒板での，ないし紙と鉛筆での，数学の公的な産出）によって，証明の言明がまさにその活動の「正確な記述」であることが生成されるということ，このことこそリヴィングストンが例証しようと試みていることなのである．振り返ってみると，証明の言明それ自体よりも良い定式化はない．もっともその適切性は，その言明の指示機能だけによってではなく，証明をするという生きられたワークを通して確立するのではあるのだけれども．もしより良い定式化が展開されうるのであるならば，それは数学者の活動の歴史性から生じるものでもあろう．このことはもちろん，「人目を引かない一致」や秩序だった実践の共同の場面を含み込んでいるのだけれども，リヴィングストンの例証に社会学的説明が存在しない以上，それではブルアにとっては不十分なのである．ブルアは，そうした説明の萌芽が後期ウィトゲンシュタインの哲学に見出されるのだ，と主張している．

ときおり言われていることとは異なり，ウィトゲンシュタインはある理論を精緻化していたのである．数学の証明を構築することは，アナロジーによる推論の過程として理解することができるのだ，とウィトゲンシュタインは主張した．その構築には推論のパターンが含まれている．そのパターンは，もともと，周囲の世界についての私たちの経験に基づくものであったが，それがパラダイムとして機能するようになったのである．そのパターンは慣習化され，結果として特別なアウラをまとい始める．私たちは，数学によって物事の本質が示されると考えるけれども，ウィトゲンシュタインにとっては，そうした本質とは慣習なのである（『数学の基礎』1-74）．ウィトゲンシュタイ

第5章　ウィトゲンシュタイン，規則，認識論のトピック　　　233

ンにおいては，ミルの経験主義がデュルケームの聖なるものの理論と結びつけられているのだ，と言えるかもしれない[92]．

　基本的には，リヴィングストンに対するブルアの「ウィトゲンシュタイン的」批判は，ウィトゲンシュタインに対する批判をしているのも同然である．もしリヴィングストンが，社会科学理論を述べ損なっており，また，数学の実践を因果的に説明し損なっているのだとするならば，明示的な方針の問題として，ウィトゲンシュタインもまた，そうし「損なっている」のである！

　私たちの考察が科学的なものであってはならない，ということは本当のことであった．だから，私たちはいかなる種類の理論をも立ててはならない．私たちの考察においては仮説のようなものが許されてはならないのである．あらゆる説明が捨て去られ，記述のみがその代わりになされるのでなくてはならない．そして，この記述は，自らの光明，すなわち目的を，哲学的な諸問題から受けとるのである．これらの問題は，もちろん経験的な問題ではなく，私たちの言語の働きを洞察することによって解消されるのであり，しかも，そうした働きが認識されるような仕方で，それを誤解しようとする衝動に抗して，解消されるのである．これらの問題が解消されるのは，新しい経験を持ち出すことによってではなく，とっくに知られていることを配置することによってなのである．哲学とは，私たちの言語という手段によって，私たちの知性が魔法にかけられていることに対する，戦いである[93]．

　古典的社会学の夢と調和して「知識の社会理論」を提供するどころか，ウィトゲンシュタインはここで，科学，理論，説明といったものが自らの探究にとって関連性があることを否定している．エスノメソドロジーもまた，科学的社会学のもっとも基本的な要素である，説明という目的，学問分野上の集成，社会の定義といったものを，避けている[94]．その意味では，科学主義や基礎づけ主義へのウィトゲンシュタインの挑戦を否認する必要なしに，エスノメソドロジーはウィトゲンシュタインを拡張するのである．

　説明よりも記述を奨励する際にウィトゲンシュタインが考慮に入れていたの

は，記述が「事実についての語による像」としてあるのではないということ，そして，記述とは「特定の用途のための道具である」(『哲学探究』第291節) ということである．ウィトゲンシュタインは，言語使用についての，単独で正しい記述をするつもりだったのではない．そうではなくて，ウィトゲンシュタインが主張しているのは，一種のリフレクシブな探究であり，その探究においては，哲学の問題は「私たちの言語の働きを洞察すること」によって処理されるのである．

4. ウィトゲンシュタインの経験的拡張にむけて

ウィトゲンシュタインが，言語に対する説明的なアプローチではなく，記述的なアプローチを奨励する際には，言語についての経験的社会学も，内省的形式の反省も，どちらも意味していなかったのだ，と私は考えている．後者に関して，ウィトゲンシュタインは，「非反省的な」対応物を「反省的に」了解するために第2階の哲学を展開する必要などはないのだ，と考えていた：「ひとはこう考えるかもしれない：哲学が『哲学』という語の使用について語るならば，第2階の哲学が存在しなくてはならないのだ．しかし，まったくそうではないのである：つまりこの場合は，正書法の場合に対応しているのであり，正書法は「正書法」という語をも取り扱わなければならないけれども，しかし，だからといって，第2階の正書法が存在するわけではないのである」[95]．

それでは，いかにして私たちの言語の働きを「洞察する」ことができるのであろうか．「私たちが自分たちの語の使用をはっきりと展望していないということ．——私たちの文法には展望性が欠如している」(『哲学探究』第122節) とウィトゲンシュタインは書いている．伝統的哲学の反省的態度においては，知る，表象する，理を説く (reason)，真であるといった共鳴し合う用語に本質的ないし中心的な意味を属させるように，そして，知識，表象，理性 (Reason)，真理という実体化された概念を展開するように，たやすく導かれる．日常の慣用から直観的に認識可能な例をあげることや，私たちの通例の慣用とは体系的に異なっている，想像上の「部族」や「言語ゲーム」を構築することを通して，「認識論的」表現の日常的慣用においては，バリエーションや体系的な曖昧さが

あること，そして，それにもかかわらず明らかな感知可能性があること，こうしたことを示すことによって，ウィトゲンシュタインは，認識論の問題化を可能にしたのである．

ブルアが指摘するように，ウィトゲンシュタインが展開するのは，言語の想像上のエスノグラフィーであって，言語の経験的なエスノグラフィーではない．しかしながら，このことは必ずしも失敗というわけではない．というのは，ウィトゲンシュタイン（『哲学探究』第122節）は，自分の事例を「展望のある表現」——私たちの文法における「連関」を示すために体系的に配置された例——として考案しているからである．ウィトゲンシュタインのプロジェクトによって，経験的な事例のために，ある役割が創りだされるかもしれないが，しかしそれは，思弁的な方法を説明的な方法へと変換するといった，ブルアの示唆するようなものではない．そうではなくて，ガーフィンケルが助言するように，経験的探究はまず「鈍い想像力に対する助力」として考案されうるものなのである[96]．ガーフィンケルによって行われた，トラブルを引き起こすというよく知られた実験は，展望のある表現という方法——日常的なシーンの実践的な組織化を可視化するためにそのシーンを混乱させるような介入をすること——としてみることができる．ガーフィンケルは，科学的ワークに関するより最近の研究のために，認識論の中心用語（合理性，規則，作用など）を「展望のある現象」へと転化する体系的な介入を考案したのである[97]．

展望のある表現という考え方は，会話分析の初期の探究にもあてはまる．サックスがテープに録音された会話の分析に最初に取りかかったのは，ありふれた言語使用の例を与えるためであり，そうした例は，日常言語学派の哲学者や発話行為論者によって用いられた文法分析の反省的な方法を，回避するものであった．サックスの初期の講義の多くは，彼が集めた転記された会話の抜粋から着想を得て論じられたものであった．そうした議論の1つの中で，サックスは「ここでしようとしているのは，このトランスクリプトを私にとってわかりうるものにすることである」と述べている[98]．第6章で指摘するように，サックスもまた初期の講義において科学的野心をみせているのだけれども，テープに録音された会話のサックスの扱い方は，その後にサックスとその共同研究者が会話上のシステムの規則に支配されたモデルを発展させていったこと

と対照的である．比較的初期のサックスの講義においては，論理学や言語哲学における論点は，いつも表へと浮かび上がってくるものであった[99]．サックスは，直観的な例に基づく論理文法的探究を批判するために，特定の会話の断片を用いたのである．

　それゆえ，エスノメソドロジーにおいて産出される後期ウィトゲンシュタインの哲学の拡張とは，経験的な社会学へとふみだすことであるというよりも，むしろ，認識論上の中心的な概念やテーマの意味を再発見するよう試みることなのである．ここで，再発見という語はある特定の仕方で使われている．私たちは，自然言語の話し手として，規則が何であるのかを，また，説明する，同意する，理由を与える，教示／指示(インストラクション)に従う，といったことが何を意味するのかを，すでに知っているのだけれども，このことは，私たちの理解というものが，定義や論理的な公理，さらには，理念型的な例において表現されうるのだ，ということを意味するのではない．「観察すること」「説明すること」「証明すること」といった，日々の状況づけられた活動をエスノメソドロジーが記述することによって，これらの中心的な用語が活動の特定の織りなし合いにとって適切に関連するのはいかにしてなのか，ということの一種の再発見および再特定化が可能になるのである．観察，説明，証明といったものの状況づけられた産出を記述することによって，認識論における一般的な定義やなじみの論争によって得られるものよりも，より差異化された，より微妙な，認識的活動の描写が与えられるのである．このことに含まれるのは，言語使用の「想像上の」探究を「現実の」エスノグラフィーへと代えることであるよりも，むしろ，中心的な概念の定義から，そうした概念によって注釈される活動の産出の探究へと，踏み出すことなのである．残りの章においては，そうしたアプローチの概略を具体的に示すために，そのアプローチに関わる問題のいくつかに着手していく．

第6章　分子社会学

　　会話分析は，エスノメソドロジーから発展したもっとも継続的で整合的な研究プログラムである．1960年代後半から，この領域の研究者はお互いの発見に基づきながら専門的な研究を着実に蓄積してきた．こうした研究は，社会学や言語学，コミュニケーション研究，人類学における数多くの論文集や雑誌において発表されている[1]．これらの専門分野において，会話分析は決して支配的なプログラムとまでは言えないもののそこそこ定着しており[2]，また社会学における研究プログラムとしては珍しく「通常科学」の事例として賞賛されてもいる[3]．

　　本章では，会話分析を科学的な学問と見なすプログラム上の主張のいくつかに批判的検討を加える．そしてまた，会話分析の観察言語と，データの提示や分析的報告をおこなう仕方のなかに，自然科学についての「神話的」ともいえる理解が根付いていることを論じていく．多くの社会科学者と同様，会話分析者はしばしば統一的な科学的方法という考えを支持している．とはいえこのような理解はいまや，科学史や科学哲学，科学社会学において広く批判されている．本書の第4章において，新しい科学社会学がカウフマン−シュッツ流の科学観を批判していく基礎を与えてくれた．これと同様，この新しい科学社会学によって，会話分析のいくつかの仮定，すなわち人間科学において自然観察科学を実行していくその方法についての仮定について，批判的に検討していくことが可能になる．とはいえしかし，本章での私の目的はこのもうひとつの科学的な研究プログラムをただ批判することではない．目的はむしろ，科学の誘惑にも科学主義の陥穽とも無縁な「ポスト分析的」エスノメソドロジー研究に向けて，会話分析の初発のプログラムや範例的研究を活かしていく方法を示すこ

とである.

1. 人間行動の自然観察科学

　仮に会話分析が，既存の自然科学にならうことで社会科学を成立させようとする試みのひとつすぎないのであれば，特に注目すべきところはない．私にとって会話分析が重要なのは，その大本にハーヴィ・サックスのアイデアが存在している点である．そのアイデアとは，自然科学が人間行動の自然観察科学をすでに成し遂げているというものである．サックスは，ただの類比としてだけではなく実際に，現存する自然科学に基づいて新しい行動科学を構築していこうと考えていた．かいつまんで言えば，彼は次のように考えていたのである．実践的行為についての社会学はすでに自然科学の中に胚胎している．したがってこの社会学を，これとは別に存在している社会科学へと接ぎ木してやることによって，育て上げてやることができる．こうサックスは考えていたのである．
　サックスにとって科学的な社会学とは，抽象的な「科学的」方法を採用することによって構築されるべきものなどではなかった．そうではなく，科学的社会学とは既存の自然科学の中にすでに存在する「社会学」のことだった．彼はこの点を初期の講義や著作の中で明らかにしている．そこでは，「実際の出来事の細部」の観察に基づいた形式的記述を生みだすことができるような科学的社会学を作り上げるという目的について，詳しく述べられている[4]．

原始的自然科学

　サックスが見るところによると，その歴史の初期において自然科学は古代天文学や19世紀の生物学のように「原始的」な説明可能性の構造を備えていた．そこでは，非専門家からなる共同体の「誰でも」が実際にフィールドに出向き，見るべきものを見，日常的な語彙（vernacular term）でもって記述することができた[5]．「生物学の論文を読んでみると，例えば『ジョーの雑貨屋で購入したこれこれを使った』などと書いてあることがわかるだろう．こうした記述は，この人びとが行った事柄を教えてくれているので，本当にその通りかどうか確かめてみることができる．つまり，観察を再度行うことができるのだ」[6]．さらに

第 6 章　分子社会学　　　　　　　　　　　　　　　　　239

　サックスはこう付け加えている．観察者は「それを自分たちの目で確認することができた．つまりそれほど多くの装置は必要なく，また説明がどんなものになりそうかもあらかじめ見当がついていた」．サックスは，自然な会話についての自身の研究とこのような原始的自然科学との類比を講義の随所で語っていた．そして学生たちに次のようにも語っていた．こうした原始的なやり方で会話を研究できる機会は「おそらく期間限定のものだから，できるうちに調べておいた方が望ましい」と[7]．

　現代の社会学ではしばしばビザンチン様式のごとき仰々しい方法論が構築されるが，それと好対照にあるサックスの科学観からはその単純さゆえに愛嬌さえ感じさせられる．サックスは，複雑な行為理論からではなく，観察可能な社会的活動を記述することから探究を開始した．例えば会話の単純な連鎖（シークェンス）やことわざ，繰り返し生じるさまざまな表現やジェスチャーなどである．その際，彼は次のように考えていたのである．社会的世界の表面はすでにじゅうぶん秩序だっており，またそこに見られるとり散らかった雑多な諸事実についても，大げさな下処理をすることなく観察・収集・記述できると．彼はさらに，社会秩序の研究を始めるにあたっていわゆる「大問題」などを見つけてくる必要はないのだとも指摘していた．秩序は「あらゆる場所」において見ることができる．たとえつまらないごくありふれた場所であってもそうである[8]．そしてだからこそ，もっともありふれており見逃してしまうような出来事に注目して分析することが，大きな理解をもたらしてくれるだろうと．この点はちょうど，あまり注目されていなかった大腸菌を分析することによって遺伝学と分子生物学が革新的に飛躍したことになぞらえることができる[9]．明らかに重要な歴史的エピソードや大規模な社会的な制度でなく，「単純」で「観察可能」な社会的対象から出発することで，サックスはコミュニケーション的行為の社会的産出を記述するための文法を作り出そうとしていたのである．

　死後に発表された議論においてサックスは，「科学が存在しているという事実がいかにして社会学という自然観察科学の基盤となりうるのか」についてのあらましを述べている[10]．そこで述べられているのは，社会学が模倣すべき一般的方法は精密科学によって与えられるなどということではない．むしろ「人間行為の科学的記述」は，自然科学者が観察をおこないそれを共同研究者に報

告し，そうした報告から観察を再現（replicate）するなかで当たり前のように生みだされていると述べられているのである．つまりサックスは，観察と報告，再現の結合が，本質的かつ不可避的にコミュニケーション的なものであると述べているのである．この点においてサックスはカール・ポパーと同意見である．なぜならポパーは，従来の知識社会学では無視されてきた観察の再現という実践的かつコミュニケーション的過程についてそれを「科学的方法の社会的側面」と呼んでいるからである[11]．原始的自然科学についてのサックスの説明とよく似た仕方で，ポパーはこう定式化している．「経験科学の言明とは，適切な技術を学んだ者であれば誰もがテストできる仕方で（すなわち，実験機材の手はずなどを記述することによって）言い表すことができるものである」と[12]．とはいえしかし，このポパーの言葉が原始的自然科学についての記述たりえるためには，サックスが定義するように，ここで言われている「適切な技術」なるものが日常的かつ非専門的なものでなければならないという点には注意しておく必要があるだろう．

　ポパーと同様サックスも，自然科学の方法を実践的行為からなる形式的・分析的構造として，すなわちさまざまな時と場所でさまざまな関与者（production cohort）によって繰り返し産出される構造として扱っている．そしてこの構造には，観察可能な現象についての記述を生みだし論証し，広めていくための技術も含まれているだろう．とはいえこの点についてサックスは，科学実践はたんに自然的事実に接近するための手段であるだけでなく本来的に社会的事実でもあるのだと，ポパーよりもデュルケームを思わせる仕方で述べている．そのうえで最終的には，デュルケームではなくガーフィンケルに従いながら，こうした実践についてのメンバーによる記述は社会学的記述であるとサックスは記している[13]．こうした点を踏まえると，サックスによる社会学のプログラムとは，うまくいった自然科学をただ模倣しようとするものなどではなく，科学的事実の産出に本来備わっていると彼が考えたひとつの特徴を活用していこうとするものであることがわかる．

　人間行為の記述は，それが神経学的あるいは生物学的な知見に根ざしている場合に限り科学的たりうるなどとしばしば考えられている．しかしサックスは，こうした考えを次のような驚くほど単純な観察によって覆していく．「自然科

学を行うこと例えば生物学的探究を行うことは，まず第1に報告可能な何事かである．そして第2に，科学活動についての報告はそこで探求されている現象について報告する際に用いられる形式とは別の形式を用いている」[14]．神経学者による教科書や調査報告は，観察や実験を再現する仕方についての日常語による　教　示（インストラクション）[訳注1]を含んでいるはずである．しかし，こうした　教　示（インストラクション）に適切に従うこと自体は，人間の知覚や脳活動についての神経学的知見によっては説明されえない[15]．他の自然科学者と同様に神経学者も，それ自体は自然科学の発見に基づくものではない記述や　教　示（インストラクション），立証の安定したやり方に依拠しているのである．この点についてサックスは次のように主張している．科学者による自身の活動についての報告と観察現象についての報告は，科学にとって欠くことのできない要素である[16]．つまり科学の「安定性」（すなわち再生産可能性，再現可能性）には，いずれの種類の記述も欠かすことができないということである[17]．

これに続けてサックスは次のように尋ねている．「一体なにが，科学者による自身の活動についての記述を適切なものにしているのだろうか」と．これへの彼の答えは明確である．「科学者による自身の活動についての報告が適切であるということは，すなわちその報告が何らかの方法を用いて当の活動を彼らの間で再生産できるよう保証しているということである」[18]．ちなみに科学は再生産可能な唯一の社会的活動というわけではない．したがって「なんらかの方法に従っていると言いうるあらゆる人間活動は，科学的に相応しい仕方で記述できる」ということは，サックスにとっては「ごく当たり前」のことになる[19]．

この議論が収められているサックスの講義録への「序論と回顧」において，シェグロフは手短にこの議論の要点を列挙している．

それゆえ，自然科学が存在しているという事実を証拠として，次のそれぞれが可能であるとサックスは結論づけている．(1)人間の行為過程についての説明（account），(2)この説明が，神経生理学的あるいは生物学的なものではないということ，(3)そしてこの説明が当の行為過程を再現しうるものであり，したがって科学的に適切であるということ，(4)直前の2点より，人間行為の説明は安定したものと見なしうること，(5)人間行動についての安定した説明を

得るためのひとつの（おそらく唯一の）方法は，そうした行為を生みだすための方法や手続きの説明を作り出すことによってであるということ．人間行動についての確固とした社会科学的説明の可能性を還元主義に陥ることなく基礎づけるということは，少なくとも自然科学の基礎づけと同程度に重要な事柄である．確かにその通りだと思われる[20]．

つまりサックスはいまだ生を受けていない科学を提唱するかわりに，次のように指摘しているのである．科学的社会学はすでに目の前に存在している，すなわち自然科学的観察の「教　示（インストラクション）による再生産可能性（instructable reproducibility）」とガーフィンケルが呼んだものの中に具現されているのであると．これに加えて，サックスは次のようにも述べている．活動は，それを行う者自身が自らの記述を方法に沿って作り出しているか否かにかかわらず，方法に沿ったものと記述することができる．「実際，偉大な科学者の多くは，自らの手続きについての十分な報告をしておらず，他の者がそれを肩代わりして行っているのである」．専門分野として分子社会学が発展するための鍵となるのは，方法的な活動が記述-可能であり，妥当な記述が当の活動を（再度）生みだすための教　示（インストラクション）として使用-可能であるということである．サックスが見るところ，社会学にとっての課題は，ここで述べられた「科学活動の報告」の例を拡張し，技術的に精緻化することにあった．そしてこれは，方法的な人間活動の全領域について形式的記述を作り上げることによって成し遂げられるはずであったのである[21]．

原始的科学を科学の神話として書き直す

「原始的自然科学」についてのサックスの提案については，後の科学知識の社会学の展開を踏まえて再検討することができる．そして後知恵に言えば，観察と記述，再現が公的に検証された知識の「基礎」となるとの古色蒼然とした神話的とも言える科学観を唱えていた点において，サックスを非難することもできよう．もちろん私にはサックスやその仲間の輝かしい業績をけなすつもりはまったくない．それでもしかし，科学についてのサックスの考えを批判的に検討することには意味があると私は考えている．

第6章　分子社会学

　サックスは，自身の議論が「科学が現に存在する」ことを前提にしたものであると明言していた[22]．このように述べることのねらいをはっきりと理解できるわけではないが，私見では，彼は歴史上の「事実」について，すなわち数世紀以前のヨーロッパにおいて知識を論証するためのきわめて実り多いプログラムが登場したという事実について述べているように思われる．そして科学の現存というこの「事実」を詳しく述べていく際に，サックスは次のような科学的方法論の本質的要素を強調している．

1. 科学は自然観察（natural observation）に基づいている．
2. そうした観察は，方法として記述可能である．
3. 方法についての適切な記述によれば，誰もがそこで記述されている観察を再現することができる．
4. この方法についての適切な記述には，分析的にみると相異なる2つの構成要素が含まれている．
    a. 専門的な発見についての説明．例えば化学的あるいは生物学，天文学的な現象についての説明．
    b. 方法的な人間行動についての日常言語による説明．
5. 科学的方法についての日常言語による適切な説明が現に存在するということが，人間行動についての確固たる科学が可能であることの基礎となる．

　こうした科学についての見方は決して珍しいものではない．スティーブン・シェイピンとサイモン・シャッファーの言葉によれば，3世紀ほど前にロバート・ボイルは実験的事実を生みだすための「言語ゲーム」を考案したという．ボイルによる実験プログラムにおける事実とは，「実際に経験し，正当化し，これを信じる妥当性を他者に対して請け負うという一連の過程の産物のことである．この過程において根本的に重要なのは，目撃経験を複数化することである」[23]．ボイルは，事実を「認識論的かつ社会的なカテゴリー」に属すと考えていたのである[24]．つまり事実は，一連の秩序だったコミュニケーションによって媒介されなければならない．そして，ある事実が事実となりうるのは，こうしたコミュニケーション回路による産物としてなのである．他の実験者への手

紙の中で，ボイルは彼の「新しい実験」について述べながら，誤らずに実験を再現する仕方について注意深く 教 示（インストラクション）をしている．彼はまた，比較的単純ないくつかの実験をおこなう仕方について，「若き紳士」に教えてやりたいとの望みも表明している．彼が言うには，こうしたいくつかの実験は「それをするのに時間もお金も手間もほとんどいらず」，「淑女」にもできるものだったという[25]．

目撃経験を複数化するというこのプログラムは，サックスが原始的自然科学の特徴としていた説明可能性の構造（すなわち観察-報告-再現）を思い起こさせる．さらに言えば，少なくともボイルによる記述のいくつかは，実験を「誰でも」が再現できるように書かれていた[26]．しかし，シェイピンとシャッファーが付け加えているように，自身の実験を他者に再現させようとのボイルの努力はそうたびたび成功したわけではなかった．有名な空気ポンプの実験を行った 8 年後，ボイルは「機械の詳細と手続きについて注意深く伝えたにもかかわらず，うまく再現できた例はわずかであったことを認めていた」．さらに後には，「ボイルは……実験の再現に絶望して，このように述べている．おそらくこれらの実験の多くが他者によって再吟味もされることもなく，また自分でも繰り返すことはないだろう．『だから』むしろ今では，さまざまな事柄をそれが生じた状況の詳細とともに記録していくことの方を重視したい，と」[27]．

しかしこのような困難にもかかわらず，ボイルが実験的プログラムを推し進めていくのに失敗したかと言えば断じてそうではない．たしかにボイルは，これを用いれば誰もが彼の観察をじかに目撃できるような方法を作り出したとは言えない．むしろ彼が構築したのは，シェイピンとシャッファーの表現を借りて言えば「仮想的な目撃のテクノロジー」，すなわち「主張されている事柄がその通りに生じたという信頼と保証を与えるテクノロジー」だったのである．この「テクノロジー」には，次のような物質とテキスト，組織に関わる一組の実践が含まれている．(1)実験的観察のための当時としてはまれで特権的な「空間」（すなわち実験室と空気ポンプ装置）を念入りに作ること，(2)長大な記述と詳細な図を用いながら実験と設備に関わる状況を事細かに伝えること，(3)英国王立協会の信頼にたる紳士に相応しい中庸の徳を示すこと．以上である．実験的観察を繰り返すことは，元々の観察を再現することではあるが，ただしそれは，文

字通りの意味での「再現」ではなく，実際には本物に近いもので代用することだった[28]．そしてボイルが，実験を他の者に再現させることができなかったことについて率直にいらだっていたこと自体が，彼の信用を高めるのに寄与したのだった．この結果，彼の実験はあたかも再現されたかのように事実上扱われていったのである．

　シェイピンとシャッファーの再構成によると，ボイルにとって，観察-報告-再現からなる秩序とは実験室的生活様式を全体として改めるためになされた実験作業について述べた神話的記述であった[29]．この新たな生活様式の中心となるのは空気ポンプだった．なぜなら空気ポンプの手入れと管理，記述や再現，標準化といった作業は，来るべき実験室的事実とボイルが考えるものと切り離しがたく結びついていたからである．「この装置が事実を生みだすことができるかどうかは，装置の物理的な完全さにかかっている．より正確に言えば，気密性を実際に保つことの重要性について皆が同意できるかどうかにかかっている」[30]．結果としてみると，実験上の事実は建前上は「誰にでも」検証可能なはずだったが，実際には空気ポンプ装置を作りこれを維持する技術的能力によって正当化されていたのである．

　ここで反論があるかもしれない．ボイルの実験的プログラムはかなり複雑な装備を用いており，サックスの言うような「原始的」科学などではけっしてないと．もしそうだとすれば，よりふさわしい事例は例えば鳥類学のような野外科学から得られるはずである．ポール・ファーバーが18-19世紀鳥類学の研究において示すところによると，この科学の系譜においては，見ることと語ることに関する民主的手続きはたまたま一時的にのみ重要な役割を担ったにすぎなかった．以後ふたたび観察に近づくことは統制され，同様に観察空間と文字表現の技術（literary technology）にも規律が与えられることになる．ファーバーによると，18世紀の博物学者ピエール-レイモン・ド・ブリッソンが，用心深く守られた彼の博物館コレクションへと標本を几帳面に組み込んでいくことによって鳥類の分類学を作り上げていったのだという[31]．

　ブリッソンにとり，博物館は観察の特権的場所であった．彼の標本やその他のコレクションはさまざまな場所から収集されており，時には独自の「フィールド調査」法をそなえた職業的ハンターの手を借りてもいた．死骸は剥製にさ

れ，(しばしばとてもひどい状態で) 保存された．その後，博物館において，一覧表のように区画設定された抽斗のなかの「一項目」として並べられていった[32]．いわば死体の一覧表である博物館の抽斗は，検査と再検査，比較を体系的に行うために設けられた，文字表現に先立ってあらかじめ組織化されたフィールドだったのである．野外調査とアマチュアによるバードウォッチングが発展するのは，その後のことである．つまり，携帯可能な野外用マニュアルと双眼鏡が普及し，また鳥類学協会と特徴記述のための規準が社会的に制度化された後のことなのである[33]．このように新たに現れた自然科学は，図や記述を構成しまたそれらを並置するといった文字表現上の規約を用いながら素材や測定結果を共同で集めたり保存，回覧するという組織的な方法と，不可分なのであった．同様のテーマは，微生物学や地質学，気象学などの起源についての近年の説明においても扱われている[34]．

　このような点を踏まえると，原始的自然科学についてのサックスの説明には，直接的観察とその適切な記述および再現にのみ焦点を絞っているという問題がある．これに対し，科学知識の社会学における多くの研究(第2章，第3章を参照)は，次のように問い始めつつある．すなわち社会的に組織された認識論的実践としてみた場合，観察や適切な記述，再現にはなにが含まれているのだろうか，と．

1. イアン・ハッキングが述べるように，観察は科学の歴史において過大視されてきた．「実験の仕事は，そしてまた巧妙さの規準や偉大さの規準でさえ，しばしば，観察し報告することにあるよりも現象を信頼できる仕方で呈示するなんらかの装置を作ることにある」[35]．そしてシェイピンとシャッファーの研究が描くように，ある学問的プログラムが全体としてこうした設備装置を発明しまたその用い方を標準化し，正当化する力に依存しているということもありうる．
2. エスノグラフィー的研究や歴史的研究の多くが強調していることによると，観察記述は，観察者がもともとフィールドで目撃したものを再現することではない．むしろそれは，観察経験とは異なる独自のテキスト的および語用論的組織を備えた文字と図表による表現を構成することである．さ

第6章 分子社会学

らに言えば，方法についての科学者による報告の適切性は，記述された手続きを「当たり前に」生みだす能力と切り離すことはできない[36]．
3. 再現という概念には，いくつかの点で問題がある．ハリー・コリンズなど多くの論者が示しているように（この点については第3章を見よ），何をもってある実験の再現と見なすかという問題は，設備装置の「同一性」やその適切な使用法，結果の「類似性」などに関する規準がどのようなものであるかといったローカルな探求と議論から切り離すことができない[37]．
4. 科学者が互いに発見を伝えあう仕方についての研究が示しているのは，方法の記述が個々の現象の記述と織り合わされているということである．ガーフィンケルとリンチ，リヴィングストンによる事例を考えてみよう[38]．1969年1月16日の夜，3人の天文学者が望遠鏡と電子的装置を用いて「光学パルサー（脈動星）」のように見えるものを観察した．しかし観察しているものが何なのかそしてそれがパルサーなのかどうかといった事柄は，天文学者による「一連の」行為の流れとともにあり，それに左右される[39]．電気的「ノイズ」と光学的不正確さの由来を探すために装置をチェックしつつそれぞれ別々の条件で観察を数回ほど繰り返した後，この天文学者たちは世界中のおもな天文台に電報を打った．この簡潔な電報はただ，日付と時間，脈動（パルス）の間隔，天体上の座標位置とそれが蟹座星雲内に存在することを定式化するだけによって発見を告げていた．そしてその夜の間に，ほかの観測所の天文学者が観察を再現することとなった．この事例の場合，天文学的対象についての報告には，それを検証するための方法についての教示（インストラクション）は含まれていなかった．あるいはむしろ，天体の座標位置と周波数記録が教示（インストラクション）となっていると言うべきである．ただしこのことがあてはまるのは，こうした記録に従うことができる限りでの「すべての者」であって，したがって数はさほど多くないだろう．もちろん観察がかならずや再現されるなどという保証はない．それはともかくとしてここで重要な点は，人間の行為についての説明を現象についての記述とは別立てで用意する必要はないということである．関連する人間行為は天体物理学的に説明可能なのである[40]．
5. 以上のように，科学的方法については適切な日常的説明が存在している．

しかしこのことを，人間行動についての安定的科学が存在するための「基礎」となりうるとして受け取るべきではない．むしろこうした説明の確固さはローカルに成し遂げられたものとして受け取るべきである．つまりガーフィンケルが述べているように，それぞれの自然科学は「実践的行為についてのそれぞれ固有の科学」として考えることができるのである[41]．もちろんこのような言い方は各自然科学が「人間行動についての自然科学」であることを含意することになるものの，サックスとシェグロフ，あるいは少なくともシェグロフの見込みとは対照的に，このような科学におけるレポートや実験方法についての記述などの適切性は各科学の分析的文化から切り離して考えることはできないのである．

　以上のように述べたからといって，科学者がさまざまな実験方法を再現できていないし現にしていないなどと言いたいわけではない．むしろサックスの議論の要約の中でシェグロフがあげている最後の論点を問題にしたいのである．そこではこう述べられていた．「人間行動についての安定した説明を得るためのひとつの（そしておそらく唯一の）方法とは，その行動を生みだした方法と手続きについての説明を作り出すことよってである」．たしかに方法や記述は無駄ではないし，実際，手順ごとに指定された教示（インストラクション）に従ったり，また実際にそうした教示（インストラクション）を組み立てることができるようになることは，科学的訓練の重要な一部となっている．しかし，方法について与えられるこうした説明は，ある実践を再現するための安定した基盤（ground）となるものではない．たしかに書かれた記述から観察を再現するということは可能ではあるものの，しょせんテキストにできることといえば観察の再現と見なされうるものが最終的にどのようなものであるかをほのめかすこと程度である．また，シェグロフによる上記のまとめ方には，一種の論理的後退を指摘することもできる．つまり，もし再現可能な方法というものがその方法についてなされる再現可能な説明に依拠しているのだとするならば，そもそもこうした説明自体の再現（再生産）可能性は何によって与えられるというのだろうかという問題である．このようなわけでむしろ次のように考えた方がよいだろう．方法説明は協調的実践にとってその不可欠な一部なのであり，だからこそこの方法説明は当の実践を記述す

ることができるのであり，またそれについての 教示(インストラクション) となりうるのである，と[42]．

　科学社会学における多くの調査研究の核心は，観察や記述，再現などのよく知られた認識論的テーマが自然科学や社会科学における探求の「基盤（grounding）」を与えるものではないというところにある．第5章で述べたように，認識論的活動について「社会的説明」を与えようとする試みは固有の困難に直面している．とはいえ，科学知識の社会学は「科学的探求の論理」を社会学的分析のための現象へと変換することに成功している．そしてまた，日常的記述やカテゴリー化装置，測定にかかわる語彙や推論的実践について初期サックスがおこなった探求は，科学方法論の中心的主題についての研究の模範であるとひとまず言うことができる．しかし，サックスがこのように時おり自然科学について言及を行う場合，それは同時に，人間行動の科学を作り上げるという希望の表明にも通じていたのである．そしてその科学においては，経験の目撃を複数化する方法をつうじて常識の限界を超えることが目指されていたのである．要するにサックスは，一方で観察や記述，再現が，日常的活動において日常的活動について日常的活動として生みだされるという事態を探求しつつも，他方で人間行動の客観的科学を打ち立てようとしていたのである．

　ボイルと同じようにサックスは，観察と記述，再現からなる普遍的プログラムを主張して目撃を仮想化する専門技術の構築に成功した．サックスは，認識論的な技能を検討するにふさわしい実験室を作らんとするボイルの「錬金術的」関心をそこそこ共有していたのである．またやはりボイルと同じようにサックスは，客観的探求のための安定的プログラムを始動させた．そこでも，やはりボイルの場合と同様に，科学的事実産出の手段についての体系的な「誤解」が，研究を広げ，機材も用いていこうという試みの中へと組み込まれていったである．ちなみに会話分析の場合について言えば，観察，記述，再現という日常的実践についての探求プログラムが専門的な社会科学的学問へと発達するまでにはそれほど時間がかからなかった．

2. 会話分析の専門化

　会話分析の専門化の由来は，原始的科学についてのサックスの議論の中で「方法」が果たしていた役割にまで，とりわけ「科学的」方法に与えられた特別な地位にまで遡ることができる．「方法」についてのこのような理解は会話分析において有力なものだが，これはもとはといえばエスノメソドロジー（あるいは実践学(プラクシオロジー)）による科学的および日常的行為についての理解に発したものだった．しかしそれはしだいに規律化の度合いを強め，科学的色彩を帯びるようになっていった．最近でもシェグロフが述べたように，初期のサックスが自然観察科学としての社会学の可能性を提唱したことは「少なくともある部分まではサックスのガーフィンケルとの関わりに導かれたものであることは疑いない」．とはいえ彼ら2人が与えたのは，ある独立した研究プログラムのためのただの出発点にすぎない．「少なくともガーフィンケルの議論について言えば，その基調はもとより反実証主義的で『反科学的』である．他方，サックスは，科学が存在しているという事実それ自体に対する彼の取り組みに基礎を与えようと目指していたのだった」[43]．

　第1章で述べたようにガーフィンケルは，「専門家による（professional）」か「素人による（lay）」かにかかわりなく実践的な行為と実践的推論の方法的な産出を記述すべくエスノメソドロジーという語を作ったのだった．日常的な社会的行為と自然科学における方法との結びつきについてのサックスの理解や，実践的行為の自然な説明可能性についての彼の考えは，ガーフィンケルの著したプログラムや例示的研究からじかに導かれたものなのである．ガーフィンケルの議論の「基調」を一定の留保をつけつつも「反科学的」と見なすとき，シェグロフはガーフィンケルの議論を誤解している．しかしそれにもかかわらずシェグロフの次のような観察，すなわちサックスはガーフィンケルのエスノメソドロジーを特徴づけている課題のいくつかを置き去りにしてその研究プログラムを進めていったという観察は正しい．シェグロフが見るように，会話分析とエスノメソドロジーの差異は，科学の作動という事実に対して両者がとっている立場の相違にまでたどることができる．しかしだからといって，一方で会

話分析が科学的たらんとしており，他方でエスノメソドロジーは反科学的たらんとしており実際そうなっているなどと述べるのは単純化もはなはだしすぎる．

　エスノメソドロジーや科学知識の社会学における事例研究の多くは，人間行動についての科学を提唱したときにサックスが採っていた論理経験主義的用語を「疑問視する」ものかもしれない．とはいえ仮に会話分析がその形式的記述によってボイルの実験的発見のような歴史上の意義を成し遂げているのであれば，会話分析はじゅうぶん成功しているのだということになるだろう．そしてこの場合，会話分析はエスノメソドロジーに対して持っていた当初の関係を失ってしまったとの私の主張は，シェグロフの次のような論点，すなわち会話分析は反科学的研究方針ではなく科学的研究方針にしたがってきたのだという論点をたんに支持するだけのことになるだろう．しかしこのように理解した場合でも問題はある．それは，多くの会話分析者が数多くの野心的社会科学者と同様，「科学が存在しているという事実」を経験的プログラムにとっての基盤と混同している点である．じっさい会話分析は自然–哲学的な探求様式（a natural-philosophical mode of investigation）から専門的学問分野へと発展していくにつれて，「分析」の実践そのものに論理経験主義的科学観に基づく用語と態度を組み込んでいった．このように会話分析の経験的調査は，もはや威光を失ってしまったその哲学上の出発点に相も変わらず依拠しているというわけである．

第1段階——日常言語の自然哲学

　サックスの初期の講義における探究は，彼が人間行動の科学を築くことをめざしていた時期にあたるにもかかわらず，あきらかに「自然哲学」の形式をとっていた[44]．彼の自然哲学的な探究に顕著なのは，分析を行っている会話現象が直観的に認識できるということに依拠している点だった．彼の探究は，言語と社会的行為についての古典的な見方について批判的に捉え返していく中で検討していく中で，日常的行為の秩序だった細部についての「私たちの」認識に着目していく．そうすることを通じて彼は既存の教育システム，すなわち常識的知識と日常的行為とを「無反省的」なものとし，これに対して反省的な分析能力を教育しようとする教育システムに，戦いを挑んでいったのである．

例えば講義の中ではよくあることだが，最初にまずサックスはある発話や発話連鎖のテープ録音を再生する．ついで文脈依存的表現やことわざ，逆説，議論の構造，記述について伝統的な分析が寄せてきた関心と対比させる形で，この断片がもっている批判的意義を明確にしていくことになる[45]．録音「データ」は言語使用の「想像上の」事例よりも優れていると彼は論じている．このデータは使い勝手がよい．例えばその細部を繰り返し研究することもできるし，ある分析的主張について評価すべく他の研究者が利用することもできる．

私はテープ録音された会話を研究対象とすることにした．この資料には，繰り返し再生できるという特筆すべき利点がある．したがってこれを文字へと書き起こし，どれほど長くなろうとも広範に研究することができる．録音された資料は，実際に生じた事柄を「十分に」記録している．たしかに録音された事柄以外のことも生じてはいるだろうが，録音された事柄は少なくとも実際に生じていたのである．録音された会話から研究を始めたのは，言語一般について関心があったからでもないし，ある理論によって導かれたからでもない．たんに録音された会話を手に入れることができ，繰り返し何度も検討することができたからにすぎない．それに加え，結果として他の人が私の研究を検討することもできるし，例えば異論がある場合にも彼らなりの理解をつくることができるからでもある[46]．

こうしたやり方を用いながらサックスは，探究や議論，分析，観察，記述，推論の基礎をなす論理についての正統的な「古典的」説明について，批判的検討を行っていく．言いかえれば彼は，録音されたデータを用いながら論理学と科学哲学の伝統におけるおなじみの認識的テーマについて再帰的(リフレクシブ)な検討を始めたのである．つまり彼は，観察と記述，再現という物質的な組織化について，すなわち彼が原始的自然科学と結びつけた説明可能性の様式そのものについて，それらを提示し検討するための自然哲学的な方法を考え出したのである．

このような初期サックスの探究では，観察-記述-再現というプログラムは，会話分析という科学を基礎づけるものではなかった．このようなテーマは，むしろ探究にとってのトピックとして位置づけられていた．サックスにとり，録

音された「資料」はきめ細かに検討できる秩序を提供してくれ，それは「私たちの実際の」言語と推論についての最良の考察や想起をもはるかに凌いでいた．ウィトゲンシュタイン同様，行為と推論についての伝統的な考え方をある意味で「治療的に」再特定するために，サックスは日常言語能力の検討を試みたのである．そして再びウィトゲンシュタインの探究と同様，この再帰的検討は「私たちの実際の知識」について一人称的な反省の形をとることはなかった．むしろ公的な振る舞いに関して「私たち」が言いうることを，3人称の視点から記述しているのである．しかしウィトゲンシュタインやオースティン，ライル，サールやその他の言語哲学者とは異なり，サックスはこうした作業を，典型的な表現や状況について回想を通じてではなく実際の会話の録音を用いて行っているのである．サックスにとり録音された資料は，その細部に至るまで直観的に理解可能であり，この点において「言語がお休み」の時に思い出される典型的表現，会話やりとり，ことわざなどよりもはるかに優れていた．このようなわけで録音資料は探究の強力な支えとなったのである．

　あるいはまたこれとは異なり，サックスによるテープ録音の重用を，ベーコンのような「思索」の拒否と自然主義的探究の重視として理解することもできるだろうし，その方がはるかに理解しやすいかもしれない．「自然は，感覚と理解にくらべて格段に精妙にできている．したがって人びとがふけっているもっともらしい黙想や思索，言いつくろいなどは，誰も自然を観察できないような場合を除いては，まったくの的外れなのである」[47]．このような経験主義的で自然主義的な理解のもと，録音と録画は「自然な会話」の模像として言いかえれば自然主義的「データ」として見なされていたことになる．そして，会話分析がひとつの調査プログラムへと発展した後になると，このような理解が，電子的テキストを参照するための捉えどころのない「再帰的な（リフレクシブ）」理由づけに取って代わっていってしまったのである．

　サックスや彼の学生にとり，言葉を用いてありふれた行為を行ったり理解する能力は，日常的な研究対象であるだけではなく，彼らの探究における分析の根拠でもあった．彼らの言葉で言えば次のようになる．会話を開始したり終了させたり，順番の交代をやりくりしたり，誤りや誤解を訂正したり避けたりするなどの日常的な方法はすべて，「誰もが」分析できるような話し言葉とジェス

チャーから成り立っている．そしてこのような分析自体が，実際に当の活動を産み出していく際の不可欠な構成要素となっているのである[48]．日常的行為を行う際にメンバーが依拠している単純で取るに足らない表層的理解を，サックスは賞賛しているが，彼のこのような態度はたんに個々の相互行為の構造についての関心から来ているわけではない．なぜならこの表層的理解は，社会秩序の成立をめぐる既存学説に対する反理論的な挑戦の出発点となっていたからである．

秩序問題についてのホッブス流理解を継承する者たちとの論争では，サックスは，ボイル-ホッブス論争におけるボイルの側に立っている[49]．少なくともパーソンズの『社会的行為の構造』以来，社会秩序の問題についての議論は，概念枠組あるいは近年の言い方では「パラダイム」を通じて世界を観察する「科学者」という形而上学的な見方によって占められてきた[50]．新カント派的議論にはっきりと依拠しながらパーソンズはおおむね次のように述べている．知覚の理論負荷性を免れえない以上，まずなすべきは科学的観察のカテゴリー構造を支えている非明示的な概念枠組を引き受けることである，と．明示的に構成された理論が残余的なものとしての常識の汚染を免れているというお墨付きを与えることはできなかったものの，パーソンズは，観察者の持つ暗黙の知識を概念と経験的命題とからなる論理的秩序へと再構成しようと試みたのだった．

社会的行為についてのパーソンズの理解によると日常的行為者は道徳的秩序の担い手となるのだが，こうした理解のなかに彼は理論中心的な科学観を導入している[51]．行為者の指向には，文化的規範と価値やサンクションの予期，適切な役割行動への学習された性向を含めた複雑な規範的枠組が組み込まれている．行為者が内面化している社会構造のモデルは，それがおもに規範的でありまたその概念的要素が厳密な批判的検討を免れているがゆえに，科学的なものとは言えない．とはいえしかし，行為者の持つモデルが日常的行為において担う役割は，経験的事象をめぐる演繹的説明における理論の役割になぞらえることができる．

いずれの場合でも体系的な概念枠組は，行為者の注意を関連する事実へと差し向ける導きの役割を担い，またひとつの認識-道徳共同体のメンバー間の連携をもたらす役割をも担っている．行為についてのこのような理解においては，

「非反省的」理解が文字どおり受け止められることは決してない．なぜなら素朴な観察者にとってただ「そこにある」ように見えるものにしても，解釈図式にまでたどり直すことができるからである．ちなみにこの解釈図式は，観察者の関心を方向づけ，利用可能な情報を選択的に組織し，知覚可能な多様体にカテゴリー的で規範的な判断を割り当てているのである．そして調査と教育の課題とは，このような図式に含まれている想定をあらためてとりあげ，批判的に再検討することなのである．

もちろんサックスは常識の支持に関心があったわけではない．ただ彼は，次のような知的傾向，すなわち一方で理解可能な世界の「ただの現れ」を貶めつつ他方でこの理解可能性をもたらす抽象的基礎を反省的に探し求めるという知的傾向に対し，挑戦していたのだった．例えばある講義に先立って彼は，公共の場所で一瞥を交わす人びとを観察し記述せよという課題を学生に課している．学生のレポートを読んだ後，彼は学生に対して次のように述べている．

「無知を装う」ことの問題についていくつか述べよう．私はこれらのレポートの中でしばしば次のように書かれているのに気づいた．「本当は何が起こっていたのかはわかりません．ただ，彼女が魅力的な女の子だったから彼は彼女のことを見ていたのだろうと推測したのです」と．このように，本当のところはわからないという主張がしばしばなされているのである．そしてまず私が考えたのはこんなことである．どうして君たちがこんな言い方をするようになるのだろうか，その理由は私にはよく理解できる．実はこれは，すでに君たちがなんの問題もなくできている事柄を行うその仕方に対して教育と呼ばれるものが割って入るひとつのやり口なのである．この結果として君たちは，物事を「概念」と，また行為を「推論」などと呼び始めることになるのである．たとえそれらがなんら関係していないにもかかわらず．実際，こうした概念とか推論などがなんら関係していないことは，次から明らかである．仮に君たちが架空の火星人観察者のように，そこで何が生じているのかまったく理解できていないとしよう．そしてこの場合に君たちは何を見ているのかという問いは，取り付く島もないような曖昧な問いとなることだろう．その曖昧さはおそらく彼女が魅力的な女の子だったかどうかなどの比で

はないはずだ．このようなわけで次のように問うことができるはずだろう．
すなわち私たちはどのようにして，ある人がまた別の人を見ているというこ
とを理解し，またその人が見ているものを理解し，それに関わりのある事柄
を把握しているのだろうか[52]．

　サックスはここで，観察の妥当性を認識論的に基礎づけようとしているので
はない．むしろ彼は，社会的な対象や行為についての「基礎をまったく欠いた」
素朴な理解可能性の存在を指摘しているのである[53]．「物事を『概念』と，行為
を『推論』などと」呼んでしまうことに学生の注意を喚起することによって彼
が行っているのはむしろ，一瞥でわかるという行為のカテゴリー的な理解可能
性やそのように一瞥で理解される行為のあり方をともに破壊してしまうような
学問的な用心深さの方こそを疑問視することである[54]．あれこれ考えずに見
ていた事柄を方法論的に「筋の通った」説明へと定式化しようとする中で，学
生はある意味で学問的な失認症に陥っている．つまり学生は，そもそもの分析
に先立って存在している常識的な現象を忘れ去ってしまっているのである．こ
のようにサックスは指摘しているのである．ちなみに，このような「厳密な」
記述について鮮やかにではあるが悲劇的に描いているのは，脳神経科医オリ
バー・サックスの臨床エッセイである．そこには脳損傷ゆえに「妻を帽子と間
違えた男」である「P医師」が登場する．

　片方の手袋をとりあげて，私はたずねた．「これは何ですか」．
　「手にとってみていいですか？」　彼はそう言うと私の手から手袋をとり，あ
たかも幾何学の図形をしらべるときのような調子で，子細に検討しはじめた．
しばらくして，彼は口をひらいた．「表面は切れめなく一様につづいていて，
全体がすっぽりと袋のようになっていますね．先が5つにわかれていて，そ
のひとつひとつがまた小さな袋ですね．袋と言っていいかどうか自信はな
いけれど」
　「その通り」　私は慎重に口をきいた．「あなたがおっしゃること，まちがっ
ていません．ではそれはなんでしょう？」
　「なにかを入れるものですね」

「そうです．何を入れるのでしょう？」

「中身を入れるんですよね」そういってPは笑った．「いろいろ可能性があるなあ．たとえば小銭はどうかな．大きさがちがう五種類のコイン．さもなければ……」[55]

　P医師の完全に正確な記述は，深刻な異常の現れである．人びとは普通，物事をその構成要素へと分解などせずに見る．しかし異常ゆえに，P医師はこのような常識的で当たり前の素朴さから引き離されているのである．あたかもP医師の生活世界が，フレーゲやラッセルによって唱えられた感覚与件へと還元されてしまったかのようである．これとは対照的にサックスが学生に命じたのは，観察説明の中に「先入観」を含ませることであった．観察についての彼の見方によると，「魅力的な女の子」といった明らかな先入観と言えるカテゴリーは，いかなる分析にも先立って見出されている．またさらに言えば，このカテゴリーは，端的に他の人びとと同様に自分にも見出されている．すなわち見ることに関する諸要素を「実際の」場面の要素と，見る主体内部の要素へとデカルト的に分割して考える以前に，端的にこのカテゴリーが見出されているのである．

　サックスにとり，ある対象を他の人びとと同じように見るという素朴な能力は知覚と認知の問題であるよりもむしろメンバーシップの問題であった．すなわち人間は，情報を吸収する可感的身体としてではなく，社会的世界におけるメンバーとして，自然に組織された日常的活動を「組み立てていく」理解可能な行為を行う者として，存在しているのである（それはちょうど，表面的な「器官」が途切れることなく行われる分子的産出から成り立っているのと同様である）[56]．

　このような「組み立て」が成し遂げられる際に用いられている分子的な技法は，意識的・無意識的信念とは概念的に区別されなければならない．というのもここでは，行為を導く理性的（あるいは非理性的）行為主体（agent）といったものが想定されていないからである．むしろ行為は，ちょうど有機的連鎖反応における分子のように，矢継ぎ早の連鎖のなかでたがいに「かみあわされる」ように産出されながら，実際の組み立ての構成要素となっていくのである（本章の補遺を参照のこと）．そして，「推論」と「認知」は，このような行為の組み

立てにおける派生物か，あるいはその産出のされ方についての分析的再構成としての意味しかもっていないのである[57]．とりわけ啓発的な一節のなかでサックスは，行為主体の「脳」について分析的に語ることの有意味性は，分子の「脳」について分析的に語ることの有意味性に比べて勝るわけでも劣るわけでもないと指摘している．

　ある事象の単純さや複雑さは，その事象を組み立てるための装置の単純さや複雑さと必ずしも対応しているわけではない．そしてこのような不一致が現に生じている以上，君たちもこの問題にかかわらざるをえない．例えばある人が日頃の雑用をごく簡単に素早く当たり前のように行っている場合，そこで行われていることは造作なく説明できるはずだと一般に考えられがちである．しかし実際はそんなことはない．よく似た事例を紹介しておこう．英語の文の組み立て——つまりは文法——について記述したある書物についての書評で，その書評者はこんなことを言っていた．この文法書はひどいというわけではないものの大して成功しているわけでもない．著名で卓越した科学者の手によっても，6歳の子どもが現に普通に作ることのできている文がいまだにうまく記述できていないのだから，と．もちろん分子の一瞬の活動にしても同様である．このようなわけで，人びとがそもそも持ちえないような脳について思い煩うことはやめにして，むしろ事象が必要としているような脳について考えよう．私たちの課題は，むしろこのような脳を実際に組み立てることなのだ[58]．

　パーソンズの考えでは，複雑な社会構造はその縮図としての概念枠組のなかに表象されている．この概念枠組を通じて，行為者は構造を再生産するのである．しかしサックスからすれば，このような複雑な産物は，単純な分子的行為がローカルに組織されて当たり前のように行われていくことによって産み出されていくのである．このような反理論的見解については，ゴシック様式の大聖堂の建造方法についてのデヴィッド・ターンブルによる研究を参考にするとわかりやすい[59]．ターンブルによると，建築史家はある想定によって惑わされてきた．その想定とは，きわめて複雑かつ幾何学的に正確な大聖堂の構造は，洗

練された工学原理を含む精密なプランから産み出されたはずだというものである．しかしそのようなプランが存在したという証拠が歴史記録には存在しない．したがって歴史家は，プランは存在したものの破棄されたか，それとも科学以外の試行錯誤による謎の所産のいずれかであるという結論へと導かれた．これに対してターンブルは，工学的知識かそれともブリコラージュ（器用仕事）かという対立図式を攻撃するべく近年の実験室研究に言及する．そして彼は，大聖堂の建築家は精密なプランなど必要としていなかったし，建築家が用いた理論によらない方法にしても非科学的なわけではなかったと述べている．彼は，建築家が精密なプランと複雑な数学的原理をもとに作業に着手したという考えとは別の見方を示している．すなわち，建築家や石工がステンシルや「型枠」をそのつどローカルに用いながら石材の標準型や計算尺などの道具を作り出していくなかから，大聖堂が作り上げられたというのである．

　構造の法則から得られる建築規則が存在しなくとも，コンパスや直定規，定規やひもを用いた実践的幾何学によって問題は解決可能である．親方から徒弟へと引き継がれた構造に関する知識と言いうるものは，比率に基づいて寸法を空間と高さへと結びつけていく．インチという単位で表された梁と梁の間の距離の半分に１インチを足すと，それが建材の梁の厚みを与える，という具合に．このような経験的方法は，比率で述べられており，また同様に学ばれていく．なぜなら，梁と梁の距離が長くなれば，梁の厚みも同様に厚くなるからだ．この種の幾何学はきわめて強力である．これによって構造に関する経験を持ち運び，伝達することができるのだ．さまざまな場所と環境において，特定の配置を首尾よく再現することができるのだ[60]．

　ここで描かれている活動は，ウィトゲンシュタインの『哲学探究』において鮮やかに描かれている２つのイメージと一致するものである．まず第１に，型枠——それは石材の形状を切り出す際に用いられる銘刻（inscription）と言えるが——は，ウィトゲンシュタインの想像する原始的言語ゲーム（第２節以降）において「石版」や「台石」，「柱石」，「梁石」といった発話が果たす役割とほぼ同じ役割を，大聖堂の建築において果たしていたと言える．この言語ゲームに

おいて建築家は，順々にこれらの名を呼びながら助手にそれぞれの石材を持ってくるよう伝えている．たしかにウィトゲンシュタインは，言語を対象の名の集合と見る伝統的言語観へのパロディとして，この言語ゲームを考案した．けれどもノーマン・マルコムが指摘するように，たとえ「石版」ゲームと言えども見かけほど単純なものではない．限られた用語ではあれ，それらは建築家の日頃の作業の一部として用いられる場合には数多くの役割を果たしうるだろう[61]．たしかにこの極めて限定的な言語ゲームでは，発話は物の名という慣習的役割を担っていた．しかしそれとともに私たちは次のような言語ゲームを想像することもできる．すなわち，建築家が助手に要請し，それへの助手の応対を修正しあるいは肯定するといった一連の活動のなかで，この発話をそれぞれ合図として用いるという言語ゲームである．ウィトゲンシュタインの例を広げて，次のような建築家と助手のやりとりを考えてみよう．

建築家　　　　：「石版」
助手　　　　　：（台石を運び，建築家に渡す）
建築家　　　　：「石版！」（首を振りながら，石材置き場を指さす）
助手　　　　　：「石版？」（台石を元に戻して別の形の石材を拾い上げる）
建築家　　　　：「石版」（笑って頷きながら，助手から石版を受け取る）

さらに複雑な例は次である．これは，引越し会社従業員の2人が狭い螺旋階段で冷蔵庫を運び降ろしていく場面を録音したものである．運ばれている冷蔵庫は，階段や壁の状況やそのつどの状況に対処する従業員の「やり方」などに対応してそのつど「はっきりとわかる」特徴を帯びる．そしてそれぞれの発話が荷物のこうした特徴にしっかりと結びつけられている点は，想像上の「石版」の例と同様である．このやりとりでは，どう作業すべきかの指示の受け渡しが「古株」(A)と「持ち上げ役」の新米助手(B)とのあいだで，この作業そのものを通じて行われている．

　A：よし，じゃあ
　　（1.4）

A：こっち持ち上げるぞ
　(0.8)
（B）　　：(ああ)
A：いいか?
　((ドシンという冷蔵庫が動く音))
A：じゃあおまえも持ち上げろ((ドシンという先ほどより大きな音))
B：(どこへ…)
A：上かな?
B：はい
A：よし
　((ドシン))
A：(さあいくぞ)
　(3.8)((断続的にドシンという音))
A：よし，いいぞ
　(0.4)
A：いいぞ
（B）　　：(うー)
　(4.0)
A：よし，じゃあ
　(0.2)
A：いまからまた降ろすぞ
　((ドシンと大きな音))
A：もう一回同じようにやるぞ，いいか?
　(0.5)
B：持ち上げますか?
　(0.4)
A：ああ，よし降ろすぞ
　(0.8)
A：(さあ)
　(0.4)

A：こっちへ
　（0.2）
A：そうだ，いいぞ
　（0.8）
A：<u>さあ</u>
　（0.4）
A：もう一回<u>同じ</u>ようにやるぞ
〔記号は巻末の訳注2を参照〕

　この例において「発話」は，荷物のそのつどの上げ下ろしを区切りまた調整するきっかけの働きをしている．そして発話のペースとリズムは，「会話の」メカニズムに関連しつつも同時に階段を降りるペースとリズムに関連しているのである．
　ターンブルの例においても，大聖堂の建築家の型枠は，熟練した石工と建築家がコミュニケーションや訓練のなかで共同の活動を行うためのテキスト的装置だった．型枠がプランとして機能していたと言いうるのは，限定的で「インデックス的な」意味においてのみである．というのも，型枠は伝統的な技能と道具の中に組み込まれていたからである．
　ウィトゲンシュタインとの一致の2番目は，なかにハンマーややっとこ，のこぎり，ねじまわし，定規，にかわ壺，にかわ，釘，ねじなどが収められている道具箱のイメージである[62]．建築の道具にはそれぞれさまざまな機能があるように「語の機能」もさまざまであると考えるよう，ウィトゲンシュタインは読者に促していた．ターンブルも具体的事例の中で，建築家によるブ・リ・コ・ラ・ー・ジ・ュ（器用仕事）の実践がコンパスや直定規，定規，ひもなどをうまく用いていたことを強調していた．こうした道具は，特定の作業に「特化した」ものではなく，むしろ状況の中で生じる予見できないさまざまな作業に向けて応用されていた．つまり型枠や道具箱の中の道具は，精密なプランや理論が関連する活動を統制したり説明，定義，表象しているなどと言われるような仕方では，具体的な目的を「表象」などしてはいなかったのである．精密な建築物を効率よく作ったり再現する目的でこうした型枠や道具を使いこなすにあたり，プラ

ンや説明はなんら必要ない．またこうしたプランや説明がなくとも，そのことがすなわち欠如を意味するというわけでもないのである．

　サックスは，社会秩序を，単純な装置の雑多な集合から作り上げられる巨大な文法的「大聖堂」と見なしていたと言えるだろう．そしてこのような見方をもとに，これらの装置の中でももっとも基礎的なもののいくつかを記述しはじめていったのである．もっとも注目すべき例証のひとつだが，「赤ちゃんが泣いた．お母さんが抱っこした」という2歳の子どもによる文の理解可能性について，サックスは次のように説明している．

　　「赤ちゃんが泣いた．お母さんが抱っこした．」という文が述べられるのを聞く場合，「赤ちゃん」を抱っこした「お母さん」はその赤ちゃんのお母さんであると私は理解している．……そのうえで，お母さんはその赤ちゃんのお母さんであると理解するのは私だけでなく，少なくとも英語を母語とする皆さんの多くもそう理解するだろうと私は確信している[63]．

　そのうえでさらにサックスは次のような観察を行っていく．この物語は2つの文からなっており，また描かれる「出来事」はこの2つの文章の順に生じている．さらにこう付け加えている．最初の出来事が次の出来事を「説明する」（赤ちゃんが泣いたから，お母さんが抱っこしたのであると）．このような観察は「社会科学上の発見」として提示されているのではない．むしろ，誰もが認識できるはずの物語の理解可能性が解明されているのである．

　　ここで語られている赤ちゃんとお母さんが誰なのか知らなくとも，私たちは皆，これまで述べてきたことのすべてをなしうる．……これらの文は「あることを記述しているように聞こえる」．実際，語がある形式で並べられると，それらがひとつの記述となっているように聞こえるのは明らかである．ある形式で並べられた語を可能な記述として認識するためには，それが描いているだろう状況をまず調べなければならないなどということはないのである[64]．

別の言い方をすれば，サックスはここで，現代の文学理論でおなじみとなった主張を行っている．すなわちテキストは，それが述べられた時点と話者のアイデンティティ，話者の意図といったコンテクストへの指示なしで「反復可能」であるという主張である．しかし文学理論の信奉者の多くとは異なり，サックスは記述に根ざしたひとつの社会科学を作り上げる可能性に関心を持っていた．このようなねらいは素朴実在論のように思われるかもしれないが，しかし次の引用からは彼が通常の意味での「実在論者」でないことは明らかである．それどころかむしろ彼は「実在論的」記述が組織されるその仕方自体の探究へと向かっているのである．

もし……それ自体で認識可能であるような「可能な記述」といった現象がメンバーの元にあるならば，メンバーが作り出しかつ認識するそのような可能な記述の構成を検討するにあたって，赤ちゃんとお母さんが実際にどう振る舞うかを知っておく必要はない．社会学や人類学がメンバーの知識やその知識と結びついた活動を探究するための確実な場所を得るためには，植物学や遺伝学あるいは分光スペクトルの分析の発展を待っている必要はない．むしろなすべきは次である．すなわち，メンバーがメンバーに対して認識可能な仕方で行っている活動が実際にどのように認識可能な形でなされているのか，その仕方を支えている装置（apparatus）を作りあげることなのである．……私たちが考察している2文は実際そう一般的なものではない．けれどもすべてのとまでは言わないものの皆さんの多くが，私の思う聞き方とまさに同じ聞き方をするだろう．とはいえ私たちの多くはお互いに面識すら欠いているのである．このような点をふまえると私はいま，現実に存在する極めて強力な何ものかについて論じているのだと言ってよいはずである[65]．

ここでも，サックスは分析の可能性についてほのめかしつつ，最終的には「極めて強力な」装置（マシーナリー）の存在について示唆するにとどめている．記述が持っている認識可能な特徴を再現する「装置を……作り上げる」ことが十分に可能であると彼は提起しているのである．サックスによれば，このような装置は，メンバーが発話を聞いたりそこで理解した出来事に基づいて実際に行為するといっ

た前反省的仕方の内に含まれている[66]．この秩序は，実際に示されているように没個人的で反復可能な秩序，言いかえれば日常的な相互行為的出来事を組織している装置(マシーナリー)なのである．

　この引用部に見られる機械論的イメージは，会話分析における機械や機構，道具や装置，システムなどへの言及の仕方の典型とも言えるものである．このような機械論的語彙に注目するならば，ピーター・ウィンチによる次のような批判がサックスのプログラムにもあてはまるように思われるかもしれない．

　ある社会的行動様式を研究している社会学者の活動を，例えば，ある機械の作動を研究している技術者のそれと比較するようなことは，そもそもまったく誤ったことである……．社会現象についての社会学者の理解とは，技術者が自分の研究している機械の機構について持つ理解によるよりは，むしろその技術者が共同研究者の活動について持つ理解に似たものなのである[67]．

　技術者がその共同研究者の活動について持つ理解を機械論的に説明することは，ギルバート・ライルのいうカテゴリー・ミステイクであるということもできるかもしれない[68]．しかしサックスの見解によれば，文法的「装置」は，技術者がお互いの記述に基づきながら機械構造を再現しようとするときにも含まれている．このような装置は，ライル自身もその体系的探究を唱えた，概念の実践的使用を規定する「論理的規則」を記述しているのである[69]．サックスは実際こう述べている．すなわち共に活動を行うために仲間を教え導く際に人並みの能力あるメンバーが用いている記述について，それらが体系的に組織されている仕方を明らかにしていくことができるはずである，と．もちろん，サックスは技術者のコミュニケーション活動の研究を手がけようなどとはしなかった．それよりも彼は，常識的活動をおこなうための教示(インストラクション)として誰もが用いうるようなそういった体系的記述を作り出そうとしていたのである．

　仮に，科学における方法論的記述についてサックスが述べたことが工学技術にも同じように当てはまるとしよう．すると機械的システムについて技術者が行う説明は，その説明が述べている事柄を仲間や学生，外部の技術者に理解させ，またそれを再生産させることができるはずである．ここから類推すると，

会話上の装置(マシーナリー)についての可能な記述とは，ある言語について通常の話者同士が協働して会話における行為を理解しまた再生産していくその仕方を捉えているはずである．専門的技術者は通常，その手引き書をみずから書き残すことはない．むしろ彼らは技術スタッフを雇って他の技術者のための青写真を描かせたり，初学者向けの教示(インストラクション)を作成させたり，機械ユーザー向けのマニュアルを書かせたりするのである．同様に日常会話の参与者も会話活動のやり方の体系的特徴をわざわざコード化することなど滅多にしない．だからこそ専門的会話分析者には，こうした活動について手引き書やマニュアルを書く役割が残されているということになる．

　科学における記述の役割をめぐるサックスの議論には，多くの興味深い両義性が含まれている．彼は「科学者」による方法記述と会話分析者によるそれとの間の類比を好んだ．けれども会話分析者による形式的記述を次のような例と比較してみると，これとは異なる含意を得ることができる．例えば，ある機械のデザインについて技術者に指示をおこなう青写真や，組み立てライン上での人間の行為と機械との間を調整する産業技術的プラン，パソコンの使用法を初心者に教えるマニュアル，実験においてある出来事を発生させ観察する方法についての技術者向けの指示．このような例から得られるのは，手引き書を執筆する者とそこに書かれた事柄をおこなう「共同研究者」との間には，さまざまな形での知識の社会的分布や分業が存在しているということである．会話分析との類比について言えば，この類比は次の事実ゆえさらに複雑なものとなる．すなわち，会話分析によって記述される行為は，この記述に先立ってすでにそれに習熟しているいわば「住み込み技術者」がいる，そういった行為であるという事実である．この人びとによる活動は実際にはすでに分析がなされた「データ」なのである．産業技術者は，現場の人びとからその技能を「抽出」したうえでそれらを再組織化し「合理化する」という明確な目的のもと，形式的記述を用いることがある．しかしこれとは異なり会話分析者は，ローカルな活動の秩序という記述されている当の活動とは別になにか機械を作ろうなどという目的を持っているわけではない．

　したがってサックスは，技術工学の青写真に代表されるような機械的システムのものとは異なったなんらかの「装置」を記述しようとしていたということ

になる.つまり彼は,会話という現場における「住み込み技術者」が日常的なコミュニケーション活動をどう組み立てているか,説明を作り上げようとしていたのである[70].「理念的には当然,私たちは形式的に記述できるある方法を持っているのだ.それはちょうど文の組み立てが形式的に記述できるのと同じである.こうした記述は,文一般を扱うことができるのみならず,個別の文をも扱うことができる.とすれば私たちが行っているのは,もうひとつの文法を作り上げることだということができる.文法はもちろん,日頃から目にすることのできる精密に秩序だった社会的活動のモデルである」[71].

技術工学からの類比によれば,会話の参与者は活動を組み立てている.しかも参与者たちは,それを行う際に,次に誰がいつ何を話すべきか決めるべくお互いの発話を分析しているのである.ふたたび大聖堂の建築家からの類比によれば,このような「分析」は,標準化された台石がそれぞれ秩序正しい形をもってそれぞれ並べられていくその仕方の中にも含まれているものである.たしかにこの作業のほとんどは熟慮の上での作業ではないし,無意識とか前反省的という但し書きをつけたとしてもやはり思考に基づいた作業などとは言えるものではない.しかしだからといって決して無自覚なものでもでたらめなものでもないのである.

会話を理解可能な仕方で組織している分子的行為を産み出している「脳を作」ろうと言うことによって,サックスはひとつの記述的プログラムの基礎を提案しているのである.もちろんこれは,行動主義者や唯物論者のプログラムとは異なっている.つまり,素朴な観察者がその一瞥において理解する世界を,「真に実在する」対象やアイデンティティ,関係などについての先入観として片づけてしまおうなどと目論んでいるわけではない.そうではなくサックスのプログラムは,自然に直観的に基づいて理解可能な「実存的」述語を損なわずに観察可能な細部に注意を注いでいく,そのような記述的プログラムなのである[72].そもそも観察可能で記述可能な対象のうちには,あらゆる事柄,例えば「観察」や「記述」,「分析」,「生のデータによる説明」といった事柄までもが含まれているのである[73].そしてこのような日常的活動をもっぱら科学的活動の資源として用いるべくそれらを改訂するための休み時間や特権的場所など,このプログラムの中には存在しないのである[74].

観察と記述は社会学者が記述している活動のうちにその活動の再帰的な特徴（リフレクシブ）として含まれているとしばしば言われる．しかしサックスは，しばしば指摘されるこの事実に妨げられることなく，そのような活動を日常的に組織立った事柄として取り扱った．人びとは他者が行っていることを一瞥で理解できること，またその「他者」がそのような行為の仕方自体によって当の行為の観察可能性を与えていること．これらは単純でありながらも，サックスの分析方針とも一致する生活の事実である．実践的に観察可能で分析可能なさまざまな現象を，研究室を基盤にした記述分析の「データ」へと変換することによって，サックスはひとつの記述的プログラムを提案したのである．そしてこのプログラムのもと，実証的科学を組織しているテーマや領域区分などが，記述されるデータという位置づけへと移し替えられることになるのである．

第2段階——分析的学問

　サックスは，原始的科学がどのようにして専門的学問へと「専門化」されていくのかについて，ほとんど述べていなかった．しかし彼とその仲間が，観察と分析の技術を洗練させることによって日常的な直観を超え出て行くような研究モデルを作り上げることで，「期間限定」の原始的科学の段階から超え出ていったことは確かである．もとよりサックスの記述主義は，文学作品や文学的テーマについての洗練された「ポスト構造主義」的な理解と整合的であるにとどまらず一致するものでもあった．彼らは，なすべきゲームをじゅうぶん知り抜いているような超然とした態度を取りながら，「たんなる記述」を行っていった．「記述を行うこと」は，観察や記述，検証，生（なま）のデータなどといった実証科学の構造を映し出すための必要条件だったのである．〔その後〕このような説明可能性（アカウンタビリティ）の構造は，1960年代後半から1970年代前半にかけてサックスが作りあげた会話分析研究室の中に実際に体現されていく．この研究室は，「実証科学」の分子的構成要素がそれじたい観察可能になるような場を提供していたのである[75]．

　会話分析研究室は，さまざまな日常的行為の「巧みな」産出を明らかにし検討するための基地となっていった．研究室には，録音や再生，録音録画テープ編集のための装置一式が装備され，またサックスと学生によって集められた

テープとトランスクリプト〔書き起こし〕からなるアーカイブが収められていた．トランスクリプトは，ゲイル・ジェファーソンによる独特の表記システムにしたがって書かれていた．これらのデータは，それぞれにインデックスが付されて整理され，小さな共同研究者のサークルの中で回覧された．テープ録音に真剣に取り組み，また録音された発話の連鎖（シークエンス）やペース，タイミング，声の調子などの微妙な特性を「聞き取り」，トランスクリプト化するという独自の能力をそなえた「技術者」へと学生を鍛えあげるプログラムを，サックスは考案したのである．研究室にはさまざまな設備が備わっていたが，その中心だったのはより抽象的な装置，すなわち事実を産出する「装置」だった．潜在的目撃者のコミュニティに対してボイルが提供していた空気ポンプについての図や記述と同様，サックスのこの装置は一群の諸事実を組織していた．言いかえればこの装置は，文字表現と切り離しがたく結びつきつつも実際に見聞きしながら検討・操作することができるそういった一群の事実を組織していたのである[76]．こう述べたからといって，この装置が分析者コミュニティの実践を革新的かつ強力に組織したその仕方を非難しているのではない．

1970年代の前半までにサックスらは，自覚的に「専門的（technical）」学問を作り上げていた．そこには一揃いの研究手続きや分析的言説，共同研究組織の確立が含まれていた．発見が蓄積されるにつれて，サックスらはこれらの発見をトークの連鎖的組織化（the sequential organization of talk）のための形式的「システム」一式へとまとめ上げていった．これらのシステムには次のものが含まれている．すなわち，発話順番を作りあげ，会話を開始したり終了し，発生した誤りやトラブルを修復し，トピックを導入してそれに沿って話し，挨拶‐返礼や質問‐答えなどの「隣接ペア」をなす発話を組織するなど，会話参加者がおこなうこれらの仕方を支配している規則と「装置（マシーナリー）」である．こうしてかなり限定された会話分析者からなるコミュニティが現れ出てくることになる．そして活発なメンバーは，専門的会議に出席し，会話分析研究の論集を編纂し，学生をその専門家とすべく訓練し，緊密かつ排外的ともいえる引用のネットワークを作り上げていったのである．

会話における「事柄」と「装置（マシーナリー）」についてのサックスによる議論はもともと，主観的作用の形而上学に対するウィトゲンシュタイン的な批判であった．

他方，会話分析で記述される「物事」と「装置(マシーナリー)」は，社会科学におけるこの新たな学問分野の専門的実践を強化していくための客観的根拠として扱われていった[77]．手短に言えば，会話分析者たちは，元々のねらいであった「再帰的(リフレクシブ)」探求を相互行為的行動の科学のための基礎づけへと転換させていったのである．こうして会話分析における発見は客観的なものとしてそれ自体で評価されることになり，観察と記述，再現の実践に対する「錬金術的」関心から隔たっていくことになった[78]．つまり観察と記述，再現とは，会話を分析する専門技術の道具となっていったのである．この結果，当初のエスノメソドロジーのアイデアは，会話分析において一時は重要な位置を占めていたものの，自然に生じる会話の構造についての発見が後に実証主義的にまとめられていく中で忘れ去られていくこととなった[79]．

順番取り装置

会話分析における調査は依然として多様であり，一組の方法論的規定にしたがっていると考えることは正しくない．とはいえ，この領域における実質的研究の大半は会話構造の形式的モデルを中心にまとまりを見せている．このモデルは，ハーヴィ・サックスとエマニュエル・シェグロフ，ゲイル・ジェファーソンによる1974年の論文「会話の順番取り組織のもっとも単純なシステム」において発表された[80]．この論文は，録音された電話でのやりとりやグループセラピーのセッション，接客でのやりとり，その他のありふれた相互行為などについての調査を数多く検討しており，ここで示されたサックスらのモデルは，会話における発話順番の秩序だった管理のための基礎的規則を明らかにしている[81]．また，この論文自体が会話分析の団体的コミュニティにとってのモデル（あるいは模範）となっている点も重要な点である[82]．

「相互行為におけるトーク（talk-in-interaction）」の組織についての実質的主張はさておき，トランスクリプト化されたデータを提示する際の細かな専門的様式と方法は，この領域における調査の標準となった．この論文がもつ様式性と分析性からは，会話分析が，かつてガーフィンケルのエスノメソドロジーやウィトゲンシュタイン以後の日常言語哲学と結びついていた自然-哲学的な探求方法を超え出て，トークの「システム」を探求する社会科学的学問になろうとし

ていることを，見てとることができる．

　サックスら (1974: 699 以降) は会話を定義して，発話順番を取る権利と義務を割り当てる「発話交換システム」と述べている．サックスらが記述するところによると，このシステムは「ひとつのエコノミー」として組織されており，録音データを「つぶさに観察」すれば「誰にでも明白な」一連の事実は，このエコノミーの秩序だった維持によって説明されるという．こうした事実には，例えば次の事柄が含まれている．会話において話者が交替すること，普通は一時に一人が話していること，話者の移行が発話どうしの間合いも重なりもなく生じること，順番の順序や規模，会話の長さ，参加者が述べる事柄，各参加者に割り当てられる順番の比率，参加者の数などは，固定的でなく可変的であること，である．こうした事実は，参加者が発話どうしの間合いと重なりを最小限にとどめながら，ある方法に沿いながらやりとりしていることの証しとなる．ついでサックスらは，こうした事実が方法的に産み出されていることを説明する「文脈中立的 (context free)」装置を記述していく．この装置は，一方で「文脈中立的」でありつつ，他方で個々の会話の参加者が「文脈に敏感に (context sensitive)」使用することできるものである．この装置は，「構成要素」と「規則」からなる集合である．そしてこれらは，参加者が会話において順番を構成しまた話者を秩序だって交替させていく際に採りうる一連の序列化された選択肢を，記述しているのである[83]．

　この文脈において，事実という語を用いることは若干混乱を招きかねない．これらの事実はこのモデルの「棄却テスト」をなすものだとサックスらは述べている．こうした言葉づかいは科学理論の「決定テスト」との表面的な類比に訴えている．しかしジェフ・クルターによると，順番取りシステムによって記述されている「事実」のいくつかは，会話の定義的性質である[84]．例えば話者交替が規則的に生じるなどの観察可能な事実は，そのトークを会話として（あるいは少なくとも講演や独り言以外の何ものかとして）見なす規準として引き合いに出されるものである．こうした「事実」が実際に生じるかどうかといったことは，このモデルが会話のモデルとして正しいかどうかの経験的テストとはなりえない．むしろこうした事実は，いま対象としている出来事がそもそも「会話」として見なされるべきかどうかを定義するものなのである．

この論文で並べられている「事実」のいくつかについては，それらが会話では「固定されていない」「変更可能な」パラメータであると，控えめに述べられている．例えば正式なディベートではふつう，発話の各順番の長さと順序はあらかじめ定められている．またインタビューでは，質問と答えのターン（順番）がそれぞれインタビューする人とされる人に「あらかじめ割り当てられている」という特徴がある．そしてこの論文のリストによると，このような他の「発話交換システム」に見られる一般的特徴も，会話についての積極的「事実」と見なされていくのである．ここで事実という言葉を用いていること，そしてまた他の発話交換システムを定義づけている規準をあたかも会話に関する「事実」であるかのように扱うことによって，この論文は，このような事実を「説明してくれる」分析的モデルを導入するお膳立てをしているのである．これに加えてサックスらが会話をもっとも一般的な発話交換システムとして定義しているので，会話についてのこのモデルは，個々の特殊なトークの形式を説明するモデルに対してより抽象度の高い位置を占めているのである[85]．

このモデルは，「文脈中立的」で「文脈に敏感な」装置を詳述し，これによって会話のきわめて明白な事実が方法的に産み出されていることを説明するものとなっている．この装置（apparatus）は，「構成要素」と「規則」の集合からなり，これらは順番の構成と次話者選択において採りうる選択肢の序列を記述している．具体的に言うと，2つの構成要素と，話者に順番を割り当てる一組の規則である．構成要素とは，「順番構成要素（turn-constructional units, TCU）」と「順番割り当てテクニック」からなる．順番構成要素は，統語論の用語で定義されてはいるものの，なんらかの統語論的要素に限られず，文や句，単語，非語彙的表現をも含んでいる．

この「構成要素」の各タイプいずれについても重要な点は，サックスらの言葉を借りて言えば「予測可能な（projectable）」終了を備えているということ，すなわち「順番においてどの要素が用いられたのであれ，またその要素をどのように理論的に把握しようともそれにかかわらず，その終わりとなりうる点を事前に予測できるという性質をそなえている」（1974: 720）ことである．例えば，ある質問への返事としてであれば，「はい」の一語であっても「ああ」のような非語彙的なものであっても順番構成要素となりうるのである．この点は，それ

ぞれの表現の終わりの時点で順番の終わりとなりうると予測できることによるものである．他方，話者が一連の文からなる物語や冗談を述べていくような場合には，順番構成要素はひとつの文をはるかに超えたものとなる．

　順番割り当てテクニックは2つのタイプに区別される．すなわち，(1)現在の話者が次話者を選択するものと，(2)次話者となる者が自身を選択するものである．質問や挨拶，呼び掛け，招待などは常にではないものの特定の受け手を次話者として選択している．他方，例えば物語や冗談，答えなど，現在の話者が特定の受け手を選択していない場合，現在の発話の予測可能な終了点において，会話の参加者は自身を次話者として選択することができる．このように構成要素は，順番取りの基礎的規則が発動するための条件となっている．言いかえれば，順番移行に適切な場所（transition-relevance place, TRP）に近づいたときにはつねに〔下記の1から2のように記述された〕順番取り装置の循環的規則が関与してくることになるのである．そしてそれぞれの順番移行において採りうる選択肢は，「順番割り当てテクニック」によりながら次のように定義されている．

1. 順番における最初の順番構成要素が，移行に適切な最初の場所に至った時，
    a. もしそれまでに，「現在の話者が次の話者を選択する」テクニックが用いられていたならば，その選択された者は，次に順番を取って話す権利をえ，かつその義務を負う．言いかえれば，他の者がそうした権利を得たり義務を負うということはない．このようにしてこの時点で順番が移行する．
    b. もしそれまでに，1aの「現在の話し手が次の話者を選択する」テクニックが用いられていなければ，現在の話者以外の者が自分で自分を次の話者として選択してよい．この時最初に話し始めた者が，次の順番を取る権利を得る．このようにしてこの時点で順番が移行する．
    c. もしそれまでに，1aの「現在の話者が次の話者を選択する」テクニックが用いられていず，また1bに基づいて他の者が自分を次の話者として選択していなければ，現在の話者が話し続けてよい．
2. もし順番構成要素が移行に適切な最初の場所に至ったとき，1aも1bも生じず，それゆえ1cに従って現在の話者が話し続けることになれば，移行に

適切な次の場所において 1a〜1c の規則群がふたたび適用される．そして最終的に移行が達成されるまで，それぞれの移行に適切な場所において同じことが繰り返される（1974: 704）．

このモデルは階層的に組織された閉鎖的システムである．というのは，こうした各規則の順序によってそれぞれの選択肢を制約しているからである．またこのモデルは規範的装置でもある．というのは，規則の定める選択肢は，話すことと聞くことに対して参加者がもつ「権利」と「義務」を定義しているからである．このようなわけで，このシステムは明らかにパーソンズ的な意味で「社会システム」なのである．すなわち，このシステムは社会的相互行為の「二重の偶有性」を具体的に示しているのである．二重の偶有性とは次のような事態，すなわち話者 A の行為はその進行の中で受け手 B が規範に導かれて反応（あるいはサンクション）をなしうることに指向しており，また B の方は A の行為を共通の規範的基盤に基づいて把握しているという事態を指している[86]．その際，誤解や参照する規範のすれ違いも当然起こりうる．しかしこうした事態も，ジョン・ヘリテイジが言うように，会話構造によって切れ目なく提供される説明可能性に基づいて処理・「修復」されることになるのである[87]．会話の「相互行為秩序」を形成すると言われるさまざまな規則集合は，パーソンズが「包括的（overall）」社会システムに対して構築した「パターン変数」という規範的秩序からは区別されるものではある．とはいえしかし，こうした規則集合は，その作動において状況における（in situ）微細な行為と反応へと組み込まれることになる文脈中立的な規範なのである．

このモデルは，順番を引き継ぐ権利を決定するための 2 つのメカニズムを明らかにしている．すなわち，現在の話者が次の話者を指名するもの（規則 1a）と，早い者勝ちで先に自己選択した者に権利を与えるもの（規則 1b と 1c）である[88]．いずれの場合も，その直後の順番構成要素の間に限って，話者に順番への排他的権利が与えられる．移行に適切な場所に至る（あるいは近づく）とつねに，権利があらたに指定され直したり，更新されたりすることになる．これらの規則は話者交替が予測可能な時点においてのみ実現されるものの，その統制には休みがない．手短に言えば，順番取りシステムは，話者交替を確実に「き

れいに」成し遂げるべく絶え間なく循環的に作動している点で，規範的に採りうる諸可能性からなる閉じたシステムなのである．

サックスらは，いくつかの事実を列挙し，またこうした事実を説明するモデルを提示したのち，論文の残りを使って「このシステムがどのようにこうした事実を説明するか」という問題に取り組んでいく．例えば，順番取りシステムがどのように一時に一人の話者が話しているという事実を説明するのかについて，次のように述べられている．

> 圧倒的に多くの場合，一時に一人が話している．この事実は，このシステムの2つの特徴から説明される．第1に，このシステムはひとつの順番を1人の話者に割り当てる．すなわち，話者は，最初の順番構成要素の終わりとなりうる時点までは話すことへの排他的権利を得ることになる．そしてこの権利は，規則1cのもとにおいて，その次の構成要素まで更新可能なのである．第2に，すべての順番移行は，移行に適切な場所周辺で調整されるのだが，この移行に適切な場所自体がどこで順番構成要素が終了しうるかに基づいて決定される（1974: 706）．

そのほかの明白な事実も多くの場合，トランスクリプトの事例についての分析をつうじて同じように扱われていく．こうした説明の中で，サックスらは2つの補助的システムを記述していく．すなわち，「隣接ペア」および会話上の誤りと混乱の「修復」メカニズムである．

隣接ペアとは，異なる話者によってそれぞれがなされる一対の行為からなるまとまりであり，具体的にはさまざまな形をとる．単純な事例としては，挨拶の交換があげられる．

A：やあ
B：やあ

そのほかの隣接ペアの事例としては，呼び掛け-応答，質問-答え，招待-受容もしくは辞退などがある．隣接ペアの重要な特徴は，「ペアとなった構成成分」

どうしの間に「レリバンスの条件づけ（conditional relevance）」が成立している点である．会話分析の用語によれば最初の挨拶は「第1ペア成分」であり，返答は「第2ペア成分」となる．第1ペア成分は，次話者を選択する重要な「装置」である（規則1a）．しかしそれ以上に重要なのは，第1ペア成分は，それへの反応として産み出されるべき適切な行為類型を定めていることである．例えば，最初の挨拶は，それへの反応として適切な行為類型を定めているし，質問は答えの前提条件となっている等々．他方，第1ペア成分に対して受け手がおこなう反応は，必ずしも第1成分の話者に制約を課すわけではない．例えば参加者が2人を超える場合には，答えは当の質問をなした者を次話者として「選択」するというわけではないし，その次話者の発話内容を必ずしも制約するわけではない．

　修復とは，発話における言葉の選び間違いや呼び掛けにおける名の誤りとともに，順番取りにおける誤りや違反などに対処するさまざまな「メカニズム」の名称である．修復をおこなう可能性はある程度までは順番取りの基本的エコノミーによって保証されているとサックスらは論じている．例えば，現在の話者が規則1aに基づいて次話者を選択したもののその選択された者が応じない場合，現在の話者は規則1cを用いてその後も話し続けてその者を促すことができる．あるいは，ある者が別の話者の進行中の順番に割り込んだ場合，そこで生じた発話の重なりはいずれかの話者がその発話を中断させることで即座に解消することができる．さらに言えば，現在順番を取っている話者以外の話者によって促される修復は一般的にその進行中の順番が終わるまでは開始されないため，現在の話者はこの順番が終了するまでは「自己修復」をおこなう「権利」を保有している．このため現在の話者は，自身の発話が生みつつある誤りを，受け手による手出しなしに訂正することができる．こうした点に基づきサックスらは，順番取りシステムを行動のための本質的に合理的な組織方法と見なしている．この組織方法は，現実世界の利害関心を適応させつつ，会話外の強制を被ることがなく，また生じたトラブルを修復するための資源と手続きをも組み込んでいるである（1974: 724）[89]．

自由主義的エコノミー

　順番取り論文の形式的アプローチは非常に大きな影響力を持っていた．このため多くのエスノメソドロジストが，観察と記述，再現などの認識的テーマ（epistemic themes）のローカルな達成についてそれぞれの事例に基づいてエスノメソドロジー研究を行っていくことから離れ，この形式的アプローチへと向かっていった．こうして順番取り装置は，それ以後の研究にとって公認の基礎とされていった．順番取りおよびそのほかのシステム的構造は「メカニズム」と名指され，行為者（agents）を形づくる文法的役割を与えられていった．例えば，これまで触れてきたサックスらの論文の中の次の一節を見てみよう．

　こうした順番取りシステムを「ローカルに管理されるシステム」と特徴づけることで，私たちは規則集合と要素の次のような特徴に注目している．
1. システムは，一時にひとつの順番移行を処理するものである．それゆえ，この移行に関わる2つの順番に関して処理をおこなう．すなわち，それは一時にひとつの順番のみを割り当てるのである．
2. それぞれの作動時にシステムが割り当てる順番が，「次の順番」となる．
3. システムは，一時にひとつの順番移行のみを処理するが，その際システムは次の仕方で順番移行を処理する．
   a. 包括性．すなわち，それは，これを用いることで生じうるすべての順番移行の可能性を処理する．
   b. 排他性．すなわち，それから独立に他のなんらかのシステムが移行を組織することはできない．
   c. 直列性．そのつど生じてくる「次の順番」に順々に対処していくことを通じて，順番移行を処理する．

こうした特徴自体から，このシステムを次のように特徴づけることができる．すなわち順番取りシステムの作動は，「次の順番」と「次の移行」にそのつど順々に対処する形で作動するという意味でローカルなものであり，この点ゆえに順番取りシステムはローカルに維持されるシステムの一部分をなしているのである（1974: 725）．

この一節では，決定論的で官僚主義的，機械論的なイディオムによって，非人格的形式主義のローカルな「作動」が記述されている．すなわち，「それ」が言説に連鎖的に組み立てを「指定し」，またこれを「処理し」「方法化」するというように．人間の主体性と志向性についての従来の考え方をこのように転倒させていくことは，ともすると会話実践を「脱人間化」する——会話参加者を「方法中毒者」とする——かのように思われるかもしれない．しかしこう結論づける前に思い出しておかねばならないのは，ここに見られる装置がひとつの道徳的エコノミー，すなわち「自然権」の成立する領域に他ならないという点である．例えばドン・ジンマーマンとデイドレ・ボーデンが研究仲間のトマス・ウィルソンを引用しつつ，順番取りの原則に基づいたある種の会話的「主体性(agency)」を支持するときには，この点を念頭に置いているのである．ちなみにこの主体性とは古典的ヒューマニズムときわめて整合的なものである．

これまで記述してきたものは，ウィルソン（1989）の視点からすると，社会的相互行為を組織化する装置に本来備わっている人間の主体性であると理解することができる．彼は次のように指摘している．参加者が他の参加者と同様に，みずからの行為があらかじめ決定されたものでなくまたでたらめでもない自律的で道徳的責任の主体であると想定したうえで行為するのでなければ，社会的相互行為はありえない，と．相互行為の組織化は，このような想定を基本原則とすることで成立しているのである[90]．

ひとたびこのような「基本原則」という用語で定式化されてしまうと，順番取り装置のエコノミーは自由主義的エートスの基礎と見なされていくことになる．そのような理解によれば，規則集合は，早い者勝ちという自由市場的なメカニズムを伝統的な所有権に結びつけていることになる．たとえば規則1aに見られるように，順番の現在の「所有者」が他者に所有権を移転させうる，というように．たしかに順番取りシステムは，順番を確保する際に参加者間で利害が競合するという事態を念頭においてはいるものの，それは協働的に作動するものである．つまり，話者の間での順番の移行には，その移行に関わるすべての参加者が緊密に協働しあって互いの「指向」を示していくことが必要にな

る．会話の順番取りシステムは，順番と取りうる手があらかじめ定められたより統制的な発話交換システムと比較すると，自律的システムに基づいた，より「自由な」あるいは起業家精神にも似た運営法を許容している．

　主たる規則集合を表現しているこのような契約主義的言語は，数多くの研究においては文字通り受け止められ，会話の「権利」を体系的に制約している発話交換の秩序（エコノミー）を批判する根拠として扱われてきた．ジンマーマンとキャンディス・ウェストは，男女の会話において女性が割り込まれることなく順番を取る権利は制約されていると結論づけている[91]．ウェストとアンジェラ・ガルシアは，同様の点を女性が会話のトピックを新たに開始する権利について論じている[92]．ウェストとキャシー・デイヴィスはそれぞれ，臨床でのやりとりにおいて患者の語る権利が制約される仕方について詳述している[93][94]．ハーヴィ・モロックとデイドレ・ボーデンやアレック・マクホールはそれぞれ，尋問の連鎖（シークエンス）における言説上の権力の越権的利用を論じている[95][96]．サックスとシェグロフ，ジェファーソンが定義したように，会話は順番の規模や順番割り当ての順序，話者のあり方が可変的なきわめて柔軟なシステムである．この結果，インタビューや尋問，診察のような発話交換システムが「日常会話」を規範的な背景にして分析されると，それらは非対称的に制限が課された人為的なコミュニケーションのシステムのように見えてくるのである．

　シェグロフは，ジンマーマンとウェストが日常会話の構造を考慮しないために「ジェンダー」のレリバンスを捉え損なっていく仕方を示すことによって，ジンマーマンらをうまく批判している[97]．また彼は，きわめて注目されたある「ニュース・インタビュー」を分析することによって，このインタビューが類まれな政治的スペクタクルであったとの一般的印象に水を差している[98]．いずれの場合においてもシェグロフは，著名な個人や類まれな出来事を含んだきわめて「興味をそそる」「華々しい」トークが，「日常的（mundane）」会話というどこにでもある構造に基づいて組織されている様子を分析によって巧みに示しているのである[99]．

　シェグロフによる例示は，会話を特定の立場に基づいて解釈することへの的確な警告となっている．しかしシェグロフの議論は，相互行為内トークのもつ分析的な構造こそがさまざまな活動にとっての決定的な構造的基盤を与えると

の考えに基づく点において，彼自身が批判している規範的分析と同じ穴のムジナである．シェグロフは，社会科学におけるインタビューについてルーシー・サッチマンとブリジット・ジョーダンがおこなった会話分析的研究を支持しながら，次のような一節を順番取り論文から引用している[100]．「あらゆる類の科学的もしく応用的調査が会話を用いているとするならば，これらの調査はいまだそれを用いることがどのような帰結を生むのかが把握されていないそういった道具を利用しているということになる．もちろんこのような状態に甘んじていなければならない理由はない」(Sacks, Schegloff, and Jefferson, 1974: 701-02)．

3. メンバーの直観と専門的分析

シェグロフに反してこう考えることもできる．自然言語の話者にとって，会話はその使用の「帰結」がすでに十分把握されている「道具」であると．というのは，この道具を適切に用いまた操ることによって，ふさわしい帰結は現に生じているからである．しかしシェグロフは，日常的な意味において言語に習熟していたからといって，テープ録音されたデータの研究を通じて得られる分析的知識にかなうものではないと，繰り返し論じている[101]．一方において，日常会話への参加者は会話で順番を取る仕方を「知って」おり，会話分析者はそうした「参加者の指向」を個々の分析的記述の正しさを示す「規準」として扱っている[102]．しかし他方で，シェグロフは，相互行為内トークのシステムを記述する抽象的な要素や規則，循環的作動といったものについての分析的理解と，トークについての日常的 (vernacular) 理解とを区別している[103]．この区別によると社会成員は，科学者が形式的に記述するさまざまなテクニックについて素朴な能力を示しているにすぎないことになる．メンバーは，会話に関する記述可能なテクニックを実行することができるかもしれない．しかし科学者は，こうしたメンバーのローカルな実践を包摂する形式的記述を構築するのだ，というわけである．

日常的直観と科学的分析との間のこうした区別は，すでに会話分析が専門化された分析の営みとなったことを示すものである．会話分析者はもはやみずからの研究を，通常の能力を備えたメンバー (competent member) であれば誰で

も認識できるはずの言語に関する理解可能な特徴を解明するものとは見なしていない．当初サックスは，通常の能力を備えた言語使用者にとって理解可能な記述に根ざした原始的科学について述べていたのだが，会話分析者はもはやこの原始的科学を目指してはいないのである．その代わり，階層的上下関係に置かれた2つの別個の技術的能力が想定されることになる．すなわち，会話において個々の技術を実行しまた認識する日常的な能力と，こうした技術を類似事例のコレクションのもとで取り扱う分析的能力との階層的上下関係である．ジンマーマンが要約しているように，こうした分析的能力は専門的な社会科学の共同体の中に根ざしている．

　たしかにある現象への探求の手がかりは直観に基づいて得られるかもしれない．しかしこれは単に始まりにすぎない．ここを出発点として多くの会話が渉猟されることによってこの現象は「磨き上げられ」，結果としてこの現象を産み出した過程についてより経験的に統制された一般的理解が得られていく．このような経験的観察に根ざした定式化は，それらが新しい事例に適用される場合，会話における出来事それぞれを同定する際の根拠となる（ただし新しい事例がその定式化に反して改訂を迫ることがあるのももちろんだが）．実際，これまで蓄積されてきた会話分析の研究成果は，個々の会話について詳細に理解することを可能にするのである[104]．

ジンマーマンにとって分析の妥当性とは，関連するデータを探して録音したり，トランスクリプトを作成して同様の事例からなるコレクションを作りまた雑誌や論文集に寄稿するという，当時成立しつつあった一組の専門的規約によって保証される[105]．日常的な会話を産み出す素朴な能力（naive mastery）は，社会構造についての専門的分析と常識的理解との厳密な区別の中にあって，後者の極へと追いやられる．これに対して専門家のみに，公刊された研究を批判する権限が与えられることになる．すなわち，「この分野における分析成果に対する批判は，経験的観察に根ざしたものでなければならない．すなわち適切な資料に対してなされた異なる分析結果に基づいていなければならない」[106]．
　影響力の大きな会話分析論文集の編者序文では，常識的直観に対する専門的

分析の優位性がより一層強調されている．

　要するに録音データを用いることで，直観や回想がもつ限界と誤りやすさを統制することができる．すなわち，録音データによって観察者はより多くの相互行為の資料や状況に触れることができる．それだけでなく，分析の結論が直観の誤りやすさや注意・回想の偏り，実験的装備などによって生じた人工物ではないという保証を与えてもくれるのである．録音記録を用いることで，相互行為における個々の出来事を繰りかえし詳細に検討できるので，観察の範囲と精度を大きく高めることができる．こうした素材を用いることにはそのほかの利点もある．すなわち，分析の論点となっているデータに対して，報告の聞き手ならびに論文の読者もある程度まではじかに接することができ，したがって公（おおやけ）の検討を経ることで個人的先入観の影響をさらに弱めることができるのである．最後の利点としては，データは生（なま）のままで手に入るので，その蓄積をさまざまな調査に再利用でき，また新たな観察や発見に基づいて再検討することもできるのである[107]．

　この一節に顕著なのは，「生（なま）のデータ」にじかに接することを強調しつつ他方で理論や直観に依拠した観察や表象，推論を信用しないという点である．自然に生じる「データ」は，会話分析において，理念化や直観，介入や解釈なしに，録音機器によってじかに収集されるという事実に与えられている意義に注意してほしい．つまり，日常的直観への不信は，実験的調査において典型的に用いられるような抽象や回想，再構成への不信にもつながっているのである．
　この一節は，検証可能な仕方で日常的世界を観察・記述することが可能であると述べている点において，日常的世界に公平無私な態度で向かう態度を表明している．この点で，サックスによる原始的自然科学のプログラムに対応しているように見える．しかし，こうした観察や観察結果の再現と検証がもはや「誰にでも」開かれているわけではないということも，いまや理解できるだろう．観察の再現や検証をおこなう認識上の共同体（epistemic community）に参加する権限は，お墨付きを与えられた会話分析の実践者に限られているのである．記述はいまや，高度な技術と専門性に媒介されて流通していく．つまり，テー

第6章 分子社会学

プ録音によってデータが「生(なま)で手に入」り，そのデータはそれを記述した論文において述べられる発見とともに科学共同体の他のメンバーへと流通していく．その論文は，そこで述べられている発見をどう探せばよいかについて他の観察者に教示(インストラクション)をするだけではない．論文（およびおよび付録の録音テープ）自体の中に，その発見が得られた当の生(なま)データが含まれているのである．したがって，テキストとテープ録音の流通が，会話分析研究の共同体を統合し，またその発見に基礎を与えているのである．すなわち「研究者の分析的直観は，データおよび現象の集成によって，発達し，精緻化し，維持されるのである．こうした過程の中で，自然に生じた経験的資料に根ざした分析的文化が徐々に発達してきたのである」[108]．この一節が明らかにするように，「直観」は依然として研究過程において関連をもっている．しかしそれらはいまや特別な「分析的文化」の中で培養されるのである．

　会話分析の共同体が実際に一枚岩の「分析的文化」を持つと仮定すれば，先の引用部は「実証主義的」（より正確には「論理経験主義的」）学問を描いているといえる[109]．ただしこう言ったからといって，会話分析者が誤った経験的発見を生みだしているなどと言いたいわけではない．そんな告発をすると，正しい経験的発見を蓄積すべしという立場に立つことになる．そうではなく私が言いたいことは次である．すなわち，会話分析の向かった論理経験主義的方針には，「社会科学はいかにして可能か」という根本的問いに対して当初サックスが与えた解答からみると多くの問題が含まれている，ということである．サックスが次のように述べていたことを思い出してほしい．原始的自然科学が存在しているということはそれ自体において，この原始的自然科学の方法を再生産するためには日常言語による記述で十分であるということを証明しているのだ，と．

　ここで重要な点は，方法についてのこのような記述説明は，その方法を組み立てまた用いる実践者のコミュニティにもとから具わったものであるということにある．すなわち，メンバーの能力の記述が，他のメンバーにとって理解可能な教示(インストラクション)となっているということである．しかし会話分析者は，会話分析共同体の分析的能力と日常会話者の日常的能力とを区別することによって，みずからの専門的論文をそれが記述している共通の実践から隔離することになる[110]．そしてその説明の妥当性は，もはやそこで説明されている実践を再生

産するための教示(インストラクション)として有効に用いられるかどうかによらなくなる．そしてこれに代わって，経験的な妥当性についての判断は分析的文化のメンバーにゆだねられる．分析的文化に属すメンバーがそしてこのメンバーのみが，非直観的（もしくは専門上の直観的）根拠に基づきながら，専門的論文がそこで扱っているデータ集成をどの程度うまく代表しているかについて決定を下すのである．

　探求の「自然誌」的局面では，録音された会話のそれぞれの事例は，常識と日常言語についての学問的通説を再検討するために「治療的に」用いられていた．しかし「近頃の会話分析」では[111]，各事例の分析は「直観」との対比によって価値あるものとされ，また実際の分析も専門的に収集された類似事例の集成に準拠して組織されているのである[112]．結果としてみれば，研究の対象を形づくっている「直観的」能力から会話分析の専門的能力を区別することによって，この分析的文化のメンバーは，日常的な実践的行為に対する専門的に統制されたアプローチを作り出そうとしてきたのである．

　会話分析者は専門的機材や観察技術，分析的言語を用いることによって，日常会話的行為が再生産される際に現に行われている日常的な意味での「分析」について，形式的記述を構築することができる[113]．こうした記述の妥当性は，どの程度までメンバーの実践的な指向を取り出しえているかによって測られるとしばしば言われている．つまり会話分析において分析とは，会話を研究する営為とその研究主題とを結びつける要となる用語なのである．もちろん分析とは，科学者や論理学者が事象をその本質的構成要素へと分解することであるが，しかしまた会話分析者にとっては，探究対象となる実践の中に遍在する特徴でもあるのだ．実際，サックスがかつて一連の認識上のトピック——記述，測定，カテゴリー化，観察，再生産——に焦点を当てた時にも，分析という用語は実質上，トークの理解可能性と専門的探求の厳密さとをつねに架橋する統合的カテゴリーとなっていたのである．この点を会話分析に即して言えば，次のようになる．すなわち，会話参加者はお互いのトークを分析しあい，その日常的な分析自体が秩序だった仕方でそのトークの仕方の内に示されており，それゆえに参加者が協働して会話を生みだしていくことができるのである．こうした分析的能力は，文法に適った文を作り出しまた認識する能力に類似している．そ

して言語学者はこうした能力を記述しているのだが，ただし会話分析で記述される構文法は，次の点において言語学者が記述するものとは異なっている．すなわちこの統語法は，2人以上の話者が共同して発話（talk in interaction）の産出に貢献していくそのメカニズムをも含んでいるのである[114]．このように分析は，会話データについての科学的記述のみならず当の会話データのなかにも存在すると言われてはいる．とはいえしかし，社会科学者の分析作業とメンバーのそれとの間に分業が持ち込まれてしまうことになる．すなわちメンバーは会話の技術への素朴な能力を示し，それを科学者が形式的に記述するという分業である．サックスの言葉で言えば，科学者は，メンバーがおそらくは持ちえないような「脳を」まさに脳として「組み立てる」のである．

4. 言語行為に関する日常的なカテゴリーと分析的カテゴリー

　会話は日常的な達成としてローカルに作り出される．そして会話の「中身」は日常的な表現形式からなっている．会話分析者はこれらのことを認めてはきた．しかしその一方で，順番取り装置を構成する要素と規則を抽象的なテクニカルターム（専門用語）によって記述しているのである．例をあげてみよう．質問とは，おなじみのひとつの言語現象に与えられた日常的用語である．こうした質問について会話分析は，これを「現在の話者が次の話者を選択する」という順番割り当てテクニックのひとつとして把握していく．会話において質問がその受け手に対してただ話すだけではなくそれに答えるよう義務づけるという明白な事実は，このように隣接ペアについての専門的な説明のもとにおいて把握され直していくのである．

　シェグロフは，サールの言語行為論に見られるような言語学に基づいたプログラムを鮮やかに批判していく中で，活動に関する専門的な説明と日常的な説明との関係について詳しく述べている[115]．彼は，テープ録音された対話についての会話分析によりながら，次の関連した2点を主張している．(1)統語論上の「質問」の形式をとらない発話が，しばしば会話の中で質問として機能すること．(2)統語論上の「質問」の形式をとる発話がかならずしも質問として機能するわけではないこと．これらの点をシェグロフは次の例によって示してい

る[116].

　　B1：たまにはうちに来たら［どうかな
　　A1：　　　　　　　　　　［喜んで
　　B2：そうしてよ．ちょ［っと
　　A2：　　　　　　　　［お家 - がどこか，わかんないんだけど
　〔記号は巻末の訳注2を参照〕

　質問はどこにあるだろう．そもそも質問はあるのだろうか．次に発話したり行為をなす参与者にとり，その発話や行為がどのようなものになるかは，目下なされている発話が「質問」かどうか把握することに基づいている．というのも，仮に目下の発話が質問であれば，「答え」がこの参与者が次になすのにふさわしい行為となりうるからである．さてそれでは，統語法やそのほかの言語形式がこの問題を解決してくれるのだろうか．上のA2の発話には統語論上の質問は存在しない（それに疑いのイントネーションもない）にもかかわらず，質問-応答連鎖もしくは情報を求める連鎖とも言えるものが開始されている．さらに重要なことは，実際にBはそのように理解し，〔トランスクリプトには示されていないが〕つづけて道案内を行っている点である．また，上でのB1の発話は統語論的には質問に見えるかもしれないが，しかしこれはAが「答える」「質問」ではなくAが「受け入れる」「誘い」（ただし質問の形式を用いてはいるものの）である．このような以上の論点は，たんなる直観による以上の強い根拠がある（強調は引用者による）．

　シェグロフはさらに，「たまにはうちに来たらどうかな」（Why don't you come and see me sometimes）という表現がもとから曖昧だというわけではないとも述べている[117]．実際の場面においてこの発話を聞いている受け手は，ためらい無く応じている．つまり，この発話を誘いとして聞いており，またそう見なしたことを示す証拠も示している．むしろ曖昧さは，発話が連鎖から切り離されたうえで，その発話の形式が，統語論あるいは意味論，イントネーション，語用論といった個別の視点で探究されるときにはじめて生じるのである．

この点までは，シェグロフの議論は先に私が会話分析の「原始的局面」とみなした批判的探究の様式の実例となっている．彼は録音データを用いて，ウィトゲンシュタインが勧める文法的探究の一種を独自に行っているのである．ウィトゲンシュタインはこう述べていた．「この考察は誤解，すなわち，語の慣用に関する誤解，ことにわれわれの言語のさまざまな領域で用いられる表現形式の間のある種の類比から生ずる誤解，を除去することによって，われわれの問題の中に光明をもたらすのである」[118]．翻ってシェグロフが見つけた誤解とは，連鎖から切り離された文どうしに形式的類比を設定することに基づいている．ウィトゲンシュタイン同様，シェグロフはありふれた例を用いて読者の直観に訴えながらつぎの点を示している[119]．すなわち，同じ統語論的形式の発話が実際の使用において (in situ) つねに同じ役割を果たすなどと考える誤りを避けるには，言語使用をよりきめ細やかに理解していくことが必要になる，と．
　とはいえこれに続くシェグロフの議論は，「反形式主義者の道」から逸れていく[120]．たしかにシェグロフは，発話連鎖においてある表現が果たす語用論的役割を説明するにあたり，抽象的言語形式によるだけでは足りないことを示した．それにもかかわらず別の抽象レベルにおいて，彼はこの役割について形式による決定を再導入することになる．「行為カテゴリーとしての質問について私たちが知っている事柄は，実質的には「隣接ペア」のカテゴリーのもとで明確にかつ過不足なく把握できる．質問についてあてはまる事柄の大半は，隣接ペアの形式ゆえにそうなのである」[121]．シェグロフの議論は，順番取り装置というより包括的な装置の作動ではなく，「隣接ペア形式」に焦点を当てている．それにもかかわらず彼の議論は，サックスらによる次の議論と類似したものである．すなわち，「このようにして，質問は，それが向けられた参与者からの答えを要求するが，答えが『次』に来るよう要求するのは，順番取りシステムであって，『質問』がもっている統語論的ないしは意味論的性質ではないのである」[122]．サックスらによる議論にしてもシェグロフ個人による議論にしても，いずれも質問という日常的なカテゴリーはより抽象的で専門的な記述のもとで把握されていく．「隣接ペアの第1成分」とか「目下の話者による次話者の選択テクニック」などというように．
　しかし次のことに注意すべきである．例えば「招待」は「隣接ペアの第1成

分」であるというように，言語行為に関する日常的カテゴリーが専門的に再特定されていくからといって，その日常的カテゴリーが持っているローカルな関連性と理解可能性が無視されているわけではない[123]．そもそも，シェグロフは日常的理解を批判しているわけではない．それどころか彼は，実際の会話というものが日常的な知識に基づいて作られておりまた直観によって理解できる性質を持っているという点を言語行為の文法家たちが見落としてしまっていることに，注意を促しているのである．彼が記述するように，「たまにはうちに来たらどうかな」といった表現は，実際の場面では招待として受け止められていた．これに対して，誤解は次のような場合に生じる．表現を連鎖から切り離した上で明白な用法に逆らって統語論的に質問と定義してしまったり，あるいはこの定義が通常の意味以外での使用にしかあてはまらないような場合である．例えば招待に対してそれが質問であったかのように「答え」ていたとしたら，受け手はあきらかに不適切な反応を行っていることになろう[124]．このようなわけで，「たまにはうちに来たらどうかな」という発話がそもそも明らかに（ただの）質問などではないと私たち読者が理解できることを，シェグロフは前提にしているのである．さらに，このような彼の理解が元々の受け手によるこの表現への対応の仕方と整合的であると私たちがわかるだろうことを，彼は前提にしているのである．シェグロフと読者，そして録音された会話の参与者の間のこのような一致は，けっして専門知識に根ざしたものではない．そうではなく日常的直観，すなわちそれによってトランスクリプトを読みまたそれをありふれた会話の断片として「理解する」ことができるそういった日常的直観に根ざしているのである．

　シェグロフは，表現についての日常的理解を専門的理解へと置き換えることを求めているわけではない．むしろ彼は，文の文法のみによりながら表現を定義していこうとする試みを拒否すべきだと，私たちの日常的直観に訴えつつ主張しているのである．そして，彼が直観的に正しい日常的カテゴリー（例えば「招待」であって「質問」ではないというような）を統語論に代わる別の専門的概念（「隣接ペア」）の下に収めていくのは，こうした主張をするときに限ってのことなのである[125]．ここで次のことを忘れてはならない．シェグロフの形式的分析が一般的な特徴づけを与えようとも，表現に関する私たちの日常的直観はす

第6章　分子社会学

でにそれ以前に適切であるということである．言いかえれば私たちの直観が誤るのはただ次の場合のみである．すなわち連鎖から表現を切り離しその形式から連鎖上の用法を推測しようとしたり，あるいは「質問」を抽象的に定義しようとする場合のみなのである．

とはいえしかし，質問の統語論的形式についての直観は，実際の使用に際していつも無関係であるというわけでもない．尋問者というものは定義上，質問するということは容易に想像がつく．しかし尋問者は一般に，例えば既知の事柄を再びとりあげて確認させ，認めさせるために，主張を証人に対しておこなうこともある[126]．

次のやりとりでは，尋問者は書き起こされた「事実」を読み上げながら証人の確認を求めていくが，質問をおこなうように証人の弁護士から抗議されることになる．そこで少しためらってから尋問者は主張を質問として再定式化していく．こうすることで彼は，「質問する」のに必要となる抽象的統語的要件を直観としてわきまえていることを示しつつ，同時にこれまで彼が行ってきたことが実際には証人への「質問」であったとの主張をも行っているのである．

　　ニールズ：で，日付は1986年，4月7日でした．
　　　　　　（0.6）
　　ノース：そのとお:り．
　　　　　　（1.4）
　　ニールズ：で，その日は::，証拠物件1の閲覧期限の日付の3日後です．
　　　　　　（2.5）
　　ニールズ：あなたも確認できるとは思いますが，私から言わせてもらいますと，その期限は4月4日でした．
　　　　　　（0.4）
　　ノース：その通りです．
　　　　　　（（背景のわずかの音，ページを繰る））
　　　　　　（11.0）
　　（ノース）：°（わかった，（1.0）いいでしょう）°
　　　　　　（7.0）

(ノース)：((つぶやくように)) それはなに::::かね？
　　　　(0.6)
(　　)：(　)
　　　　(4.5)
サリヴァン：°(な)°なにをあなたは質問しようとしているのでしょうか.
ニールズ：まだ質問は終わってないのですが，ただ，ええ::(0.8)ええ:::(0.4)
　　　　　えっと質問したいのは，その日は証拠物件1の閲覧期限の3日後(.)
　　　　　だったのではないでしょうか？
ノース：まったくその通りです:::[127]
〔記号は巻末の訳注2を参照〕

　問題は，私たちの日常的な理解の不適切さにある訳ではない．むしろ問題は，一般言語学のプログラムでは私たちの直観に対してごく限られた例と特殊な役割（task）しか与えられていないことの方にある．さらに言えば，「隣接ペアの第1成分」とか「目下の話者が次話者を選択するテクニック」といった発話の特徴づけが，「招待」や「冗談」といった日常的カテゴリーよりも正確であるなどということもない．

　シェグロフが示すように，質問と招待は会話のトランスクリプトの「表層レベル」において見分けることができる．そしてまたシェグロフは，こうした事例の検討に際して，読者の直観がこの微妙な違いについて認識できることを前提にしてもいるのである．もちろんこう述べたからといって，「隣接ペア」という専門用語が多様な現象に共通する一側面を明確化するという価値を持っていることまで否定するつもりはない．「隣接ペア」のようなカテゴリーの役割は，社会的活動に対して理にかなった説明を与えることなのである．そしてこうしたカテゴリーが理にかなっているのは，ガーフィンケルがしばしば構築的分析（constructive analysis）と呼ぶ実践にそなわった性質なのである．この点については，M. D. バッカスによる鋭いにもかかわらず顧みられなかった論文において説明されている．

　このような「理にかなった性質」は，説明のインデックス性に基づいてい

る．説明とは，任意の現象が持っている特性を想像において把握することを可能にする，本質的にとらえどころのない参照用装置である．分析的説明を作り上げるということはすなわち，ある現象の「事例」それぞれを評価する際の基準となるように，説明が個々の事例そのものからは切り離されるということである．ちなみに説明と事例との間に成立しているこうした関係は，説明を産み出す際や諸々の出来事や行為の等価性をまさに確定しようとしている際に見られるような事例相互の参照関係とは異なったものである．あるいはまた，事例は説明の妥当性を見出すために説明と対照させられるわけでもない．説明は，事例が，その説明の一事例として妥当であることを見出すために，読まれるのである．こうして事例は，事例として適格性を述べていく説明の妥当性との関連性の有無という点で，読まれていくことになる．そして事例のそれぞれは，それぞれ等価と見なしうる事例集合の一員としてのみ，言いかえれば自然に見出される特徴を集めて「ひとつの事例」となりうるようなある説明可能な単位へと作り上げられることによってのみ，お互いに関連を持つのである[128]．

　この一節は会話分析の分析手順について特に述べたものではない．しかし次のように会話分析にもあてはめて読むこともできる．例えば，「隣接ペア」の特定タイプなどといった分析的用語が事例集合についての妥当な記述となっていきながら，他方においてこのカテゴリーのもとで把握されている「事例」それぞれにそなわった産出方法から切り離されていくというように．ただしこのように述べたからといって，挨拶と返礼や質問と答え，評価と第2の評価，告知の連鎖といった行為連鎖現象のそれぞれの特徴を研究してきた会話分析のもつ価値を貶めようというわけではない．実際，これらの研究は日常的直観の不適切性を暴くなどということは断じてない．それどころかむしろ，おなじみの社会現象について詳細な解明を行ってきたのである．

　さきに述べたようにシェグロフの議論は反形式主義者の道に沿って私たちをかなりのところまで連れて行ってくれる．とはいえしかし，彼よりももう少しだけ長くこの道にとどまることで反形式主義の議論を彼自身に向けて投げ返してやることもできるのである．例えば，「質問」をふつうにそう識別できること

は，その行為連鎖という文脈と相互反映的(リフレクシブ)に結びついている．確かにこのことを私たちはシェグロフの例証から学んだ．そのうえで彼は「質問」を，「トークにおける順番」や「順番構成単位」,「順番移行に適切な場所」,「隣接ペア」といった専門的用語のもとで把握していくことになる．これらの用語は，例えば「命題」や「質問」,「依頼」といった論理学や統語論あるいは語用論の単位を指す専門用語とは異なるものである．というのは，これら会話分析の専門用語は（「順番」を別にすれば）日常的行為についての日常的カテゴリーと混同されるはずもないからである．しかしテープ録音とトランスクリプトに基づいて会話分析の専門用語が検討される段になると，これらの用語がじつは日常的に理解可能な仕方でローカルに成し遂げられる活動のことを指していることが明らかになってくる．実際，「隣接した」発話どうしや沈黙，ジェスチャーなどが条件依存的にかつ明白な形で緊密に結びついて組織されているような例は，文脈に依存しない装置が文脈に敏感に作動していることの証拠であるだけでなく，専門的分析の「正しさを証明する規準」にもなっているのである．

　しかし第5章で触れたように，会話における定式化についてのガーフィンケルとサックスによる批判的議論にしたがえば，[トークで順番をとること]をおこなう際にメンバー[129]は何をおこなっているのかと問うこともできるはずである．そしてこう問うことは，メンバーが話をしているときに順番取り装置が何をなしているのかと問うこととはまったく異なるのである．たとえ形式としてみれば，順番取りについてのこの問いが，シェグロフが立てた問い，すなわち[質問をしたりそれに答えること]や[質問に答えること]をおこなうときにメンバーは何をおこなっているのかという問いと類似していようが，やはり両者は別物なのである[130]．実際，ある「言語行為」の同一性を直観的に識別できるのは，個人意識の志向性の構造のおかげではない．私たちはこのことをシェグロフによるサール批判によって理解している．そしてシェグロフは，このようにライバルをたくみに批判する際にも，日常的直観の誤りやすさを暴き立てるなどということはしていないのである[131]．

5. 分析を置き換える

　会話分析がたどってきたこのような道筋について，一見するととくに問題やおかしなところはない．暗黙に会話分析が論理経験主義的科学観に拘泥しているといっても，これはサックスらの科学的業績の中身とは無関係であるともいえるだろう．サックスも述べるように，このプログラムの実際の業績は「実際の調査とその発見」にかかっているとも考えられるのだから[132]．たとえ会話分析の調査プログラムが科学実践についてのある「神話」を体現しているのだとしても，会話分析が科学として失敗しているなどということにはならない．そもそも会話分析は科学と極めて良好な関係にあるのだから．

　シェイピンとシャッファーの言葉を借りて言えば，会話分析は「事実作成のからくり」を発明したのである[133]．このからくりには目下のところ次のものが含まれている．第1は「物質的技術」，個々の会話を保存して詳細に検討するための磁気テープ録音とその再生装置である．第2は「文字表現の技術」，すなわち会話における語彙的および非語彙的特徴をコード化すべくゲイル・ジェファーソンによって考案された詳細な転記（トランスクリプション）のシステムである．そして第3は「社会的技術」，すなわち同じ分析的文化を共有するメンバーが録音テープとトランスクリプトを回覧し，データに見られる微妙な特徴に対する敏感さをともに養い，お互いの論文を読みあったり引用しあったりし，共通の専門的課題に取り組み，特有の専門用語と様式によって調査結果を論文へとまとめていくといった仕方である．このようにして会話分析は通常社会科学となったのである．言いかえれば，研究のトピックの適切性やデータとその転記および分析の妥当性が，会話分析のコミュニティの主な参加者による報告や意見交換，論述，転記作業においてかつそれを通じて，慣例的に確立されてきたのである．

　しかし，会話分析者が自身の確立した分析的文化に対して「再帰的」態度をとれないでいることについて，どうして私たちは難癖をつけなければならないのだろうか．これではまるで会話分析者を，自身の科学的文化を学ばねばならない人類学者のように見なしているかのようである[134]．たしかに自然科学で

はこのような態度をとることはしないし，おそらくどの科学においてもそのようなことは必要ない．したがっていまここで問題にしたいのも，会話分析者が調査方法の「実際」を考慮し損なっているなどということではない．むしろ問題は，会話分析による発見内容が，科学実践を構成するとサックスが考えた次のような原理的操作を通じて産み出されている点にある．すなわち会話分析は「分析」という作業領域——それが，会話分析にとって検討すべき社会状況を現在作り上げている——に対して原理的に自らの特権を想定しており，このことは調査における発見が把握され提示される仕方にはっきりと示されているのである[135]．

　私がみるところ問題は，科学的方法の相互主観性についてサックスが当初もっていた理解が，日常的方法についての会話分析による理解の仕方に影響をおよぼし続けている点にある．すなわち会話についての文法モデルを方法と捉えているのである．ここで私が問題にしたいのは，会話分析者が「科学者としての人間」モデルを採用しているということではない．そうではなく問題は，抽象的規則として捉えられた方法が，そのつどローカルに「管理運営されている」日常的行為についての妥当な説明とされてしまっているところにある．実際，すでに述べたようにサックスは次の点を「当然のこと」と見なしていた．すなわち，科学者による「自らの活動の報告は，それが方法的になされているために科学者自身による行為の再生産可能性を保証している点で，妥当なのである」という点である[136]．

　シェグロフはこの論点をさらに先へと進めていく．そのことは，彼がサックスの議論を要約するなかで方法を「説明すること」を（方法を「用いること」と対比させて）強調している次の一節に顕著である．その一節では，「人間の行動について確実な説明は，行動を産み出す方法と手続きについての説明によって（あるいはそれによってのみ），得られるだろう」と述べられている[137]．今となってはサックスの存命中とは比べようもないほど，科学的方法のもつローカルで実際的，修辞的特徴への関心が集まっている．そして後知恵によって，サックスの科学像が「神話的」であったと述べることもできるだろう．しかし重要なのは，彼の見方が科学活動について誤解したものであったという点ではない．そうではなくこの見方をもとにしながら，日常的活動を「産み出す方法と手続

第6章　分子社会学

きについて」の会話分析的「説明」が科学的地位を与えられていく点こそが問題なのである．実際，公刊された説明によると，発話の順番取り規則についてのサックスらによる記述に見られるような方法の形式的記述は，記述されている当の活動の規則性と再生産可能性の根拠を与えるものであるなどといわれている．こうした見解と，次のようなウィトゲンシュタイン派エスノメソドロジーの方針（第5章参照）とを見比べてみて欲しい．すなわち，ここで言われているような形式的言明はこの言明が記述し教示（インストラクション）をして，統制している当の実践に対して内的関係にある．したがってこの言明は方法だった実践について，その実践を適切に行うことからは独立に「説明」しているというわけではないのである．

　科学が存在しているというまさにその事実をもとに，自然な観察科学としての社会学が可能であるとサックスは考えていた．しかし今や，方法について別の考え方が浮かび上がってくる．すなわち，発見についての説明はその発見を再産出する作業に照らして妥当になるのだが，そうした説明と作業の妥当性は学問的専門母型に対して相互反映的（リフレクシブ）な関係にあるという考え方である[138]．ここで重要な点は次である．説明可能性の構造は各学問分野のローカルな実践や現象に切り離しがたく結びついている．したがって科学実践を「人間行動」の形式的説明によって適切に記述できるなどと考えることはできない．しかし他方，しかるべき能力と資格を備えたメンバーにとっては，発見についての説明はその発見を反復する仕方の説明となりうるのである[139]．

　社会科学において格好な標的がほかに数多くあるにもかかわらず，ここまで長くにわたって私が会話分析の科学主義を批判してきたことについては，党派的で不公平だと思われるかもしれない．しかしそもそもなぜ，会話分析の分析能力への主張に異議を唱えねばならないのだろう．また分析的コミュニティのメンバーが社会科学の中に小さな学問分野を作り上げてきた仕方について，なぜこれほどまで書かねばならないのだろう．読者には，私が会話分析に専門的社会科学という見せかけを「超越」するよう求めていると思われることだろう．そして，こうした批判から示される代替案——専門的分析と日常的な実践的推論との間の原則的区別を必要としない探究様式——にしても，多くの読者にはばかげたものと映ることだろう．このばかげた案について述べるのは次章に持

ち越したい．したがっていま言えるのは，過去（すなわち会話分析とエスノメソドロジーの間にある系譜的つながり）に敬意を払いつつも，私はいまだ不確定な状態にある未来（すなわち認識論のトピックをめぐる一種の自然誌的探究）にも希望を持っているということだけである．

　会話分析の専門的な成功は，エスノメソドロジーがこれまで何であったのかそして何でありうるのかといった事柄についての今日の見解に影響をおよぼしてきた[140]．これはさして不幸なことではない．というのは，会話分析は社会秩序研究の革新的アプローチとして認められるに値するし，会話分析の「実証主義的」成果が成功を収めていなかったとしたらエスノメソドロジーは生き残れなかったかもしれないからだ．しかしそれにもかかわらず，会話分析のこうした典型的研究がエスノメソドロジーの「古典的」論点の多くを廃れさせてしまっており，このことが一部の人びとを狼狽させていることも事実である[141]．

　第4章で示したように私自身もこのような懸念を共有している．しかしまた，エスノメソドロジーの正典である古典的研究じたいも袋小路に直面している．したがって『エスノメソドロジー研究』で告げられているプログラムに立ち返ってそれを純化したり聖典化することが必要なのではない．このプログラムはガーフィンケルが認めるように根本的に不完全である．またこのプログラムを「完成させる」ためには，社会構造の理論の細部を埋めてゆくような経験的研究の蓄積以上の何かが必要になると私は考えている．正典の原理的解釈に陥ることなくエスノメソドロジーの研究プログラムを進めていくために必要となるのは，このプログラムの核心をなしている「認識上の」テーマすなわち方法や分析，説明可能性といったテーマについて，継続的に追求しまた批判的に再特定化していくことである．このようなプログラムにとっては，「科学」を基礎のある探究の源泉と見なすことを一時的にやめることが必要となる．その代わりに探究の出発点となるのは，明白で直観的に理解できる――もちろんだからといって誤り得ないわけではない――言語と実践的行為の作動（ワーキング）である．このような言語と実践的行為の作動は，いまだ検討されておらずまた正当と認められてもいない「研究領域」なのである．

　科学のワークに関するエスノメソドロジー研究の目的とは，煎じ詰めれば，思想史に由来する多くの古典的テーマを再特定化することである[142]．簡単に

言えばこれは，認識にかかわる主題が，一連の特徴的実践のなかに実践的に埋め込まれているその仕方を例証していくということである．例えば，数学の「証明」や実験における「観察」が，活動や装置，記録などを時間のなかでお互いに緊密に結びつけられていくこととして構成されている点を示していくというように．もちろん，このようなテーマは科学や数学の領域においてだけ探究されればよいというわけではない．原始的自然科学についてのサックスの着想によれば，他者が記述するものを見てとり，また他者が見るものを記述するというような実践の領域が存在することが示唆される．たしかに私は，このような説明可能性の構造が自然な観察科学としての社会学にとっての十分な基礎となるという考えには反対してきた．しかしだからといって，探究の主題としてこの構造が十分に興味深いものであることまで否定するつもりはない．エスノメソドロジーとの歴史的な近さを考えれば，会話分析的研究の蓄積を無視する理由はないのである．むしろ重要なのは，それで何ができるか，である．

補遺——分子生物学とエスノメソドロジー

初期の講義と著作の中で，サックスは科学についての2つの有力な隠喩を用いている．原始的な自然科学の隠喩と分子生物学の隠喩である．彼はまた「装置（machine）」や「機械装置（machinery）」という隠喩を用い，時にこれを生物学的隠喩と結びつけていた．ここで隠喩について述べるのは誤解を招く恐れがあるかもしれない．なぜならサックスは，人間行動について自然観察科学を既存の自然科学のたんなる類似物以上のものとして考えるという強い主張を行っていたからである．つまり彼は，この「行動についての」科学とは科学の営為そのものに他ならないと論じているのである[143]．彼は，分子生物学が会話分析（あるいはのちに会話分析と呼ばれることになるもの）にとってのモデルになると述べる以上のことはしていないものの，これは慧眼であると言えよう．というのは分子生物学のその後の発展は，結果的に彼の議論を支持しているからである．そして，この発展は，インストラクション[訳注1)]と秩序の関係に対するエスノメソドロジーの関心と奇妙にも共鳴する形で進んだのである．

初期サックスによるエスノメソドロジー的アイデアに導かれながら会話分析

は，社会学のミクロ—マクロ問題が個人を全体社会へと「結合する」ための理論的図式によって解決されるべきだとのアイデアを拒否していった[144]．したがって会話分析は個人というものを，その認知と感情において全体社会の規範的秩序がミクロレベルで表出されるような存在と見なすことはしない．むしろ会話分析は，個人なるもののモデルおよび社会なるもののモデルを，社会体（body social）の隅々に浸透しつつその実質（substratum）をなしている分子的技術について大まかに述べるための概念的構成物として考えていく．会話分析による社会秩序の理解では，人物は文脈に中立かつそれに敏感な装置を支える骨組みとなる．また「全体としての社会」についての記述は，協調的活動の技術の集合について遠巻きに語ったものにすぎず，本来ならばその分子的な組織化こそが解読されなければならないはずだとして，退けられていく．機能主義者のプログラムは，全体論的生物学やミクロな器官をマクロな有機体へと結びつけるという問題（あるいはレベルは異なるが，有機体を生態学的ニッチへと結びつけるという問題）を隠喩として受け取った．これによって機能主義のプログラムは，現代社会学における秩序問題の理解の仕方に決定的影響を与えたのである．これに対し，会話分析はその科学的イメージの多くを分子生物学から得ているのである[145]．

　個人的行為者を基礎的構成要素とするミクロ社会学と，具体的技術を基礎とする分子社会学，この2者の重要な違いは後者の基礎的単位が極めて多元的かつ多種多様である点に求められる．分子社会学には，ミクロ社会学における社会的行為者の概念に対応するような，基礎的社会技術についての理念的概念がまったくない[146]．かわりに会話分析という分子社会学は，多種多様な技術がさまざまな仕方で結びつきながら，極めて多様な複雑構造を産み出していくといった社会秩序観から出発している．この社会秩序観は，どこまで分解していっても社会構造だけしか目にすることのできないと考える点において独特のものである．この分析の基礎単位は「行為者」や「自己」の理念型ではなく，それを通じて日常的社会活動が組み立てられる社会的に構造化された多様な技術なのである．そしてこうした技術からなる分子的連鎖を解読することが分子社会学たる会話分析の調査課題となるのである．

　会話分析者は，構造的要素とその結合規則からなる単純な秩序を描き出そう

と試みており，この点で分子生物学と同様，還元主義的なプログラムを採用している．ワトソンとクリックがDNAの分子構造を記述して以来，生物学の多くの分野が還元主義的な転回を行った．分子生物学者は，DNA分子を構成する二重らせんと塩基対を，その形態と機能が有機体全体との関係において定義されるようなミクロ器官として見なしてはいない．むしろ今では分子生物学者はDNA連鎖を分割可能な諸構造からなるものとして扱っており，このことは器官システムと有機体全体との間に設定された既存の概念的区分を横断しまた時に無効にしてしまっているのである[147]．

分子構造とその結合規則は，生殖や遺伝，病気などに関わる重要な全体論的問題を説明する手助けになるにもかかわらず，これらの構造は有機体「全体」の機能の「ミクロレベル」における反映物などではない．マクロレベルの秩序に類似しかつそれを再産出するような人間内人間(ホムンクルス)など分子内に存在しない．そうではなく，DNA連鎖の「コード」が一組のインストラクションを与え，それが有機体「装置」によって翻訳・転写されるのだと言われている．もちろん，有機体の統一が究極的に分子構造と結合規則へと還元できるのかどうかという難問は残っている．しかし分子生物学者が個別の問題を追求していく際には，この問題は実際には棚上げされており，多くの場合には分子生物学者は次のような隅々まで秩序だった宇宙，すなわち特定の細菌株の分子構造を解読することが有機体の生命のあり方全体をも意味するような宇宙を仮定しているのである．

分子生物学と会話分析という分子社会学の間に私が見出してきた類比は，実際には分子生物学の学説よりも，むしろ分子生物学における当たり前の技術の使い方に基づいている[148]．会話分析は社会的活動についてエスノメソドロジー的な把握を採用している．すなわち，社会的活動にとってもっとも基礎となる行為とは，それを一部として含んでいる理解可能な整合的構造を参照することによってわかると考えている．他方，実践の側面から見ると分子生物学という領域は次の2つ，すなわち分子生物学者が記述するDNA連鎖と，彼らが実験室において普通に行っている技術に対して繰り返し利用可能なインストラクションの2つによって定義される．卵が有機体を産み出すためのDNA連鎖の「インストラクション」を記述するためには，実験室の技術者は実験室のマ

ニュアルにあるインストラクションに従って標準化された行為連鎖を産み出さなければならない．ここでは，科学的に精査される微少「物体」ではなく，科学的探求を構成している観察可能で報告可能な技術の連鎖が，「社会的分子」となっているである．

　分子生物学と同様，分子社会学も非理論的なわけではない．すなわちその統一性は実践の側面から見たものである．「システム」の「壮大な」統合理論とは対照的に，分子が描きだす像は多様な技術が組み合わされることでまとめ上げられているのである．

　分子生物学の統一性は，なんらかの中核的理論に基づくのではなく，微少な分子的機構の寄せ集めを参照しまたそれを用いながら，有機体の機能を説明したり変化させていくアプローチに基づいている．この点において分子生物学はニュートン力学よりも動力機械工学（auto mechanics）に似ている．つまり分子生物学は機構を研究し，その機構を利用して自然に介入するのである．事実，分子生物学の主題は機構の詳細であり，それに尽きる[149]．

　重要な点は，分子生物学の統一性が，分子レベルにまで刻み込まれているような（例えば「胚細胞内」人間（ホムンクルス）のように）ある理論的な全体イメージによって把握されているわけではないことである．むしろ実際には，コードの秩序だった集積が有機体を形成するための「インストラクション」を与えており，遺伝子工学者が有機体のこうした形成を解明しさらにはそれを引き継ぐべくこのインストラクションの連鎖を解読していくのである．分子生物学のこのような課題については，ある会議において高名な分子生物学者が述べた次のような問いにはっきりと表現されている．その問いとは，「どうやって君たちは，小さな卵の中にあるインストラクションから有機体のような大きな存在を作りだすのだろうか？」というものである[150]．「君たち」という代名詞は，有機体を作るという仕事に関して分子生物学と「卵」とを同一視しており，したがってまた「卵」は分子生物学者によって読まれるべきインストラクションのマニュアルを含むものとして扱われていることになる．ヒトゲノム計画にあてはめて言えば，これは「人間」を作るためのマニュアルということになる．

第6章　分子社会学

　分子生物学の統一性をこのように把握すると，生物学者の行為とその研究対象である「自然的秩序」は，インストラクションによる連鎖(シークエンス)の再産出可能性という実践構造のもとで，同一視されることになる．つまりこの連鎖とは，DNA 塩基対の配列決定 (sequencing) とともに，これを解読し再産出する実験室上の諸技術の連鎖のことをも述べているのである．このように見ると，分子生物学と分子社会学はただの類比以上の関係にあることがわかる．分子生物学の実践は，ローカルに組織される一組の社会技術を含んでおり，この社会技術は社会的行為がインストラクションによって再産出可能であるということに依拠しており，かつまたそのこと自体に再帰的に「指向している」(リフレクシブ)のである．つまり「連鎖化(シークエンシング)」や「転写(トランスクリプション)」，「翻訳(トランスレーション)」といった概念はそれぞれ2つのレベルの意味を持っているのである．ひとつは自然の構造を産み出すインストラクションに関わる物質的意味であり，もうひとつはこうした自然の構造を別の者が「人為的に」再現できるようにするインストラクションに関わる方法論的意味である．

　これら2つの意味が互いに織り込まれていく仕方については，スタンリー・コーエンによる「個人的観点による」論文を検討することで理解できる．彼は，卓越した分子生物学者の一人であり，この論文で彼は1960年代後半から70年代初頭以降のこの分野の進歩を振り返っている．そこでコーエンは，大腸菌 (E. coli) のさまざまな株に特定の抗生物質を与えることによって遺伝子 DNA の特定の連鎖を「発現」させるという，今ではすでに定着した実践について述べている．またこの論文では，さまざまな分子からなる異種個体集団を用いて遺伝子操作を容易にし，結果的に DNA 分子の分離と再結合にまで通じていくことになる歴史的に名高い一連の実験についても，その概要が述べられていく (p. 4)．説明はたしかに「ホイッグ的」ではあるが，この点は目下のところ無視できる．

　1972年に私と共同研究者は，マンデルと比嘉が確立した方法を一部修正することによって，次の2つを発見した．第1は，大腸菌が環状プラスミド DNA[訳注3]を取り込むことである．第2は，形質転換した細菌をプラスミドにより運ばれた抗生物質耐性遺伝子を使って特定できることである．……プ

ラスミド DNA によって形質転換した細胞は問題なく増殖し，抗生物質への耐性を持った菌を産み出す．クローンのそれぞれの細胞には，形質転換した細菌が取り込んだプラスミド DNA 分子と同じ遺伝的および分子的特徴を持った DNA が含まれている．したがってこの方法によって内部的に多様な集団のうちに見られるあるひとつのプラスミドのクローンを作り出すこと（したがって生物学的に純化すること）ができるのである[151]．

この論文を通してコーエンは，自然発生する物やその構成要素，通常の生命過程などがどのように再組織化されるのかについて述べている．これらは比較的「容易に操作できる」ものとなり，分解や再構築といった工学過程の拡張と分節化として作用することになる．こうした操作は「分析」と結びついており，またこの分析はといえば試料が持っている一種の読み書きの特性（literary feature）（例えばマーカーや複製メカニズム，転写など）に支えられているのである．

コーエンは次のような技術，すなわち DNA の二重らせんを合成あるいは連結したり，環状に水素結合した DNA を環状に共有結合したものへと変換し，形質転換（transfomation）によって細菌細胞に DNA 切片を導入するといった技術についても述べている．またこうした過程においてなされたさまざまな発見，例えば遺伝子を操作することによって共有結合を成し遂げたり結紮(けっさつ)を作り上げるのに役立つ要素（agent）や技術の発見についても，彼は述べている．さらには，DNA の二重らせんは，さまざまな実践を成し遂げさせてくれる性質（例えば相補性や平滑末端（blunt endedness），重複部分（duplex regions））をそなえた細切れの物質からなるものとして，描かれてもいる（コーヘンの用いた用語に強調をつけた．これらの用語が述べている実践についても，とくに社会学的な含みはない）．

ここに見られるような言葉づかいからは，建築ブロックによる手作業が連想させられる．ブロックはその両端で結合して環やらせんを作るようにできている．これらのブロックはまた切り離して別の仕方で結合することもできる．もちろん結合したり切り離したりすることは，おもちゃのビーズを拾い上げてくっつけるようにはいかない．というのも，ウィルスや細菌の「ベクター[訳注4]

や試薬，触媒などを媒体としてそれがおこなわれるからである．

コーエンはさらに，「不定のDNA切片」を「生きた」細胞に導入し，そこで「繁殖させ」るといった，農学に関わる用語も用いている．彼が触れている実践上の困難とその対処策の多くは，微生物を統制し育て上げることに関係している[152]．細胞の自然な構成要素（遺伝子DNAとプラスミド）と自然な細胞過程とが，産出過程に向けて組織化される．コーヘンの言葉づかいにはまた，テキストや文字記号に関わる側面も見出される．例えば細菌がプラスミドのコピーを含むとか，DNA連鎖を転写できる，あるいはクローンDNAを追跡する際に抗生物質への耐性の遺伝子をマーカーとして用いるというように．

「生きた」微生物を育て上げ，テキストを読み取りまた転写し，対象を操作すること——こうした事柄についてのコーヘンの説明にあからさまな食い違いは見られない．彼は微生物のことを複雑に組織された「装置（machinery）」として記述している．この装置はDNA配列と化学物質に対する反応からなっており，この化学物質によってDNAの二重らせんは解かれたり結びつけられ，マークされたりもする．この装置は，細菌とバクテリオファージを可動部分とし，その繁殖や死といった生命過程が操作と分析のために用いられる，ソフトな装置なのである．

全体として見れば，コーヘンの論文はいくつかの発明がそれぞれ発見を通じて順々に結びつけられていく歴史物語である．発見と発明の間に亀裂はほとんどみられない．発見が新たな「道具」の形成への必然的道程として描かれていく．コーエンの言葉によると装置は発見されるのである．とはいえこうした微生物メカニズムはそのままでただちに科学や医療，産業の役に立つというわけではない．発見物とはむしろ，生体外（インヴィトロ）においてなされるいくつかの行為（切り分けやマーキング，転写，形質転換など）をもたらす生体内（インヴィヴォ）アフォーダンスなのである．発見された装置は，そのなかで分子的諸成分が結合され養われ，体系的に再組織される生産ラインへと組み込まれていく．生物工学的生産ラインは，数々の細菌とその活動を組織し，養い，抑制し，統制する．細菌とプラスミドは飼い慣らされ，再設計され，働かされる．分子的成分は脱自然化されはする．しかしこのような機械装置化は，伝統的な慣行が脱人間化されるといったこととは正反対に，バクテリアを人間化しているのである

コーエンの記述が焦点をあてているのは，人間行動の領域と分子生物学の対象領域との区別ではなく，むしろ両者の協調によって新たな社会的実践領域が「育て上げられていく」という事態である．そこには，文字通りの意味での「分子社会学」が展開されている．つまりそこでは，おなじみの理解可能性の構造——言説的・身体的行為や建造物，空間と分類とからなる集積——が，これまで語ることも入り込むこともできなかった領域を植民地化しているのである．しかしこの分子社会学は，この社会学によって接近可能になる分子の秩序と切り離すことはできない．すなわち理解し記述することができ，観察を再産出できて実践的に操作可能であるような探究対象そのものと切り離すことはできないのである．コーエンの物語にはたしかに人間行動についてのひとつの科学の存在を見ることができる．とは言うもののこの科学は，まさにこれを成立させている培養物や生物工学の道具，訓練された実践といった濃密な環境から切り離して記述することのできる一般的科学などではない．それはむしろ，分子生物学による「自家製の」実践的行為の科学なのである．

　サックスは科学を社会学的研究にとって興味深い制度であると認めていた．これに加えて，それぞれの科学は科学社会学をその産出に不可欠な要素として含んでいることをも認めていた．彼の考えは，科学実践についての「素朴な社会理論」などではない[153]．とはいえ，彼の科学観や「科学の存在そのもの」に基づいて人間行動の自然な科学を「打ち立てよう」とした試みには，問題がある．その問題とはすなわち，手続き的規則の記述がそのままで日常的および科学実践の自己充足的な説明となりうると見なした点である．しかし実際のところそのような説明は，この説明をメンバーがすでに身につけた実践に沿って用いることができる時に限り，妥当なものとなるのである．

　分子生物学についていえば，たしかに分子生物学と会話分析の秩序理解の間には興味深い類似性を見ることができる．しかし遺伝子のDNA連鎖についての分子生物学者の説明にしても，あるいは専門技術的な行為の連鎖について記述したマニュアルにしても，それらだけでは不十分である．つまりそれらだけでは，DNA断片の「配列を決定し（sequence）」たりあるいはまたそのための一連の操作の連鎖（sequential operations）を行うために現場の研究者がしなければならない事柄について，十分に説明していることにはならないのである．別

第 6 章　分子社会学　　　　　　　　　　　　　　　305

　の言い方をするならば，手続きについての客観的な説明の妥当性は実践の経過において「発見され」また実際に示されていくのであり，したがって社会的行為の構造についての一般的記述ではこうした実践を捉えるができないのである．インストラクションがその産物とペアのように結びついているとしても，けっしてこのペアは実践的行為についての一般的科学のための「基盤」にはなりえない．このことはインストラクションが「遺伝子」であっても，「技術」についてのものであっても同様である．そうではなくむしろこうしたペアは，ある科学の内部においておよびその科学について行われる探究にとって，豊かな主題を提供しているのである．

　このようなわけで，分子生物学は分子社会学の一事例なのであって，けっしてモデルとなりうるわけではない．そしてこの事例において基礎的な社会的対象は，インストラクションによって再産出されるさまざまな技術である．例えば分子をクローン化したり，DNA の配列を決定したり，それを複製するなどの技術である．したがってポリメラーゼ連鎖反応（PCR）のような技術にしても，形式化・制度化され，人物や試料，機会の相違にかかわらず行われるという意味において，基本的な社会的対象なのである．標準化された技術一式——したがってそのつどの実行が「同じ」技術の実行として見なされることになる——は，神によって与えられるものでもないし定義を与えるだけで成立するわけでもなく，まさに当の技術を実際に産み出していくことによって成し遂げられるのである．ということは言いかえれば，「その」技術の事例になり損なうということもありうるということである．このようなわけで分子社会学のエスノメソドロジー研究とはすなわち，分子生物学の公式的技術について，そのつどの偶有的（コンティンジェント）条件のもとで行われるその実行こそが分子生物学の通常の実践を根本から作り上げているものとして，再確認していくことを目指しているのである．

第7章　本質から個性原理へ
―― ワークのエスノメソドロジー研究

　エスノメソドロジストは,「社会的事実」がもつ安定して制約的で認識可能で合理的で秩序ある特性がローカルな達成であると強調する．一方で,科学知識の社会学者は,「自然的事実」が社会的構築であると主張する．この2つの学問領域の研究者は,自明の事実がいかにして協調した人間の活動から生じるのか示そうとすると同時に,事実が合理的な探求方法を通して論証された超越的な自然的秩序の現れであるという考えに対しては明らかに拒否している．ある意味で,エスノメソドロジーと科学知識の社会学は,スタンリー・フィッシュが,哲学的な本質主義に対抗する「知的左派」と呼ぶものの1つである．この2つの学問領域ともに次のことを強調している．

　　物事が現在,目の前にある状態にあること――権力や影響力の類に加えて,特定化や事実性や真理を伴う知識カテゴリーを含む――は自然なものであったり,所与のものであったりはしない．むしろ,慣習的なものであり,歴史的な力,(利害関係のあるという意味での)政治的な力の運用によって定められたものである．それが現在は「常識」という顔をしているとしても,そうなのである[1]．

　知的左派の一員に,フィッシュは次の人々を列挙している.「マルクス,ヴィーコ,フーコー,デリダ,バルト,アルチュセール,グラムシ,ジェイムソン,ヴェーバー,デュルケーム,シュッツ,クーン,ハンソン,ゴフマン,ローティ,パトナム,ウィトゲンシュタイン．この知的左派に共通のスローガンは,『歴史へ帰れ(もしくは,歴史へ進め)』であろう[2]」しかしながら,フィッ

シュが続けて言うには，本質主義，基礎づけ主義，形式主義，実証主義へのプログラム上の抵抗は，このような「イズム（主義）」を，いわゆる構築主義や脱構築主義の研究において働かなくするものでは必ずしもない．

　さて，これ［本質主義などへの反対など］は十分に伝統的なプロジェクトである……これは知識社会学の全てであり，ロシア・フォルマリストが異化によって意味したものであり，エスノメソドロジストが「過剰形成（overbuilding）」という用語で示したことである．そして，どちらかといえば脱構築のプログラムでもある……しかし，それは，［しばしば］それが基づいていた洞察に対して，最終的には相反するような転回をする．この転回は，部分的には，「構築される」という言葉の使用の曖昧さへと向かうのである[3]．

　この構築という言葉が，時として，ある対象を行為プランに沿って熟慮した上で制作したり操作したりすることをいかにして含意することができるのか．上記の「曖昧さ」はこのことに関係している．一般に，構築主義理論は，社会的に組織された行為が具体的な目標を，実際にもしくは潜在的に遂行しており，明確な関心に基づいており，その関心や目標を促進する手段の熟慮した上で行われた選択を含んでいるかのように描き出している．こういったことが示唆されるのは，発明，銘刻，制作，策略，操作，介入といった日常的な言葉の方が，同様に良く知られた言葉である発見，記述，観察，検査，証明などよりも理論的に好まれるときである．結果として，関心と選択が明白ではなく，実践者が，自分の実践についての（客観的環境だけでなく）経験に基づいた状況について明確な説明を与えないときにはいつでも，暗黙の，自明の，無意識のといった分析用語が利用されうる．これにより，説明上の空白は，選択がなされるし（なされただろうし），選択に具体的な関心や動機が影響するという行為モデルで埋められるのである[4]．

　対照的に，現象学に基づいた社会的行為の視点によれば，構築（construction）もしくは構成（constitution）という用語は，途切れることのない遂行を説明している．それゆえ，構築的（もしくは構成的）行為は，行為のプランと熟考の上での決定において実行される（されうる）「政治的」プログラムには限定されな

い．この意味で，事実の構築は反意語を持っていない．というのは，それは非構築的事実の可能性には与してないからである．

　社会分析者が，特定の事実が構築されたと主張するとき，これが意味することはその事実が恣意的で，不審で，政治的に動機づけられている，さもなければ不確かであり，それゆえ本当は事実ではないということを意味することがありうる．しかし，必ずそうなるというわけではない．社会学者が，「精神病」や「薬物濫用」――特定の歴史上の時代や制度上の取り決めに，明確にあるいは論争的に結びついている社会的カテゴリー――のような現象に構築的説明を与えるときのように，しばしば，その分析用語は，これらのカテゴリーに関して公的な懐疑論に訴えるのである[5]．しかし，構築主義が，すべてに適用される1つの理論として発展したとき，観念論とほぼ変わらない，「客観主義」に対する形而上学的挑戦となる．観念論じたいは，社会学者や社会史研究者が，所与の事実が「構築される」ことを示そうと試みる以前から採られている立場である．

　「構築」は，反意語である「非構築」的現実の可能性を含意すると思われるさまざまな用語のほんの1つにすぎない．ブリコラージュ（器用仕事）は，対照的にも，工学的技法（engineering）の可能性を含意している．理論負荷性はセンスデータの受動的な理解と対照され，そして，表象は自然との直接の「コンタクト」と対照され，自己反省は非反省的行為と対照されている．しかし，社会的構築，ブリコラージュ，理論負荷性，表象，リフレクシビティが実際の科学的実践を記述するための包括的な用語になるのと同時に，これらの用語により示唆される反意語もなくなるのである．デリダが言うように，もし「技術者や科学者もまたブリコルール（ブリコラージュを行う人）の類いとするなら，当のブリコラージュというアイデアは脅威にさらされ，それが持つ意味上の差異がなくなる」[6]．その時，「構築的」分析は批判力を失う．なぜなら，「それで，すべてが『構築される』ことには同意するが，このことが，科学者がつくる「構築物」について特になにか言っていることになるのだろうか」といつも問われる可能性があるからである．どのような認識論的批判や政治的批判も「科学が1つの社会的構築物である」という主張から起こるようにも見えないし，その主張によって，科学者が別様な行動を選択する可能性があることが示唆されることもないだろう．

デリダ的「脅威 (menace)」を破る1つの方法は，構築と現実，ブリコラージュと工学的技法，信念と知識というさまざまな二項対立を「カッコに入れる」ことによって持ち続けることである．この伝統的二項対立は，実証主義の神話——科学知識の産出を扱う最近の社会学的分析にとっては，おそらく作用していない神話——と結びついているにもかかわらず，研究対象である科学分野の成員にとって実質的にも比喩的にも通用しているものと言える．実証主義に関連したテーマは，現世的推論 (mundane reason) の「実証主義的な常識」[7]，「諸科学における客観的な自己認識」[8]，科学者の言説で支持される「表象というイデオロギー」[9]，最近の物理学史の「科学者版の説明」[10]といったものの一部分になる．「科学者」は素人哲学者，あるいは部族的な宇宙論者の一種であり，その信念は，より公平無私で洗練された社会学的理解を背景にして特徴が現れると考えてみたくもなるのである．そして，科学史，科学哲学，科学社会学についての「科学者の」理解は限定的で党派的だと示せる限り，技術科学的理性の限界とその理性による現代生活の主要「領域」への支配に対して，歴史・哲学・社会学に基づいて批判していくことへの扉が開かれるのである[11]．

科学史や科学哲学や科学社会学は，科学を実践している者に委ねられるべきでないというのも一理ある．すばらしい絵描きも，どのように「自分のブラシの先で考えて」いたかについて不明確で，自己中心的で，はっきりしない口先だけの説明をするかもしれない．同様に，ノーベル賞受賞者も実験について身勝手で論点回避の説明をする可能性がある．「実際，この実験の説明は何もない．1つ仮説をたてて，検査する装置を設定して，それがうまくいけば，何か出てくるだけだ．」と[12]．

有名な科学者は実験室から引退した後の生活を，大衆向けに「内省」や「回想録」を書いて過ごしている．しかし，そのような回想録は，しばしば，数学的モデルや実験装置を扱う優れた能力があっても，批判的で魅力的なエスノグラフィー的記述をつくるのに必要な洞察力が容易には身につくわけではないという事実の証拠となってしまうのだ．とはいえ，科学史，科学哲学，科学社会学は，科学を実践している者にだけ委ねることができるという見方もある．科学研究の共通語——発見，発明，理論負荷的な観察，実験デザイン，論争とその解決，革新の「経路」——を作り上げている一般的用語やテーマは，実践者

の調査記述や現場の話においても特徴づけられているからである．

また，実践者は発見や論争などに関連した主張や反論を「最初に試す」のであり，そのような事柄の局所的-歴史的理解はその実践の中に相互反映的(リフレクシブ)に埋め込まれ，その実践が残した記録文書に納められる．このことは，一般に発見がどのように行われ，論争がどのように解決されるかについて，実践者が一貫して啓発的な方法で必ず「反省できる」ということでもないし，その実践が「非反省的に」行われるということでもない．むしろ，集合的な実践が局所的-歴史的理解を相互反映的(リフレクシブ)に使っているということである．そのような相互反映的(リフレクシブ)な理解が以下のようなことを実際に解決しているのである．すなわち，ある特定の結論がその前の結論とどのように両立するか，「私たちの」実験室の結果がその専門領域にどのように貢献するか，「この」現象が，レポートで書かれている現象とどのような点で「同じである（でない）」のか，「この」サンプルが，おそらく未熟な技術者が実験の進行を「不的確に」行った過程で，どのように「汚染」された（されなかった）かもしれないのか，といったことである．このようなインデックス的表現に含意され前提とされている局所的-歴史的，社会的連関は，実践者の回想録に典型的に現れる物語化可能な出来事や栄誉ある人物とはまったく違っている．適切な様式で行われる実践的で局所的-歴史的な「リフレクション（反省）」とは，自分自身の達成や関係性への個人の洞察に関わることではない．むしろ，これが関係しているのは，説明，発話，物質的な産物が，どれであれ，それらが集合して作り出される秩序——しかも，潜在的に異論を差し挟まれる可能性のあるような秩序によって，その歴史的意義を獲得するあり方——なのである．

おそらく，実践の過程で生まれた科学の見方を，「休日に」科学者が回顧的に生み出した科学の見方と対照して描くのは誤解のもとであろう[13]．多くの科学社会学者が論じたように，実験室現場の話の方が，ノーベル賞受賞スピーチや学会委員会に対する研究基金の申請や一般向けの説明や教育よりも科学の真正な部分だと主張するアプリオリな根拠はない．しかし，ウィトゲンシュタインに従って，言葉は元々，不可避的に，特定の行い（deeds）から出てくると主張するならば[14]，他の研究分野の「内容」を再現することを目標とする学問的研究は，一連のやっかいな問題と直面しているということを理解することがで

きるだろう．さまざまな自然科学と関連した「言明」（発話，スピーチ，方程式，著作，引用，その他アーカイブに集められた資料）が，記号論の図式，歴史的系譜や意味論的ネットワークの安定した表象，社会歴史的でエスノグラフィー的な語り，認知マップなどの下に（再）収集され，位置づけられる．そうするとすぐに，その「言明」は，それ自身を生み出したさまざまな行いから引き離されることになる．

　高名な科学者が自分の実践や社会関係について書いたことは，必ずしも，研究仲間との白熱した議論で用いる言語の代わりにはならない．さらには，実践者が手元の結果を考察し，どのようにルーチンの手続きを行うかを関係者に指示するときに出てくる実際の言語を再現することもない．したがって，科学を実践している者が「実証的な自己理解」を持っていると言うための記録上の証拠が数多くあったとしても，そのような一貫した形而上学的な関与が科学の作業の詳細に常に関連するかどうかはまったく明らかではない．実際，「実験室研究」でもっとも一般的に繰り返し言われることは，科学者は，報告書や伝記や方法論的著作の中で，自分たちが行っていることとしてあれこれ書くけれども，実際それとは異なったように行動しているということである．これは，論理的に弁護可能で合意をもって妥当とされた科学の公式的理解と，「実際に」混沌としてやっかいな実際の科学との皮肉な対照を支持するものとしばしばとられている．しかし，そのような結論は，「西洋科学の合理性」がなければ無秩序な混沌が蔓延すると想定することによって，過剰に「西洋科学の合理性」を容認するのである．まったく魅力的でないものの少しは遠慮した結論を言えば，ただ次のようになるだろう．すなわち，論文だけを通して科学に出会う哲学者や歴史家や社会学者は，実験室「についての自分たちなりの扱い方を知らない」だろう，ということである[15]．つまり，これらの研究者による科学理解は，装置や例証や証明などを生み出す言語や実践的な技術から乖離したものとなるだろう．

　科学社会学も含めて，職業や専門職の社会学の文献に存在する「ギャップ」についてガーフィンケルが語った時には，このような考え方が議論の的であった[16]．ガーフィンケルの説明によると，このギャップは，その職業実践そのものの「何か（もしくは本質（quiddity））」を作り上げる方法や関心と対照される

第 7 章 本質から個性原理へ　　　　　313

ような，職業「についての」研究の方法と関心によって生み出される．限られた範囲ではあるが，ある程度までは，この「見失われた何か」を探究するというガーフィンケルの提案は，より知られた「科学知識の実質的内容と性質」を探求せよというブルアの指令と似ている．しかし，前章で議論した2つのプログラムの間での他の類似点が，根深い相違を隠しているのが明らかになったのとちょうど同じことが科学の内容についてもあてはまるのである．

1. 見失われた何か

　ガーフィンケルは，組織された複合体（complexes）たる活動の「見失われた何か」を研究するという提案をするにあたって，ハーヴィ・サックスの次のような洞察をもとにしている．すなわち，社会科学と行政科学における実質上すべての研究文献は，研究対象たる職業の相互行為的な「何か」を「見失って」いるというものである．例えば，官僚組織のケースワーカーの研究は，その公務員が，途絶えること無く続くクライエントとの一連の相互行為の過程の中で，1つ1つの「ケース」をどのように特定しているのを「見失って」いる．医療社会学研究は，臨床的な出会いの中で診断カテゴリーがどのように構成されるかを「見失って」いる．また，軍事研究は，個々のコミュニケーションが相互行為的ワークの中で／として，どのように安定した並びとなってつなげられていくのかを「見失って」いる．

　例えば，ガーフィンケルによると，ハワード・ベッカーによるダンスバンドのミュージシャンとその聴衆の研究には次のような奇妙な特徴がある．熟練したジャズミュージシャンであるベッカーは，ダンスバンドのミュージシャンが，典型的な聴衆である「古臭い人々」から距離をとろうとする言語的・習慣的実践の多くを記述しているのだ[17]．ベッカーは，ジャズミュージシャン文化のさまざまな興味深い側面について読者に知らせているが，ミュージシャンがどのように音楽を共に演奏しているかについて決して論じないのである．共に演奏するという相互行為的で即興的な「ワーク」――それ自体で社会的現象である――が，ベッカーやそのほかの音楽社会学者には，どういうわけか「見失われて」いたのである[18]．さらに，ガーフィンケルが指摘したように，この「見失

われた相互行為上の何か」が見失われているという事実は，社会科学において承認された問題ではない．というのは，音楽を共に演奏するという「ワーク」が社会学の適切なトピックであるという提案は，とりわけ，社会学がトピックや方法や知見の特有のコーパスを持った固有の専門領域であるという考え方に異議を唱えるものだからである．伝統的な社会学の方法と知見を用いることの本質は，さまざまな現前の社会的な実践を，規則，規範，その他の社会構造という脱文脈的な「核心」へと戻して関連づけることにある[19]．

　ガーフィンケルが提案しているのは，社会学の経験主義の極みを超えて存在する無限の「ワイルド・ソシオロジー」[20]に賛同して，社会学の「核心」を捨て去ることに他ならなかったと思われる．一貫性があり中央集権的な社会学という認識「帝国」に対するこのような挑戦は無視されることはなかった．つまり，既成の社会科学分野の比較的著名な代弁者の中には，この挑戦を口やかましく糾弾した者もいた．エスノメソドロジーに向けられた批判の多くには，「理論的」もしくは「方法論的」事柄をかなり越えた反専門主義への嫌疑が含まれていた．もっとも露骨な酷評——例えばルイス・コーザーやアーネスト・ゲルナーのもの——が特に示唆的である．というのは，彼らは，理の通った素振りを少しも見せることなく，エスノメソドロジストがどのように自らの仕事をしているかについて怒りに満ちた反論をしたり，皮肉をこめて戯画化したからである[21]．

　エスノメソドロジーの「反専門主義」への嫌疑についての中傷やはなはだしい誤解，言語道断の奇想は別として，コーザーやゲルナーなどの著名な批判者が間違っていなかったことが1つある．それは，もしガーフィンケルらが提案していることがうまくいくなら，コーザーらが知っているような社会学が死に至るであろうという認識である．最近になって，悪意がなくなり，相互の距離が近くなったのは，専門的社会学者がエスノメソドロジーを「理論化」，「方法化」しようと絶え間なく努力していることや会話分析で顕著となった経験主義的な傾向のおかげである[22]．

　ガーフィンケルの次のような研究への提案は強い反専門主義的なスタンスを特徴としている．すなわち，社会学の中核領域によって植民地化されておらず，また究極的には植民地化されることできない通俗的（vulgar）ではあるが相対

的に自律した社会学として多様な活動を研究せよ，という提案である．ウィトゲンシュタインは，哲学的探究への深い関与から行動し，日常語を使用する特殊なやり方として専門的哲学を退けた．これとほぼ同様にガーフィンケルは，社会秩序の産出の探究への関与から行動し，専門的社会学を，まだ記録されても発見されてもいない「ワイルド・ソシオロジー」の持つ激しい騒音によってかき消される，か細く貧弱な声を持った文書上の企図（literary enterprise）として退けたのである．

　エスノメソドロジーの課題は，日常社会のいたる所に分散している個々の特殊な実践に宿っている無数の「見失われた何か」を「発見する」ことである．この提案もまた，エスノメソドロジーのプロジェクトに共感を表している社会学者の間にさえも困惑のもととなった．例えばヘリテイジは，エスノメソドロジー研究についてこの点以外では有用であり，きちんと調べられた論評において，「ワークの研究」プログラムのことを，ガーフィンケルの提案に科学的方向性を与えるものと誤って解釈している[23]．多くの部分でヘリテイジは，自分が調べた科学におけるワークの研究を，会話分析によって例示された人間行動の自然な観察科学（第6章参照）のためのプログラムを専門的に応用したものとして扱っている．ヘリテイジの見るところによると，「見失われた何か」は社会学が「職業世界の中核となる実践を描くこと」に失敗したことと関連している．さらにヘリテイジは，職業社会学においては，「職業生活の生きられたリアリティは，専門的社会科学の説明実践の扱い方にふさわしい対象へと変えられている」[24]と付け加えている．おそらく，観察科学が必要とされるのは，社会学の文書上のギャップを埋める「自然観察の基盤」を提供するためだろう．〔とはいえ，〕ヘリテイジは以下のことは認識していた．すなわち，ガーフィンケルの学生は，分析的な観察や報告を行い，そのような報告を後の観察のための1つの根拠として使うための出発点として，会話構造への日常言語的アクセスに依拠したりはしない．むしろ，ガーフィンケルの学生は，研究中の特定の専門領域の専門分化した用語や実践について訓練を受けなければならないのである，と．

　専門分化した科学雑誌を読もうとしたことがある者なら誰にでも明らかなように，事実伝達のための文やグラフや数学的表現を適切に理解するためには，

専門領域の技術の習得が必要となる．それぞれの学問領域の核にある固有の「何か」を理解するには，それと関わり合うためのそれ相応の方法が必要となる．そのような方法は，メンバーがその実践を習得するための内在的な教育と不可分である．平易なエスノグラフィーの用語で言えば，ガーフィンケルは強い意味での参与観察を強要しているように思われた．その観察によって，ガーフィンケルの学生はエスノメソドロジー的な観察や記述を行うための前提条件として他の専門領域に「適切に」習熟していくことになる．自然科学や法律専門家，数学の専門領域を研究しようと決めた学生は，それに関連する養成課程を受けるべきだと，同様に強調してガーフィンケルは提案した．学生の中には，博士論文や博士号取得後の研究のためにそのような研究プログラムに従事した者もいた[25]．

私がここで概観したように考えると，ガーフィンケルの「方法の固有の妥当性要請（unique adequacy requirement of method）」はより一般的なエスノグラフィーの方針とは異なる．それは主として，（研究対象である実践「について」話せるようになるだけではなく），むしろその実践を修得せよという指令の厳格さにおいて異なっている．そして，メンバーの実践的推論を既成の社会科学の図式によってマッピングしたり，コード化したり，翻訳したり，その他の方法で表象したりするための既成の方法を，すべて否定することにおいて異なるものとなっていた．それゆえ，「職業世界の中核となる実践を描くこと」の社会学の失敗は，エスノメソドロジーがそのような「中核となる実践」をもっと正確に「描く」ことにより正されるのではない．というのは，正確に「描こう」とするどんな試みも，記述対象たる具現化された実践から抽象化された社会科学的表象をもう1つ構築することになるからである．むしろ，ガーフィンケルは，「フィールド経験」の社会科学的な説明をすることなくフィールドの中へ消えて行き「ネイティブになる（going native）」プログラムを編み出したように見えたのである．

後の著作でガーフィンケルは，エスノメソドロジーを他の学問領域（数学，自然科学，法律研究など）とハイブリッド化するための提案をしていた．調査研究の「成果」が物珍しい実践についての報告の形をとらず，むしろ，例えば法律家のワークのエスノメソドロジー研究が法研究に貢献するようなハイブリッド

な分野を展開する取り組みから構成されるようなハイブリッド化である[26]．もしこのプログラムが社会学全体で実を結んでいったなら，その結果は「元の」専門領域たる社会学を数え切れないハイブリッドなものに分散させることであったはずである．そのハイブリッドは，エスノメソドロジーだとわかる言説を特徴づけている周知のテーマによって最初は1つにまとめられていたわけである．ガーフィンケル流のエスノメソドロジーは方法や理論概念の中核部分を特定するのを避けているのだから[27]，結果として，学問的な社会科学の基盤らしきものはすべて解消することになったはずである[28]．ヘリテイジの要約とは逆に，このようなプログラムが職業の科学のための「自然観察の基盤」を確立することはありえない．というのは，その「基盤」こそが研究対象たるさまざまな専門領域のワークを組織し配分する，ローカルな編成の真なる生態学へと解消するはずだからである．エスノメソドロジーが専門分野のマスター（全専門の専門）として自律するのでもないかぎり，ガーフィンケルの固有の妥当性要請は，社会学から出て行く片道切符の旅をすることの弁解となるだろう[29]．

2. 本質的内容から反復可能な認識トピックへ

　固有の妥当性要請は単に社会学の終焉に拍車をかける1つのやり方にすぎないと結論づける前に，それが実践的行為の一般科学のための方法論的基準ではないことを心に留めるべきである．ガーフィンケルは次のように述べることによって，このことを明確にしている．すなわち「自然科学はそれぞれ，実践的行為の独自の科学として，その自然科学だとわかるような専門的で実質的な内容を，その全容において取り戻されるべきものであり，……その独自の科学は他のどの発見科学とも交換可能ではない」[30]．この取り戻されるべきものは，考古学的な探求を通して発掘される移送可能な「内容」に例えられるべきものではない．むしろ，それぞれの領域の「内容」は，それ自体が内在的な「知の考古学」としてよりよく理解されるかもしれない．
　したがって，「実践的行為の独自の科学」を「それとわかるような専門的で実質的な内容を全容」において取り戻すことを可能とするために，エスノメソドロジストは，研究するそれぞれの科学の独自の詳細の中に自らの探求を位置づ

けなければならないだろう．それゆえ，自らの記述と分析的定式化は，トピックとリソースの両方としてその詳細に依拠する必要があるだろうし，適切な分析とメンバーの言語や実践の習熟の間にはどのようなギャップも，境界も非連続性もないであろう．エスノメソドロジストが，研究する専門領域へ「入っていく」のは，その文化の認知マップなどの表象を持って「戻ってくる」ためではないだろう．なぜなら，どのような地図も，その地図の記号学的な特徴を適切に読み込むことによってでは，そこに含意されているその場の詳細を十分には取り戻せないからである．実践の作業現場を作り上げている詳細の全体的な配置を伝えられないのならば，専門的社会学者に対して唯一伝えることのできる固有で妥当な「知らせ」は，「あなたもそこにいなければならなかっただろう」という趣旨の弁解だろう．

「固有の妥当性」についての混乱を避けるには，エスノメソドロジーが他の専門領域の「核となる実践」に入り込もうとする「人間行動の自然の観察科学」である，あるいはそうなるのだろうという前提を持たないことが重要である．ガーフィンケル自身が指摘するように，本質（quiddity）という用語はエスノメソドロジーが何についての研究らしいかに関する誤解を増幅する可能性がある[31]．「見失われた何か」と「固有の妥当性」への言及により，それぞれの専門領域の独自性を，単一の本質（essence）によって定義された独特の種類の実践として考えることが促されてしまう．その際の本質は，関連性のある認識的円環の「中へ入る」ことによってのみ理解できるものとなってしまう．もしもエスノメソドロジーが他のすべての専門領域への探求が行われるような認識的な中心となるかもしれないと考えるなら，ガーフィンケルの野望は，実践学的に分類された種それぞれの発生的本質を把握することのできる科学を打ち立てることにあると結論づけることができるだろう．このようなことは，エスノメソドロジーの目的が「〔それに従えば〕任意の『世界』を生み出すことのできる規則を探すこと」[32]であると考えられる際に示唆される．このように捉えられると，固有の妥当性要請とは，さまざまな社会的世界を生み出すための一連の教示（インストラクション）がデータベースとなるような壮大な「ソーシャル・ゲノム計画」の一部となるだろう．しかしながら，私が見るところ，そのような計画は，エスノメソドロジーの原則的な教えの1つを忘れているだろう．すなわち，

第 7 章　本質から個性原理へ　　　319

　教　示（インストラクション）の適切な読解や執筆それ自体が，メンバーが 教　示（インストラクション）をみる場の「背景的な」詳細を前提にしている，という教えである．

　もし方法の固有の妥当性要請が，科学の専門分野にそれをまさにそれたらしめている「固有の内容」が「含まれている」ことを含意するなら，この方針は，科学に対する研究において（どれほどまとまりがないとしても）示された科学の専門分野の非本質主義や反基礎づけ主義と矛盾するであろう．エスノメソドロジーもこの代替的な考え方に貢献してきたのだから，この「矛盾」はエスノメソドロジーの中のシュッツ的な遺産の残骸のせいだとされるかもしれない（第4章参照）．

　アルフレッド・シュッツによる科学の考え方には，部分的にはフェリックス・カウフマンの方法論的著作から展開されたものだが，「科学的なコーパス」——ある専門分野の歴史を通して集められる一群の命題であり，作業を行う科学者に科学特有の「手元の知識のストック」を与える——によって，その領域に特有の理論化が日常の実践的行為と区別されるという考えが含まれている．この考え方が前提としているのは，それぞれの科学が1つの目的論的な統一性を発達させており，その統一性によって，その領域のコーパスと他の既存の専門領域のコーパスの間に一連の安定的で方法論的で認知的な境界を引くことが可能になる，ということである．これとは対照的に，最近の科学研究で強調されているのは，実践的技術やイデオロギー的影響や〔フーコーの言う〕言説の編成（discursive formation）に個々の専門科学が開かれていることである．それらは，専門科学ごとに精緻に境界づけられたり，包含関係をなしてはいないのである．例えば，ブルーノ・ラトゥールとミッシェル・カロンによる「作動中の科学」についての影響力のある説明では，実験室の実践や技術は，文字による銘刻（literary inscription）や翻訳の連鎖に変更しがたく結びついており，その連鎖は科学，技術，大衆運動，政治，産業，医療，農業，日常生活の「境界」をやりくりし，侵犯するとされている．このように見ると，どのような科学の分野の「自律性」や「境界」も多面的な運動の二次的な産物であり，その運動によってこそ，その専門分野の実践や産物が歴史化されて，統合性と規定の内容が当然視される「ブラックボックス」となるのである[33]．もしガーフィンケルがそのようなブラックボックスの内容を取り戻すためのプログラムを提案していると

理解されるなら，聖杯（Holy Grail）を探していると非難されてもよい．なぜなら，その聖杯の存在（不在）は，諸科学の制度化の成功において，それを通して生み出された神話に全面的に基づいているからである．別様に理解されるのなら，私の見解では，より正確には，固有の妥当性要請が意味すべきことは，ある専門領域の一貫性の基盤はブラックボックスのなかに発見されるのではなく，むしろ，まさにブラックボックスという存在そのものを通して確立されるのである．

ウィトゲンシュタインは，「言語ゲーム」が浸透不能で共訳不可能なモナドであると提案し，ある言語共同体から別の言語共同体へ「翻訳する」可能性を否定したとしばしば誤って非難される．同様に，ガーフィンケルによる「発見科学」の本質という考え方は，それぞれの科学を，「内側」と「外側」という明確な領域を持つ境界づけられた認識的入れ物と考えていると非難される可能性がある．しかし，そのような批判は，第5章で促したようにウィトゲンシュタインとガーフィンケルを読むことによって受け流すことができる．

ウィトゲンシュタインによる言語ゲームの概念——これを実際に1つの概念とみなしたとしても——は無数の解釈ができるだろう．しかし，明らかなのは，言語ゲームを，明確に定義された実践者のコミュニティによって「共有された」知識の一貫したストックとはウィトゲンシュタインはとらえていなかったことであろう．むしろ，彼が明確にした通り，「『言語ゲーム』という用語は，言語を話すことは活動の一部もしくは生活形式の一部であるという事実に焦点を当てるという意味を持つ．」ウィトゲンシュタインは，次のような例を出して，言語ゲームが専門分野や文化の境界に囲われているとは推察し難いとしたのである．

　　命令する，そして，その命令にしたがって行為する——
　　ある対象の様相を記述する，あるいは，それを測定する——
　　ある対象をある記述（描写）によって構成する——
　　ある出来事を報告する——
　　ある出来事について推測を行う——
　　ある仮説を立て，検証する——

第 7 章　本質から個性原理へ　　　　321

　　ある実験の結果を表や図によって表現する——
　　物語を創作し，読む——
　　劇を演ずる——
　　輪唱する——
　　謎をとく——
　　冗談をいい，噂をする——
　　算術の応用問題を解く——
　　ある言語を他の言語へ翻訳する——
　　乞う，感謝する，ののしる，挨拶する，祈る[34]．

　上記のゲームには，多かれ少なかれ科学と関係しているものもいくつかある（例えば，仮説を立てて検証する，ある実験の結果を表や図によって表現する）．しかし，実際，このほとんどすべてが，科学の「中で」そして科学を「超えて」生じていると言えるものである．実験室の日常生活の研究が示す通り，科学者は「仮説を検証する」作業をする一方で，ジョークを言い，罵り合い，実験機材をも罵り，芝居じみた行動をし，CMソングを歌う[35]．さらに，明らかに「科学的」な活動には，芸術家や製図工，コンピュータ・プログラマー，動物の調教師や飼育員，器機の製作者や修理工，会計士，秘書など，自らを科学者と呼ぶ権利のない専門家や技術者の手を借りてなされるものもある[36]．実験室の研究者は対象の様相を記述したり，それを測定したりするとき特別な器機や専門分野に特有の測定単位をしばしば使っている．しかし，そのような科学者の活動の理解可能性は 1 つの専門領域だけに排他的に「含まれる」わけではない．理解可能な記述，あるいは適切な測定とみなされるものは，状況によってかなり違ってくる可能性はあるが，記述と測定というものは日常生活の一部なのである[37]．
　ウィトゲンシュタインによる言語ゲームの例は，ある程度は，会話分析によって記述された「分子的な」活動——命令を与えてそれに従う，質問する，考える，罵る，挨拶する，ジョークを言う，物語を語るなどといったものの連鎖（シークエンス）構造（第 6 章参照）——へと収斂する．会話分析において，そのような活動は文脈から自由な規則によって組織化されると言われる．というのも，この規則は，

直感的に認識されるような，さまざまな活動や状況の間の「境界」を通り抜けるからである．もちろん，それと同時に，この規則に支配された構造が文脈に敏感なやり方で分節化される，つまり，その都度の状況に応じて構築され，使われ，理解されるものである．しかし，ウィトゲンシュタインによるもう1つのよく知られたアナロジー——「家族的類似」——は，言語ゲームが，どこで「実行」されようとも本質的な（文脈から自由な）形を持つ独特な活動の「束」であるという考えから離れるよう警告しているだろう[38]．

ウィトゲンシュタインは明示的に，さまざまな「ゲーム」の関係を「家族的類似」——家族員の間での時折起こる横断的な類似点——に喩えるとき，類似したゲームの「集合」が単一の基準のもとで定義されるとは考えさせないようにしている．転じて，「命令を与えてそれに従う」という見出しのもとに記述することのできるさまざまな実践は，一連の一般的な規則やメカニズムによって定義される1つの構造を共有している必要はない．むしろ，「命令を与えてそれに従う」という記述は，数えきれない形を取りうる際限のない実践について語る方法を提供してくれる．理解可能で説明可能な「命令」とみなされるものと，適切で受容可能な形態の「服従」とみなされるものは，一般的な規範や性向やシステムによって決定される必然性はない．むしろ，「命令」や「服従」はさまざまな場において独自の働きをすることができるのである．

科学は言語ゲームの独特の集合として定義されないかもしれない．しかし，特定の認識上のテーマ（epistemic theme）が，さまざまな専門分野についての言説，またその分野における言説と絶えず結びつけられている．これら「認識トピック（epistoipcs）」のいくつかはサックスによる原始的な自然科学の説明において要約的に扱われている（第6章参照）．それらには認識論と一般的な方法論のよく知られたテーマが含まれている．つまり，観察，記述，複製，検証，測定，説明，証明などである[39]．それらはさまざまな専門分野を「超える」ように思われる共通の専門用語であり，科学史や科学哲学や科学社会学にある学際的な言説における主題，接触点，争点を提供しており，さらには，社会科学における理論構築のための「メタ理論的」交易条件を作り出している．しかし，私がこれらのテーマを認識トピックとして語るときには，それらから「メタ理論的」オーラを剥ぎ取って，それらが語（words）であるという判然とした事実

第 7 章　本質から個性原理へ　　　　323

に注目したいという意図がある[40]．このことで，それらが「単に」語であると言いたいとか，それらを物質的現象と具現化された実践（praxis）から分離したいわけではない．むしろ私が反対するのは，例えば，「観察すること」がなされていると言われるどんなときでも，観察という語によって活動の統一性が保証されるかのようにこの語を扱ったり，表象が一貫した活動カテゴリーを示していると仮定したりという方向性である．さらには，「測定」という概念が大工仕事や工学や実験室研究やフィールド研究，その他あまり専門化されていない領域での多様な測定活動の核となる意味を定義していると仮定したりする方向性にも反対である[41]．

　第 5 章で示した通り，ウィトゲンシュタインが時として提起したことを言語ゲームの経験的研究へと広げるプロジェクトがある．そのプロジェクトは，ウィトゲンシュタインの指摘したいくつかの項目（例えば，ある実験の結果を表や図によって表現する）を取り扱うという試みを伴っており，その試みは言語ゲームが明らかに実践されていると言うことのできる場を検討することによってなされる．そのような探究の目的は科学活動や日常活動の一般モデルを展開することではなく，一般的な認識上のテーマがいかにして活動のローカルな複合物の一部であるのかを説明することにあるだろう．

　ウィトゲンシュタインによる言語ゲームの議論が，言語の意味や判断基準や合理性の構造についての既定の哲学的前提を問題化するように，エスノメソドロジー的な言語ゲームの探求は認識論や科学共同体や科学的「言説」などに関する既存の議論に解毒剤を提供している．このような議論はすべて，科学を 1 つの統一されたイデオロギーや方法論の研究領域として扱っている．したがって，エスノメソドロジー研究の貢献は，記述，観察，発見，測定，説明，表象について語るときに実際に言っていることに関して極めて差異化された理解を与えることにある．そのプロジェクトは，科学，もしくは他の一貫した活動が認識論的もしくは認知的な統一性を持っていると仮定するのではなく，「観察する」「測定する」「ある対象を記述（描写）によって構成する」といった言語ゲームの「認識トピック上の」一貫性を再特定化（respecify）することとなる．私が認識トピックという新たな造語を使うのは，次のことを示すためである．すなわち，観察・表象といった日常的（ヴァナキュラー）な用語によって提供される，トピックと

なる標題は，その名前に結びつけられるさまざまな認識上の活動についてほとんど何も明らかにしていないということである．認識トピックは名前においてだけは認識論における古典的テーマである．観察する，測定する，表象する，などと名付けられたら――もしくは，その適切な１例であるとそこで確認されたら――ある活動とその物質的な痕跡は一連の規則，知識，方法，特定のテーマに関連した一連の規範的基準に支配されていると示されうる．しかし，名目上の一貫性では局所化された実践について何も保証しないと仮定するなら，次のような問いに着手し始めることができる．すなわち，諸活動の局所的な遂行が規則や定義のもとに記述できると最初から仮定しないで，ある活動がどのようにして１つの観察や測定などとして同定されるようになるのか，という問いである．

　認識トピックへの注目が唯名論者のプログラムとは何ら関係がないことは重要である．ウィトゲンシュタインが述べている通り，「唯名論者たちはあらゆる語を名と解し，それゆえそれらの適用を実際には記述せずに，いわばそのような記述についての紙上の指図しか与えないという錯誤を犯している．」[42] 唯名論者による認識トピックの扱いは次のようなステップに沿って進められるだろう．(1)自然科学者や哲学者や社会学者や資本家などの活動を，表象をつくる，テキストを書いたり解釈するなどの一般的な標題のもとに記述できることに注目する．(2)「表象」や「テキスト」とみなされるものが局所的な「構築」活動によって定義されることを観察する．(3)局所的に組織化された活動のネットワークの中における実践的で概念的な結びつきが，ある活動領域から他の活動領域へ「同じ」表象を翻訳するなかで，いかにして取り決められるか記述する．(4)１つの表象様式がどのようにして安定した記号的産物になっていくのかに言及することによって，ネットワークの一貫性を説明する．研究領域の活動間のやりとりは，「定義」や「解釈」による「作業」の産物となるのである．それによって，シニフィアンが生み出され，理解される方法の多様性にもかかわらず，シニフィエ（表象のイデオロギー，意味論的ネットワーク，決定的な「効果」を持つ言説，大きな物語）のレベルでは理論的な統合性が保たれるのである．このようにして，つかの間の統合性が実践的な多様性を隠蔽するのである．しかし，認識トピックを形而上学的な統合体ではなく，その局所的な産出の「ワーク」を

第7章 本質から個性原理へ

その場で説明するような，繰り返されるテーマとして扱うならば，つかの間の「同一性」というものが，反復可能な共通用語から，その用語を付けられた実践の実質的な領域への分析的な移行を確かなものにするという保証はもはやなくなるのである．

　私は認識トピックが「語である」とすることで，その語じたいが重要ではないと言いたいわけではまったくない．観察・表象・測定・発見のような語は，科学史，科学哲学，科学社会学における古典的テーマであり，繰り返しトピックとなる標題や古典的なテーマとして使われている．そして，それらの語はまたエスノメソドロジーと科学の社会的研究にとって，探求のための不可避となる状況を示している．こうした認識トピックは，経験的な調査をする研究者が興味を示さない「哲学的」関心事だとして捨て去られたときでさえ，経験的な社会科学の探求におけるプログラム的主張，方法論的正当化，分析言語の中に強固に定着し続けるのである．認識トピックが科学活動の形而上学的な基礎づけを提供しないと知られている場合でさえも，学問的議論において認識トピックは避けることはできないのである．

　実際の科学実践と理念化された観察やテストの説明の間には相違があるとしばしば指摘され，そして，そう指摘できるがゆえに，「実際の科学者は自身で言うようには行動しない」と述べることも可能になるようである．しかしながら，このこととまったく同様に，次のような結論も理解できる．すなわち，科学者が説明可能に「観察を行い」「仮説を検証する」とき実際にしていることは，一般的な認識論の議論（批判的な認識論の議論を含む）と未知の関係を持っている，と．この探究は科学的観察の「概念」が実際にはレトリックによる構築物やイデオロギーの道具であることを示すだけで終わることはないだろう．むしろ，そのような探究は，観察という用語の日常的な使用がある実践に対して固有な妥当性があるのはどのようにしてかを例証しようとするだろう．観察とは，観察としてローカルにみなされているもの以外に何ものでもないと強調することは，実際の実践についてアイロニー的な視点を含意するわけではない．観察とはこの他に何であろうか？　むしろ，この探究は，観察という言葉で意味されうることを再特定化するのである．

　ここで言ってきたことは決して私独自の洞察ではない．これは，「自然科学

を実践的行為の発見科学として再特定化する」というガーフィンケルの提案の要点を私なりにまとめたものである．ガーフィンケルは発見科学を，その「固有の内容」がエスノグラフィー的研究を通して取り戻せるような文化的に統合された研究領域であるとは言っていない．ガーフィンケルは科学社会学を自然科学実践との深い統合に置き換えることから始めた．ガーフィンケルの論文のタイトル——「実践的行為の発見科学としての自然科学の再特定化」[43]——が示す通り，発見科学とは，その達成に関連した法則や客観的現象を発見するだけではなく，いかにして科学史，科学社会学，科学哲学の伝統的なテーマが現在の探求状況にあてはまるようにされるのかを相互反映的(リフレクシブ)に発見し，再発見するものであると言うことができる[44]．発見科学はその歴史を不可避的に築き上げ，制度的な結びつきをつくる．さらに，発見科学は観察，適切な測定，再現可能な知見とみなされるものを特定し，実験がうまくいくために必要なものを調べる．どんな科学者や科学者集団も真空状態の中で働くことはなく，それゆえ，歴史，知見，実験の例証などの「相互反映的(リフレクシブ)な達成」は，前任者や共同研究者やライバルによって表現され，実行された「歴史的な」特定との関係において生み出された個々の行為を常に含んでいる．何年か後に現場に来た歴史家を含め，誰にも自由裁量はない．

　おそらく，ここまで指摘してきたようないくつかの誤解を招く恐れがあるため，ガーフィンケルは最終的に，本質(quiddity)という用語をやめて，もっと聞き慣れない同類のラテン語である個性原理(haecceity)という用語を持ちだした[45]．これは，対象の「まさにこれであること(just thisness)」を意味する．この２つの用語は，「ある対象を，独特な形でその対象であるようにしているもの」を意味する同義語として使われるが，ガーフィンケルは個性原理という用語を，もはや本質主義(essentialism)とは関わりのない代名詞的な，もしくはインデックス的な「意味形成」をより鮮明に指し示すために使った．この意味での個性原理は，ある対象の経験に本来備わっている安定的な「核心となる意味」とは異なる．サックスが，この場所やここという指示語の例を出して議論したように，こういった用語は，特定の名前を与えることのできる場所（例えば，ビルや会議や行事などの名前）を厳密に「表す」ことなしに使われる．それゆえ，ある対象の「まさにこれであること」は，「これ」や「それ」が説明可能(アカウンタブル)ないま

第7章 本質から個性原理へ

ここに在ることが含まれうるのだ．もはやこのような存在は，名づけられた検証可能なものの代わりをしているのではない[46]．

そのような使用法の実例は，光学パルサー（脈動星）の最初の発見であると後にわかることとなった場面における3人の天文学者の録音テープを通してみることができる．次の断片を見てみよう．

  ディズニー：……私，それ，信じられないな，2番目が見えるまでは．
  クック ：私も，それ，信じられないな，2番目が見えるまで，んーあれが
      他のところに移動するまでは[47]．

もちろん，これを聞いている分析者がこの表現の文脈についてよく知っているなら，ディズニーとクックの使ういくつかのインデックス的表現に対して意味をあてがうことで，彼らの用語法を明確にするように試みることができる．

  ディズニー：……私［マイケル・ディズニー］，それ［私たちが重要な発見をしたことを］，信じられないな，2番目［同等の条件のもとで再び観察するとき，オシログラフの画面上のもう1つの山］が見えるまでは．
  クック ：私［ジョン・クック］も，それ［私たちが重要な発見をしたことを］，信じられないな，2番目［私たちが，同等の条件のもとで観察を繰り返したとき，オシログラフの画面上の同じような山］が見えるまで，あれ［画面上の山］が，他のところに移動する［画面上の別の箇所に現れる］までは[48]．

この言い換えが認められるとするなら，このやりとりの論理（つまり，ディズニーとクックの「更なるテストが行われるまで手元の証拠への信頼を保留する」という方法論上の原理）を再構成する目的は達成できるだろう．しかしながら，そのような古典的な試みが見逃していることは，インデックス的表現は，「曖昧」であるにもかかわらず，話し手によって，それを言い換える明確な必要なしに理解できるように使われる，ということである．実際，インデックス的表現は，その言い換えをする人がより正確な用語で意味を（再）構築するときに使用す

るのと同じ素材を提供しているのである．

　エスノメソドロジーの奇妙な方法論的な方針は「インデックス的表現の合理的性質」を，行為の個々の場面の秩序性の探究によって明らかにするというものであり，それは，こうした事例によってわかってくる．このような「合理的性質」はクックとディズニーの「方法論的提起」の合理的再構成によって明らかにされるのではなく，むしろ，その対話の表面的特徴の産出において明確にされている．これらの「合理的性質」には，例えば次のようなやり方が含まれる．ディズニーの代名詞表現「それ」，「2番目」を，クックがその意味を定式化する必要なしに，その理解を示すために繰り返すやり方．そして，2人の参加者が，同じものについてそのものが何であるか明確に述べることなしに話していることを示すやり方，である．

　そのような合理性を理解するためには，話し手の表現の指示を安定させる背景を明確に述べる以上のことが必要になる．クックとディズニーの表現は世界における検証可能な実在を「指示し損なっている」かもしれない[49]．実際，彼らが「それ」「2番目」「あれ」について話す方法はその可能性を示唆している．それにもかかわらず，彼らの話は理解可能であり，しかも，それは目の前にある活動，モノ，装置，および同種の可能性という複合体に，理解可能なかたちで関連している．しかし，それがいかにしてそうなっているのかを見るには，この天文学者が指摘し，互いに話しているやり方によって明確にされている，いくつもの「これやあれ」に焦点を合わせなければならない．これが個性原理の意味することである．

　エスノメソドロジーによるインデックス的表現の合理性へのアプローチは，次のような社会科学で広く見られる傾向からすると奇妙なものである．すなわち，平均的な傾向，典型的パターン，モデル化された構造，方法論の「フィルターにかけられた」データといった水準で秩序が現れるまで，行動の個々の場面は混沌としておりランダムで繁雑で無秩序であると仮定する傾向である．しばしば言われるように，科学的研究は「固有の」出来事の理解には適しておらず，それは，科学的方法が明らかにすることができるのが，単一の事例の状況依存的な詳細によって隠された根本的な原因や一般的な傾向性だけであるからだとされる[50]．〔一方で〕エスノメソドロジーは帰納的研究法と自己定義するこ

とはないが，その分析プログラムは，行動の個々の事例が直感的に理解可能で日常的に記述できるという「社会的事実」に基づいている．そうでないなら，参与者による協同活動の産出が自生的に成し遂げられているやり方はまったく不可解なものになってしまうだろう．この方針は実在の「データ」が，名前が付けられた状態で分析者に「与えられる」と仮定するような分析プログラムとは異なる．むしろ，この方針においては，どの探求も，その探求自体がすでに理解可能な世界へと「投げ込まれている」――その世界の理解可能性は不明瞭で議論の余地があり不確かな特性を持っていたとしても，そうである――ことに気づくという実存的「事実」に依拠している．したがって，エスノメソドロジーでは，前提のない探求の可能性を想像することさえしないのである[51]．

　一般に知られたタイプの構築主義によれば，科学者は根源的混沌に直面しており，その混沌から事実を構築する．こうした活動についての考え方は，よく引用されるデュエム゠クワインの「決定不全性テーゼ」を生み出した，哲学における論理学的伝統に少しの借りがある．ウィーン学団のプロジェクトの後継者と同様に，社会構築主義の支持者は，世界の実存的理解可能性や「道具性」が知的正当化のいかなる試みにも先行し，それに勝っているという「事実」が未解決の認識論の問題を指し示しているということに同意する[52]．論理実証主義者も社会構築主義者も同様に，次のような「事実」を私たちの理解におけるギャップとして扱う．すなわち，実践的行為とその背景をなす具体的な事柄にとっての，直感的に認識可能で十分に秩序ある文脈に出会うことで正当化というものが「終わる」という「事実」，である．これでは，「完全な」正当化が無ければ，理解可能性がないことになるかのようである．

　合理主義の科学哲学者は知による正当化という糸状組織（filamentous tissue）を拡げて，すでに理解可能な世界の驚異的な想定にたどり着こうとする．そして，社会構築主義者は，そのような正当化のプロジェクトが本質的に不可能であり，それは，私たちの「リアリティ」の感覚が結局は正当化されない人工的構築物であるということになるのだと主張する．どちらの場合も，世界に対する先入見（préjugé du monde）は反省的知識の用語に還元される．前者では公理から導出される用語であり，後者では合理的に正当化されない説明や信念という用語である[53]．

サックスは「原始的な自然科学」についての卓越した指摘（第6章参照）を行った．サックスは，初期の自然誌的探究や自然哲学的探究に対する素朴な基盤を与える説明可能性（アカウンタビリティ）の構造（観察-記述-複製）を特定した．サックスにとって，記述が語ることを他者が「見に行く」ことができるやり方で，生活世界は記述可能なのである．この日常生活の（mundane）奇跡は，自然的世界の実在への〔研究の〕方向性よりも，協調的記述の達成の分析可能性への方向性を指摘したのである．会話分析の研究プログラムが発展するにつれて，サックスが初期に行った，相互主観的に話す（つまり「他者がすでに見たこと」を話すこと）というワークの探究は，共に話すというワークを探究する専門的なプログラムに変容した．〔一方，〕説明可能性（アカウンタビリティ）の原始的構造に対するラディカルな研究へのガーフィンケルの強固な要求は，あまり制度化されない方向に向かっている．ガーフィンケルは，共通に知られている世界の奇跡的な「達成」を受け入れ，それを人間行動に関する新しい自然観察的な科学を開始する基礎として扱うのではなく，むしろその達成を明快に（perspicuous）しようとしたのである．

3. 教示（インストラクト）された行為と生活世界（レーベンスヴェルト）ペア

私たちは，まだ基礎づけ主義の森の中から出ていない．ガーフィンケルと学生が近年行ったさまざまな自然科学や数学の分野におけるワークの研究（studies of work）は，教示（インストラクト）された行為を探究するためのより一般的なプログラムの拡充と読める．しかし，ガーフィンケルは繰り返し「発見科学（discovering science）」と数学の特別な性質を強調してきた[54]．ガーフィンケルの議論は，数学と自然科学（の一部）を知識社会学から「除外」したとしてよく批判されるマンハイムを思い出させるかもしれない．しかし，そこには詳細に追求する価値のある重要な相違点が存在する．

ガーフィンケルの議論を理解するためには，生活世界の「自然な説明可能性（アカウンタビリティ）」と，官僚制下にある役人や専門的な学者によって産出された公式的な「訳解（renderings）」の間にある「ギャップ」に対して，ガーフィンケルが抱いたテーマ上の関心を思い出すことから始めるとよいかもしれない．このギャップは，ローカルに達成され，具現化され，「生きられた」活動を，解離したテキスト文

書へと変換することを通して産出される．ごく早い時期からガーフィンケルは
「パーソンズ入門（Parsons Primer）」というタイトルの未刊行の草稿において，
そのような変換の具体例を示していた．これは博士論文に基づいて書かれた草
稿であり，1960 年代初期に回覧されていたものである．

　戦時中，私の叔父は燃料油の配給の増加を望んで役所に行く機会があった．
そこで彼は配給が十分でないと役人に訴えた．彼は，配給を増やしてほしい
という要求を正当化する長い話をした．家の状況を述べたてたのである．家
の中は寒い，寒すぎて妻は機嫌が悪い，非常に大きなダイニングルームがあ
り，工面できるだけの燃料油を買ったとしても暖めるのが常に難しい，自分
は町の特に寒いところに住んでいる，子どもたちは病気続きで，次々に病気
をうつすので誰も休む暇が無い，などなど．
　この数分後に役人が叔父を止めた．「あなたの家はどれくらいの広さです
か？」いかに家が広いかを述べる話が再び始まった．家がいつもどんなに重
荷になってきたか．叔父ではなく叔母がその家をほしがった，と．役人はも
う 1 度さえぎった．「すみませんが，お宅には部屋がいくつありますか？
何平方フィートありますか？」叔父は役人に答えた．「どんなヒーターを使っ
ていますか？」そして「去年の割り当てはどれだけでしたか？」そんな風に
続いた．叔父が自分の状況を述べるのに用いたいくつもの素材の中から，そ
の役人は，4 つか 5 つほどの論点を立てた．
　もちろんその役人は，叔父が記述した状況は人が陥る可能性のある苦境で
あることを理解していた．しかし，その役人は執務執行の規則を参照した．
そして，記入する書式に求められる情報に例示される通り，これらの規則に
よって役人は，行政処理される書式の観点から「事例」となるものを見つけ
られるように，選択や分類などの作業に取りかかったのである．
　私の叔父が役人に提供したのは社会構造の 1 つの記述だった．叔父の状況
について書式内に見られる変換された記述には，文句を言う妻や，大きさや
経費の点で悔まれる家が含まれない世界が述べられていた．役人はそのよう
な境遇を知っていたが関係のないことだった．むしろ役人は，次のような家
の諸例が含まれるような社会状況を記述したのだ．すなわち，特定の平方

フィートで単位時間平均に一定の熱量を出す特定の型のヒーターで，ある程度のことが想定できるような供給量の少ない燃料が「持ち家の人」の1例となる者によって使われてしまったのだろう，という結果が想定されるような家の諸例，である[55]．

この話は，社会構造についての2つの共約不能な記述の衝突を鮮明に説明している．すなわち，役人に対して表明されたガーフィンケルの叔父による苦情と，役人による「事例」の文書化である．ここに記述された叔父と役人の出会いを通して，叔父の語りは理解可能で擁護可能な官僚的文書へと変換される．行政の官僚制において明確に述べられてはいないものの系統だって組織されている「このような事例」と関連性があり適合している「事例」の一連の要素を役人は定式化している．解離した文書として，この事例報告書は，「持ち家の人の実情」ともっともな関係にある一連の規則・基準・正当化のための証拠・諸々の同定を見越しており，同時に，叔父が役人に印象づけようとしつこく試みた日常的な家庭状況の細部への言及を体系的に除外している．エスノメソドロジー的無関心という後に発展したポリシーをこの物語に適用することによって，一連の同定全体を次のような関係ペアに置き換えることができる．［叔父の記述／役人の事例記録］［陪審員の審議／審議についてのベールズの相互作用分析］［インタビューの出会い／インタビューのデータ］［ゲームプレイの過程／プレイヤーの戦略についての合理的再構成］［実験の実行／実験の報告］［生きられた会話／会話分析のトランスクリプト][56]．

このような関係ペアによって構成される「訳解」を用いる研究者や職員は，解離した文書の客観的で分析可能で形式的な性質に特権を与える傾向がある．一方でガーフィンケルは，これと異なる種類の非対称性を指摘している．すなわち「社会構造の記述」に関する過剰な関連性・意味作用・時間上のパラメーターであり，これは，解離した事例報告がその事例の公式記録になると同時に，回復不能に失われてしまうものである．さらには——そして，これが重要な点だが——事例の訳解によって成し遂げられた変容自体が，事例報告に関連ある分析データとなるときいつも隠されるのである．こうした過剰な細部が消去されることは，時折の論議や方法論的な不確実性の原因になりうるものの，必ず

しも一般的な認識論上の問題を生み出すとは限らない．むしろ，それは，社会構造の説明を生み出すための事実上全ての分析プログラムの認められていない部分なのである．

　後の研究でガーフィンケルは「書く」という活動それ自体に焦点を当てた．テキストを作る作業と，その結果としての文書の回顧的に分析可能な特性の間の「ギャップ」の源泉として，「書く」という活動に焦点を当てたのである．このことは，ガーフィンケルの学生の1人であるステイシー・バーンズによって，ビデオ録画によるデモンストレーションにおいて解明された[57]．バーンズは，電子タイプライターのキーボードに向かって仕事をしているタイピストの両手をフレームに収めたビデオテープを録画した．このテープは，テキストをつくりながら声を出して「行っていること」の実況中継をしながら，キーボードに向かって仕事をするタイピストの手を記録している．タイプされた文書は，キャリッジにおかれた1枚の紙に明らかになっていくのが示される．その間，タイピストはキーを次々とたたき，文章の1節を削除し，再開し，次に何をすべきかを声に出して考えながら文字と文字の間で中断する．そのため，このビデオテープは理解可能な文書に特有な「ペア」をフレームにおさめている．(1)ためらいや解説が備わったタイピングの「リアルタイム」のビデオ映像の連鎖（シークエンス），(2)リアルタイムの連鎖（シークエンス）から独立して読んだり，コピーしたり，分析することのできるタイプされたページ，である．ビデオテープ上では，タイプされたページを作業の過程の成果として見ることができる．しかし，このページが，解離したテキストとして読まれるとき，その一貫した記号的特性によって，別種の「著作者性（authorship）」が含意される．完成された文章は1組の一貫した「観念」「意図」「文法能力」などの記録となり，それはもはやビデオテープに記録された文を産出するローカルな歴史を示していないのである．書かれたテキストの分析的な特性は，テープに明らかにされている個々の「躊躇」「中断」「再考」を記録していないのである[58]．

　ガーフィンケルの用語では，2つの記録は「非対称的な代替」の関係にある．一方の記録（ビデオ録画された連鎖（シークエンス））は他方の記録（ページ上のテキスト）の回復を可能にするが，逆は不可能である．書かれたテキストの分析可能な領域はタイピングの過剰な詳細の形跡をもはや残していない．これは，ビデオテープ

それ自体が「書くという生きられた作業」の解離した文書であることを否定するものではない．というのは，同じような非対称的な代替がそのペアにも内在しているからである．この平易な課題はある種の還元を明確に例証している．その還元とは，社会科学者が報告書，記録文書，トランスクリプト，コード化したデータなど，実践の表象のような記録を使うときはいつでも遂行されているものである．このような「訳解」によって社会科学者は，一貫性があり擁護可能な分析の材料となるデータベースを構築することができる．しかし，この「訳解」をすることで，「文書（a literature）」がまさに存在し事実としてあることによって再形成される「文書上のギャップ」もしくは「見失われた何か」がもたらされるのである．

　社会科学者や自然科学者も同様に，自らのローカルな実践から，そうした実践の解離した「説明（アカウント）」への変換を産出し，依拠し，前提としている．この事実は科学の社会的研究においておなじみのテーマとなった．例えば，ラトゥールは次のように論じたことで知られている．すなわち，科学分野の一貫性――再現性のある技術，蓄積される文書，「自然の」実体とその関係性の一貫した領域のネットワークの一貫性――は，「文字による銘刻」の連鎖を通じて確立され維持される[59]．ラトゥールにとって，実験室作業の反復可能な痕跡や記録には，次のような全ての過程が含まれている．すなわち，現象を可視化したり，機器類や尺度を調整したり，記述や測定をしたり，多種の測定結果と表示された値を相互確認したり，モデルや議論を発展させたり，報告書を流通したり，といった過程である．さらに，ラトゥールの議論によれば，テキスト，尺度，グラフ，図，写真によって提供される安定したフォーマットと，それらを再現し，公表するための方法のおかげで，科学者が，選択された銘刻を権力／知の広範な領域に組み入れながら，個々のあらゆる観察のローカルな環境を超越できるのである．ラトゥールは，機械的に再生産されたテキストの「不変的」かつ「可動的」特性と自らが名付けたものを用いて，科学の成長と科学知識の安定化を説明する．

　しかし，エスノメソドロジーの立場から見れば，そのような説明も「文書上のギャップ」をとどめている．どのような痕跡，記号，銘刻，表象，グラフィックス，引用も元々は常に，ある実践における表現，指示，イコン，明確化の契

機であるということに，このギャップは関係している．これは，そのような「インデックス的なもの」の意味が読者ごとの主観的な解釈次第であると言っているのではない．むしろ，その意味は，ある実践の教示（インストラクション）による再生産可能性によって与えられる適切性条件（the felicity conditions）と結びついているということである．ラトゥールは，（フーコー的な意味におけるある規律・訓練の）実践が展開され流通していくのは，「不変の可動物」が普及することと結びついていることを知っていた．しかし，テキストの「言明」の構造分析によって「作動中の科学（science in action）」から安定的な社会技術的事実への変換を回復できると想定することによって，ラトゥールは「記号論的転回」をうまくやってのけたのである[60]．

　ラトゥールは，秩序問題への従来の社会学的解決から自分の記号論的説明を引き離そうとしたにもかかわらず，結局はよくある分析の道筋に従っている．まず，ラトゥールは，実験室科学の生きられた作業を，記号操作の実践，つまり，銘刻，表象，痕跡，言明，テキストを書いたり読んだりする実践として定義している．したがって，作動中の科学（あるいは「実験室生活」）とは，記号システムの形式的特性を構築し，脱構築することに関わるものとなる．つづいて，これにより記号論的分析の形式的プログラムは，銘刻や痕跡やテキストの状況づけられた構築，翻訳，脱構築における関連ある指し手を回復できるはずだということになる．こうして，生活世界からシステムへの移行は，シニフィエの分析的に明白な連鎖を構築し，その連鎖がローカルな実践を脱ローカル化されたネットワークに組み込んでいくことになる．

　エスノメソドロジーは，この記号論的アプローチに対して少なくとも次の2つの面で異議を唱える．第1に，文書上の表象（literary representation）と生活世界の活動の形式的同一性を否定することである．第2に，文書上の表象と生きられた活動の実践的な同等性を，それ自体ローカルで相互反映的（リフレクシブ）な達成――形式分析の一般的プログラムによってその同等性を回復しようとするいかなる試みも裏切る達成――として捉えることである．エスノメソドロジストは記号論的要素とその要素の遂行的含意との同一性が実践的に達成されることを前提にしたまま問わないようなモデル構築の試みへと「先に」進んでいくことはない．むしろ，エスノメソドロジストはある特定の行為が，教示（インストラクション）によりどの

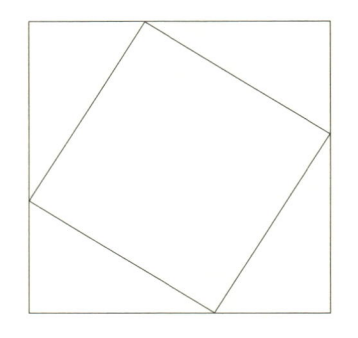

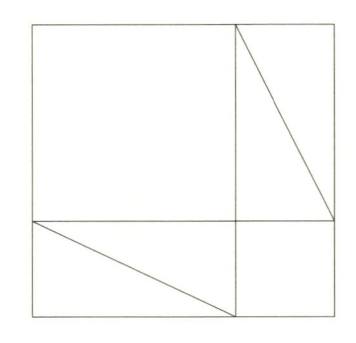

図 7.1

ようにして再産出されるのか探究しようと継続的に取り組むのである．

ガーフィンケルは，エスノメソドロジーが専門分野の生活世界の中にある書き言葉以前の内容を記述することによって，科学の社会的研究の文書における「ギャップ」を埋めることができると示唆しているのではない．むしろ，このギャップは素人の社会学と専門の社会学の必然的で理解可能で擁護可能で不可避の産物として生じると述べているのである．このギャップは実践的行為の全体主義的説明の不条理さを指し示しているが，それはエスノメソドロジストの研究している特定の実践に対し，必ずしも解決不能な問題を提示するわけではない．このことは，ガーフィンケルとエリック・リヴィングストンによる数学における生活世界ペア（レーベンスヴェルト）（Lebenswelt pair）の論じ方において特に明らかである．この簡単な例証は，図 7.1 に，つまりピタゴラスの定理（直角三角形の斜辺の 2 乗は他の 2 辺の 2 乗の和に等しい）の視覚的証明に見ることができる[61]．

この例の議論においてリヴィングストンは，どのように幾何学的図形がこの定理の「証明」を構成するのかを「発見」してみるように読者に勧める．さらに，この特有の証明に慣れてない人は最初は戸惑いを感じやすいと述べている．しかし，この図形の中の選ばれた同等性と秩序ある関係の見つけ方を示すさまざまな表記上の装置の助けを借りて一連の教示（インストラクション）が与えられると，読者は，どのようにして証明の説明（アカウント）の構成要素がその証明の要素として作用するのか次第に分かりはじめる．リヴィングストンは最初に，左図の正方形が 4 つの直角三角形とそれに囲まれた正方形に「分解」されることを指摘する．この図形を点検し，（三角形の内角の和は 180 度であるという公理，そして，それゆえに，直

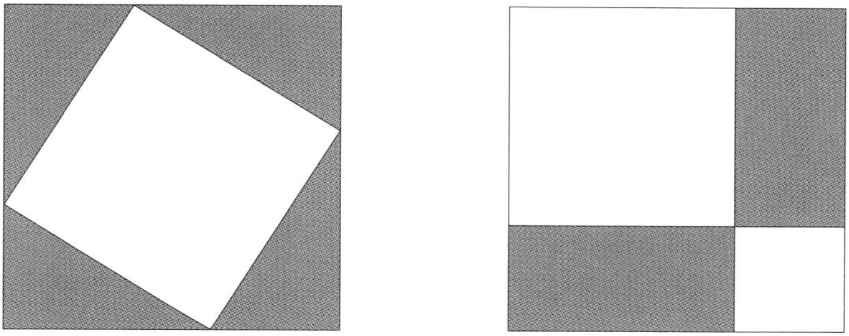

第 7 章　本質から個性原理へ

図 7.2

角三角形の 2 つの鋭角の和は 90 度であるというような）さまざまな疑問の余地のない幾何学的関係を前提とすることによって，私たちは左の図形の 4 つの三角形には等しい角度と辺があることがわかるようになる．それから，大きな正方形で囲まれた図形自体も，4 つの三角形の斜辺によってそれぞれの辺が構成されている正方形であると分かるだろう．続けてリヴィングストンは次のことが分かるように導いている．右側の図形の枠となっている正方形は〔左図の枠となっている正方形と〕「同一の四角形と見なせるが，それはいくつかの三角形が，示されている部分を占めるよう再配置された四角形である」と（図 7.2 参照）[62]．

　ここで肝要なのは，図 7.2 の右側の四角形の中にある 2 つの白い四角形が，左の四角形の中に埋め込まれた（白い）四角形と同じ表面積を占めていると分かることである．この 2 つの四角形が等しいことは，大きい四角形の面積と図形の両側にある 4 つの等しい三角形の差によって確定する．この証明は，右図の 2 つの白い四角形が三角形の 2 つの辺による四角形であること，および左図の白い四角形がその斜辺による四角形であることに気づくことによって発見されるのだ．しかしながら，重要なポイントは，私がここで示した特定の教　示（インストラクション）が，この図の証明としての働き方を適切に示していたかどうかではない[63]．むしろポイントは，この図形が証明として見えるとすぐに，辺，角度，面積の同等で分析的な関係の組み合わせが，定理と一致して内的に互いを支え合うということである．これが起こると，証明の 説明（アカウント）は，証明を行うための教　示（インストラクション）として見なされうる多様なやり方のどれであれ，その「正確な 説明（アカウント）」として現れる．その点で，この証明は，

超越的，客観的，説明可能な存在であることを呈してくる．この証明は，すでに証明図形それ自体にあるものとしてみられる．これは実質的で「しっかりとした」存在を持つ．無限の深さを持つ証明に関連する発見可能な詳細を持つように見える．というのも，この詳細は証明のさまざまな側面についてのさまざまな視点から見ることに利用できるように見えるからである．この証明は，度重なる詰問に耐え，関係するすべての探求の原因と源泉であると見なされる．これは説明可能で分析可能であるように，ピタゴラスの定理の証明である[64]．

　これを私が読むところ——そして，教示（インストラクション）により導かれた作業過程を通して解くことによってその証明を理解するように読者に勧めるところ[65]——，リヴィングストンが言っているのは，証明の説明（アカウント）の超越的「真理」が，証明するという生きられた作業（the lived work of proving）の「原因」であることではない．また，証明の説明（アカウント）が「それに関連するすべての探求の原因と源泉」に見えるという単なる回顧的錯覚にすぎないというのでもない．むしろ，生活世界（レーベンスヴェルト）ペアの2つの要素——証明の説明（アカウント）と証明するという生きられた作業——が，その証明をそのように適切に理解するために必要であることを強調しているのだ．そうでなければ，その証明の説明（アカウント）は，多くのことが言える空虚なテキスト上の図形になり，証明において／としてそれがどのようであるのかは回復されなくなってしまう．この証明を表したもの（図7.1）が，定理を証明する作業の「正確な記述（precise description）」となっているやり方を読者が「発見」することは，証明するという生きられた作業（証明の説明（アカウント）の中で提供されたテキスト上の要素を読み，概略し，迷い，論じ，再構成するという実際の過程）を通して達成される．そして，読者はその図形を一連の適切な教示（インストラクション）としてみるために証明を「理解」したり「解釈」しなければならないと述べるだけでは十分ではない．というのは，この例証のポイントは，そのような「理解」や「解釈」が，一連の具現化された数学的作業として含んでいるものはまさに何なのかを特定することであるからだ．
　数学における生活世界（レーベンスヴェルト）ペアは，活動の生きられた作業と文書訳解とが「ペア化された」他のものと類似しているように思われる．しかし，ガーフィンケル

は次のように推察している．「発見可能的にのみ，自然科学の領域でだけ，生活世界・化学，生活世界・物理学，生活世界・分子生物学などが存在する．これは，生活世界・数学として発見された領域が存在するのとちょうど同じである」．さらには，「社会科学では生活世界の領域は例証できない」．また，ゲームの規則，取扱説明書，高速道路の標識，職業倫理を定めた規約，契約などに従って遂行されたさまざまな行為でも例証できない，と[66]．

したがって，役人によるガーフィンケルの叔父との会合の「事例記録」は，反語的にのみ，その記録が導き出された行為過程の「正確な記述」と見なされるだろう．反語的にのみその記録は，繰り返される問合せに耐え，「関連するすべての探求の原因と源泉」としてみられると言えるだろう．この事例記録が，燃料油の増加割当についての叔父の要求を拒否したり，その拒否を正当化したりする記録上の根拠として後に扱われるかもしれない．それだからといって，この記録による叔父の状況の定式化について「さまざまな視点から見ること」（とリヴィングストンが呼んだもの）が不可能になるわけではない．手短に言えば，叔父の要求が文書で拒否されること自体が，関係した役人が独断的に，堅苦しく官僚的に，同情なく権威を押しつけたという苦情の源泉となる．もし数学のある特定の証明文が，数学の指令を施行する「役人」による権力の恣意的な押しつけに支えられたものだと言ったとしたなら，これは数学の証明のことを語る慣例的方法としては，かなり驚くべきものであり，おそらく理解不能なものだろう．

しかし，容易に想像できるように，エスノメソドロジストなら，化学者が実験室のマニュアルにある指示に従ったり，数学者がユークリッド幾何学の定理を証明するやり方に特別な地位を与えたくはないだろう．どうしてそのような行為が，教示に従うもっと「日常的な」行為と本質的に異なっているのだろうか？例えば，地形図に記された陸上ルートに沿って進んだり，料理本にある材料や手順の一覧表に沿って「ボストン風ナス」を準備したりするという「日常的」行為と比べて，である[67]．エスノメソドロジー的無関心は，ブルアの「対称性」公準（"symmetry" postulate）と同様に，数学の証明や実験実践の特別な性質について断定的な前提を持つ事例を有利に扱うことを禁じているように見える．

この視点から見ると，ガーフィンケルによる発見科学と社会科学の対照は，ブリコラージュ的知識（bricolage expertise）とテキスト実践という独特の区別を，よくある境界設定主義者のテーマと並置しているように思われる．

社会科学は話す科学（talking science）である．他ならぬテキストで，社会科学の現象の観察可能性や実践的な客観性が達成される．これは，テキストを読んだり書いたりする技術を通じた文書上の企図において，遵守すべき文書作成を行い，「言葉を弄する」ことによってなされる．……社会科学は発見する科学ではない．「ハード・サイエンス」と異なり，社会科学は自分の扱う現象を「失う」ことはできない．社会科学は，解かれるべき問題として現象探求を行えないし，最終的に現象探求もできず，かくして「時間の無駄」をすることができない．ブリコラージュ的知識が不可欠であることを社会科学が知ることはない．これらのことは社会科学の探求と理論化のローカルな条件では決してない[68]．

ほかのところでガーフィンケルは，これ以外の独特なテーマに言及している．例えば，実験室の実験の「不寛容なまでに厳密な連鎖（シークエンス）」や，科学者と数学者の中では「問題が解決可能である」という事実である[69]．もちろん，これによってガーフィンケルのプログラムは，文字による銘刻の優越性，論争の社会的終結，科学者の実践や議論の融通性について科学知識の社会学における有力な議論と折り合いが悪くなる．社会科学の探求の（単なる？）テキスト上の特徴をガーフィンケルが強調したことは，人文学と自然科学の対照を想定しているように思われる．このような対照は，科学というものを「事実に基づかない」レトリックによる言葉遊びや物語のフレームワークを組み入れた文学的ジャンルとして扱う現代的な論法により批判されてきたことである．さらには，「文書上の企図」へのガーフィンケルの批判は，テキスト性に関して多くの社会学者や歴史家が使っている概念と比べて，かなり狭い概念を含意している．このような社会学者や歴史家は，テキスト的表象の異種混交的な様式を記述するために文学理論の概念を採用している．例えば，標本や計器記録の構成，博物館収蔵品とジオラマの組織化，さまざまな種類の視覚文書の構成などを記述するた

第7章 本質から個性原理へ

めである[70].

　発見科学に関するガーフィンケルの提案は科学的実在論や自然主義への退行的な固執を表現しているように思えるかもしれないが，そのような読解に対しては反論しておきたい．ガーフィンケルは，発見をする可能性や現象を失う可能性などといった可能性を説明するために，独立した自然的世界の「実在」を引き合いに出したのではない．むしろ，科学論文や数学のテキストは，物質的に具現化された生活形式の一部であると主張しているのである．「発見科学のワーク」を還元不能に具現化された達成として扱うことによって，科学実践を観念，公式，方法の規則，文献のネットワーク，理論的・メタ理論的コミットメントの総体へと還元することにガーフィンケルは反対したのである．ガーフィンケルは規則や方程式などの形式主義によるものの役割を否定することなしに，そのような定式化を具現化された実践の中に位置づけることが必要であると論じている．

　社会科学がそれ自体の具現化された実践を持つかもしれないという考えを受容するのをガーフィンケルが厳格に拒否することに対しては，反対したいと思う人もいるかもしれない[71]．しかし，私の理解では，この拒否のポイントは，規則，モデル，テキスト，記号，形式といったものの透明性や文脈独立性や強制力を仮定することを避けることにある．このことによってガーフィンケルは，多くの社会科学者と相争うことになる．そうした社会科学者は，社会的行為の「単にローカルな」理解では「十分」ではなく，特定の行為者の生活世界に備わる限界を超越する社会的な行為システムの表象を考案しなければならないと主張するからである[72]．

　このような社会科学者の指令に対するエスノメソドロジーの無関心には，社会分析者を生活世界の「外部」に，また記号の統合領域の中心に位置づける表象プログラムの妥当性を問題視することによって，社会科学における基礎づけの主張を相対化する効果がある．文字による記号の集合体（アッサンブラージュ）——規範カテゴリーの図式的説明，ハーバマスの類型学，記号論的地図，語りの構造，コード化されたインタビューの集合，一連の同起源ないし相同の概念，「発話交換システム」を定義する一連の規則——が次のような媒体になる．すなわち，それらを通じて分析者は，実際のシステムを表すモデル化された社会秩序の諸要素を

集めるために，多様な能力の風景を自由に渡り歩く，そういった媒体である．

　ガーフィンケルは1回限りの表現から脱ローカル化された記号論的スキーマへ至る分析運動を停止させることにより，エスノメソドロジーという旗の下にあるものの多くを含めて，社会科学におけるほぼすべての既成のプログラムの予備要件を一時停止させる．そして，社会科学は「ブリコラージュ的知識の不可避性を知らない．また，これらのことは社会科学の探求や理論化のローカルな条件では決してない」と述べることにより，社会科学はテキスト的訳解の具現化された産出や相互行為的使用を無視することによって，記号を物神崇拝の対象としているのだとガーフィンケルは示唆しているのである．しかしながら，このことを認めるときでさえ，「自然科学」における生活世界ペア（レーベンスヴェルト）と，自動車整備，料理，茶会，刑事弁論のようなローカルな，具現化された，物質的に状況づけられた実践において「発見可能な」役割を持つ生活世界ペア（レーベンスヴェルト）を区別することにほとんど正当性はないように思える．

　「言語ゲーム」について前に述べたことからすれば，次のように前提することは理に適っているかもしれない．例えば，分子生物学の言語ゲームは，1組の分野特有の技能および／あるいは知識のコーパスによって限定されているのではなく，無限に多様な言説的な具現化された実践で充満しているという前提である．この実践の一部は，エンジンの調整やスフレの調理と同様に，多かれ少なかれ厳密で弁別的で正確であるように思われる．さらに，正確さや厳密な連鎖性（シークエンシャリティ）や多様性に対する許容という基準は，さまざまなそのほかの手作業や文字技術や家事活動の場合とまさに同様に，実験室作業においても「すべての実際的目的に合わせて（for all practical purpoes）」評価される．実験室作業の連鎖（シークエンス）は必ずしも「容赦なく厳密」であるとは限らず，また，科学社会学の多くの研究が例証してきたように，自然科学では長々とした議論をすることなしで必ず争点が「解決される」わけでもないのである（おそらく，数学者も結局「殴り合いを始める」のだ）

　数学と（一部の）自然科学における生活世界ペア（レーベンスヴェルト）のガーフィンケルによる説明を受け入れようと受け入れまいと，次のことは明らかなはずだ．すなわち，ガーフィンケルは「社会学的」興味から数学・自然科学を除外しようとはしないということである．その反対に，ガーフィンケルはこのような「厳密な」実

践を，特に興味深いエスノメソドロジー的現象として同定していたのである．第5章のウィトゲンシュタインによる数列の例を思い起こせば，厳密な実践が「社会的達成」であるということを理解するために，その実践に対して懐疑的な立場をとる必要があるなどと考える必要はないと認識することができる．同様に，そのような理解は，どのようにして実践者のコミュニティのメンバーがその実践の厳密さや確実さへの「信念」を（あたかもそうした「信念」がどういうわけか根拠のないものであるとか，何らかのやり方で恣意的に押しつけられているとかいったものであるかのように）「共有する」ようになるのかについての説明も必要としない．むしろ，ウィトゲンシュタインの例証によって，「厳密さ」や「確実さ」が実践の宇宙――非物質的で解離した思考傾向が除去されている場――において何を意味しうるのかが再特定されるのである．協調された実践（の一部）の厳密さとは，「リアルな」厳密さと対照される，人工的な厳密さではない．ウィトゲンシュタインにとって，それは私たちが持つことのできる唯一の種類の厳密さであるからだ．

　また，ウィトゲンシュタインに従えば，「容赦なく厳密な連鎖（シークエンス）」や「正確な記述」を，自然科学や数学における実践とだけ結びつける必要はない．測定，計算，描写，観察，記述などに結びつくさまざまな言語ゲームは，科学においてと同様に日常生活にも「本拠地（home）」を持っている．もちろん，高度に複雑で「類い稀な」技能や直感は，専門領域において育成される（例えば，分子生物学においては，日々，成分が非常に細かな数量で「手で巧みに扱われる」）．しかし，このことは，自然科学の分野における厳密な生活世界（レーベンスヴェルト）ペアと，社会科学や日常生活で遂行されている柔軟でアドホックな「ドキュメンタリー的方法」の間の絶対的区別を正当化するものではない．「科学」を，実践的理性のもっとも効果的で高潔な特質を意味する類義語として扱う一般傾向は回避したいのである．

　発見科学と他の実践的行為の絶対的区別は是認されないかもしれない．しかし，それでもやはりガーフィンケルとリヴィングストンの研究は，形而上学的実在論や合理主義への傾倒に基づくことなく，構築主義的科学社会学に異議を申し立てるのである．例えば，リヴィングストンは数学的証明の厳密さを説明しようとはしない．彼のテキスト上の例証が成功している限り，その例証は読者をある現象野に位置づける．この現象野においては，一連のテキスト上の方

策によって，その証明行為に関する一義的で相互反映的(リフレクシブ)な証明の説明(アカウント)に対する証拠が提供されるのである．リヴィングストンによる数学を「試す手段」は，その解読にあてはまると彼の言うものを読者が発見するかどうかによって与えられる．つまり，読者による格闘——証明を「得よう」とする格闘とその明確な教えに「抵抗しよう」とする格闘の両方——が，証明の説明(アカウント)が記述する数学という言語ゲームの文法的「内容」になればなるほど，リヴィングストンは成功するのである．さまざまな経路によって，どのように証明の言明が証明の実行に参与しているのかが明確にされるが，こうした「選択」の経路は自由選択の個人的戦略ではないし，「意見」への追従という不承不承の行為でもないということはそれ自体によって示されている．エスノメソドロジストにとって，そのようなゲームは，儀式を行ったり，軍事命令に従ったりすることと同じく社会的なものであるが，その文法は弁別的なものでありそれ自体として研究に価するものである．

4. 原始的な認識トピックの探求へ向かって

ようやく，日常的な実践行為に対するエスノメソドロジーの論法に，科学実践の「内容」への科学知識の社会学の関心を結びつける探究「プログラム」を概略する準備が整った．私の念頭にある探究は，社会的行為の教示(インストラクション)を通した再産出可能性を作り上げている説明可能性(アカウンタビリティ)の原始構造に関わることになる．これが単一の現象だと私は考えていない．現在のエスノメソドロジーや科学社会学の研究から判断すると，技能，目的，道具，テキスト，物質，ルーチン，エージェンシーの様式のさまざまな布置は，広く分散し不連続な実践領域において発見されるようだ．このような探究の出発点が「認識トピック（epistopics）」である．すなわち，科学的推論や実践的推論の議論にしばしば出てくる言説上のテーマ，つまり観察，記述，反復，測定，合理性，表象，説明である．認識トピックは古典的な認識論や方法論の議論にさまざまな焦点を提供するが，同様に，日常的(ヴァナキュラー)な探求とも関連している．ガーフィンケルの言葉で言い換えると，認識トピックは「大学に行って，訓化されて帰ってきた」日常的(ヴァナキュラー)なテーマである．

もちろん，認識論のトピックを（敵意をもって？）継承しようとすることには，何も新しいところはない．科学社会学におけるストロングプログラムは認識論を徹底して「社会学的」に再記述しようと試み，そしてガーフィンケルとサックスは社会科学の哲学における古典的問題を取り上げ，それを日常的な社会的達成として再特定化しようとした．しかし，ここまで議論してきたように，そのように継承する取り組みは，科学の神話的概念の加護を得て何らかの研究プログラムに対する分析基盤を確保しようとしたために自滅してきたのである．科学主義の魅力と陥穽は社会学の伝統的領域だけでなく，エスノメソドロジーや科学知識の社会学においても顕著である．問題は，多くの社会科学者が正当な代替案を見つけることができないということである．

　人間活動の「システム」の包括的説明や，評価と改善に向けられた規範的基礎のあるプログラムについての包括的説明がすぐにでも必要なことを考慮すると，まさに厳密で明確な科学を欠く何ものも望ましいとは思えない．しかし，既存の科学の条件下で研究することと，そのような条件がすでに整っていたならと反実仮想することは別である．そのような条件は無いとみなすのなら，科学が専門化しようと試みる日常的なトピックを検討する価値はあるかもしれないだろう．そのような探究のための精力的な社会科学が可能であるとは必ずしも言えないが，社会科学が日常的な実践的推論を超越しようという試みに「はまる」のはどのようにしてか，そしてそれはなぜかを検討することは実際，可能となるのだ．私の念頭にある研究プログラムは，次のように概略することができる．

1. 認識トピックを1つ以上取り上げることから始める．

　認識トピックは科学史，科学哲学，科学社会学における多くの論文において傑出した位置を占めている．しかし，ここでの目的はガーフィンケルの言う「明快な場面」，つまり，何らかの認識トピックが傑出して日常的な役割を持っているよく知られた言語ゲームを探求することにより，学術文献から脱け出すこととなるだろう．それゆえ，例えば科学哲学における「観察」についての興味深くもあり衒学的でもある議論が数多くある一方で，他の無数の活動においても「観察」は，実践，文書や発話による教示，報告書の中で傑出した位置

を占めており，そうした活動の中には極めて素朴で日常的なものもある．学問的な扱いや論争的位置づけの長い歴史によって，個々の認識トピックの最初の意義が確立される限りにおいて，学術文献はこうした探究を始めるための適切な背景を与えてくれる．ここで概略していくプログラムにとって学術文献を軽視することはできないが（それは，結局，探求の現在の状況を現に与えるものである），学問的な会話というものは古典の解明とは別の手法で続けられるであろう．

2. 原始的事例を探す．

本書においては科学に焦点を合わせてきており，認識トピックが諸科学において役割を果たすことには何の疑問もない．しかしながら忘れるべきでないのは，観察，記述，測定，真理の語り，「容赦なく厳密な手順」の実行に対する独占権を科学者が持つのではないということである．科学と数学は（これらの活動をどう定義しようとも），特定の認識トピックの探究に明確な事例を現に提供するが，だからといって，素粒子物理学者が観察するやり方がすべての観察のパラダイムとなるべきだなどということにはならない[73]．実際，素粒子物理学の実践は，観察の研究を始めるための最良の事例とは言えないだろう．物理学の教育を受けていない人には，素粒子物理学において「観察を行う」ことに含まれる 日常的 な言語や計算法，専門的技能には実際近づき難いだろう．さらには，そのような観察の記述は，科学社会学，科学史，科学哲学の大多数の読者に分かってもらうには，単純化され，誤解を招きやすいやり方で示されねばならないだろう．

ガーフィンケルによる方法の固有の妥当性要請は，ある実践をエスノメソドロジー的に分析できる前に，徹底的にそれに習熟するよう求めていると思われるかもしれない．しかし，ウィトゲンシュタインの言語ゲームの説明によって，それとは異なったイメージが示唆されている．ウィトゲンシュタインによれば，計測，計算，推論，測定，観察，記述，報告，教示の遂行などをどのように行うかを，私たちはある意味ですでに知っている．これは，こうしたテーマに関する私たちの理解について「反省する」努力によって，私たちの能力が検討されるなどということではない．むしろウィトゲンシュタインは，とりわけ，ある特定の言葉や言語活動が目立ったものとなる「原始的言語ゲーム」を考案

することにより，私たちの活動を明快にする方法を編み出している．例えば数
学の探究においてウィトゲンシュタインは，連続する基数を数えるといった単
純な事例をよく使っている．数えることは取るに足らないほど単純かもしれな
いが，それにもかかわらず，真正な (bona fide) 数学的操作である．さらに，そ
れは，「私たちの生活における活動の重要な部分であり，……私たちの生活の中
の極めて多様な操作において日常的に採用されている技術である」．そのような
ものとして，数えることを私たちは「際限もなく練習して，無慈悲な厳格さ
をもって」学ぶ．「その結果，われわれの誰もが，「1つ」のつぎに「2つ」，「2
つ」のつぎに「3つ」云々と発音するのを仮借なく強制される」[74]．ウィトゲン
シュタインは，次のような考察によって，算術の単純な例を使うことの正当性
を与えている．

　私は，1人の哲学者として，数学について語る．というのは，私は，「証明」
「数字」「連続」「順序」などのような，ありきたりの日常言語の言葉から生ま
れる問題を扱っていくだけだからである．
　私たちが日常言語を知っていること——これが，私がこうした問題につい
て語ることができる理由の1つである．私が議論していく問題のすべてが，
もっとも初歩の数学を使って——6歳から15歳までに学ぶ計算において，も
しくは，私たちが簡単に学んだであろうこと，例えば，カントールの証明にお
いて——例示することができる，というのも理由の1つである[75]．

3. 認識トピックをたどり，詳細に実際の事例を探究する．
　ウィトゲンシュタインのアプローチをエスノメソドロジー的に変形させるな
らば，それは「自然に生起する」原始的言語ゲームを探し出し，それが遂行さ
れる様を詳細に探究するというものになる．例えば，「数えること」の実践的組
織化を明らかにするためには，繰り返しルーチンとして起こる，ありふれた，
観察可能で，比較可能な「ゲーム」を探し出すことは価値あることだろう．そ
うした「ゲーム」とは，例えば，子どもに計算の訓練を施すこと，ブラックジャッ
クでカードを数えること，税金のために「収入」を見積もること，政府のサー
ビスを受けたクライエントを数えること，監獄収容者の「点呼」をすること，

である．それぞれの例が浮き彫りにするのは，数えることを算術的操作として考えるときにはすぐには思い浮かんでこない諸々の関連性の組織化である．しかしながら同時に，それぞれの事例の研究は，数えることの持つ意味を間違いなく拡張し，差異化するのである．どの事例も全事例を代表するものにはならないが，認識トピック（この事例では「数えること」）が供給する事例間の「概念的結びつき」は，探究に対する一般的意義を与えている．それぞれの言語ゲームの探究は，数えることについて「何か言う」のである．

4. 固有の妥当性要請に応じてそれぞれの事例を探究する．

　先ほど述べたことを前提にすると，ガーフィンケルの「方法の固有の妥当性要請」は，エスノグラフィー的分析の必要条件として研究対象の領域を学ぶべきだという忠告として理解されるべきでない．これはグランドセオリーや思弁的批判の特権性から離れるように警告するものだが，私の理解するところによると，この要求が関係するのは，ある記述が実践について述べていることの例証をするのに，その実践の現象領域へと読者を入り込ませて理解させる方法なのである．

　例えばリヴィングストンが数学の証明における表記（notation）の役割について述べていることは，証明文や一連の教示（インストラクション）を読者に提供することによって例証される．リヴィングストンの議論は読者の作業と結合している．というのは，証明に従うことの頑強さについて彼が主張することの根拠は，読者が，例えば計算用紙で行う証明という生きられた作業において「発見」されない限り／「発見」されるまでは，彼の議論によっては与えられない．このように理解するなら，「固有の妥当性」は，テキストの記述や例証ではほとんど達成されない（そして，言うまでもないが，本書で達成されるものでもない）[76]．

　それゆえ，観察，測定，説明といった認識トピックにとっての課題とは，読者が観察，測定，説明を行えるように——少なくとも代理的に，他の人の達成が詳細に精緻化されて，それについていけるように——することで，その適切な遂行を検討できるような練習課題を構築することである．例えば，ガーフィンケルと共同研究者がガリレオの斜面実験を再現したのは，ガリレオが行ったに違いないことを再構築するためではなく，実験を行うことの詳細な遂行上の

特性を探究するために，その古典的事例が比較的単純でありよく知られていたことを利用するためだった．実際上,「ガリレオの実験」は「実験観察を行うこと」を探究するための原始的言語ゲームになったのである．

5. エスノメソドロジー的無関心を科学の存在という事実に適用する．

　サックスが「科学が存在する」と述べたとき（第6章参照），その存在に一般化された方法が結びついていると考えていたのは明らかだ．そして，先に本章で示した通り，ガーフィンケルとリヴィングストンは数学と自然科学における生活世界ペア〔レーベンスヴェルト〕に，時として特別な認識論的地位を与えているようにみえる．ここで私が勧めてきたのはエスノメソドロジー的無関心を科学の存在という事実に適用することである．こう言ったからといって，「科学」の存在が現代の生活世界において認識可能な事実であることを疑うというのではない．むしろ，科学者や数学者の活動が認識論的に「特別」であるかどうかについて判断を停止したいのである．科学や数学の実践は，車を修理したり夕食を準備することと同様に，ありふれた技術や慣例を調整して用いているのに加えて，特別な訓練も必要とする．私が勧めているのは，このことを否定することなく，このような稀有で特別な能力によって，本物の観察をしたり疑問の余地のない証明を構築したり発見を成し遂げたりするための固有な一貫性のある一連の方法を弁別できはしないのだと想定することである．この勧めは，ある意味で，ブルアの不偏性の公準の一部分とガーフィンケルによる無関心のポリシーを融合しているが，その結果はブルアの想定したものとは違っている．科学の「相互反映的な〔リフレクシブ〕」エスノメソドロジーは，研究対象の領域とのアナロジーによってその方法を保障しない．エスノメソドロジーは，探究される領域と探究方法の双方の「基礎」を「科学」が提供するという仮定を停止するのである．

　科学に対するエスノメソドロジー的無関心によって，科学や数学を知識社会学の特別なトピックとして扱うための動機が多く取り除かれる．数学の専門家が「証明」を行うやり方によって「証明すること」の研究が明確なものとなるはずだ，と無前提に仮定する理由は何もなくなることが分かるだろう．それは，子どもが初歩的な算数で教示されるやり方や，酒類営業許可のある店の従業員が客に酒をだす時に「年齢証明」が記録されている証拠を判別するやり方が，

「証明すること」が何を意味するのかを説明する助けとなるということ以上のものではない．しかし，多くの古典文献が科学と数学における「ドキュメンタリー的方法」が特別な性質を持っていると証拠だてて述べており，それらの文献のつぶやきが後ろから聞こえることからすれば，「高度な」数学の研究をする意義はある．

　エスノメソドロジー的無関心のポリシーによって数学の真理についての議論を信じなくなることはない．それゆえに，数学における証明の研究によって，数学の「真理」が何を意味するのか再特定化することが常に可能なのである[77]．科学と数学は，時として，観察，測定，発見などを探究するための明快な事例として関連性を持つ．というのも，これら「認識トピック」は，その実践において明確に特徴づけられるからである．物理学者が観察を行うやり方を特別なものとする理由はないが，その実践は，観察という概念の下で同定される異成分からなる実践の研究に対して興味深い方法で示唆を与えることができる[78]．これは，科学内外における他のさまざまな観察のやり方の研究を締め出すものではない．実際，それらの事例もまた必要だと思われる．

6. 「通常科学」の方法論を使用する．

　これはクーンの「通常科学」ではなく，ノーム・チョムスキーが社会学者との議論の中で無造作に言ったことに由来する[79]．チョムスキーは，「主流の」アメリカ報道機関による国際的な事件や紛争の取り扱い方に関して批判的な議論を展開した．その話の中でチョムスキーは国家間の比較や歴史上の比較をいくつも行い，その後，ある社会学者のコメンテーターは，チョムスキーによる説明が比較事例の選択について適切な「方法論的な」基準に従っているかどうか質問をした．これに対してチョムスキーは，社会学や社会学方法論の特別な知識は自分の目的にとって必要ないと主張した．それどころか，ここで議論を展開して詳細を述べるとき自分は「通常科学」を実践していると主張したのである．これについて私は次のように理解した．チョムスキーは「おかしなことは何も」言っていない，つまり，彼の方法は，（異論の余地はあるものの）比較可能な事例を併置したり，証拠や報告を引用したり，共通のテーマを作り出したり，関連する矛盾や傾向に言及したり，共通の直観や判断に訴えたりするとい

第 7 章 本質から個性原理へ 351

うものだった, と[80]．

　この意味での「通常科学」では, 日常的な様式で行われる観察, 記述, 比較, 読解, 質問が利用されており, それを構成する活動は 日常的(ヴァナキュラー) な用語で説明されている．理念化された科学的観察の立場からすれば, これは期待外れの方法論かもしれない．というのは, これでは, 議論の分かれる問題に関する論争を終結させ,「常識の中にある偏見」を覆してくれる規範的判断のための権威ある基礎を与えることはほとんどないからである．この通常科学はネイティブの直観, 日常的(ヴァナキュラー) なカテゴリー, 常識的な判断により徹底的に「汚染された」分析を提案する．しかも, このチョムスキーの場合, それは政治的な論争を形成するための一連の道具を供給する．通常科学は科学的社会学のための基礎づけを何も提供しないが, 私の考えるような探究にはとても役立つものだ．というのも, より「専門的な」アプローチというものは私たちを眩惑し, まずは「自然な」場面で理解されねばならない原始的な認識上の現象から注意をそらしてしまうかもしれないからである．

　私が「通常科学」を推奨するのは常識に訴えるためではなく, 社会科学方法論と結びついた特別な認識論的地位に対する〔エスノメソドロジー的〕無関心を維持するためである．認識トピックは主題を示す対象であるとともに分析「道具」であるため, (先に概略した意味で) 固有に妥当であるためには, どんな分析もある種の「二重の透明性」に従わなければならない．例えば,「対象の様相を記述する, あるいは, それを測定する」という言語ゲームの考察は, 透明性をもって読者に認識できなければならないし, そして, その透明性は主題とならなければならない．説明(アカウント) のこのようなラディカルな相互反映性(リフレクシビティ)は, あらゆる遡及的含意を携えて「自分が観察するのを観察する」という問題ではなく, 検討中の行為の「適切な」再産出を可能にする記述を構成することにより, その行為の透明性をもたらすという問題なのである．

　この二重の透明性を帯びるためには, ある記述が直観的に認識可能な行為を実践的に再産出可能にすると共に, その行為遂行の透明な詳細を表記する指標を提供しなければならない．この二重の透明性は (図 7.1 のように) 単一のテキスト上の対象へ落とし込まれる．しかし, 読む過程で活性化すると, この透明性は独特の「 教　示(インストラクション) として働く」その時々の瞬間の中で成し遂げられる．こ

の原始的自然科学の準拠点は普遍意識でも，分化した専門家共同体でもなく，むしろ，「私たち」がすでに利用可能にしているが，さらなる教示(インストラクション)や解明に適う膨大で多様な能力である．通常科学を推奨することによって，エスノメソドロジーへの「気軽」で「簡単な」アプローチを提唱しているのではない．むしろ，アプリオリで一般的な方法論から，明快な場面と折り合いをつける「固有に妥当な」方法という個別的な要求へと重点を移行したいのである．これは決して軽い要求ではない．

7. 「知見」を古典的な論文に関連づける[81]

　認識トピックは標題（rubric）を集めたものだが，その状況的達成についての個々の「知見」は観察，測定などに関する古典的な認識論や方法論を差異化し，治療するという含意を持つ傾向にある．「差異化する含意」ということによって意味するのは，ウィトゲンシュタインによる「ある証明の再産出をなすために行われていることは，色調や書体を正確に再産出するようなこととはまったく違う[82]」という主張で述べられた新しい発想のことである．第6章で論じたように，行為の教示(インストラクション)を通した再産出可能性は基礎的社会の「分子」として語られるかもしれないが，ウィトゲンシュタインが警告したように，証明文から証明を再産出することは，例えば，台本から演劇を，楽譜からシンフォニーを再産出することと「同じ」ではない．これらの生活世界(レーベンスヴェルト)ペアはそれぞれ「元々の状況（home terrain）」で生み出されているのである．これは，それ自体としてはあまり深遠な教えではないが，ウィトゲンシュタインがこの教えを哲学における長年の困難と批判的に関連づけたやり方においては，深いものとなる．

　同様の教えは，認識論上の問題に興味を持つさまざまな研究領域の人々にも用意されている．観察，表象，社会構造の再産出がさまざまな状況で達成される多くのやり方を一覧表にするだけでも，あらゆる一般理論，方法論，認識論に対する重大な問題を生み出すことができる．そうした一般理論などは，例えば，いわゆる「表象」とは1種類の過程であり，「社会構造の再産出」は特定の学習や内面化の体系に包含されうると想定しているからである．こうした一覧表をつくっても，たいしたものにはならないと思われるかもしれないが，社会理論家がニュートンの末裔ではなく，あの古めかしい土，空気，火，水の4要

第7章 本質から個性原理へ 353

素表に類似するカテゴリー装置を使う宇宙論者であると考えてみれば，もっと見込みがあるように思われるだろう．彼らの課題は，社会学者が探究するどんなトピックであれ，「それはこの4つの中のどれになるのか」を定めることである．理論的なカテゴリーを差異化することを提案することによって私が取り組もうとしているのは，社会的なレベルで「火」に相当するものをより精巧な分類へと分けることではなく，より適切な枠組を探すことである．

　私は認識トピックに対するある種の経験的な探究を勧めてきた．しかし，その効果は，認識論における中心的用語のより適切な定義を導き出すことではなく，認識論の枠組を置き換えることにあるように思える．概略してきたプログラムは，例えば，経験的事例を比較して事例間で共有されるものを示すことによって「表象」や「測定」を定義しようと試みることには適していない．むしろ，一般的なモデルを構築したり，状況を越えて当てはまる規範的基準を展開したりする全ての取組みを覆すことに適しているように思われる．しかし，そのような否定主義がアナーキーな魅力を持つとしても，それでは，認識トピックを特徴づけたやり方に含意されていたものを見失っている．私は認識トピックが「単なる空虚な言葉」だとは言わなかったし，その使用の一般性を否定した訳でもない（もっとも，その妥当な一般的定義を与える可能性に疑問を呈したのだけれども）．

　表象や観察のような用語は，「有益に曖昧」だと言えるかもしれない．共通語の構成要素として，これらは深い誤解と相互の誤解を言いつくろう1つの話し方を可能にしている[83]．それらは学際的な会話の出発点や名目上の縛り，引用した言葉のポイントや堅苦しい逃げ口上を提供する．認識トピックは，一般理論の要素として使われると，その有益な曖昧さは「単なる」曖昧さに退化するという惨事を招くことになる．しかし，科学実践の議論を始めたり終えたりするトピックの場所として用いられると，まさにその曖昧さが不可欠の資源となる．エスノメソドロジーにとって「インデックス性」は認識論上の問題ではまったくないことを思い出すと，科学という諸々の言語ゲームにおける認識トピックのインデックス的役割は曖昧さや決定不能性の源泉以上のものとなる．この役割は「インデックス的表現の合理的な特性」の探究のためのトピックとなる．

　社会科学者が新しいプログラムを発表するときに，しばしば，次のような幻

想を抱かせてしまう．すなわち，いままさに必要とされる経験的研究に着手するために，すべての読者が納得してこれまで行ってきたことを放棄するだろうという幻想である．〔しかし〕エスノメソドロジーにおいてはもっと屈折した見方の方がより賢明である．つまり，このエスノメソドロジー的探究プログラムは，「全ての人には向かない」のである．ハーヴィ・サックスは，大学の講義の初日に現れた学生に対して次のように言って開始したことがあった．このクラスが「自分に向いている」かどうか決める前に，（サックスはテープと機器を与えて）日常会話のビデオを数時間見て過ごしなさい，と．おそらくこれはクラスを受講する学生の数を少なくするための方法だったのだが，サックスの研究プログラムが，生活における事前「準備」によって焦点となる現象に馴染んだ学生にだけ，共感しやすいものだったことを明らかにするものでもある．私の理解では，サックスの研究プログラムはメンバーを集めるためのとても率直な方針だった．しかし，「普遍主義的」科学（または政治学）に傾倒している社会科学者にとって，この方針は失望させるもの，もしくは，それよりも悪いものに違いないだろう．というのは，エスノメソドロジーは社会問題を解決したり，革命的変化を育成したり，常識の誤りを促したり，自伝がいかに歴史と関わっているかについてより一望的な視点を入手したりといったことに対して，ただちに見通しを与えるものではないからである．

　これまで概略してきたプログラムを多くの同行者が取り上げると信じるなら，正気の沙汰ではないだろう．このプログラムは規範的な社会科学を促進したり，科学技術の専制支配への政治的攻撃を組織したり，専門知識で大衆を啓蒙したりといった目的を満たすものではない．このプログラムの何が良くて，誰であれなぜそうすることに興味を持つのだろうか？　この質問に直接的な回答を与えることはできないので，次のように言って唐突に，あるいは軽々しくこの質問を退けたくなる．「ここまで読んできて，まだ分からないんだったら，これ以上何が言えるのだろうか？」もしくは「エスノメソドロジーは，すでにそれに入り込んでいる人のためのものだ」[84]．しかし，これではこの疑問の生まじめさを認識しそこなっているだろう．この疑問に間接的にアプローチする方法としては，認識論の「古典的な」トピックが人間科学における主要テーマかつ方法論的困難として生かされ続け，そして，そのようなものとして無限の議論や

数えきれない技術的改善を受けてきたそのありさまを考察することだろう．

　エスノメソドロジー的アプローチの魅力は，おそらく，ある学徒（もしくは数十年の学問研究の熟達者）が自身の探究の袋小路に陥ってしまったときに，おそらくもっとも明確に認識することができる．例えば，科学の研究者が，その分野の議論が実在論と構築主義の間の終わりなき同種の議論に戻り続けるやり方に嫌気がさしたとき．計量社会学者が技術的な洗練をどんなに積み重ねても測定尺度と社会現象の有効な対応の問題は満足いくようには解決されないだろうと結論づける地点に至ったとき．「ディスコース分析」をする研究者が「記号」と「意味」に関する古典的定義ではテキスト分析を試みる際に実質的な手引きにならないことに不満を覚えるようになったとき．会話分析の支持者がこの分野での最新の知見が，この領域がかつて提起したことと比べると先がないようだと結論づけるとき，である．

　ポスト分析的な科学研究は，人間科学における大学院課程のものと考えるのがもっともよいのかもしれない．それは，かつて学んだことよりも難しい情報や，専門化した情報を伝えるという意味ではなく，それとは違った種類の準備——社会科学や人文学の全課程においてもっとも基礎的で興味深いトピックへの古典的な学問的アプローチに精通しながらも不満を抱いていること——を求めるという意味においてである．私が推奨した種類の研究はこうしたトピックについてのこれまでの議論で生じた問題を解決したり，袋小路を抜け出すことはないだろうが，それらを別の視点から「精査する」1つの方法を間違いなく約束するものである．

結　論

　科学社会学，科学哲学，科学史が進めてきた古典的な科学観に対するラディカルな代替案をエスノメソドロジーと科学社会学は展開し始めたが，それらの可能性は，よくある認識論上の勢力によって妨害されてきた．この2つのプログラムは内部論争，未完成のプログラム，不完全なアイデア，果てしない論争によって入り乱れているため，1冊の本を執筆するだけでは解決は望めない．しかし，問題がどこにあり，それらを明らかにするために何ができるかを指摘することに関して，私はおそらく成功しただろう．幾度となく，これらの研究プログラムは社会学的「分析者」を，見かけ上，研究対象のコミュニティに日常的(ヴァナキュラー)な言語や認識論的立場の外に立たせるような視点を確保しようとしたことにより，そのラディカルな可能性は妨げられてきた．私は，次のようなさまざまな分析的な立場を論じ，批判してきた[1]．

- マンハイムによる普遍的・没評価的・全体的なイデオロギー概念
- ブルアによる説明の再帰的(リフレクシブ)で「科学的」な説明プログラム
- ラトゥールとウールガーによる「部族の用語（terms of tribe）」で汚染されていない分析言語の探求
- 調査の「トピック」と方法論的「リソース」とのプロトエスノメソドロジー的な区別
- 日常的(ヴァナキュラー)な直感と専門的分析との会話分析的な区別
- ガーフィンケルによる，個々の科学分野における「核となる活動（core activities）」を取り戻すための方法として解釈された，固有の妥当性要請

〔上記の〕それぞれの事例で，実践的行為においてメンバーが観察し，記述し，説明し，表現し，あるいは参与する方法に対して独立して接近する分析プログラムを作り出す取り組みがなされた．また，それぞれの事例において，社会科学のモデルや方法が，科学活動と日常活動の「本質的内容」を分析し，説明する方法を示した．これは，実践的活動を次のような分離可能な記号の配列へと変換することによってなされる．すなわち，類似事例の収集および，状況，シミュラークル，地図，事例，公的記録，その他のテキストの記述を合体することができるような記号の配列である．そのような分析プログラムは，エスノメソドロジーからの「最初の教え」（第4章）とここで呼ぶものを考慮すると，問題を含んでいる．この「最初の教え」とは，社会学が研究する実践的行為の領域の「外に」理解可能な理論的立場はありえない，というものである．包括的理論には見かけ上は負い目のない「帰納的」もしくは「経験主義的」社会分析のプログラムさえ，局所的(ローカル)な表現をさまざまに脱文脈化された表象へと再形成する収集事例，公文書，コードを利用してしまっている．

では，代替案は何なのか？科学を崩壊させ常識に貶めるような，無根拠な実践的行為の科学だろうか？文書を媒介することでは救い出せない，生活世界に関するメンバーの「直接的」理解に頼る超帰納的社会学だろうか？社会理論という学問領域の放棄だろうか？ちがう．私が勧めるのは，プログラム上の記憶喪失（amnesis），すなわち社会の一般科学を構築する夢の「忘却」である．その夢の代わりに私は一種の「原始的自然科学」（学問のてらいのない1つの「通常科学」）というものを提案する．この「原始的科学」とは，意図的に「不完全に組み立てられた」方法論を用いておなじみの認識上のテーマを扱う．私はこのようなプログラムを推奨しつつ，科学的な未来の予測をすべて忘れ去るよう助言したい．私の考えている原始的自然科学は，自然科学になるよう定められた自然哲学では決してない．むしろ，次のような可能性を残している．すなわち，観察，記述，説明といった「認識トピック」（認識に関わる共通語における名目上のテーマ）の検討により，人間行動の自然な観察科学がほとんど生み出されないであろうことを確信する可能性である．

この忘却すべきことの中には，社会学が「発展途上科学」であるという考え方もある．すなわち，社会学は，効果的に「産業化」されるにはもう少しの時

間（もしくは，資金や技術の投入）が必要なだけであるという考え方である．この風潮に対して，逆の可能性を考えるべきである．すなわち，社会学が産業化される（つまり，厳密で，多くの資金が投入され，標準化され，蓄積され，公共政策に関連し，階層的に管理される）程度が高まる分だけ，社会学はより退屈で，堅苦しいものになるだろうという可能性である．また，認識論も忘却すべきである．つまり，社会科学の構築の先行条件としての「メタ理論」や「知識の理論」を忘却すべきである．それだけでなく，科学の全ての「内容」を定式化する適切な方法としての「知識」も忘却すべきである．科学研究において「知識」という題目の下で行われる多くのことは，道具を扱う，実験をうまくやっていく，論文や実演で議論を発表するという身体化された実践へと分解することができる．「観察」が，「信頼できるやり方でいくつかの装置に現象を表示」[2]させることとして定式化され，厳密でおそらくより限定された役割を担うのとほとんど同じように，「知識」は，さまざまな実践的活動やテキスト産出へと変換され，より有形に――そして画一的でなく――なるのである．

　多くの読者にとってこの提案は，社会的文化的知識として現在通用しているものに対する強力で進歩的な代替案を提示することにまじめに打ち込んでいる人たちの正当な居場所を残さずに，社会学の住処を焼き払っているように見えるかもしれない．このような結論は，物事をまったく均衡の取れないものにするかもしれない．本書で用いた議論の多くは，長く存在してきたものであり，そうした議論によって分析哲学者や社会科学者が伝統的な論証法や研究法を使い続けることを阻止するには至らなかった．私にとって，非常に多くの社会学者が社会の科学という夢の放棄を受け入れるというのは，非現実的であり，実際，壮大すぎる期待である．さらに，社会学者の調査実践（例えば，インタビュー，統計の使用，公記録の検討，トランスクリプトの分析など）は価値がないと納得してもらおうとも思っていない．

　私は，ここで言ったことからすれば，確固とした認識論の「基礎」の欠如が，理解可能性もしくは実践的有用性の欠如を意味していると論じたいわけではない．社会科学が「実践的なだけ」だとか「読み書き（literary）に関わるだけ」の営為だと言うなら，社会科学は他の何でありうるのか，という疑問が出てくる．同時に，より成功した科学との類似点を取り出すことで社会学の将来を支えよ

うとするのはどうしても気が進まないのだと，私は考え続けている．それゆえ，私が「科学を忘却せよ」と言っているのは次のような意味である．すなわち，ある一般的な認識上のスキームに沿って行動しようとすることを——もしくは，あなたがそのように行動しているのだと他人に納得させようとするのを——忘却せよ，ということである．この助言は，私がここで議論してきた研究プログラムにもっとも有効に適用される．というのは，科学知識の社会学とエスノメソドロジーは，認識上のトピックを明示的に検討しようとしているからである．観察，表象，再現，測定などが「局所的に組織化される」という教えは，社会科学的探求を通して記述され説明される素人や専門家の活動と同様に，その社会科学的探求の目的や方法にも適用されるのである．しかし，この教えは，認識上の活動がいたるところで「問題を含んで」いることを示しているのではなく，どのようにしてこれらの活動がその本来の場において達成されるのか検討するように勧めているのである．

1. ポスト分析的科学研究

　本書は，ほとんどもっぱら論争的でプログラム的なものであるため，読者はこう言いたくなるかもしれない．「どうして，単純に経験的研究をやらないのか？」エスノメソドロジーと科学知識の社会学は，どちらも，高い割合で達成されるプログラムを伴う論争的領域であるし[3]，「認識論的」で「メタ理論的」問題についての果てしない議論にいらだつことも簡単である．理論批判とテキスト批判という学問上の優位な拠点を取りつつ，経験的研究への渇望を「素朴」なものとして退けることはいつでもできるであろう．しかし本書は，ある種の経験的研究が後に続かない限り，不十分で計画途上で，ほとんど約束手形でしかないのだということには同意せざるをえない．今後の仕事において，私はそのような課題を引き受けるつもりであるが，私がここで提起したことのほとんどは既に行われたものである．本書のほとんどの部分で，非常に膨大な研究の中に既にあるイニシアチブを拡張する1つのやり方を提案してきたのである．

　第7章で指摘した通り，私がここで概略したプログラムは，主として否定形のものである．このことを認めた上で私が論じたいことは，そのように否定的

であることは，社会科学の現在の状態に照らし合わせれば，「治療的」さらには「解放的」でさえありうるということだ．社会科学が間違った軌道に乗っていると想定するならば，「正しい軌道」がまだ確認されていないときであっても，否定的であることには意義があるのだ．

　本書において私が批判してきたのは，社会科学者が日常実践や科学実践についての自分たちの考え方を権威づける際に使うさまざまな分析的な指し手である．そして，私は「ポスト分析的」研究プログラムが，おなじみの認識上のテーマをいかにして取り上げるかということを提起してきた．ポストという接頭辞は，現在，人文科学や社会科学においてとてもポピュラーな，ポスト構造主義やポストモダニズムのアプローチとの連帯を示している．「ポストモダンの条件」の研究者によってしばしば行われている壮大な史的「段階」についての大雑把な主張は避けて通りたいのだが，私はある意味でポストが魅力的であることに気づいた．ポストは，その後に続く言葉の反対ではなく，その「後」という時間的な（再）配置を示しているという点でアンチとは異なっている．直接的な抵抗や逆転は，「フリープレイ（無制限の活動）」に置き換えられる．ポストモダン建築は，過去の様式へのアイロニー的連帯を維持しながら，さまざまなやり方でモダニスト・スタイルと自己のスタイルを対抗させて利益を得るのである．

　私はポスト分析的な科学研究を主張することによって分析との縁を切ろうというのではなく，すでに確立した分析法との回顧的な関係を提起しているのである．そのような立場は科学のエスノメソドロジー研究に特有のものであるばかりでなく，科学社会学や科学史の領域に特有のものである．科学研究はその対象と，その対象に伴う一連の確立したトピックを前提にしている[4]．すなわち，理論，観察，記述，再現，測定，実験，合理性，表象，説明というトピックである．社会学的分析と歴史分析自体が規定の対象への関係を必要としており，そして，知ある無知（docta ignorantia）という方針のもとで，分析される「知識」もしくは「信念」は，おなじみのものでありながらも，どこかまだ未知な，または未解明なものであると想定されている．さもないと，分析がその対象と純粋に直示的関係を持ってしまう．つまり「ほらごらん，ここにある！」と．

ベーコン的プログラムにとって，科学的分析は部族コミュニティとその慣例的関係に特有の，不明確で偏見があり利害関心に方向づけられ部分的な知識と対比される．社会学者は，科学者の「部族」それぞれが持つ内生的な「信念」を探求しようとするとき，1つの困難に直面する．というのは，メンバーの日常的 な興味や信念と，社会学者によるその信念の源泉に関する包括的説明
^(ヴァナキュラー)
の間の共約不可能性により，誰が「科学」を代表して語る資格があるかについてのせめぎ合いが起こるからである．科学知識の社会学者は，特定の自然科学の理論や事実の正しさに対して偏りを持たないと明言している．しかし，そうした理論や事実にある，本来は論争的もしくは非決定的特徴が，「ブラック・ボックス」（社会歴史的探求によって再び開けられる一種の集合的無意識）に閉じこめられているという分析上の主張は，こうした理論や事実が，どの「妥当な」代替案よりも優れているから受け入れられたのだという「部族の信念」と直接対立している．

　社会学は弱く未発達の分野（もしくは，悪く言うならば，ジャーゴンに覆い隠された「単なる常識」）であると（多くの社会学者によってすら）広く考えられている．そのため，量子力学や生化学の「内容」についての実践者の説明と社会学者の説明の争いは，関連する自然科学者に有利な「科学的基盤の下で」決着がつくとされる．社会学（や社会史）が「超科学」であり，専門科学者の主張を理解し，より広い説明図式の下に包摂することができると想定するのは論外として，科学的権威を主張することなしに科学活動を探究できる可能性があるかどうか考えるのは適切かもしれない．

　エスノメソドロジーによって模範を示された，ウィトゲンシュタインの哲学探究の「拡張」によって，そのような「脱科学的（ascientific）」アプローチが展開されたのだと本書で主張してきた．ウィトゲンシュタインは，彼自身が言うところによれば，説明的でなく，科学的方法に立脚するのでもなく，日常言語が使用者共同体のメンバーに直感的に熟知されていることに依拠して探究を行った．彼は言語学を提唱したのではなく，共有されている言語の公的使用の中に「推論」がいかに具現化されているのかを例証する1つのやり方を提案した．エスノメソドロジーは，より特殊な環境だけでなく日常的な環境で実際に使われる明快な例を私たちの「メンバーの直感」に供給する手続きを考慮する

ことにより，ウィトゲンシュタインの文法的探究を拡張したのである．

　この探究の手続きの軌道が逸れて会話分析へと向かっていったのは，その領域の提唱者が経験科学を手に入れたと思い込んだときだった．テープに録音された会話の収集事例やトランスクリプトや体系的な精査を，日常活動に埋め込まれた公的理解の相互反映的(リフレクシブ)な解明を助けるものとして扱うのではなく，自分の専門的分析と日常的(ヴァナキュラー)な直感とを比較してしまう著名な会話分析者もいる．問題を取り違えているのだ．その後，会話分析は，新しい社会科学プログラムとして成功するかどうか問われる運命をたどった．そして会話分析のプログラムは，今でも手近な研究事例を提供しているのではあるが，エスノメソドロジーからは分岐し始めている[5]．

　ポスト分析的エスノメソドロジーは，分析への要請と，科学的理論化の態度に対する「無反省的な」メンバーの自然的態度というシュッツ的対照をアイロニー的に認識することから始まった[6]．このアイロニーというのは，前科学的な生活世界における秩序の内生的産出を探求しようとする「ラディカルな」試みが，いかにして，社会科学の特権を主張するもう1つの試みになったのかを認識することを指している．このアイロニーについて語るのは，エスノメソドロジーが人間行動の自然な観察科学を生み出すのに失敗したことを「おもしろがって」承認することである．「人もあろうに，エスノメソドロジストは，なぜそんなことができたと考えたのだろうか．」エスノメソドロジーの拒否や，かつて活発だったラディカルなイニシアチブからの悲観的な分離に向かうどころか，このアイロニーは，あの古いイニシアチブを復活させる慎重な営為を動機づけることができる．これは，「古典的」あるいは「基礎的」なテキストやプログラムへ立ち戻ることを必ずしも意味しない．なぜなら，エスノメソドロジーに一貫した基礎が存在することはありえないからである．むしろ，エスノメソドロジーの問題設定に新しい生命を注入することが必要とされているのだろう．

　本書において私が提案したのは，この新しい生命の注入をエスノメソドロジーと批判的に手直しされた科学知識の社会学を対にすることにより行おうというものである．科学社会学者は，科学主義（あるいは，いくらかの変種においては，記号作用（semiosis）‒形而上学的に膨張した記号）の大量服用により，自らの分析を補強する傾向があった．しかし，その歴史的事例研究とエスノグラフィー

は，科学「者」とその実践に敬意を持って見ることに効果的な異議申し立てをした．そうした見方は，社会科学で推進された〔自然科学への〕寄生的方法論に非常に強い刺激をかつて与えたのだ．認識論という構築物へのさまざまな（しばしば誤った方向へ導かれる）ポストモダンによる攻撃とともに，科学社会学の成功によって，ラディカルなエスノメソドロジーが復活する歴史状況がもたらされている．シュッツとエスノメソドロジーの初期世代は「科学的」言語で研究を正当化することに，ほとんど代替案を持たなかったが，このようなことはもはや必要ないだろう．今や，方法論の基盤を最初に構想することなく，「非科学的 (unscientific)」であるという見下した非難に悩まされることもなく，探究を提案することが可能である．今や，そのような非難が，間違った科学概念に基づいていると言うことが（特定の傾向を持っているかもしれないが）可能だからだ．

2. 秩序だった，日常的なものとしての科学

ポスト分析的エスノメソドロジーは，社会科学と人文科学において終わりのない議論の焦点と急速になっていった他のさまざまなポスト啓蒙的プロジェクトと同様に，科学や科学的合理性の危険から「日常生活」をどの様にして救い出すのかという問題に直面する．先に指摘した通り，ポストという接頭辞は激しい反対ということは指してはいない．しかし，このことは，現代なされている「西洋科学」批判においてあまりにも見逃されてしまっている．〔科学に対する〕従属的 (subjugated) な知識，物語的知識，辺境的な言説，常識的推論，嫌悪された「非合理性」に成り代わって科学に反対することは，1つの統一科学にとっての「時代遅れの」プログラムという枠組の中に問題を位置づけてしまいがちである．

そのような政治的-認識論的な反対は，合理的で一貫したものとして「科学」を扱い，自然と自らの活動に関して実証主義的認識論に支配された考え方を持つ形而上学者として科学者を扱うのである．この図式が消失するのは，実践においてそして本来の場において，技師はブリコルールの一種であり，科学者はエスノメソドロジストであることが提起されるときである．エスノメソドロ

ジーと新しい科学社会学からの指令は以下のようなものである．「科学について語るのをやめよう！　実験室へ行こう——どんな実験室でもいい——しばらくそこをうろついて，会話を聞き，技術者の作業を見て，技術者に自分がしていることを説明してもらい，その人たちのメモを読み，データ検討時に何を話しているか観察し，装置をどう動かしているか見よう．」このような経験によって，次のような疑問が無数に生じるだろう．すなわち，他の学問分野における技術的なルーチンの深遠さにおいて何が行われているかということを社会学者が，説明することはもちろん同定することさえ，どのくらい望めるのだろうか，と．しかし，このような経験は，「ブリコラージュ，日常的ディスコース，状況的行為の他に何か見えますか？」という質問に答えるには十分であろう．科学と技術的理性の亡霊は，多彩な具現化されたルーチン，多様な言語ゲームの中に消失しそうだ．というのも，そのルーチンや言語ゲームのどれ1つとして「科学」特有であるとは言えないだろうから[7]．

　科学や科学について提起された全ての古典的探求に対するエスノメソドロジー的な解消法は，方法論的な誤謬の産物であるとしばしば論じられる．実験室研究が最初に行われたすぐ後に，続けて正反対の提言がなされた．「個々の実験室のプロジェクトにある乱雑で平凡な詳細な事柄からもどってきなさい．テープレコーダーを止めなさい．組織間の結びつき，企業や軍の助成，組織間のネットワーク，脱認識的なコミュニティ，長期間にわたる歴史を見なさい」[8]．

　古い科学社会学で確立されたトピックや課題——参照文献ネットワーク，組織間の結びつき，規範，文化，制度化——は，修正主義形式の分析的再構築によって復活してきた．科学はより広い分析レベルでのみ解決されるのだから，一見したところ混沌とした特定の実験プロジェクトの詳細を検討することによって科学を探求するのは間違いである，と推定されるのだ．科学研究において，「作業中の人々」を緻密に観察することでは，どのようにその作業が「革新」の地位にまで上げられたり，「失敗」の地位へと落とされたり，単に無視されたりしたのかということには到達しえないのだ，というのが当たり前のこととなってきた[9]．「外側」を見ることが必要だ，つまり，実験室の壁を超えて出来事のネットワークをたどって進むことが必要だ，とよく言われる．そのような外側を見るプロジェクトの目的は，歴史的，制度的な状況に依存した「構築」

過程の規模において，どのようにして実験室の混沌が科学の秩序へ翻訳されるか説明することである[10]．

すでに確立している歴史的，制度的分析様式の側に立ち，実験室作業という「散漫」で「無秩序」な実践との直接的なエスノグラフィーによる関わりを避ける．こうしたことの理論的，実際的，専門的な根拠を理解するのは簡単である．多くの社会学者の目的にとっては，ラトゥールの言う「既成科学（ready-made science）」の方法と論理の「純化された」説明と対比させて，実験室とその実践を「散漫」であると定義すれば十分である．

科学的研究におけるこのような散漫さと純化された成果という対照は，科学の社会的構築が，実験室を「超えた」組織のレベルで働いているという考えをうまく支持している．しかし，散漫な実験室作業という特徴づけ自体が数多くの疑問点を投げかける．散漫さには秩序がないのか？[11]「社会的構築」は，自由で，手が込んだ，制約を受けない「創作」や「製作」を意味しているのか？　インデックス的表現，ブリコラージュ的技能，アドホック実践，即興，説得，もっともらしい判断，装置の不器用な修繕などが，組織化された他の実践と同様に科学においても用いられているという例証可能な「事実」がある．その「事実」によって，科学的営為が安定的で再生産可能な事実と高い信頼性のある手続きを生み出すものであると語ることができなくなるだろうか？　絶対的な確実性は科学的手続きや科学的事実を評価するための有意味な基準ではないことが認められると，実際の科学実践がその基準を満たし損ねていると言っても，もはや何も明らかにしたことにはならない．これまで言われてきた基準は科学者がしていることをうまく「拾い」損ねていると言う方がよくわかる．もしあるとするならば，批判の対象は科学に関する神学的教義という衰弱した地平であって，実際の科学実践の合理性，有効性，秩序性，安定性ではない．

実験室研究と科学の新しいヒストリオグラフィーは，科学探求の合理的，自然主義的基盤についての論争を終わらせるどころか，合理性論争の用語を，理性，認知，論理の領域から，実践，記述，器機使用の領域へと移すことを進めてきた．もっとも詳細な実験室研究でさえ，自然科学研究の「内容」の説明はもちろんのこと，その記述すらしたかどうかは疑わしい．そして，そのような

研究が,「実際の」科学実践は自らを「内的に」正当化することができないと,いくらか自信を持って主張できるかどうかも疑わしい.科学知識の「新しい」社会学の批判者は,懐疑論が提起した理論負荷性や決定不全性の問題への実践的解決の重要性と同様に,科学的発見の決定において「自然」と「認知」が果たす役割にも賛成する議論を行っている[12].こうした提言は時として哲学的相対主義に反対する古い議論の方向性の焼き直しになり,概して科学社会学の研究の多様性や特殊性を簡単に片づけてしまう.しかし,この論者たちは,実際の実験室実践の「散漫さ」について行われた主張についてはいくつかの重大な疑問を確かに投げかけている.

「実際の」実践が意味するであろうことはいつも明白だとは限らない.しかし,実験室研究でのこの用語の使われ方から明らかなことは,「実際の」科学実践が,事後的な説明とは逆に,有形で具現化されたリアルタイムの達成だということである.この特徴づけにはある種の素朴さがある.というのは,社会学者が「実際の」科学実践を記述すればいつでも事後的な説明を構成することになることや,事後的な説明もまた,その科学実践の「有形の実体的現れ」の具体的特徴に含まれることが無視されている.しかしながら,科学研究の調査に参加してきた者は,「実際の」科学実践が行われる場所を見つけだすためにはほとんど苦労することはなかった.そのような場所は,装置や標本が明らかに存在する具現化された実践であふれている.そこは,科学プロジェクトのリアルタイムの構成要素として,話したり書いたり読んだりということがなされるところなのである.次のような疑問が残る.科学実践の生活世界は,本来,混沌として無秩序なのだろうか?

科学的作業がなされる場を実践上・認識上の泥沼と特徴づけることは,実験室を「超える」説明要素を探すことによって科学的事実や科学的記述の「明らかな」秩序を説明しようとするプログラムに極めて好都合である.しかし,もし,実験室研究の経験的知見がそれ自体,乱雑で一貫性がなくほとんど計画途上のものであると批判されるなら,「広大な科学技術領域」というより野心的なモデルの中にこうした知見を包摂することは時期尚早に思えるかもしれない.そのような批判をうまく収めるまでは,科学社会学は,科学的な観察,記述,説明などのそれまでの解釈を批判しているけれども,自らの観察,記述,説明

のための科学的権威を確保することはできていないと結論づけることが常にできるのである．

　私は，科学社会学がその探求領域を限定し，その方法に権威を与える科学像と自然像へと後退することを勧めているのではなく，ウィトゲンシュタインとエスノメソドロジーが，実在論-構築主義論争の二律背反を無効にする新しい道を提供していると論じてきた．第5章で述べた通り，エスノメソドロジストは「インデックス的表現とインデックス的行為の合理的な特性」を探究する．これが含意することは，実験室における実際の行動の局所的(ローカル)に組織化され相互反映的(リフレクシブ)な詳細が，そこから秩序が構築されるカオスではまったくなく，秩序だったものであり，そしてそのように記述可能だということである．

　局所的(ローカル)な行為が散漫で無秩序なものであるという説明を受け入れることへの抵抗は，ハーヴィ・サックスの初期の論文で説明されている．その論文でサックスは，社会科学で普及した考え方である，最初に適切な変数を分離し変化の外的源泉を統制することなしに，「自然に生起する」人間行動を研究するのは意味がないという考え方に対して異論を唱えた[13]．サックスがこれに代わり論じたのは，個々の会話が「微細に秩序づけられている」ことであり，そのような秩序を相互行為の時間的産出における「全ての時点で」発見できることであった．そして，もっとも重要なこととして，個々の行為の理解可能性は，社会的に組織化されたものとして行為の産出にとって内生的であるということを論じた．したがって，実験室における（もしくは，理解可能などんな場でも）専門的な行為の説明を，そうした場での作業のせいで原初的混沌が秩序へと変容するのだと主張することから始めるのは無意味だろう．サックスとエスノメソドロジーにとって，人間行動のどんな観察や記述も，その行動がそこでなされるような緻密に秩序づけられた行為の布置と結びついている．そして,個々の「ゲームの指し手」——それを通して「行為」や「文脈」が相互反映的に独自性を獲得する——の説明可能性からの出口はないのである．

　私は知識社会学の直面するいくつかの袋小路から脱出する方法としてエスノメソドロジーを提唱してきた．しかし，認識論に関わる現象に対する特権的分析を生み出すことができる発生期の科学プログラムとしてはエスノメソドロジーを薦めないように注意してきた．1つの社会科学を構築せよという圧力は

巨大なものになりうる．よって，新しい研究プログラムの熱狂者が自分の研究を権威づけ，正当化するために，抽象化された科学に依拠したくなる理由も理解することはできる．科学的社会学の監視人は，異端者の動向を「非科学的」であるとしていつでも非難できる状態にあるということはしばしば見られる．この非難に対応するために，科学的方法という権威に訴える傾向があるのは避けがたい．しかしながら本書では，科学と科学的方法を社会科学の研究プログラムの想定上の「基盤」とする一般的な定義を採用することを保留するよう薦めてきた．これは――方法論的な基礎づけがなく，科学的権威に訴えない研究であるから――絶望的に「弱い」立場だと初めは思えるかもしれない．しかし，私が論じたいのは，すべての社会科学，人文学領域で起こっている統一科学の考え方への疑問に照らし合わせれば，このことこそがまさに必要とされているのである．

【注】

序

1) この用語は，ガーフィンケル（1991）からとったものである．私の理解を手短に言えば，これらのトピックの「再特定化」とは，用語の意味を再定義することではない．むしろ，「秩序」「論理」「意味」などが，ローカルで実践的に関連あるものとなるさまざまな活動を探究するやり方のことである．
2) ある時期，科学社会学者がネットワーク分析という社会計量学の方法の開発を押し進めたことがあった．ニコラス・ミュリンズ，ダイアナ・クラーン，デレック・ド・ソラプライスなどといった社会学者は，さまざまな科学分野における「見えない大学」の計量書誌学的マップを開発した．それは，研究論文間の引用のパターンを系統的に示すことによってなされた．例えば，Elkana, Lederberg, Merton, Thackray and Zuckerman eds. (1978).
3) Harding (1987), Haraway (1988), Keller (1984), Wylie (forthcoming [1996]), Beldecos, Bailey, Gilbert, Hicks, Kenschaft, Niemczyk, Rosenberg, Schaertel and Wedel (1988).
4) 私が通分野的な批判的ディスコースと呼んだものは，「左派」の立場と一般にはみなされている．というのも，それは現在の政治や文化の見解に対する批判と極めて両立可能であるように見えるからである．しかし，それに近いかどうか自体も議論の的となっており，反基礎づけ主義の提案者には，「ラディカルな」認識論と「ラディカルな」政治が同じ土壌にあるとするのは誤解であると論じている者もいる．Fish (1989: 350) を参照．
5) Fish (1989: 5).
6) 例えば次を参照．Hacking (1983), Laudan (1977).
7) Churchland (1979) を参照．
8) McCarthy (1990: 359). 引用は Rorty (1979: 174) より．
9) 例えば，ハイデガーの論文「技術に関する疑問」(1977: 3-35). ハイデガーは明晰な概念的な提起も行っているが，彼の宣言は，より弁別的な検討を科学技術史に求めるほどの抽象的高みから発せられている．もう1つの著名な例はあの評判の良い，ポストモダンの条件についてのリオタールの「レポート」である．リオタール（1984）は科学の社会的研究における文献について実際述べているが，その主張は非常に大雑把で具体性の無いものである．
10) この件に関する私の主張は，ガーフィンケルの『青本』と非公式に呼ばれている次の未刊行の資料から導かれている．Garfinkel, Livingston, Lynch, Macbeth and Robillard (1989). 『青本』の議論がいくつか含まれる既発表論文としては，次のものがある．Garfinkel (1991), Garfinkel and Wieder (1992).

第1章

1) これらの論点は次の文献で詳しく扱われている．Button ed. (1991).
2) エスノメソドロジー的無関心の方針に

ついては，次の文献で論じられている．Garfinkel and Sacks（[1970] 1986）．また次の文献も参照のこと．Jules-Rosette（1985: 35-39）．第4章ではエスノメソドロジー的無関心について詳述する．
3) Garfinkel（1967: 48-49）．
4) 私は分かりやすさのために，あたかもすべてのエスノメソドロジストが周りの同僚に対して同様の（極端な）態度を取っているかのようなストーリーを示している．実際には，エスノメソドロジストを自認する者は，それぞれの学問領域の状況にみあった多様な居場所を見つけ出してきた．こうしたことは，精神病院の収容者がその施設や職員に対してとるさまざまな「スタンス」に喩えることができる．すなわち，状況に明らさまに反発したり，状況と折り合いをつけたり，状況をうまく利用することである．これについてはゴフマン（1961）を参照のこと．
5) このアプローチはパーソンズの社会行為論と社会システム論に由来する．パーソンズの「構造機能主義」プログラムの優勢は1960年代後半に衰えはじめ，多くの今日の社会学者は，それを機能停止したとしてみている．しかしながら，パーソンズによる科学の構想と社会秩序への基本的な方向性は，概念用語の解説書の中や現代社会学の教科書において理論と方法が扱われる際にはかなりのところ生き残っているのである．
6) Hill and Crittenden（1968: 6-7）．この抜粋は以下の文献にも再録されている．Garfinkel（1974）．また，次の文献を参照のこと．Heritage（1984: 35）．
7) エスノサイエンスは，ネイティブによる分類法へのデュルケームとモースの関心をいくらか保持し続けている．Durkheim and Mauss（1915）．レヴィ＝ストロースは，「具体の科学」に関するより一般的な議論でエスノサイエンスの調査を引き合いに出している．『野生の思考』（Levi-Strauss: 1976）の第1章．後にこうしたアプローチのいくつかは認知人類学へと統合された．以下の文献を参照．Frake（1961），Conklin（1955），Sturtevant（1966），Tyler ed.（1969）．
8) エスノメソドロジーとエスノサイエンスの相違については，パーデュー大学のシンポジウムでのハーヴィ・サックスの見解も参照のこと（Hill and Crittenden eds. 1968: 12-13）．
9) ガーフィンケルが展開したものは「認識社会学（epistemic sociology）」として記述できる．Coulter（1989: 9以降）参照．「認識的社会学」は陪審員のワークを主知主義的に扱いすぎる危険がある．しかし，実際，ガーフィンケルの展開をそのように捉えるとわかってくるのは，ガーフィンケルが認識論の中心的トピックをありふれた言説的，実践的活動と同定することによって，再特定化していることである．このテーマはガーフィンケルと学生たちによる科学のワーク研究で取り上げられている（第7章を参照のこと）．
10) いくつかの点で，民族音楽学はエスノメソドロジーにより近いかもしれない．なぜなら，近代音楽のどのジャンルもネイティブの音楽実践に対する物差しを提供してはいないからである．
11) 『アルフレッド・シュッツ著作集』（Schutz 1962, 1964）を参照．現象学とガーフィンケルの関係については，第4章でより詳細に説明する．
12) Harold Garfinkel, Michael Lynch, and

Eric Livingston (1981: 133) から引用.
13) Robert Bales (1951).
14) Kalberg (1980) を参照.
15) Weber (1978b: 9) より引用. 以下の文献も参照のこと. Weber (1978a: 6), Habermas (1981: 102-3).
16) これらの複雑さは, 次の文献を読めば理解できる. Keegan (1976).
17) Edwards (1990).
18) 『社会的行為の構造』(Parsons 1937) 参照. パーソンズの行為理論と, その現象学的批判についての有益な検討は, Heritage (1984: 7-36) で示されている.
19) Garfinkel (1952).
20) 行為と推論についての「人＝科学者」モデルの実例は, 次の論文集の中にある心理学・認知科学研究のいくつかで示されている. Hilton ed. (1988).
21) Garfinkel (1952). パーソンズはガーフィンケルの博士論文の指導教授であり, この博士論文では主にシュッツの著作から引き出した現象学的な洞察を導入して, パーソンズの行為理論を発展させようとしていた. ハーバード時代に, ガーフィンケルはアーロン・ギュルヴィッチから現象学の教えを受けており, また, フッサールの原著もいくつか読んでいる. この時点でガーフィンケルはパーソンズのプログラムと決定的に袂を分かっていたわけではなく, 『エスノメソドロジー研究』を刊行してはじめて決別したのだとしてもよい. しかしながら, パーソンズ流のシステムに対してガーフィンケルが「根強い不安」を抱いていた証拠は, 博士論文や 1950 年代後半から 60 年代初頭に回覧されたパーソンズとシュッツの理論的立場を比較するいくつかの未公刊論文から明らかである.

22) 次の文献では, 1950 年代から 1960 年代になされた初期セミナーの様子が, エスノメソドロジーの歴史についてのかなり奇妙な解説の中にいくつか出てくる. Flynn (1991: 33 以降).
23) ガーフィンケルの初期の論文には, Garfinkel (1959), Garfinkel (1960b), Garfinkel (1964) が含まれている. 後の 2 つの論文は『エスノメソドロジー研究』(Garfinkel 1967) に再録された. 最初の論文の出典を見れば分かるように, 1950 年代後半にガーフィンケルは, いくつかの学会で論文の草稿を発表している. その少し前, 「エスノメソドロジー」という言葉を使っていない論文を (今にして思えばもっともだが) 発表している. Garfinkel (1956) を参照.
24) Harvey ed. (1963) 所収.
25) 『社会学の方法と測定』(Cicourel 1964).
26) 『社会学の方法と測定』(Cicourel 1964: iv-v).
27) 後の研究でシクレルは次第に認知科学について言及するようになり, 自分のアプローチを「認知社会学」と呼ぶようになった. Cicourel (1973) を参照.
28) こうした前科学的な手続きについて, 社会心理学の研究者は実際に検討していたといえるかもしれない. 例えば, Asch (1952). しかし, そうした実験研究は, しばしば洞察に満ちたものではあっても, 実験者の科学知識と被験者の知覚・認知とを対比させて, 両者の非対称性を解明しようとしている. この点で, こうした研究とエスノメソドロジーが異なっているのは, 常識的な知識にアイロニックにならない関心があるからであり, とくに常識的知識の手続きに力点を置くからである.

29) Garfinkel (1967: 262-83). 元々この章は，次の雑誌に掲載されたものである. Behavioral Science 5 (1960): 72-83.
30) 次の文献を参照. Schutz (1943[1964]), Kaufmann (1941).
31) 例えば，『エスノメソドロジー研究』の第6章と第7章を比べてみよ. 第6章 (186-207) は，その種の研究による介入に対して暗黙のうちに組織化された対応がなされているという鋭い説明である. 第7章 (208-261) は，医療活動の研究から生じてくるいくつかの手続きや問題についての検討である.
32) 1970年代と80年代初期に，ガーフィンケルは学生との未公刊論文や草稿の多彩な蓄積を「自然に組織される日常的活動の研究へのマニュアル (A Manual for the Study of Naturally Organized Ordinary Activities)」と呼んでいた.
33) 最近の例では，次の文献を参照. Bloor (1991). ブルアはガーフィンケルのテキスト (『エスノメソドロジー研究』) を2つの根本的な「教義」に翻訳し，この2つが矛盾していると強弁している.
34) こうした「知識共同体」像の示唆に富んだ労作には次のものがある. Galison (1989). これは，学術的なコミュニケーションが相互誤解の領域を体系的に創造することを通していかに維持されうるのかという現象を一般的に検討したものである.
35) このリストはガーフィンケルが『エスノメソドロジー研究』や最近の講義，講演で，エスノメソドロジーの方針についてさまざまな仕方で語った内容を抽出し，単純化し，頭韻を踏んで表現したものである.
36) 「指向した (oriented)」または「指向性」が正確なところ何を意味するかについては，容易に誤解されるし，さまざまな専門的記述に影響を受けている. この問題についてはさらに第6章で論じるが，さしあたりは「指向」といっても，心理学の気質や意図を意味するのではなく，2人称や3人称を用いて記述される身体的，言語的表示であるといっておけば十分であろう.
37) Sudnow (1972).
38) 私が言おうとしているのは，秩序だった社会的行為で「日を昇らせる」ことができるということではない (この表現を天動説から最大限そのまま援用したということはさておいて). むしろ，例えば，仕事のスケジュールや儀式は，日の出が予期できることの意義，日の出の各局面ごとの構造，陽が昇っていく経路上の位置などを活動の秩序の中でその文脈に応じて特定することができる，ということを言いたいのである.
39) サックスの初期の論文を参照. Sacks (1963).
40) これらの事例も，これらの事例によって説明可能性にかかわる論点を解明するやり方も，『エスノメソドロジー研究』が刊行された後のガーフィンケルの講義や未刊行の論文から得たものである.
41) こうした常識についての見解がどれほど遍在的で訴求力があるのかを理解するには，人気のある社会学入門書である次の文献をみればよい. Robertson (1983). 著者ロバートソンは序章で正誤二択問題を出して，読み手である学生に社会学の価値を納得させようと試みている. こうした問いは「常識」の偏見を喚起するために書かれており，社会福祉を受けている人々のカテゴリー，殺人犯の統計上の

男女比そのほか，一般的意見と政治的判断についての事柄があげられている．そして，常識的見解の一つ一つが社会学の調査（あるいは，多くの場合，政府の統計報告）から得られた「科学的」知識と対比される．このロバートソンの教科書の改訂版に出版社が付した広告では，こうした質問項目が15から20に増えたことが強調されている．

42) Garfinkel and Sacks (1970). この論文が共著であることから分かるように，インデックス的表現についてのガーフィンケルの説明は，ハーヴィ・サックスの研究との共同作業において発展した．サックスは，エスノメソドロジーに啓発されて，録音された会話の研究を行った．その多くの講義録でサックスが例示し，詳述しているのは，インデックス的表現という現象である．特に1967年2月16日付けの講義を参照．"Omnirelevant devices; settinged activities; indicator terms," (Sacks 1992: 515-22). サックスによる会話分析のプログラムについては第6章で論じる．ガーフィンケルとサックスの論文の議論についての興味深い分析がフィルマーによってなされている．Filmer (1976).

43) Bar-Hillel (1954). あまり知られていないが，ガーフィンケルの「インデックス性」への関心はカルヴィン・ムーアの「ザト・コーディング（zatocoding）」システムにふれたことにも由来している．これはボストンのケンブリッジ周辺にある小さなエンジニアリング会社の図書室の書誌情報をカタログ化するために使われたシステムである（Mooers: 1956）．ガーフィンケルが興味を抱いたのは，どうすれば，ムーアのカタログを使って「文脈と実践的行為という大きなトピック」に実践的解決策が与えらるのかということであった．このときムーアのカタログでは，インデックス上の手がかりとなる項目を指定してやると，機械装置を用いることで目下のエンジニアリング・プロジェクトと関連のある資料の束をカードカタログから取り出せるようになっていた．利用する「インデックス」項目を変えながら，資料の際限ない組み合わせを組織できたのである（ガーフィンケルとの個人的談話から）．以下の文献も参照．Garfinkel et al. (1989: 138, n. 23).

44) Garfinkel and Sacks (1970: 347-8). この論文は，古代の研究例として紀元前約300年の断片である･ディッソイ・ロゴイ･（両論）をとり上げており，「私は新入りです」という表現の真理性が話し手と話された機会に応じて変化することを観察している，と指摘している．ガーフィンケルとサックスはインデックス的表現（または，「指示詞」，「直示」，「機会的表現」といったさまざまな類似表現）をトピックとした多くの論理学者と哲学者を列挙している．これらの哲学者にはフッサール，ラッセル，グッドマン，ウィトゲンシュタインが含まれている．より詳細な議論としては以下の文献を参照．Coulter (1991a: 20-49), Heritage (1984: 142).

45) このような場に固有の言語（ヴァナキュラー）の特徴は，自然言語を構築する取り組みを妨げるため，人間の不完全性に由来する「欠陥」としばしば見られていた．こうした限界を乗り超える表記システムを発明するという論理学者の課題は，世俗的な人間存在の地平を超えて合理性のより完全な状態へと昇りつめることに喩えられていた．

ニッツの目標を達成しようとするラッセルのプロジェクトを，ガーフィンケルとサックスがどのようにして批判的に変形したのかについては，Coulter (1991a) 「論理：エスノメソドロジーと言語の論理」を参照.

54) Garfinkel and Sacks (1970: 339).
55) Garfinkel (1967: 6).
56) 数学的な「厳密さ」についての具体的な扱いとして，以下の文献を参照. Livingston (1986).
57) 第6章では会話分析とエスノメソドロジーの相違点について詳しく述べる.
58) シェグロフの次の文献を参照. Schegloff (1989b: 185-209). サックスとシェグロフはカリフォルニア大学バークレー校でゴフマンのもとで研究していたにもかかわらず，シェグロフはゴフマンのサックスへの影響を過小評価している. またシェグロフは別の論文で，ゴフマンは，サックスと共同研究者の会話分析研究を用いたが，当の研究を適切に評価することも，研究の発展に寄与することもなかったと主張している. 以下の文献を参照. Schegloff (1988a).
59) サックス，シェグロフ，サドナウは1960年代初期から中期において，カリフォルニア大学バークレー校の大学院生であった. ゲイル・ジェファーソンはロスアンジェルス校とアーヴィン校におけるサックスの最初の学生の一人であり，サックスのもっとも重要なプロジェクトのいくつかを共同で行っている.
60) Garfinkel and Sacks (1970).
61) Coser (1975).
62) コーザーの指摘はC・ライト・ミルズによる「抽象化された経験主義」への攻撃という考えを，説得力がないにせよ借用していた.『社会学的創造力』第3章参照 (Mills 1959: 50-75).
63) Gellner (1975). ゲルナーはエスノメソドロジーの研究大会に参加した自身の経験に基づいて，以下のように述べている.「エスノ・チックの連中は，これまで私が観察してきた他のいかなる運動のチック——普通の人類学チック，社会学チック，もしくは（おぞましい思想の）哲学チックは言うまでもなく，奇抜な左翼チックですら——を量質ともに遙かに凌駕していること著しいし，それが重大なことだと私は考える」. この正確で厳密な観察は，次に示す不満と同ページに記してある.「率直に言おう. 彼らはきちんと書かないし，彼らの文体上の失敗はまさにその特徴——不用意な新語採用，説明上の正確さや厳密さへの向こう見ずな無関心，既に誰かが言ったことを精錬するよりもむしろ，人よりたくさんしゃべろうとしたり，同じことを繰り返すことに熱心であること等々——から生じている」(Gellner 1975: 435).
64) Gellner (1975: 432).
65) Gellner (1975: 433)
66) ガーフィンケルは，『エスノメソドロジー研究』(1967: 68) において，「文化的判断力喪失者」を次のように定義している.「『社会学者が設定した社会の中に住む人間』のことであり，この人間たちは，共通の文化によりあらかじめ設定された正統的行為の中からだけしか選択できず，そうすることで社会をいかにも安定したものにしているのである」.
67) 以下の文献を参照. Sharrock and Anderson (1985).
68) コーザーに対するエスノメソドロジストの応答が出版されたが，あまりにも礼

儀正しいものだった．Zimmerman (1976), Mehan and Wood (1976).
69) 社会学の議論から次のような印象を抱く人もいるだろう．つまり，理解可能な仕方で対象を記述することと，記述された対象とは当の記述がその対象について述べるものに「他ならない」と主張することの間に何ら区別がないのではないか，と．
70) Sacks (1963: 12-13).
71) デイヴィッド・ボーゲンは，社会的「世界」を惑星のようなものに例えるのは奇妙な文法使用であると述べている．Bogen (1990), Pollner (1987).
72) 例えば，次の文献を参照．Giddens (1978: 33-44), Habermas (1984: 102-141), Bourdieu (1977: 1-29).
73) この優れた事例としてシェグロフの次の文献をあげておく．Schegloff (1987).
74) Bourdieu (1977: 46)
75) 会話分析研究のそうした使用に対する内在的批判としてはシェグロフ (1987) を参照．
76) Habermas (1984: 106). 強調は原著による．
77) Habermas (1984: 128-9).
78) Habermas (1984: 130).
79) Habermas (1984).
80) ボーゲン (1989) がハバーマスの理論に対するより広範な批判を行っている．
81) 予想がつくように，これについては意見の相違がある．例えば，以下の文献を参照．McHoul (1988), Lynch and Bogen (1990), McHoul (1990), Jayyusi (1991).
82) Atkinson (1988).
83) 「神話」ということで言いたいのは，私たちが思想・精神・意図などについて語るべきことがないということではなく，こうした事柄をわれわれが学問として説明すると不適切な像を前提にしてしまいがちであるということである．「もちろん，神話はおとぎ話ではない．神話とは，あるカテゴリーに属する諸事実を別のカテゴリーに適した表現の中で表したものである．したがって，神話を論破することはその諸事実を否定することではなく，それらを再配置させることである」(Ryle 1949: 8)
84) Pollner (1991: 370-380).
85) Pollner (1991: 372).
86) ポルナーが推奨しているのは，一種の「再帰的な」指向であり，それは，スティーヴ・ウールガー，マイケル・マルケイ，マルコム・アシュモアなどが「新たな著述形式」を考案することによって探求するものである．この形式は，語りのルポルタージュの限界を突破し，そこに注意を向けるというものである．(Pollner 1991: 374, n. 3). 以下の文献を参照．Woolgar ed. (1988).
87) 以下の文献を参照．Czyzewski (1994).
88) 「再帰性（リフレクシヴィティ）」とは方法論的プログラムの1つであり，文化に特有の実践や指向性を取り戻すために，自らの分析を説明可能な出来事や場面の中に状況づけるものだとすれば，誰でも多少なりとも再帰性を手にすることができる．しかしながら，そうした再帰性は，解釈者による自己反省の深さや明確さの問題ではない．というのも，それは，観察やデータ，知見からなる調査者の当初の構想を修正して，異文化のやり方の体系的特徴と合体させるやり方だからである．以下の文献を参照．Jules-Rosette (1978).

89) Pollner (1991: 374).
90) ポルナーのアプローチへのより包括的で批判的な説明は, 以下の文献を参照. Bogen (1990).
91) そのような説明への批判としては以下の文献を参照. Button and Sharrock (1993), Bogen and Lynch (1993).
92) Button and Sharrock (1993: 12).

第2章
1)「取引地帯」という比喩は, ピーター・ギャリソンの発表 (1989) から取っている.「周縁」や「地帯」のような領域に関わる比喩は, 明確なコミュニケーション・チャンネルで結ばれた2つの島の共同体のような, 別々のものが結びつけられる領域と誤解されるかもしれない. この場合, より正確には, 1つの都市において隣接する地域同士というものになるだろう. そこではその境界が絶望的なほど勝手に区割りされるのだ. それでも, いわゆる境界というものは, 隣接する地域のさまざまなギャングや党派の間で燃え上がる争いにとっては, かなり適切〔な比喩〕である.
2) 例えば, 以下のものを参照. Barnes (1974; 1977), Bloor ([1976] 1991a), Mulkay (1979), Collins (1975), Shapin (1982), Knorr-Centina and Mulkay (1983), Latour (1987), Woolgar (1988).
3) Bloor ([1976]1991a: 1).
4) また,『科学革命の構造』(Kuhn ([1962] 1970) の補遺を参照.
5) ルドウィック・フレックによる『科学的事実の起源と発展』(1979) は, ワッセルマンテストの発展に対する「内部者の」説明を与えている. 同書は元々1935年に出版され, トーマス・クーンの『科学革命の構造』や近年の科学知識の社会学の展開にとって重要な先駆けと見なされることもある. フレックの仕事は1979年の再版までは, 科学社会学の共同体において流通しなかった. この他にもクーンの先駆者を何人かあげられるだろう. その中でも軽んずべきでないのはウィトゲンシュタインであろう.
6)『科学革命の構造』1970年版の「補遺」で, クーンはニコラス・ミュリンズ, ダイアナ・クレーン, ウォレン・ハグストローム, デレック・ド・ソーラ・プライス, ドナルド・ド・ビーバーによる「見えない大学」の量的研究を多く引用している. こうした研究は, 引用ネットワークを用いたり, それと関連して, 文献を指標として用いることによって, 科学者共同体の「見取り図を描く」アプローチの典型である. 主として, このネットワークと指標は, 研究されている学問分野の「内容」に対していかなる言及もすることはない. 科学知識の社会学の観点からクーンの研究を解説したものとしては, Barnes (1982) を参照.
7) Winch (1970) を参照.
8) Berger and Luckman (1966).
9) 2つの重要なテキストは次のものである. Garfinkel (1967), Cicourel (1964).
10) 次を参照. Merton (1942), Merton (1973: 7-40) "A paradigm for the sociology of knowledge". マートンはパラダイムという用語をクーンの意味では使わなかった. マートンにとってパラダイムとは, 社会学者が従うべき一般原則あるいは一般モデルを意味していた.
11) Merton ([1949]1968: 第2章, 第3章) を参照. ここで, より古い機能主義のプログラムの修正と「中範囲」の理論のプ

ログラム，そして「顕在的」機能と「潜在的」機能の区別がなされている．
12) マートンのプログラムへの比較的早い時期の批判の中には，以下のものがある．Mulkay (1969; 1976), Barnes and Dolby (1970), Mitroff (1974). 最後のミトロフの文献はアメリカ人の著者によるものであり，この研究は英米の対立にとって初期の例外であった．クーンは論文集 (1977) の序文において，イギリスの批判者に対してマートンを擁護している．
13) Mannheim (1936). マンハイムのアプローチの批判的な修正は Bloor (1973) によって提示されている．
14) 次のものを参照．ロバート・マートン「カール・マンハイムと知識社会学」([1949]1968: 第15章) と「知識社会学のパラダイム」([1973]1978: 7-40).
15) マンハイムの同時代者，マックス・シェーラーはマンハイムより先に知識社会学 (Wissensoziologie) に対するアプローチを展開した．シェーラーはマルクス主義のイデオロギー分析を，社会的条件が「相対的に自然な世界観」を生み出す過程を説明する観点——より抽象的であまり政治的でない観点——に変質させた．Scheler (1980) 参照．知識社会学に関する一般的な読本としては，Curtice and Petras (1970) を参照．
16) Mannheim (1936: 71ff.).
17) Mannheim (1936: 75ff.). マルクス主義のイデオロギー概念に関しては，Marx and Engels (1956) を参照．
18) 「実存条件」というマンハイムによって拡張された概念は，ルカーチの『歴史と階級意識』(1971) とハイデガーの『存在と時間』(1962) をマンハイムが読んだことに影響を受けたものなのだろう．
19) マンハイムの知識社会学に対するこうした論争の影響についての議論としては，Hekman (1986) を参照．
20) マンハイム (1936: 79) はこれを次のように言っている．「実際に認識論は，私たちの思考の全体性と同様に，社会過程に深く巻き込まれている」．
21) Schelting (1936) を参照．
22) Mannheim (1936: 85). この主張のレビューとしては，Hekman (1986) を参照．近代性の条件そのものが，さまざまな認識文化を理解し総合するための分析利点をどのように与えてくれるのか．このことに対するマンハイムの立場は，デュルケーム (1964) における社会分化の認識上の利点についての議論を想起させる．
23) Mannheim (1936: 155).
24) この立場は，学問生活は相対的に価値中立的な分析態度に実存的な基礎を与えることができるし，そうすべきであるという点に関する，ヴェーバーの「職業としての学問」における所見に類似している．ヴェーバーが明示しているように，この立場の「特権」は非常に稀なものであるが，それは何らかの希薄化された認識論的基礎のゆえにではない．そうではなく，それは学問生活の社会的な利点や余暇の誠実な利用に基づいている．ヴェーバーは学会が経済的な活動や地位競争から少しも免れていないと認識していた．それに対し，C. ライト・ミルズ (1959) は 1950 年代アメリカ社会学を検討し，社会学者が理論家気取りと科学的な詐欺のなかに巻き込まれているのがわかったとき，学会に対してより偏った見解を示していた．しかし，ミルズはヴェーバー＝マンハイムの立場を完全に

退けてしまったのではなかった．むしろ彼は，学問の正当な無責任さを利用する，より個人主義的な立場を推奨し，そして，広く一般大衆向けの理想を好む通俗的な学者人生から距離をとることを提唱したのである．

25) 知識社会学の社会学的基盤を認識論的な基準から区別しようというマンハイムの試みについての議論としては，Stehr (1981) を参照．

26) Mannheim (1936: 271).

27) Mannheim (1936: 272). ステファン・ターナーは，多くのマンハイム批判の前提とは対照的に，マンハイムが算術の真理を社会学的な説明から免除したことは「『合理性』の基準に基づいて」なされたのではなかったと論じている．Turner (1981: 231, n.3) 参照．

28) Bloor (1973), Barnes (1974: 147-48).

29) Woolgar (1988: 23).

30) Hekman (1986: 58) を参照．ヘックマンは，マンハイムが科学知識と相関的知識の関係について矛盾したことを述べており，それゆえマンハイムは多くの解説者が言っているほど明らかな基礎づけ主義の立場を取っているわけではないと論じている．

31) Mannheim (1936: 267). Bloor (1973: 179) における引用．

32) Bloor (1973: 179).

33) Bloor (1973: 176).

34) 必要とされる証拠による基礎づけが欠けていることを指摘したとしても，理論が解釈学的に「基礎づけられる」際に一貫して用いられる「解釈のドキュメンタリー的方法」が捨て去られるわけではない．マンハイム「世界観（Weltanschauung）の解釈について」『知識社会学』(1952) 参照．ガーフィンケル (1967) は，「カウンセラー」がランダムな仕方で「はい」「いいえ」の質問に答えるニセの精神科カウンセリングを考案することによって，「解釈のドキュメンタリー的方法」を研究している．本当のカウンセリングでないことに気づかない被験者は，自分の質問によって展開していくテキストの中に何とか答えを合わせようとし続けた．被験者がそうすることができたのは，ランダムに続く「はい」や「いいえ」の答えそれぞれに従って，自分が問うていることの意味を次々と変容させることによってであった．この試行はマンハイムの歴史的な例証法を用いていなかった．しかし，それは，被験者の解釈に「本来備わっている」基礎と，彼らが「基礎」——これもまた，実際には展開していくことになるのだけれども——から作り出した，その都度展開していく意味との間にある例証可能な差異に依存していた．ダーウィンの理論の場合，化石記録にどれほどの権威があるのか，そしてそれをどのように読み解くのかについての論争によって，ダーウィンの理論とそのドキュメンタリー的な基礎との一貫性が割り引かれるのではない．この論争によって，相関主義的な分析の手段がまさに与えられるのである．

35) ブルアなどストロングプログラムの提唱者は，数学や精密科学に対するマンハイムのアプローチを「誤謬の社会学」と特徴づけている．これはつまり特定の「観念」が関連ある学問分野では内在的に説明できなくなってしまったことを論証することができて初めて，マンハイムの説明プログラムが有効になるということである．〔ただし〕この特徴づけが正

確なものとなるのは,「誤謬」に,因果論における未説明の残余としての特殊な意味づけをする場合だけである.知識社会学が「誤った」信念のみを説明できるとマンハイムが言っているわけでない.「内在的」な理論が十分には説明できないものを知識社会学は説明すると言っているのである.

36) そうした超然さは簡単には獲得されない.特に,科学や公教育へのインテリゲンチャの関わり方によって,インテリゲンチャたちが論争の一方の側とだけ結びついてしまう傾向にある場合はそうである.例えばドロシー・ネルキンは,進化教育についての最近の法律論争の社会学的研究において,断固として進化論者の側に立っている.また実際にネルキンは,1982年にアーカンソン州連邦地方裁判所で予備審問の行われたマクリーン対アーカンソー州教育委員会の訴訟で,専門家の証人として原告のために証言をした.ネルキンはその論争の超党派的な考察をすることに関与したわけでは必ずしもないが,そうした関与を想像することは少なくともできる.Nelkin (1982: 146, n.5) を参照.

37) 特にウィトゲンシュタイン『数学の基礎』([1967]1983)を参照.

38) 第3章と第5章を参照.また,ブルアと私のやりとりについては,次の一連の3本の論文を参照.Lynch (1992a), Bloor (1991b), Lynch (1992b).

39) Mannheim (1936: 79).

40) Wittgenstein (1969: 第10節).

41) ウィトゲンシュタインの引用は次のことを示唆しているとも読める.つまり,ある集団が数字の2や×という記号を私たちのように使わないのなら,彼らは算数のようなことを何もしていないのだと私たちが思う可能性が極めて高い,と.

42) Bloor (1973: 187). 彼が引用しているのは Neugebaure (1952) である.

43) Bloor (1983) を参照.この問題についてより精緻に扱われている.

44) Wittgenstein (1969: 第167節).

45) Polanyi (1966).

46) Kuhn (1970: 53ff.) など.クーン (1970: 45) は,ラボアジェとプリーストリーの実験の議論に関してではないが,ウィトゲンシュタインの『哲学探究』を参照している.先に引用した『確実性の問題』(1969) の一節をクーンが読んでいたかどうかはわからない.

47) クーン (1970: 53) はまた,この「発見」の第3の主張者 C. W. シェーレにも言及するが,歴史的な記録に数えるには発表が遅すぎるとして退けている.アウグスティン・ブラニガン (1981) は,発見の結果を参照することによって,ラボアジェを発見者とした上で発見をめぐる論議を裁くというクーンの方法に異議を唱えている.クーンのこの事例研究に対するまったく異なった攻撃はフィリップ・キッチャー (1987) によってなされた.キッチャーはクーンのこの事例研究にある相対主義的な含意に異議を唱えている.どのようにして「酸素」という概念が最終的に「フロギストンの奪われた空気」に取って代わるようになったのか.このことについてのいかなる歴史的な理解も,それぞれの用語の指示の妥当性を考慮に入れなければならないということをキッチャーは強く主張している.つまり「酸素」がこの世界にある何かを指示しているのに対し,「フロギストン」はそうでないということである.

48) Kuhn (1970: 54).
49) Kuhn (1970: 53).
50) さらなる議論と事例に関しては，Feyerabend (1975) を参照．
51) 科学についてのこの種の歴史記述についての初期の批判としては，Agassi (1963) を参照．
52) 第1章で述べたように，1940年代にガーフィンケルはパーソンズのもとで研究を行った．ガーフィンケルとマートンはともにパーソンズとの関係があったにもかかわらず，またどちらも社会学理論と科学社会学への近年のアプローチへの主要な貢献者であると見なされているにもかかわらず，両者はお互いにほとんど関係がなかった．私の知る限り，マートンは社会学理論と科学社会学に関する膨大な著作群において，ガーフィンケルにもエスノメソドロジー研究にも一度も言及していない．そして，ガーフィンケルは，部分的にはパーソンズの構造―機能主義に対するものとしてエスノメソドロジー研究を発展させたのではあるが，マートンがパーソンズのアプローチを精緻化し，変質させたことは等閑視していた．2人の歩む道はゲームが始まった辺りからまったく別々のものとなった．マートンはアメリカ社会学の「中心」の主要な代表者になった．そしてガーフィンケルは，同じ学問領域の周辺部で革新的な活動を行った．マートンは既存の社会学の中で可能な限り広範な基盤をもとに研究を進めようとした．一方でガーフィンケルは古典的な伝統の「奇妙な不条理さ」を攻撃し，現象学とウィトゲンシュタインを参照してインスピレーションを得た．
53) マートンらが20世紀中葉のアメリカ社会学において支配的な理論―経験的プログラムを打ち立てることに助力した経緯についての説明は，Turner and Turner (1990) にある．
54) しばしば機能主義は，社会制度の「機能的」側面を焦点化することで暗に社会制度を正当化する，本来的に保守的なパースペクティブであるとして批判されてきた．マートンは次の2つのやり方でこの議論から起爆力を奪おうと試みた．1つは（社会秩序を不安定にする制度や実践である）「逆機能」という概念を展開することであった．もう1つは，ある機能が社会のどの集団に対して役に立ったり仇をなしたりするのかを示すことで，機能主義者は機能や逆機能と称されるすべてのものの準拠点を特定すべきだと主張することであった．マートンは，マルクスの一節を機能主義用語に翻訳する能力を示すことを明らかに楽しんでいた．（例えば "A Paradigm for the Sociology of Knowledge" (Merton 1979: 35)，Merton (1968: 99-100) を参照）
55) マートンが彼への批判のいくつかに対する反論で用いたレトリックによる威力については，Merton (1976: 特に59頁から60頁) を読めば把握できるだろう．おそらく，アメリカ社会学における機能主義支配の最高到達点は，アメリカ社会学会員に向けたキングスレイ・デイヴィスの会長講演だっただろう．その講演でデイヴィスは，機能分析は1つの「神話」であると発言した．機能主義は固有の理論枠組ではなく，すべての社会学者が用いる議論様式であるとデイヴィスは論じ，批判から機能主義を守ろうとして先の発言をしたのだった．結果として，パースペクティブ，学派，議論のスタイル，あ

るいは学会のグループのいずれと見られようと，機能主義は縛り付けるのが難しく，そのうえ批判をすり抜ける復元力のあるものだと分かったのだ．Davis (1959) を参照．

56) こうした批判がイギリスで出てきた理由をもっと手厚く共感的に説明したのが，サックレー (1978) である．マートン主義の科学社会学が示す成功と急速な進歩を歴史にとどめた後で，サックレー (1978: 21) はこう述べている．「それほど驚くことではないが，科学に対するこの『内在的な社会学』への注目を持続させていくことには，何かしらのことが常に言われてきた．こうした〔外在的な社会学への〕批判はたいていヨーロッパで，とくにイギリスで頻繁になされてきた．それゆえ批判者たちは，共通のパラダイムを持つ実践者たちが共有している利点と制約からは離れた存在であった」．

57) その博士論文は，完成後まもなく Merton (1938; 新版 1970a) として出版された．次の特集号を参照．Isis 79 (1988: 571-623).

58) 比較的著名なマートンの弟子と共同研究者には，バーナード・バーバー，ジョナサン・コール，ステファン・コール，ノーマン・ストーラー，ニコラス・ミュリンズ，ダイアナ・クレーン，ローウェル・ハーゲンズ，ハリエット・ズッカーマンがいる．彼らは自分たちの研究を，科学の制度と科学出版物のパターンについてのデレック・ド・ソーラ・プライスとジョセフ・ベン・デイヴィッドの研究と結びつけた．最近のマートンの弟子であるトーマス・ゲリンとスーザン・カズンズはマートン派のアプローチを科学知識の社会学の最近のアプローチと統合し

た．

59) Weber (1930). パーソンズ (1937a: 511) はマートンの研究を，プロテスタンティズムと革新的な職業との親和的な傾向という「ヴェーバーの見解を確証する諸事実」の1つとしてあげている．

60) マートンは，イタリアの科学という正反対の事例から自分の議論を守るのに十分なほど議論を限定している．マートンにとって，科学の歴史的な発展は宗教によって「引き起こされる」のではなく，宗教的要因によって促されたり，抑えられたりするにすぎない．だから，ときとして教会が干渉したのにイタリアの科学が発展した理由もマートンのやり方で説明することができるのである．

61) Hall (1963) を参照．

62) マートン ([1973] 1979) 所集の "The Puritan spur to science" (p.237-) である．これはマートン (1970b) の第5章 "Motive forces of the new science" (pp. 8-111) を再録したものである．

63) Shapin (1988a: 594).

64) シェイピンはこの点を後の論文 (1991) で明確にしている．

65) Barnes (1974: 71). バーンズは MacIntyre (1963) から事例を引いている．

66) Barnes (1974: 73-74) は，この点で MacIntyre (1963) の提言を超えた主張をしている．

67) Barnes (1974: 86ff.).

68) シェイピン (1988a: 594) は，皮肉まじりにマートンを擁護していく中で，この区別を打ち立てるのにマートンは少しも役目を担わなかったのかもしれないと言っている．「科学の観念についての圧倒的な『内在主義』の歴史の妥当性と同

様に,『内在的な』要因と『外在的な』要因という今日広まっている用語が,実はマートンと,1930年代に共同で研究を進めていたその周辺の学者たちに由来するというのは,もっともらしい仮説なのである」.シェイピン (1991) は後に,バーナード・バーバーがこの区別を打ち立てた張本人だとしている.

69) この議論は,マートンのかっての学生であり,科学社会学における古いプログラムと新しいプログラムとの間の橋渡しを明確にする仕事をしたトーマス・ゲリンの論文で展開されている. Gieryn (1983) 参照.

70) アンダーソン,ヒューズ,シャロック (1987) は,ストロングプログラムの説明様式は「時代遅れの機能主義」とほとんど変わらないし,機能主義に対するものと同様の批判の多くにさらされていると論じている.アンダーソンらの指摘によれば,因果性の論証は,典型的には,特定の科学理論と,その理論が根付いている社会的環境に存する信念との類似性を示すことでなされる.機能主義の説明においては,(例えば,ピューリタンの信念の基本的な次元と科学のエートスとの) 抽象的な相似性を用いて,理論の置かれた社会的環境によってその理論の普及と受容が支持されたり,鼓舞されたりするということを例証する.ストロングプログラムは,機能主義と一致する議論をより強力な因果的用語に書き直している.しかし,「信念」についての特有の抽象的な定式化と,「知識」についての特有の抽象的な定式化との関係を論証し,擁護するという課題は,機能主義が抱えているものと同様の手に負えない問題の多くに直面している.

71) Merton ([1973] 1979) の "A Paradigm for the Sociology of Knowledge" の 37 頁を参照.そこでマートンは「文化的,社会的文脈が科学的問題の概念上の分類に入り込んでいくあり方」に関する研究について簡単に述べている.さらに,後の方 (p.39) で「科学技術の発展を,社会構造と関わりなく完全に自己充足的で前進的なものと見なす傾向は,歴史上の出来事の実際の経過によって,その痕跡すら消散しつつある」と付け加えている.「マートン主義」のやり方で科学の「内容」を扱った研究例としては,Barber and Fox (1958) を参照.

72) Merton ([1973] 1979) の第 13 章 "The Normative Structure of Science" の 268 頁から引用.もともとは Merton (1942) として発表された.

73) Merton ([1973]1979: 第 13 章), Merton (1938) も参照.

74) Merton ([1973]1979: 第 13 章, 268).

75) バーナード・バーバーはこれに関連するもう1つの状況について述べている.それは,彼とボリス・ヘッセンに触発された「科学のヒューマニスト」のグループが 1930 年代に行った,「純粋科学」というイデオロギーへの「集団主義的な批判」に対して応じねばならないというものである.ヘッセンは 1931 年にロンドンで開催された第 2 回国際科学史会議においてロシア代表団のメンバーだった.そこでヘッセンが発表した論文「ニュートンの『プリンキピア』の社会的な起源」では,「純粋」な科学でさえも社会的な起源と社会への帰結を有しており,科学研究の基本方針は,幅広く捉えた上での社会の進歩というものともっと密接に結びついているはずだと論じられている.

パーソンズ=マートン主義が社会制度の分化と，相対的に自律した科学の制度の規範的な理論枠組を強調したことは，社会主義的プログラムの方向で「行き過ぎる」ことなく，科学の「社会的側面」を考慮する方法だったのである．Barber (1990: 3ff.) 参照．

76) Merton ([1973]1979: 270).
77) Merton ([1973]1979: 271).
78) Merton ([1973]1979: 276).
79) Merton ([1973]1979).
80) Merton ([1973]1979: 277).
81) Weber (1978a: 506ff.)．マートンは官僚制のモデル化においてヴェーバー流の理念型を発展させた (Merton [1949] 1968: 第8章)．マートン=ヴェーバーモデルについての議論と批判としては，March and H. Simon (1958: 第3章) を参照．
82) Barnes and Dolby (1970: 12-13).
83) バーバー (1990: 246) は，次のような逸話にふれることで，自分とマートンがクーンを支持することを強調している．「1960年代初頭，私たちの旧友であるトーマス・クーンがシカゴ大学出版局で『科学革命の構造』を出版しようとしたとき，……クーンは私たちに推薦の手紙を書いてくれないかと求めてきたのである．」
84) 例えば，マートンは，『科学社会学の歩み（邦題）』の「序文」（[1973]1979: vi) で，「科学社会学は強力に自己例示的な性格を示している．つまり，学問領域としての科学社会学自体の行動が，科学的な専門性の出現についての近年の考え方や知見を例証しているのである」と述べている．
85) Barber (1990: 247)．バーバーはジョナサン・コールとハリエット・ズッカーマン (1975) を引用している．また，この楽観的なスタイルの「反省的」評価はサックレーによっても表現されている．サックレーの示唆は，科学社会学が「旅をした距離」は次の尺度によって示されるというものである．「科学についての量的な研究への貢献と，その領域における研究業績の双方についての一般的基準は，物理学の共同体における階層化と競合に関して近年書かれた2冊の本から見てとれる．そのうちの1冊には174頁の中に44の図があり，もう1冊には261頁の中に42の図が載っている．同様の事例はいくらでもある」(Thackray 1978: 21).
86) Turner (1991)．この部分は27頁から28頁の引用である．
87) Merton ([1973] 1979) 所収の "The Ambivalence of Scientists" (383-412), "Behavior Patterns of Scientists" (325-43).
88) Mulkay (1976) 参照．
89) Merton ([1973]1979: 第3章「顕在的機能と潜在的機能」).
90) Gieryn (1983), (1988) を参照．さらに，Cozzens and Gieryn eds. (1990) を参照．
91) Merton ([1973]1979: 37ff.)．バーナード・バーバー (1952) 所収のマートンによる「前書き」である．
92) ノーマン W. ストーラーによるマートン ([1973]1979) の「序論」(pp.xi-xxxi).
93) 先に引用した，Mannheim (1929: 267) からの一節を参照．
94) このようにマンハイムを言い換えることは次のことを考慮していない．すなわち，「純粋な論理的可能性」や「事物の性質」といった表現は，もはや「社会的」

説明とは対照をなしていないということである．むしろ，そうした表現は，社会科学の説明と同じく自然科学の説明においても用いられている説明上のレトリックの部分をなすものとして理解されるべきなのである．

95) 理論負荷的な知覚（という考え）は，N. R. ハンソン（1958）によって論じられている．「決定不全性」のテーゼはピエール・デュエム（1954）および W. V. O. クワイン（1964）によるものである．科学的論証がレトリックとして用いられることはファイヤアーベント（1975）が強調している．ネルソン・グッドマンの著作（1973）では，よく引用される，予測の決定性に関する懐疑的議論がなされている．科学知識の社会学における決定不全性や理論負荷性の利用を簡潔に説明したものとしては，カリン・クノール＝セティナとマイケル・マルケイの"Introduction: Emerging Priciple in Social Studies of Science"（1983: 1-18）がある．

96) この目的のために，もっとも持続的かつ明示的に論争を用いているのは，バース大学におけるハリー・コリンズと（在籍中の，あるいはかつて在籍した）多くの共同研究者による「経験的相対主義のプログラム」である．

97) Bloor（1982）．

98) Hesse（1974）を参照．この解説としては，Barnes（1983）を参照．

99) ブルアやバーンズより数十年さかのぼる著作で，フェリックス・カウフマン（1944: 16）は「発生論的誤謬」を「意味の分析を事実の因果的説明と混同する」問題と定義している．このことはギルバート・ライルの言う「カテゴリー・ミステイク」と関連する．Ryle（1949: 16ff.）

を参照．この「誤謬」および，それが依拠する〔真偽という〕区別に，ストロングプログラムの提唱者が強い権限を与えるのかどうかは疑わしい．

第3章

1) Anderson, Hughes and Sharrock (1987). 従来の知識社会学への批判にChild (1944)がある．これにシェルティングの『イデオロギーとユートピア』の書評 (Schelting 1936) を加えることができよう．

2) 哲学者による知識社会学批判は数多くある．例えば，Laudan (1977: 第7章), Franklin (1986; 1990), Bunge (1992), Nola (1990). ストロングプログラムの擁護として簡潔なものは，Barnes and Bloor (1982) がある．また，Bloor (1991a) も参照．すべての哲学者が一致して，知識社会学におけるストロングプログラムとその系列研究を直接的に反論しているわけではない．とりわけ，ジョセフ・ラウズ，スティーヴ・フラー，エドワード・マニエール，トーマス・ニックルス，イアン・ハッキングらは新しい科学社会学により好意的である．

3) ロスとバレット (1990) は，「恣意性 (arbitraliness)」という問題に取り組んでいる．それは，この主題に関する未だになくならない混乱を増長するようなやり方になっている．彼らはピッカリング (1984) に対して批判する際，恣意的な「社会的」慣習と，物理学者によって共有されている慣習の理解――彼らの見解では，「求められうる限りで理に適った「真理」の模写――とを区別しようとする（p. 59）．彼らは「恣意的」慣習の事例として，道路の一方の側を走りなさいという交通

法規のルールを挙げる．カレーからドーバーへの短い距離を渡ればこのルールが変わることは明らかである．しかし，別の意味で，このルールはそれほど恣意的ではない．道路の片方の側を走るというルールが含まれる地域交通システム内で行動する運転手にとって，このルールは恣意的どころではない．もしこのルールを破れば，実験中に化学「法則」を無視する化学の学生とまったく同様に，悲惨な物理的結果がただちに生じる可能性がある．ロスとバレットは，専門的保証を何ら確立せずに，物理学者が知っていることや受け容れられていることを論じる際に私たちという代名詞を繰り返し用いて，まるで自分たちが物理学者であるかのように語っている．そうすることによって彼らは，（比較の下に見られる）特定の交通法規の中の恣意的なルールと，（比較の下には見られない）恣意的なものではない，物理学者の関与との抜本的な相違をレトリックとして組み立てる．ある関与のなかでは「私たち」が一貫した共同体のメンバーである，そうした「私たちの」関与の表現として見られるのならば，ルールとは恣意的どころではない．

4) Bloor (1976: 156)

5) この種の議論の中でもっとも良く知られているのは，スティーヴン・シェイピン (1982) である．シェイピンによれば，科学知識の社会学の経験的研究が累積的に増加していることからすれば，この研究が成功する可能性について更に討論することはためらわれるべきである．また，Collins (1983) も参照．特に p. 86 によれば，コリンズは，研究プログラムというものは「実践と事例からもっともよく産み出されるのであり，少なくともいく らかは後知恵によってもっともうまく宣言され，体系化されるのだ」と主張している．それでもブルアの提言はたいへん影響力のあるものであり，それは，たとえその提言がその領域における経験的研究に先んじたものであったとしてもそうなのである，とコリンズは述べている．

6) そうしたやりとりの例は，Hollis and Lukes (1982) に見られる．科学社会学内でのそうした議論としては，Pickering ed. (1992) を参照．

7) この原理と調査研究の関係はいくつかの点できわめて疑わしいとローダン (1981) は論じている．この原理がそのプログラムの「強さ」の根拠となっていないということはブルアもある程度認めている．Bloor (1981a) を参照．

8) Bloor (1976: 4-5).

9) こうした批判には，以下のものが含まれる．Laudan (1981), Woolgar (1981), Anderson, Hughes and Sharrock (1987), Coulter (1989: 第2章).

10) この問題についての研究プログラム上の言明および論争は，Knorr-Cetina and Mulkay ed. (1983) にある．

11) Bloor (1982)

12) MacKenzie (1981)

13) Coulter (1989: 36ff.)

14) 否定された科学については，対称性の方針には沿っていないがたいへん興味深いものとして，Langmuir (1968) を参照．ブルア (1976) は N 線事件の概説で，N 線の「ニセの」特性について語っており，ラングミュアと同様にブロンロの実験手続き上の問題をあげている．それゆえ，ブロンロとその助手は自分たちが自然の放射線を発見したのだと間違って「信じていた」ということを前提にするような，

その実験を記述する語彙をブルアはかなりの程度取り入れているのである．ストロングプログラムの指針とおそらくはより両立可能な，発見したという主張の交渉に対するアプローチとしては，Brannigan（1981）を参照．また，Ashmore（1993）も参照のこと．
15) Habermas（1984: 115）
16) シャロックとアンダーソン（1991）は，社会学の議論における共通の傾向を見ている．すなわち，（科学的なものであれ，常識的なものであれ）分析対象の共同的判断と，懐疑的哲学者がその対話者に要請するような厳密な認識基準とを比較するという傾向である．状況づけられた判断にその基準が欠けていることが示されると，ある一定の説明が必要とされるようである．しかし，シャロックとアンダーソンによれば，その状況においては厳密性など誰も要請していないのだから，そのような厳密な説明などまったく必要ないのである．
17) 例えば，Richards（1988）を参照．リチャーズは対称性の方針を採用している．しかし，彼女の言う「体制側の」生医学研究制度と，癌のビタミンC療法の支持者との間で行われた論争を彼女が扱う際，前者の主張は認めないのに対して，後者にとっての事実は暗黙に支持しているのである．後になって，リチャーズと2人の共同研究者は，研究対象である論争に対して中立的な立場をとる可能性に反対し，「支配的イデオロギー」に対抗するという，価値判断に関わっていく新たな立場を選んだ．Scott, Richards and Martin（1990）参照．
18) Collins and Pinch（1982）．
19) コリンズ（個人的な談話）によれば，「超心理学者は自分とピンチの共著書について，超心理学を根拠づけるものとして読む傾向にあった．もっとも，この本で論じた超心理学に対抗するさまざまな批判者にとっては，そのような読解は明らかに見当外れなのだが」と述べていた．
20) Wittgenstein（1969: 第105節）
21) カロンとラトゥール（1992）は，記号論による洗練化にもかかわらず，「対称的な語彙」を確立するという可能性に惹かれてしまっているように見える．
22) これは非常に弱い意味で述べている．アレクザンダー・フォン・シェルティングが論じる通り，「個別の視点を超えた（superperticular）」視点から個々のイデオロギーを評価して比較しようというマンハイムの提案は，彼自身が満たしえない特別な妥当性基準を前提にしている．マンハイムがせいぜいできることは，社会的には自由に浮遊するインテリゲンツィアの立場を引き合いにだすことであり，フォン・シェルティングが指摘するように，このことは「ある概念が社会的拘束性のない知識人の脳に由来する，という事実によってその概念の妥当性が保証される」ということを想定している．von Schelting（1936）参照，引用は p.673 より（強調は原著）．しかし，この再帰的提案が少なくとも一貫したものでありうるのは次の条件下である．1つは，もしマンハイムの説明が妥当性の保証を何ら与えておらず，（さまざまな観念がアプリオリなイデオロギー的関与に基づいて違例とされるということがないような言説のための）コミュニケーションの実際上の基盤だけを与えているという意味において「弱い」ものであるときである．もう1つは，こうした条件が知識社会学

にもあてはまることをマンハイムが論証できるときである．同様に，マートンによる「自己例示的」科学社会学の規定は皮相なものであろうし，その規定によっては妥当性が保証されないのは明らかではあるけれども，そのマートンの規定は他の科学者共同体に対する自身の分析方法とは一貫するものである．

23) 例えば，生化学の論争の当事者は，敵対する理論の真偽を判断するときにとても公平無私とはいかない．そのありさまを，ギルバートとマルケイ（1984）は証拠をあげて明確に論じている．フォン・シェルティング（1936: 674）が述べているように，「ある問題に対する，さらには一定の解決に対する高度の『生き生きとした関心』によって，認知的な成功がかなり見込まれる例がある．『社会的執着』や『生き生きとした関心』は，嫉妬心のように，物事を見えなくすることもあれば，逆にはっきりさせることもあるのである．」

24) Bloor (1981a: 206). これは Laudan (1981: 180-81) でなされた議論への応答である．「感覚経験・唯物論・真理」についての社会心理学を精緻にしたものとしては，Bloor（[1976]1991a: 第2章）を参照．

25) 第5章では，強い意味で「数学的な」社会学研究の一例を紹介する（Livingston 1986）．同書の書評において，ブルア（1987: 337-358）はリヴィングストンが社会的な説明形式を十分に考慮していないことを問題にしており，このことは示唆的である．

26) このもっとも明らかな例は，ラトゥールとウールガー（1979）がソーク研究所の実験室におけるエスノグラフィーで採用した「よそ者」の態度をとるという方針である．シェイピンとシャッファー（1985: 第3章）は，自然哲学における実験の関連性に関するボイルとホッブスの論争の歴史的研究において，ラトゥールとウールガーの「よそ者」戦略を採用した．そこで彼らは，自分たちが記述する出来事の「自明の」特性に関して「メンバーの」パースペクティヴを採用することを回避したのである．コリンズ（1983: 第3章）は，共同研究者と一緒にレーザーを組み立てたことについての中身の濃い説明をしており，ピンチとの共著（1982）では，彼ら自身が参加した超心理学実験について記述している．しかしながら，コリンズの相対主義的社会学は実験室の習慣を，批判的に検討する研究対象の情報源としてだけ取り入れている，ということ以外には何ら明確ではない．

27) ラトゥールとウールガー（[1979]1986）は，「銘刻」への関心こそが自分たちの実践を研究対象である科学者の実践とまさに同列のものとするのだと主張する．しかし，彼らが1986年版の後書きを記す頃までには，この初期の科学主義的な再帰性からは離れてしまったのである．クノール=セティナとアマン（1990: 260）は実験室において文字による銘刻が中心にあることに異議を唱え，視覚イメージ化の方がより重要であると論じている．

28) Haraway (1989; 1991), Keller (1985) を参照．

29) Pickering (1984)

30) Pickering (1984: 6)

31) Galison (1987), Franklin (1990: 第8章) の "Do mutants have to be slain, or do they die of natural causes? The case of atomic parity-violation experiments".

46) 固有名詞はそれだけでインデックス性を「矯正」するわけではない．それどころか，多くの場合，固有名詞はインデックス的に用いられる．例えば，次の事例では電話をかけているあいだに固有名詞が用いられている．ML が MS にその晩に MS の家で催される新年会について話している．MS は「ジェフ」という名の人物と結婚し同居している．ML:「ジェフは来るのかい？」．MS:「あ～はい」．MS にちょっとした混乱が生じる．ここで指示された「ジェフ」が共通の友人のことであり，彼女の夫ではないとすぐに把握できなかったからである．誤解が生じるからといって，指示されているのは誰なのかを見極めるために MS が ML の「意図」を知る必要があると例証されたことになるとは限らないし，また指示の問題が言語上の文法だけに起因するわけでもない．むしろ，この指示においては ML と MS の共通の友人や知人，生活環境，祝い事などについて，述べられていない一連の詳細な理解や想定が用いられているのである．ML が想定（し，MS が認識するものと想定）しているのは，配偶者の方のジェフはすでに「そこにい」て，パーティに「やって来る」ことはないこと，それゆえ，姓や社会保障番号に言及せずとも「ジェフ」という名前で十分正確な指示となるだろうということである．

47) 客観的表現とインデックス的表現との対照は，字義どおりにとり過ぎると誤解を招きかねない．この対照は，議論する意義はあるが，「自己言及的」言明と「客観的」言明の違いを含意するわけではない．その理由を理解するには，次の文献を参照のこと．Genette（1980: 212）．ジュネットもまた「水は 100 度で沸騰する」という事例を使い，これと「長いあいだ，私は早い時間に就寝したものである」を例とする別形式の言明とを対照させている．後者の表現は，「それを発話した人と，その人が発話した状況を関わらせることによってのみ解釈することができる．私(I)は，当該の人物を参照することによってのみ同定可能なものであり，語られた「行為」のある完了した過去は，その発話が発せられた時点を関わらせることによってのみ完了しているということなのだ」．しかし，ジュネットが続けて言うように，「『水は 100 度で沸騰する』（反復される語り）における現在時制が，一見そう思えるように無時間的であるかどうかは定かではない」．というのも，このように反復される語りの現在時制による言明も適切な機会に特定の話し手によるものとわかるように発言できるからである．客観的表現とインデックス的表現とのこの対照はそれでも「効果的な価値」を持っているとジュネットは論じている．

48) Garfinkel（1967: 6）．
49) Wittgenstein（1958）．
50) この「指示詞」の例はサックスの講義録の中の "Omnirelevant devices; settinged activities; indicator terms"（Sacks 1992: 515-22）で議論されている．また，ウィトゲンシュタインの『哲学探究』の第 8 節以降も参照．「これ」とか「そこ」といった表現がシニフィエや指示語として扱われるとどのように問題が生じるのかの議論として．
51) Sacks（1992: 518-19）．
52) Garfinkel（1967: 34）．
53) 理想言語を定式化するというライプ

32) 例えば，Shapin and Schaffer（[1985] 1989），Gooding（1986）を参照．
33) Pickering ed.（1992）の序章を参照．また，人工物と実験の特集，*Isis* 79（1988）: 369-476 も参照．
34) バース学派の視点は，Collins（1992），Travis（1981）に示されている．
35) ここまで述べてきたことは，コリンズの言う「実験者の遡及的推論」という側面を，実験実践の局所的な組織化についてバース学派などの研究から導き出した関連する特性と合わせてまとめたものである．
36) 『クォークの構成』（1984）においてピッカリングが用いた論争戦略は，ストロングプログラムよりも経験的相対主義のプログラムの系列へと入れることが極めて容易にできるだろう．主な相違点は，ピッカリングが最新の現代物理学に対して歴史的アプローチばかりに依拠しており，作業現場の観察や実践者へのインタビューに依拠していないということにある．
37) この論争は Collins（1985: 第4章）において再検討されており，今後の引用は同書を参照している．Collins（1975）では更に入念な説明をしている．
38) Collins（1985: 81）
39) Collins（1985: 105-06）
40) B. Simon（1991）
41) 個々の「決定テスト」に訴訟性があることの1つの証拠として，ポンズとフライシュマンの代理で弁護士が訴訟を警告したことがあげられる．『ウォール・ストリート・ジャーナル』（1990年6月6日B4頁）によれば，この訴訟の警告は3月29日発行の『ネイチャー』誌に掲載されたマイケル・J・サラモンの論文に関わっている．この論文は「常温核融合が存在するという主張に対して最後の決定的な打撃を与えると多くの科学者がみなした知見」を報告している．サラモンは，自身によるポンズ―フライシュマン実験の追試について述べ，自ら行った中性子放出の測定は常温核融合の証拠にはまったくならなかったと主張している．サラモンへの書簡で，ポンズとフライシュマンの弁護士は「サラモン氏が常温核融合についての『事実に関して不正確な』報告を公表しており，それがこの現象についての『過度の嘲笑と批判的見解』を引き起こしたと主張した．」この書簡は常温核融合をめぐる論争に今一度油を注いだばかりでなく，それ自体もまた論争対象となった．その新聞記事によれば，多くの物理学者が，法的解決へと訴えることに対して，「自由な学問的探求の精神」への嘆かわしい違反行為であるとして公然と非難したのだった．
42)「常温核融合」事件についての私の説明の多くは，グイド・サンドリ（ボストン大学工学部）との議論に基づいている．
43) Mannheim（1936）
44) 科学実験室のエスノグラフィーの第1世代を検討したものとしては，Knorr-Cetina（1983）を参照．クノール＝セティナは，自身の研究（1981）の他に最初期に行なわれた次の6つの実験室のエスノグラフィーによる公刊・未公刊の論文について論じている．Latour and Woolgar（1979），Lynch（1979）（この博士論文は，同じタイトルで1985年に出版された），Traweek（1981）（この研究は，後に出版（1988）された），Law and William（1982），Zenzen and Restivo（1982），McKegney（1979）．さらには，

参与観察による調査が含まれる Collins and Pinch (1982) も加えることができるだろう．これらの中でもラトゥールとウールガーのエスノグラフィーは書籍として最初に出版されたため，多くの解説者に最初の「実験室研究」とみなされてきた．クノール＝セティナの紹介論文ではどの研究が一番早く始めたのか推測することは避けられており，これらの研究のいくつかがお互いに独立してはじめたことを強調している．あいにくラトゥールとウールガーは「第2版の後書き」(1986) で以前を振り返った際，広く行き渡った誤解であるにもかかわらず，最初に実験室研究をしたことを自分たちの功績としてしまっている．「『実験室生活』の第1版が 1979 年に出版されたとき，これが科学者の日常活動とその自然な習慣の詳細な研究を試みた最初のものであるとわかって驚いた．誰よりもその実験室の科学者たちが，これがその種の唯一の研究であることに驚いたのは間違いない．」まさにこれこそが驚くべき主張である．別のところでラトゥール (1986) が認めているように，ウールガーとの研究は，1970 年代後期において詳細な実験室実践の研究を試みた唯一のものでは決してないのである．

45) ワッセルマン検査の発展への関わりを自伝的に述べたルドウィック・フレックの解説がおそらくはこの種のものの中で一番早いものであろう．Fleck (1979) を参照（原著 1935 年刊行）．また，Senior (1958), Barber and Fox (1958), Garvey and Griffith (1971), Gaston (1973) も参照のこと．

46) Knorr-Cetina (1983: 117). 強調は原著．ラトゥール，ウールガー，クノール＝セティナが進めるような構築主義はエスノメソドロジー的側面を取り入れているが，ガーフィンケル，リヴィングストン，私による研究は構築主義の系列にはない．このことは第5章で論じる．

47) 科学者が何をしているのか，そして科学者はどのように実験について報告するのか．この双方について対照的に論じたものとしては，次を参照．Barber and Fox (1958), Holton (1978), Medawar (1964).

48) Knorr-Cetina (1983: 118-9).

49) Latour and Woolgar (1979: 128).

50) Latour and Woolgar (1979: 63). ここでの説明で省略されている複雑な事柄については，Lynch (1985a: 第4章，第7章) を読むと理解できる．

51) Latour and Woolgar (1979: 147). TRF は「甲状腺刺激ホルモン放出因子」の略式表現である．1962 年から 1969 年までの間にこのホルモンについての記述が時系列的に変化してきたことを，ラトゥールとウールガーは再構築している．

52) ガーフィンケル，リヴィングストン，リンチ (1981) も，(彼らの言うところの)「その夜のワーク」と「何ものからも独立して実在するガリレオ的対象としてのパルサー」との間の同様の関係に注目している．もっともガーフィンケルらは，これらのどちらも「説明（アカウント）」として記述することはできないことを明らかにしているのだけれども．

53) ときとして，ラトゥールとウールガーの議論はもっとも質の悪い機能主義的説明となる．そうした説明において，分析者はある文化組織に本質的なものを決定した後，その意義や関連性に対するあらゆる反証や明示的な否定事項をなんとか

考慮に入れないようにするのである．例えば，事実に対する参与者の「信念」はテキストの説得力によるものであるという人類学的「観察者」の主張を，科学者が拒否するという事態に直面したとき，ラトゥールとウールガーはこう主張する．「読み手をうまく説得することが文字による銘刻の1つの機能である．しかし，読み手が十分に納得するのは，あらゆる説得力の源泉が見えなくなったように思われるとき——議論を続けさせてしまう，書かれた物や読まれる物に対するさまざまな操作が「事実」にはほとんど無関連であると参与者が認識するとき——だけである．しかし，「事実」とはまさにそうした操作によって生じるのである．」評価の高い解説論文において，ハッキング (1988) は，1969年に TRH〔TRF の別称〕は事実として「創られた」とラトゥールとウールガーが論じた際に主張していたであろうことをより良く理解させてくれる．同時に，ハッキングのこの論文を読めば，ラトゥールとウールガーの物語が TRH に関する一種の実在論をまさしく容易に支持しうるものであることが把握できる．

54) Latour and Woolgar (1979: 245)
55) Latour and Woolgar (1979: 256-57)
56) 文字による銘刻というアイデアは特に魅力的である．というのは，このアイデアは実践のエスノグラフィーを用いて，人文科学・社会科学ではよく知られた文字による作業を取り扱うことを可能にするからである．例えば，ダナ・ハラウェイは，霊長類学の物語に対してフェミニズム的著述による (literary)（再）解釈を提起する際に，ラトゥールとウールガーを頻繁に引用している．

57) 実証主義と「衝動」との結びつきを説明し，ウィーン学団やその後継者と結びつく独特な論理実証主義について詳しく述べたものとして Hacking (1983: 41ff.) を参照．
58) Woolgar (1988: 85)
59) Latour (1987: 13). そこでの「方法の第1規則」には「知識を構成するものについてのどんな先入観も持たない」という条件が含まれている．
60) Sharrock and Anderson (1985) 参照．
61) Wittgenstein (1970: 第711節)
62) 実際「第2版の後書き」(Latour and Woolgar [1979]1986: 279) で，ラトゥールとウールガーは，反実在論の立場から警戒感を持ち続け，火星からの「観察者」について私が行なった批判を受け入れていない．Lynch (1982) 参照．彼らが論じるところでは，私は「専門的実践および現実世界の研究対象のもつ（実際の）客観的特性への関与」をみせていることになる．もちろん私は「現実のもの」として，つまり現実の (real) という語の日常的な意味において，目にすることができ記述することができるものとして，そして想像されたのではないものとして実験室の実践を扱っていることを否定しない．けれども，私がこう主張すると「実在論者 (realist)」と「構築主義者」の間の二極的な論争の「実在論者」の側に私が関与していることになるという彼らの議論を私は受け入れない．いずれにしても，これでは論点を外している．なぜなら，ラトゥールとウールガーのエスノグラフィーでは，実際の実験室の作業の「社会的構築」を解明することへの彼ら自身の関与に沿って研究することができない，というのが私の批判だからである．私な

らもっと「客観的な」ものを詳細に記すことができると言ったのではない．実際ラトゥールは拙著（Lynch 1985a）への書評で，私があまりに率直なため自分自身のアプローチの限界を認めてしまっていると叱りつけている．彼らは「第2版の後書き」では，自分たちのエスノグラフィーを根拠にして第1版で行った素朴な主張のいくつかをしなくなった．この事実により，私が述べたような批判の要点を彼らが把握したことが示されている．

63) Latour and Woolgar（[1979] 1986: 236-37）．きわめて評判の良いラトゥールのテキスト（Latour 1987）でも，論争的で衒学的な「反転」がいたるところで用いられている．このテキストにおける議論の解説において，ガイス（1991）は「反転」をラトゥールの主要なテキスト上の装置の1つとしている．ラトゥールは〔両面の顔をもつ〕ヤヌス神の図を差し挟んで議論している．その熟年期の顔からは「既成科学」の声が発せられ，青年期の顔からは「作動中の科学」の支持が表明される．髭をたくわえた熟年期の人物は「科学は集合的行為の原因である」「自然は論争の終結の原因である」「科学は研究計画の原因である」といった原理的な主張を列挙する．そして，髭を剃った青年期の人物の方は，科学や自然というものが集合的行為・論争の終結・研究計画の結果であると言うことによって熟年期の人物の表現を反転させる．双方の声には同等の役割が与えられているので，この呈示装置は明らかに対称的である．しかし，情報価値があるものだとラトゥールが提案するものは「作動中の科学」の声をとおしてだけ発せられるのである．「既成科学」の声は既成の哲学的，社会学的立場を表している．そしてこの立場は，ラトゥールのもののような科学の社会的研究が対立し問題あるものとする学問的常識として取り扱われる．このラトゥールの本が驚くほど成功した教示装置であることはわかる．けれども，別のやり方であればラトゥールが放棄するかもしれないデカルト的枠組がこの本には保持されているのである．

64) ラトゥールとウールガーは，自分たちが言明の形式的構成要素に焦点を合わせることによって物事を過度に単純化しているかもしれないことを認めている．「もちろん，言明のある特定の解釈と文脈のあいだにはこのような決定的関係など存在しないと論じる者もいる．しかしながら，言明タイプの変化によって言明の事実としての地位が変化する可能性が与えられることに気づくだけで，私たちの目的にとっては十分なのである」（Latour and Woolgar [1979]1986: 80）．この弱い議論によって以下の問題がすべて避けられているのかどうかはまったく明らかではない．すなわち，事実を言明として取り扱い，そして諸々の複雑な活動を「言明」自体の産出や固定に向けられているものであるかのように定義することに関わる問題である．

65) Woolgar（1988: 36）．

66) Latour and Woolgar（[1979]1986: 184, n-2）．

67) Garfinkel and Sacks（1970）．ガーフィンケルとサックスによるインデックス性の説明を「アングロサクソン」の伝統に結びつけるのはかなり奇妙である．というのも，彼らは分析哲学を批判しているし，ウィトゲンシュタインの後期の著作と同様に現象学や実存主義に由来する哲

学上の先取性によって，インデックス性についての考え方が最初に展開されたとしているからである．
68) 実験室研究も発表され続けている．最近発表された研究の中には，以下のようなものがある．Traweek (1988), Amann and Knorr-Cetina (1988), Jordan and Lynch (1992), Fujimura (1987), Cambroiso and Keating (1988).
69) Latour (1987).
70) Law ed. (1986), Bijker, Hughes and Pinch (1987), Woolgar and Pawluch (1985), Ashmore (1989).
71) 例えば，Shapin and Shaffer (1989) を参照．
72) ラトゥールとクノール＝セティナがこの遠心的運動の先頭にたっていた．Latour (1980).
73) Lynch (1982), Latour and Woolgar (1986), Latour (1990b) 参照．
74) 科学実践に関する綿密なエスノグラフィーによる説明に歴史家がどう対応したのか．このことの良い例は，クリストファー・ローレンスによる拙著 (Lynch 1985a) への書評 (Lawrence 1988) である．
75) ここで言っていることがなんらかの批判となるのなら，それは私自身の仕事を除外するような批判ではないことに読者は注意すべきである．本書をよく参照のこと．
76) このアプローチのわかりやすい例としては，Mukerji (1989) を参照．
77) Woolgar (1988a: 93).
78) ハワード・ホルヴィッツ (1988: 787-820) は，「『新たな』歴史主義」の支持者における同様の「自己反省的 (self-reflective)」傾向について論じている．「批判的な自己反省は，他のあらゆる省察と同じように，たいした認知的根拠にならない．……自己の認知が起こりうるという事実はまさに，主体が『分割され』ていることの証しである．つまり，自己はそれ自体を全体として知ることは決してできず，自己自体のイメージをとおしてだけ，そのイメージとしてだけ，つまりは自己自体とは異なる形式においてだけ自らを知ることができる．かくして主体は言説においてのみ，そして歴史においてのみ構成され知られる」(p. 799). つまり，「批判的な自己意識」とは別種の経験的な批判的探求を表しているのではなく，それは単に主体を移行しているだけである．また，これに付け加えるべきは，ウールガーやアシュモアが概して「自分自身の」議論を検討することはないということである．むしろ彼らが批判的な「反省」を加えるのは，科学社会学内の同僚や身近なライバルの議論に対してなのである．時折みせる奇妙な言語上の策略は別として，敬意すべき（そしてときには価値ある）学問的批判形式に彼らは携わっているのである．
79) Woolgar ed. (1988b) に寄せられたさまざまな論文を参照．また，Ashmore (1989), Mulkay (1985; 1989) も参照．
80) "Preface: the auther as a sociological pilgrim" (Mulkay 1991: xvii-xix), 引用は xvii より．
81) Latour (1987).
82) ラトゥールはパリ国立高等鉱業学校の同僚ミシェル・カロンが，同校に関連するアプローチの創始者として同等の地位にあると慎重に評価している．カロンは影響力のある論文をいくつか英語で発表しており，その中にはラトゥールと共著

のものもある．しかし英語圏ではラトゥールの本がはるかに知られているため，ラトゥールの名は共同開発したこのアプローチの象徴，さらには「新しい」科学知識の社会学領域全体の象徴にもなってきたのである．このアプローチの手続きに関する側面を概観したものとしては，Callon, Law and Rip eds. (1986) を参照．

83) 例えば，Oehler, Snizek and Mullins (1989) を参照．

84) Latour (1988). この他，よく引用される文献としては Callon (1986) がある．このアプローチを技術研究に適用したものとしては，Law (1986) を参照．ラトゥールやカロンの立場を研究プログラムとして表現したものに，Callon and Latour (1981)，Latour (1983) がある．

85) Latour (1988: 252 n.8).

86) Callon (1986: 225 n.3) によれば，エスノメソドロジストもまた「科学的事実と社会的文脈の同時構成」を考慮にいれてきた．Latour (1988: 253 n.15) も参照．

87) Greimas and Courtes (1983).

88) ラトゥールは，自らの概念用語をそのように社会学的に理解してしまうことを何度も否定している．しかし，ラトゥールによる歴史物語は，例えば，パスツールと呼ばれた人間がいかに協力関係をつくり，研究プログラムを変容させていったかという実在論的な説明として読まない方に無理があるのだ．

89) サイモン・シャッファー (1991) は，ラトゥールの存在論を「物活論 (hylozoism)」という19世紀の概念に喩えている．

90) Latour (1988: 252 n.11).

91) Callon (1986)，また Law (1986) も参照．ここでは船のデザイン，貿易風，海流，船員が物語において関連ある「アクター」として記述されている．

92) Latour (1988: 252 n.10).

93) ラトゥールとカロンへの批判の中でコリンズとイヤリーは，非・人間のアクターへの言及は，研究対象たる科学者による存在論上の区別を追認するものであると解釈し，より一貫した社会学的な物語を語るようラトゥールらに求めている．コリンズとイヤリーは，ラトゥールらの記号論用語を存在論的叙述と混同しているようにも見えるが，この混同は，先に私が論じた記号論と歴史記述の融合を考慮に入れるのなら理解できるものである．Collins and Yearley (1992) 参照．

94) Mulkay, Potter and Yearley (1983) を参照．また，Lynch and Woolgar eds. (1988) に含まれている論文，Pickering ed. (1992) も参照．

95) この問題の論争点のいくつかは *Social Studies of Science* 19号 (1989年) の対論で取り上げられた．Richards and Schuster (1989a), Keller (1989), Richards and Schuster (1989b).

96) スティーヴ・フラー (1988) は新しい科学社会学のプログラム上の目的を練り直すことにより，規範的科学哲学の問題を解こうと試みている．

97) 「伝統化された歴史」というものは，その歴史の中の利害関係者によって生み出された共有の歴史記述のことを指している．Bogen and Lynch (1989) 参照．

98) こうした議論は Lynch, W. and Fuhrman (1991) によくまとめられている．

99) 『社会理論と社会構造』(Merton ([1949] 1968) の第3章「顕在的機能と潜在的機能」，特に84ページ以降．

100) シャロックとバトン (1991) が指摘する通り,「厚い記述」という考え方は, クリフォード・ギアツに帰するものとされることが極めて多いが, この考え方は, ギルバート・ライル (1971) に由来するものである.「厚い」記述は「薄い」記述よりも詳細なだけではなく, ある場で直接目にできたことに関わっているだけでもない. 厚い記述は, 記述される行為に対する「メンバーによる」ローカルな認識も組み込んだものなのである. この記述される行為とは, 例えば, ゲームにおける指し手, 動きではなく身ぶり, 展開中の対話における諸々の行為といったものである.

101) ワークのエスノメソドロジー研究の論文集は 1986 年に出版された (Garfinkel ed.). もっとも, その収録論文の多くはその数年前に書かれたものだった. ガーフィンケルのプログラムは, ウィトゲンシュタインに触発されたエスノメソドロジー探究と結びついた. マンチェスター大学のウェス・シャロックと共同研究者がこの探究を行った (このアプローチとガーフィンケルの研究プログラムの一致するところは, Button ed. (1991) に示されている). 別系統の展開としては, テクノロジーが実践的, 状況的に産出され使用されることに関わるものであり, ルーシー・サッチマン (1987) の研究が代表例である.

102) 認識社会学の全般的議論については, Coulter (1989: 第1章) を参照.

第 4 章

1) 1980 年代初めの UCLA での講義と比較的最近のボストン大学での発表 (1989) で, ガーフィンケルはフッサール, ハイデッガー, メルロ＝ポンティの「誤読」をするよう勧めた. ガーフィンケルは繰り返し, フッサールの著作の奥深さと説得力を賞賛し, エスノメソドロジー研究の問題設定をフッサールの生活世界の系譜学に結びつけている.

2) Husserl (1970).

3) Husserl (1970: 48-9). フッサールの「ガリレオの発明」についての説明は, 歴史的記述というよりも哲学的アレゴリー (寓意) である. フッサールがガリレオのものとした「達成」にガリレオが実際に責任があろうとなかろうと, そのことはフッサールが提案する科学実践の現象学にはほぼ無関係である.

4) Husserl (1970: 46).

5) フッサールはガリレオの自然主義的系譜学には批判的であるけれども, フッサールの超越論的自我はガリレオ数学に相補的に関係している. スティーヴン・シェイピン (1988b) が述べているように, ボイルの実験プログラムは別の実践的行為の「現象学」に相補的に関係するかもしれない. 数学的理念を自然の本質とするグランドセオリー的操作を再特定するのではなく, その課題はボイルが技術的手続きと文字にする手続きを通して生み出した「実際 (matters of fact)」を再特定することだろう. この場合の「ゲーム」とは, フッサールというよりはウィトゲンシュタイン的なものであろう. というのは, そのゲームは超越論的意識の根元的「極」から発生するというよりは, 家族的類似によって関連しているだろうものだからである.

6) Edgerton (1975). この節でのエドガートンの解説は, 彼や他の美術史家たちが線透視図法を「心の目」の操作に帰属さ

せたことを無視したものである．私の読みがエドガートンの歴史的記述と両立不可能というのではない．このことは，天文学における現代の「映像加工」に関する私たちの共同研究によって証明されているとおりである．Lynch and Edgerton（1988: 184-220）参照．
7) Husserl（1970: 376）．
8) Edgerton（1975: 9）．
9) Edgerton（1975: 80）．
10) Edgerton（1975）．
11) Edgerton（1975）．
12) Latour（1986a）を参照．客観化された関係の領域のこの実践的構築を煽動する，テキストを印刷し回覧する方法に関する多くの文献の要約である．
13) ベーコンの原実験的プログラムは，この種の多くの矯正策を含んでいる．Bacon（[1623]1858: 39-248）を参照．
14) Shapin（1988b）．
15) Alpers（1983）．
16) Gibson（1986: 58-9）．ケプラーの法則は，エドガートン（1975: 第5章）が古代ギリシャにまでさかのぼってたどっている光学理論の長い系列のうちの1つに過ぎない．拡散する光線の円錐のイメージはストア哲学までさかのぼり，ユークリッドは光「線」と幾何学的線の関係を明らかにした．その線の方向（すなわちその線が目から外に向かって発されているのか，物の表面に反射した光から目が受動的にその線を受け取っているのか），その線が伝えているものの本質や，視覚内容が目から魂へと伝達される手段についてはしばしば議論がなされたが，「正統な理論」の多くの基本的要素はケプラーよりずっと前に整えられていた．
17) Gibson（1986: 59-60）

18) 第1次的性質と第2次的性質の区別に関する素晴らしい議論については，Hacker（1987）を参照．この区別はニュートンの色彩概念の中で目立った特徴となっている．その中でニュートンは色をさまざまな速度で進み，数学的法則に従う無色の「線」による感覚刺激に基づいた第2次的効果と定義している．
19) Gurwitsch（1964: 106ff.）を参照．ガーフィンケルとウィーダーはギュルヴィッチを，エスノメソドロジー研究に対して「ラディカルで発展性のある」貢献をしたとみなしている．さらに，知覚の流れにおける機能的意味作用の構成についてのギュルヴィッチの例証が，「初期エスノメソドロジーによりなされた，現象学的研究からの応用のひとつである」と付け加えている．Garfinkel and Wieder（1992: 175-206）を参照．
20) Merleau-Ponty（1962）．
21) Merleau-Ponty（1962: 106）．
22) Merleau-Ponty（1962: 387）．
23) Merleau-Ponty（1962: 102）．
24) メルロ＝ポンティは有名な1節で「私たちは世界内に存在しているので，意味へと宿命づけられているのであり，歴史の中で名称をもたないようなことは何かしたり言ったりできないのである」（Merleau-Ponty 1962: xix）と言うときに，身体化された行為の還元不可能な歴史的基礎を確かに認識している．さらに彼は，身体が一定の生理的メカニズムではなく，その活動的能力と反応的能力が歴史的状況によって形成され定義されることを認識している．それにも関わらず，彼が論じるレリヴァントな関係性は，歴史的主体の生きられた身体に固有の「霊的（psychic）」な潜在的可能性と「生理的」

な潜在可能性の分離不能な連鎖であり，身体が状況づけられる構築的で技術的な複合体によって提供されている住居を考慮してはいない．
25) Smith (1984: 59-75) を参照．
26) 読める技術という用語は，Heelan (1983) によるものである．科学実践を解明するために現象学とフーコーを用いる別の説明は，Joseph Rouse (1987) を参照．
27) Polanyi (1958: 59)．
28) Foucault (1972: 1979) を参照．
29) Foucault (1979: 171)．
30) フーコーを用いてきたエスノメソドロジストも，わずかながらいる．McHoul (1986: 1987)，Lynch (1985b)，Bogen and Lynch (1989)，Suchman (1991)．
31) ジャン=フランソワ・リオタール (1984) は，非常におおざっぱに「言語ゲーム」について語っているが，彼が現代の言語ゲームの多様性について言っていることは有益である．しかしリオタールがポストモダンの条件に帰している断片化が，十分詳細に研究されたあらゆる歴史的時代において見出される可能はある．
32) 世界（または社会的世界）という用語は，アメリカ社会学のプラグマティズムの伝統と関連する組織や職業や科学的ワークへのアプローチと結びつけられてきている．プラグマティズムと現象学の研究の収束点が確立されたのは，アルフレッド・シュッツがウィリアム・ジェームズの「限定された意味領域」という概念を応用し，有名な「多元的現実」の分析を展開したときである．現代の社会学研究では，ジェームズ―シュッツによる意識における「複数の世界」の強調は，特色ある設備，熟練，資格，アイデンティティなども含めて，活動領域の組織的産出と再生出の強調に変換されてきた．例えば以下のものを参照．Strauss (1978)，Gerson (1983)，Clarke (1990b)．
33) Traweek (1988)，Shapin and Schaffer (1985) を参照．
34) 技師や科学者による交通の観察様式を，交通の中からの「観察」と対比して考えよ．交通渋滞の上を限られた仕方でホバリングするヘリコプターは，流れが止まった交通の中で「動けない」運転者の生きられた状況を，実際に「超越すること」を体現しているのだ．
35) Berger and Luckmann (1966)．
36) Garfinkel (1963)．
37) Garfinkel (1967: 第8章，262-83)．
38) Cicourel (1964)．
39) Cicourel (1974)．
40) こうしたシュッツ批判のより精緻な議論については，Lynch (1988) を参照．
41) Kaufmann (1944)．シュッツはまたアメリカのプラグマティストの著作同様，ヴェーバーの社会的行為と合理性についての理論的著作を批判的に用いた．
42) 私はここで後期ウィトゲンシュタインの著作に言及しているのであって，『論理哲学論考』に言及しているのではない．『論理哲学論考』はウィトゲンシュタインが後に認めているように，ラッセルやフレーゲやホワイトヘッド，そしてライヘンバッハ，ポパー，カルナップといったウィーン学団の参加者によって進展させられた論理学の古典的伝統にとって根本的なものである，言語の「写像理論」を採用しているのものである．
43) Habermas (1984)．
44) Schutz (1962: 48-66, 207-59; 1964: 64-88) を参照．

45) Schutz 1962: 6) を参照.
46) ドン・ジンマーマンとメルヴィン・ポルナー（1971）はシュッツの手元の知識のストックの類義語として「その場の知識の集積」という表現を用いている.
47) シュッツ（1964: 85）は自らの「適合性の公準」をヴェーバーから借用し, 方法論的個人主義という準拠点を明確に保持している. 彼はこの公準を次のように定式化している.「人間行為に言及する科学的体系において用いられる用語は, 類型的構成によって示される方法で, 個人の行為者によって生活世界の中で遂行される人間行為が, その行為者の共在者にとってと同様, 行為者自身にも推論可能で理解可能であるように構築されなければならない」.
48) Schutz（1964: 80）.
49) Schutz（1964: 81）.
50) Habermas（1984: 113）. ラトゥールとウールガーが最終章で論じている「よそ者」は, 実験室という生活世界にはいるものの, その世界の構成に携わらない「仮想の参加者」のように形づくられている.
51) シュッツ（1964: 84）は「しかし一体なぜ個人的理念型を形成するのか？」という問題を提起している. それからそうした構築を避けるというよりは, むしろ当の現象を導いた「個人的行為者の心の中に起こること」に言及することによって, そうした理念型の分析的構築を規制する主観的解釈の公準を続けて定式化している（p.85）. シュッツの考える唯一の代替案は, 単純に経験的事実を集めることであり, 彼は主観的カテゴリーを説明せずにこれができる人はいないと論じている.
52) 後者はシュッツの科学的合理性の公準から直接とられている.
53) Knorr-Cetina（1981: 21）. Latour and Woolgar（1986: 152-53）.
54) Garfinkel（1967: 280）.
55) Garfinkel（1967: 281）. ガーフィンケルはカウフマン（1944: 48-66）を引用している.
56) マレック・ツィゼウスキーが指摘するように, ヘリテイジの『ガーフィンケルとエスノメソドロジー』の影響力のある説明は, 初期エスノメソドロジーによる「認知的規範」の強調を保持している. Czyzewski（1994）参照.
57) ガーフィンケル（1967: 38）はこの引用文をハーバート・スピーゲルバーグのものであるとしている.
58) ガーフィンケルの研究は, 現在考えられているような「認知科学」とまったく一致しないものだった. 彼は「日常活動の基盤」（1967: 35-75）の議論の中で,「背後期待」と「共通理解」について語ってはいるが, これらが規範的あるいは認知的空間の中に基礎づけられているというよりは, 普通の場で「場面の」特徴とからみ合っているのはどのようにしてなのかを例証している. Coulter（1991b）参照.
59) 『エスノメソドロジー研究』が異なる時期に書かれた小論を含んでいることで, 各章がエスノメソドロジーとは何についてのものであるか合意に達しようとする一連の取り組みというよりは, 一貫した研究プログラムを表しているという困惑させる印象がもたらされてしまうのである.
60) Garfinkel and Sacks（1970: 345-46）. より最近の説明については Jules-Rosette（1985）参照.

61) Garfinkel (1967: 18ff.).
62) Hill and Crittenden eds. (1968).
63) Hill and Crittenden eds. (1968: 41).
64) この反論はポール・ファイヤアーベント (1975) が統一科学の方法にあびせたような「アナーキスティック」な攻撃を予期させるものである．サックスがそうした科学観を一貫して採用していたかどうかはまた別の問題である（第6章参照）．
65) この「混同」はさまざまな手続きからなり，そうした手続きをとおして，日常的現象についての日常的判断から生じる「未検討の」暗黙知の蓄積によって，社会学的分析に情報が与えられるようになるといわれている．これは分析者が未検討の個人的知識に依存しているということ以上のことなのである．というのも，この「混同」は認知的であるのと同様に手続き的なものであるからである．つまり，この「混同」には，質問紙調査の回答者が社会的事実の内容をカテゴリー化し，評価し，予測し，見積もるのに（例えば，社会学的威信尺度に基づいて職業カテゴリーを格付けし，「父親の職業」を質問紙の回答欄に書き込み，血縁関係に辞書的語彙を与えるとき），自らの「自然な理論化」を用いるよう求められるやり方が含まれている．またこの「混同」は，回収された回答をコード化し，分析する方法にもあてはまる．社会学者は，そうしたことがらを心配し議論するが，そうした心配や議論はシクレルが「文字通りの記述」と呼ぶものの可能性に関連して初めて意味をなすものである．しかし文字通りの記述が不可能であるといったん認識されれば，主題とのすべての関係が取りのぞかれ純化された「方法」を用いることのできる安全な方法論的立場などありえないということになる．
66) Hilbert (1990).「トピック—リソース」の区別についてのもっともよく知られた解説は Zimmerman and Pollner (1970) である．
67) Hilbert (1990: 796).
68) 例えば, Ibarra and Kitsuse (1993) である．
69) Schutz (1964: 88).
70) Garfinkel and Sacks (1970: 338).
71) おそらくこの区別の別の用い方は，分析的超越の可能性を含意している．以下の引用文における「ただ専ら」の使用に注目してほしい．「常識の『再発見』は可能である．というのも，おそらくは，専門の社会学者が，メンバー同様に研究のトピックとしてもリソースとしても社会構造の常識的知識に十分すぎるほど関わってきており，ただ専ら社会学のプログラム上のトピックとして十分に関わってこなかったからである」(Garfinkel 1967: 75).
72) Derrida (1970: 247-72).
73) Derrida (1970: 250).
74) Cicourel (1964: 2).
75) Levi-Strauss (1966).
76) Knorr-Cetina (1981), Garfinkel, Lynch, and Livingston (1981).
77) Schutz (1964: 73).
78) Derrida (1970: 73). 実験室の研究において，間に合わせ修理 (tinkering) や交渉 (negotiation)，偶有性(コンティンジェンシー)などが強調されていることによって，技師の（または同様に「純粋に」合理的-目的的な科学的方法の）「神話」についてのデリダの主張が個々の詳細において支持されることになる．しかしデリダが主張する重要な点は，レヴィ＝ストロースによる技師の描写が

理念化されたものだというだけでなく，それはまた書くというブリコラージュ実践によって生み出されているということである．ガーフィンケルの用語なら，この書くということは，「ドキュメント的方法」を用いており，その方法によってブリコルール／技師の区別の説明は構築され，用いられるのである．

79) メルヴィン・ポルナー（1987）は「実証主義的な常識」について語っており，ジェームズ・ホルスタインとゲイル・ミラー（1990）は「客観的に『そこにあり』，それが知られるようになる過程としての観察や記述という行為からは離れて存在する現実」に対する「日常生活の」志向を特徴づけている（p.104）．この一貫した哲学的見解の転嫁は，科学哲学者と同様に，「科学者」に対して「実証主義的」あるいは「実在論的」志向を帰属させようとする科学知識の社会学の傾向に類似している．

80) Heritage（1984: 290）.

81) Pollner（1987）.

82) 1973年から1978年，そして1980年から1982年の間，私が出席したUCLAの社会学部の講義で，ガーフィンケルはよく交通の例を用いた．彼はときに学生にそのトピックに関する観察の課題を与えた．そして私との議論の中で，クリス・パック，ステイシー・バーンズ，ブリット・ロビラードとの個人的な議論や未発表の論文にふれていた．ガーフィンケルはボストン大学での1989年12月の"The curious seriousness of professional sociology"という題目のセミナーを含む多くの講演で，この例について詳細に説明していた．彼はまたガーフィンケルとウィーダー（1992）の初期草稿である"Two incommensurable, asymmetrically alternate technologies of social analysis"（1990）でも，交通に関する説明を簡潔にしている．次節での私の交通の議論は，このトピックについてのガーフィンケルの多くの議論に負うものである．しかし私はそれを「ガーフィンケルの見解」の解説としても，エスノメソドロジー研究の報告としても読んでもらいたくはない．というのは，大部分がおおざっぱに作った例であり，とりわけそれはガーフィンケルの扱い方に由来しない「フーコー的」テーマを展開しているからである．

83) 例えばロバート・リンドとヘレン・リンドの古典的「コミュニティ研究」（Lynd and Lynd 1929）を参照．そこでは小さな町の生活に自動車が導入されていくことが論じられている．

84) Goffman（1971）.

85) この工学的文献を再読する可能性は，ガーフィンケル（個人的な談話）によって示唆された．

86) このゲシュタルト転換はまた，フーコーによる監獄とアサイラムの説明と，ゴフマンによる「全制的施設」の収容者の生活の記述を比較することでも認識されうる．Goffman（1961）参照．ゴフマンの説明は，アサイラムの設計の歴史性を前提にしているかもしれないが，次のような一連の実践や戦略を記述しているのである．つまり，収容者たちが施設の監視を逃れ，それに抵抗し，くつがえし，無関心なままでいる活動を維持する一連の実践や戦略である．

87) Abbot（1952）.

88) カテゴリーに結びついた活動はハーヴィ・サックスによって論じられている

(Sacks 1974). またジェフ・クルター (1989) も参照.
89) ブルーノ・ラトゥール (1987) は地図を読むという明快な例を与えており, そこでは地図も工学的環境もテキストとして構成されている. 「私たちが地図を使用するとき, 風景と地図上に書かれたものを比較することはまれである. ……頻繁に私たちは地図上の読みを, 同じ言葉で書かれた道路標示と比較するのである. 外界は, その関連のある特徴すべてが, 標識, ランドマーク, 標示板, 矢印, 道路名などによって書かれ記されているときにのみ, ぴったりと地図にあてはまるのである」.
90) ハーヴィ・サックスは「交通とともに」運転することが, 相対的スピードを決定する一種の計量的基盤を与えていると指摘している (Sacks 1988/1989). おそらく冗談混じりで, サックスは多くのドライバーがあたかも意図的に, 速い運転または遅い運転が可視的になる背景を構成しようとするかのように運転するのだと述べている.
91) この警笛の事例はまた, ステイシー・バーンズによる未発表の論文でも精緻に論じられている (Garfinkel, 個人的な談話).

第5章

1) Collins (1983).
2) Knorr-Cetina (1983).
3) Star (1983), Gerson and Star (1987), Clarke (1990a), Fujimura (1987).
4) Latour (1987), Callon (1986).
5) Mulkay (1985).
6) 科学哲学において, こうした社会-歴史的転回を提案したのは, 社会学者が最初ではない. クーンの『科学革命の構造』はその扉を開いたし, 一般的かつ規範的な科学哲学を保全しようとさまざまな試みをしている科学哲学者達もまた, (その哲学が基礎づけ主義的でない場合には) こうした転回を称揚しているのである. 例えば, 以下を参照. Doppelt (1978), Laudan (1977), Stump (1991).
7) 例えば, 以下を参照. Franklin (1990), Laudan (1977).
8) Woolgar ed. (1988), Ashmore (1989). ウールガーに対する批判において, コリンズとイヤリーは, 実証科学についての支配的な神話に反対する社会構築主義者への経験的な支えを浸食するおそれがあるからという理由で, 科学的社会学における「リフレクシビティ」のプログラムは本質的に保守的である, と論じている. 以下を参照. Collins and Yearley (1992). たしかに, ウールガーの議論に本質的に保守的であるという烙印を押すのは不公平かもしれないのだが, ウールガーの議論は, ウールガーのコミットメントを共有しない批判者によって, 流用されうるのである. 例えばフランクリン (1990: 163) は,「科学の社会的研究における関心と説明」(1981) におけるウールガーの議論を引用しつつ, 知識社会学におけるストロングプログラムの主張に反対して, 実験における実践の合理性(あるいは, フランクリンによっていくぶん弱められて定式化された推論可能性 (reasonability)) を擁護している.
9) Sharrock and Anderson (1991) を参照.
10) Barnes (1974: 163-64, n. 17), Woolgar (1988: 45), Collins (1985: 12ff.).
11) Bloor (1983)

12) Kripke (1982).
13) Barnes (1977: 24).
14) ガーフィンケルは,エスノメソドロジーを哲学上の先駆者へと結びつけるいかなる試みをも放棄している．もっとも,彼はそうした哲学者を「エスノメソドロジー的に誤読する」という実践は示唆しているのだけれども．ガーフィンケルは,フッサールやメルロー＝ポンティ,ハイデッガーを「誤読する」ことを好んでおり,シャロックやアンダーソン,クルターとは異なり,ウィトゲンシュタインとの可能な共振については,あまり明快にしていない．ここでのポイントは,エスノメソドロジーはウィトゲンシュタイン哲学から派生したものとしてもっともよく評価できるのだ,ということを示すことにはない．そうではなくて,ウィトゲンシュタインの哲学から,エスノメソドロジーの研究方針を支持するいくつかの強い議論を引き出すことにあるのである．このようにすることは,これらの研究方針がウィトゲンシュタインに「従う」努力のなかで発展したのだ,ということを含意するわけではないのだ．
15) すべてのエスノメソドロジストが,ウィトゲンシュタインに関して同一の方針をとっているわけではない．私は,ワークのエスノメソドロジー研究を代表して述べようとしているのだけれども,ガーフィンケルとリヴィングストンの著作においては,ウィトゲンシュタインへの言及は乏しい．付け加えるならば,私は今は,『実験室科学における技術と人工物』(Lynch 1985a: 179ff.) においてウィトゲンシュタインについて私自身が論じた内容は不十分であったと考えている．私が現在支持している見解については,以下の文献において,もっともはっきりと論じられている．Sharrock and Anderson (1984), Anderson, Hughes, and Sharrock (1987), Coulter (1989: 30ff.).
16) Winch ([1958] second edition 1990).
17) Bloor (1983). 他においても,ウィトゲンシュタインは広範に扱われている．以下を参照．Phillips (1977), Coulter (1989: 第2章), Collins (1985: 第1章), Collins (1990: 第2, 第7章), Pinch (1986).
18) Wittgenstein (1953: 307-08), Luckhardt (1983), Hunter (1985).
19) ブルアは,ウィトゲンシュタインには行動主義やデュルケーム社会学（ないし彼の同時代における他の何らかの経験社会科学）を受け入れる傾向がほとんどないようにみえるのはいかにしてなのかを,次のように説明している．つまり,ウィトゲンシュタインの反科学的な偏好が,彼自身の言語についての説明と行動科学上の研究との間に自然な親和性があることを,彼自身にみえなくさせていたのだ,と示唆することによって説明しているのである．
20) イアン・ハッキング (1984) は,ブルアの本の書評において,同様の所見を述べている．
21) Rorty (1979).
22) Bloor (1983: 5).
23) シャロックとアンダーソンは,「ウィトゲンシュタインのコネクション」(1984) において,ブルアによる経験科学のための提案は哲学論文にごく近い形式をとっている,と論じている．ブルアは,膨大な歴史的研究を引用ないし要約し,経験的な論じ方というものが何から成り立っているのかを示唆しているけれども,彼の議論は表面上はプログラム的である．

エリック・リヴィングストンは，ブルアの著作に関して，同様の点を指摘している．「『科学知識』についての社会学的探究は科学的手続きの基準に従うべきだと主張することによって，ブルアが意味しているのだと思われることは，最近の評判のよい哲学的理論に適合するような話し方を採用するべきだ，ということである．」(Livingston 1979: 15-16) を参照．したがって，ブルアの議論は，経験的な基盤に基づいて評定されるべき実質的な社会理論としてよりも，哲学的な演習として扱われる方が適切である．私がこのように述べるのは，こうした議論を意味のないものとするためではなく，その議論がまさにそれたりうることを保証するためである．

24) こうした批判には以下のようなものが含まれる．Laudan (1981), Turner (1981), Woolgar (1981), Anderson et al., (1987), Coulter (1989). M. ホリスと S. ルークスによって編集された論文集『合理性と相対主義』(1982)には，このアプローチに関して賛否を論じた論文がいくつか収められている．こうした批判についてのさらなる議論に関しては，第3章を参照．

25) Dummett (1968) を参照．そしてよりあいまいではあるが，Cavell (1979) も参照．

26) Baker and Hacker (1984), Baker and Hacker (1985), Hanfling (1985), Shanker (1987).

27) 特に以下を参照．Wittigenstein (1956; 1967). また，コーラ・ダイアモンド編の数学についての講義録集 (1976) も参照．ノーマン・マルコム (1989) は，未公刊の草稿 (Witigenstein, MS 165, Ca. 1941-44)からの素材について論じている．

28) Collins (1985: 13).

29) Bloor ([1976]1991a: 125).

30) Bloor (1983: 121).

31) ブルアは，ウィトゲンシュタインの哲学を経験的に拡張する際に，社会学と同様に，実験心理学や生物学をも援用している．コリンズ (1985: 15) は，こうした探究から心理学（そしておそらくは生物学）を除外するために，ウィトゲンシュタインの私的言語に関する議論を援用している．「生活形式」へのウィトゲンシュタインの言及についての「有機的説明 (organic account)」——それは厳密に生物学的なものではないのだが——に関する議論については，Hunter (1968) を参照のこと．

32) 「中核メンバー (core set)」という概念は，コリンズ (1975) において展開されている．

33) 技術革新に関する同様の議論が，トレヴァー・ピンチとウィーベ・バイカー (1984) によってなされている．彼らの議論に従えば，発見の社会史の初期の位相においては，革新のための代替的な道がまだ十分に残されている．最終的にはこうした代替案が閉ざされ，例えば，自転車や，冷蔵庫や，パーソナル・コンピュータなどの，1つないしごく少数のモデルが普及するのである．ピンチとバイカーは，この過程における利害集団の役割を強調している．そして彼らは，自らの社会構築主義的視点と，生き残った特定のモデルがもっとも効率的であると想定するような技術の合理主義とを，比較している．この議論および関連した議論を批判している事例研究として，Jordan and Lynch (1992) を参照．

34) バシュラールは次のように指摘している．すなわち，合理主義者と実在論者は認識論的区別の異なる側を強調するけれども，彼らの論点は，科学の議論において，同様の正当化の役割を果たしている，と指摘しているのである．双方とも，同じ2分法に同意する．すなわち，一方の側は自然であり，もう一方の側は自然の神秘を正確に識別するための合理的な手続きである．もちろん，どちらか一方を主に強調する哲学者のあいだにも重大な相違があるし，実在論の内部にもおびただしい数の立場がある．そのうちのいくつかはストロングプログラムと両立可能である．Bachelard (1984) を参照．
35) ラトゥール (1987: 4ff.) は「既成科学」と「作動中の科学」とを比較している．
36) Shanker (1987: 14).
37) Shanker (1987: 14).
38) Shanker (1987: 4)．ウィトゲンシュタインの著作は難解なことで悪名が高く，それを明確化するために膨大な数の学術書が捧げられてきた．批判を立ち上げる前置きとして，解説者はしばしばウィトゲンシュタインの立場を，実在論／反実在論，実証主義／観念論，客観主義／構成主義，構造決定論／方法論的個人主義，といったなじみの論争における，どちらか一方の側に位置づける．これは現象学的な著作や，エスノメソドロジー的な著作にとっても，よくある運命である．
39) Shanker (1987: 17-18).
40) Shanker (1987: 62).
41) Baker and Hacker (1984).
42) 例えば，ベイカーとハッカー (1984: 74) は，以下のように述べている．共同体のテーゼは「『人間の一致 (agreement) が何が正しく何が誤りかを決める』ことを含意しているようにみえる．しかし，これはもちろんナンセンスである．真理を決定するのは世界であり，人間の一致は意味を決定するのである．」明らかにこれは，ウィトゲンシュタイン (1953: 第241節) の言い換えである．「『それでは，あなたは，何が正しく，何が誤っているかを人間の一致が決定する，と言っているのですね』——正しかったり，誤っていたりするのは，人間の言うことだ．そして，言語において人間は一致するのだ．それは意見の一致ではなく，生活形式の一致なのである．」ここでウィトゲンシュタインは世界については言及していないし，何が真理を決定するのかということについても何も述べていない．むしろウィトゲンシュタインの1節においては，人々の「言う」ことと「何が正しく，何が誤っているか」とが同一視されている．私はこれを，「何が正しく，何が誤っているか」（そして「真理」でないか）を話すことについての状況づけられた文法の中に位置づけているものだと読む．おそらく，人々の言うことは，いかなる安易な意味においても，「一致」の問題ではないだろうが，人々の言うことを「世界」それ自体へと帰属させるための基盤はないように思われる．ウィトゲンシュタインは，前述の1節において，「一致」に対して異なった用語を使用している．言語における一致に対するウィトゲンシュタインの用語は，それがドイツ語の「一致＝調和 (Ubereinstimmung)」に示唆されている音楽のメタファーによっているように，英語の「協和音 (consonance)」や「調律 (attunement)」のほうに似ている．Bogen and Lynch (1990) を参照．

ベイカーとハッカーによる共同体説に対する批判の多くは，彼らの1985年の本における「規則に一致する（accord with）」ことについてのさらなる議論と同様に，考慮に値する．しかしマルコム（1989）が辛辣に論じているように，共同体説に対する彼らの熱狂的な攻撃は，どきどき個人主義へと迷い込み，ウィトゲンシュタインの規則についての著作における人間の共働実践への圧倒的な強調を，否定あるいは無視している．マルコムは，規則についての議論における，ウィトゲンシュタインの「人目を引かないような一致（quiet agreement）」「行為における合意」への強調を，非常にはっきりと明らかにしている．これは，意見における一致とは異なるが，同様に社会的なものなのである．「私にとって，ウィトゲンシュタインは以下のように述べているのだ，ということは明白であるように思われる．すなわち，規則に従うという概念は『本質的に社会的なもの』だ，ということであり，それは，共通の生活と共通の言語をもつ人々がいる場面にのみその根元をもつことができるという意味において，そうなのである．」(p. 23)．このことは，クリプキの見解や，ブルアが示したようなウィトゲンシュタインのある種の社会学的な読みを是認することではないのだ，ということに注意してほしい．ハンターとカヴェルもまた，ウィトゲンシュタインの「社会的な」読みのすべてにそれほど敵対するわけではないような，規則と懐疑主義についての見解を洗練させているが，彼らの見解は科学知識の社会学（SSK）のアプローチとはあまり両立しないものである．以下を参照．Hunter, "Logical compulsion." pp. 171-202, in Hunter（1973; 1985），Cavell（1979）．

43) Baker and Hacker（1984: 95）．
44) Baker and Hacker（1984: 96）．
45) Wittgenstein（MS 165, ca. 1941-44: 78）．Malcolm（1989: 8）からの引用．
46) Malcolm（1989: 9）．
47) Baker and Hacker（1984: 93-94）．
48) Wittgenstein, in Diamond ed.（1976）．講義録は4人によってとられた．この箇所は，Malcolm（1989: 14）において引用されている．
49) Bloor（1991b）からの引用．ブルア（1991b: 273）は，ウィトゲンシュタインの例について詳述するするまえに，次のように前置きしている．すなわち，「リンチ，ベイカー，ハッカー，シャンカーなどの反社会学的な注釈者によって提唱されてきた立場についての背理法として読みうる」，というのだ．先に述べたように，シャンカー（1987: 14）は，同じ議論を，規則の懐疑主義について「持続的な背理法」として，語っている．
50) この例は，エド・パーソンズによる．彼は，「アメリカのもっとも面白い家庭ビデオ」と呼ばれるテレビ番組のこの例ともう1つ別の同様の例とを見たあとで，私にこの例を記述してみせたのである．
51) 同じ番組からの別の例においては，子供が「もっと高く数えられる？」と聞かれている．その子供は，「いち，に，さん，し，ご」と数えながら，手を頭のうえにかざすことで答えたのである．
52) Wiugenstein（1953: 第199節）を参照．
53) 「ウィトゲンシュタイン左派とウィトゲンシュタイン右派」においてブルア（1991b: 271）は，私的な解釈という含意をさけるような「内的」関係について説

明を与えている．「AとBは内的に関係していると言うことで意味しているのは，Aの定義にはBへの言及が含まれており，同時に，Bの定義にはAへの言及が含まれている，ということだ．要するに，2つのことがらが内的に関係しているのは，両者が相互に定義されており，それゆえに一方なしでは他方を得ることができないように記述されている場合なのである．」私の見解では，この説明と，ウィトゲンシュタインの例における生徒は規則についての自身の「内的な」理解を規定しているのだと述べることとは，完全に異なったことがらである．関連する議論として，Button and Sharrock（forthcoming〔1993〕）を参照．

54) Collins (1985: 第4章).

55) 高エネルギー物理学の共同体におけるこうした分業のもつ哲学上の含意に関する議論については，Galison (1987) を参照．

56) Sharrock and Anderson (1991: 54ff.) を参照．

57) ここでの「空虚な勝利」についての私の言及は，知識社会学は科学的発見について「中身のない」主張をしているということを示すのだと称する最近の論争とは，混同されてはならない．Slezak (1989) を参照．問題解決という一般原理に基づいて作動しているコンピュータ・プログラムが実際に科学的発見をしてきた，とスレザックは主張している．スレザックが論じているのは以下のようなことだ．すなわち，これらのプログラムにおける認知的発見法は，元々の発見の具体的な社会-歴史的状況から分離して取り出されてきた．そうである以上，これらの成功によって与えられているのは，科学の業績は社会的な環境や社会的な利害関心の歴史的に特定された布置から抜け出すことができないのだとする，ストロングプログラムの議論についての「決定的反証」なのだ，ということである．その論文でスレザック (1989: 586) は，哲学の文献における反懐疑主義の議論をいくつか引用することによって，ブルアのウィトゲンシュタイン読解に異論を申し立てている．スレザックは，認知科学に適う場合にはウィトゲンシュタインを使っているが，心理主義（mentalism）に対するウィトゲンシュタインの不断の攻撃については，ほとんど理解を示していない．さらに，知識社会学者は認知科学における「重要な知的事業や一群の研究」に気づいてこなかった，とするスレザックの主張 (p.591) は，単に誤っている．というのは，その主張は，ジェフ・クルターによる，ウィトゲンシュタインに触発された認知主義批判を無視しているからである．Coulter (1983b) を参照．スレザックはウィトゲンシュタインを行動主義とひとまとめにして，ウィトゲンシュタインによる心理学主義批判は今や哲学や心理学においては不毛の論点なのだ，と主張する．またスレザックは，科学知識の社会学の主張や業績のいくつかを「とるにたらない」もので「中身のない」ものであると特徴づけている．彼は，発見の「文法」への関心が「とるにたらない」ものであると論じているのだが，その文法が発見の指示（designation）に適用されはしても発見の産出に適用されるものではない以上，そのように論じることによって，自らのデカルト派的コミットメントを露にしているのである．私見では，スレザックの議論は，ウィト

ゲンシュタイン派の批判に対して，ブルアのものよりもはるかに抵抗力がない．
58) Latour (1988: 9).
59) Habermas (1984: 118; 1985).
60) この点を解明している人類学的事例研究としては，Jordan and N. Fuller (1975) を参照．
61) この引用はウィトゲンシュタインの未発表の草稿である Wittgenstein (MS 165, p. 103) から取られたものであり，Malcom (1989: 24) において引用された．
62) ハーバーマス (1984: 119)「私たちが，行為者の発話の解釈者として自ら主張するのと同じ判断能力を，その行為者へと帰属させるのであれば，ただちに，私たちはそれまで方法論的に保証されていた特権的立場を手放すことになる……それとともに私たちは，コミュニケーションをする行為者がめいめいの解釈を互いにさらさなければならないような批判と同じ批判に，原則として自らの解釈をさらすのである．」
63) Bloor (1983: 189).
64) Sharrock and Anderson (1984), Winch (1958). このことは科学を科学的に説明しようとする社会学の試みばかりでなく，宗教的信念，魔術的儀式，そして日常的行為を説明しようとする社会学の試みにもあてはまる．以下を参照．Winch (1970)，および Sharrock and Anderson (1985).
65) ウィトゲンシュタインの重要性は，ガーフィンケルや他のエスノメソドロジストによって軽視されており，エスノメソドロジーの哲学的起源としては，シュッツと現象学が通常傑出している（Heritage 1984: 第3章参照）．第6章で詳細に論ずるように，会話分析の初期の展開も，また，説明する実践（アカウンティング・プラクティス）と日常の規則の使用とについてのガーフィンケルの研究も，ウィトゲンシュタイン派の含蓄を強く示している．第4章では，科学知識の社会学とエスノメソドロジーとにおける科学についてのいくつもの研究によって，シュッツの影響は切り崩されているのだ，ということを論じたのだけれども，同様のことは，ウィトゲンシュタイン派については言うことはできない．このように言ったからといって，エスノメソドロジストは，ウィトゲンシュタインや他のなんらかの哲学的伝統に忠実であるよう努力してきたのだ，ということを含意してはならない．
66) Woolgar (1988: 32ff.).
67) 例えば，メルヴィン・ポルナー (1991: 374, n. 3) は，この領域に忍び込んできた実証主義と専門主義を避ける「ラディカル」エスノメソドロジーの再興を主張する議論の一部分として，賛成の意をもってウールガー流の再帰性（リフレクシビティ）を引用している．
68) Garfinkel and Sacks (1970).
69) Sacks ([1967a] 1992: 515-22). ガーフィンケルとの共同作業で生じたテーマがサックスの講義に表れていると，私はみなしている．
70)「ホッド・ロッド」熱狂者のある者から別の者へと向けられた発話の記録である，「おまえは車ではやく走るのが好きだ」という表現は，ある特定の速度計を読むことへと翻訳されると，その精度を失うのだ，とサックスは注意している．「はやい」という表現は，そのままで，さまざまな環境での「平常の交通」を参照することによって測定されるのであり，かくして，この表現は，道路の条件，速度

に関する法律，警察の監視などなどの変容にもかかわらず「安定」しているのである．「こうした用語と，こうした用語が使用可能となるような条件とが，安定しているので，時間，場所，速度に関する法律，といったものすべてが，こうした用語の使用にとって関連性がないほどである．つまり，速度に関する法律の変化，走行容量の変化，人々の変化，新しい世代，新しい場所——こうしたことがらのもとでも，保たれることが可能なのである．」次を参照．Sacks（1988/1999: 45-60）．これはもともと，H.サックスによるカリフォルニア大学アーヴァイン校の講義，1966年第24講（Sacks [1966b]1992: 435-40）である．
71) ジョン・ヘリテイジとD. R. ワトソン（1980）は会話における定式化の体系的な使用のいくつかについて論じている．
72) North（1987: 33）からの対話の引用．Bogen and Lynch（1989）も参照．
73) Baker and Hacker（1985: 73）．
74) Filmer（1976）を参照．フィルマーはガーフィンケルとサックスの議論，とりわけ，客観的表現とインデックス的表現のみかけ上の区別について，綿密に分析している．
75) Garfinkel and Sacks（1970: 353）．
76) Garfinkel and Sacks（1970: 353-4）．
77) Garfinkel and Sacks（1970: 354）話し手が陥っている惨めさを，定式化がしばしば深めることがあるのはいかにしてなのか，このことの例として以下の定式化を考察しよう．それは，特に悲惨な公開授業で述べられたものである．「ジョークを言うつもりなんだが，それがあまり面白くないんだ．」
78) 第1の発話に相対する第2の発話という体系的な配置を通して，トピック上の一貫性が達成されることを，サックスは例証している．「なぜそう言ったの」「なぜ今そう言ったの」というように問われてはいない質問は，発話の配置によって答えられている．このことは「自動的に」なされており，いかなる定式化によってもなされない．「……人々はあなたの意見が手持ちのトピックに適合するとわかるようになり，そのことが，人々にいかにしてそれを今あなたが言うようになったのかについての答えを与えてくれる．つまり，そのことが，可能な質問を自動的に解決するのである．聞き手は，その言明を聞くとすぐに，あなたがいかにしてそう言うようになったのかを，直接にわかるようになるだろう．」（[1967b] Sacks 1992: 538）．完全に異なる歴史的規模で解決されてはいるのだけれども，サックスの分析的アプローチは，たとえ曲解であろうとも，フーコーによる歴史的言説の取扱いに著しく調和するものである．「言表の意味は，その言表に含まれているかもしれない，その意味を開示すると同時に留保するような，無尽蔵の意図によって定義されるのではないだろう．そうではなくて，言表の意味は，他の現実の言表や，あるいは他の可能な言表において，それを分節化するところの差異によって，定義されるのであろう．こうした他の言表は，最初の言表の同時代のもののこともあるし，時間の線上の連続において対立するもののこともある．」（Foucault 1973: xvii）．
79) Barber（1990: 第7章，133-49）．
80) Barber（1990: 133）．
81) ウィトゲンシュタインの言語ゲームという語の使用には多様な側面がある．会

話分析は，ウィトゲンシュタイン（1953: 第23節）が，「言語ゲーム」という語は「言語を話すということが，1つの活動ないし生活形式の一部であることを際立せるためのものである」と述べる際に強調する「言語ゲーム」の意味から，展開している．それからウィトゲンシュタインは，命令すること，そしてそれに従うこと，ある対象の相貌を記述すること，ある対象をある記述から構成すること，物語りや冗談を語ることが含まれる，諸例のリストを提供する．ウィトゲンシュタイン（1953: 第25節）は，これらの活動のいくつか（「命令すること，問うこと，物語ること，おしゃべりすること」）を「言語の原始的形態」として特徴づけ，これらは「歩いたり，たべたり，飲んだり，遊んだりすることと同様，私たちの自然史の一環なのである」と述べている．

82) Garfinkel（1988: 103-6）.

83) これは，元は Lynch（1985a: 252-53）にあるトランスクリプトの簡略版である．

84) これらのインデックス的表現が「指示する」ものについての私の注釈は，トランスクリプトにしたテキストのみから作られたのではなく，その実験室で共有された技術とそこに固有の慣用（vernacular usage）についての私のエスノグラフィーにも依存している．この分析にとっての，これらの理解可能性は，研究対象であるこの学問領域に固有の実践についての私の（ここでは，むしろ貧弱な）把握によっている．私の注釈実践が貧弱であると述べているのは，ラトゥールからの批判とは反対に，専門科学への私の無知に関する自己の過失を是認しているわけではない．むしろ，この固有な実践について述べなければならないことは——それが十分なものであれ，不十分なものであれ，とるにたらないものであれ——記述された能力（コンピテンシー）を拡張したものである，ということを，想起させるためなのである．Lynch（1985a）の書評である，Latour（1986b）を参照．

85) ウールガー（1988: 32ff.）にとって「方法論上の恐怖」とは，表象を懐疑的に扱うことによって提起される一組の問題であり，そこには，規則とその適用との不決定な関係や，理論と実験データとの不決定な関係が含まれる．ウールガーは，科学者の表象実践についての包括的な懐疑主義に，方法論上の根拠を与えているのである．無制限に懐疑主義をとるこの方針によって，社会学的「観察者」は，方法論上の恐怖を，そうでなければ混乱が生じないようにみえる実践へと負わせることが，認可されているのである．この解釈的方針は，懐疑的な哲学者ならば提起するであろう問題を巧みに避けるか，出し抜くことに終始苦心しているような，科学者像を心に描くように，私たちに求めるのである．このことが，イデオロギー批判のゲームにおけるおなじみの指し手のように見えるのであれば，それはなんら偶然などではない．「科学とは，表象についてのイデオロギーが特に可視的に顕在化したものにすぎない」とウールガー（p. 101）は述べている．このイデオロギーは彼によって「対象（意味，動機，事物）は，それを伴う表層の記号（ドキュメント，相貌）の基底にある，ないしそれに前もって存在する，という考え方に由来する信念と実践の組合せ」と定義される（p. 99）．ウールガーの批判は，特定の形而上学的な科学観ばかりでなく科学実践に対しても率直に向

けられており，かくして，彼はハッキングの非難（1983: 30）を免れないようにみえるかもしれない．すなわち，その非難とは，専門の科学者が行っていることと，科学哲学者が科学者にやらせるようなこととを，混同することに向けられたものである．ウールガーを擁護するなら，実践を行っている科学者は，自分たちの結果の説明を求められた際に，その結果についての（素朴なものにしろ，そうでないにしろ）実在論的な説明（アカウント）を実際に与えることがしばしばあると主張することができる．（多くの例としては，Gilbert and Mulkay（1984）を参照）また，科学者の著作が特に「実在論的な」著述であると述べることは，ひどい間違いではないだろう．しかしながら，「表象のイデオロギー」を批判することは適切かもしれないけれども，そうした批判が科学者の日常活動の「通俗的な（vulgar）能力（コンピタンス）」（参照：Garfinkel et al., 1981: 139）まで包含するかどうかはまったく明らかなことではない．そして，科学者の実践の説明（アカウント）としては「表象のイデオロギー」はむしろ内容が乏しく，しばしば関連性がないものであるということを考慮にいれる場合，科学がイデオロギーの顕在化したものに「すぎない」というウールガーの言明は，特に受け入れがたいものとなるのである．

86) Bloor (1987)．これは Livingston (1986) の書評である．
87) リヴィングストン（1986）の議論は，ガーフィンケルの最近の研究（Garfinkel, Livingston, Lynch, Macbeth, and Rohillard 1989: 123-4）に取り入れられている「生活世界ペア（Lebenswelt pair）」のテーマを展開している．その「ペア」は「第1の部分」（例えば，リヴィングストンの例における証明の言明）と「定理を証明するという『ワーク』，すなわち『生きられた』ワークサイトの実践」からなる．ガーフィンケルとその共同研究者，およびリヴィングストンは，「ペア構造」が単に定式化と活動のもう1つの例にすぎないのではないということを指摘するのに苦労した．ガーフィンケルたちは，生活世界ペアが生じるのは数学や他の「実践的行為の発見科学」においてだけである，という可能性を掲げている．ガーフィンケルたちは数学や物理科学をエスノメソドロジー研究から取り除こうとはしないけれども，この方針によって，これらの領域が「特別」であるということが含意されるように思われる．第7章では，このことを追求する．
88) Livingston (1987: 136-37).
89) Livingston (1987: 126).
90) 確かに，リヴィングストンは，本書（1986）においてはウィトゲンシュタインに言及しておらず，次に出版した本（1987: 126ff.）においても，ある特定の例に関してのみウィトゲンシュタインに言及しているだけである．それにもかかわらず，どちらのテキストも，私が論じるならウィトゲンシュタイン的な議論となることを扱っている．それをリヴィングストンはガーフィンケルの教えから引き出したのかもしれない．
91) Bloor (1987: 341).
92) Bloor (1987: 353-54).
93) Wittgenstein (1953: 第109節).
94) ブルアによるウィトゲンシュタインの「理論」の再構築は，「解釈に基づいた行為理論」という，ヘリテイジに（1984: 130）よるガーフィンケルの脚色と相似

的である．ブルアと同じようにヘリテイジは，ウィトゲンシュタインが（またガーフィンケルも同様に）規則と実践的行為との関係について「有限主義的な」考え方を進めていると，読解している．ここでは，ウィトゲンシュタインを，この古典的問題に対峙する理論家としてではなく，こうした問題が言語表現のいかがわしい扱いを通してのみ生じてくるのはいかにしてなのか，ということを例証するために日常言語を体系的に探究する，反理論家（ないし没理論家）として読むことへの賛意を述べてきた．ウィトゲンシュタインと同じように，ガーフィンケルもまた，自らの研究を体系的理論として特徴づけることを避けている．

95) Wittgenstein（1953: 第121節）.
96) Garfinkel（1967: 38）.
97) この例となるのは，実験の実践についてのフレデリック・シュレッカーの研究である．その実践において（ガーフィンケルのゼミの大学院生である）シュレッカーは，肢体に障害をもった化学科の生徒の実験室の作業を手伝った．実験室実習の間中，シュレッカーは実験台で，事実上その生徒の「身体」として振る舞ったのであった．2人の相互行為はビデオテープに録画された．この化学科の生徒からシュレッカーに向けての言葉による教示（インストラクション）は，装置を動かしたり調整したりして，実験の現在の状態の「感知可能な」表示にするという，ワークのわかりやすい例なのである．Schrecker（1980）を参照．このシュレッカーの草稿は，以下において議論されている．Lynch, Livingston and Garfinkel（1983）.
98) Sacks（[1967a] 1992: 515-22）.
99) Jefferson ed.（1989）を参照．またこれは，1989年に Kluwer Academic Publishers, Dordrecht から同じタイトルで再刊行されている．

第6章

1) 例えば次を参照．Psathas ed.（1979），Atkinson and Heritage eds.（1984），Button and Lee eds.（1987）．その他の数多くの研究については次の文献表を参照．Fehr, Stetson and Mizukawa（1990）.
2) 会話分析は，エスノメソドロジーがもともと位置していた社会学の辺境から「郊外」にまで引っ越していったのだと，メルヴィン・ポルナー（1991）は述べている．
3) 次の文献を参照．Law and Lodge（1984: 283, n. 15）．ロウとロッジが指摘するように，会話分析者は明示的にお互いの発見からひとつの調査結果集成を築き上げることができている．そのほとんどの領域は理論と方法論にかかわる根本的な問題をめぐって果てしない論議に絡めとられている社会学においては，このことはきわめてまれである．
4) Sacks（1984: 26）.
5) Sacks（[1966b] 1992: 483-8）．とりわけ pp. 487-8 を参照．
6) Sacks（1964: 26-31）．引用は27頁より．
7) Sacks（[1965] 1992: 488）.
8) Sacks（1964）．また Sacks（1984: 22）も参照．
9) Sacks（1964: 28）．複雑な現象が単純な反復構造から作りあげられる仕方を理解するために，ジェームズ・ワトソン（1965）を読むよう，サックスは学生たちに薦めていた（Alene Terasaki，個人的

談話による).

10) この議論は次の文献に収められている. Jefferson ed. (1989: 211-15). 同書でのシェグロフ (1989b: 207 n.5) によると, サックスはこの序論を *The Search for Help* という未刊の書のために 1965 年に執筆したという. またすでに 1961 年から 62 年にかけてサックスはこのような議論に取りくんでいたともシェグロフは述べている.

11) Popper (1970: 649-60). ユルゲン・ハーバーマスも, コミュニケーション的行為における自我と他我の間に確立される相互主観性という, 科学をめぐる分析的理論において「忘れられていたテーマ」について述べている. Habermas (1984: 111).

12) Popper (1959: 99).

13) この場合,「メンバー」とは, 関連する科学的技術への習熟のことを意味している. 自然科学および社会科学の記述についてのこうした考え方の概要は, 次のサックスの初期論文 (1963: 1-16) に述べられている.

14) Sacks (1992: 213).

15) 熱心な認知科学者であれば, 科学者の行動をモデル化することができる (あるいは早晩できるだろう) と言うかもしれない. しかしそのような主張にかかわらず, 人工知能の時代のはるか以前から, 科学者は自らの方法を自分たちで理解し, また信頼できる仕方によって再生産することができていたのである.

16) Sacks (1992: 213).

17) 科学における「記述」についてのサックスの強調と,「科学」が存続するには「物語性」を前科学的として退けながらも正当化のメタ物語 (例えば功利主義による正当化と裏付け) が必要であると述べたリオタールの主張とを, 対照してみることもできる. この点については Lyotard (1984) を参照. 他方, リオタールの述べるような「危機」を認めるどころか, むしろサックスは記述的「物語」を, 実験室とテキストにおける科学のローカルな組織化に欠かせない生産的装置 (productive machinery) として, 認めている. サックスはメタ物語への不信を表すことはなかった. 彼はむしろ, このような「分子的」物語によって維持される実践に対してなんらかの包括的正当化をおこなう必要性じたいに無関心だった. とはいえもちろん, サックスの議論じたいが部分的であれ科学に正当性を与えることもありうる (し, 会話分析に対してそれがなされていることを以下で述べようと思う).

18) Sacks (1992: 214).

19) Sacks (1992: 214).

20) Schegloff (1989b: 203). また, Schegloff (1992: ix-lxii, とりわけ xxxi-xxxii) も参照.

21) Sacks (1992: 214). サックスは, 科学を人間の基本的活動として論じていく関連した議論として, L. S. ヴィゴツキーによる次の書の第 6 章を引用している. Vygotsky (1962). サックスの議論はクロード・レヴィ=ストロースの『野生の思考』の英訳出版 (1966) 以前に書かれたものだが, レヴィ=ストロースによる「具体の科学」をめぐる議論は, もうひとつの比較対象になるだろう. とはいえサックスとは異なり, レヴィ=ストロースは未開のブリコラージュ (器用仕事) を現代の科学と工学における原理化された合理性と対比していくことになる.

注　　　　　　　　　　　　　415

22) Sacks (1992: 212).
23) Shapin and Schaffer (1985: 25).
24) Shapin and Schaffer (1985: 25).
25) Boyle (1772a: 662-778). Shapin and Schaffer (1985: 59) からの引用.
26) シェイピンとシャッファーが観察するところによると、ここで言う「誰でも」とは科学的共同体のメンバーであるとか特定の人物のことではない. それはむしろ、「市民」といった古典的概念やその今日版である「平均的読者」といった概念に近い.
27) Shapin and Schaffer (1985: 59-60). ボイルの引用は (Boyle 1772b: 第2部 505) より.
28) この場合における「再生産」の適切な意味については、Benjamin (1969: 217-51) を参照. 科学のテキストの流通をめぐる詳細な説明については Latour (1990a: 19-68) を参照.
29) この部分の表現は、ウィトゲンシュタイン (1953: 第221節) から引っ張ってきている.
30) Shapin and Schaffer (1985: 29).
31) Farber (1982).
32) Star and Griesemer (1989).
33) アマチュアのバードウォッチングにおける「初心者の文字言語ゲーム」における複雑性については、Law and Lynch (1988 [1990]) を参照.
34) Latour (1988); Rudwick (1985); Friedman (1989).
35) Hacking (1983: 167).
36) 次の文献を参照. Latour and Woolgar (1986), Star and Griesemer (1989); Amann and Knorr-Cetina (1990), Lynch (1985b).
37) この点にかかわる問題をあつかった文献は数多くある. 再現の問題にとってよい資料となるのは、Collins (1985) である. また Holton (1978) も参照. エスノメソドロジーによる説明については、Garfinkel, Lynch and Livingston (1981: 131-58) を参照. また、Jordan and Lynch (1992) も参照. 教示（インストラクション）と専門技術的行為の関係についての簡単な議論は次を参照. Suchman (1987).
38) Garfinkel et al. (1981)
39) Garfinkel et al. (1981: 132ff.)
40) Garfinkel et al. (1981: 140). この天体物理学的な説明可能性は、次のようなシェグロフの批判的見解を再考させてくれる. シェグロフ (1989a: 215-40) は、ガーフィンケルらについて、彼らが日常会話という「一般的領域」をまず最初に考慮することなしに天文学者のワーク (work) を研究している点を批判している. すなわち「分析は、独特なものをとりあげるのに先立って、その独特さが位置づけられている一般的領域を考慮しなければならないのだ」(p. 218). しかし観察-報告-再現という説明可能性の構造が天体物理学的特徴に言及するだけで伝達されるというその仕方を前提にすると、この事例において参与者が行っていることの分析にとっては、シェグロフが指摘するのとは別の日常的天文学の「一般的領域」が関連してくるように思われる.
41) Garfinkel, Livingston, Lynch, Macbeth and Robillard (1989: 3ff.).
42) 数学の証明文の意味と妥当性が、その文が「記述」している一連の行為に依存している仕方を示してくれているのは、次である. Livingston (1986)
43) Schegloff (1989b: 203-04). また次も参照. Schegloff (1992: xxxii).

44) Lynch (1993) を参照.
45) サックスはある意味で，日常言語学派の哲学にきわめて近い作業を直観レベルで正確におこなうべくテープ録音を用いていたのである．探究のこの段階において彼は「言語」や「会話」を探究対象としていたわけでなかった．それは日常言語哲学が「言語」を対象としていたわけでなかったのと同様である．この点を認識しておくことは重要である．ステファン・ターナーは次のように指摘している．「日常言語学派の哲学というラベルは，科学哲学が科学『についての』哲学であるように，この哲学が日常言語『についての』哲学であるかのように思わせる点で誤解を生みやすい．しかしむしろこの哲学は，日常言語が関わるすべて――無調音楽の活動にはじまり約束するという活動に至るまで――についての哲学である」(Turner 1980: 4). 付け加えて言えば，サックスがその初期の探究において日常的記述や説明，測定をめぐる用語の使用などの主題に焦点をあてている時，それは科学哲学における一般的テーマ「について」のものでもあったのである．
46) Sacks (1984: 26).
47) Bacon ([1960] 1971).
48) ここでの「誰でも」とは，個々の人物を指すのではなく，誰であれ通常の能力を備えたメンバー (competent member) のことを指している．また，「誰でも」が知っている事柄とは，そもそもそのような能力が示される状況と相互反映的関係にあるため，統計調査によって，このような状況と無関係に明らかにされるようなものではない．
49) シェイピンとシャッファー (1985) は，ホッブスの遺産に見られる鍵となる歴史的断絶点を特定している．ボイルとの論争ののち，ホッブスの社会秩序の理解が確立され，これはその後の社会政治理論の展開にとっての基礎となる．それとともに彼の自然哲学の大半は忘れ去られていくことになる．自然哲学的探究様式を駆逐するまでに実験室的生活様式を普及させていったのは，もちろんボイルの功績である．サックスはボイルと同じように，目撃という自然哲学的現象に関心をもって探究を開始し，また同様に包括的な理論的図式ではなくむしろ混成的 (heterogeneous) 事実とともに始められる手続きを強調していた．この点は Shapin (1988b: 23-58) を参照．
50) この点はとりわけ Parsons (1937) の最初の2章を参照のこと．科学についてのパーソンズによる説明は，多くの社会学者が認めるよりもはるかに弾力的なものである．社会構造と社会的行為についてのパーソンズの「理論」は数ある現代社会学理論のパラダイムのうちのひとつにすぎないとしばしば言われるものの，しかし社会学者が一般に用いている「パラダイム」という考え方は，じつはクーンよりもパーソンズに負うところが大なのである．クーンが理論中心的な社会学に親和的だった点は，Alexander (1982) に述べられている．
51) これについては逆もなりたつ．つまり科学についてのパーソンズの概念化は，機能主義の社会理論の一例となっている．パーソンズ (1937: 6ff.) は科学の領域を経験的命題からなる機能的システムとして描いていた．このようなシステムにおいては，どの命題の修正も程度は異なれども他の命題のへの修正をもたらすことになる．システム内の命題は，経験的に

観察可能な事実と結びつきまたこれに依存しているものの, パーソンズの言葉によれば, システムは科学の発展において「独立変数」でもある. パーソンズは, 科学知識および科学的合理性を, 常識的知識および実質的合理性から区別はしたものの, その概略において社会システムについての彼の理論は, 相互に結びついた言明からなるシステム (この場合であれば経験的に検証可能な言明ではなく規範からなる) を強調してもいるのである. そしてこのシステムは, 日常的世界の関連する側面へと行為者の注意を向けさせていくことになるのである.

52) Sacks (1992: 335-36)
53) Bjelic (1989) を参照. また Livingston (1987) の第 12 章と第 13 章も参照.
54) 「一瞥すること」についての説明は, Sudnow (1972: 259-79) を参照. ちなみにこの引用部において「推論」について触れている部分は, アーヴィング・ゴフマンによる相互作用主義的研究への批判として読むこともできる. そしてそう読むと, 学生へのサックスの非難はゴフマンにもあてはまることになる. というのもこの部分は, 次のような仮定, すなわち秩序だった相互行為の実践は人物によって与えられる (そして, かもし出される) 「印象」とこの目撃者による「推論」との間の複雑な関係を分析することで明らかにされるという仮定を, 疑問視しているからである. この点については次を参照. Goffman (1959: 2-3).
55) O. Sacks (1987: 14).
56) 「自然に組織された日常的活動 (naturally organized ordinary activities)」というフレーズは, ガーフィンケルに特徴的なものである. 他方サックスらはむしろ「自然に生じる活動 (naturally occuring activities)」というフレーズを使う傾向がある.
57) スタンリー・フィッシュは, 法の実践における推論について述べる際に「連鎖組織体(チェーン)」の類比を用いている.「連鎖組織体(チェーン)の中の行為者 (agent) は, その組織体の歴史を形づくる制約の後継者 (natural heir) である. 組織体における連結点としてこの行為者は, 目的と価値, 理解された目的, 推論の形式, 正当化の様式などこの組織体がかつて表しました定めた事柄を湛えているのである」. こうした行為者はその行為に際して, 実行する事柄すべてが記されたモデルや理論に頼る必要はない. なぜならその行為は, 組織体の歴史における位置の中で有意なものとされているからである. 会話分析においては, 連鎖における分子的連結点は, 行為者ではなく, 複数行為者によってなされる行為となっている.
58) Sacks (1989b: 199-200).
59) Turnbull (1993).
60) Turnbull (1993: 323).
61) Malcolm (1992) を参照.
62) Wittgenstein (1953: 第 11 節).
63) Sacks ([1972] 1974: 216)
64) Sacks ([1972] 1974: 217). ここでサックスは,「視界の相互性」をめぐるシュッツ的な説明に基づいて分析を行っているように見えるかもしれない. しかし, 社会的場面を, 知識の蓄えをもとにして解釈的に理解していくシュッツの議論と, 前解釈的な一瞥における理解についてのサックスの説明との間には, 重要な相違がある. このような理解可能性について非実証主義的に説明するものとしては,「として見る」についてのウィトゲンシュ

タイン（1953: 193-208）の議論を参照．
65) Sacks（[1972]1974: 218）．リヴィングストン（1987: 76）によると，この場合における分析可能性とは実践における客観性を意味しており，発話についての学問的分析の客観的真理の主張とは別物である．すなわち「重要な点は，この一例についてのサックスの分析が真理であるかどうかではない．彼が解明を目指した現象とは，ある行為連鎖の分析-可能性や物語り-可能性，聴き取り-可能性，あるいはまた行為連鎖の客観性がその行為連鎖じたいの一部であるといった事柄なのである．「お母さん」は「赤ちゃん」のお母さんであり，彼女は自身の赤ちゃんを抱っこしたのである．このように分析できることは，その物語が語られまた聴き取られる仕方の一部となっている」．これに続けてリヴィングストンはこう述べていく（76頁）．すなわち，サックスの協力者の何人かは，録音された発話にそなわるこのような分析可能性を，発話の学問的分析にとって方法的基盤であるかのように誤解している，と．「このような人びとは，『メンバー』すなわちローカルな会話産出に参与する者たちが明らかに聴き取っている事柄を，学問的分析作業を正当化する手段として用いているのである」．この人びとにとって，「メンバー」とは端的に，議論と調査を協働で進めていくための基盤として従うべき分析装置となっている．分析における立場と手続きをめぐるサックスたちの変化について，上記とは異なる見方については Schegloff（1992: xliii-xliv）を参照．
66) 進行中の会話の前解釈的な理解可能性は，規則に「端的に」従うことおよび「根拠」なしに理解可能な仕方で行為することについてウィトゲンシュタインが述べたことと類似している．しかしサックスとは異なりウィトゲンシュタインは，このような「端的に」行為を統制する「装置」の存在についてはつとめて沈黙を保っていた．
67) Winch（1958: 88）．
68) Ryle（1949: 16ff.）．
69) Ryle（1949: 7）．しかしサックスは彼の探究を，ライルの言う意味での「概念」に限定しなかったことには，注意すべきだろう．むしろサックスは，概念分析をトークの連鎖組織探究の中へと組み込んでいったのである．この点については Coulter（1983b）を参照．
70) 「住み込み技術者」という表現は，デイヴィッド・ボーゲン（個人的談話）による．ゲイル・ジェファーソンは，型枠という用語によって，会話における特定の分析的操作のことを記述している．しかし本文中において私は，この用語をより一般的に，会話の複雑な秩序がそのつど組み立てられていくパターンを記述するものとして用いている．この点については Jefferson（1988: 418-42）を参照．
71) Sacks（1984: 25）．
72) ジャン=カルロ・ロタは，彼の言う「実存主義的な観察」を，科学においてより一般的な実在論的な観察（realistic observation）から区別している．多くのハイデッガー読者とは対照的にロタは，唯物論をめぐる実存主義的な批判は観念論的伝統に属するのではなく，むしろこれを前例のないある種のハイパーリアリズムの試みと考えている．つまりそれは，表れの背後の「実在」という還元主義的考え方に対して無関心なのである．この点については Rota（1973）を参照．サッ

クスは，実存主義について語ることはなくむしろ分析哲学の伝統に傾倒しているように思われるものの，彼の記述主義はやはり非還元主義的でハイパーリアリズム的である．

73) 会話分析の中でもエスノメソドロジーにより近い研究からは，実証主義的立場とは対照的な，こうした超客観主義を見ることができる．例えばアニタ・ポメランツは，話者がなんらかの記述を「ただの事実」として提示する場合について論じている．Pomerantz（1984: 163, n. 1）および Pomerantz（1980）を参照．ポメランツは，「ただの事実」ならびに「生のデータ」を，特有の状況におけるメンバーの用法として記述しつつ，他方でこのようなメンバーの用法と科学的事実やデータとの間に引かれるやっかいな区別には無関心を保っている．

74) Zimmerman and Pollner（1970）を参照．

75) 近年の著作や講義においてガーフィンケルは，明快な場面（perspicuous setting）という語を用いて，哲学や社会科学の著作における「古典的」テーマが実践的に成し遂げられる日常的な組織された場面のことを呼び指している．サックスの研究室を明快な場面として記述する際にも私はこの語を，科学をめぐる実証主義的哲学の基礎的なテーマとなる現象，とりわけ観察や記述，再現といった現象を検討するために用いている．

76) 会話分析の研究の文字表現上およびレトリック上の特徴については，下記で論じられている．Anderson and Sharrock（1984），Goffman（1981），Mishler（1991），そして Bogen（1992）．

77) Livingston（1987: 85）と対照のこと．

彼自身が認めているように会話分析に対するリヴィングストンの批判は，形式的分析についてのガーフィンケルによる講義と未刊行の著作に基づいている．

78) 錬金術への言及は，トレント・エグリンによる洞察に基づいている．それによると，錬金術の秩序とは，具体的な「技巧」を示しまた分析するための再帰的な(リフレクシブ)プログラムなのであるが，それは自然科学のローカルな産出にも暗に含まれているものである．この意味での錬金術とは，その一般的イメージ，すなわち鉛を金へと変容させる誤りに満ちた前科学的プログラムであるといった一般的イメージとはまったく異なるものである．この点については Eglin（1986）を参照のこと．

79) おそらくアンディ・ウォーホールのファクトリーも同様の運命をたどったのである（Jones（1991）を参照）．ファクトリーはもともと，生産するインスタレーションとして考案された．そこでは，「ファクトリー」とは芸術的テーマなのであり，かつそこで産み出される標準化された芸術作品はこうした場の全体によって表されるパロディの一部となっていたのである．しかしファクトリーが産み出す芸術作品じたいが商品として評価されるようになると，ファクトリーはウォーホールの芸術がそもそも目指していたインスタレーションであることをやめていくことになった．そのかわり，ファクトリーは一般受けする工芸品を産み出す場となっていったのである．

80) Sacks, Schegloff and Jefferson（1974）．

81) 「基礎的規則」の概念については，次で論じられている．Kaufmann（1944）．カウフマンは，ゲームの基礎的規則を，彼が選好的規則と呼ぶものと対比している．

すなわち，チェスの基礎的規則が文脈中立的にゲームを定義するのに対し，選好的規則とは試合の流れの中でそのつど与えられる諸々の選択肢のことをいう．シェグロフ（1992）はサックスがカウフマンの著作に馴染んでいたことについて触れているが，明らかにサックスはガーフィンケルがカウフマンによる「基礎的」規則と「選好的」規則の区別を用いていたことから影響を受けている．Garfinkel（1963）を参照．

82)「団体的コミュニティ」との指摘は，ガーフィンケルら（1989: 65, 付録1「あとがきとまえがき」）による次の一文の中で与えられている．「すなわちハーヴィ・サックスの死後，後の会話分析は，コード化された順番において発話とその構造とが連鎖的（シークェンス）に組織されていく仕方について論じながら，構造を治める上級官吏のごとくトークを把握していくのである．すなわち会話分析は，科学としての地位に通じる事柄，すなわち科学に相応しい尊厳と学問的ならびに団体的な正しさなどの事象に内側から携わる者として，トークを管理していくのである．会話分析のこのようなトークの把握の仕方は，構造についてのそれ以外の関心のあり方や，さらには構造についてのそれ以外のエスノメソドロジー的関心のあり方も存在しないかのようなものとなっている」．

83) 会話についての事実のリストには，順番割り当てテクニックや順番を構成する言語学的な「単位」，順番取りにまつわる誤りや違反を解決する「修復メカニズム」が含まれている．

84) Coulter（1983a）．

85) サックスらは，会話では「未指定の」パラメータについて，これらがあたかもシステムそのものを特徴づける積極的「事実」であるかのように定義している．このように会話を基本的発話交換システム（master speech-exchange systems）であるかのごとく概念化することによって，ひとつの研究プログラム全体が設定されているのである．すなわちさまざまなトークの形式が，基本をなす「日常的」会話からの派生物として示されていくことになる．例えばジョン・ヘリテイジは，教育場面や法廷での尋問，政府の専門委員会，政治討論，ニュース・インタビューなどの「制度的」トークの形式について論じる中で，「日常会話」が持っている基本的性質の存在論的および方法論的意義についてこう指摘している．すなわち制度的トークにおいては，(1)「日常的相互行為において用いることのできる会話的実践の全範囲」が選択的に切り詰められている，(2)「日常的トークに由来するもしくはそれに根ざした」特定の手続きに基づいて専門化がなされている．次を参照．Heritage（1984: 239-40）．

86) Parsons（1951）．

87) Heritage（1984: 239）．

88) 規則1cについては，規則1bの特殊例として扱うことができる．規則1cによると，もし現在の話者が次の話者を選択していなければ，現在の話者は，他の者が自己選択をしないかぎりは移行に適切な場所において話し続けることができる．言いかえれば，現在の話者は，他の参加者と同様，早い者勝ちの規則に拘束されているということである．

89)「自己」修復と「他者」修復についての詳細な説明は，次を参照．Schegloff, Jefferson and Sacks（1977）．

90) Zimmerman and Boden（1991: 11）．

この引用で参照されたのは，トマス・P・ウィルソンの論文（1989）である．
91) Zimmerman and West (1975).
92) West and Garcia (1988).
93) West (1984).
94) Davis (1988).
95) Molotch and Boden (1985).
96) McHoul (1987). マクホールは，会話の順番取りシステムを，中央管理された言説システムに抗して「侵犯」をなすための基盤として扱っている．しかし，他の言説秩序とは対照的に「会話」それ自体の秩序が偶有的に達成されるという論点を認めているため，順番取りシステムについての彼の扱い方は，特定の制度的システムに対して順番取りモデルをたんに「適用」していく研究とは異なっている．
97) Schegloff (1987).
98) Schegloff (1989a)
99) Bogen (1992) を参照．
100) Suchman and Jordan (1990).
101) Schegloff (1989a) および (1988a)，(1984)，(1992).
102) サックスらが示す通り，ある発話についてそれが置かれた連鎖（シークエンス）の中で分析的に特徴づけていく際には，その発話を他の会話参加者がどう扱っているかが「規準的証拠（proof criteria）」となる．したがって例えば，ある発話についてそれを「質問」もしくは「招待」として特徴づけることは，形式的な統語論的あるいは意味論的規準のみによって確定されるわけではなく，受け手がその発話をどう扱うかによっても左右される．もしその発話に対して明らかに「答え」がなされた場合，このことがその発話を「質問」として特徴づける規準となるのである．この点の詳細な説明については，次を参照．Schegloff and Sacks (1973). なお，分析の「証拠」をめぐる手続きについての批判については，Coulter (1983a) を参照．
103) メンバーの直観と専門的知見との区別は，どのようなものであれ分析という営為に欠かせない一部であるとも論じることができる．「方法を知ること」と「内容を知ること」についてのライルの区別は，日常的概念の論理文法を体系的に調べていくためのリソースとなっている（Ryle 1949: 25ff.）．そして社会科学では，知ある無知（docta ignorantia）が，メンバーが「知らずして知っている」事柄を分析的に特定するためのお膳立てとなっている（Kaufmann 1944）．たしかに，こうした区別は社会科学において常套化されておりまた避けがたいものではある．その主題と観察言語の性質ゆえに，社会科学に携わる者は日常的概念や判断，歴史的理解や実践的推論様式の地平に巻き込まれざるをえない．こうした中で，社会科学の専門的営為がもつ特別な妥当性を唱えるためにこうした区別が道具として用いられる．しかし，こうしたことがあまりにも多すぎるのである．これに対してシュッツとガーフィンケルは，こうした区別の使用それ自体を，社会科学の技術的な発展によって乗り越えられるべき方法論上の問題としてではなく，探求すべき根本的現象として見なしていったのである．
104) Zimmerman (1988).
105) ジンマーマンの上記の論文についての示唆に富んだ批評としては，次を参照．Wieder (1988). 会話分析における発見を産み出す際のトランスクリプションの役割についての異なる見方については，

次で論じられている．Pack (1986) および Psathas and Anderson (1990), Mishler (1991). ゲイル・ジェファーソン (1985) もまた，トランスクリプト作成の実践について分析的関心を向けている．

106) Zimmerman (1988). また Wieder (1988) も参照．
107) Heritage and Atkinson (1984: 4).
108) Heritage and Atkinson (1984: 3).
109) イアン・ハッキングは実証主義の「6つの本能」という節において，実証主義の傾向をリスト化しているが，会話分析の著作はそのうちのいくつかを実際に示している (Hacking 1983: 41-42). 具体的には，直接的観察の強調や理論的存在の仮定を避ける傾向，説明よりも記述を好むことなどがあげられている．しかしこれが会話分析のすべてではない．なぜなら，会話分析では，こうした実証主義的な基調が，「社会的事実」を構成されたものと捉えるエスノメソドロジーの遺産とともに共存しているからである．シェグロフは，会話分析と実証主義的社会科学を次の点に注意を促すことによって区別している．すなわち，会話分析者が明確な「参与者の指向」に準拠することで会話データについての記述を統制しようとしていることである．しかし同時に彼は，ガーフィンケルの「反実証主義的」エスノメソドロジーからも距離をとっている (Schegloff 1989a: 215-7).
110) 分析的文化とは，こうした隔離を成し遂げることによって発達するのだと論じることもできるかもしれない．例えば 19 世紀初頭に英国の数学者によって結成された「解析協会 (the Analytical Society)」は，直観的な数概念から代数の記号的操作を分離させていくことになる．このように素人の直観から専門的分析を分離することは，専門的数学者の自己充足意識を高めんとする利害関心の反映だと，デイヴィッド・ブルア (1981b) は述べている．ただしこうした利害関心を会話分析者に帰属できるか否かにかかわりなく，私の批判の論点は次にある．すなわち，素人の直観から専門的分析を切り離すことは，学問分野としての会話分析の幸先にもかかわらず，初期サックスによる調査が切り開いた「認識についての」探求を会話分析が切り落としていくことを実質的に容認していくことになるのである．しかしまた，以上の点とは別に，数学と会話分析における重要な相違も見逃すことはできない．数学の実践が数えたり測定するといった日常的能力や実践的な幾何学ならびに数学的「応用」に本来根ざしているというフッサールの考えを信奉しなくとも，数学者は，その分析的文化が秘教的（もしくは奇矯な）生活形式に堕してしまうなどと心配する必要はほとんどない．他方，会話分析は，その「対象」領域それ自体が素人の分析を通じて産み出されているとの考えに立つ以上，完全に自律した会話分析的「代数学」などというものは無意味となる．あるいはより適切な類比で言えば，日常的数学の産出をより抽象的用語のもとに包摂するということになるだろうが，「解析協会」が目指したのはこうしたことではなかったのである．19 世紀初頭の代数学の以上のような側面に注意を促してくれたのは，カリフォルニア大学サンディエゴ校科学研究院におけるアディティ・ゴウリの卒業論文である．
111) この表現は，次に基づく．Garfinkel et al. (1989: 65).

112）たしかに会話分析は個別事例の分析も行っている．しかしその場合でも，事例について観察できる諸特性が有意味なものとされるのは，トランスクリプトの細部についての「直観的」解明を通じてではなく，その事例と会話分析の先行研究における事例とを比較することを通じてである．他方，明らかにこの原則から外れているものとして，Schegloff (1988b) がある．この論文では，「既存の分析資源」によらずとも「新たな発見」が可能であることが「明白」である例として，ひとつの事例が提示されていく（p. 442）．とはいえしかし，シェグロフは続けて次のように述べていく．彼の分析は会話分析の典型的「分析道具」に依拠しており，これによってトランスクリプト化された断片の中に特定のメカニズムが作動していることを見分けることができ，さらには類似事例を探し出していくことも可能となっているのである，と．この点からもシェグロフの分析が，これまでの会話分析的発見の回路の中で作動しており（そうでないなどということがどうしてありえようか），かつ会話分析の分析一覧の中へと組み込まれていくものであることは，明らかである．シェグロフの論文を読み，彼のトランスクリプトの読み方に説得力を感じなかった点に基づき，私は次のように主張したい．彼の分析に対してトランスクリプトの断片が持っている明白さは，原始的科学についてのサックスのプログラムにおいて述べられていた明白さとは同じものではないと．なぜなら，シェグロフのものとは異なりサックスのプログラムでは，観察者が記述している事柄は，証拠を添えて示された場合には「誰でも」が直観的に理解できるとなっていたからである．とはいえこう言ったからといって，シェグロフの分析を貶めるつもりはない．むしろ専門的分析者からなる小共同体の中でのみ理解されうるような（accountable）彼の直観的理解を称えることになるのだろう．

113）次におけるゴフマンの見解を参照．Goffman (1974: 5)．そこにおいて彼は，こうした目的を（誤って）ガーフィンケルによるエスノメソドロジーのプログラムに帰属している．ガーフィンケルがある時期に「もしそれに従われたのならば，所与としての『世界』の生成をもたらすことになる規則を探し求めていた」とゴフマンが述べたとき，彼は明らかに初期ガーフィンケルの著作である「信頼」論文に言及している．

114）次を参照．Schegloff (1979)．

115）Schegloff (1984: 29ff.), Searle (1969)．

116）Schegloff (1984: 31)．

117）トランスクリプトによると，「そのうち (sometime)」とではなく「たまには (sometimes)」とはっきりと言われている点は奇妙である．おそらくこれはトランスクリプトの問題ではなく雑音の多いテープのせいだろう．ただし，いずれであってもここでのシェグロフの分析に影響はない．

118）Wittgenstein (1953: 第90節)

119）シェグロフの例は，あるとても重要な点においてウィトゲンシュタインの例とは異なっている．ウィトゲンシュタインはおなじみの表現を比較し，それらの日常的状況での多様な使用のいくつかを思い起こすのに対し，シェグロフはひとつの会話のテープ録音から素材を得ることで，回想に対する認識の優位性を手に入

120) スタンリー・フィッシュ (1989: 1ff.) の表現を借りている．フィッシュは「反形式主義」という名によって，哲学と文芸批評，批判的法学のいくつかのプログラムを取り上げている．そしてエスノメソドロジーはそのうちのひとつである．彼は，その批判的論文において，「反形式主義の道」へのコミットメントを表明することがこのような「反形式主義」でありつづける (stay on) ことの保証を与えるものではないということを何度も示している．
121) Schegloff (1978: 34).
122) Sacks, Schegloff and Jefferson (1978: 86, n.46).
123) もちろんのことであるが，日常的なカテゴリーがより抽象的用語のもとに包摂されたとしても，会話分析の作業が終わるわけではない．例えば，Davidson (1984).
124) この点については異論の余地がないわけではない．「たまにはうちに来たらどうかな」に対して「ここのところ忙しくて」という弁明によって応答することもできる．この答えを弁明として（かつたんに「告知している」のではないものとして）同定することは，質問を招待でないにしても苦情として理解していることを前提にしている．
125) シェグロフ (1988a) は会話分析の領域を「相互行為内トーク」の「統語論」のひとつであると明示的に特徴づけている．文脈から切り離された個々の文 (isolated sentences) の文法性に関する直観的判断によるのでなく，トランスクリプト化されたテープ録音とこのように記録された行為についての直観的認識が用いられている点を除けば，「証明手続き」は文の文法についての言語学的研究で用いられているものと異なっていないことに注意してほしい．
126) Atkinson and Drew (1979) を参照．
127) 「イランとの武器秘密取引についての議院特別委員会の調査とイランとニカラグア反政府勢力への秘密軍事援助についての上院選出委員会に先立つ合同聴聞会での証言」，1987年7月7日，午前部会．M. リンチと D. ボーゲンによって書き起こされた．Lynch and Bogen (forthcomming [1996]) を参照．
128) Baccus (1986: 5).
129) Garfinkel and Sacks (1970). メンバーとは，「自然言語の習熟」を指すガーフィンケルとサックスの語である．メンバーとは，人物や個人の概念とは区別されなければならない．むしろ，メンバーというアイデンティティは，つねに組織されたなんらかの場面との関わりにおいて成立するものである．表面的には「メンバー」は，会話分析で好まれる用語である「参加者 (parties)」と同義語ではある．しかしメンバーは，例えば契約の場への参加者そのものを指すのではなく，むしろこのような言説的領域において信頼される地位のことを含意している点において，参加者とは異なる．すなわちメンバーシップとは，明白に組織された「前契約的連帯」に関しての現象学的地平を意味しているのだ．
130) ゴフマン (1976) の議論は会話分析についての根深い誤解を明らかにするものではある．しかし「隣接ペア」による形式的分析が，会話における「質問」と「答え」というローカルに産出されるレリバンスをいかにくみとりそこねているかを，

うまく示してもいる．ここでゴフマン (1976: 34) は，シェグロフが言語行為論に向けて用いたのと同様の議論を，シェグロフの相互行為分析に対して用いているのである．すなわち「伝統的な文法学者によって言及される自己充足的なサンプルの文とは異なり，自然な会話からの断片は多くの場合理解不可能である．とはいえこれらが実際に理解可能である場合，それは〔現在の読者である〕私たちに先立ってすでに読んでいる誰か〔その会話の参与者〕から暗黙のうちに得ている手助けのおかげだ，ということはありえるだろう」．シェグロフ (1988a: 110) は次のように述べることで，ゴフマンに反対している．「『隣接ペア』という概念を導入する際の重要な点は，行為連鎖の単位について特定のタイプのものを原型としてしまうことにまつわる問題を避けることにある」．しかし私見では，論争における重要な点は次に求められる．質問—応答という行為連鎖を分析的に特定するということは，一種の「類型学」を用いて，会話の参与者が隣接ペアを「達成」するしかたを区別することである．ちなみに隣接ペアという一般的クラスの要素となるのは，定義上，その第1成分が挨拶や不平，質問などの類型によって特徴づけられる（そして実際の状況でもそう認識される）ものの他にはありえない．そしてこれらの類型の名が日常的名称であり，必然的にそうならざるをえない点が，重要である．

131) ウィトゲンシュタイン派エスノメソドロジー (ethnomethodological / Wittgensteinian) の立場からのサールへのより広範な批判については，次を参照．Bogen (1991).

132) Sacks (1992: 212).
133) Shapin and Shaffer (1985: 25ff.).
134) 「科学の人類学」を志向した近年のいくつかの論文への批判的概観は，次を参照．Latour (1990b).
135) ブルデューのエスノメソドロジー理解には改善すべき余地が多くあるものの，彼は私がここで提起している問題をはっきりと認めている（たしかに彼の場合は，構造言語学と構造人類学を批判していたのではあるが）．「次の場合にまして，科学活動の実践的特権がその活動を狭猾に支配することはない（なお科学が認識論的切断のみならず社会的分離 (separation) をも前提にしている限りでの話であるが）．すなわち，この特権が特権として認識されないままに，実践についての暗黙の理論へと通じている場合である．この場合，この暗黙の理論は，科学が可能になっている社会的条件についての無視の結果なのである」．次を参照．Bourdieu (1977: 1).
136) Sacks (1992: 214).
137) Schegloff (1989b: 203).
138) トマス・クーンによる1970年版の『科学革命の構造』〔1962年版の改訂と補章追加〕における「補章—1969年」を参照．そこでは，彼はパラダイムのことを「専門母型 (disciplinary matrix)」と述べている (1970). matrix という語の意味の中でここでもっとも関わってくるものは，数学の行列ではなく，生物コミュニティがその中に埋め込まれている環境という，生物に関わる意味である．
139) 教示による再生産可能性 (instructable reproducibility) という「証明の言明」が持っている性質が，ローカルに編成されまた最初から通しておこなわ

れる証明という生きられたワークの中でまたそのワークとして成り立っている点については，次で示されている．Livingston (1986).
140) 会話分析がエスノメソドロジーに由来することについての決定的見解は，Heritage (1984) による．
141) Pollner (1991) を参照．
142) Garfinkel (1988: 103-6).
143) ここでの科学という用語は日常的現象について述べているものと考えて欲しい．例えば，生物学科の仲間を訪ね，彼らが実験室でなにか行っているのを見るといったような場合のありきたりな「科学」などのような．したがってこれは，「科学とは何か」といった定義の問題とは別である．
144) Schegloff (1987) と Hilbert (1990) を参照．
145) 「有機体」の隠喩は機能主義の「構造」理解にしばしば用いられる．なお，パーソンズ (1937) は彼の行為理論のなかで，経験的調査における理論の役割を論じる際や「単位行為」概念の基礎となる要素について定式化する際に，古典力学による類比を用いている．
146) 今のところ，多種多様なエージェント，エージェンシー，そしてその集積について述べる際にラトゥールとカロンが用いているような，アクター（行為者）という用語については考察しない．むしろアメリカ社会学によりなじみの深い用法，つまり所与の状況において行為する行為者についての理論的モデルについて述べる用法のことを指していると考えて欲しい．
147) Kay (1993).
148) Jordan and Lynch (1992).
149) Burian (1991).
150) Gilbert (1991).
151) Cohen (1988).
152) Latour (1988) を参照．
153) Sacks (1963: 15, n. 13) は次のようなマルクスの断言を引きながら，「素朴な社会理論の終焉」をマルクス（『フォイエルバッハに関するテーゼ』）に帰属させている．すなわち「人間の思考に対象的真理が到来するかどうかという問題は，理論の問題ではなく，実践的な問題である．実践において人間は彼らの思考の真理性を，すなわち現実性と力，此岸性を証明しなければならない」〔訳文は，マルクスとエンゲルス (1845/1846=2002: 233) を参照した〕．

第6章　訳注

訳注1) 通常，日本語における「インストラクション」は，機器操作方法や実践活動の方法について指示（教示）する場合に用いられる．しかし本補遺（および本書）における著者のねらいは，分子生物学の実践においては，DNA の「指令(インストラクション)」と実験的研究実践における「教示(インストラクション)」とが切り離しがたく接合されながら「分子社会学」を形づくっている点を描くことにある．手短に言えば，本書において「instruction」は，2 つの文脈（DNA のタンパク質合成の「指令(インストラクション)」，社会的実践の「教示(インストラクション)」）において用いられており，リンチは補遺においてこれを一元的に，分子生物学の中にある分子社会学として把握している．よって，ここでは「インストラクション」と訳出した．ただし，第 6 章補遺以外においては読みやすさを優先し 教示(インストラクション) とルビを付けて表記した．

訳注2）本書の会話は，おおむ会話分析のトランスクリプトの記載法に沿っている．例えば次のものがある．括弧内の数字：沈黙の秒数．括弧内の発話：不明瞭な発話．二重括弧内の記載：状況説明．：（コロン）：音の延長．[：同時発話の開始．下線：音の強さ．傍点：音の大きさ．「°」に囲まれた部分：弱められた発話．

訳注3）プラスミドとは，細胞内で複製され子孫に維持伝達される，染色体以外のDNA分子の総称であり，抗生物質に対する耐性をもたらすものや細菌細胞で接合伝達をおこすものなどがある（八杉龍一ほか編（2002）『岩波生物学辞典　第4版』（岩波書店）の「プラスミド」などの項目に基づく）．

訳注4）ベクターとは，「組み替えDNA実験において，制限酵素などにより切断した供与体DNAの断片を繋いで増幅させるために用いる小型の自律的増殖能力をもつDNA分子」のこと（上記，訳注3の辞典）における「ベクター」の項目より引用）．

第7章

1) Fish (1989: 225)．しかしながら，エスノメソドロジストは，日常活動の「自然で所与の」秩序を考察してはいるのだが，そのような秩序の「所与性」を日常的な達成として扱う点に留意すべきである．

2) Fish (1989: 225)．明らかに，この英雄たちのリストはさまざまな系統の論争と意見の相違に沿って細分化できる．

3) Fish (1989: 226)．「過剰形成」が指しているものは，私にはよく分からない．もっとも，ガーフィンケルとサックスが強調した日常的な場面において社会的事実が実践的に決定され尽くしていること（「あらゆることにおける秩序」）を指していると思われるのだが．

4) ウィトゲンシュタイン（1958: 第211節から第219節）による，理由づけや正当化をすることなく活動すること（「私は規則に端的に従う」という有名な議論を理解する1つのやり方は，行為の認識可能な特性をその基礎となる選択や決定や意図の証拠として扱うというほとんどの哲学や社会科学における分析方針に対する批判的コメントとして読むということである．ウィトゲンシュタインは，選択や決定などが言語的行為に時には関連することに異議を唱えたわけではなかったが，「暗黙」で「無意識の」行為の源泉を記述するために熟慮や推論といったイメージを分析的に拡張することは実際に疑問視したのである．

5) 次の論文を参照．Pollner (1974), Woolgar and Pawluch (1985)．同様に，科学者の「物語」への批判的な分析，例えば，ハラウェイ（1989）は説得力のあるものである．というのは，これらの分析によって，特定の物語の細部——例えば，評判の良い霊長類学のテキストで語られるようなことのいくつか——が，現在論争になっているテーマに強く関係していることが明らかになったからである．これら著作の表面構造は，フェミニスト文学批評の助けを借りれば，別様に書くこともできたような，先祖についての見え透いた物語として読むことができる．しかしながら，そのような効果的な批判によって，あらゆる科学の「ジェンダー化された」もしくは「構築された」性質についての包括的結論が正当化されるのかどうかはわからないままなのである．

6) Derrida (1970: 256)．第4章における

この点についての私の議論を参照.
7) Pollner (1975), 特に 424 頁.
8) Habermas (1983: 16). 批判的な議論は, Bogen (1989) を参照.
9) Woolgar (1988: 99ff).
10) Pickering (1984: 3ff).
11) 例えば, フラーは, 科学の自律性と権威に関する一般化された「社会的」批判を受け入れることから,「公的な」コントロールの下で科学を位置づける規範的(管理的)プログラムを復権させることへと非常に急激に離れていったのである. Fuller, S. (1992) 参照.
12) これは, RPI 実験室生活シンポジウム (Rensselaer Polytechnic Institute and General Electric Corporation, Troy, NY, 1981) において行われた, 科学史家や科学社会学者によるいくつかの発表に関するノーベル賞受賞者によるコメントを言い換えたものである.
13) 例えば, ラトゥール (1987: 第1章) の教訓的な対比である「作動中の科学」と「既成科学」を参照のこと.
14) これは, 著者や話し手の「意図」がテキストや発話の理解に必要であるということとは異なる.「意図」とは, 読んだり書いたり話したり聞いたり見たりなどする過程に指標詞が埋め込まれている方法を理解するための, 過度に一般化され, そして不適切に心理主義化した構築物なのである.
15) このように述べることで, 科学哲学者や科学史家や科学社会学者が, そうした研究をしたために, 科学を「どのようにやるのか分からない」と示唆したいのではない. むしろ, 私が言いたいことは, 科学の衒学的議論に出てくる論争や対立は実験室のプロジェクトや黒板でのデモやコンピュータ・プログラミングなどの現場や機会や技術とはかけ離れたものだということである.
16) 私の知る限りでは, この「ギャップ」についてガーフィンケルが講義や公式の研究発表や非公式に回覧された草稿で述べ始めたのは 1970 年代の初頭である. 彼はこの問題を 1974 年のアメリカ社会学会 (モントリオール) での基調講演において提起したのだと思われる. この問題について触れたもので初期に公刊されたのは, Garfinkel (1977) である.
17) ガーフィンケルは, このハワード・ベッカーへの批判をデイヴィッド・サドナウのものであるとしていた. この点を認識するには, ベッカー (1963) によるダンスバンドミュージシャンに関する章と, サドナウによる『鍵盤を駆ける手』(1978) を比較すること. しかしながら, サドナウが行ったピアノによるジャズ演奏の学習に関する現象学的な説明は, ジャズを「相互行為的に」演奏することを記述していない. これは彼がまだ成し遂げていない, 後の研究のために残されたより困難なプロジェクトである.
18) シュッツ (1964) は, そのようなプロジェクトの大まかな論拠を提供した. ベッカーを責めるのは不当だったかもしれない. というのは, ガーフィンケルの同世代の中では, ベッカーがエスノメソドロジーに対して一番寛容だった人に入るからである. 例えば, エスノメソドロジーに関するパーデュー・シンポジウムで, ベッカーは主に, ガーフィンケルなどのエスノメソドロジストと一群の困惑した社会学者との間で, 翻訳者や媒介者の役目を果たしていたからである.
19) この問題提起と, ガーフィンケルがエ

スノメソドロジーの「発見」について語るときに言及する「シルズの不満」の話とは，テーマとして継続性があった．

20) O'Neill (1980) を参照.
21) Coser (1975), Gellner (1975). これらの批判については，第1章で議論している．
22) 例えば，ジェフリー・アレグザンダーとベルンハルド・ギーゼンは，「最近の」エスノメソドロジーを2つの発展方向に分類した．1つは，規則に基づく社会科学モデルに対する初期ガーフィンケルによる批判と強いつながりを継続しており，もう1つは，会話分析という「分家」である．アレグザンダーとギーゼンの議論によれば，後者の研究系列は「拘束規則」によって相互行為実践を記述するので，社会システムの規範モデルの中により簡単に包括することができる．Alexander and Giesen (1987), 特に p. 28. この点に関するさらなる議論は，Bogen (1992) を参照.
23) Heritage (1984). ヘリテイジはこの説明に限定を設け，この本を書いたときには，ガーフィンケルと「第2世代の学生」がしていることを推測するために使える出版物がほとんどなかった，としている．
24) Heritage (1984: 300).
25) エリック・リヴィングストンは数学の訓練を受けた．ステイシー・バーンズは法科大学院に入学した．メリンダ・バッカスは弁護士補助員として働いた．デイヴィッド・ワインスタインは南ダコタにあるトラック運転手の訓練プログラムに参加（し，そして落第）した．アルバート・B・ロビラードとクリス・パックは小児科で仕事に就いた．そして，ジョージ・ガートンは格闘技の訓練を続けた．

容易に想像できるように，このような訓練や仕事を引き受けるのには他の誘因もあり，学生はエスノメソドロジー探究を追及するためだけにこれらの活動を選んだわけではなかった．ちなみに，私自身の実験室ワークの研究はそのような習熟に「基づいて」はいなかった．そして，それが批判の源となった．Garfinkel, Livingston, Lynch, Machbeth and Robillard (1989: 10-15) を参照.
26) Garfinkel, Livingston, Lynch, Machbeth and Robillard (1989: 14).
27) 第1章で注記した通り，インデックス性と相互反映性(リフレクシビティ)は，エスノメソドロジーの議論において核心的なテーマである．そして，一般的に，エスノメソドロジストは記録上の一基盤としてビデオテープやオーディオテープをしばしば利用して，社会的行為を綿密に観察し記述しようと試みる．しかし，これらの研究におけるテーマや方法論の上でのイニシアチブは基礎づけ理論や規則に基づいた方法とは一線を画している．それぞれの事例の状況上の詳細において，どのように社会秩序が内生的に生み出されていくのかを示そうとするためである．
28) ガーフィンケルのプロジェクトの成否を語るのは困難である．たいていの場合，1970年代から1980年代にガーフィンケルの下で博士論文の研究を行った「第2世代の」学生は，社会学の分野から離れていき，学界内外で他の職に就いた．これらの元学生がエスノメソドロジーと自分が就いた仕事をハイブリッド化したかどうか，それともただ辞めてしまっただけなのかどうかを言うことは私にはできない．なかには，本意ではなく就職への絶望から社会学（そして，エスノメソド

ロジーの学術研究や教育）を離れた者もいた．ガーフィンケルは，社会学における通例の経歴願望から学生を引き離しつつ，研究を継続するように鼓舞し，激励するというやり方で悪名高くなった．このことで，もっとも熱心で出来の良いガーフィンケルの学生の何人かには，不幸な結末がもたらされた．私の場合，ガーフィンケルのプログラムを完全に実行できなかったこともあって，社会学での（やや脆弱だが）継続的な雇用にありつけたと証言することができる．

29) 次の論文は，社会学の群れの「中へ」戻ることへの勧めとして読むことができる．Frank (1985).

30) Garfinkel et al. (1989: 2).

31) ガーフィンケルが本質という用語を使うのをやめる理由は，次の論文で詳しく述べられている．Garfinkel and Wieder (1992).

32) Goffman (1974: 5).

33) Latour (1983) を参照．

34) Wittgenstein (1953[1985]: 第23節). このリストでさえ，言葉を話すという活動領域の複雑性を述べるにすぎない．会話分析研究が示した通り，物語，ジョーク，命令を発したり受けたりするといった現象は雑多に集められた活動であり，それをつくり出すルーチンとそれが生じる環境という観点からさらに詳細に差異化することができるものである．

35) 例えば，Lynch (1985a: 169-70) を参照．冗談を言ったり，「ふざけたり」といった活動は必ずしも実験の枠組の外側で起こるわけではないことに留意すべきである．というのは，そのような活動は，しばしば，装置をいじって実験を邪魔したり，遊びでデータ表示を描き変えたり，実験動物をからかったりなどといったことによってなされるからである．気の利いたジョークなど自然に生じるユーモアの中には「まじめな」実験室作業から明らかに「逸脱している」ものもあるが，そのように認識可能なこと自体が実験室作業の産物なのである．Gilbert and Mulkay (1984) も参照．

36) ガーフィンケルはこのような技術を「ブリコラージュ的知識への依存」という項目のもとで要約した．Garfinkel et al. (1989: 24) を参照．

37) Lynch (1991) を参照．

38) サックスは，会話者が自分の活動を組み立てるときに引き出しとして用いるような，技術の「貯蔵庫 (warehouse)」という比喩を時々使っている．これは会話分析研究で有効に使われてきたが，この比喩は，その場に適した技術が標準化された活動の固定された束として利用可能であるということを不用意にも示唆してしまっている．むしろ，各々の詳細が，会話技術のどんな一般的定義にもまさる，今ここに寄せ集められたものの1つの詳細としてある中で，ローカルに構築される連接的な活動に（しばしば回顧的に）割り当てられる名前として，その場に適した技術は利用できるのである．

39)「エトセトラ項目」を私が使用するということ自体，この認識トピックのリストの重要な特徴となっている．それは有限集合ではないし，網羅的にリスト化することができないし，しかもその使用は「科学的」言説に限定されるものでもない．同時に，私がリスト化した認識トピックは方法論や認識論の議論において繰り返されるテーマ，トピック，概念のための名前として認識可能であるはずだと私は

考える．ただし，ウィトゲンシュタインはこれらの用語を名詞ではなく他動詞として使う——例えば，測定ではなく測定する，というように——傾向があることに注意するべきである．これは，それらの用語を一般的な方法論や認識論と分離するためであり，それらを日常的な活動の中により確実に位置づけるためなのである．

40) 「動機」について，同様に直截な提案は，C・ライト・ミルズ (1940) によってなされた．

41) 私の認識トピックのリストには，認識論に関連した科学研究のおなじみのテーマが含まれている．ガーフィンケルは最近の著作で「秩序トピック (order topics)」と呼ぶ別の際限のないリストを提示している．その「秩序トピック」は，誇大社会理論 (grand social theory) の基礎的問題を批判的に想起させ，再特定化するものである．そのテーマのリストには，論理，意味，方法，実践的行為，社会秩序問題，実践的推論，詳細，構造が含まれる．Garfinkel and Wieder (1992) を参照．ガーフィンケルとウィーダーは，このような用語にたいしてエスノメソドロジーは，学問的解説のためのトピックとしてではなく，詳細な探究や例証のための「現象」として関心を持つのだと注意を促している．

42) Wittgenstein (1976: 第383節).

43) Garfinkel et al. (1989).

44) これは，「発見」というテーマ自体にも適用される．Brannigan (1981) で論証されている．

45) ガーフィンケルは，クワインが本質 (quiddity) という用語を自分の本のタイトルに使ったことがわかった後に，この言葉を使わないようにした，と冗談を言った．（個人的談話, 1989）

46) ハーヴィ・サックス未刊行講義録, UCLA 社会学部, 1967年2月16日．より詳細な議論は，第5章を参照．

47) Garfinkel, Lynch and Livingston (1981). 引用は，154ページから（トランスクリプトは，若干単純化してある）．

48) Garfinkel, Lynch and Livingston (1981: 54). （トランスクリプトは，若干単純化してある）．ガーフィンケルら (1981: 135ff.) は，時間軸に沿って利用可能となっていく対象の相貌について議論するときに「明らかに曖昧な，それ」という用語を使っている．

49) Kitcher (1987) を参照．キッチャーによる指示の理論は，歴史的表現が指示するものについての独立した知識を分析者が持つよう求めている．したがって，フロギストンのような表現は指示に失敗していることになる (Kitcher 1987: 531)．なぜなら，その語は18世紀にそれを使用した人々にとってだけ実際の世界内での指示対象を持つように思えたにすぎないものだと現在知られているからである．

50) 例えば，アーネスト・ネーゲルは，次のように断言している．科学的説明が「構築可能となるのは次の条件の下においてのみである．すなわち，事物のよく知られた性質や関係——その観点から個々の対象や出来事が通常は特定され分別される——が，そうした対象や出来事の発生に関して，包括的なレベルにおける対象や過程をさまざまな方法で特徴づける他の関係的もしくは構造的な特性に依存していることを示すことができる，という条件の下でのみ可能なのである．」(Nagel 1961: 11).

51) これは，ハイデッガー（1962）によるフッサール現象学に対する実存的な批判を想起させる．
52) よりラディカルな（「リフレクシブな」）構築主義者の考察のなかでさえ，またそれゆえにことさらに，インデックス性と相互反映性（リフレクシビティ）の「問題」について懐疑的な疑問を投げかけている者もいる．例えば，Woolgar (1988: 32-33) を参照．懐疑的な立場への反駁としては，Sharrock and Anderson (1991) を参照．
53) この点についてさらなる議論としては，次を参照．Coulter (1989: 第 2 章)，Button and Sharrock (1993).
54) Garfinkel et al. (1981: 121ff., n.12)，Garfinkel et al.(1989)，Livingston(1986) 参照．これらの研究をガーフィンケルに帰するにあたって，（自分を含む）ガーフィンケル以外の人がこれらの研究の共同執筆者としてあげられているという事実を隠そうとしているのではない．しかし，固有の妥当性と，発見科学と数学の弁別的な性格についての提案にガーフィンケルが根拠を与えてきたことにかんしては何の曖昧さもない．リヴィングストンの研究はこれらのテーマを具体化し発展させている．
55) Garfinkel (1960a: 第 2 章, 2-3) より．
56) 角カッコ［ ］はエスノメソドロジー的に達成された同一性，つまり，「説明（アカウント）」と「生きられたワーク」の内的に生産され，用いられ，注釈された関係を同定するための表記法である．Garfinkel and Sacks (1970).
57) UCLA 社会学部で 1980 年に行われたガーフィンケルのセミナーで示された．
58) デリダ (1977: 127-9) が指摘するように，「孤立したテキスト」は決して理解不能というものではない．書かれたテキストを理解するためには，書くという「活動中の」著者を観察する必要があるのだと考えるのは不条理であろうが，ガーフィンケルの論点は，独特な種類の理解可能性――そして，明らかに「書くこと」の一部であるような理解可能性――は，書くという生きられた作業（ワーク）を精査することによって切り開かれるということである．
59) Latour and Woolgar ([1979]1986 2nd ed.), Latour (1986a), Latour (1987), Latour (1988).
60) ラトゥール（1986）は，実験室作業のエスノメソドロジー研究において彼が見い出した堪え難い限界の解毒剤として「記号論的な転回」を勧めている．もちろん，そのような転回を行う方法は複数ある．そして，ラトゥールは，脱構築派からではなく記号論における形式主義や構造主義の伝統から多くを借り受けた記号論の「右派的転回」を勧めているとも論じられるだろう．ラトゥールにとって，反復可能性（iterability）やシンタグマ（syntagma）は，安定した状況超越的な意味の産出への解決を与えるものである一方で，デリダは，テキストと「その」自律的な読解可能性の反復それぞれとの同一性を問うことで，ものとの「同一性」に関するハイデガーの問題を言い換えている．痕跡の反復可能性は，テキストをある特定の発話行為へ還元しようとするあらゆる試みに抵抗するが，それはテキストの形式的安定性やその理解可能性について何も保証しないのである．
61) この「チャイニーズ・プルーフ」はリヴィングストン（1987: 119）に示されている．リヴィングストンとガーフィンケ

ルは以下の共著論文（1983）でこれを広範に扱っている．
62) Livingston（1987: 120）．
63) 例えば，はさみを使ってここに書かれた図を切り取り，その図を重ね合わせて一種の簡便な証明にすることができよう．
64) Livingston（1987: 119）．
65) 私の教示(インストラクション)に困惑したり不十分だと思った読者は，先のリヴィングストンの論文（前掲）を見ることを勧める．このような事例はまた Bjelic（1992）でも論じられている．
66) Garfinkel et al.（1989: 128）．
67) クレイグ・クレイボーン（1961: 377）によれば，このレシピは「いくぶん長たらしいが，それに従ってこの料理を作ることはその割にあうものである」．
68) Garfinkel et al.（1981: 133）．ガーフィンケルと違い，デリダは書くこと（writing）を科学者，工学者，文学者によって共有されるブリコルールの実践として扱っている．Derrida（1970）参照．
69) Garfinkel et al.（1989: 4, 33）．
70) 例えば，次を参照．Gusfield（1976），Mulkay（1985），Haraway（1989）．
71) Garfinkel（1989b）．
72) 次の文献による EM 批判についての第1章における議論を参照．Habermas（1984），Giddens（1978），Bourdieu（1977）．
73) 例えば Shapere（1982）は，物理学者が何かを「観察」したということを確立するのに使うテクニックが，それ自体で，観察についての普遍主義的言明を行うための基礎となるのだ，と疑いを抱くことなく仮定しているように思える．
74) Wittgenstein（1956: 第1部第4節）．
75) Wittegenstein（1976: 14）．
76) ガーフィンケル（個人的な談話による）は全てのエスノメソドロジーのコーパスの中で，4つの研究をこの意味で「固有に妥当性がある」とした．それらは，エリック・リヴィングストンによるゲーデルの証明の例証（1986）；ガーフィンケルとリヴィングストンの論文（"Notation and the work of mathematical discovery"），デュシャン・ベリックとマイケル・リンチの論文（1992），ガーフィンケル，ブリット・ロビラード，ルイス・ナレンズ，ジョン・ウェイラーによる，ガリレオの斜面実験についての未刊行研究である．
77) 私が考えでは，これがガーフィンケルとリヴィングストンが数学と科学の自らの研究について主張していることである．この主張が基づいている最初の文献がリヴィングストンの著作（1986）である．
78) 例えば，Pinch（1985）．
79) ボストンで 1990 年春に行われた東部社会学会（The Eastern Sociological Association）年次大会．
80) 社会学に対する同様の忌避は，フリーマン・ダイソンによる次の引用において示されている．「社会科学を専門とする私の同業者は，方法論について非常に多く語る．私はそれをスタイルと呼びたい．この本の方法論は分析的というより文学的である．人間の事象を洞察するために，私は社会学よりも物語や詩をあてにしていく．」（Dyson 1979）．これは，Barber（1990: 254-55）からの引用である．ダイソンは，専門的な「方法論」がないのなら物語や詩に頼らねばならないと考えている．チョムスキーの「通常科学」の魅力はそのような方法論的な制限を科学と同一視しないというところにある．私は，学会でのチョムスキーの意見を研究プロ

グラムへの提案と同一視したくはない．そして，チョムスキーが「通常科学」の中に自らの言語学研究を含めているかについては疑問がある．

81) これが，ここで概略してきたプログラムにおける最後のポイントである．しかし，これは必ずしもゲームの終わりというわけではない．ここで提案したことは学問分野の境界の内部から始める1つの方法である．エスノメソドロジーの「上級コース」は，エスノメソドロジー研究と研究対象の実践の間の実践学的やりとりから出て「ハイブリッド」な専門領域を展開する可能性に対してより多くの注意を払うことであろう．この可能性を真剣に考察するためには，この本で取り上げたところからもっと先に進まなければならないだろう（参照：Garfinkel et al. 1989）．

82) Wittgenstein (1983: 第3部第1節).

83) これは，一般的な社会学概念の「特別に曖昧な」特徴とガーフィンケルが呼んだものと類似している．

84) 後ろの答えはガーフィンケルがかつて UCLA のセミナー（1976年頃）で述べたことを言い換えたものである．実際これは悪くない答えである．

結　論

1) ラディカルは科学の社会的研究において非常に乱用されている用語である．なぜなら，それは，西洋科学に対する政治的な批判の姿勢／実証主義者，実在主義者，合理主義的形而上学者への反対のどちらか，もしくはその両方を意味することができるからである．エスノメソドロジストが明言する「ラディカリズム」はこのどちらでもない．エスノメソドロジストは，近代科学の条件と言われるものの「根本的」原因や根拠を問題化したり変更したりしようとはしないで，社会秩序「問題」を無数の局所的(ローカル)な実践へと解消しながら社会学の統合的な理論・方法論の体系を取り払おうとしている．エスノメソドロジーによる扇動的効果の大部分は，社会科学とコミュニケーション科学内の論争に限られてきた．日常活動の「ルーチン」というテーマ（Garfinkel 1967: 35ff）で提起されているようなガーフィンケルの作業はまた社会秩序のラディカルな系譜学も提案している．

2) Hacking (1983: 167).

3) Turner (1980: 4).

4) 社会学者が「非科学」と本質的に区別できないという意味で「科学」が「問題」だと論じるときでさえ，その社会学者が「科学」と呼ばれるものの社会的，実践的，修辞的事実性は疑問視しない．実際，科学のトピックを取り上げることにより，社会学者は「科学」の先験的実在を認めるのである．「科学」の単一の適切な定義を作ることの難しさは，「科学」に対して詳細に認識や遂行や議論ができないということではない．

5) エスノメソドロジーと会話分析の歴史的な結びつき，そして，それに関連して，会話分析がディスコースへの平易なアプローチでは決してないということを所与とすれば，会話分析はエスノメソドロジー的探究の適切かつ挑戦的なケースである．会話分析が，例えば物理学よりも扱いやすいので，エスノメソドロジーと「ハイブリッド化する」候補に非常になりやすいように思えるだろう．しかし，「ハイブリッドな」エスノメソドロジー／会話分析を（再）構築する可能性は，

（1960年代後半に行われたガーフィンケルとサックスの共同研究に代表される）このハイブリッドには既に迂回路が作られているために複雑になっている．それゆえ，このハイブリッドは，エスノメソドロジー／会話分析研究者（その多くはこのハイブリッドについての自分なりのやり方を持っている）の現存する気難しいコミュニティのなかで，批判的な論戦を通して復活されなければならないだろう．

6) ここでの「アイロニー」の様式は，言っていることと実際にやっていることの相違（例えば，科学者は自分の調査報告書で言っていることとは違ったことをやっているという趣旨の，科学の社会的研究の多くに見られるアイロニー的テーマ）を倫理的観点から食い物にする類のものではない．それはむしろ，善意に基づく戦闘がかつて敵対した相手とさほど変わらぬものをどうやってうまく再現したのかについて，非難することなく認める遡及的な言い繕いなのである．

7) 具体的に記述すると，「血管灌流の固定」などの技術は，多くの点で疑いなく固有である．すなわち，その技術の何らかの変種を用いる一連の分野に固有であり，手近の研究計画に固有に関連づけられるということである．このことは，その技術をそれ自体で「科学に固有に」するわけではない．そして，その技術のバリエーションはまた「産業」の構成要素としても使われるのであろう．

8) この訓令は，「新しい」科学社会学や科学人類学の推進者の多くがもっとも強く述べていた．例えば，次の文献を参照のこと．Knorr-Cetina (1983)，Latour (1983)，Latour (1986b)．

9) 科学の社会的研究では，実験室視察はラトゥールやクノール＝セティナなどによって十分に行われたのであり，今や私たちは実験室の「壁を越えた」事象や社会構造に言及することによって科学者の「ミクロな」行為を説明するという挑戦をしなければならない，と述べることが通例となった．例えば，Lynch, W. and Fuhrman (1991) を参照．このような提案は，エスノメソドロジストや科学社会学者によってかつて拒否されたような多変量解析の復権へと向かう傾向がある．さらに，これらは，科学実践との「密着した出逢い」に乗り出した重要な動機の1つを無視している．重要なのは，実験室科学者の「観察」をより総合的な社会学的探究の「枠組」に結びつけることではない．とりわけ重要なのは，社会学内で定着している科学，方法，観察，説明についての使い古された前提に揺さぶりをかけることである．このことは科学が研究基金や公的援助などに強く依存していることを否定するものではない．次の文献を参照．Mukerji (1990)，Dennis (1987)．むしろ，これは包括的説明の用語において集められるものとは異なる，実践的行為への方向性を強調することである．

10) こうした系列に沿った要約としてもっとも影響力があるのは，Latour (1987) である．

11) ラトゥールとウールガー（[1979]1986: 33）は，科学的事実の秩序は「混沌」という初期状態から構築されると主張している．彼らの説明は，共同的に遂行されテキストに刻まれた構築様式を強調することを除けば，プラグマティストによる知覚の解釈（最初の「花盛りでガヤガヤ

とした混沌（blooming buzzing confusion）」と構築される知覚秩序との対比）に近いものがある．しかしながら，混沌という初期状態の彼らの説明は専ら形而上学的なものである．なぜなら，その説明は，意味や理解可能性や親密性をまだ吹き込まれていない世界において，実験室の科学者がプロジェクトを開始すると仮定せよと私たちに要請しているからである．

12) Franklin (1990), Galison (1987) を参照．
13) Sacks (1963).

参考文献

Abbott, Edwin, 1952, *Flatland: A Romance of Many Dimensions*, New York: Dover Publications.（= 2009, 冨永星訳『フラットランド——多次元の冒険』日経BP社.）
Agassi, Joseph, 1963, *Towards a Historiography of Science*, The Hague: Mouton.
Alexander, Jeffrey, 1982, *Positivism, Presuppositions, and Current Controversies*, Vol. 1: *Theoretical Logic in Sociology*, Berkeley and Los Angeles: University of California Press.
Alexander, Jeffrey and Bernhard Giesen, 1987, "From Reduction to Linkage: The Long View of Micro-macro Link," J. C. Alexander, B. Giesen, R. Munch, and N. J. Smelser eds., *The Micro-Macro Link*, Berkeley and Los Angeles: University of California Press, 1-42.（= 1998, 内田健・圓岡偉男訳「還元からリンケージへ——ミクロ-マクロ論争史をふりかえって」石井幸夫他抄訳『ミクロ-マクロ・リンクの社会理論』新泉社, 9-66.）
Alpers, Svetlana, 1983, *The Art of Describing: Dutch Art in the 17th Century*, Chicago: University of Chicago Press.
Amann, Klaus and Karin Knorr-Cetina, 1990, "The Fixation of (Visual) Evidence," M. Lynch and S. Woolgar eds., *Representation in Scientific Practice*, Cambridge, MA: The MIT Press, 85-122.
Anderson, R.J., J.A. Hughes and W.W. Sharrock, 1987, "Some Initial Difficulties with the Sociology of Knowledge: A Preliminary Examination of 'The Strong Programme'," *Manchester Polytechnic Occasional Papers*, 1.
Anderson, R. J. and W. W. Sharrock, 1984, "Analytic Work: Aspects of the Organization of Conversational Data," *Journal for the Theory of Social Behavior*, 14: 103-124.
Asch, Solomon, 1952, *Social Psychology*, Prentice-Hall.
Ashmore, Malcolm, 1989, *A Question of Reflexivity: Wrighting the Sociology of Scientific Knowledge*, Chicago: University of Chicago Press.
Ashmore, Malcolm, 1993, "The Theatre of the Blind: Starring a Promethean Prankster, a Phoney Phenomenon, a Prism, a Pocket and a Piece of Wood," *Social Studies of Science*, 23: 63-106.
Ashmore, Malcolm, Michael Mulkay and Trevor Pinch, 1989, *Health and Efficiency: A Sociology of Health Economics*, Milton Keynes, UK: Open University Press.
Atkinson, J. Maxwell and P. Drew, 1979, *Order in Court: The Organization of Verbal Interaction in Judicial Settings*, London: Macmillan.
Atkinson, J. M. and J. Heritage eds., 1984, *Structures of Social Action*, Cambridge University

Press.
Atkinson, Paul, 1988, "Ethnomethodology, a Critical Review," *Annual Review of Sociology*, 14: 441-465.
Baccus, M. D., 1986, "Sociological Indication and the Visibility Criterion of Real World Social Theorizing," Harold Garfinkel ed., *Ethnomethodological Studies of Work*, 1-19.
Bachelard, Gaston (=1984, Arthur Goldhammer trans., *The New Scientific Spirit*, Boston: Beacon Press.)
Bacon, Francis, [1623]1858, "The New Organon," J. Spedding, R.L. Ellis, and D.D. Heath eds., *The Philosophical Works of Francis Bacon*, Vol.4, London: Longman, 39-248.
Baker, G. P. and P. M. S. Hacker, 1984, *Scepticism, Rules and Language*, Oxford: Blackwell Publisher.
Baker, G. P. and P. M. S. Hacker, 1985, *Wittgenstein, Rules, Grammar and Necessity* Vol.2 *of an Analytical Commentary on the Philosophical Investigations*, Oxford: Blackwell Publisher.
Bales, Robert, 1951, *Interactional Process Analysis: A Method for the Study of Small Groups*, Reading, MA: Addison-Wesley.
Barber, Bernard, 1952, *Science and the Social Order*, Glencoe, Ill.: Free Press.(=1955, 上原義輝訳『科学 社会 人間』緑園書房.)
Barber, Bernard, 1990, *Social Studies of Science*, New Brunswick, NJ: Transaction Publishers.
Barber, Bernard and Renée Fox, 1958, "The Case of the Floppy-eared Rabbits: An Instance of Serendipity Gained and Serendipity Lost," *American Journal of Sociology*, 64: 128-136.
Bar-Hillel, Y., 1954, "Indexical Expressions," *Mind*, 63: 359-379.
Barnes, Barry, 1974, *Scientific Knowledge and Sociological Theory*, London: Routledge and Kegan Paul.
Barnes, Barry, 1977, *Interests and the Growth of Knowledge*, London: Routledge and Kegan Paul.
Barnes, Barry, 1982, *T.S. Kuhn and Social Science*, London: Macmillan.
Barnes, Barry, 1983, "On the Conventional Character of Knowledge and Cognition," K. Knorr-Cetina and M. Mulkay, *Science Observed: Perspectives on the Social Study of Science*, London: Sage, 19-51.
Barnes, Barry and R.G.A. Dolby, 1970,"The Scientific Ethos: A Deviant Viewpoint," *European Journal of Sociology*, 11: 3-25.
Barnes, Barry and David Bloor, 1982, "Relativism, Rationalism and the Sociology of Knowledge," M. Hollis and S. Lukes eds., *Rationality and Relativism*, Oxford: Blackwell, 21-47.(=1985, 高田紀代志訳「相対主義・合理主義・知識社会学」『現代思想』18(8)(7月号): 83-101.)
Becker, Howard, 1963, *Outsiders: Studies in the Sociology of Deviance*, NY: Free Press. (=1978, 村上直之訳『アウトサイダーズ——ラベリング理論とはなにか』新泉社.)

Beldecos, Athena, Sarah Bailey, Scott Gilbert, Karen Hicks, Lori Kenschaft, Nancy Niemczyk, Rebecca Rosenberg, Stephanie Schaertel and Andrew Wedel, 1988, "The Importance of Feminist Critique for Contemporary Cell Biology," *Hypatia*, 37: 172-187.

Benjamin, Walter, 1969, "The Work of Art in the Age of Mechanical Reproduction," *Illuminations* Hannah Arendt ed., Harry Zohn trans., NY: Schocken Books, 217-251. (=「複製技術時代における芸術作品」浅井健二郎編訳・久保哲司訳『ベンヤミン・コレクション1 近代の意味』筑摩書房, 583-640.)

Berger, Peter and Thomas Luckmann, 1966, *The Social Construction of Reality*, New York: Doubleday. (=1977, 山口節郎訳『日常世界の構成——アイデンティティと社会の弁証法』新曜社, [2003](新版)『現実の社会的構成——知識社会学論考』.)

Bijker, Wiebe, Thomas Hughes, and Trevor Pinch eds., 1987, *The Social Construction of Technological Systems*, Cambridge, MA: The MIT Press.

Bjelic, Dusan, 1989, "On the Social Origin of Logic," Ph.D. dissertation, Boston University.

Bjelic, Dusan, 1992, "The Praxiological Validity of Natural Scientific Practices as the Criterion for Identifying their Unique Social-object Character: The Case of the 'Authentication' of Geothe's Morphological Theorem," *Qualitative Sociology*, 15: 221-245.

Bjelic, Dusan and Michael Lynch, 1992, "The Work of a (Scientific) Demonstration: Respecifying Newton's and Goethe's Theories of Prismatic Color," G. Watson and R. Seiler eds., *Text in Context: Contributions to Ethnomethodology*, London: Sage, 52-78.

Bloor, David, 1973, "Wittgenstein and Mannheim on the Sociology of Mathematics," *Studies in the History and Philosophy of Science*, 4: 173-191.

Bloor, David, 1981a, "The Strengths of the Strong Programme in the Sociology of Knowledge," *Philosophy of the Social Sciences*, 11: 199-213.

Bloor, David, 1981b, "Hamilton and Peacock on the Essence of Algebra," H. Mehrtens, H. Bos and I. Schneider eds., *Social History of Nineteenth Century Mathematics*, Boston: Birkhauser, 202-232.

Bloor, David, 1982, "Durkheim and Mauss Revisited: Classification and the Sociology of Knowledge," *Studies in the History and Philosophy of Science*, 13: 267-297.

Bloor, David, 1983, *Wittgenstein: A Social Theory of Knowledge*, NY: Columbia University Press. (=1988, 戸田山和久訳『ウィトゲンシュタイン——知識の社会理論』勁草書房.)

Bloor, David, 1987, "The Living Foundations of Mathematics," *Social Studies of Science*, 17: 337-358.

Bloor, David, [1976] 1991a, *Knowledge and Social Imagery*, 2nd ed., Chicago: University of Chicago Press. (=1985, 佐々木力・古川安訳『数学の社会学——知識と社会表象』培風館.)

Bloor, David, 1991b, "Left and Right Wittgensteinians," Andrew Pickering ed., *Science as Practice and Culture*, University of Chicago Press, 266-282.

Bogen, David, 1989, "A Reappraisal of Habermas's Theory of Communicative Action in Light of Detailed Investigations of Social Praxis," *Journal for the Theory of Social Behaviour*, 19:

47-77.
Bogen, David, 1990, "Beyond the Limits of Mundane Reason," *Human Studies*, 13: 405-416.
Bogen, David, 1991, "Linguistic Forms and Social Obligations: A Critique of the Doctrine of Literal Expression in Searle," *Journal for the Theory of Social Behaviour*, 21: 31-62.
Bogen, David, 1992, "The Organization of Talk," *Qualitative Sociology*, 15: 273-296.
Bogen, David and Michael Lynch, 1989, "Taking Account of the Hostile Native: Plausible Deniability and the Production of Conventional History in the Iran-contra Hearings," *Social Problems*, 36: 197-224.
Bogen, David and Michael Lynch, 1990, "Social Critique and the Logic of Description: A Response to McHoul," *Journal of Pragmatics* 14: 131-147.
Bogen, David and Michael Lynch, 1993, "Do We Need a General Theory of Social Problems?," Gale Miller and James Holstein eds., *Reconsidering Social Constructionism*, Hawthorne, NY: Aldine de Gruyter, 213-237.
Bourdieu, Pierre, 1972, *Esquisse d'une théorie de la pratique, Précédé de frois études d'ethnologie kabyle*, Librarie Droz. (=1977, Richard Nice trans., *Outline of a Theory of Practice*, Cambridge University Press.)
Boyle, Robert, 1772a, "The Experimental History of Colours," Thomas Birch ed., *The Works of the Honourable Robert Boyle*, Vol. 1, 2nd ed., London: J.&F. Rivington, 662-778.
Boyle, Robert, 1772b, "Continuation of New Experiments Physico-Mechanical, Touching the Spring and Weight of the Air, and their Effects. The Second Part," Thomas Birch ed., *The Works of the Honourable Robert Boyle*, London: J.&F. Rivington.
Brannigan, Augustine, 1981, *The Social Basis of Scientific Discoveries*, Cambridge: Cambridge University Press. (=1984, 村上陽一郎・大谷隆昶訳『科学的発見の現象学』紀伊國屋書店.)
Bunge, Mario, 1992, "A Critical Examination of the New Sociology of Science, Part 2," *Philosophy of the Social Sciences*, 22: 46-76.
Burian, Richard M., 1991, "Underappreciated Pathways toward Molecular Genetics," paper presented at the Boston University Colloquium for the Philosophy of Science, April 15, Boston.
Button, Graham ed., 1991, *Ethnomethodology and the Human Sciences*, Cambridge University Press.
Button, Graham and J. R. E. Lee eds., 1987, *Talk and Social Organization*, Clevedon: Multilingual Matters.
Button, Graham and Wes Sharrock, forthcoming [1993], "A Disagreement over Agreement and Consensus in Constructionist Sociology," *Journal of the Theory of Social Behavior*, 23: 1-25.
Callon, Michel, 1986, "Some Elements of a Sociology of Translation: Domestication of the Scallops and of the Fishermen of St. Brieuc Bay," J. Law ed., *Power, Action, Belief: A New Sociology of Knowledge?*, London: Routledge and Kegan Paul, 1986, 196-233.

Callon, Michel and Bruno Latour, 1981, "Unscrewing the Big Leviathan: How Do Actors Macrostructure Reality and How Sociologists Help Them to Do So," K. Knorr and A. Cicourel eds., *Advances in Social Theory and Methodology: Toward an Integration of Micro and Macro Sociologies*, London: Routledge and Kegan Paul, 277-303.

Callon, Michel and Bruno Latour, 1992, "Don't Throw the Baby Out with the Bath School! A Reply to Collins and Yearley," A. Pickering ed., *Science as Practice and Culture*, University of Chicago Press, 343-368.

Callon, Michel, John Law and Arie Rip eds., 1986, *Mapping the Dynamics of Science and Technology*, London: Macmillan.

Cambrosio, Alberto and Peter Keating, 1988, " 'Going Monoclonal': Art, Science and Magic in the Day-to-day Use of Hybridoma Technology," *Social Problems*, 35: 244-260.

Cavell, Stanley, 1979, *The Claim of Reason: Wittgenstein, Scepticism, Morality and Tragedy*, Oxford: Oxford University Press.

Child, Arthur, 1944, "The Problem of Imputation Resolved," *Ethics*, 55: 96-109.

Churchland, Paul, 1979, *Scientific Realism and the Plasticity of Mind*, Cambridge University Press. (=1986, 村上陽一郎他訳『心の可塑性と実在論』紀伊国屋書店.)

Cicourel, Aaron, 1964, *Method and Measurement in Sociology*, New York: Free Press. (=1981, 下田直春監訳『社会学の方法と測定』新泉社.)

Cicourel, Aaron, 1973, *Cognitive Sociology*, Penguin Books.

Claiborne, Craig, 1961, *The New York Times Cook Book*, New York: Harper & Row.

Clarke, Adele, 1990a, "Controversy and the Development of Reproductive Science," *Social Problems*, 37: 18-37.

Clarke, Adele, 1990b, "A Social Worlds Research Adventure," S. Cozzens and T. Gieryn eds., *Theories of Science in Society*, Bloomington: Indiana University Press, 15-42.

Cohen, Stanley N., 1988, "DNA Cloning: A Personal Perspective," *Focus* 10:1-4.

Cole, Jonathan and Harriet Zuckerman, 1975, "The Emergence of a Scientific Specialty: The Self-exemplifying Case of the Sociology of Science," Lewis A. Coser ed., *The Idea of Social Structure: Papers in Honor of Robert K. Merton*, New York: Harcourt, Brace, Jovanovich, 139-174.

Cole, Stephen, 1992, *Making Science: Between Nature and Society*, Cambridge, MA: Harvard University Press.

Collins, H.M., 1975, "The Seven Sexes: A Study in the Sociology of a Phenomenon, or the Replication of Experiments in Physics," *Sociology*, 9: 205-224.

Collins, H. M., 1981, "Son of the Seven Sexes: The Social Destruction of a Physical Phenomenon," *Social Studies of Science*, 11: 33-62.

Collins, H. M., 1983, "An Empirical Relativist Programme in the Sociology of Scientific Knowledge," K. Knorr-Cetina and M. Mulkay eds., *Science Observed: Perspectives on the Social Study of Science*, London and Beverly Hills: Sage, 85-113.

Collins, H.M., 1985, *Changing Order: Replication and Induction in Scientific Practice*, London and Beverly Hills: Sage Publications.

Collins, H. M., 1990, *Artificial Experts: Social Knowledge and Intelligent Machines*, Cambridge, MA: MIT Press.

Collins, H. M. and T. J. Pinch, 1982, *Frames of Meaning: The Social Construction of Extraordinary Science*, London: Routledge and Kegan Paul. (部分訳, =1986, 高田紀代志訳「超心理学は科学か？」『排除される知』青土社.)

Collins, H.M. and S. Yearley, 1992, "Epistemological Chicken," A. Pickering ed., *Science as Practice and Culture*, Chicago: University of Chicago Press, 301-326.

Conklin, Harold, 1955, "Hanunóo Color Categories," *Southwestern Journal of Anthropology*, 11: 339-344.

Coser, Lewis, 1975, "ASA Presidential Address: Two Methods in Search of a Substance," *American Sociological Review*, 40: 691-700.

Coulter, Jeff, 1983a, "Contingent and *a priori* Structures in Sequential Analysis," *Human Studies*, 6: 361-374.

Coulter, Jeff, 1983b, *Rethinking Cognitive Theory*, New York: St. Martin's Press.

Coulter, Jeff, 1989, *Mind in Action*, Polity Press.

Coulter, Jeff, 1991a, "Logic: Ethnomethodology and the Logic of Language," Graham Button ed., *Ethnomethodology and the Human Sciences*, Cambridge University Press, 20-49.

Coulter, Jeff, 1991b, "Cognition: Cognition in the Ethnomethodological Mode," Graham Button ed., *Ethnomethodology and the Human Sciences*, Cambridge University Press, 176-195.

Cozzens, Susan and Thomas Gieryn eds., 1990, *Theories of Science in Society*, Bloomington: Indiana University Press.

Curtis, J.E. and J.W. Petras eds., 1970, *The Sociology of Knowledge*, NY: Praeger.

Czyzewski, Marek, 1994, "Reflexivity of Actors and Reflexivity of Accounts," *Theory, Culture and Society*, 11(4): 161-168.

Davidson, Judy, 1984, "Subsequent Versions of Invitations, Offers, Requests, and Proposals Dealing with Potential or Actual Rejection," J. Maxwell Atkinson and John Heritage eds., *Structures of Social Action*, New York: Cambridge University Press, 102-128.

Davis, Kingsley, 1959, "The Myth of Functional Analysis as a Social Method in Sociology and Anthropology," American *Sociological Review*, 24: 757-772.

Davis, Kathy, 1988, *Power under the Microscope*, Dordrecht: Foris.

Dennis, Michael, 1987, "Accounting for Research: New Histories of Corporate Laboratories and the Social History of American Science," *Social Studies of Science*, 17: 479-518.

Derrida, Jacques, 1970, "Structure, Sign, and Play in the Discourse of the Human Sciences," R. Macksey and E. Donato eds., *The Structuralist Controversy: The Languages of Criticism and the Sciences of Man*, Baltimore: Johns Hopkins University Press, 247-272. (*L'Écriture et la Différence*, Éditions du Seuil, 1967. =1983「人文科学の言語表現における

構造と記号とゲーム」野村英夫訳『エクリチュールと差異』（下）.）
Derrida, Jacques, 1977, "Signature, Event, Context," *Glyph*, 1: 127-129.
Diamond, Cora ed., 1976, *Wittgenstein's Lectures on the Foundations of Mathematics*, Ithaca, NY: Cornell University Press.
Doppelt, Gerald, 1978, "Kuhn's Epistemological Relativism: An Interpretation and Defense," *Inquiry*, 21: 33-86.
Duhem, Pierre, 1954, *The Aim and Structure of Physical Theory*, Princeton, NJ: Princeton University Press.
Dummett, Michael, 1968, "Wittgenstein's Philosophy of Mathematics," G. Pitcher ed., *Wittgenstein: The Philosophical Investigations*, Notre Dame, IN: University of Notre Dame Press, 420-447.
Durkheim, Émile, 1964, *The Division of Labor in Society*, Glencoe: The Free Press. (=1971, 田原音和訳『社会分業論』（現代社会学大系）青木書店)
Durkheim, Émile and Marcel Mauss, 1963, *Primitive Classification*, Rodney Needham ed. and trans., University of Chicago Press. (=1980, 小関藤一郎訳『分類の未開形態』法政大学出版局.)
Dyson, Freeman, 1979, *Disturbing the Universe*, New York: Harper & Row. (=1982, 鎮目恭夫訳『宇宙をかき乱すべきか——ダイソン自伝』ダイヤモンド社.)
Edgerton, Samuel Y., 1975, *The Renaissance Rediscovery of Linear Perspective*, New York: Harper & Row.
Edwards, James, 1990, *The Authority of Language: Heidegger, Wittgenstein, and the Threat of Philosophical Nihilism*, University of South Florida Press.
Eglin, Trent, 1986, "Introduction to a Hermeneutics of the Occult: Alchemy," H. Garfinkel ed., *Ethnomethodological Studies of Work*, London: Routledge and Kegan Paul, 123-159.
Elkana, Y., J. Lederberg, R. K. Merton, A. Thackray and H. Zuckerman eds., 1978, *Toward a Metric of Science: The Advent of Science Indicators*, New York: Wiley.
Farber, Paul, 1982, *The Emergence of Ornithology as a Scientific Discipline: 1760-1850*, Dordrecht: D. Reidel.
Fehr, B. J., J. Stetson and Y. Mizukawa, 1990, "A Bibliography for Ethonomethodology," Jeff Coulter ed., *Ethnomethodological Sociology*, London: Edward Elgar, 473-559.
Feyerabend, Paul, 1975, *Against Method*, London: New Left Books. (=1981, 村上陽一郎・渡辺博訳『方法への挑戦——科学的創造と知のアナーキズム』新曜社.)
Filmer, Paul, 1976, "Garfinkel's Gloss: a Diachronically Dialectical, Essential Reflexivity of Accounts," *Writing Sociology*, 1: 69-84.
Fish, Stanley, 1989, *Doing What Comes Naturally: Change, Rhetoric, and the Practice of Theory in Literary and Legal Studies*, Durham, NC: Duke University Press.
Fleck, Ludwik, 1979, *The Genesis and Development of a Scientific Fact*, Chicago: University of Chicago Press. (1935, *Entstehung und Entwicklung einer wissenschaftlichen Tatsache*,

Basel : B. Schwabe.)

Flynn, Pierce, 1991, *The Ethnomethodologial Movement*, Berlin: Mouton de Gruyter.

Foucault, Michel 1972, A. M. Sheridan Smith trans., *The Archeology of Knowledge*, New York: Pantheon Books. (1969, *L'archéologie du Savior*, Paris: Gallimard. =1981, 中村雄二郎訳『知の考古学 改定新版』河出書房新社.)

Foucault, Michel, 1973, *The Order of Things*, New York: Vintage. (1966, *Les Mots et les Choses : une Archéologie des Sciences Humaines*, Paris: Gallimard. =1974, 渡辺一民, 佐々木明訳『言葉と物――人文科学の考古学』新潮社.)

Foucault, Michel, 1979, Alan Sheridan trans., *Discipline and Punish: The Birth of the Prison*, New York: Random House. (1975b, *Surveiller et punir*, Paris: Gallimard. =1977, 田村俶訳『監獄の誕生――監視と処罰』新潮社.)

Frake, Charles, 1961, "The Diagnosis of Disease among the Subanum of Mindanao," *American Anthropologist*, 63: 113-132.

Frank, Arthur, 1985, "Out of Ethnomethodology," H. J. Helle and S. N. Eisenstadt eds., *Micro-Sociological Theory: Perspectives on Sociological Theory*, Vol.2, London: Sage, 101-116.

Franklin, Allan, 1986, *The Neglect of Experiment*, Cambridge University Press.

Franklin, Allan, 1990, *Experiment Right or Wrong*, Cambridge, UK: Cambridge University Press.

Friedman, Robert Marc, 1989, *Appropriating the Weather: Vilhelm Bjerknes and the Construction of a Modern Meteorology*, Ithaca, NY: Cornell University Press.

Fujimura, Joan, 1987, "Constructing 'Do-able' Problems in Cancer Research: Articulating Alignment," *Social Studies of Science*, 17: 257-293.

Fuller, Steve, 1988, *Social Epistemology*, Indiana University Press.

Fuller, Steve, 1992, "Social Epistemology and the Research Agenda of Science Studies", A. Pickering ed., *Science as Practice and Culture*, Chicago: University of Chicago Press, 390-428.

Galison, Peter, 1987, *How Experiments End*, Chicago: University of Chicago Press.

Galison, Peter, 1989, "The Trading Zone: Coordination between Experiment and Theory in the Modern Laboratory," paper presented at International Workshop on the Place of Knowledge, Tel Aviv and Jerusalem, May, 15-18.

Garfinkel, Harold, 1952, "The Perception of the Other: a Study in Social Order," Unpublished Ph.D. dissertation, Harvard University.

Garfinkel, Harold, 1956, "Conditions of Successful Degradation Ceremonies," *American Journal of Sociology*, 61: 240-244.

Garfinkel, Harold, 1959, "Aspects of Common-sense Knowledge of Social Structure," *Transactions of the Fourth World Congress of Sociology*, 4: 51-65.

Garfinkel, Harold, 1960a, "Parsons' Primer - 'ad hoc uses'," unpublished manuscript, Department of Anthoropology and Sociology, UCLA.

Garfinkel, Harold, 1960b, "The Rational Properties of Scientific and Common Sense Activities," *Behavioral Science*, 5: 72-83. Reprinted in: Garfinkel, Harold, 1967, *Studies in Ethnomethodology*, Englewood Cliffs, NJ: Prentice-Hall, 262-283.

Garfinkel, Harold, 1963, "A Conception of, and Experiments with 'Trust' as a Condition of Stable Concerted Actions," O.J. Harvey ed., *Motivation and Social Interaction*, New York: Ronald Press, 187-238.

Garfinkel, Harold, 1964, "Studies of the Routine Grounds of Everyday Activities," *Social Problems*, 11(3): 225-250. (=1989, 北沢裕・西阪仰訳「日常活動の基盤」『日常性の解剖学』マルジュ社.)

Garfinkel, Harold, 1967, *Studies in Ethnomethodology*, Englewood Cliffs, NJ: Prentice-Hall.

Garfinkel, Harold, 1974, "On the Origins of the Term 'Ethnomethedology' ", Roy Turner ed., *Ethnomethodology*, Penguin Books. (=1987, 山田富秋・好井裕明・山崎敬一訳「エスノメソドロジー命名の由来」『エスノメソドロジー——社会学的思考の解体』せりか書房.)

Garfinkel, Harold, 1977, "When is Phenomenology Sociological?", *Annals of Phenomenological Sociology*, 2: 1-40.

Garfinkel, Harold, 1988, "Evidence for Locally Produced, Naturally Accountable Phenomena of Order, Logic, Reason, Meaning, Method, etc., in and as of the Essential Quiddity of Immortal Ordinary Society (Ⅰ of Ⅳ): An Announcement of Studies," *Sociological Theory*, 6: 103-109. Reprinted in: G. Button ed., 1991, *Ethnomethodology and the Human Sciences*, Cambridge University Press, 10-19.

Garfinkel, Harold, 1989a, "The Curious Seriousness of Professional Sociology," delivered to the Colloquium for the Philosophy of Social Sciences, Boston University.

Garfinkel, Harold, 1989b, "Can the Contingencies of the Day's Work in the Natural Science be Used to Distinguish them as Discovering Science from the Social Sciences and Humanities?", unpublished proposal, Department of Sociology, UCLA.

Garfinkel, Harold, 1990, "Two Incommensurable, Asymmetrically Alternate Technologies of Social Analysis," Department of Sociology, UCLA.

Garfinkel, Harold ed., 1986, *Ethnomethodological Studies of Work*, London: Routledge and Kegan Paul.

Garfinkel, Harold and Harvey Sacks, 1970, "On Formal Structures of Practical Action," J. C. McKinney and E. A. Tiryakian eds., *Theoretical Sociology: Perspectives and Developments*, Appleton-Century-Crofts, 337-366. Reprinted in: Garfinkel Harold ed., 1986, *Ethnomethodological Studies of Work*, Routledge & Kegan Paul, 160-193.

Garfinkel, Harold, Michael Lynch, and Eric Livingstion, 1981, "The Work of a Discovering Science Construed with Materials from the Optically-discovered Pulsar," *Philosophy of the Social Sciences*, 11(2): 131-158.

Garfinkel, Harold, Eric Livingston, Michael Lynch, Douglas Macbeth, and Albert B. Robillard, 1989, "Respecifying the Natural Sciences as Discovering Sciences of Practical Action Ⅰ &

II: Doing So Ethnographically by Administering a Schedule of Contingencies in Discussions with Laboratory Scientists and by Hanging Around Their Laboratories," unpublished manuscript, Department of Sociology, UCLA.
Garfinkel, Harold and D. Lawrence Wieder, 1992, "Evidence for Locally Produced, Naturally Accountable Phenomena of Order, Logic, Reason, Meaning, Method, etc., in and as of the Essentially Unavoidable and Irremediable Haecceity of Immortal Ordinary Society: IV Two Incommensurable, Asymmetrically Alternate Technologies of Social Analysis," G. Watson and R. Seiler eds., *Text in Context: Contributions to Ethnomethodology*, London and Beverly Hills: Sage, 175-206.
Garvey, W.D. and Belver C. Griffith, 1971, "Scientific Communication: Its Role in the Conduct of Research and Creation of Knowledge," *American Psychologist*, 26: 349-362.
Gaston, Jerry, 1973, *Originality and Competition in Science*, Chicago: Chicago University Press.
Gellner, Ernst, 1975, "Ethnomethodology: The Re-enchantment Industry or the California Way of Subjectivity," *Philosophy of the Social Sciences*, 5: 431-450.
Genette, Gerard, 1980, *Narrative Discourse: An Essay in Method*, Cornell University Press.
Gerson, Elihu, 1983, "Scientific Work and Social Worlds," *Knowledge*, 4: 357-377.
Gerson, Elihu and Susan Leigh Star, 1987, "Representation and Rerepresentation in Scientific Work," unpublished paper, Tremont Research Institute, San Francisco.
Gibson, James J., 1986, *The Ecological Approach to Visual Perception*, London/Hillsdale, N.J.: Lawrence Erlbaum Associates. (=1985, 古崎敬・古崎愛子・辻敬一郎・村瀬旻訳『生態学的視覚論――ヒトの知覚世界を探る』サイエンス社.)
Giddens, Anthony, 1976, *New Rules of Sociological Method: A Positive Critique of Interpretive Sociologies*, London: Hutchinson. (=1987, 2000(第2版), 松尾精文, 藤井達也・小幡正敏訳『社会学の新しい方法規準――理解社会学の共感的批判』而立書房.)
Gieryn, T., 1983, "Boundary-work and the Demarcation of Science from Non-science," *American Sociological Review*, 48: 781-795.
Gieryn, T., 1988, "Distancing Science from Religion in Seventeenth-century England," *Isis*, 79: 582-593.
Gilbert, G. Nigel and Michael Mulkay, 1984, *Opening Pandora's Box: A Sociological Analysis of Scientists' Discoure*, Cambridge: Cambridge University Press. (=1990, 柴田幸雄, 岩坪紹夫訳『科学理論の現象学』紀伊國屋書店.)
Gilbert, Water, 1991, "The Scientific Origins of the Human Genome Initiative," paper presented at the Boston University Colloquium for the philosophy of Science, April 16, Boston.
Goffman, Erving, 1959, *The Presentation of Self in Everyday Life*, Garden City, NY: Doubleday. (=1974, 石黒毅訳『行為と演技――日常生活における自己呈示』誠信書房.)
Goffman, Erving, 1961, *Asylums*, Garden City, NY: Doubleday. (=1984, 石黒毅訳『アサイラム』誠信書房.)

Goffman, Erving, 1971, *Relations in Public*, New York: Harper & Row.
Goffman, Erving, 1974, *Frame Analysis: An Essays on the Organization of Experience*, New York: Harper & Row.
Goffman, Erving, 1976, "Replies and Responses," *Language in Society*, 5: 257-313.
Goffman, Erving, 1981, *Forms of Talk*, Philadelphia University of Pennsylvania Press.
Gooding, David, 1986, "How Do Scientists Reach Agreement about Novel Observations?," *Studies in History and Philosophy of Science*, 17: 205-230.
Goodman, Nelson, [1954]1973, *Fact, Fiction, and Forecast*, 3rd ed., Indianapolis: Bobbs-Merrill. (=1987, 雨宮民雄訳『事実・虚構・予言』勁草書房.)
Greimas, A.J. and A. Courtes, 1983, *Semiotics and Language: Analytical Dictionary*, Indiana: Indiana University Press, Bloomington.
Guice, Jon, 1991, "A Tiny Breathing Space: Methodological Localism, Social Studies of Science and Bruno Latour," unpublished paper, Department of Sociology, UCSD.
Gurwitsch, Aron, 1964, *The Field of Consciousness*, Pittsburgh: Duquesne University Press.
Gusfield, Joseph, 1976, "The Literary Rhetric of Science: Comedy and Pathos in Drinking Driver Research," *American Sociological Review*, 41: 16-34.
Habermas, Jürgen, 1983, F. Lawrence trans., *Philosophical-Political Profiles*, Cambridge, MA: MIT Press. (1971, *Philosophisch-politische Profile*, Frankfurt am Main: Suhrkamp Verlag. =1984-1986, 小牧治・村上隆夫訳『哲学的・政治的プロフィール——現代ヨーロッパの哲学者たち』未来社.)
Habermas, Jürgen, 1984, Thomas McCarthy trans., *The Theory of Communicative Action*, Vol. 1: *Reason and the Rationalization of Society*, Boston: Beacon Press.(1981, *Theorie des kommunikativen Handelns*, Frankfurt am Main : Suhrkamp. =1985, 河上倫逸・平井俊彦他訳『コミュニケイション的行為の理論 上』未來社.)
Hacker, P.M.S., 1987, *Appearance and Reality*, Oxford: Basil Blackwell.
Hacking, Ian, 1983, *Representing and Intervening: Introductory Topics in the Philosophy of Science*, Cambridge, UK: Cambridge University Press. (=1986, 渡辺博訳『表現と介入——ボルヘス的幻想と新ベーコン主義』産業図書.)
Hacking, Ian, 1984, "Wittgenstein Rules,"(review of Bloor(1983)), *Social Studies of Science* 14: 469-476.
Hacking, Ian, 1988, "The Participant Irrealist at Large in the Laboratory," *The British Journal for the Philosophy of Science*, 39: 277-294.
Hall, A. R., 1963, "Merton revisited," *History of Science*, 2: 1-16.
Hanfling, Oswald, 1985, "Was Witigenstein a sceptic?", *Philosophical Investigations*, 8: 1-16.
Hanson, N. R., 1958, *Patterns of Discovery*, Cambridge: Cambridge University Press. (=1986, 村上陽一郎訳『科学的発見のパターン』講談社.)
Haraway, Donna, 1988, "Situated Knowledges: The Science Question in Feminism and the Privilege of Partial Perspective," *Feminist Studies*, 14: 575-599.

Haraway, Donna, 1989, *Primate Visions: Gender, Race, and Nature in the World of Modern Science*, NY: Routledge.
Haraway, Donna, 1991, *Simians, Cyborgs, and Women: The Reinvention of Nature*, NY: Routledge.（＝2000, 高橋さきの訳『猿と女とサイボーグ――自然の再発明』青土社.）
Harding, Sandra, 1987, "Is There a Feminist Method?", *Hypatia*, 2: 17-32.
Harvey, O. J. ed., 1963, *Motivation and Social Interaction*, Ronald Press.
Heelan, Patrick, 1983, *Space Perception and the Philosophy of Science*, Berkeley, CA: University of California Press.
Heidegger, Martin 1962, John Macquarrie and Edward Robinson trans., *Being and Time*, New York: Harper & Row. (1927-, *Sein und Zeit*, Max Niemeyer. ＝1960-1963, 桑木務訳『存在と時間』岩波書店.)
Heidegger, Martin, 1977, William Lovitt trans., *The Question Concerning Technology and Other Essays*, New York: Harper & Row ([1953] 1962, *Die Frage nach der Technik*, Pfullingen: Neske. ＝1964, 小島威彦・アルムブルスター訳『技術論（ハイデッガー選集18）』理想社)
Hekman, J. Susan, 1986, *Hermeneutics and the Sociology of Knowledge*, Notre Dame: University of Notre Dame Press.
Heritage, John, 1984, *Garfinkel and Ethnomethodology*, Cambridge: Polity Press.
Heritage, John and D. R. Watson, 1980, "Aspects of the Properties of Formulations in Natural Conversations: Some Instances Analyzed," *Semiotica*, 30: 245-262.
Heritage, John and J. Maxwell Atkinson, 1984, "Introduction," J. Maxwell Atkinson and John Heritage eds., *Structures of Social Action*, New York: Cambridge University Press.
Hesse, Mary, 1974, *The Structure of Scientific Inference*, London: Macmillan.
Hilbert, Richard, 1990, "Ethnomethodology and the Micro-macro Order," *American Sociological Review*, 55: 794-808.
Hill, Richard J. and Kathleen Stones Crittenden, 1968, *Proceedings of the Purdue Symposium on Ethnomethodology*, Purdue, IN: Institute for the Study of Social Change, Department of Sociology, Purdue University.
Hilton, Denis J. ed., 1988, *Contemporary Science and Natural Explanation: Commonsense Conceptions of Causality*, New York University Press.
Hollis, Martin and Steven Lukes eds., 1982, *Rationality and Relativism*, Oxford: Blackwell.
Holstein, James and Gale Miller, 1990, "Rethinking Victimization: An Interactional Approach to Victimology," *Symbolic Interaction*, 13: 103-122.
Holton, Gerald, 1978, *The Scientific Imagination: Case Studies*, Cambridge, UK: Cambridge University Press.
Horwitz, Howard, 1988, "'I Can't Remember': Skepticism, Synthetic Histories, Critical Action," *The South Atlantic Quarterly*, 87: 787-820.
Hunter, J. F. M., 1968, "'Forms of Life' in Wittgenstein's Philosophical Investigations,"

American Philosophical Quarterly, 5: 233-243.

Hunter, J. F. M., 1973, *Essays After Wittgenstein*, Toronto: University of Toronto Press.

Hunter, J. F. M., 1985, *Understanding Wittgenstein: Studies of Philosophical Investigations*, Edinburgh: University of Edinburgh Press.

Husserl, Edmund, 1970, David Carr trans., *The Crisis of European Sciences and Transcendental Phenomenology*, Evanston: Northwestern University Press. (1936[1962], *Die Krisis der europäischen Wisseschaften und die Transzen-detale Phänonenologie: eine Einleitung in die phänomenologische Philosophie*, Haag: M. Nijhoff. (=1995, 細谷恒夫・木田元訳『ヨーロッパ諸学の危機と超越論的現象学』中央公論社.)

Ibarra, Peter and John Kitsuse, 1993, "Vernacular Constituents of Moral Discourse: An Interactionist Proposal for the Study of Social Problems," G. Miller and J. Holstein eds., *Reconsidering Social Constructionism*, Hawthorne, NY: Aldine de Guyter, 25-55.(=2000, 中河伸俊訳「道徳的ディスコースの日常言語的な構成要素」,平英美, 中河伸俊編『構築主義の社会学』世界思想社, 46-104.[2006]新版にも所収)

Jayyusi, Lena, 1991, "Values and Moral Judgement: Communicative Praxis as a Moral Order," Graham Button ed, *Ethnomethodology and the Human Sciences*, 227-251.

Jefferson, Gail, 1985, "An Exercise in the Transcription and Analysis of Laughter," T. Van Dijk ed., *Handbook of Discourse Analysis*, Vol. 3: *Discourse and Dialogue*, London: Academic Press, 25-34.

Jefferson, Gail ed., 1988, "On the Sequential Organization of Troubles Talk in Ordinary Conversation," *Social Problems*, 35: 418-442.

Jefferson, Gail ed., 1989, "Harvey Sacks - Lectures 1964-1965", *Human Studies*, 12. Reprinted in 1990,: Dordrecht: Kluwer Academic Publishers.

Jones, Carolyn, 1991, "Andy Warhol's Factory," *Science in Context*, 4: 101-131.

Jordan, Brigitte and Nancy Fuller, 1975, "On the Non-fatal Nature of Trouble: Sense-making and Trouble-managing in Lingua Franca Talk," *Semiotica*, 13: 11-31.

Jordan, Kathleen and Michael Lynch, 1992, "The Sociology of a Genetic Engineering Technique: Ritual and Rationality in the Performance of the Plasmid prep," A. Clarke and J. Fujimura eds., *The Right Tools for the Job: At Work in 20th Century Life Sciences*, Princeton: Princeton University Press, 77-114.

Jordan, K. and M. Lynch, 1992, "The Mainstreaming of a Molecular Biological Tool: A Case Study of a New Technique," G. Button ed., *Technology in Working Order*, London: Routledge, 160-180.

Jules-Rosette, Benetta, 1978, "The Veil of Objectivity: Prophecy, Divination and Social Inquiry," *American Anthropologist*, 80: 549-570.

Jules-Rosette, Benetta, 1985, "Conversation avec Harold Garfinkel," *Sociétés: Revue des Sciences Humaines et Sociales* 1: 35-39.

Kalberg, Stephen, 1980, "Max Weber's Types of Rationality: Cornerstones for the Analysis of

Rationalization Processes in History," *American Journal of Sociology*, 85(5): 1145-1179.
Kaufmann, Felix, 1944, *Methodology of the Social Sciences*, New York: Oxford University Press.
Kay, Lily, 1993, "Life as Technology: Representing, Intervening, and Molecularizing," *Revista di Storia della Scienza*, 1: 85-103.
Keegan, John, 1976, *The Face of Battle: A Study of Agincourt*, Waterloo and the Somme, Viking.
Keller, Evelyn Fox, 1985, *Reflections on Gender and Science*, New Haven: Yale University Press. (＝1993, 幾島幸子・川島慶子訳『ジェンダーと科学――プラトン，ベーコンからマクリントックへ』工作舎.)
Keller, Evelyn Fox, 1989, "Just What is So Difficult about the Concept of Gender as a Social Category?", *Social Studies of Science*, 19: 721-724.
Kitcher, Philip, 1978, "Theories, Theorists and Theoretical Change," *The Philosophical Review*, 87: 519-547.
Knorr-Cetina, Karin, 1981, *The Manufacture of Knowledge: An Essay on the Constructivist and Contextual Nature of Science*, Oxford: Pergamon Press.
Knorr-Cetina, Karin, 1983, "The Ethnographic Study of Scientific Work: Towards a Constructivist Interpretation of Science," Karin Knorr-Cetina and Michael Mulkay eds., *Science Observed: Perspectives on the Social Study of Science*, London: Sage Publications, 115-140.
Knorr-Cetina, Karin and Klaus Amann, 1990, "Image Dissection in Natural Scientific Inquiry," *Science, Technology & Human Values*, 15(3): 259-283.
Knorr-Cetina, Karin and A. Cicourel eds., 1981, *Advances in Social Theory and Methodology: Toward an Integration of Micro and Macro Sociologies*, London: Routledge and Kegan Paul.
Knorr-Cetina, Karin and Michael Mulkay eds., 1983, *Science Observed: Perspectives on the Social Study of Science*, London and Beverly Hills: Sage.
Kripke, Saul, 1982, *Wittgenstein on Rules and Private Language*, Cambridge, MA: Harvard University Press. (＝1983, 黒崎宏訳『ウィトゲンシュタインのパラドックス――規則・私的言語・他人の心』産業図書.)
Kuhn, Thomas, [1962] 1970, *The Structure of Scientific Revolutions*, 2nd ed., Chicago: University of Chicago Press. (＝1971, 中山茂訳『科学革命の構造』みすず書房.)
Kuhn, Thomas, 1977, *The Essential Tension: Selected Studies in Scientific Tradition and Change*, Chicago: University of Chicago Press. (＝1987-1992, 安孫子誠也・佐野正博訳『本質的緊張: 科学における伝統と革新』みすず書房.)
Langmuir, Ivar, 1968, "Pathological science," *General Electric R&D Center Report*, 68-C-035, NY: Schenectedy.
Latour, Bruno, 1983, "Give Me a Laboratory and I Will Raise the World," Karin Knorr-Cetina and Michael Mulkay eds., *Science Observed*, London and Beverly Hills: Sage, 141-170.

Latour, Bruno, 1986a, "Visualisation and Cognition: Thinking with Eyes and Hands," *Knowledge and Society*, 6: 1-40.
Latour, Bruno, 1986b, "Will the Last Person to Leave the Social Studies of Science Please Turn on the Tape Recorder?," *Social Studies of Science*, 16: 541-548.
Latour, Bruno, 1987, *Science in Action*, Cambridge, MA: Harvard University Press. (=1999, 川崎勝, 高田紀代志訳『科学が作られているとき――人類学的考察』産業図書.)
Latour, Bruno 1988, Sheridan, Alan and John Law trans., *The Pasteurization of France*, Cambridge, MA: Harvard University Press.(1984, *Les Microbes*, Paris: A.M. M Paris:)
Latour, Bruno, 1990a, "Drawing Things Together," M. Lynch and S. Woolgar eds., *Representation in Scientific Practice*, Cambridge, MA: MIT Press, 19-68.
Latour, Bruno, 1990b, "Postmodern? No, Simply Amodern! Steps towards an Anthropology of Science," *Studies in the History and Philosophy of Science*, 21: 145-171.
Latour, Bruno and Steve Woolgar, [1979] 1986, *Laboratory Life: The Social Construction of Scientific Facts*, 2nd ed., Prnceton University Press.
Laudan, Larry, 1977, *Progress and its Problems: Towards a Theory of Scientific Growth*, Berkeley, CA: University of California Press.(=1986, 村上陽一郎・井山弘幸訳『科学は合理的に進歩する――脱パラダイム論へ向けて』サイエンス社.)
Laudan, Larry, 1981, "The Pseudo-science of Science?", *Philosophy of the Social Sciences*, 11: 173-198.
Law, John, 1986, "On the Methods of Long-distance Control: Vessels, Navigation and the Portuguese Route to India," John Law ed., *Power, Action and Belief*, London: Routledge, 234-263.
Law, John ed., 1986, *Power, Action, and Belief: A New Sociology of Knowledge?*, London: Routledge.
Law, John and Rob Williams, 1982, "Putting Facts Together: A Study of Scientific Persuasion," *Social Studies of Science*, 12: 535-558.
Law, John and Peter Lodge, 1984, *Science for Social Scientists*, London: Macmillan.
Law, John and Michael Lynch, 1988, "Lists, Field Guides, and the Descriptive Organization of Seeing: Birdwatching as an Exemplary Observational Activity," *Human Studies*, 11: 271-304. Reprinted in: Michael Lynch and Steve Woolgar eds., 1990, *Representation in Scientific Practice*, The MIT Press, 267-299.
Lawrence, Christopher, 1988, "Review of M. Lynch, Art and Artifact in Laboratory Work", *Isis*, 79
Lévi-Strauss, Claude, 1966, *The Savage Mind*, University of Chicago Press. (=1976, 大橋保夫訳『野生の思考』みすず書房.)
Livingston, Eric, 1979, "Answers to Field Examination Questions in the Field of Sociology, Philosophy, and History of Science," unpublished transcript, circulated in Department of Sociology, UCLA, 15-16.

Livingston, Eric, 1986, *The Ethnomethodological Foundations of Mathematics*, London: Routledge and Kegan Paul.
Livingston, Eric, 1987, *Making Sense of Ethnomethodology*, London: Routledge and Kegan Paul.
Livingston, Eric and Harold Garfinkel, 1983, "Notation and the Work of Mathematical Discovery," unpublished paper, Department of Sociology, UCLA.
Luckhardt, C. G., 1983, "Wittgenstein and Behaviorism," *Synthese* 56: 319-338.
Lukács, György, 1971, *History of Class Consciousness*, London: Merlin Press. (1923, *Geschichte und Klassenbewusstsein; Studien über marxistische Dialektik*, Berlin: Malik-Verlag. =1962, 平井俊彦訳『歴史と階級意識』未来社.)
Lynch, Michael, 1982, "Technical Work and Critical Inquiry: Investigations in a Scientific Laboratory," *Social Studies of Science*, 12: 499-534.
Lynch, Michael, 1985a, *Art and Artifact in Laboratory Science: A Study of Shop Work and Shop Talk in a Research Laboratory*, London: Routledge & Kegan Paul.
Lynch, Michael, 1985b, "Discipline and the Material Form of Images: An analysis of Scientific Visibility," *Social Studies of Science*, 15: 37-66.
Lynch, Michael, 1988, "Alfred Schutz and the Sociology of Science," L. Embree ed., *Worldly Phenomenology: The Continuing Influence of Alfred Schutz on North American Human Science*, Washington, D.C.: Center for Advanced Research in Phenomenology & University Press of America, 71-100.
Lynch, Michael, 1991, "Method: Measurement - Ordinary and Scientific Measurement as Ethnomethodological Phenomena," G. Button ed., *Ethnomethodology and the Human Sciences*, Cambridge University Press, 77-108.
Lynch, Michael, 1992a, "Extending Wittgenstein: The pivotal move from epistemology to the sociology of science," A. Pickering ed., *Science as Practice and Culture*, Chicago: University of Chicago Press, 215-265.
Lynch, Michael, 1992b, "From the 'will to theory' to the discursive collage: A reply to Bloor's Left and Right Wittgensteinians," A. Pickering ed., *Science as Practice and Culture*, Chicago: University of Chicago Press, 283-300.
Lynch, Michael, 1993, "Review of G. Jefferson, ed., *Harvey Sacks-Lectures 1961-1965*, *Philosophy of Social Sciences*, 23: 395-402.
Lynch, Michael and D. Bogen, forthcoming, *The Ceremonial of Truth at the Iran Contra Hearings*, Durham, NC: Duke University Press. ([1996], (改題) *The Spectacle of History: Speech, Text, and Memory at the Iran-Contra Hearings*.)
Lynch, Michael, E. Livingston and H. Garfinkel, 1983, "Temporal Order in Laboratory Work," Knorr-Cetina, Karin and Michael Mulkay eds., *Science Observed*, London and Beverly Hills: Sage, 205-238.
Lynch, Michael and S. Y. Edgerton, 1988, "Aesthetics and Digital Image Processing:

Representational Craft in Contemporary Astronomy," G. Fyfe and J. Law eds., *Picturing Power: Visual Depiction and Social Relations*, London: Routledge and Kegan Paul, 184-220.

Lynch, Michael and Steve Woolgar eds., 1990, *Representation in Scientific Practice*, Cambridge, MA: The MIT Press.

Lynch, William and Ellsworth Fuhrman, 1991, "Recovering and Expanding the Normative: Marx and the New Sociology of Scientific Knowledge," *Science, Technology, and Human Values*, 16: 233-248.

Lynd, Robert S. and Helen Merrell Lynd, 1929, *Middletown: A Study in Modern American Culture*, New York: Harcourt Brace.(=1990, 中村八朗訳『ミドゥルタウン』(現代社会学大系)青木書店.)

Lyotard, Jean-François 1984, G. Beginning and B. Massumi trans., *The Postmodern Condition: A Report on Knowledge*, Minneapolis: University of Minnesota Press. (1979, *La Condition Postmoderne: Rapport sur le Savoir*, Paris: Éditions de Minuit. =1986, 小林康夫訳『ポスト・モダンの条件』水声社.)

McCarthy, Thomas, 1990, "Private Irony and Public Decency: Richard Rorty's New Pragmatism," *Critical Inquiry*, 16: 355-379.

McHoul, Alec, 1986, "The Getting of Sexuality: Foucault, Garfinkel and the Analysis of Sexual Discourse," *Theory, Culture and Society*, 3: 65-79.

McHoul, Alec, 1987, "Why There Are No Guarantees for Interrogators," *Journal of Pragmatics*, 11: 455-471.

McHoul, Alec, 1988, "Language and the Sociology of Mind: A Critical Introduction to the Work of Jeff Coulter," *Journal of Pragmatics*, 12: 229-286.

McHoul, Alec, 1990, "Critique and Description: An Analysis of Bogen and Lynch," *Journal of Pragmatics*, 14: 523-532.

MacIntyre, A., 1963, "The Antecedents of Action," B. Williams and A. Montefiore eds., *British Analytical Philosophy*, London: Routledge and Kegan Paul.

McKegney, Doug, 1979, "The Research Process in Animal Ecology," presented at the conference on The Social Process of Scientific Investigation, Montreal: McGill University.

MacKenzie, Donald, 1981, *Statistics in Britain 1865-1930*, Edinburgh: Edinburgh University Press.

Malcolm, Norman, 1989, "Wittgenstein on Language and Rules," *Philosophy* 64: 5-28.

Malcolm, Norman, 1992, "Language without Conversation," *Philosophical Investigations*, 15: 207-214.

Mannheim, Karl 1936, Louis Wirth and Edward Shils trans., *Ideology and Utopia*, NY: Harvest Books. (1929, *Ideologie und Utopie*, Bonn: F. Cohen. =1968, 鈴木二郎訳『イデオロギーとユートピア』未来社.)

Mannheim, Karl 1952, Paul Kecskemeti trans. and ed., *Essays on the Sociology of Knowledge*,

NY: Oxford University Press.（＝1958，樺俊雄訳『知識社会学』誠信書房.）
March, James and Herbert Simon, 1958, *Organizations*, NY: Wiley.
Marx, Karl and Friedrich Engels, 1947, *The German Ideology*, Parts I and II, New York: International Publishers. (1845/1846 *Die deutsche Ideologie*, ＝2002，廣松渉編訳・小林昌人補訳『新編輯版ドイツ・イデオロギー』岩波書店)
Medawar, Peter, 1964, "Is the Scientific Paper Fraudulent? Yes: It Misrepresents Scientific Thought," *Saturday Review*, August 1, 42-43.
Mehan, Hugh and Houston Wood, 1976, "De-secting Ethnomethodology: A Reply to Lewis A. Coser's Presidential Address to the American Sociological Association," *The American Sociologist*, 11: 13-21.
Merleau-Ponty, Maurice, 1962, Colin Smith trans., *Phenomenology of Perception*, London: Routledge and Kegan Paul. (1945, *Phénoménologie de la Perception*, Paris: Gallimard. ＝1967(1)-1974(2)，竹内芳郎・小木貞孝訳『知覚の現象学』みすず書房.)
Merton, Robert, 1938, "Science and the Social Order," *Philosophy of Science*, 5: 321-337.
Merton, Robert, 1942, "Science and Technology in a Democratic Order," *Journal of Legal and Political Science*, 1: 115-126. Reprinted in: Merton, Robert, 1979, *The Sociology of Science*, Carbondale: Southern Illinois University Press.
Merton, Robert, 1949, *Social Theory and Social Structure*, Illinois: The Free Press of Glencoe.
Merton, Robert, [1949] 1968, *Social Theory and Social Structure*, Enlarged Edition, New York: The Free Press. ([1957]＝1961，森東吾[ほか]訳『社会理論と社会構造』みすず書房)
Merton, Robert, [1938] 1970a, *Osiris: Studies on the History and Philosophy of Science*, new edition, New York: Harper & Row.
Merton, Robert, 1970b, *Science, Technology and Society in Seventeenth-Century England*, New York: Howard Fertig.
Merton, Robert, 1976, *Sociological Ambivalence and Other Essays*, NY: Free Press.
Merton, Robert, [1973] 1979, *The Sociology of Science*, Carbondale: Southern Illinois University Press. ("A Paradigm for the Sociology of Knowledge," 7-40, "The Normative Structure of Science" ch.13. ＝1983，成定薫訳『科学社会学の歩み——エピソードで綴る回想録』サイエンス社.)
Merton, Robert, 1988, An International Review Devoted to the History of Science and its Cultural Influences, *Isis*, 79(299): 571-623.
Mills, C. Wright, 1940, "Situated Actions and Vocabularies of Motives," *American Journal of Sociology*, 5: 904-913.
Mills, C. Wright, 1959, *The Sociological Imagination*, Oxford University Press.（＝1965，鈴木広訳『社会学的想像力』紀伊國屋書店.)
Mishler, Elliot G., 1991, "Representing Discourse: the Rhetoric of Transcription," *Journal of Narrative and Life History*, 1: 255-280.
Mitroff, Ian, 1974, *The Subjective Side of Science*, New York: Elsevier.

Mooers, Calvin N., 1956, "Zatocoding Applied to Mechanical Organization of Knowledge," *Aslib Proceedings*, 8: 20-32.
Molotch, Harvey and Deidre Boden, 1985, "Talking Social Structure: Discourse, Domination and the Watergate Hearings," *American Sociological Review*, 39: 101-112.
Mukerji, Chandra, 1989, *A Fragile Power: Scientists and the State*, Princeton, NJ: Princeton University Press.
Mulkay, Michael, 1969, "Some Aspects of Cultural Growth in the Natural Sciences," *Social Research*, 36: 22-52.
Mulkay, Michael, 1976, "Norms and Ideology in Science," *Social Science Information*, 15: 637-656.
Mulkay, Michael, 1979, *Science and the Sociology of Knowledge*, London: George Allen and Unwin.(＝1985, 堀喜望ほか訳『科学と知識社会学』紀伊國屋書店.)
Mulkay, Michael, 1985, *The Word and The World: Explorations in the Form of Sociological Analysis*, London: Allen and Unwin.
Mulkay, Michael, 1989, "Looking Backward," *Science, Technology and Human Values*, 14: 441-459.
Mulkay, Michael, 1991, *Sociology of Science: A Sociological Pilgrimage*, Bloomington: Indiana University Press.
Mulkay, Michael, J. Potter and S. Yearley, 1983, "Why an Analysis of Scientific Discourse Is Needed," Knorr-Cetina, Karin and Michael Mulkay eds., *Science Observed,* Sage, London and Beverly Hills, 171-204. Reprinted in 1990, Michael Lynch and Steve Woolgar eds., *Representation in Scientific Practice*, The MIT Press.
Nagel, Ernest, 1961, *The Structure of Science*, New York: Harcourt Brace & World. (＝1968-1969, 松野安男訳『科学の構造』(第1, 第2, 第3)明治図書出版.)
Nelkin, D., 1982, *The Creation Controversy: Science or Scripture in the Schools*, New York and London: W.W. Norton, p. 146, n. 5.
Neugebaure, O., 1952, *The Exact Sciences in Antiquity*, Princeton, N.J.: Princeton University Press.
Nola, Robert, 1990, "The Strong Programme for the Sociology of Science, Reflexivity and Relativism," *Inquiry*, 33: 273-296.
North, Oliver L., 1987, *Taking the Stand: The Testimony of Lieutenant Colonel Oliver L. North*, New York: Pocket Books.
Oehler, Kay, William Snizek and Nicholas Mullins, 1989, "Words and Sentences Over Time: How Facts are Built and Sustained in a Specialty Area," *Science, Technology and Human Values*, 14: 258-274.
O'Neill, John, 1980, *Making Sense Together: An Introduction to Wild Sociology*, New York: Harper & Row.
Pack, Christopher, 1986, "Features of Signs Encountered in Designing a Notational System for

Transcribing Lectures," H. Garfinkel ed., *Ethnomethodological Studies of Work*, London: Routledge and Kegan Paul, 92-102.

Parsons, Talcott, 1937, *The Structure of Social Action* 1, 2, NY: McGraw-Hill. (=1976-1989, 稲上毅・厚東洋輔訳『社会的行為の構造 第1分冊-第5分冊』木鐸社.)

Parsons, Talcott, 1951, *The Social System*, Glencoe, IL: Free Press. (=1974, 佐藤勉訳『社会体系論』青木書店.)

Phillips, Derek, 1977, *Wittgenstein and Scientific Knowledge: A Sociological Perspective*, London: Macmillan.

Pickering, Andrew, 1984, *Constructing Quarks: A Sociological History of Particle Physics*, Chicago: University of Chicago Press.

Pickering, Andrew ed., 1992, *Science as Practice and Culture*, University of Chicago Press.

Pinch, Trevor, 1985, "Towards an Analysis of Scientific Observation: The Externality and Evidential Significance of Observational Reports in Physics," *Social Studies of Science*, 15: 3-36.

Pinch, Trevor, 1986, *Confronting Nature: The Sociology of Solar Neutrino Detection*, Dordrecht: D. Reidel.

Pinch, Trevor and Wiebe Bijker, 1984, "The Social Construction of Facts and Artefacts: Or How the Sociology of Science and the Sociology of Technology Might Benefit Each Other," *Social Studies of Science*, 14: 399-341.

Polanyi, Michael, 1958, *Personal Knowledge*, London: Routledge and Kegan Paul. (=1985, 長尾史郎訳『個人的知識: 脱批判哲学をめざして』ハーベスト社.)

Polanyi, Michael, 1966, *The Tacit Dimension*, NY: Doubleday. (=1980, 佐藤敬三訳『暗黙知の次元――言語から非言語へ』紀伊國屋書店.)

Pollner, Melvin, 1974, "Sociological and Commonsense Models of the Labeling Process," Roy Turner ed., *Ethnomethdology*, Harmondsworth: Penguin Books, 27-40.

Pollner, Melvin, 1975, "'The Very Coinage of Your Brain': The Anatomy of Reality Disjunctures," *Philosophy of the Social Sciences*, 4: 411-430. (=1987, 山田富秋, 好井裕明, 山崎敬一訳「お前の心の迷いです」in 山田富秋, 好井裕明, 山崎敬一編訳『エスノメソドロジー――社会学的思考の解体』せりか書房.)

Pollner, Melvin, 1987, *Mundane Reason: Reality in Everyday and Sociological Discourse*, Cambridge University Press.

Pollner, Melvin, 1991, "'Left' of Ethnomethodology," *American Sociological Review*, 56: 370-380.

Pomerantz, Anita, 1980, "Telling My Side: 'Limited Access' as a 'Fishing' Device," *Sociological Inquiry*, 50: 186-198.

Pomerantz, Anita, 1984, "Pursuing a Response," J. Maxwell Atkinson and John Heritage eds., *Structures of Social Action*, New York: Cambridge University Press, 152-163.

Popper, Karl, 1959, *The Logic of Scientific Discovery*, New York: Harper & Row.

(=1971-1972, 大内義一・森博訳『科学的発見の論理』恒星社厚生閣.)
Popper, Karl, 1970, "The Sociology of Knowledge," J. E. Curtis and J. W. Petras eds., *The Sociology of Knowledge*, New York: Praeger, 649-660.
Psathas, George ed., 1979, *Everyday Language: Studies in Ethnomethodology*, New York: Irvington Press.
Psathas, George and Tim Anderson, 1990, "The 'practices' of Transcription in Conversation Analysis," *Semiotica*, 78: 75-99.
Quine, W.V.O., [1961]1964, *From a Logical Point of View*, 2nd ed., Cambridge, MA: Harvard University Press. ([第2版 1980]=1992, 飯田隆『論理的観点から――論理と哲学をめぐる九章』勁草書房.)
Richards, Evelleen, 1988, "The Politics of Therapeutic Evaluation: The Vitamin C and Cancer Controversy," *Social Studies of Science*, 18: 653-701.
Richards, Evelleen and John Schuster, 1989a, "The Feminine Method as Myth and Accounting Resource: A Challenge to Gender Studies and Social Studies of Science," *Social Studies of Science*, 19: 697-720.
Richards, Evelleen and John Schuster, 1989b, "So What's Not a Social Category? Or You Can't Have It Both Ways," *Social Studies of Science*, 19: 725-730.
Robertson, Ian, 1983, *Sociology* 2nd ed., Worth.
Rorty, Richard, 1979, *Philosophy and the Mirror of Nature*, Princeton, NJ: Princeton University Press. (=1993, 野家啓一監訳『哲学と自然の鏡』産業図書.)
Rota, Gian-Carlo, 1973, "The End of Objectivity," a series of lectures for The Technology and Culture Seminar at MIT. Cambridge, MA.
Roth, Paul and Robert Barrett, 1990, "Deconstructing Quarks," *Social Studies of Science*, 20: 579-632.
Rouse, Joseph, 1987, *Knowledge and Power: Toward a Political Philosophy of Science*, Ithaca and London: Cornell University Press. (=2000, 成定薫・網谷祐一・阿曽沼明裕訳『知識と権力――クーン/ハイデガー/フーコー』法政大学出版局.)
Rudwick, Martin, 1985, *The Great Devonian Controversy: The Shaping of Scientific Knowledge among Gentlemanly Specialists*, Chicago: University of Chicago Press.
Ryle, Gilbert, 1949, *The Concept of Mind*, University of Chicago Press. (=1987, 坂本百大・宮下治子・服部裕幸訳『心の概念』みすず書房.)
Ryle, Gilbert, 1971, *Collected Papers* vol.2, London: Hutchinson.
Sacks, Harvey, 1963, "Sociological Description," *Berkeley Journal of Sociology*, 8: 1-16.
Sacks, Harvey, 1964, "Lecture 4: An Impromptu Survey of the Literature," Reprinted in 1989, *Human Studies* 12: 253-59, Reprinted in Sacks (1992: 26-31).
Sacks, Harvey, 1965, The Search for Help, unpublished. [PhD thesis, University of California, Berkley]
Sacks, Harvey, 1966a, "Member's Measurement Systems," University of California at Irvine,

lecture 24, Spring, Reprinted in: 1988/89, "Member's Measurement Systems," *Research on Language and Social Interaction*, 22:45-60, Reprinted in Sacks (1992: 435-440).

Sacks, Harvey, 1966b, "On Sampling and Subjectivity," transcribed lecture (spring 1966, lecture 33), Reprinted in Sacks (1992: 483-488).

Sacks, Harvey, 1967a "Omnirelevant Devices; Settinged Activities: Indicator Terms," transcribed lecture (February 16, 1967), Reprinted in Sacks (1992: 515-522).

Sacks, Harvey, 1967b, "Topic: Utterance Placement; 'Activity Occupied' Phenomena; Formulations; Euphemisms," transcribed lecture, March 9, Reprinted in Sacks (1992: 535-548).

Sacks, Harvey, 1972, "On the Analyzability of Stories by Children," Gumperz, John J. and Dell Hymes eds., *Directions in Sociolinguistics: The Ethnography of Communication*, New York: Holt, Rinehart and Winston, 329-345. Reprinted in: R. Turner ed., 1974, *Ethnomethodology*, Harmondsworth: Penguin Books, 216-232.

Sacks, Harvey, 1984, "Notes on Methodology," J. Maxwell Atkinson and John Heritage eds., *Structures of Social Action*, Cambridge University Press, 21-27.

Sacks, Harvey, 1988/1989, "On Members' Measurement Systems," *Research on Language and Social Interaction*, 22: 45-60.

Sacks, Harvey, 1989a, "On Exchanging Glances," Gail Jefferson ed., *Harvey Sacks- Lectures 1964-1965*, Springer, 335-336.

Sacks, Harvey, 1989b, "The Inference Making Machine," Gail Jefferson ed., *Harvey Sacks-Lectures 1964-1965*, Springer, 199-200.

Sacks, Harvey, 1992, *Lectures on Conversation*, Vol.1-2, G. Jefferson ed., Oxford: Blackwell.

Sacks, Harvey, Emanuel Schegloff and Gail Jefferson, 1974, "A Simplest Systematics for the Organization of Turn-taking in Conversation," *Language*, 50: 696-735. (=2010, 西阪仰訳「会話のための順番交代の組織」西阪仰訳『会話分析基本論集――順番交替と修復の組織』世界思想社, 5-153.)

Sacks, Oliver, 1987, *The Man Who Mistook His Wife for a Hat and Other Clinical Tales*, New York: Harper & Row. (=1992, 高見幸郎・金沢泰子訳『妻を帽子とまちがえた男』晶文社.)

Schaffer, Simon, 1991, "The Eighteenth Brumaire of Bruno Latour," *Studies in History and Philosophy of Science*, 22: 174-192.

Schegloff, Emanuel, 1979, "The Relevance of Repair to Syntax-for-conversation," *Syntax and Semantics*, 12: 261-286.

Schegloff, Emanuel, 1984, "On Some Questions and Ambiguities in Conversation," J. Maxwell Atkinson and John Heritage eds., *Structures of Social Action*, New York: Cambridge University Press, 28-52.

Schegloff, Emanuel, 1987, "Between Micro and Macro: Contexts and Other Connections," Jeffrey C. Alexander, Bernhard Giesen, Richard Munch and Neil J. Smelser eds., *The Micro-Macro Link*, University of California Press, 204-234. (=1998, 石井幸夫訳「ミクロとマクロの間」石井幸夫他抄訳『ミクロ－マクロ・リンクの社会理論』新泉社, 139-179.)

Schegloff, Emanuel, 1988a, "Goffman and the Analysis of Conversation," Paul Drew and Anthony Wootton eds., *Erving Goffman: Perspectives on the Interaction Order*, Polity Press.

Schegloff, Emanuel, 1988b, "On an Actual Virtual Servo-mechanism for Guessing Bad News: A Single Case Conjecture," *Social Problems*, 35: 442-457.

Schegloff, Emanuel, 1989a, "From Interview to Confrontation: Observations of the Bush/Rather Encounter," *Research on Language and Social Interaction*, 22: 215-240.

Schegloff, Emanuel, 1989b, "An Introduction/memoir for Harvey Sacks - Lectures 1964-1965," Gail Jefferson ed., *Harvey Sacks - Lectures 1964-1965*, *Human Studies*, 12: 185-209.

Schegloff, Emanuel, 1992, "Introduction," *Harvey Sacks, Lectures on Conversation*, Sacks, H. (Gail Jefferson ed.), Oxford Blackwell Publisher, xliii-xliv.

Schegloff, Emanuel and Harvey Sacks, 1973, "Opening up Closings," *Semiotica*, 7: 289-327. (＝1989, 北沢裕・西阪仰訳「会話はどのように終了されるのか」同編『日常性の解剖学』マルジュ社, 175-241.)

Schegloff, E. A., G. Jefferson and H. Sacks, 1977, "The Preference for Self-correction in the Organization of Repair in Conversation," *Language*, 53: 361-382. (＝2010, 西阪仰訳「会話における修復の組織——自己訂正の優先性」西阪仰訳『会話分析基本論集——順番交替と修復の組織』世界思想社, 155-246.)

Scheler, Max, 1980, M. S. Frings trans. *Problems in the Sociology of Knowledge*, London: Routledge and Kegan Paul. (1924, V*ersuche zu einer Soziologie des Wissens*, Munchen, Duncker & Humblot.＝1973, 秋元律郎, 田中清助訳『知識社会学』青木書店.)

Schelting, Alexander Von, 1936, "Review of Ideology and Utopia", *American Sociological Review*, 1: 664-674.

Schrecker, Friedrich, 1980, "Doing a Chemical Experiment: The Practices of Chemistry Students in a Student Laboratory in Quantitative Analysis," unpublished paper, Department of Sociology, UCLA.

Schutz, Alfred, 1943, "The Problem of Rationality in the Social World," *Economica*, 10: 130-49. Reprinted in: Schutz, Alfred, 1964, *Collected Papers* II, 64-90. (＝1991, 渡部光・那須壽・西原和久訳)

Schutz, Alfred, 1962, *Collected Papers I*, The Hague: Nijhoff. (＝1983, 渡部光・那須壽・西原和久訳『アルフレッド・シュッツ著作集1』マルジュ社. ＝1985, 渡部光・那須壽・西原和久訳『アルフレッド・シュッツ著作集2』マルジュ社.)

Schutz, Alfred, 1964, *Collected Papers II*, The Hague: Nijhoff. (＝1991, 渡部光・那須壽・西原和久訳『アルフレッド・シュッツ著作集3』マルジュ社.)

Scott, Pam, Evelleen Richards and Brian Martin, 1990, "Captives of Controversy: The Myth of the Neutral Social Researcher in Contemporary Scientific Controversies," *Science, Technology, and Human Values*, 15: 474-494.

Searle, J. R., 1969, *Speech Acts*, Cambridge University Press. (＝1986, 坂本百大・土屋俊訳『言

語行為——言語哲学への試論』勁草書房.)

Senior, James, 1958, "The Vernacular of the Laboratory," *Philosophy of Science*, 25: 163-168.

Shanker, S. G., 1987, *Wittgenstein and the Turning-Point in the Philosophy of Mathematics*, Albany, NY: State University of New York Press.

Shapere, Dudley, 1982, "The Concept of Observation in Science and Philosophy," *Philosophy of Science*, 49: 231-267.

Shapin, Steven, 1982, "History of Science and Its Sociological Reconstructions," *History of Science*, 20: 157-211.

Shapin, Steven, 1988a, "Understanding the Merton Thesis," *Isis*, 79(4): 594-605.

Shapin, Steven, 1988b, "Robert Boyle and Mathematics: Reality, Representation, and Experimental Practice," *Science in Context*, 2: 23-58.

Shapin, Steven, 1991, "Discipline and Bounding: The History and Sociology of Science as Seen through the Externalism-internalism Debate," Proceedings of Conference on Critical Problems and Research in the History of Science and History of Technology, Madison, WI, 30 October-3 November, 203-237.

Shapin, Steven and Simon Schaffer, [1985]1989, *Leviathan and the Air Pump: Hobbes, Boyle, and the Experimental Life*, Princeton University Press.

Sharrock, W. W. and R. J. Anderson, 1984, "The Wittgenstein Connection," *Human Studies* 7: 375-386.

Sharrock, Wes and Bob Anderson, 1991, "Epistemology: Professional Scepticisim," G. Button ed., *Ethnomethodology and the Human Sciences*, Cambridge University Press, 51-76.

Sharrock, Wes and Robert Anderson, 1985, "Magic, Witchcraft, and the Materialist Mentality," *Human Studies*, 8: 357-375.

Sharrock, Wes and Graham Button, 1991, "The Social Actor: Social Action in Real Time," G. Button ed., *Ethnomethodology and the Human Sciences*, Cambridge University Press, 137-175.

Simon, Bart, 1991, "Voices of Cold (con) fusion: Pluralism, Belief and the Rhetoric of Replication in the Cold Fusion Controversy," unpublished masters thesis, University of Edinburgh.

Slezak, Peter, 1989, "Scientific Discovery by Computer as Empirical Refutation of the Strong Programme," *Social Studies of Science*, 19: 563-600.

Smith, Dorothy E., 1984, "Textually Mediated Social Organization," *International Social Sciences Journal*, 34: 59-75.

Star, Susan Leigh, 1983, "Simplification in Scientific Work," *Social Studies of Science*, 13: 205-228.

Star, Susan Leigh and James Griesemer, 1989, "Institutional Ecology, 'Translations' and Boundary Objects: Amaturs and Professionals in Berkeley's Museum of Vertebrate Zoology. 1907-39," *Social Studies of Science*, 19: 387-420.

Stehr, Nico, 1981, "The Magic Triangle: In Defense of a General Sociology of Knowledge," *Philosophy of the Social Sciences*, 11: 225-229.
Stipp, David, 1990, "Cold-fusion Scientists' Lawyer Tells Skeptic to Retract Report or Face Suit," *The Wall Street Journal*, June 6, p.B4.
Strauss, Anselm, 1978, "A Social Worlds Perspective," *Studies of Symbolic Interaction*, 1: 119-128.
Stump, David, 1991, "Fallibilism, Naturalism and the Traditional Requirements for Knowledge," *Studies in History and Philosophy of Science* 22: 451-469.
Sturtevant, William C., 1966, "Studies in Ethnoscience," *American Anthropologist*, 66 (3): 99-131.
Suchman, Lucy, 1987 [1990], *Plans and Situated Actions*, Cambridge University Press. (=1999, 佐伯胖監訳『プランと状況的行為——人間-機械コミュニケーションの可能性』産業図書.)
Suchman, Lucy, 1991, "Speech Act: A Counter-revolutionary Category," presented at American Anthropological Association, Chicago.
Suchman, Lucy and Brigitte Jordan, 1990, "Interactional Troubles in Face-to-face Survey Interviews," *Journal of American Statistical Association*, 85: 232-241.
Sudnow, David, 1972, "Temporal Parameters of Interpersonal Observation," David Sudnow ed., *Studies in Social Interaction*, Free Press, 259-279.
Sudnow, David, 1978, *Ways of the Hand: The Organization of Improvised Conduct*, Cambridge, MA: Harvard University Press. (=1993, 徳丸吉彦・村田公一・卜田隆嗣訳『鍵盤を駆ける手——社会学者による現象学的ジャズ・ピアノ入門』新曜社.)
Taylor, Stephen ed., 1969, *Cognitive Anthropology*, Holt, Rinehart and Winston.
Thackray, Arnold, 1978, "Measurement in the Historiography of Science," Y. Elkana, J. Lederberg, R.K. Merton, A. Thackray, and H. Zuckerman, *Toward a Metric of Science: The Advent of Science Indicators*, New York: John Wiley & Sons, 11-31.
Travis, D.L., 1981, "Replicating Replication? Aspects of the Social Construction of Learning in Planarian Worms," Collins H.M., *Knowledge and Controversy: Studies of Modern Natural Science, Social Studies of Science*, 11(Special Issue): 11-32.
Traweek, Sharon, 1988, *Beam Times and Life Times: The World of Particle Physics*, Cambridge, MA: Harvard University Press.
Turnbull, David, 1993, "The Ad Hoc Collective Work of Building Gothic Cathedrals with Templates, String and Geometry," *Science, Technology, and Human Values*, 18: 315-340.
Turner, Stephen, 1980, *Sociological Explanation as Translation*, Cambridge University Press.
Turner, Stephen, 1981, "Interpretive Charity, Durkheim, and the 'Strong Programme' in the Sociology of Science," *Philosophy of the Social Sciences*, 11: 231-244.
Turner, Stephen, 1991, "Social Constructionism and Social Theory," *Sociological Theory*, 9: 22-33.

Turner, Stephen and Jonathan Turner, 1990, *The Impossible Science: An Institutional Analysis of American Sociology*, London: Sage.

Vygotsky, L. S., 1962, Eugenia Hanfmann and Gertrude Vakar eds. and trans., *Thought and Language*, Cambridge, MA: MIT Press. (1934=2001, 柴田義松訳『思考と言語』新訳版, 新読書社.)

Watson, James D., 1965, *Molecular Biology of the Gene*, New York: Benjamin. (=1968, 三浦謹一郎[ほか]訳『遺伝子の分子生物学』化学同人.)

Weber, Max, 1930, Talcott Parsons trans., *The Protestant Ethic and the Spirit of Capitalism*, London: George Allen & Unwin. (=1988[1989], 大塚久雄訳『プロテスタンティズムの倫理と資本主義の《精神》』岩波書店.)

Weber, Max, 1946, H. Gerth and C. Wright Mills trans., *From Max Weber*, New York: Oxford University Press. (=1936[1980], 尾高邦雄訳『職業としての学問』岩波書店.)

Weber, Max, 1978a, Guenther Roth and Claus Wittich eds., Fischoff Ephraim et al. trans., *Economy and Society* Vol. 2, Berkeley: University of California Press. (=2004, 泉田渡・柳沢幸治訳『マックス・ウェーバー――経済と社会』文化書房博文社.)

Weber, Max, 1978b, W. G. Runciman trans., "The nature of social action," W. G. Runciman ed., *Weber: Selections in Translation*, Cambridge University Press, 7-32. (=1972, 清水幾太郎訳『社会学の根本概念』岩波文庫.)

West, Candace, 1984, *Routine Complications: Troubles with Talk between Doctors and Patients*, Bloomington: Indiana University Press.

West, Candace and Angela Garcia, 1988, "Conversational Shift Work: A Study of Topical Transition between Women and Men," *Social Problems*, 35: 551-575.

Wieder, D. L., 1988, "From Resource to Topic: Some Aims of Conversation Analysis," J. Anderson ed., *Communication Yearbook II*, London: Sage, 444-454.

Wilson, Thomas P., 1989, "Agency, Structure and the Explanation of Miracles," paper presented at the Midwest Sociological Society meetings, St. Louis, MO.

Winch, Peter, 1958, *The Idea of a Social Science*, London: Routledge and Kegan Paul. (=1977, 森川真規雄訳『社会科学の理念――ウィトゲンシュタイン哲学と社会研究』新曜社.)

Winch, Peter, 1970, "Understanding a Primitive Society," B. Wilson ed., *Rationality*, Oxford: Blackwell Publisher, 78-111.

Witigenstein, Ludwig, 1941-44, MS 165, Ca.

Wittgenstein, Ludwig, 1953, G. E. M. Anscombe trans., *Philosophical Investigations*, Blackwell Publisher.([1958]=1976, 藤本隆志訳『哲学探究』大修館書店.)

Wittgenstein, Ludwig, 1956, Anscombe G.E.M. ed. and trans., *Remarks on the Foundations of Mathematics*, Oxford, Blackwell Publisher, → [1967] 1983, Cambridge, Mass.: Revised Edition, MIT Press. (=1976, 中村秀吉・藤田晋吾訳『数学の基礎』大修館書店.)

Wittgenstein, Ludwig, 1967, *Zettel*, Anscombe, G.E. M. and G. R. von Wright eds., , Anscombe G.E.M. trans., Oxford: Blackwell Publisher. Reprinted in 1970, Berkeley: University of

California Press.（＝1975, 黒田亘・菅豊彦訳『確実性の問題・断片』大修館書店.）
Wittgenstein, Ludwig, [1949-1951]1969, Anscombe G.E.M. and G.H. von Wright eds., Paul Denis and G. E. M. Anscombe trans., *On Certainty*, Oxford: Blackwell Publisher.（＝1975, 黒田亘・菅豊彦訳『確実性の問題・断片』大修館書店.）
Woolgar, Steve, 1981, "Interests and Explanation in the Social Study of Science," *Social Studies of Science*, 11: 365-394.
Woolgar, Steve, 1988a, *Science: The Very Idea, Chichester*: Ellis Horwood Limited/ London: Tavistock Publications.
Woolgar, Steve ed., 1988b, *Knowledge and Reflexivity: New Frontiers in the Sociology of Knowledge*, London: Sage.
Woolgar, Steve and Dorothy Pawluch, 1985, "Ontological Gerrymandering: The Anatomy of Social Problems Explanations," *Social Problems*, 32: 214-227.（＝2000, 平英美訳「オントロジカル・ゲリマンダリング——社会問題をめぐる説明の解剖学」平英美, 中河伸俊篇『構築主義の社会学』世界思想社: 18-45. [2006]新版にも所収）
Wylie, Alison, forthcoming [1996], "The Constitution of Archaeological Evidence: Gender Politics and Science," P. Galison and D. Stump eds., *Disunity and Contextualism: New Directions in the Philosophy of Science Studies*, Stanford, CA: Stanford University Press, 311-343.
Zenzen, Michael and Sal Restivo, 1982, "The Mysterious Morphology of Immiscible Liquids: A Study of Scientific Practice," *Social Science Information*, 21: 447-473.
Zimmerman, Don, 1976, "A Reply to Professor Coser," *The American Sociologist*, 11: 4-13.
Zimmerman, Don, 1988, "On Conversation: The Conversation Analytic Perspective," J. Anderson ed., *Communication Yearbook II*, London: Sage, 406-432.
Zimmerman, Don and Melvin Pollner, 1971, "The Everyday World as a Phenomenon," Jack Douglas ed., *Understanding Everyday Life: Toward the Reconstruction of Sociological Knowledge*, Chicago: Aldine Publishing Co., 80-103.
Zimmerman, Don and Candace West, 1975, "Sex Roles, Interruptions and Silence in Conversation," Barrie Thorne and Nancy Henley eds., *Language and Sex: Difference and Dominance*, Rowley, MA: Newbury House, 225-274.
Zimmerman, Don and Daidre Boden, 1991, "Structure-in-action: An Introduction," D. Boden and D. Zimmerman eds., *Talk and Social Structure*, Oxford: Polity Press, 3-21.

文献表について：
・この参考文献表は，著者の許可を得て脚注文献を巻末文献表形式に再編成したものである．
・文献は，著者の引用した文献を記載した．その上で，原語文献，日本語訳文献があればそれを記載した．
・原著発行時に近刊のものはforthcomingとしてある．訳書刊行時に既刊となっているものは公

刊年を付した．
・原著の誤植は修正して記載した．

訳者解説

　本書は，Michael Lynch, 1993, *Scientific Practice and Ordinary Action: Ethnomethodology and Social Studies of Science*, Cambridge University Press の全訳である．

　本書は，1995 年，アメリカ社会学会の科学・知識・技術部会においてロバート・K・マートン賞を受賞している．これは，本書が知識社会学や科学技術社会論（Studies of Science, Technology and Society）においても重要であることを示している．同時に本書は，社会学から生まれた「エスノメソドロジー」に関連する基本的論点のほとんどすべてを丹念におさえつつ，著者独自の視点を展開している研究書である．その基本的論点としては，例えば，エスノメソドロジーにおける「インデックス性」「相互反映性」などの独特な概念，ミクロ─マクロ・リンクの問題，政治性，自然言語の分析としての会話分析とその基礎づけ主義的な問題点，ワークの研究の意義などである．

　著者のマイケル・リンチは，現在，アメリカ合衆国・ニューヨーク州のコーネル大学（アイビー・リーグの1つである）の科学技術研究院の教授として，大学院を中心に社会学的な視点からの科学技術社会論の指導と研究を行なっている．1987 年からエスノメソドロジーや現象学などを中心とした研究誌『ヒューマン・スタディーズ』の編集委員，2002 年から『科学の社会的研究（Social Studies of Science）』の編集責任者などを務めている．2009 年まで「科学の社会的研究学会（4S）」の会長であった．

　著者の経歴を紹介する．マイケル・リンチは，コーネル大学で農村社会学を学んだ後，1972 年よりカリフォルニア大学アーバイン校の大学院に移る．同校には，会話分析を生み出したサックス（1975 年没），シェグロフ，ジェファーソ

ンなどが在籍していた（第6章参照）．1975年から当時としてはほとんど実施されていなかった実験室のフィールドワークを行い，その成果をまとめ1979年に博士号を取得している（1985年に『実験科学における技術と人工物』として出版）．その際，特にジェファーソンとポメランツは，博士論文のフィールドワークにおける会話の分析に対して助言している．1979年からエスノメソドロジーを始めたガーフィンケルの所属するカリフォルニア大学ロスアンゼルス校（UCLA）の博士研究員となり，1981年には，ガーフィンケルやリヴィングストンと共に「光学パルサー（脈動星）論文」を発表する（第7章参照）．これは，ガーフィンケル後期の中心的研究である「ワークの研究」を発表する狼煙となった記念碑的な論文である．

　その後，リンチは1987年からボストン大学社会学部に助教授の職を得る．ここで，現象学的社会学からエスノメソドロジーに転じたサーサスやウィトゲンシュタイン派エスノメソドロジストであるクルターなどと同僚となる．彼らとの交流は，第4章の現象学や第5章のウィトゲンシュタインに関する記述と結びついている．1989年，共同監訳者の水川はボストン大学の彼らのもとに数ヶ月滞在した．本書は，著者がサバティカル（研究専念）期間中，カリフォルニア大学サンディエゴ校の科学研究プログラムに在籍した時から執筆が開始された．こうしてみると，本書は，リンチがさまざまな研究者との出会いの中で培われた知識をすべて投入した最初の集大成といえる．本書出版後，西ロンドンにあるブルネル大学（ウールガーなどが在籍した）を経て，1999年からは現在在籍中のコーネル大学の所属となる．コーネル大学には，経験的相対主義の論者として名高いT.ピンチなど科学論の研究者が集まっている．

　本書の成り立ちや当時の研究状況，その後の筆者の研究展開については，日本語版序文で簡単に解説してあるため（読みやすさと筆者の人柄を考慮して「です・ます体」で訳した），ここでは深く入らないことにする．そのかわりここでは，まず，「会話分析」における本書刊行後の研究状況と現在に至るまでの展開を概観した後，「ワークの研究」とウィトゲンシュタイン派エスノメソドロジーの研究について簡単に触れたい．そして，科学の社会学におけるエスノメソドロジーの位置づけについて本書の論旨に沿って簡単にまとめてみたい（本書の解説等については，椎野（2007），串田（2010）も参照のこと）．

会話分析の展開とワークの研究

　会話分析に関して本書では第 6 章を中心に，基礎的概念の説明とその科学論の成果を踏まえた問題点が指摘されている．本書が予想した通り，会話分析は「通常科学」としての道を着実に歩むことになる．

　サックス（1935-1975）の講義は，会話分析の初期においてアイデアの源泉であったし，現在もそうである．サックスの講義録は，1990 年（1964-65, 236 ページ）と，1995 年（1964-1972, ジェファーソンとシェグロフ編集，1520 ページ）に出版された．本書刊行は 1993 年であるからサックスの講義録が部分的に出版されていた時期である．関連研究者の間ではサックスの講義録のコピーは回覧されていたし，単発の論文も発表されていたため，本書はそれらを用いている．

　本書が出版された 3 年後には，言語人類学者のオックス，会話分析者のシェグロフ，機能言語学者のトンプソンの共著『相互行為と文法』(1996) が出版された．同書は，会話分析が社会学を超えて言語学など他分野の研究者との共有知識になってきた象徴的な著作である．

　会話分析の研究は，本書出版時も国際語用論学会などで研究発表がされていたが，2002 年には国際会話分析学会大会（ICCA）として独立して開催された．この大会は 4 年ごと開催され，2010 年のマンハイムでの大会では，恒常的な会員組織として再編成することが議決された．

　現在の会話分析は，大きく 3 つの流れがある．1 つ目は，会話の構成要素（場合によっては文法の一要素）が相互行為の中でいかに使用されるか研究するものである．この領域は，言語学者らによって「相互行為的言語学（interactional linguistics）」と名付けられたり，基礎会話分析（pure CA）と俗に呼ばれたりする．2 つ目は，マルチ・モーダルな会話分析である．マルチ・モーダルとは，言語による会話（という単一のモード）だけではなく，ビデオデータを使って身体動作や環境にある道具や人工物などの関係も含めて，会話分析の発想を用いて相互行為を研究していこうという方向性である．これら 2 つには，シェグロフ，ラーナー，田中（1999），林（2003）などが含まれるだろう．3 つ目は，制度的場面の会話分析である．医療，工学，教育などさまざまな領域でフィールドワークを行った上でのエスノグラフィー的な知識を用いながら，制度的場面の相互行為がいかになされているか会話分析を用いて解明していく方向である．グッ

ドウィン，メイナード（2003=2004），西阪（1997, 2008），串田（2006）などであろう．ただし，これらの3つの分類の研究は，相互に重なりあい影響しあっていることは言うまでもないし，このような分類自体に批判的な見解もある．

このように会話分析が発展していく一方で，本書でリンチが行った会話分析の批判的考察に関しては，理論的考察をする会話分析者にはある程度の認識はあるものの，十分に議論されているとは言えない．言語学から興味を持った研究者は，ジグソーパズルのピースを1つ1つ埋めるように会話分析を「要素還元主義的」に発展させようとする一方で，制度的場面の会話分析に関わる社会学者は，その制度における実際的な問題解決の方に関心を持っている．そのため，会話分析の方法論的，理論的な考察はなされない傾向となる．したがって，このような課題は，ワークの研究やウィトゲンシュタインに触発されたエスノメソドロジー研究に委ねられことになるだろう．

ワークの研究と呼ばれるものは，制度的場面の会話分析の流れをくむものと，エスノグラフィーを用いることで具体的な実践をより記述的に研究を行なっていくものがある．後者には，次のような研究者が含まれる．ルーシー・サッチマンは，(旧)ゼロックスのパロアルト研究所（「マウス」の概念を発見した研究所．略称PARK）で，人類学の視点からコピー機の状況的使用に関してまとめた『プランと状況的行為』(1987[2007]=1999)を著した．CSCW（Computer-Supported Collaborative Work，コンピュータに支援された共同作業）やHCI（Human-Computer Interaction）の領域でのエスノメソドロジー研究の可能性を示した．その後，サッチマンはランカスター大学へ移り，ジョン・ヒューズなどと研究グループに入ることになった．そこでは，コンピュータ・サイエンスにおける共同作業や状況的行為の研究を行なっている．また，ロンドン大学キングス・カレッジのヒースとラフの研究グループは，ロンドン地下鉄でのコンピュータを用いた共同作業の研究など，人々が共同作業をする際の実践的活動に焦点を当てた研究を行なっている．日本の研究者との共同研究として，ロボットを用いた共同作業や美術館の鑑賞経験研究なども行なっている．

ウィトゲンシュタイン派エスノメソドロジーは，マンチェスター大学のシャロックによって始められ，ボストン大学のクルターなどによって引き継がれている．会話分析の「基礎づけ主義」的な方向に危機感を抱いたエスノメソドロ

ジー研究者によって注目され続けている．日本では，西阪によって論理文法分析や概念分析として始められ，さまざまに展開されている．例えば，前田の『心の文法』(2008) や小宮の『実践の中のジェンダー』(2011)，酒井・浦野・前田・中村共編の『概念分析の社会学』(2008) などである．

このようにワークの研究やウィトゲンシュタイン派エスノメソドロジー研究は，言語学，工学，情報科学，教育，言語学など他の研究領域とハイブリッド化することによって，エスノグラフィー的な知識を踏まえた上での具体的な実践の研究へと進化している．

エスノメソドロジーと新しい科学社会学

さて，エスノメソドロジーが社会科学から自然科学へと，それ自身の研究プログラムの展開として対象領域を広げていったのは，第 4 章，第 6 章，第 7 章で述べられているとおりである．科学のエスノメソドロジーは独自の展開であるであると共に，新しい科学社会学とエスノメソドロジーは相互に影響し合っている．例えば，実践室研究を開始したのはラトゥールとウールガーの『実験室生活』([1979]1986) だけではなく，リンチらやクノール＝セティナらいくつかの研究グループが同時期に開始したものである（第 3 章参照）．また，そのラトゥールとウールガーは同書の中で，シュッツとガーフィンケルの科学観を批判しているし，ギルバートとマルケイは『科学理論の現象学』(1984=1990) の中で方法論について述べる際，トピックとリソースの区別というガーフィンケルのアイデアを踏襲している．一方，1981 年に出されたガーフィンケル，リンチ，リヴィングストンによる光学パルサー発見に関する論文では，光学パルサーを自然に帰属させていく過程（科学の実践）は，発見結果を報告する論文をいくら読んでも手に入らないことが再三にわたり述べられている．これは，直接引用こそないものの，本書からも窺えるように，実験室の実践よりも「論文における言明タイプ」の分析や引用文献の分析に重きを置いた『実験室生活』への批判とも読み取れる．

第 2 章でも論じられているように，科学知識の社会学以降の科学社会学は，全体社会の中の一制度として科学を捉え，全体社会との関係と制度としての自律性（「科学のエートス」や「マタイ効果」など）について論じていくマートン流の

科学社会学に対抗して登場しており，その点では各プログラムは温度差こそあれ，一致している．しかし，上記の相互批判からわかるように，エスノメソドロジーも含めて「新しい科学社会学」は重要な論点において意見を異にしている．

こうした状況下，第2章および第3章は，マンハイムの知識社会学を用いつつ，科学的事実の（社会的）構築という論点を背景にして描かれている．ここで，真なる知識を扱う自然科学をその領域から除外せざるをえなかった知識社会学はウィトゲンシュタイン哲学を経由して科学知識の社会学となるという，科学知識の社会学の創始者ブルアの議論が重要な位置を占めてくる．この議論に対して，ウィトゲンシュタイン解釈をめぐって論争的に応じていくのが第5章である．ここでリンチは，クリプキとピーター・ウィンチやベーカーとハッカーとの間でなされた論争を引きながら，ブルアに論争を挑んでいる（詳しくは戸田山（1994）を参照）．とはいえ，議論の焦点は正しいウィトゲンシュタイン解釈はどれかではなく，科学的営為の豊かな経験的解明にとって何が重要かなのである．

さて，この科学的事実の社会的構築に関するリンチの主張は明確である．一つは，実験室研究も含めた科学知識の社会学において，科学的事実の（社会的）構成は証明されているのではなく初めから前提にされており，構築主義的な用語が経験的研究にとって都合がよい場合があるということにすぎない，ということ（第3章）．もう一つは，構築主義も実在と表象との因果関係を確立しようとする点では実在論と一致しており，実践の解明を志すにあたってはこうした因果的アプローチをとらない方が当の実践に対する見通しの良い記述を得られるのであり，そしてこのことを後期ウィトゲンシュタインから学ぶことができる，ということ（第5章）である．とくに後者は，ウィトゲンシュタインの数列の議論の解釈をめぐって，他ならぬブルアとの間でなされた論争をもとに書かれたものであり，ブルアの数学の社会学と（リンチと並ぶガーフィンケルの高弟たる）リヴィングストンの数学の実践学とが対比させられ，興味深い内容となっている．

ところで，本著が書かれた頃から，科学論は科学実践の研究から次第に離れていき，科学政策論としての色合いを深めていった．いわゆる，科学論の政治

論的転回が起こっていたのである．この領域も，科学の社会的研究（Social Studies of Science）よりも科学技術社会論（Science, Technology and Society）と称されることも多くなっていった．一方で，科学者と市井の人々を結びつけて，科学の専門知識と日常的知識の相互交流を試みる科学コミュニケーションも注目さている．サイエンス・カフェなどの試みがそうである．そして現在，東日本大震災と原子力発電所事故という未曾有の事態を受け，これらの色合いはさらに深まってきている．

これに対して本書では第7章にある通り，「認識トピック（epistopics）」の探究が勧められている．認識トピックの探究とは，観察，記述，検証，説明など認識論と一般的な方法論のよく知られたテーマを，より具体的実践の場面から考えていくことである．こうした方向性にあるエスノメソドロジーの探究は，一見したところ，政治論的転回や科学コミュニケーションへの注目以降の科学論には関係の無い営みのように思われるかもしれない．もちろん，そうではない．

本書においてリンチは，認識トピックの探究にあっては「認識」行為と注釈されうるものを科学的営為に限定すべきでは決してないことを強調していた．例えば，「観察」という記述の下にある行為は，日常的場面から専門家の関わる場面にいたるまで，さまざまな実践における構成要素として成し遂げられている．この家族的に類似する行為を，科学の現場に限ることなく，その実践の組織化の次元において一つずつ取り上げていくことが勧められていると言えよう．ここに，いわゆる科学技術の社会的影響をめぐる研究との交錯点がある．じっさい，リンチ自身も，法廷において科学技術（DNAの知識など）がどのように使われるのか，あるいは，初等教育において「観察できない実体」がどのように教えられていくのか，といった問いに関してアプローチしている（日本語版序文を参照）．

たしかに，これらの研究は政策立案に直接つながるわけではないが，立案者や政策論者たちにとって示唆に富む資料を提供するはずである．また，科学コミュニケーションにおいても，科学知識と日常的知識が実践の現場においていかに使用されるかという課題に会話分析やエスノメソドロジーが貢献するはずである．他の領域でエスノメソドロジーや会話分析が果たしてきた貢献も，こ

のことの証左となる．そして，こうした記述を重ねていくことは多様なる実践のカタログを作りつづけるというガーフィンケルの教えを体現したものでもある．

おわりに
　さて，本書の題名をそのまま訳せば，『科学的実践と日常的行為——エスノメソドロジーと科学の社会的研究』となる．邦題に関しては，いくつかの選択肢の中から『エスノメソドロジーと科学実践の社会学』とした．この題名からすると「エスノメソドロジー」とは別に「科学実践の社会学」があるように読めるかもしれないが，そういう意味ではない．むしろ，社会学から「科学」へのアプローチを考えた場合，科学の具体的実践を扱う「科学実践の社会学」が，エスノメソドロジーといかに関係しているか本書は問いかけている，という意味が込められている．その中から，〈科学実践の社会学とはエスノメソドロジーに他ならず，エスノメソドロジー以外ではあり得ない〉という本書の主張が読み取れたらと，監訳者は考えている．

　本書の翻訳に際してはできる限りの検討を行ったが，まだまだ十分ではないところがあるとすれば監訳者の責任である．訳書として日本語で読まれることによって，関連研究が少しでも進展することを願っている．訳語に関しては，英語独自の意味と用法を文脈によって訳し分けたものもある．例えば，reflexive は，「リフレクシブ」「再帰的」「相互反映的」などと訳している．英語としては同じ単語が複数の意味を持つことを利用した書き方であるが，本書では日本語の読みやすさを考えて，一対一の訳語はつけなかった．また，社会学を専門とする共訳者が不慣れな分野に関しては，その専門の方に助言を頂いた．特に，科学論に関して東京大学大学院総合文化研究科の住田朋久氏に，生物学用語に関して東京農工大学の今井隆行氏に検討していただいたことを感謝したい．文献掲示については，原著では脚注になっているが，訳書では巻末注と参考文献表を兼用するかたちにした．これは，複数章に渡る同一引用書の掲示を避けたり「前掲書」という表現による煩雑さを避けるためであるが，大部となった本書のページ数の削減にも寄与した．少しでも読みやすくなっていれば幸いである．

参考文献

Coulter, Jeff, 1979, *The Social Construction of Mind : Studies in Ethnomethodology and Linguistic Philosophy*, London : Macmillan, =1998, 西阪仰訳『心の社会的構成——ヴィトゲンシュタイン派エスノメソドロジーの視点』新曜社.
Hayashi, M., 2003, *Joint Utterance Construction in Japanese Conversation*, Amsterdam/Philadelphia: John Benjamins.
小宮友根, 2011, 『実践の中のジェンダー——法システムの社会学的記述』新曜社.
串田秀也, 2006, 『相互行為秩序と会話分析——「話し手」と「共-成員性」をめぐる参加の組織化』世界思想社.
——, 2010, 「文献案内：リンチ『科学的実践と日常的行為——エスノメソドロジーと科学の社会的研究』」串田, 好井編著, 2010, 『エスノメソドロジーを学ぶ人のために』世界思想社, 284-287.
前田泰樹, 2008, 『心の文法——医療実践の社会学』新曜社.
前田, 水川, 岡田編著, 2007, 『エスノメソドロジー』新曜社.
メイナード, D. 2003=2004, 樫田美雄, 岡田光弘訳『医療現場の会話分析——悪いニュースをどう伝えるか』勁草書房.
西阪仰, 1997, 『相互行為分析という視点——文化と心の社会学的記述』金子書房.
——, 2008, 『分散する身体——エスノメソドロジー的相互行為分析の展開』勁草書房.
酒井, 浦野, 前田, 中村共編, 2009, 『概念分析の社会学』ナカニシヤ出版.
ルーシー・A・サッチマン, 1987[2007]=1999, 佐伯胖監訳, 上野直樹, 水川喜文, 鈴木栄幸訳『プランと状況的行為——人間-機械コミュニケーションの可能性』産業図書.
椎野信雄, 2007, 『エスノメソドロジーの可能性——社会学者の足跡をたどる』春風社.
Tanaka, Hiroko, 1999, *Turn-Taking in Japanese Conversation: a Study in Grammar and Interaction*, Amsterdam/Philadelphia:John Benjamins.
戸田山和久, 1994, 「ウィトゲンシュタイン的科学論」新田義弘他編『岩波講座現代思想(10) 科学論』岩波書店, 139-170.

謝辞

本書は，下記の方々をはじめ数多くの人に支えられて執筆・刊行に至りました．記して感謝します（敬称略）．

ボストンにおける著者との出会いに関して：ジェフ・クルター，ジョージ・サーサス，ジェフ・ステッツン，佐藤ステッツン美佳子（MS），藤守義光．本書との出会いに関して：ウェス・シャロック．本書初期の内容・訳文検討に関して：椎野信雄，皆川満寿美，森田聡之，上谷香陽，上田智子．勁草書房・編集者とのコンタクトと紹介などに関して：酒井泰斗．本書の出版社としての企画，編集，校正などに関して：勁草書房・元編集・徳田慎一郎，現編集・宮

本詳三，現編集・渡邊光．そして何より，この本の著者マイケル・リンチに．

——共訳者一同

人名索引

あ 行

アシュモア　Ashmore, M.　125, 188, 190, 378n, 389n, 395n, 403n
アトキンソン, J. M.　Atkinson, J. M.　413n, 422n, 424n
アトキンソン, P.　Atkinson, P.　52, 378n
アボット　Abbott, E.　182
アマン　Amann, K.　390n, 395n, 415n
アルベルティ　Alberti, L. B.　143, 144
アレグザンダー　Alexander, J.　416n, 429n
アンダーソン　Anderson, R. J.　ix, 89, 215, 377n, 385n, 387n-389n, 393n, 403n-405n, 408n, 409n, 419n, 422n, 432n
イバラ　Ibarra, P.　401n
イヤリー　Yearly, S.　131, 396n, 403n
ウィーダー　Wieder, D. L.　371n, 398n, 402n, 421n, 422n, 430n, 431n
ヴィゴツキー　Vygotsky, L. S.　414n
ウィトゲンシュタイン　Wittgenstein, L.　i, iii, ix, 3, 4, 10-12, 35, 58, 68-71, 89, 93, 97, 114, 116, 118, 135, 149, 158, 181, 第 5 章頻出 (187-236), 253, 259, 260, 262, 269, 270, 287, 295, 307, 311, 315, 320-324, 343, 346, 347, 352, 362, 368, 375n, 376n, 379n, 382n, 394n, 397n, 399n, 第 5 章注頻出 (403n-413n), 415n, 418n, 423n, 425n, 427n, 431n
ウィルソン　Wilson, T.　278, 421n
ウィンチ　Winch, P.　191, 215, 265, 379n, 404n, 409n, 418n
ウールガー　Woolgar, S.　ix, 100, 110-118, 120-122, 125, 127, 130, 131, 134, 188-190, 215, 357, 378n, 379n, 381n, 388n, 390-396n, 400n, 403n, 405n, 409n, 411n, 412n, 415n, 427n, 428n, 432n, 435n
ウェーバー, ジョセフ　Weber, Joseph　104-108, 208
ヴェーバー, マックス　Weber, Max　22-24, 61, 62, 73-75, 78, 80, 92, 162, 307, 380n, 384n, 386n, 399n, 400n
ウェスト　West, C.　279, 421n
ウッド　Wood, H.　378n
エグリン　Eglin, T.　419n
エッジ　Edge, D.　ix, 57
エドガートン　Edgerton, S.　143-145, 397n, 398n
エンゲルス　Engels, F.　59, 380n, 426n
オニール　O'Neill, J.　ix, 429n

か 行

ガーソン　Gerson, E.　187, 399n, 403n
ガーフィンケル　Garfinkel, H.　i-vi, viii, 序章・第 1 章頻出, 83, 93, 118-120, 133, 136, 139, 140, 148, 157, 160, 162-172, 175, 180, 181, 183, 215-217, 219-225, 228, 229, 235, 240, 242, 247, 248, 250, 270, 290, 292, 296, 312-320, 325, 326, 330, 332, 333, 336, 338-346, 348, 349, 357, 371n-377n, 381n, 392n, 394n, 397n-402n, 404n, 409n, 410n-413n, 415n, 417n, 419n-424n, 426n-435n
カウフマン　Kaufmann, F.　27, 140, 156, 158-161, 163, 164, 237, 319, 387n, 399n, 400n, 420n-421n
ガスフィールド　Gusfield, J.　433n
カズンズ　Cozzens, S.　384n, 386n
ガリソン　Galison, P.　374n, 390n, 408n, 436n
ガリレオ　Galileo　140-142, 145, 147, 348, 349, 392n, 397n, 433n
ガルシア　Garcia, A.　279, 421n
カルバーグ　Kalberg, S.　373n

カロン　Callon, M.　128-130, 187, 319, 389n, 395n, 396n, 403n, 426n
ギアツ　Geertz, C.　397n
キーガン　Keegan, J.　373n
キーティング　Keating, P.　395n
キツセ　Kitsuse, J.　401n
キッチャー　Kitcher, P.　431n
ギデンズ　Giddens, A.　47-49, 378n, 433n
ギブソン　Gibson, J. J.　145-147, 152, 153, 398n
キャヴェル　Cavell, S.　405n, 407n
ギュルヴィッチ　Gurwitsch, A.　398n
ギルバート, G. N.　Gilbert, G. N.　412n, 430n
クーン　Kuhn, T.　4, 58, 70, 71, 81, 82, 85, 86, 99, 157, 192, 307, 350, 379n, 380n, 382n, 383n, 386n, 403n, 416n, 425n
グッドマン　Goodman, N.　375n, 387n
クノール=セティナ　Knorr-Cetina, K.　110, 131, 134, 187, 379n, 382n, 383n, 387n, 388n, 390n-392n, 395n, 400n, 401n, 403n, 415n, 435n
クラーク　Clarke, A.　187, 399n, 403n
クリプキ　Kripke, S.　190, 194, 199, 201, 404n, 407n
クルター　Coulter, J.　ix, 271, 375n, 377n, 388n, 397n, 400n, 403-405n, 408n, 418n, 420n, 421n, 432n
クレイボーン　Claiborne, C.　433n
クレーン　Crane, D.　379n, 384n
グレマス　Greimas, A. J.　128, 213, 396n
クワイン　Quine, W. V. O.　76, 96, 189, 209, 329, 387n, 431n
ケイ　Kay, L.　426n
ケラー　Keller, E. F.　371n, 390n, 396n
ゲルナー　Gellner, E.　42-44, 314, 377n, 429n
コーエン　Cohen, S.　301-304, 426n
コーザー　Coser, L.　42-44, 314, 377n, 429n
コール　Cole, J.　82, 384n, 386n
ゴフマン　Goffman, E.　182, 307, 377n, 402n, 417n, 425n, 430n
コリンズ　Collins, H. M.　ix, 57, 87, 88, 96, 103-108, 121, 122, 187-189, 195, 198, 200, 208, 247, 379n, 387n-392n, 396n, 403-405n
コンクリン　Conklin, H.　372n

さ 行

サーサス　Psathas, G.　ix, 413n, 422n
サール　Searle, J.　253, 285, 292, 423n, 425n
サイモン, B.　Simon, B.　391n
サイモン, H.　Simon, H.　386n
サックス, オリバー　Sacks, Oliver　256, 417
サックス, ハーヴィ　Sacks, H.　ix, 33, 35-40, 45, 120, 160, 163, 165, 170-173, 175, 180, 216, 217, 219, 220-225, 228, 229, 235, 236, 238-246, 248-258, 263-272, 275-277, 279-285, 287, 292-295, 297, 304, 313, 322, 326, 330, 345, 349, 354, 368, 372n, 374n-377n, 394n, 400n-403n, 409n, 410n, 413n-427n, 430n, 431n, 435n, 436n
サックレー　Thackray, A.　371n, 384n, 386n
サッチマン　Suchman, L.　ix, 280, 397n, 399n, 415n, 421n
サドナウ　Sudnow, D.　40, 374n, 377n, 428n
サルトル　Sartre, J.-P.　147
シェイピン　Shapin, S.　ix, 74, 145, 243-246, 293, 379n, 384n, 385n, 388n, 391n, 395n, 397n-399n, 415n, 416n, 425n
ジェームズ　James, W.　399n
シェーラー　Scheler, M.　61, 380n
シェグロフ　Schegloff, E.　ix, 40, 241, 248, 250, 251, 270, 279, 280, 285-288, 290-292, 294, 377n, 378n, 414n, 415n, 418n-426n
ジェファーソン　Jefferson, G.　ix, 40, 269, 270, 279, 280, 293, 377n, 413n, 414n, 418n-420n, 422n, 424n
シェルティング　Schelting, A. von　380n, 387n, 389n, 390n
シクレル　Cicourel, A.　25-27, 58, 140, 157, 160, 163, 165, 177, 373n, 379n,

人名索引

399n, 401n
シャッファー　Schaffer, S.　243-246, 293, 390n, 391n, 396n, 399n, 415n, 416n
ジャユシ　Jayyusi, L.　378n
シャロック　Sharrock, W. W.　ix, 89, 215, 377n, 379n, 385n, 387n-389n, 393n, 397n, 403n, 404n, 408n, 409, 419n, 432n
シャンカー　Shanker, S.　199-201, 210, 211, 405n-407n
ジュール=ロゼット　Jules-Rosette, B.　372n, 378n, 400n
シュスター　Schuster, J.　396n
シュッツ　Schutz, A.　11, 20, 25, 27, 139, 140, 147-149, 156-158, 160-165, 167, 174, 177-179, 237, 307, 319, 363, 364, 372n, 373n, 374n, 399n, 400n, 401n, 409n, 417n, 421n, 428n
シュレッカー　Schrecker, F.　413n
ジョーダン, B.　Jordan, B.　409n
ジョーダン, K.　Jordan, K.　vi, ix, 280, 395n, 405n, 415n, 421n, 426n
シルズ　Shils, E.　21, 22, 429n
ジンマーマン　Zimmerman, D.　278, 279, 281, 378n, 400n, 401n, 419n-422n
スコット　Scott, P.　389n
スター　Star, S. L.　ix, 187, 403n, 415n
スタンプ　Stump, D.　403n
ステア　Stehr, N.　381n
ステッツン　Stetson, J.　ix, 413n
ストーラー　Storer, N.　85, 384n, 386n
ストラウス　Strauss, A.　187, 399n
ストロッドベック　Strodtbeck, F.　21, 22
スミス　Smith, D.　399n
スメルサー　Smelser, N.　226, 237

た　行

ターナー, ジョナサン　Turner, Jonathan　383n
ターナー, ステファン　Turner, Stephen　83, 381n, 383n, 386n, 405n, 416n, 434n
タイラー　Tyler, S. A.　372n
ダグラス　Douglas, M.　87, 215
タンブル　Turnbull, C.　417n
チョムスキー　Chomsky, N.　350, 351, 433n, 434n

ツィゼウスキー　Czyzewski, M.　378n, 400n
デイヴィス, キャシー　Davis, Kathy　279, 421n
デイヴィス, キングスレイ　Davis, Kingsley　383n, 384n
デュエム　Duhem, P.　76, 96, 189, 209, 329, 387n
デュルケーム　Durkheim, E.　v, 37, 87, 92, 182, 192, 215, 233, 240, 307, 372n, 380n, 404n
デリダ　Derrida, J.　3, 125, 175-178, 307, 309, 310, 401n, 427n, 432n, 433n
ド=フルール　De Fleur, M.　170, 171
トラウィーク　Traweek, S.　391n, 395n, 399n
トラヴィス　Travis, D. L.　391n
ドルビー　Dolby, R. G. A.　80, 84, 380n, 386n

な　行

ネーゲル　Nagel, E.　431n
ネルキン　Nelkin, D.　382n
ノース　North, O.　410n
ノラ　Nola, R.　387n

は　行

バー=ヒレル　Bar-Hillel, Y.　33, 34, 36, 375n
ハーヴェイ, O.J.　Harvey, O. J.　373n
バーガー　Berger, P.　157, 379n, 399n
パーソンズ　Parsons, T.　ix, 22-24, 72, 79, 80, 157, 223, 254, 258, 274, 331, 372n, 373n, 383n, 384n, 385n, 416n, 417n, 420n, 426n
ハーディング　Harding, S.　371n
バーバー　Barber, B.　82, 223, 384n-386n, 392n, 410n, 433n
ハーバーマス　Habermas, J.　3, 47-51, 95, 160, 162, 213, 373n, 378n, 389n, 399n, 400n, 409n, 414n, 428n, 433n
バーンズ, ステイシー　Burns, Stacy　viii, 333, 402n, 403n, 429n
バーンズ, バリー　Barnes, Barry　57, 59, 74-76, 78, 80, 83, 84, 86-88, 90, 92, 93,

95, 100, 104, 187-190, 200, 347, 379n, 380n, 381n, 384n, 386n, 387n, 404n
バイカー　Bijker, W.　395n, 405n
ハイデッガー　Heidegger, M.　397n, 404n, 418n, 432n
バシュラール　Bachelard, G.　406n
パスツール　Pasteur, L.　127-130, 396n
ハッカー　Hacker, P. M .S.　201, 203-205, 207, 210, 211, 219, 398n, 405-407n, 410n
バッカス　Baccus, M. D.　viii, 290, 424n, 429n
ハッキング　Hacking, I.　4, 246, 371n, 387n, 393n, 404n, 412n, 415n, 422n, 434n
パック　Pack, C.　402n, 422n, 429n
バトン　Button, G.　ix, 371n, 379n, 397n, 408n, 413n, 432n
ハラウェイ　Haraway, D.　371n, 390n, 393n, 427n, 433n
バレット　Barrett, R.　387n, 388n
ハンソン　Hanson, N. R.　4, 307, 387n,
ハンター　Hunter, J. F. M.　404n, 405n, 407n
ハンフリング　Hanfling, S.　405n
ビーバー　Beaver, D. de B.　379n
ピッカリング　Pickering, A.　ix, 101-103, 387n, 388n, 390n, 391n, 396n, 428n
ヒューズ, J.　Hughes, J. A.　387n
ヒューズ, T.　Hughes, T.　395n
ヒルトン　Hilton, D.　373n
ヒルバート　Hilbert, R.　174, 401n, 426n
ピンチ　Pinch, T.　ix, 96, 122, 125, 189, 389n, 390n, 392n, 395n, 404n, 405n, 433n
ファーマン　Fuhrman, E.　396n, 435n
ファイヤアーベント　Feyerabend, P.　4, 383n, 387n, 401n
フィシュ　Fish, S.　8, 307, 371n, 417n, 424n, 427n
フィリップス　Phillips, D.　404n
フィルマー　Filmer, P.　375n, 410n
フーコー　Foucault, M.　3, 139, 148, 153-155 ,161, 182, 307, 319, 335, 399n, 402n, 410n

フジムラ　Fujimura, J.　ix, 187, 395n, 403n
フッサール　Husserl, E.　4, 11, 139-143, 145-148, 152, 156-158, 174, 177, 373n, 375n, 397n, 398n, 404n, 422n, 432n
フラー, N.　Fuller, N.　409n
フラー, S.　Fuller, S.　387n, 396n, 428n
フライシュマン　Fleishmann, M.　107, 391n
プライス　Price, D. de S.　379n, 384n
ブラニガン　Brannigan, A.　ix, 382n, 389n, 431n
フランクリン　Franklin, A.　103, 387n, 390n, 403n, 436n
フリン　Flynn, P.　373n
ブルア　Bloor, D.　ix, 57, 59, 66, 68, 69, 74, 75, 78, 83, 86-88, 第3章頻出 (89-125), 187-190, 192, 193, 197-200, 204-208, 210, 214, 215, 224, 229, 231-233, 235, 313, 339, 349, 357, 374n, 379n-382n, 387n, 388n, 390n, 403n-405n, 407n-409n, 412n, 413n, 422n
ブルデュー　Bourdieu, P.　47-49, 378n, 433n
フレック　Freck, L.　379n, 392n
ベイカー　Baker, G. P.　201, 203-205, 207, 210, 211, 219, 405n-407n, 410n
ベーコン　Bacon, F.　153, 253, 362, 398n, 416n
ヘーラン　Heelan, P.　399n
ベールズ　Bales, R.　21, 22, 332, 373n
ベッカー　Becker, H.　313, 428n
ヘックマン　Hekman, S.　380n, 381n
ヘッセ　Hesse, M.　387n
ベリック　Bjelic, D.　vi, ix, 417n, 433n
ヘリテイジ　Heritage, J.　274, 315, 317, 373n, 375n, 399n, 400n, 402n, 409n, 410n, 412n, 413n, 420n, 422n, 426n, 429n
ベン・デイヴィッド　Ben-David, J.　384
ベンサム　Bentham, J.　154
ベンヤミン　Benjamin, W.　3, 415n
ボイル　Boyle, R.　73, 145, 243-245, 249, 251, 254, 269, 390n, 397n, 415n, 416n
ボーゲン　Bogen, D.　ix, 378n, 379n,

396n, 399n, 406n, 410n, 418n, 419n, 421n, 424n, 425n, 428n, 429n
ボーデン　Boden, D.　278, 279, 420n, 421n
ホール　Hall, A. R.　384n
ポッター　Potter, J.　396n
ポパー　Popper, K.　4, 107, 240, 399n, 414n
ポメランツ　Pomerantz, A.　ix, 419n
ポランニー　Polanyi, M.　153, 382n, 399n
ホリス　Holis, M.　405n
ホルスタイン　Holstein, J.　402n
ホルトン　Holton, G.　392n, 415n
ポルナー　Pollner, M.　ix, 53-55, 378n, 379n, 400n, 402n, 409n, 413n
ポンズ　Pons, S.　107, 391n

ま　行

マーチ　March, J.　386n
マーチン　Martin, B.　vi, 389
マートン　Merton, R.　10, 57-59, 72-85, 87, 90, 93, 98, 100, 124, 125, 128, 132, 223, 371n, 379n, 380n, 383n-386n, 390n, 396n
マクベス　Macbeth, D.　vi, viii, 371n, 412n, 415n
マクホール　McHoul, A.　279, 378n, 399n, 421n
マッカーシー　McCarthy, T.　6, 8, 371n
マッギニス　McGinnis, R.　171, 172
マッキンタイア　MacIntyre, A.　384n
マッケグニー　McKegney, D.　391n
マッケンジー　MacKenzie, D.　93, 388n
マニエール　Manier, E.　387n
マルクス　Marx, K.　47, 59, 60, 307, 380n, 383n, 426n
マルケイ　Mulkay, M.　57, 83, 100, 122, 125, 126, 131, 187, 378n, 379n, 380n, 386n-388n, 390n, 395n, 396n, 403n, 412n, 430n, 433n
マルコム　Malcom, N.　125, 188, 202, 260, 378n, 405n, 407n, 409n
マンハイム　Mannheim, K.　v, 10, 58-72, 77-79, 86, 87, 90, 92, 94, 98, 107-109, 112, 120, 121, 126, 133, 134, 158, 188,

189, 193, 330, 357, 380n-382n, 386n, 389n, 390n, 391n
ミシュラー　Mishler, E.　419n, 422n
ミズカワ　Mizukawa, Y.　413n
ミュリンズ　Mullins, N.　371n, 379n, 384n, 396n
ミラー　Miller, G.　183, 402n
ミルズ　Mills, C. W.　377n, 380n, 431n
ムーアズ　Mooers, C. N.　375n
メダワー　Medawar, P.　392n
メハン　Mehan, H.　378n
メルロー＝ポンティ　Merleau-Ponty, M.　398n, 404n
モース　Mauss, M.　372n

ら　行

ライル　Ryle, G.　253, 265, 378n, 387n, 397n, 418n, 421n
ラトゥール　Latour, B.　ix, 第3章頻出 (100-134), 187, 212, 213, 319, 334, 335, 357, 366, 379n, 389n-396n, 398n, 400n, 403n, 406n, 409n, 411n, 415n, 425n, 426n, 428n, 432n, 435n
ラボアジェ　Lavoisier, A.　69-71, 382n
ラングミュア　Langmuir, I.　388n
リー　Lee, J. R. E.　413n
リヴィングストン　Livingston, E.　viii, 229-233, 247, 336-339, 344, 348, 349, 390n, 392n, 404n, 405n, 412n, 415n, 418n, 419n, 426n, 429n, 432n, 433n
リオタール　Lyotard, J. F.　3, 371n, 399n, 414n
リチャーズ　Richards, E.　389n, 396n
リンチ, M.　Lynch, M.　247, 371n, 372n, 379n, 382n, 391n, -396n, 398n, 399n, 401n, 404n-406n, 410n-413n, 415n, 416n, 424n, 426n, 429n, 430n, 431n
リンチ, W.　Lynch, W.　396n, 435n
ルークス　Lukes, S.　388n, 405n
ルックマン　Luckmann, T.　157, 399n
ルドウィック　Rudwick, M.　415n
レヴィ＝ストロース　Levi-Strauss, C.　48, 177, 372n, 401n, 414n
ロウ　Law, J.　vi, ix, 131, 391n, 395n, 396n, 413n, 415n

ローダン　Laudan, L.　　99, 371n, 387n, 388n, 390n, 403n, 405n
ローティ　Rorty, R.　　3, 6, 192, 307, 371n, 404n
ロタ　Rota, G-C.　　418n
ロッジ　Lodge, P.　　413n
ロバートソン　Robertson, I.　　374n, 375n

ロビラード　Robillard, A. B.　　viii, 371n, 402n, 415n, 429n, 433n

わ 行

ワインスタイン　Weinstein, D.　　viii, 429n
ワトソン, D. R.　Watson, D. R.　　410n
ワトソン, J.　Watson, J.　　299, 413n

事項索引

あ 行

アクターネットワークアプローチ／理論 127, 130, 187
異化 308
生きられたワーク（作業） 229, 230, 232, 334, 335, 338, 348, 426n, 432n
一望監視方式 154
イデオロギー 2, 3, 10, 31, 59-63, 67, 84, 88-90, 94, 131, 132, 134, 189, 193, 198, 310, 319, 323-325, 357, 380n, 385n, 387n, 389n, 411n, 412n
違背実験 16, 164
因果性 75, 92, 104, 118, 385n
因果的説明／因果的に説明する 23, 74-76, 87, 94, 131, 232, 233, 387n
インデックス性 28, 33, 36, 37, 45, 52, 118, 119, 135, 165, 204, 215, 220, 221, 228, 229, 290, 353, 375n, 376n, 394n, 395n, 429, 432n
インデックス的表現 33-40, 69, 119, 120, 178, 179, 206, 216, 217, 220, 224, 228, 229, 311, 327, 328, 353, 366, 368, 375n, 376n, 410n, 411n
エスノグラフィー 2, 6-8, 10, 21, 26, 38, 69, 85, 87, 91, 93, 99, 109, 110, 115-117, 121-124, 126, 127, 158, 187, 188, 193, 198, 213, 235, 236, 246, 310, 312, 316, 326, 348, 363, 366, 390n-395n, 411n
エスノサイエンス 19, 20, 372n
エスノメソドロジー的無関心 22, 135, 165, 166, 169, 170, 172, 173, 176, 332, 339, 341, 349-351, 371n, 372n
エスノメソドロジー批判 41, 42, 44, 49, 52, 157
エトセトラ（等々の）問題／項目 45, 46, 430

か 行

懐疑主義 11, 12, 32, 46, 80, 189-191, 193-195, 199-203, 204, 215, 216, 200, 221, 223, 228, 407n, 411n
　系統的―― 80, 223
　―― 190, 203, 210, 214, 216, 230, 231, 408n
　非―― 191, 228
　――的解決 200, 201
会話分析 iv, viii, 8, 9, 12, 39-41, 49, 161, 165, 215, 224, 225, 235, 第6章頻出 (237-305), 314, 315, 321, 330, 332, 355, 357, 363, 375n, 377n, 378n, 409n, 411n, 第6章注頻出 (413n-427n), 429, 430n, 434n, 435n
　――研究室 268
科学主義 11, 12, 17, 37, 55, 90, 136, 137, 212, 216, 233, 237, 295, 345, 363, 390n
科学的記述 239, 285, 367
科学的実在（論） 110, 117, 341
科学的方法 1, 17, 32, 33, 39, 116, 132, 140, 163, 173, 178, 237, 240, 243, 247, 249, 294, 328, 362, 369, 401n
科学的合理性 27, 78, 98, 157, 163, 164, 364, 400n, 417n
科学の社会的研究 ii, iv, v, ix, 98, 100, 103, 191-193, 197, 198, 209, 325, 334, 336, 371n, 394n, 403n, 434n, 435n
科学の自律性 73, 77, 84, 428n
科学の神話 242, 345
科学のワーク 296, 341, 372n
還元主義 90, 242, 299, 419n
観察科学 237-239, 250, 295, 297, 315, 318, 358, 363
観察可能-かつ-報告可能 29
観察言語 116, 134, 208, 237, 421n
記号論 93, 119, 120, 127-130, 135, 145,

183, 187, 213, 214, 312, 335, 341, 342, 389n, 396n, 432n
規則と実践　204, 207
規則と実践的行為　190, 413n
規則の定式化　200, 202, 211, 219, 228
基礎づけ主義　8, 9, 12, 48, 49, 55, 170, 233, 308, 330, 381n, 403n
基礎的規則　159, 270, 273, 419n, 420n
機能主義　8, 10, 57, 58, 72, 73, 78, 81-84, 90, 93, 132, 298, 372n, 379n, 383n-385n, 392n, 416n, 426n
機能主義アプローチ　72, 127
客観主義　48, 49, 52, 55, 56, 309, 406n
客観的表現　36-39, 178, 217, 220, 376n, 410n
ギャップ　150, 183, 210, 312, 315, 318, 329, 330, 333-336, 428n
　文書上の——　315, 334, 336
教示可能な再生産可能性　30, 242, 425
共同体説　201, 407n
クォーク　101, 391n
形式構造　33, 165, 166, 216, 222, 224
形式的記述　238, 242, 251, 266, 280, 284, 295
ゲシュタルト　71, 149, 183, 402n
言語ゲーム　6, 12, 155, 192, 194, 213, 214, 225, 234, 243, 259, 260, 320-323, 342-349, 351, 353, 365, 395, 399n, 411n, 415n
言語のインデックス的特性　176, 217
原始的自然科学　238-240, 242, 244, 246, 252, 282, 283, 297, 352, 358
原始的事例　153, 346
現象学的系譜　140
言説実践　125, 126
行為理論　22-24, 127, 129, 239, 373n, 412n, 426n
主意主義　23
光学パルサー（脈動星）　247, 327, 392
構築主義　ii, iii, 4, 8, 9, 17, 52, 55, 57, 58, 84, 90-92, 103, 109, 110, 120-122, 127, 130-132, 134, 136, 174, 175, 180, 187, 194, 212, 308, 309, 329, 343, 355, 368, 392, 393n, 403n, 405n, 432n
構築的分析　57, 222-224, 290
コーディング　ii, iii, vi, 22, 26, 167-169, 217
　ザト・——　375n
個性原理　307, 326, 328
コミュニケーション　3, 8, 15, 40, 48-52, 73, 98, 109, 110, 112, 118, 119, 135, 156, 160, 181, 182, 185, 186, 237, 239, 240, 243, 262, 265, 267, 279, 313, 374n, 379n, 389n, 409n, 414n, 434n
コミュニズム（コミュナリズム，公有性）　79, 80, 83, 223

さ　行

サックスの科学観（像）　239, 294
シカゴ陪審員プロジェクト　19, 21
自己反省　52, 54, 55, 309, 378n, 395n
自己例示的　72, 81, 83, 85, 386n, 390n
指示語　35, 36, 216, 227, 326, 376n
自然言語　20, 30, 37, 56, 166, 175, 194, 216, 217, 236, 280, 375n
　——の習熟（者）　30, 166, 424n
実験室研究　7, 10, 103, 108, 122-124, 128, 132, 259, 312, 323, 365-367, 392n, 395n
実在論　ii, 56, 66, 90, 91, 117, 118, 129, 132, 180, 191, 199, 201, 204, 212, 215, 220, 221, 264, 341, 343, 355, 368, 393n, 396n, 402n, 406n, 412n, 418n
　反——　118, 199, 201, 393n, 406n
　——構築主義論争　91, 132, 180, 368
　——反実在論論争　199, 201
実証主義　5, 6, 23, 84, 113, 180, 270, 283, 296, 308, 310, 364, 393n, 402n, 406n, 409n, 419n, 422n, 434n
　論理——　113, 114, 158, 329, 393n
　実存的——　61, 62, 64-67, 112, 154, 158, 267, 329, 380n, 432n
社会学的転回　4, 58, 189, 190, 192
社会構造　15, 24, 32, 54, 78, 93, 165, 174, 180, 225, 254, 258, 281, 296, 298, 314, 331-333, 352, 385n, 396n, 401n, 416n, 435n
社会的事実　182, 183, 190, 240, 307, 329, 401n, 422n, 427n
　——の客観的実在　37
重力波論争　107, 108
重力放射　104, 106

事項索引　　483

主観性　　43, 148
　相互——　　294, 414n
順番取り　　224, 270, 271, 273-280, 285, 287, 292, 295, 420n, 421n
　——システム　　271, 274-279, 287, 421n
常識　　ii, 1, 15, 18, 20, 22, 25, 27, 31, 32, 90, 119, 139, 161, 163, 167, 169, 177, 179, 181, 254, -257, 265, 281, 284, 307, 310, 351, 354, 358, 362, 373n-375n, 389n, 394n, 401n, 402n
　——的合理性　　27, 157, 163
　——的推論　　15, 26, 364
　——的知識　　1, 24, 31, 140, 165, 251, 373n, 401n, 417n
証明の再産出　　352
人工物　　103, 110, 111, 117, 143, 282, 391n, 404n
数学における生活世界(レーベンスヴェルト)ペア　　336, 338
数学の社会学　　66, 99, 210, 229
数列　　194-196, 200, 201, 204, 205, 207, 209, 210, 228, 343
ストロングプログラム　　10, 65, 66, 71, 74, 76, 77, 85-87, 89-93, 98-101, 103, 131, 135, 176, 189, 191, 193, 216, 228, 345, 381n, 385n, 387n, 389n, 391n, 403n, 406n, 408n
生活世界ペア　　330, 336, 338, 342, 343, 349, 352, 412n
説明可能性　　28-31, 33, 182, 231, 238, 244, 250, 252, 274, 295-297, 330, 344, 368, 374n, 415n
選好(的)規則　　159, 420n
相互行為内トーク（talk-in-interaction）　　40, 270, 279, 280, 285
相対主義　　10, 12, 57, 61, 90, 91, 102-104, 121, 122, 187, 188, 195, 211, 367, 382n, 387n, 390n, 391n, 405n
　——的提案　　188
　経験的——　　10, 103, 104, 121, 122, 187, 387n, 391n
　認識論的——　　188
存在論　　63, 66, 77, 93, 129, 130, 187, 188, 214, 396n, 420n

た　行

対称性　　92, 94-96, 135, 154, 155, 182, 193, 206, 208, 332, 339, 373n, 388n, 389n
脱構築　　4, 52, 111, 127, 175, 187, 308, 335, 432n
妥当性の基準　　50, 125
知識（の）システム　　62, 63, 66, 67, 87, 90
知的左派　　307
超越論的還元　　162, 174, 175, 177
超越論的分析　　51, 139, 175, 180
直線的社会　　184
通常科学　　71, 76, 81, 85, 198, 237, 350-352, 358, 433n, 434n
通分野的な批判的ディスコース　　3, 5, 371n
定式化　　35, 41, 53, 54, 64, 68, 114, 168, 174, 182, 第5章頻出(187-236), 240, 247, 256, 278, 281, 289, 292, 318, 328, 332, 339, 341, 359, 376n, 385n, 400n, 403n, 410n, 412n, 426n
手続き（的）規則　　159-161, 163, 304
デュエム＝クワインの決定不全性テーゼ　　76, 96, 189, 209, 329, 387n
転記（トランスクリプション）のシステム　　293
行為の透明性／二重の透明性　　351
トークの連鎖的組織化　　269
トピックとリソース　　166, 173, 176, 181, 318

な　行

二重の透明性　　351
日常言語学派　　235, 416n
日常言語の自然哲学　　251
日常的カテゴリー　　288, 290, 292
認識社会学　　136, 372n, 397n
認識トピック　　iv, 317, 322-325, 344-348, 350-353, 358, 430n, 431n
認識論的疑問（謎，問題）　　iii, iv, 9, 124, 134, 202, 224, 360
認識論的切断　　425n
認知科学　　5, 373n, 400n, 408n, 414n
認知社会学　　156, 157, 373n
ネイティブ　　19, 20, 22, 48, 49, 176, 316, 372
　——の直観　　351

は 行

バース学派　103, 391n
ハードサイエンス　113
陪審員　18-22, 24, 31, 332, 372n
ハイブリッド　84, 316, 317, 429n, 434n, 435n
発見する科学／発見科学　317, 320, 326, 330, 340, 341, 343, 412n, 432n
発話行為　235, 432n
発話行為（論）　235, 432n
発話交換システム　271
話す科学　340
パラドックス　12, 92, 194-196, 201, 219
反基礎づけ主義　3-6, 8, 52, 55, 149, 319, 371n
反復可能性　432n
反復可能な　182, 265, 317, 325, 334
非・人間（nonhuman）　129, 187, 396n
非科学　76, 119, 128, 131, 135, 259, 364, 369, 434n
ピタゴラスの定理　336, 338
フェミニズム　131, 393n
普遍主義　79, 80, 223, 354, 433n
不偏性　92, 94-96, 125, 135, 193, 349
プラグマティズム　5, 6, 399n
ブリコラージュ（器用仕事）　177, 178, 259, 262, 309, 310, 340, 342, 365, 366, 402n, 414n, 430n
ブリコルール　177, 178, 309, 364, 402n, 433n
「古い」科学社会学への批判　58
プロトエスノメソドロジー　26, 139, 140, 156, 161, 165, 174, 175, 178-180, 357
分子生物学　239, 297-301, 304, 305, 339, 342, 343, 426n
分析的カテゴリー　16, 285
文法の使用　40
文脈中立的　271, 272, 274, 420n
文脈に敏感な　271, 272, 298
ペア構造　229-231, 412
ベールズ相互作用分析　21, 332
ボイル－ホッブス論争　254, 390n
方法の固有の妥当性要請　316-319, 320, 346, 348, 357
ポスト分析的エスノメソドロジー　12, 140, 181, 363, 364
ポスト分析的（な）科学研究　355, 360, 361
本質　42, 63-67, 140, 150, 232, 314, 318, 326, 392n, 397n, 398n
――主義　307, 308, 326

ま 行

見失われた何か　133, 313, 315, 318, 334
明快な場面　352, 419n
銘刻　100, 110-112, 114, 118, 259, 319, 334, 335, 340, 390n, 393n
メタ言語　54, 116, 135
メンバーシップ　94, 257, 424n
目的論（的説明）　91, 95, 319
唯名論（者）　148, 324

や行　ら行　わ行

様相　84, 96, 111, 112, 119, 121, 150, 152, 179, 320, 321, 351
理解可能性　50, 68, 69, 92, 119, 171, 201, 203, 211, 213, 214, 218, 220, 221, 230, 231, 255, 256, 263, 284, 288, 304, 321, 329, 359, 368, 411n, 417n, 418n, 432n, 436n
利害の超越　79, 83, 125, 223
理念型　80, 111, 162, 236, 298, 386n, 400n
リフレクシビティ　28, 30, 53-55, 126, 134, 135, 189, 309
再帰性（リフレクシビティ）　8, 11, 53, 92, 98-100, 122, 125, 126, 189, 190, 378n, 390n, 409n
相互反映性（リフレクシビティ）　28, 30-33, 54, 98, 165, 176, 189, 190, 215, 351, 429n, 432n
隣接ペア　224, 275, 285, 287, 288, 290-292, 424n, 425n
ローカルな行為　132, 161, 181, 368
ローカルな組織化（local organization）　148, 414n
ローカルに組織された　12, 147, 148, 167, 258, 301, 324, 360, 368
録音　21, 22, 35, 40, 235, 252, 253, 260, 268-271, 280-285, 287, 288, 292, 293, 327, 363, 375n, 416n, 418n, 423n, 424n
論理文法　119, 236, 421n
ワークのエスノメソドロジー　iii, 38, 103,

133, 225, 229, 307, 316, 397n, 404n

監訳者略歴

水川喜文（みずかわ よしふみ）
慶応義塾大学大学院社会学研究科社会学専攻後期博士課程単位取得満期退学．社会学修士．北星学園大学社会福祉学部・大学院社会福祉研究科教授．前田・岡田と共編著，2007，『エスノメソドロジー――人びとの実践から学ぶ』（ワードマップ）新曜社．佐伯胖監訳・上野直樹・鈴木栄幸と共訳，ルーシー・サッチマン，1999，『プランと状況的行為――人間-機械コミュニケーションの可能性』産業図書ほか．
担当：序章，第1章，第2章，第3章，第7章，結論（すべて共訳）

中村和生（なかむら かずお）
明治学院大学大学院社会学研究科後期博士課程単位取得満期退学．修士（社会学）．青森大学社会学部社会学科准教授．酒井泰斗・浦野茂・前田泰樹と共編著，2009，『概念分析の社会学――社会的経験と人間の科学』ナカニシヤ出版ほか．
担当：序章，第1章，第2章，第3章，第7章，結論（すべて共訳）

訳者略歴

浦野 茂（うらの しげる）
慶應義塾大学大学院法学研究科政治学専攻後期博士課程単位取得満期退学．法学修士．三重県立看護大学看護学部准教授．共編著，2009，『概念分析の社会学』ナカニシヤ出版．梅屋潔・中西裕二と共著，2001，『憑依と呪いのエスノグラフィー』岩田書院ほか．
担当：第6章

前田泰樹（まえだ ひろき）
一橋大学大学院社会学研究科博士後期課程単位取得退学．博士（社会学）．東海大学総合教育センター准教授．前田泰樹，2008，『心の文法――医療実践の社会学』新曜社．共編著『エスノメソドロジー』（ワードマップ）新曜社ほか．
担当：第5章

高山啓子（たかやま けいこ）
お茶の水女子大学大学院人間文化研究科比較文化学専攻博士課程単位取得満期退学．修士（人文科学）．川村学園女子大学生活創造学部准教授．安川一・上谷香陽と共訳書，ジョシュア・メイロウィッツ，2003，『場所感の喪失――電子メディアが社会的行動に及ぼす影響（上）』新曜社ほか．
担当：第4章

岡田光弘（おかだ みつひろ）
筑波大学大学院体育科学研究科博士課程単位取得退学．修士．国際基督教大学教育研究所準研究員．共編著，2007，『エスノメソドロジー』新曜社．樫田美雄と共訳，D.メイナード，2004，『医療

現場の会話分析――悪いニュースをどう伝えるか』勁草書房ほか.
担当：第2章（共訳）

芦川晋（あしかわ　しん）
早稲田大学大学院文学研究科社会学専攻博士後期課程単位取得満期退学．社会学修士．中京大学現代社会学部准教授．大川正彦と共訳，マイケル・ウォルツァー，2004,『道徳の厚みと広がり――われわれはどこまで他者の声を聴き取ることができるか』風行社ほか.
担当：第1章（共訳）

マイケル・リンチ（Michael Lynch）

1948年，インディアナ州インディアナポリス生まれ．コーネル大学卒業後，カリフォルニア大学アーバイン校にて博士号取得．1999年よりコーネル大学科学技術研究院教授．科学実践の社会学的研究，エスノメソドロジーの方法論的研究などを行なっている．2009年まで「科学の社会的研究学会（4S）」会長．他の著書に *Representation in Scientific Practice*（S. ウールガーと共編，The MIT Press, 1990）など．1995年，本書によりアメリカ社会学会ロバートK. マートン賞受賞．

エスノメソドロジーと科学実践の社会学

2012年10月10日　第1版第1刷発行

著者　マイケル・リンチ

監訳　水川喜文
　　　中村和生

発行者　井村寿人

発行所　株式会社　勁草書房
112-0005　東京都文京区水道2-1-1　振替　00150-2-175253
（編集）電話 03-3815-5277／FAX 03-3814-6968
（営業）電話 03-3814-6861／FAX 03-3814-6854
日本フィニッシュ・牧製本

©MIZUKAWA Yoshifumi, NAKAMURA Kazuo　2012

ISBN978-4-326-60244-5　Printed in Japan

JCOPY　〈(社)出版者著作権管理機構　委託出版物〉

本書の無断複写は著作権法上での例外を除き禁じられています．複写される場合は，そのつど事前に，(社)出版者著作権管理機構（電話 03-3513-6969、FAX 03-3513-6979、e-mail: info@jcopy.or.jp）の許諾を得てください．

＊落丁本・乱丁本はお取替いたします．
http://www.keisoshobo.co.jp

著者	書名	判型	価格	ISBN
西阪 仰	分散する身体 エスノメソドロジー的相互行為分析の展開	A5判	四二〇〇円	60202-5
杉原由美	日本語学習のエスノメソドロジー	A5判	三一五〇円	25064-6
D・メイナード 樫田・岡田訳	医療現場の会話分析 悪いニュースをどう伝えるか	A5判	三〇四五円	60169-1
田村俊作編	情報探索と情報利用	A5判	四三〇〇円	04801-4
正村俊之編著	コミュニケーション理論の再構築 身体・メディア・情報空間	A5判	四二〇〇円	60241-4
山田圭一	ウィトゲンシュタイン 最後の思考 確実性と偶然性の邂逅	A5判	三九九〇円	10191-7

勁草書房刊

＊表示価格は二〇一二年一〇月現在、消費税は含まれております。